Die Gläubigeranfechtung

außerhalb des Konkurses

auf der Grundlage

des Gesetzes vom 21. Juli 1879

dargestellt von

Dr. Ernst Jaeger,

Professor der Rechte zu Leipzig.

Berlin 1905.

J. Guttentag, Verlagsbuchhandlung,

G. m. b. H.

Hugo v. Burckhard

meinem väterlichen Freunde

in dankbarem Gedenken
an die schöne Würzburger Zeit.

Vorwort.

Die seinerzeit ausgesprochene Absicht, meinem Kommentar zur Konkursordnung eine kurze Erläuterung des Anfechtungsgesetzes beizufügen, habe ich aufgegeben, weil ich mich bald überzeugte, daß das Gesetz einer selbständigen und eingehenden Bearbeitung bedarf. Zuschriften aus der Praxis, namentlich aus dem Schoße des Reichsgerichts, haben mich in dieser Überzeugung bestärkt. Die Schwierigkeiten liegen vielfach gerade darin, klarzustellen, ob und inwiefern die für die Konkursanfechtung gewonnenen Ergebnisse auch für die Einzelanfechtung zutreffen, so daß mit einem summarischen Hinweis auf „entsprechende Anwendung" nichts erreicht ist. Auch wörtlich übereinstimmende Vorschriften haben innerhalb und außerhalb des Konkurses eine ganz verschiedene Bedeutung. Ich versuche daher, in diesem Buche eine abgeschlossene und erschöpfende Kommentierung des Anfechtungsgesetzes zu geben. Die Darstellung baut sich systematisch im Gefüge des Gesetzes auf. Ausführungen, die ich aus der zweiten Auflage meines Kommentars zur Konkursordnung herübernehmen konnte, sind mit Rücksicht auf die Fülle der in den beiden letzten Jahren veröffentlichten anfechtungsrechtlichen Abhandlungen und Entscheidungen neu bearbeitet und ergänzt worden. Zur Einführung in die Anfechtungslehre habe ich einen Grundriß des gesamten geltenden Anfechtungsrechtes (innerhalb und außerhalb des Konkurses) vorausgeschickt. Auffallenderweise fehlt in der neuen Literatur eine zusammenhängende lehrbuchmäßige Darstellung dieses wichtigen Stoffes. Ein Anhang enthält die in ihren Grundzügen mit unserm Recht übereinstimmenden Vorschriften des österreichischen und schweizerischen Anfechtungsrechtes und soll dem deutschen Juristen die Benutzung der hochachtbaren Literatur dieser Auslandsgesetze erleichtern.

Würzburg, den 22. September 1905.

Ernst Jaeger.

Abkürzungen.

1. Materialien des Gesetzes und Literatur des Anfechtungsrechtes siehe Seite 15ff., 20ff.
2. Im übrigen sind die allgemein gebräuchlichen Abkürzungen gewählt.

Erwähnt seien:

Bl. f. Rechtsanwdg. = Blätter für Rechtsanwendung, begründet von J. A. Seuffert, herausgegeben von K. Gareis.

Bolze = Praxis des Reichsgerichts in Zivilsachen.

EBGB. = Entwurf eines Bürgerlichen Gesetzbuchs.

JW. = Juristische Wochenschrift.

KG. = Kammergericht.

LG. = Landgericht.

OLG. = Oberlandesgericht, nach einem Datum = Rechtsprechung der Oberlandesgerichte, herausgegeben von Mugdan und Falkmann.

Z. = Zeitschrift.

Zentralbl. = Zentralblatt für freiwillige Gerichtsbarkeit, herausgegeben von A. Lobe.

Inhalt.

Anhang.

Das österreichische und schweizerische Anfechtungsrecht.

A. Der Text der Vorschriften über die Gläubigeranfechtung.

1. Konkursordnung

(Fassung vom 20. Mai 1898, RGBl. S. 612).

Erstes Buch.

Dritter Titel.

Anfechtung.

§ 29. Rechtshandlungen, welche vor der Eröffnung des Konkursverfahrens vorgenommen sind, können als den Konkursgläubigern gegenüber unwirksam nach Maßgabe der folgenden Bestimmungen angefochten werden.

§ 30. Anfechtbar sind:

1. die nach der Zahlungseinstellung oder dem Antrage auf Eröffnung des Verfahrens von dem Gemeinschuldner eingegangenen Rechtsgeschäfte, durch deren Eingehung die Konkursgläubiger benachteiligt werden, wenn dem anderen Teile zu der Zeit, als er das Geschäft einging, die Zahlungseinstellung oder der Eröffnungsantrag bekannt war; sowie die nach der Zahlungseinstellung oder dem Eröffnungsantrage erfolgten Rechtshandlungen, welche einem Konkursgläubiger Sicherung oder Befriedigung gewähren, wenn dem Gläubiger zu der Zeit, als die Handlung erfolgte, die Zahlungseinstellung oder der Eröffnungsantrag bekannt war;
2. die nach der Zahlungseinstellung oder dem Antrage auf Eröffnung des Verfahrens oder in den letzten zehn Tagen vor der Zahlungseinstellung oder dem Eröffnungsantrage erfolgten Rechtshandlungen, welche einem Konkursgläubiger eine Sicherung oder Befriedigung gewähren, die er nicht oder nicht in der Art oder nicht zu der Zeit zu beanspruchen hatte, sofern er nicht beweist, daß ihm zur Zeit der Handlung weder die Zahlungseinstellung und der Eröffnungsantrag, noch eine Absicht des Gemeinschuldners, ihn vor den übrigen Gläubigern zu begünstigen, bekannt war.

§ 31. Anfechtbar sind:

1. Rechtshandlungen, welche der Gemeinschuldner in der dem anderen Teile bekannten Absicht, seine Gläubiger zu benachteiligen, vorgenommen hat;
2. die in dem letzten Jahre vor der Eröffnung des Verfahrens geschlossenen, entgeltlichen Verträge des Gemeinschuldners

   mit seinem Ehegatten, vor oder während der Ehe,

   mit seinen oder seines Ehegatten Verwandten in auf- und absteigender Linie, mit seinen oder seines Ehegatten voll- und halbbürtigen Geschwistern, oder mit dem Ehegatten einer dieser Personen, sofern durch den Abschluß des Vertrages die Gläubiger des Gemeinschuldners benachteiligt werden und der andere Teil nicht beweist, daß ihm zur Zeit des Vertragsabschlusses eine Absicht des Gemeinschuldners, die Gläubiger zu benachteiligen, nicht bekannt war.

§ 32. Anfechtbar sind:

1. die in dem letzten Jahre vor der Eröffnung des Verfahrens von dem Gemeinschuldner vorgenommenen unentgeltlichen Verfügungen, sofern nicht dieselben gebräuchliche Gelegenheitsgeschenke zum Gegenstande hatten;
2. die in den letzten zwei Jahren vor der Eröffnung des Konkurses von dem Gemeinschuldner vorgenommenen unentgeltlichen Verfügungen zugunsten seines Ehegatten.

§ 33. Rechtshandlungen, welche früher als sechs Monate vor der Eröffnung des Verfahrens erfolgt sind, können aus dem Grunde einer Kenntnis der Zahlungseinstellung nicht angefochten werden.

§ 34. Wechselzahlungen des Gemeinschuldners können auf Grund des § 30 Nr. 1 von dem Empfänger nicht zurückgefordert werden, wenn nach Wechselrecht der Empfänger bei Verlust des Wechselanspruchs gegen andere Wechselverpflichtete zur Annahme der Zahlung verbunden war.

Die gezahlte Wechselsumme muß von dem letzten Wechselregreßschuldner oder, falls derselbe den Wechsel für Rechnung eines Dritten begeben hatte, von diesem erstattet werden, wenn dem letzten Wechselregreßschuldner oder dem Dritten zu der Zeit, als er den Wechsel begab oder begeben ließ, einer der im § 30 Nr. 1 erwähnten Umstände bekannt war.

§ 35. Die Anfechtung wird dadurch nicht ausgeschlossen, daß für die anzufechtende Rechtshandlung ein vollstreckbarer Schuldtitel erlangt, oder daß dieselbe durch Zwangsvollstreckung oder durch Vollziehung eines Arrestes erwirkt worden ist.

§ 36. Das Anfechtungsrecht wird von dem Verwalter ausgeübt.

§ 37. Was durch die anfechtbare Handlung aus dem Vermögen des Gemeinschuldners veräußert, weggegeben oder aufgegeben ist, muß zur Konkursmasse zurückgewährt werden.

Der gutgläubige Empfänger einer unentgeltlichen Leistung hat dieselbe nur soweit zurückzugewähren, als er durch sie bereichert ist.

§ 38. Die Gegenleistung ist aus der Konkursmasse zu erstatten, soweit sie sich in derselben befindet, oder soweit die Masse um ihren Wert bereichert ist. Darüber hinaus kann ein Anspruch nur als Konkursforderung geltend gemacht werden.

§ 39. Wenn der Empfänger einer anfechtbaren Leistung das Empfangene zurückgewährt, so tritt seine Forderung wieder in Kraft.

§ 40. Die gegen den Erblasser begründete Anfechtung findet gegen den Erben statt.

Gegen einen anderen Rechtsnachfolger desjenigen, welchem gegenüber die anfechtbare Handlung vorgenommen ist, findet die gegen den letzteren begründete Anfechtung statt:

1. wenn ihm zur Zeit seines Erwerbes die Umstände, welche die Anfechtbarkeit des Erwerbes seines Rechtsvorgängers begründen, bekannt waren;
2. wenn er zu den im § 31 Nr. 2 genannten Personen gehört, es sei denn, daß ihm zur Zeit seines Erwerbes die Umstände, welche die Anfechtbarkeit des Erwerbes seines Rechtsvorgängers begründen, unbekannt waren;
3. wenn ihm das Erlangte unentgeltlich zugewendet worden ist.

Im Falle des Abs. 2 Nr. 3 findet auf die Haftung des Rechtsnachfolgers die Bestimmung des § 37 Abs. 2 Anwendung.

§ 41. Die Anfechtung kann nur binnen Jahresfrist seit der Eröffnung des Verfahrens erfolgen. Auf den Lauf der Frist finden die für die Verjährung geltenden Vorschriften des § 203 Abs. 2 und des § 207 des Bürgerlichen Gesetzbuchs entsprechende Anwendung. Die Anfechtung nach § 31 Nr. 1 ist ausgeschlossen, wenn seit der Vornahme der Handlung dreißig Jahre verstrichen sind.

Ist durch die anfechtbare Handlung eine Verpflichtung des Gemeinschuldners zu einer Leistung begründet, so kann der Konkursverwalter die Leistung verweigern, auch wenn die Anfechtung nach Abs. 1 ausgeschlossen ist.

§ 42. Die Vorschriften über die Anfechtung der vor der Eröffnung des Verfahrens vorgenommenen Rechtshandlungen gelten auch für die Anfechtung von Rechtshandlungen, die nach der Eröffnung des Verfahrens vorgenommen worden sind, sofern diese nach den §§ 892, 893 des Bürgerlichen Gesetzbuchs den Konkursgläubigern gegenüber wirksam sind. Die Frist für die Ausübung des Anfechtungsrechts beginnt mit der Vornahme der Rechtshandlung.

Zweites Buch.

Sechster Titel.

Zwangsvergleich.

§ 199. Für die Anfechtung von Rechtshandlungen, welche in der Zeit von der Aufhebung bis zur Wiederaufnahme des Konkursverfahrens vorgenommen sind, sowie für die in diesem Zeitraume entstandenen Aufrechnungsbefugnisse gilt, wenn nicht inzwischen eine Zahlungseinstellung erfolgt ist, als Tag der Zahlungseinstellung der Tag des ersten die Verurteilung des Gemeinschuldners aussprechenden Urteils.

Achter Titel.

Besondere Bestimmungen.

§ 222. Hat der Erbe vor der Eröffnung des Verfahrens aus dem Nachlasse Pflichtteilsansprüche, Vermächtnisse oder Auflagen erfüllt, so ist die Leistung in gleicher Weise anfechtbar wie eine unentgeltliche Verfügung des Erben.

§ 228 (Abs. 1). Was infolge der Anfechtung einer von dem Erblasser oder ihm gegenüber vorgenommenen Rechtshandlung zur Konkursmasse zurückgewährt wird, darf nicht zur Berichtigung der im § 226 Abs. 2 Nr. 4, 5[1]) bezeichneten Verbindlichkeiten verwendet werden.

§ 236 (Satz 1). Die Vorschriften der §§ 214—234 finden im Falle der fortgesetzten Gütergemeinschaft auf das Konkursverfahren über das Gesamtgut entsprechende Anwendung.

2. Handelsgesetzbuch

(Fassung vom 10. Mai 1897, RGBl. S. 219).

Zweites Buch.

Handelsgesellschaften und stille Gesellschaft.

Fünfter Abschnitt.

Stille Gesellschaft.

§ 342. Ist auf Grund einer in dem letzten Jahre vor der Eröffnung des Konkurses zwischen dem Inhaber des Handelsgeschäfts und dem stillen Gesellschafter getroffenen Vereinbarung diesem die Einlage ganz oder teilweise zurückgewährt oder sein Anteil an dem entstandenen Verluste ganz oder teilweise erlassen worden, so kann die Rückgewähr oder der Erlaß von dem Konkursverwalter angefochten werden. Es begründet keinen Unterschied, ob die Rückgewähr oder der Erlaß unter Auflösung der Gesellschaft stattgefunden hat oder nicht.

Die Anfechtung ist ausgeschlossen, wenn der Konkurs in Umständen seinen Grund hat, die erst nach der Vereinbarung der Rückgewähr oder des Erlasses eingetreten sind.

Die Vorschriften der Konkursordnung über die Geltendmachung der Anfechtung und deren Wirkung finden Anwendung.[2])

---

[1]) Nr. 4. die Verbindlichkeiten gegenüber Pflichtteilsberechtigten, Nr. 5. die Verbindlichkeiten aus dem vom Erblasser angeordneten Vermächtnissen und Auflagen.

[2]) Über Zweck und Tragweite des § 342 HGB. siehe unten Seite 32.

3. Gesetz,

betreffend

die Anfechtung von Rechtshandlungen eines Schuldners außerhalb des Konkursverfahrens

(Fassung vom 20. Mai 1898, RGBl. S. 709).

§ 1. Rechtshandlungen eines Schuldners können außerhalb des Konkursverfahrens zum Zwecke der Befriedigung eines Gläubigers als diesem gegenüber unwirksam nach Maßgabe der folgenden Bestimmungen angefochten werden.

§ 2. Zur Anfechtung ist jeder Gläubiger, welcher einen vollstreckbaren Schuldtitel erlangt hat und dessen Forderung fällig ist, befugt, sofern die Zwangsvollstreckung in das Vermögen des Schuldners zu einer vollständigen Befriedigung des Gläubigers nicht geführt hat oder anzunehmen ist, daß sie zu einer solchen nicht führen würde.

§ 3. Anfechtbar sind:

1. Rechtshandlungen, welche der Schuldner in der dem anderen Teile bekannten Absicht, seine Gläubiger zu benachteiligen, vorgenommen hat;
2. die in dem letzten Jahre vor der Anfechtung geschlossenen entgeltlichen Verträge des Schuldners

   mit seinem Ehegatten, vor oder während der Ehe, mit seinen oder seines Ehegatten Verwandten in auf- und absteigender Linie, mit seinen oder seines Ehegatten voll- und halbbürtigen Geschwistern, oder mit dem Ehegatten einer dieser Personen,

   sofern durch den Abschluß des Vertrages die Gläubiger des Schuldners benachteiligt werden und der andere Teil nicht beweist, daß ihm zur Zeit des Vertragsabschlusses eine Absicht des Schuldners, die Gläubiger zu benachteiligen, nicht bekannt war;
3. die in dem letzten Jahre vor der Anfechtung von dem Schuldner vorgenommenen unentgeltlichen Verfügungen, sofern nicht dieselben gebräuchliche Gelegenheitsgeschenke zum Gegenstande hatten;
4. die in den letzten zwei Jahren vor der Anfechtung von dem Schuldner vorgenommenen unentgeltlichen Verfügungen zugunsten seines Ehegatten.

§ 3a. Hat der Erbe aus dem Nachlasse Pflichtteilsansprüche, Vermächtnisse oder Auflagen erfüllt, so kann ein Nachlaßgläubiger, der im Konkursverfahren über den Nachlaß dem Empfänger der Leistung im Range vorgehen oder gleichstehen würde, die Leistung in gleicher Weise anfechten wie eine unentgeltliche Verfügung des Erben.

§ 4. Hat der Gläubiger, bevor er einen vollstreckbaren Schuldtitel erlangt hatte oder seine Forderung fällig war, denjenigen, welchem gegenüber eine im § 3

Nr. 2 bis 4 bezeichnete Rechtshandlung vorgenommen ist, von seiner Absicht, die Handlung anzufechten, durch Zustellung eines Schriftsatzes in Kenntnis gesetzt, so wird die Frist von dem Zeitpunkte der Zustellung zurückgerechnet, sofern schon zu dieser Zeit der Schuldner zahlungsunfähig war und bis zum Ablaufe von zwei Jahren seit diesem Zeitpunkte die Anfechtung erfolgt ist.

§ 5. Die Erhebung des Anfechtungsanspruchs im Wege der Einrede kann erfolgen, bevor ein vollstreckbarer Schuldtitel für die Forderung erlangt ist; der Gläubiger hat denselben jedoch vor der Entscheidung binnen einer von dem Gerichte zu bestimmenden Frist beizubringen.

§ 6. Die Anfechtung wird dadurch nicht ausgeschlossen, daß für die anzufechtende Rechtshandlung ein vollstreckbarer Schuldtitel erlangt, oder daß dieselbe durch Zwangsvollstreckung oder durch Vollziehung eines Arrestes erwirkt worden ist.

§ 7. Der Gläubiger kann, soweit es zu seiner Befriedigung erforderlich ist, beanspruchen, daß dasjenige, was durch die anfechtbare Handlung aus dem Vermögen des Schuldners veräußert, weggegeben oder aufgegeben ist, als noch zu demselben gehörig von dem Empfänger zurückgewährt werde.

Der gutgläubige Empfänger einer unentgeltlichen Leistung hat dieselbe nur soweit zurückzugewähren, als er durch sie bereichert ist.

§ 8. Wegen Erstattung einer Gegenleistung oder im Fall einer anfechtbaren Leistung wegen seiner Forderung kann der Empfänger sich nur an den Schuldner halten.

§ 9. Erfolgt die Anfechtung im Wege der Klage, so hat der Klagantrag bestimmt zu bezeichnen, in welchem Umfange und in welcher Weise die Rückgewähr seitens des Empfängers bewirkt werden soll.

§ 10. Liegt ein nur vorläufig vollstreckbarer Schuldtitel des Gläubigers oder ein unter Vorbehalt ergangenes Urteil (Zivilprozeßordnung §§ 540, 599) vor, so ist in dem den Anfechtungsanspruch für begründet erklärenden Urteile die Vollstreckung desselben davon abhängig zu machen, daß die gegen den Schuldner ergangene Entscheidung rechtskräftig oder vorbehaltlos wird.

§ 11. Die gegen den Erblasser begründete Anfechtung findet gegen den Erben statt.

Gegen einen anderen Rechtsnachfolger desjenigen, welchem gegenüber die anfechtbare Handlung vorgenommen ist, findet die gegen den letzteren begründete Anfechtung statt:

1. wenn ihm zur Zeit seines Erwerbes die Umstände, welche die Anfechtbarkeit des Erwerbes seines Rechtsvorgängers begründen, bekannt waren;
2. wenn er zu den im § 3 Nr. 2 genannten Personen gehört, es sei denn, daß ihm zur Zeit seines Erwerbes die Umstände, welche die Anfechtbarkeit des Erwerbes seines Rechtsvorgängers begründen, unbekannt waren;
3. wenn ihm das Erlangte unentgeltlich zugewendet worden ist.

Im Falle des Abs. 2 Nr. 3 findet auf die Haftung des Rechtsnachfolgers die Vorschrift des § 7 Abs. 2 Anwendung.

Zur Erstreckung der Fristen in Gemäßheit des § 4 genügt die Zustellung des Schriftsatzes an den Rechtsnachfolger, gegen welchen die Anfechtung erfolgen soll.

§ 12. Die Anfechtung einer nach § 3 Nr. 1 anfechtbaren Handlung kann nur binnen zehn Jahren erfolgen. Auf den Lauf der Frist finden die für die Verjährung geltenden Vorschriften des § 203 Abs. 2 und der §§ 206, 207 des Bürgerlichen Gesetzbuchs entsprechende Anwendung.

Die Frist beginnt mit dem Zeitpunkt, in welchem der Gläubiger den vollstreckbaren Schuldtitel erlangt hatte und seine Forderung fällig war, wenn aber die Rechtshandlung nach diesem Zeitpunkte vorgenommen ist, mit der Vornahme der Handlung.

Die Anfechtung ist ausgeschlossen, wenn seit der Vornahme der Rechtshandlung dreißig Jahre verstrichen sind.

§ 13. Wird über das Vermögen des Schuldners das Konkursverfahren eröffnet, so steht die Verfolgung der von Konkursgläubigern erhobenen Anfechtungsansprüche dem Konkursverwalter zu. Aus dem Erstrittenen sind dem Gläubiger die Prozeßkosten vorweg zu erstatten.

Ist das Verfahren über den Anfechtungsanspruch noch rechtshängig, so wird dasselbe unterbrochen. Im Fall einer Verzögerung der Aufnahme kommen die Bestimmungen der Zivilprozeßordnung § 239 zur entsprechenden Anwendung. Der Konkursverwalter kann den Anspruch nach den Vorschriften der Konkursordnung §§ 37 bis 39, 41 in Gemäßheit der §§ 268, 529 der Zivilprozeßordnung erweitern. Lehnt der Verwalter die Aufnahme des Rechtsstreits ab, so kann derselbe rücksichtlich der Prozeßkosten von jeder Partei aufgenommen werden. Durch die Ablehnung der Aufnahme wird die Befugnis des Verwalters, nach den Vorschriften der Konkursordnung das Anfechtungsrecht auszuüben, nicht ausgeschlossen.

Soweit der Gläubiger aus dem Zurückzugewährenden eine Sicherung oder Befriedigung erlangt hatte, finden auf die Anfechtung derselben die Vorschriften des § 30 Nr. 1 der Konkursordnung entsprechende Anwendung.

Nach der Beendigung des Konkursverfahrens können Anfechtungsrechte, deren Ausübung dem Konkursverwalter zustand, von den einzelnen Gläubigern nach Maßgabe dieses Gesetzes verfolgt werden, soweit nicht dem Anspruch entgegenstehende Einreden gegen den Verwalter erlangt sind. War die Anfechtung nicht schon zur Zeit der Eröffnung des Konkursverfahrens erfolgt, so wird die im § 3 Nr. 2 bis 4 bestimmte Frist von diesem Zeitpunkte berechnet, sofern die Anfechtung bis zum Ablauf eines Jahres seit der Beendigung des Konkursverfahrens erfolgt.

Rechtshandlungen, welche der Gemeinschuldner rücksichtlich seines nicht zur Konkursmasse gehörigen Vermögens vorgenommen hat, können von den Konkursgläubigern auch während des Konkursverfahrens nach Maßgabe dieses Gesetzes angefochten werden.

§ 14.[1]) Dieses Gesetz tritt im ganzen Umfange des Reichs gleichzeitig mit der Konkursordnung in Kraft.[2])

Dasselbe findet auch auf die vor diesem Zeitpunkte vorgenommenen Rechtshandlungen Anwendung, sofern sie nicht nach den Vorschriften der bisherigen Gesetze der Anfechtung entzogen oder in geringerem Umfange unterworfen sind.

Ist der Anfechtungsanspruch zur Zeit des Inkrafttretens dieses Gesetzes rechtshängig, so bleiben für die Entscheidung des Rechtsstreits die Vorschriften der bisherigen Gesetze maßgebend.

4. Einführungsgesetze.

a) Einführungsgesetz zur Konkursordnung

(vom 10. Februar 1877, RGBl. S. 390).

§ 9. In einem am Tage des Inkrafttretens der Konkursordnung[2]) oder nach diesem Tage eröffneten Konkursverfahren finden die Bestimmungen der Konkursordnung über die Anfechtung von Rechtshandlungen auf eine vor dem bezeichneten Tage vorgenommene Rechtshandlung Anwendung, sofern nicht dieselbe nach den Vorschriften der bisherigen Gesetze der Anfechtung entzogen oder in geringerem Umfange unterworfen ist.

b) Einführungsgesetz zu dem Gesetze, betreffend Änderungen der Konkursordnung

(vom 17. Mai 1898, RGBl. S. 248).

Art. VI. In einem am Tage des Inkrafttretens des Gesetzes, betreffend Änderungen der Konkursordnung[3]) oder nach diesem Tage eröffneten Konkursverfahren bleiben, soweit für ein Rechtsverhältnis die Vorschriften des bisherigen bürgerlichen Rechtes maßgebend sind, für das Rechtsverhältnis auch die Vorschriften des bisherigen Konkursrechts maßgebend. Dies gilt insbesondere in Ansehung eines Nachlasses, wenn der Erblasser vor dem bezeichneten Zeitpunkte gestorben ist. Die Landesgesetzgebung kann jedoch auf ein Rechtsverhältnis, für welches nach den Übergangsvorschriften des Einführungsgesetzes zum Bürgerlichen

---

[1]) Der § 14 ist in der Bekanntmachung des Reichskanzlers vom 20. Mai 1898 fortgelassen.

[2]) 1. Oktober 1879 (§ 1 EG. z. KO. mit § 1 EG. z. GVG.).

[3]) 1. Januar 1900 (a. I EG. z. KNov. mit a. 1 EG. z. BGB.).

Gesetzbuche die Landesgesetze maßgebend sind, die Vorschriften des neuen Konkursrechts für anwendbar erklären.

Art. VII. Das Gesetz, betreffend die Anfechtung von Rechtshandlungen eines Schuldners außerhalb des Konkursverfahrens, vom 21. Juli 1879 (Reichs-Gesetzbl. S. 277) wird dahin geändert:

1. Im § 3 Nr. 2, 3 werden die Worte „vor der Rechtshängigkeit des Anfechtungsanspruchs" ersetzt durch die Worte:

   „vor der Anfechtung".

   Die Nr. 4 des § 3 erhält folgende Fassung:

   4. die in den letzten zwei Jahren vor der Anfechtung von dem Schuldner vorgenommenen unentgeltlichen Verfügungen zugunsten seines Ehegatten.

2. Als § 3a wird folgende Vorschrift eingestellt:

   Hat der Erbe aus dem Nachlasse Pflichtteilsansprüche, Vermächtnisse oder Auflagen erfüllt, so kann ein Nachlaßgläubiger, der im Konkursverfahren über den Nachlaß dem Empfänger der Leistung im Range vorgehen oder gleichstehen würde, die Leistung in gleicher Weise anfechten wie eine unentgeltliche Verfügung des Erben.

3. Im § 4 werden die Worte „der Anfechtungsanspruch rechtshängig geworden ist" ersetzt durch die Worte:

   „die Anfechtung erfolgt ist".

4. Der § 11 wird dahin geändert:

   Die gegen den Erblasser begründete Anfechtung findet gegen den Erben statt.

   Gegen einen anderen Rechtsnachfolger desjenigen, welchem gegenüber die anfechtbare Handlung vorgenommen ist, findet die gegen den letzteren begründete Anfechtung statt:

   1. wenn ihm zur Zeit seines Erwerbes die Umstände, welche die Anfechtbarkeit des Erwerbes seines Rechtsvorgängers begründen, bekannt waren;
   2. wenn er zu den im § 3 Nr. 2 genannten Personen gehört, es sei denn, daß ihm zur Zeit seines Erwerbes die Umstände, welche die Anfechtbarkeit des Erwerbes seines Rechtsvorgängers begründen, unbekannt waren;
   3. wenn ihm das Erlangte unentgeltlich zugewendet worden ist.

   Im Falle des Abs. 2 Nr. 3 findet auf die Haftung des Rechtsnachfolgers die Vorschrift des § 7 Abs. 2 Anwendung.

   Zur Erstreckung der Fristen in Gemäßheit des § 4 genügt die Zustellung des Schriftsatzes an den Rechtsnachfolger, gegen welchen die Anfechtung erfolgen soll.

5. Der § 12 wird dahin geändert:

Die Anfechtung einer nach § 3 Nr. 1 anfechtbaren Handlung kann nur binnen zehn Jahren erfolgen. Auf den Lauf der Frist finden die für die Verjährung geltenden Vorschriften des § 203 Abs. 2 und der §§ 206, 207 des Bürgerlichen Gesetzbuchs entsprechende Anwendung.

Die Frist beginnt mit dem Zeitpunkt, in welchem der Gläubiger den vollstreckbaren Schuldtitel erlangt hatte und seine Forderung fällig war, wenn aber die Rechtshandlung nach diesem Zeitpunkte vorgenommen ist, mit der Vornahme der Handlung.

Die Anfechtung ist ausgeschlossen, wenn seit der Vornahme der Rechtshandlung dreißig Jahre verstrichen sind.

6. An die Stelle des § 13 Abs. 4 Satz 2 tritt folgende Vorschrift:

War die Anfechtung nicht schon zur Zeit der Eröffnung des Konkursverfahrens erfolgt, so wird die im § 3 Nr. 2 bis 4 bestimmte Frist von diesem Zeitpunkte berechnet, sofern die Anfechtung bis zum Ablauf eines Jahres seit der Beendigung des Konkursverfahrens erfolgt.

Art. VIII. Die Vorschriften des Art. VII finden auf die vor dem Inkrafttreten dieses Gesetzes vorgenommenen Rechtshandlungen keine Anwendung [1]).

Art. IX. In bürgerlichen Rechtsstreitigkeiten, in welchen durch Klage oder Widerklage [2]) ein Anspruch auf Grund des dritten Titels des ersten Buches der Konkursordnung [3]) oder auf Grund des Gesetzes, betreffend die Anfechtung von Rechtshandlungen eines Schuldners außerhalb des Konkursverfahrens, geltend gemacht ist, wird die Verhandlung und Entscheidung letzter Instanz im Sinne des § 8 des Einführungsgesetzes zum Gerichtsverfassungsgesetze dem Reichsgerichte zugewiesen [4]).

---

[1]) Siehe die Erläuterungen zum § 14 AnfG.

[2]) Nicht auch durch Einrede oder Replik.

[3]) Also auf Grund der §§ 29—42 oder des § 222 (§ 236) KO., der durch den § 32 KO. gedeckt ist.

[4]) Damit ist im Interesse einheitlicher Rechtsprechung vom 1. Januar 1900 ab die letztinstanzliche Zuständigkeit des bayerischen obersten Landesgerichts für das Recht der Gläubigeranfechtung innerhalb und außerhalb des Konkurses beseitigt.

B. Einleitung.

1. Geschichte[1]) und Materialien des Anfechtungsgesetzes.

I. Das Justinianeische[2]) Recht (namentlich Dig. XLII 8 quae in fraudem creditorum facta sunt ut restituantur, Cod. VII 75 de revocandis his quae per fraudem alienata sunt) unterscheidet nicht zwischen einer Gläubigeranfechtung innerhalb und außerhalb des Konkurses. Es schützt die Gläubiger gegen Vermögensentäußerungen, die der Schuldner mit dem Willen und voraussehbaren Erfolg einer Benachteiligung der Gläubiger vorgenommen hat (alienatio in fraudem creditorum), wenn der Erwerber entweder um diesen Willen wußte (particeps fraudis war) oder unentgeltlich (ex lucrativo titulo) erwarb. Schon das römische Recht kennt sonach eine Absichts- und eine Schenkungsanfechtung, letztere freilich nur als Unterart der ersteren, insofern (nach herrschender Lehre) auch die Schenkungsanfechtung auf der Schuldnerseite den Willen und Erfolg einer Gläubigerbenachteiligung voraussetzt. Das Rechtsschutzmittel wurde (wenigstens im ersten Falle) als Deliktsklage aufgefaßt und in der gemeinrechtlichen Doktrin meist schlechthin

---

[1]) Hier sollen nur die zum Verständnisse der Materialien erforderlichen Aufschlüsse über die Geschichte unseres Anfechtungsgesetzes gegeben werden. Zur Geschichte der Gläubigeranfechtung im allgemeinen siehe namentlich die auf eingehenden Erhebungen über die Rechtslage vor der Reichsgesetzgebung beruhenden Motive d. KO. S. 94 ff. und die Begründung d. AnfG. S. 7 ff.; ferner Otto S. 1—18, 212—220, Cosack S. 4—15, Stobbe, Zur Geschichte des älteren deutschen Konkursprozesses (1888) S. 58 ff, Kohler, Lehrbuch des Konkursrechts § 37, Leitfaden §§ 19, 20, L. Seuffert, Konkursprozeßrecht § 34, Brand, Anfechtungsrecht (1902) S. 1—61, Lenel, Anfechtung von Rechtshandlungen des Schuldners im klassischen röm. Recht (1903 i. d. Festschrift für A. S. Schultze).

[2]) Das prätorische Edikt hatte von der Gläubigeranfechtung an zwei verschiedenen Stellen gehandelt, deren Verhältnis „zu den bestrittensten Fragen des ganzen römischen Rechts gehört". Lenel a. a. O. S. 3. In seinen scharfsinnigen und überzeugenden Untersuchungen gelangt Lenel zu folgendem Schlusse: „Das klassische Recht kennt zwei Rechtsmittel zur Anfechtung fraudulofer Veräußerungen: das eine — Restitution und demgemäß reszissorische Klage — nur dem curatur bonorum zuständig, das andere — interdictum fraudatorium — für jeden Gläubiger. Pauliana war der Name der arbitrarischen Klage aus dem Interdikt. Als dann Justinian aus den verschiedenen Rechtsmitteln ein einziges machte, übertrugen Theophilus und, vielleicht ihm folgend, auch andere Byzantiner auf dieses den Namen Pauliana und bezeichneten daher so auch die in den Institutionen auftauchende reszissorische Klage" (S. 23).

actio Pauliana[3]) genannt (vgl. fr. 38 § 1 de usur. XXII 1), eine Bezeichnung, die sich in dem Ausdrucke „paulianische Anfechtung" noch unter der Herrschaft der Reichsgesetze erhält.

Auch die Weiterentwicklung der römischen Anfechtungssätze im gemeinrechtlichen Gerichtsgebrauch und in der Partikulargesetzgebung hat eine scharfe Scheidung der konkursmäßigen und der außerkonkursmäßigen Anfechtung nicht gezeitigt. In einigen Ländern des gemeinen Rechts (Nassau, Oldenburg, Kurhessen) ließ der Gerichtsgebrauch die Einzelanfechtung überhaupt nicht zu. In anderen (wie im rechtsrheinischen Bayern, den beiden Mecklenburg, Oldenburg, Braunschweig[4]) waren Wissenschaft und Rechtsprechung mangels landesgesetzlicher Vorschriften genötigt, auf römischrechtlicher Grundlage, so gut es eben ging, ein System der Gläubigeranfechtung aufzubauen, das den veränderten Verkehrsbedürfnissen im Zeitalter des Kredits einigermaßen zu genügen vermochte. Eine empfindliche Rechtsunsicherheit war das naturgemäße Ergebnis dieser Entwicklung. Wo aber die Landesgesetze das Anfechtungsrecht regelten, gelangten sie zu sehr erheblichen Verschiedenheiten. Bald begnügten sie sich damit, das gemeine Recht in einzelnen Punkten zu erläutern und zu ergänzen. So insbesondere[5]) der a. 1167 code civil[6]). Bald unternahmen sie vollständige Kodifikationen des Anfechtungsrechtes. So im engsten Anschluß an das gemeine Recht die §§ 1509—1518 des sächsischen BGB. (dazu G. v. 20. 6. 1868 gegen Vermögensentäußerungen eines Ehegatten) und in einer weit freieren und zeitgemäßeren Weise, die Fortschritte der französischen Fallimentsgesetzgebung des Jahres 1838 und damit der Statuten italienischer Handelsstädte verwertend[7]) die preußische Gesetzgebung von 1855[8]). Sie regelt die Konkursanfechtung und die Einzelanfechtung erschöpfend in zwei verschiedenen Gesetzen, die erstere in den §§ 99—112 der Konkursordnung v. 8. Mai 1855, die letztere in dem Gesetze, betr. die Befugnis der Gläubiger zur Anfechtung der Rechtshand-

[3]) Lenel a. a. O. S. 17 ff.; vgl. auch Brand a. a. O. S. 5 ff. mit Lit.

[4]) Nachweise i. d. Begründung S. 7 Note 2.

[5]) Weitere Nachweise Begründung S. 8.

[6]) Darüber eingehend Zachariä-Crome Französisches Zivilrecht II § 293 mit Literatur. Die Gläubiger des Nichtkaufmanns sind, da sich nach französischem Rechte Konkurs und liquidation judiciaire auf Kaufleute beschränken, noch heute in Frankreich auf diese Anfechtung angewiesen. Über die konkursmäßige Anfechtung des französischen Rechts siehe Jaeger KO. § 29 Anm. 63 mit Verweisungen. Daselbst auch andere fremde Rechte.

[7]) Das gilt namentlich für die Hauptfälle der dritten, auf den Konkurs beschränkten Anfechtungsart, für die Anfechtung der unter den Vorzeichen des Konkurses geschehenen Deckungen (jetzt § 30 KO.).

[8]) Meischeider, Die preußische Gesetzgebung über das Anfechtungsrecht der Gläubiger (Berlin, 1864).

lungen zahlungsunfähiger Schuldner außerhalb des Konkurses, für die Landesteile, in welchen das Allg. Landrecht und die Allg. Gerichtsordnung Geltung haben, v. 9. Mai 1855 *). Auf diesen preußischen Gesetzen beruht das Reichsanfechtungsrecht [siehe II], das seinerseits wiederum zum unmittelbaren Vorbilde des österreichischen Anfechtungsgesetzes v. 16. März 1884 geworden ist. Im österreichischen Rechte weicht die Prägnanz des deutschen Gesetzes mitunter, wie z. B. bei Aufzählung der anfechtbaren Unterlassungen (§§ 13, 37), einer das richterliche Ermessen unliebsam einschränkenden Kasuistik, während andrerseits mancher wichtige, aber unausgesprochene Gedanke des deutschen Gesetzes, wie der Grundsatz der gerichtlichen Geltendmachung (§§ 16 II, 29, 30, 32 II) und der Zulässigkeit einer Anfechtung wegen später entstandener Schulden (§ 32 I), das Gebot der Werterstattung bei Unmöglichkeit der Naturalrestitution (§§ 17 II, 37) und die Bezeichnung der außerkonkursmäßigen Anfechtungsschuld als Leistungs- oder Duldungspflicht (§ 35) einen seiner Bedeutung entsprechenden positiven Ausdruck gefunden hat. Im wesentlichen die gleichen Grundlagen wie das deutsche und österreichische Recht hat auch das durch seine besonders knappe Fassung auffallende, die Freiheit der richterlichen Würdigung ausdrücklich wahrende Anfechtungsrecht der Schweiz (a. 285—292 des Bundesgesetzes über Schuldbetreibung und Konkurs v. 11. April 1889; Titelrubrik: „Anfechtungsklage").

II. Durch Gesetz v. 20. Dezember 1873 ist die Zuständigkeit der Reichsgesetzgebung auf das gesamte bürgerliche Recht, das Strafrecht und das gerichtliche Verfahren erstreckt und damit insbesondere auch ihre Zuständigkeit zur Ordnung der Gläubigeranfechtung innerhalb und außerhalb des Konkurses begründet worden. Die Anfechtung zugunsten der Konkursgläubigerschaft des Schuldners hat daraufhin in der unterm 10. Februar 1877 publizierten Konkursordnung eine durch hohe technische Sicherheit ausgezeichnete und den Verkehrsbedürfnissen gerecht werdende Regelung gefunden. Es wäre indessen halbe Arbeit gewesen, hätte das Reichsrecht nicht auch die Einzelanfechtung geordnet. Schon die Motive zur KO. S. 95 bezeichnen die einheitliche Gestaltung der konkursmäßigen und außerkonkursmäßigen Gläubigeranfechtung als „wünschenswert", weil „sonst Gläubiger und Schuldner die Verschiedenheiten leicht dazu mißbrauchen könnten, durch Herbeiführung oder Beseitigung eines Konkursverfahrens der Anfechtung einer Handlung vorzubeugen". Allein sie glauben, die Verwirklichung der erwünschten Rechtseinheit der Landesgesetzgebung anheim-

*) Mit dem preußischen Anfechtungsgesetze stimmen völlig überein die Verordnung für das Herzogtum Holstein v. 14. Juli 1863 und das Gesetz für das Herzogtum Sachsen-Meiningen v. 23. Dezember 1868, in vielen Punkten auch das altenburgische Gesetz vom 26. Januar 1872.

stellen zu dürfen. Diese Enthaltsamkeit mag bei der damaligen Belastung des Reichsgesetzgebers erklärlich erscheinen, ihre Durchführung aber würde höchst bedenklich gewesen sein, da — wie die von einzelnen Bundesstaaten ausgearbeiteten Entwürfe beweisen — weder ein voller Einklang mit den Sätzen des Konkursrechts noch die erforderliche Übereinstimmung der Einzelgesetze untereinander erzielt worden wäre. Auch würde in Ermangelung der Zuständigkeit des Reichsgerichts die Hauptgewähr einheitlicher Rechtsanwendung gefehlt haben[10]). Auf Anregung eines Bundesstaates richtete daher das Reichsjustizamt im Mai 1877 an alle deutschen Regierungen ein Schreiben, in dem erklärt wurde: dem Reichsjustizamt erscheine die reichsgesetzliche Regelung der Einzelanfechtung angemessener als die landesgesetzliche, und es bitte daher um Zusendung der „entsprechenden Materialien, um daraufhin prüfen zu können, ob wirklich der Weg der Reichsgesetzgebung beschritten werden solle" (Protokolle S. 861). Infolgedessen haben Preußen und andere Bundesstaaten davon abgesehen, in ihre Ausführungsvorschriften zu den Reichsjustizgesetzen Bestimmungen über die Anfechtung außerhalb des Konkurses aufzunehmen. Einzelne Staaten, namentlich Bayern und Württemberg, haben dagegen vorsorglicherweise Entwürfe dieses Inhalts ausgearbeitet. In Bayern wurden die Vorschriften über die Einzelanfechtung sogar bereits als Bestandteil des AG. z. ZPO. u. KO. v. 23. Februar 1879 publiziert (G. u. VBl. v. 15. März 1879), da der bayerischen Regierung bis dahin von der Ausarbeitung eines Reichsentwurfes, zu der sich das Reichsjustizamt unterdessen entschlossen hatte, keine Kenntnis geworden war. Die nicht ganz unbegründete Verstimmung Bayerns und Württembergs kam darin zum Ausdrucke, daß beide im Bundesrat ihre Vota gegen den Gesetzentwurf abgaben, und daß bei der ersten Beratung im Plenum des Reichstags (28. April 1879) ein bayerischer und ein württembergischer Abgeordneter über das Vorgehen der Reichsregierung Klage führten (Protokolle S. 859 ff.).

Der im Reichsjustizamt ausgearbeitete, mit einer sorgfältigen „Begründung" versehene Entwurf (Nr. 115 der Reichstagsdrucksachen, 4. Legislatur-Periode, II. Session, 1879) beschränkt sich darauf, „die in der KO. angenommenen Grundsätze auf das Anfechtungsrecht außerhalb des Konkurses zu übertragen" und „neue Bestimmungen nur insoweit zu treffen, als eine Verschiedenheit der Verhältnisse vorliegt, je nachdem über das Vermögen des Schuldners das Konkursverfahren eröffnet ist oder nicht" (Begr. S. 11). Er wurde vom Reichstag an eine bereits mit der Vorberatung des Gesetzentwurfs über die Konsulargerichtsbarkeit betraute Kommission von 21 Mit-

---

[10]) Bis zum 1. Januar 1900 war übrigens trotz der reichsgesetzlichen Regelung der Anfechtung dem bayerischen obersten Landesgericht eine mit dem Reichsgerichte konkurrierende letztinstanzliche Zuständigkeit verliehen. Erst der a. IX EG. z. KNovelle hat sie beseitigt.

gliedern überwiesen, die zum Berichterstatter den Abgeordneten Dr. Wolffson wählte. Die Protokolle dieser Kommission sind nicht gedruckt. Auch einen schriftlichen Bericht hat sie nicht erstattet. Ihre Abänderungsanträge sind in Nr. 358 der Reichstagsdrucksachen, 4. Legislatur-Periode, II. Session, 1879 zusammengestellt. Bei der zweiten Beratung im Plenum des Reichstags (11. Juli 1879) erstattete Wolffson mündlichen Bericht (Protokolle S. 2267 ff.) über das Ergebnis der Kommissionsberatungen, nachdem zuvor der Staatssekretär des Reichsjustizamts erklärt hatte: der Ausschuß des Bundesrats für Justizwesen hat die Kommissionsbeschlüsse „zur Beratung gezogen und ist bei dieser Beratung zu der Überzeugung gekommen, daß keine der Abänderungen, welche die Kommission beantragt hat, zu beanstanden sei, sogar eine Reihe von Abänderungen auch unsererseits als Verbesserungen anerkannt würden" (Protokolle S. 2268). So wurden denn auch alle Kommissionsvorschläge ohne Debatte in zweiter und ebenso in der dritten Lesung (12. Juli 1879, Protokolle S. 2361) vom Reichstag angenommen.

Bereits unterm 21. Juli 1879 wurde das Gesetz, betreffend die Anfechtung von Rechtshandlungen eines Schuldners außerhalb des Konkursverfahrens, publiziert (RGBl. 1879 Nr. 30 S. 277). Es ist mit der Konkursordnung und den übrigen Reichsjustizgesetzen am 1. Oktober 1879 in Kraft getreten (§ 14). Auf Helgoland gilt es seit 1. April 1891 (Kais. Verordnung v. 22. März 1891, RGBl. S. 21).

III. Die Neuordnung des bürgerlichen Rechts gab auch Anlaß zu einigen Abänderungen der Vorschriften über die Gläubigeranfechtung, insbesondere zur Einschaltung der §§ 42, 222, 228 (236) KO. und des § 3a AnfG., sowie des mittelbar für die Anfechtung bedeutsamen § 9 KO. Zugleich wurde die Schenkungsanfechtung mit dem ehelichen Güterrecht des BGB. in Einklang gebracht (§ 32 Nr. 2 KO., § 3 Nr. 4 AnfG.) und die Anfechtung gegen Sonderrechtsnachfolger erweitert (§ 40 KO., § 11 AnfG.). Diese Änderungen sind nicht zu beanstanden. Dagegen hat die ganz und gar unangebrachte Anpassung des Wortlauts der §§ 3, 4, 12, 13 AnfG. (§ 41 KO.) an die Technik des BGB. zu der Vorstellung verleitet, als sei die Gläubigeranfechtung nunmehr mit der Anfechtung wegen eines Willensmangels auf eine Stufe zu stellen.

Die Neuerungen sind enthalten in dem Gesetze v. 17. Mai 1898, betr. Änderungen der Konkursordnung (RGBl. Nr. 21 S. 230), und dem dazu gehörenden Einführungsgesetze vom gleichen Tage (RGBl. Nr. 21 S. 248), die beide mit dem BGB. am 1. Januar 1900 Gesetzeskraft erlangt haben (a. I EG. z. KNov.). Über die Entstehung dieser Gesetze siehe Jaeger KO. S. XII f. Auf Grund eines weiteren Gesetzes desselben Datums, betr. die Ermächtigung des Reichskanzlers zur Bekanntmachung der Texte verschiedener Reichsgesetze (RGBl. Nr. 21 S. 342), hat der Reichskanzler die Konkursordnung (mit fortlaufender Paragraphenfolge) und das Anfechtungsgesetz unterm 20. Mai 1898 in Nr. 25 S. 612 u. S. 709 RGBl. mit den durch die Novelle verordneten Änderungen bekannt gemacht. Der a. IX EG. z. KNov. hat die Revisionszuständigkeit des bayerischen obersten Landesgerichts für Anfechtungsklagen innerhalb und außerhalb des Konkurses beseitigt.

IV. „Die gesamten Materialien zu den Reichsjustizgesetzen" hat auf amtliche Veranlassung C. Hahn herausgegeben. Der vierte Band dieser Sammlung (Berlin, v. Decker, Neudruck 1898) enthält die Materialien der KO. und des AnfG. Eine Fortführung der Sammlung von B. Mugdan (1897) bringt die Materialien der Novelle (mit EG.), soweit sie nicht in den Materialien des BGB. enthalten sind. Die Seitenzahlen der amtlichen Drucksachen sind in der Hahn-Mugdanschen Ausgabe durchgehends am Rande vermerkt.

2. Literatur des Anfechtungsgesetzes.

I. **Kommentare:**

1. **der Konkursordnung:**

Hullmann (1879),

Jaeger (2. Aufl. 1904),

Petersen-Kleinfeller (4. Aufl. 1900),

v. Sarwey-Bossert (4. Aufl. 1901),

v. Völderndorff (2. Aufl. 1885),

v. Wilmowski-Kurlbaum (K. u. A.) -Kühne (6. Aufl. seit 1902, AnfG. noch nach der 5. Aufl. zitiert),

Wolff (1900).

Von diesen Kommentaren enthalten die von Petersen-Kleinfeller, v. Völderndorff und v. Wilmowski zugleich Erläuterungen des Anfechtungsgesetzes.

Handausgaben: K. Meyer (1899), Meyerhoff (1904) mit AnfG.

2. **nur des Anfechtungsgesetzes:**

Hartmann-Meikel (5. Aufl. 1904).

Handausgaben: Bernhardi (1903), Luks („erläutert durch die Entscheidungen des RG.", auch die §§ 29—42 KO. enthaltend, 2. Aufl. 1902), Merzbacher (1903), Sydow-Busch (9. Aufl. 1902).

II. **Systematische Literatur:**

1. **Gesamtdarstellungen:**

Cosack, Anfechtungsrecht der Gläubiger eines zahlungsunfähigen

Schuldners innerhalb und außerhalb des Konkurses nach deutschem Reichsrecht (1884),

Grützmann, Anfechtungsrecht der benachteiligten Konkursgläubiger (1882),

Jaeckel, Anfechtung von Rechtshandlungen zahlungsunfähiger Schuldner außerhalb des Konkurses (2. Aufl. 1889),

Korn, Anfechtung von Rechtshandlungen der Schuldner in und außer dem Konkurse (2. Aufl. 1885),

Otto, Anfechtung von Rechtshandlungen, welche ein Schuldner, zu dessen Vermögen Konkurs nicht eröffnet ist, zum Nachteile seiner Gläubiger vornimmt, nach gemeinem, sächsischem und deutschem Reichsrechte (1881).

Dazu treten Darstellungen in den Systemen des Konkursrechts (Fuchs §§ 8 ff., Fitting 3. Aufl. §§ 15 ff., auch Reichszivilprozeß 10. Aufl. § 121, Endemann §§ 40 ff., Schultze S. 64 ff., Kohler Lehrbuch §§ 37 ff., Leitfaden 2. Aufl. §§ 19 ff., L. Seuffert Konkursprozeßrecht §§ 34 ff., v. Auffeß §§ 16 ff., Schellhas §§ 86 ff.) und des allgemeinen bürgerlichen Rechts (Förster-Eccius Preuß. Privatr. Bd. I 7. Aufl. § 114, Dernburg Preuß. Privatrecht Bd. II 5. Aufl. S. 127 ff.; Mandry-Geib der zivilrechtl. Inhalt der Reichsgesetze 4. Aufl. § 50; Dernburg-Biermann Pandekten 7. Aufl. Bd. II §§ 144 ff., Windscheid-Kipp Pandekten 8. Aufl. Bd. II § 463a; F. Endemann 8. Aufl. Bd. I § 199, Crome Bd. II § 184). Auch der „systematische Kommentar" der KO. von Rintelen (2. Aufl. 1902) sei hier genannt. Eine systematische Zusammenstellung der reichsgerichtlichen Rechtsprechung gibt Strübe in den Annalen der badischen Gerichte Bd. 62 S. 239, 254, 269, 286, 300.

2. **Einzelabhandlungen**, besonders über die rechtliche Natur der Anfechtung (nach der Zeitfolge):

Meyßner bei Gruchot 32 S. 204 ff. (1888), Lippmann in Iherings Jahrbüchern 36 S. 145 ff. (1896), Hellwig i. d. Z. f. Zivilpr. 26 S. 474 ff. (1899), Linsmayer Grund und Umfang der Haftung wegen Benachteiligung der Gläubiger (Münchener Diss. 1900), K. Meyer i. d. Bl. f. Rechtsanwdg. 65 S. 257 ff., 277, 293 ff. (1900) u. i. d. JW. 1902 S. 613 ff., Wendt Unterlassungen u. Versäumnisse (1901) S. 288 ff. (Sonderabdruck aus dem Arch. f. zivilist. Praxis), A. Hüneberg Einfluß der Eröffnung u. Beendigung des Konkurses auf das Anfechtungsrecht (Erl. Diss. 1901), Herm. Müller Anfechtungsrecht der Gläubiger mit Beziehung auf die Anfechtungslehre des BGB. (Tüb. Diss. 1902), Silbermann Konkurspauliana (Würzb. Diss. 1902), Gaze Folge der Anfechtung (Hall. Diss. 1903), Bernhardi i. d. Annalen d. Deutschen Reichs 1903 S. 224 ff., Kleinfeller i. d. JurZtg. 1903 S. 386 ff.,

Sperlich Streitfragen des Konkursrechts (Hall. Diss. 1904), Voß in Jherings Jahrbüchern 47 S. 233 ff. (1904), Oertmann i. d. Z. f. Zivilprozeß 33 S. 1 ff. (1904), Kurlbaum i. d. JW. 1905 S. 5 ff., Jaeger i. d. JurZtg. 1905 S. 129 ff., Hellmann i. d. Bl. f. Rechtsanwdg. 70 S. 401 ff. (1905). Weitere Monographien sind bei den betreffenden Paragraphen des AnfG. genannt.

III. Von der Literatur **des ausländischen Rechts** haben namentlich die Werke über das österreichische und schweizerische Recht für uns unmittelbaren Wert [siehe oben S. 17].

1. **Österreich**: Kommentar von Emil Steinbach, 3. Aufl. besorgt von Alb. u. Armin Ehrenzweig (Wien 1905); Systeme von Adolf Menzel, Anfechtungsrecht der Gläubiger (Wien 1886), Horaz Krasnopolski, Anfechtungsrecht der Gläubiger (Wien 1889); dazu Pollak (österreichisches) Konkursrecht (Berlin 1897) S. 10 f., 339 ff. mit Literaturangaben; siehe namentlich auch Krasnopolski Studien in Grünhuts Zeitschr. 14 S. 41 ff. (1887), 15 S. 1 ff. (1888).

2. **Schweiz**: Kommentare von C. Jaeger (Zürich 1901) und Weber-Brüstlein (2. Aufl. bearbeitet von Reichel, Zürich 1900); Einzelabhandlung: E. Brand, das Anfechtungsrecht der Gläubiger (mit historischer Einleitung, Bern 1902; weitere Literatur daselbst S. VIII ff.).

3. Das System der Gläubigeranfechtung innerhalb und außerhalb des Konkurses.

A. Begriff und Wesen.

I. So alt als der Kredit ist die Erfahrung, daß bedrängte Schuldner mit den verschiedenartigsten und nur allzuoft lichtscheuen Mitteln die Befriedigung ihrer Gläubiger zu vereiteln bestrebt sind. Bald überträgt der Schuldner seine Habe ganz oder teilweise an Angehörige oder an anderen Personen seines Vertrauens; bald verschleudert er sie in Voraussicht seines wirtschaftlichen Zusammenbruchs, um den leichter zu verheimlichenden Erlös beiseite zu schaffen oder mit seiner Hilfe die Konkurskatastrophe hinauszuzögern; bald mißbraucht er die letzten Stunden seiner Verfügungsfreiheit dazu, einzelne Gläubiger vor anderen zu begünstigen. Dieser Gefahr gegenüber bedarf der Personalkredit einer gesetzlichen Sicherstellung. So zweifellos nun aber das Schutzbedürfnis ist, so schwierig erscheint die Aufgabe, den erforderlichen Rechtsschutz ohne ernste Erschütterung der Verkehrssicherheit zu gewähren. Denn die Verkehrssicherheit fordert, daß die

Handlungen einer nicht erkennbar verfügungsbeschränkten Person aufrecht erhalten werden; dem Schuldner aber lediglich deshalb, weil er Schuldner ist, die Verfügung über sein Vermögen zu entziehen, das geht offenbar nicht an. So beruht der Schutz, den das Gesetz den Gläubigern gegenüber nachteiligen Verkürzungen des Schuldnervermögens bietet, auf einer Abwägung widerstreitender Interessen, und darum wird er auch von verschiedenen Gesetzgebungen in verschiedener Weise und in verschiedenem Umfange verwirklicht.

II. Das geltende deutsche Gesetz ermächtigt die Gläubiger in bestimmten Grenzen zu dem Verlangen, daß ein zu ihrem Nachteil entäußerter Gegenstand des Schuldnervermögens vom Erwerber primär in Natur, subsidiär dem Werte nach so dem Gläubigerzugriff überlassen werde, als ob er niemals aus dem Schuldnervermögen ausgeschieden wäre. Dieses Recht ist das Anfechtungsrecht im subjektiven Sinne oder (was dasselbe besagt) der Anfechtungsanspruch. Die Gesamtheit der Normen über die Voraussetzungen und den Inhalt dieser Berechtigung bilden das Anfechtungsrecht im objektiven Sinne. Insofern sie dazu dient, die frühere Zugriffsmöglichkeit wiederherzustellen, bildet die Anfechtung ein Hilfsmittel der Exekution und zwar der Zwangsvollstreckung wie des Konkurses. Nicht als ob sie nur der Ausfluß eines publizistischen Rechtes der Partei auf den staatlichen Zwang wäre. Vielmehr ist der Anfechtungsanspruch ein reines Privatrecht, kraft dessen der Erwerber der anfechtbaren Leistung den benachteiligten Gläubigern gegenüber zu einer den vereitelten Zugriff wieder ermöglichenden „Rückgewähr" verpflichtet wird. Nur liegt es im Wesen dieses Rechtes, daß seine Verfolgbarkeit erst dann eintritt, wenn sich das Schuldnervermögen zur Zwangsbefriedigung der Gläubiger als unzulänglich erwiesen hat, wenn also entweder die Zwangsvollstreckung ohne Erfolg versucht (§ 2 AnfG.) oder der Konkurs eröffnet worden ist (§ 29 KO.). Einem entsprechend subsidiären Zwecke dient — im Regelfalle wenigstens — die Bürgenhaftung (§§ 771, 773 Nr. 3 u. 4 BGB.), die doch darum nicht aufhört, ein privatrechtliches Schuldverhältnis zu sein. Mit der Bürgenhaftung hat die gesetzliche Rückgewährpflicht des Anfechtungsgegners auch das gemein, daß sie eine Hauptverbindlichkeit voraussetzt. Während aber für die Verpflichtung des Bürgen der jeweilige Bestand einer bestimmten Hauptverbindlichkeit maßgebend ist (§ 767 BGB.), sichert das Anfechtungsrecht in den Grenzen der Rückgewährpflicht die Zwangsbefriedigung einer unbestimmten Anzahl gegenwärtiger und selbst zukünftiger Verbindlichkeiten. Diese Verbindlichkeiten müssen Geldschulden sein. Außerhalb wie innerhalb des Konkurses bildet die Anfechtung ein Hilfsmittel der Geldvollstreckung. Hier wie dort ist sie ein subsidiäres und akzessorisches Recht der durch die anfechtbare

Vermögensentäußerung benachteiligten Gläubiger. Darum wird sie passend „Gläubigeranfechtung" genannt.

III. Je nachdem die Anfechtung der Einzelvollstreckung oder dem Konkurs aufzuhelfen bezweckt, unterscheiden wir eine Einzelanfechtung (geregelt im AnfG.) und eine Konkursanfechtung (geregelt in der KO.). Die zweite ist wichtiger und umfassender als die erste und hat nach der Entwicklung unseres Reichsrechtes der ersten zum Vorbilde gedient. Beide haben dieselbe rechtliche Natur. Während aber die Konkursanfechtung ein gemeinschaftliches Recht der Konkursgläubigerschaft ist, das ausschließlich der Konkursverwalter als gesetzlicher Vertreter dieser Gesamtheit ausübt (§§ 29, 36 KO.), bildet die Einzelanfechtung ein Sonderrecht jedes benachteiligten Gläubigers (§§ 1, 7 AnfG.). Eine Anfechtung „außerhalb des Konkursverfahrens", wie sie das Gesetz v. 21. Juli 1879 nennt, ist die Einzelanfechtung nur insofern, als sie nicht für Rechnung der Konkursgläubigerschaft des Schuldners erfolgt. Sie findet auch während des Konkurses statt, sei es zugunsten eines Nichtkonkursgläubigers, namentlich eines Absonderungsberechtigten, sei es zugunsten eines einzelnen Konkursgläubigers, insofern diesem der § 13 V AnfG. in Durchbrechung des Verbotes der Sondervollstreckung (§ 14 KO.) schon während des Konkurses die Anfechtung der Entäußerung konkursfreien Neuerwerbs verstattet.

B. Die Voraussetzungen der Anfechtung.

I. **Allgemeines Erfordernis** der Anfechtbarkeit ist eine Rechtshandlung, durch welche die Gläubiger benachteiligt werden.

1. Rechtshandlung ist jede Willensbetätigung mit Rechtserfolg, einerlei, ob dieser erstrebt war oder nicht. Der Begriff ist weiter als der des Rechtsgeschäfts d. h. einer Privatwillenserklärung mit dem gewollten Rechtserfolg. Von den Rechtsgeschäften kommen hier in erster Linie die Verfügungen (Veräußerung, Belastung, Verzicht, Erlaß, Aufrechnung, Kündigung usw.), aber auch Schuldbegründungsakte (z. B. Kaufverträge, Darlehensaufnahmen, Verbürgungen) in Betracht. Die Rechtshandlung kann auch in einem Unterlassen bestehen z. B. im absichtlichen Nichtunterbrechen einer Verjährung oder Ersitzung, in der absichtlichen Nichtprotestierung eines Wechsels. Auch prozessuale Rechtshandlungen (z. B. Geständnisse, Nichtverhandeln, Rechtsmittelverzicht) unterliegen der Anfechtung.

Eine Rechtshandlung „des Schuldners" wird bei der Einzelanfechtung überall, bei der Konkursanfechtung in den §§ 30 Nr. 1 Fall 1, 31 u. 32 KO. vorausgesetzt. Wo es einer Beteiligung des Schuldners am anzufechtenden Rechtsakte nicht bedarf (§ 30 Nr. 1 Fall 2 u. Nr. 2 KO.), kann auch ein ohne und wider Willen des Schuldners erfolgter Akt, insbesondere eine ohne jedes

Zutun des Schuldners geschehene Vollstreckungshandlung, ja sogar die Beitreibung einer völlig unanfechtbaren Schuld, selbständig anfechtbar sein (§ 30 Nr. 1 Fall 2, Nr. 2 mit § 35 KO.). Um so mehr bleibt eine an sich anfechtbare Rechtshandlung auch dann noch der Anfechtung ausgesetzt, wenn der Gläubiger einen Vollstreckungstitel (z. B. für seine Forderung aus einem Schenkungsversprechen ein Anerkenntnis- oder Versäumnisurteil) erwirkt und Vollstreckungsakte vorgenommen hat (§ 35 KO., § 6 AnfG.). Sonst könnte der Schuldner jede Gläubigeranfechtung dadurch vereiteln, daß er sich verurteilen läßt.

Meist besteht die anfechtbare Rechtshandlung in direkter Überführung eines Gegenstandes aus dem Vermögen des Schuldners in das Vermögen des Bedachten. Nicht selten aber vollzieht sich der Benachteiligungsakt auch auf Umwegen (indirekte Zuwendung). So z. B. dadurch, daß der Schuldner eine ihm gebührende Leistung (etwa die Übereignung einer gekauften Sache) schenkweise an den Bedachten bewirken läßt. Was hier der Drittschuldner auf Weisung des Schuldners leistet, unterliegt, wenngleich es in dieser Gestalt niemals im Schuldnervermögen vorhanden war, der Anfechtung ganz ebenso wie unmittelbare Zuwendungen. So hat im Beispielsfalle der Bedachte die Kaufsache selbst „zurückzugewähren".

Die Rechtshandlung muß bei der Konkursanfechtung regelmäßig vor Konkursbeginn erfolgt sein (§ 29 KO.). Rechtsakte nach Konkursbeginn unterliegen unter den sonstigen Voraussetzungen (z. B. als Schenkungen) der Konkursanfechtung nur, soweit sie mit Rücksicht auf den öffentlichen Glauben des Grundbuchs ausnahmeweise den Konkursgläubigern gegenüber wirksam sind (§ 42; vgl. §§ 7, 14, 15 KO.).

2. Anfechtbar ist nach dem Zwecke der Gläubigeranfechtung immer nur ein Rechtsakt, der die Gläubiger benachteiligt, d. h. ihre Befriedigung unmittelbar oder mittelbar verkürzt. Ohne Beeinträchtigung des Gläubigerzugriffs keine Gläubigeranfechtung! Für dieses allgemeine Anfechtungserfordernis trägt der anfechtende Konkursverwalter oder Einzelgläubiger die Beweislast. Es fehlt namentlich im Falle der Veräußerung beschlagsfreier (z. B. bei Erlassung unpfändbarer Forderungen) oder fremder Vermögensgegenstände. Ebenso bei Verfügungen über pfandüberlastete Sachen, wenn die Überlastung fortbesteht. Ebenso bei der Ablehnung eines nicht einmal bedingt vollzogenen Erwerbs z. B. einer Schenkungsofferte. Die Ausschlagung von Erbschaften und Vermächtnissen ist arg. § 9 KO. einer Korrektur im Wege der Konkursanfechtung wie der Einzelanfechtung schlechthin entzogen.

Die Benachteiligung liegt entweder in einer Schmälerung der Aktiven oder in einer Erhöhung der Passiven. In beiden Fällen muß sie mit der anzufechtenden Handlung in ursächlichem Zusammenhange stehen und zwar derart, daß sich ohne Dazwischentreten dieser Handlung die Rechtslage der Gläubiger günstiger gestaltet haben würde.

Regelmäßig genügt eine mittelbare Benachteiligung. Nur in den Fällen der §§ 30 Nr. 1 (Halbs. 1), 31 Nr. 2 KO., § 3 Nr. 2 AnfG. wird verlangt, daß die Gläubiger schon „durch die Eingehung" des Rechtsgeschäfts, schon „durch den Abschluß des Vertrags" benachteiligt worden sind. Diese Fassung ist absichtlich so gewählt, um das Erfordernis unmittelbarer Benachteiligung auszudrücken. Daher versagt in diesen Ausnahmefällen die Anfechtung, wenn die Benachteiligung erst nach dem Geschäftsabschluß infolge eines davon unabhängigen Ereignisses eintrat, sei es infolge späterer Handlungen des Schuldners (Verbrauch, Mitnahme auf die Flucht), sei es infolge anderer Umstände (Entwertung, Zerstörung, Entziehung durch Dritte). Das Umsatzgeschäft selbst ist also in diesen Ausnahmefällen stets unanfechtbar, wenn ein vom Standpunkte der Gläubigerschaft aus vollwertiger — für die Vollstreckung nicht minder tauglicher — Gegenvorteil, wäre es auch Bargeld, in das Vermögen des Schuldners gelangte. In den Regelfällen dagegen, in denen auch eine mittelbare Benachteiligung ausreicht (z. B. § 31 Nr. 1 KO., § 3 Nr. 1 AnfG.), genügt es schon, daß dem Schuldner durch Umsetzung von Vermögensstücken in Bargeld das Verschleudern erleichtert wurde: der Umsatzakt an sich schon, nicht erst die Verschleuderung ist anfechtbar. Hier braucht die Benachteiligung erst zur Zeit der Anfechtung vorzuliegen, während sie in den Ausnahmefällen schon zur Zeit „der Eingehung" des Geschäfts, zur Zeit „des Abschlusses" des Vertrags gegeben sein muß.

II. Nicht jeder Benachteiligungsakt ist anfechtbar. Vielmehr entsteht ein Anfechtungsrecht nur, wenn sich die Benachteiligung der Gläubiger unter bestimmten erschwerenden Umständen vollzieht. Es müssen **besondere Anfechtungsgründe** hinzutreten. Diese Gründe sind: die Absicht der Gläubigerbenachteiligung (§ 31 KO., § 3 Nr. 1 u. 2 AnfG.) und die Unentgeltlichkeit der Zuwendung (§§ 32, 222 KO., §§ 3 Nr. 3 u. 4, 3a AnfG.). Danach unterscheiden wir innerhalb wie außerhalb des Konkurses „Absichtsanfechtung" und „Schenkungsanfechtung". Dazu kommt noch eine dritte Anfechtungsart, die aber dem Konkurs eigentümlich ist und darum als „besondere Konkursanfechtung" (§ 30 KO.) bezeichnet sein soll. Sie beruht auf dem Gedanken, daß das Vermögen eines Schuldners zugunsten der Gesamtheit seiner Gläubiger gebunden ist, sobald sich einmal bestimmte Vorboten des Konkurses — Zahlungseinstellung oder Eröffnungsantrag — eingestellt haben. Ihr Hauptwert liegt darin, daß sie den Grundsatz der par condicio creditorum zurückerstreckt auf die Zeit des „imminenten" („materiellen") Konkurses (im Unterschiede vom rechtsförmlich eröffneten) und damit ein Gegengewicht gegen das unsere Zwangsvollstreckung beherrschende Präventionsprinzip bildet. Vgl. auch § 55 Nr. 3 KO.

1. **Die besondere Konkursanfechtung** (§ 30 KO.).

a) Erwerbsakte in Kenntnis der Zahlungseinstellung oder des Konkursantrags sind anfechtbar und zwar in zwei Gruppen:

α) als neueingegangene, die Konkursgläubiger unmittelbar benachteiligende Rechtsgeschäfte des Gemeinschuldners (§ 30 Nr. 1 Fall 1). Beispiele: Kauf über und Verkauf unter dem Werte, Zahlung und Sicherung fremder Schuld, Erlaß und Stundung. Hierher gehören insbesondere die Schleudergeschäfte am Vorabend des Konkurses.

β) als Deckungen (Sicherung oder Befriedigung) eines Konkursgläubigers (also nicht z. B. eines Aussonderungsberechtigten als solchen oder eines Absonderungsberechtigten aus dem Pfande), auch wenn die Deckung ohne Zutun des Schuldners erlangt ist (Nr. 1 Fall 2 und Nr. 2). Doch bleiben Wechselzahlungen des Kridars, die der Empfänger bei Verlust des Regresses annehmen mußte, aus Billigkeitsgründen unanfechtbar. Wer aber in Kenntnis der Krise einen Wechsel begibt oder begeben läßt, um sich auf Schleichwegen zu sichern, was bei direkter Leistung anfechtbar wäre (§ 30 Nr. 1 Fall 2 KO.), der muß die gezahlte Wechselsumme zur Konkursmasse zurückerstatten (§ 34 KO.).

b) Der Begriff der Zahlungseinstellung ist im Gesetze nicht bestimmt. Er entstammt dem kaufmännischen Geschäftsverkehr und bereitet der Anwendung auf Nichtkaufleute große Schwierigkeiten. Nach einer in der Rechtsprechung des Reichsgerichts entwickelten Auslegung ist Zahlungseinstellung die Erklärung des Schuldners an seine Gläubiger, daß er wegen andauernden Mangels an Zahlungsmitteln seine sofort zu erfüllenden Geldschulden im wesentlichen nicht mehr erfüllen könne. Die Erklärung kann ausdrücklich (z. B. durch mündliche Eröffnung, Inserat, Rundschreiben) oder in konkludenter Handlung (z. B. Schließung des Geschäfts, Flucht) abgegeben werden. Sie muß sich auf die Allgemeinheit der Schulden beziehen. Das Nichtzahlen muß auf einem Nichtkönnen beruhen. Eine nur vorübergehende Zahlungsverlegenheit (Zahlungsstockung) ist keine Zahlungseinstellung.

c) Wegen Kenntnis der „Zahlungseinstellung" kann ein Erwerbsakt nicht mehr angefochten werden, wenn der Akt — nicht die Zahlungseinstellung — bei Konkursbeginn um mehr als sechs Monate zurückliegt (§ 33, vgl. § 55 Nr. 3 KO.).

Wegen Kenntnis des Eröffnungsantrages (§ 103 KO.) können auch Rechtshandlungen, die früher als sechs Monate vor dem

Konkurs erfolgten, angefochten werden. Vorausgesetzt wird jedoch, daß der damals beantragte Konkurs auch wirklich eröffnet worden ist.

d) Hat ein Vertreter (z. B. Vormund) den anzufechtenden Erwerb vermittelt, so entscheidet dessen Kenntnis. Nur wenn der Vertreter ein nach bestimmter Weisung des Vertretenen handelnder „Bevollmächtigter" war, genügt zur Anfechtbarkeit auch die Kenntnis des Vertretenen. § 166 BGB. Auf den „im Auftrage" des Gläubigers pfändenden Gerichtsvollzieher läßt sich der § 166 BGB. nicht einmal entsprechend anwenden, weil der Gerichtsvollzieher aus dem Grunde einer Kenntnis der Krise die Pfändung gar nicht ablehnen darf. Er muß pfänden und die Gefahr der Anfechtung (wer weiß, ob es dazu kommt!) seinem „Auftraggeber" überlassen. In den Fällen der Gesamtvertretung (Beispiele: § 1797 I BGB., § 232 I 1 HGB.) genügt die Kenntnis eines einzigen Vertreters.

e) Die Kenntnis der Zahlungseinstellung oder des Eröffnungsantrages hat der anfechtende Verwalter zu beweisen. Eideszuschiebung: unten S. 37. Eine Ausnahme gilt für die Anfechtung einer dem Empfänger nicht gebührenden Sicherung oder Befriedigung (**inkongruente** Deckung). Hier gehört die Kenntnis der Krise nicht zum Klagegrund der Anfechtungsklage. Vielmehr muß der Empfänger der inkongruenten Deckung im Wege der Einwendung die doppelte Negative einer Unkenntnis der Krise und der Unkenntnis einer Begünstigungsabsicht des Schuldners geltend machen und dementsprechend im Streitfalle beweisen. Der Verdacht einer Kollusion ist der gesetzgeberische Grund der Nr. 2, nicht aber Gegenstand einer gesetzlichen Vermutung. Bei inkongruenter Deckung gilt überdies die Verschärfung, daß auch eine in den letzten zehn Tagen vor der Zahlungseinstellung oder dem Eröffnungsantrag erlangte Sicherstellung oder Befriedigung anfechtbar ist. § 30 Nr. 2. Letzternfalls hat der Anfechtungsgegner nur die Unkenntnis der Begünstigungsabsicht nachzuweisen. Strafvorschrift: § 241 KO. (Gläubigerbegünstigung).

Inkongruent ist die Deckung, wenn sie der Gläubiger nach materiellem Rechte überhaupt nicht (weil z. B. die erfüllte Forderung wegen Drohung oder arglistiger Täuschung entkräftbar gewesen ist: §§ 123, 142 BGB.) oder nicht in der Art (so im Falle der datio in solutum) oder nicht zu der Zeit (die Forderung war bedingt oder betagt) zu beanspruchen hatte. Im Recht auf Befriedigung liegt keineswegs auch ein Anspruch auf Sicherung. Die Sicherung ist nicht ein minus, sondern ein aliud gegenüber der Befriedigung überhaupt und ein plus gegenüber der dem Gläubiger bevorstehenden prozentualen

Konkursbefriedigung insbesondere. Selbst der Vollstreckungstitel verleiht keinen „Anspruch“ auf Sicherung, jedenfalls nicht einen materiell-rechtlichen Sicherungsanspruch gegenüber dem Schuldner, wie er zum Begriffe der kongruenten Deckung erfordert wird. Vielmehr ist auch das Vollstreckungspfandrecht (Pfändungspfandrecht, Beschlagnahmevorrecht, Zwangs- und Arresthypothek) als eine Sicherung, die der Gläubiger nicht zu „beanspruchen“ hatte, anfechtbar und zwar selbst dann, wenn er den Titel noch vor der Krisis erwirkt hatte. Daran hat die Rechtsprechung des Reichsgerichts seit einer Entscheidung der vereinigten Zivilsenate v. 6. 12. 1883 Bd. **10**, 33 ständig festgehalten. Den gegenteiligen Standpunkt vertritt die österreichische Praxis. Die Anfechtbarkeit der Vollstreckung wird durch deren Vollzug (z. B. durch Befriedigung des Gläubigers aus dem Erlöse der anfechtbar gepfändeten Sache) nicht geheilt: die Anfechtung geht nun auf Rückgewähr des Erlöses zur Konkursmasse. Insofern eine Bargeldpfändung nach § 815 III ZPO. unmittelbar die zu beanspruchende Befriedigung bewirkt, ist sie wegen Kenntnis der Krise nicht nach Nr. 2, sondern nur nach Nr. 1 Fall 2 anfechtbar (entsprechend: Barzahlung im Gegensatze zur Bestellung eines Pfandes, aus dessen Erlöse sich der Gläubiger befriedigte).

f) Eine unmittelbare Benachteiligung wird nur bei den Rechtsgeschäften der Nr. 1 Fall 1 des § 30 KO. vorausgesetzt. Nur bei ihnen bedarf es einer Handlung „des Gemeinschuldners“. Vollzieht sich die Benachteiligung erst nach Eingehung des Geschäfts, weil z. B. das für die Gläubigerbefriedigung völlig gleichwertige Entgelt einen zufälligen Kursfall oder Untergang erleidet oder vom Schuldner verschleudert wird, so fehlt es am Erfordernisse der Unmittelbarkeit [B I 2].

2. **Die Absichtsanfechtung** (§ 31 KO., § 3 Nr. 1 u. 2 AnfG.).

a) Anfechtbar ist jede Rechtshandlung, die der Schuldner in der dem anderen Teile bekannten Absicht der Gläubigerbenachteiligung vorgenommen hat (Nr. 1). Vorausgesetzt wird also im Regelfalle der Nr. 1:

α) eine „Rechtshandlung“ des Schuldners und zwar aus den letzten dreißig Jahren vor der gerichtlichen Geltendmachung der Anfechtung. § 41 KO., § 12 AnfG.; siehe auch unten S. 38 f.

β) die Absicht des Schuldners, seine Gläubiger zu benachteiligen. Strafvorschriften: §§ 239, 242 (betrüglicher Bankerutt, Bankeruttunterstützung). Im Sinne der Anfechtungslehre ist Absicht der auf den Erfolg der Gläubigerbenachteiligung gerichtete Wille. Daß die Benachteiligung den ausschließlichen oder den letzten Zweck der Schuldnerhandlung bildete, wird nicht vorausgesetzt.

Auch eventuelles Wollen genügt; nicht dagegen Fahrlässigkeit, nicht das Bewußtsein der Benachteiligung. Möglicherweise lassen jedoch die Umstände vom Bewußtsein auf die Absicht schließen. Ob der Schuldner die Benachteiligung aller oder einzelner, bestimmter oder unbestimmter, gegenwärtiger oder zukünftiger Gläubiger gewollt hat, ist an sich belanglos. Waren aber zur Zeit der Handlung überhaupt keine Schulden vorhanden, so wird sich eine Benachteiligungsabsicht kaum erweisen lassen. Im Falle der Vertretung des Schuldners gilt die Analogie des § 166 BGB.

Auch die Deckung — und zwar nicht nur die inkongruente (z. B. verfrühte, durch Leistung an Erfüllungsstatt bewirkte), sondern selbst die vollkommen kongruente Deckung — einer Konkursforderung kann der Absichtsanfechtung unterliegen. So insbesondere, wenn der Schuldner seine letzten Mittel einem Gläubiger im Einverständnisse mit diesem und auf Kosten aller übrigen zuwendet. Hier wird die Absichtsanfechtung dringendes Bedürfnis, falls die Voraussetzungen des § 30 Nr. 1 Fall 2 KO. nicht gegeben oder doch nicht erweislich sind, erst recht, wenn die Eröffnung des Konkurses mangels Zulänglichkeit der Masse zur Kostendeckung tatsächlich nicht zu erzielen ist (vgl. §§ 107, 204 KO.).

γ) Endlich muß die Benachteiligungsabsicht dem anderen Teile zur Zeit der Vollendung seines Erwerbes bekannt gewesen sein. Beim Erwerbe durch Stellvertretung gilt für die Erheblichkeit der Kenntnis des Vertreters das S. 28 zu 1d Bemerkte.

b) Bei Verträgen, die der Schuldner kurz vor seinem Zusammenbruche mit Angehörigen abgeschlossen hat, liegt der Verdacht der Benachteiligungsabsicht und ihrer Kenntnis besonders nahe. Darum bestimmt das Gesetz (§ 31 Nr. 2 KO., § 3 Nr. 2 AnfG.): bei entgeltlichen, die Gläubiger unmittelbar benachteiligenden Verträgen, die der Schuldner im Vorjahre des Konkurses oder der Einzelanfechtung mit gewissen Angehörigen abgeschlossen, hat (im Streitfalle) nicht der Anfechtende die Kenntnis, sondern der Anfechtungsgegner die Unkenntnis einer Benachteiligungsabsicht zu beweisen. Zur Rechtsvermutung ist der Verdacht auch hier nicht erhoben. Vielmehr bildet die Behauptung der Redlichkeit eine rechtsverneinende Einwendung.

Auf diese Einwendung ist auch der Empfänger einer kongruenten Deckung angewiesen, sobald die Anfechtungserfordernisse des § 31 Nr. 2 KO., § 3 Nr. 2 AnfG. feststehen. Doch liegen die Verhältnisse im Falle der Kongruenz tatsächlich meist so, daß die Redlichkeit nicht eigens dargetan zu werden braucht. Eine Beweisregel dieses Inhalts besteht aber weder für inkongruente noch für kongruente Deckungen.

3. **Die Schenkungsanfechtung** (§ 32 KO., § 3 Nr. 3 u. 4 AnfG.).

a) Anfechtbar sind unentgeltliche Verfügungen aus dem letzten und, wenn sie zu gunsten des Ehegatten erfolgten, auch aus dem vorletzten Jahre vor dem Konkurs oder der Einzelanfechtung. Ältere Freigebigkeiten können immerhin einer Absichtsanfechtung ausgesetzt sein.

„Unentgeltlich“ erfolgt jede Zuwendung aus dem Schuldnervermögen, für die der Schuldner nicht eine Gegenleistung „als Entgelt“ zu beanspruchen hat. Entgelt ist aber eine Gegenleistung nur, wenn sie nach der Parteiveranschlagung der Leistung im Werte mindestens gleichkommt. Die Frage der Unentgeltlichkeit beurteilt sich also nicht schlechthin nach dem objektiven Werte von Leistung und Gegenleistung, sondern nach der Willensmeinung der Parteien. Wer aus Not unter Wert veräußert, wer aus Liebhaberei über Wert bezahlt, verfügt nicht „unentgeltlich“. Den Hauptfall der unentgeltlichen Verfügung bildet der Schenkungsvertrag und zwar sowohl die sofort vollzogene Freigebigkeit (Handgeschenk) als das Schenkungsversprechen, das trotz § 63 Nr. 4 KO. auch die Konkursgläubiger als solche benachteiligen kann (Aufrechnung!) und sie jedenfalls von dem freiwilligen oder erzwungenen (§ 35 KO.) Vollzug ab benachteiligt. Wird daher die Erfüllung eines Schenkungsversprechens angefochten, so muß dieses selbst — das Verpflichtungs-, nicht das Vollzugsgeschäft — innerhalb der Anfechtungsfristen liegen. Keine „unentgeltliche Verfügungen“ bilden Zuwendungen zum Zwecke der Erfüllung eigener, rechtsbeständiger — wäre es auch freigebig begründeter — Schuldverbindlichkeiten. Die Zahlung einer fremden Schuld kann sowohl dem Schuldner als dem Gläubiger gegenüber eine unentgeltliche Verfügung darstellen. Andrerseits gehören nicht nur Schenkungen, sondern auch einseitig wirksame Freigebigkeiten z. B. Verzichte auf Liegenschaftsrechte (§ 875 BGB.) und im Prozesse (§ 306 ZPO.) hierher. Gebräuchliche Gelegenheitsschenkungen (z. B. Weihnachtsgaben an das Geschäftspersonal) sind unanfechtbar, auch wenn sie in reiner Schenkungsabsicht erfolgen, auch unter Ehegatten.

Die Anfechtungserfordernisse hat der Anfechtende im Streitfalle zu beweisen, besonders Unentgeltlichkeit und Vornahme innerhalb der kritischen Zeit. Eine Begünstigungs- oder Benachteiligungsabsicht und deren Kenntnis gehören nicht zum Klagegrunde der Schenkungsanfechtung. Auch ist die Vermögenslage des Verfügenden im Zeitpunkte der Verfügung unwesentlich.

b) Hat der Erbe für Rechnung des Nachlasses Pflichtteile, Vermächtnisse oder Auflagen erfüllt oder sichergestellt, so hat er zwar eigene rechtsbeständige „Verbindlichkeiten“ (§§ 1967 II, 1979 BGB.) gedeckt. Doch unterliegt der Deckungsakt einer übertragenen Schenkungsanfechtung, weil diese Verbindlichkeiten im Verhältnisse zu anderen Nachlaßschulden nur die Bedeutung von Freigebigkeiten haben. § 222 (§ 236) KO., § 3 a AnfG. Vgl. auch § 228 I KO.

4. Die Rückgewähr der Einlage an den stillen Gesellschafter (auch durch Leistung an Erfüllungsstatt, auch die Sicherung der Rückgewähr) und der Erlaß seines Verlustanteils unterliegen als solche, wenn sie auf Grund einer im Konkursvorjahre getroffenen Übereinkunft erfolgt sind, nach § 342 HGB. (§ 3 I EG. z. KO.) im Konkurse des Geschäftsinhabers einer selbständig neben den §§ 30—32 KO. stehenden Gläubigeranfechtung. Im Wege einer rechtsverneinenden Einwendung kann der stille Gesellschafter geltend machen, daß der Konkurs in Umständen seinen Grund habe, die jener Übereinkunft erst nachgefolgt sind, wie etwa in einer später unternommenen und fehlgeschlagenen Spekulation oder im späteren Zusammenbruch eines mit dem Schuldner in nahen Beziehungen stehenden Hauses. Wird dagegen der schenkweise erfolgte Erlaß des Verlustanteils aus § 32 KO. angefochten, so schlägt der Einwand des § 342 II HGB. nicht durch. Der Erlaß des zur Deckung des Verlustanteils nicht erforderlichen Einlagerückstandes ist auch nach den Vorschriften der KO. nicht anfechtbar, weil er arg. § 341 II HGB. die Konkursgläubiger nicht benachteiligt. Auch für die handelsgesetzliche Anfechtung gelten ergänzend die §§ 35—41 KO. (§ 342 III HGB.).

Der Grundgedanke dieser erweiterten Anfechtung ist der, daß der stille Teilhaber in den Grenzen seiner Verlustbeteiligung nicht wie ein Darlehensgeber mit den Geschäftsgläubigern konkurriert, sondern eine Garantiehaft trägt (vgl. § 341 I HGB.). Darüber hinaus ist der stille Gesellschafter konkurrierender Gläubiger. Darum wird trotz der uneingeschränkten Fassung des § 342 I HGB. die Rückgewähr des den Verlustanteil übersteigenden Einlagewertes als Befriedigung eines Konkursgläubigers (§ 341 I HGB.) lediglich unter den Voraussetzungen der §§ 30, 31 KO. anfechtbar sein.

III. Gegenüber **einem Rechtsnachfolger** des ersten Anfechtungsgegners hängt die Anfechtbarkeit von eigenen Voraussetzungen ab (§ 40 KO., § 11 AnfG.). Auch der Rechtsnachfolger haftet:

1. selbstverständlich im Falle seines Eintritts in die Anfechtungsverbindlichkeit, namentlich als Erbe;
2. auf Grund einer Rechtsnachfolge in den Anfechtungsgegenstand, wenn noch besondere Umstände hinzutreten, nämlich:

a) wenn der Rechtsnachfolger unentgeltlich erworben hat, bei gutgläubigem Erwerbe jedoch nur in den Grenzen der Bereicherung;
b) wenn der Rechtsnachfolger beim Erwerbe die Umstände gekannt hat, die den unmittelbaren Vorerwerb anfechtbar machen (klagebegründender Tatumstand);
c) wenn der Rechtsnachfolger ein naher Angehöriger des Schuldners (nicht des Vorerwerbers) ist, es sei denn, daß ihm die Umstände unter b beim Erwerb unbekannt gewesen sind (Einwendungstatsache).

Der Dritterwerber eines anfechtbar veräußerten und unter Umständen der Nr. 2 weiterveräußerten Gegenstandes unterliegt einer selbständigen Rückgewährpflicht. Soweit sich die Haftung des Nachmannes mit der grundsätzlich fortdauernden (Ausnahme: § 37 II KO., § 7 II AnfG.) Haftung des Vormannes deckt, besteht ein nach Maßgabe der §§ 421—425 BGB. zu beurteilendes gesetzliches Gesamtschuldverhältnis. Ein Sonderrechtsnachfolger haftet als Erwerber aber immer nur dann, wenn sich auch der unmittelbare Vorerwerb anfechtbar vollzogen hat. Bei wiederholter Weiterveräußerung muß also die Anfechtung gegenüber dem Ersterwerber und sämtlichen Zwischenmännern „begründet" sein, wenn der letzte Rechtsnachfolger als solcher haftbar werden soll.

C. Natur und Inhalt des Anfechtungsrechtes.

I. Das Anfechtungsrecht ist ein unmittelbar im Gesetze begründetes Forderungsrecht, bei der Konkursanfechtung ein gemeinschaftliches Recht der Konkursgläubigerschaft, bei der Einzelanfechtung ein Individualrecht des benachteiligten Gläubigers.

1. Das Anfechtungsrecht ist ein Forderungsrecht. Die Gläubigeranfechtung hat, wie insbesondere die unveränderte Beibehaltung der ihre Wirkungen regelnden Vorschriften beweist, ihre vor der Novelle anerkannte obligatorische Natur bewahrt. Eine Vernichtung des Geschäfts, wie sie bei der ganz anders gearteten Anfechtung des BGB. eintritt, würde einerseits über das Ziel der Gläubigeranfechtung hinausschießen, andrerseits dem Anfechtungsbedürfnisse gar nicht genügen.

   a) Das Forderungsrecht geht bei der Konkursanfechtung auf Rückgewähr zur Konkursmasse (§ 37 KO.), also auf eine positive Leistung. Auch das Ziel der Einzelanfechtung wird als „Rückgewähr" bezeichnet: der Anfechtungsgegner hat den anfechtbar veräußerten Gegenstand zum Zwecke der Befriedigung des anfechtenden Gläubigers so „zurückzugewähren", als ob der Gegenstand noch zum Schuldnervermögen gehörte (§ 7 AnfG.). Ein Unterschied zwischen der konkursmäßigen und der außerkonkursmäßigen Rückgewähr ergibt sich jedoch vor allem daraus, daß die Konkursgläubiger aus einer gemeinschaftlichen, vom Konkursverwalter zu sammelnden, zu verwertenden und zu verteilenden Masse (§§ 3, 6, 117 KO.) befriedigt werden, und daß darum der entäußerte Vermögensgegenstand stets zunächst „zur Konkursmasse" (d. h. an den Konkursschuldner als solchen, als dermaliges Subjekt der Masse) zurückfließen muß, um durch den Konkursverwalter zur Befriedigung der Konkursgläubiger verwendet werden zu können. Außerhalb des Konkurses ist dagegen dem Anfechtungsbedürfnisse schon genügt, wenn der Erwerber (Anfechtungsgegner) den Zwangszugriff des Einzelgläubigers so ermöglicht, als ob der anfechtbar erworbene Gegenstand noch zum Vermögen des Schuldners gehörte. Diese Wiederherstellung des vereitelten Zugriffs kann eine Auskunft über Umfang und Fortentwicklung des anfechtbaren Erwerbs (namentlich bei der Veräußerung eines ganzen Vermögens, eines Sachinbegriffes), die Herbeischaffung verschleppter Sachen und die Neuerrichtung von Urkunden einschließen. Vielfach aber wird der Einzelanfechtungsanspruch schon durch ein Dulden des Zwangszugriffes erfüllt. Wenn der anfechtbare Erwerb von vornherein in einer Geldsumme bestand oder auf eine vom Erwerber zu vertretende Weise aus seinem Vermögen ausgeschieden ist, geht die Rückgewährverbindlichkeit auch bei der Einzelanfechtung auf eine Geldzahlung und zwar auf Leistung direkt an den Anfechtungsgläubiger. Die Leistung an den Schuldner würde den Anfechtungserfolg in Frage stellen und den Anfechtungsgegner nur befreien, sofern sie die Gläubigerbenachteiligung beseitigte.

Im Umfange der Rückgewährpflicht ergibt sich ein Unterschied zwischen Konkursanfechtung und Einzelanfechtung naturgemäß daraus, daß erstere für die Gesamtheit der Konkursgläubiger, letztere aber nur für den anfechtenden Einzelgläubiger den früheren Zugriff wieder herstellen soll. Der Einzelgläubiger hat daher nur, „soweit es zu seiner Befriedigung erforderlich ist", Rückgewähr zu beanspruchen (§ 7 AnfG.). Möglicherweise erschöpft sein Anspruch die Anfechtungsverbindlichkeit nicht in ihrem ganzen Umfange. Anderen benachteiligten Gläubigern bleibt alsdann der Anfechtungsgegner zum Restbetrage seiner Haftung verantwortlich. Bei der Konkursanfechtung käme eine entsprechende Rückgewährbegrenzung erst in Frage, wenn zur Vollbefriedigung aller Konkursgläubiger nur noch eine Teilrückgewähr erforderlich wäre. Darüber hinaus würde freilich auch die Konkursanfechtung nicht begründet sein. So ergibt die Summe der benachteiligten Geldansprüche eine Höchstgrenze der Rückgewährpflicht. Verfehlt aber ist die neuerdings wieder mehrfach vertretene Ansicht, die

Rückgewährpflicht sei nicht selber Schuld, sondern lediglich „Haftung für fremde Schuld". Das würde bedeuten: der Anfechtungsgegner muß für eine ungewisse Vielheit gegenwärtiger und künftiger Verbindlichkeiten einstehen. In Wahrheit hat seine Haftung einen ganz anderen Inhalt. Sie ist außerhalb und innerhalb des Konkurses, wie schon der einheitliche und technische Ausdruck „Rückgewähr" ergibt, eine positive Restitutionspflicht.

α) Die Rückgewährforderung bildet den unmittelbaren Inhalt des Anfechtungsrechtes: eine Unterscheidung zwischen Anfechtungsrecht und Anfechtungsanspruch (als der erst durch eine besondere Erklärung der Anfechtung entstehenden Rückgewährforderung) ist den Sätzen der Gläubigeranfechtung nach wie vor fremd. Der Anfechtungsanspruch ist entstanden, sobald sich eine die Tatbestandsmerkmale der §§ 30—32, 222 KO., §§ 3, 3a AnfG. enthaltende Benachteiligungshandlung vollendet hat.

β) Der Anfechtungsanspruch (§ 37 KO., § 7 AnfG.) geht auf Wiederherstellung des durch die angefochtene Vermögensentäußerung vereitelten Zugriffs und zwar in erster Linie auf Rückgewähr in Natur (mit Einschluß der Nutzungen), bei Unmöglichkeit der Naturalrestitution auf Wertersatz unter dem Gesichtspunkte, daß einerseits alles aus dem Schuldnervermögen Herausgekommene zu erstatten ist, daß aber andrerseits die Zugriffsmasse auch nicht ungerechtfertigterweise auf Kosten des Anfechtungsgegners bereichert werden darf (arg. § 59 Nr. 3 KO.). Der gutgläubige Empfänger einer unentgeltlichen Leistung haftet gegenüber der Schenkungsanfechtung [B II 3a u. b] nur auf die noch vorhandene Bereicherung. § 37 II KO., § 7 II AnfG., § 818 BGB.

γ) Erfüllt der Anfechtungsgegner die Anfechtungsverbindlichkeit gegenüber der Konkursmasse des Schuldners, so erlangt er das Recht, seine Gegenleistung in den Grenzen der jetzigen Bereicherung der Konkursmasse als Massegläubiger (§ 59 Nr. 3 KO.), im übrigen als Konkursgläubiger zurückzufordern. § 38 KO. Bestand die Gegenleistung im Aufgeben einer Forderung, so lebt diese mit der Rückgewähr von selbst wieder auf. § 39 KO. Bei der Einzelanfechtung kann sich der Anfechtungsgegner wegen eines etwaigen Erstattungsanspruches oder wegen seiner — auch hier mit der Rückgewähr von selbst wiederauflebenden — Forderung nur an den Schuldner halten. § 8 AnfG. Dieser Ausschluß jeglicher Konkurrenz des Anfechtungsgegners mit dem anfechtenden Einzelgläubiger kann eine weit über den Anfechtungszweck hinausgehende und nur durch alsbaldige Konkurseröffnung abzuwendende Härte enthalten.

b) Aus der Natur des Anfechtungsanspruches als einer bloßen Verschaffungsforderung **folgt** insbesondere:

α) Die Rückgewährklage begründet **keine Streitbefangenheit** im Sinne des § 265 ZPO. (vgl. §§ 325, 727, 730, 750 ZPO.).

β) Der Rückgewähranspruch bildet **kein Aussonderungsrecht** (§ 43 KO.) im Konkurse des Anfechtungsschuldners. Ebensowenig begründet er aber, wie das Reichsgericht folgewidrig annimmt, die Widerspruchsklage mit dem ausschließlichen Gerichtsstande der Zwangsbereitschaft (§§ 771, 802 ZPO.).

γ) Im Liegenschaftsverkehr ist der Rückgewähranspruch nicht dem dinglichen Gerichtsstande des § 24 ZPO. unterworfen und bei der Konkursanfechtung durch Vormerkung (§§ 883 ff. BGB.), nicht durch Widerspruch (§§ 894, 899 BGB.) zu sichern. Bei der Einzelanfechtung eignet sich der Rückgewähranspruch inhaltlich auch nicht zur Vormerkung.

2. Das Anfechtungsrecht ist innerhalb wie außerhalb des Konkurses ein Recht **der Gläubiger**. Um deswillen, weil im Konkurse die Rückgewähr zu der noch dem Konkursschuldner gehörenden, wenn auch zur Befriedigung der Gläubiger zu verwendenden Konkursmasse erfolgen muß, darf das konkursmäßige Anfechtungsrecht selbst nicht als Recht des Schuldners, als Bestandteil der Konkursmasse, betrachtet werden. Die Konkursanfechtung macht geltend, daß ein Rechtsakt „den Konkursgläubigern gegenüber“ (§ 29 KO.), die Einzelanfechtung, daß er dem Einzelgläubiger gegenüber „unwirksam“ (§ 1 AnfG.) d. h. mangelhaft ist. Im Verhältnisse des Schuldners zu seinem Geschäftsgenossen und im Verhältnisse zu dritten Personen (z. B. nicht selbst anfechtenden Realgläubigern) bleibt die Rechtshandlung wirksam. Sie kann daher insbesondere Gewährleistungsansprüche des Anfechtungsgegners wider den Schuldner begründen.

3. Das Anfechtungsrecht ruht unmittelbar im Gesetze (obligatio ex lege). Es ist **als solches niemals Deliktsanspruch** — nicht in den Fällen der Konkurs- und der Schenkungsanfechtung, aber auch nicht (wie das Reichsgericht annimmt) in den Fällen der Absichtsanfechtung —, wiewohl der anfechtbare Akt **zugleich** den Tatbestand einer unerlaubten Handlung enthalten **kann** (Anspruchskonkurrenz). Darum sind auf den Anfechtungsanspruch als solchen die §§ 273 II, 1000, 1007, 393, 827—831, 840 BGB. und insbesondere der § 32 ZPO. (Gerichtsstand der unerlaubten Handlung) in allen Fällen unanwendbar.

D. Die Geltendmachung der Gläubigeranfechtung.

I. Die Gläubigeranfechtung bedarf als außerordentlicher Schutzbehelf einer rechtsförmlichen Geltendmachung. Sie kann nämlich innerhalb wie außerhalb des Konkurses in einer zur Wahrung der Anfechtungsfristen ausreichenden Weise nur gerichtlich — durch Klage, Einwendung (besonders gegenüber dem § 771 ZPO.) oder Replik — ausgeübt werden: der § 143 BGB. ist auch nicht entsprechend anwendbar. Die Konkursanfechtung kann im Wege der Feststellungsklage (z. B. nach § 146 VI KO.), die Einzelanfechtung nur im Wege einer Umfang und Art der Rückgewähr genau bezeichnenden Leistungsklage geltend gemacht werden, damit Gericht und Anfechtungsgegner nicht etwa durch doppelte Prozesse behelligt werden (§ 9 AnfG.).

II. Das konkursmäßige Anfechtungsrecht übt der Konkursverwalter (§ 36 KO.) als gesetzlicher Vertreter der gesamten Konkursgläubigerschaft, nicht namens der einzelnen Gläubiger oder des Konkursschuldners und noch viel weniger eigenen Namens aus. Parteieide hat der Verwalter nach § 473 I ZPO. zu leisten. Einzelne Konkursgläubiger und der Konkursschuldner können Zeugen und Nebenintervenienten im Anfechtungsprozesse des Verwalters sein. Hinsichtlich des rückzugewährenden Erwerbs erscheint der Schuldner im Sinne des § 445 ZPO. als Rechtsvorgänger des Anfechtungsgegners. Darum kann der anfechtende Verwalter dem Anfechtungsgegner zum Beweise der (inneren) Tatsache einer Kenntnis der Zahlungseinstellung oder Benachteiligungsabsicht des Schuldners über bestimmt (§ 451 ZPO.) bezeichnete Anhaltspunkte (nicht auf vagen Verdacht hin) den Eid zuschieben. Bei Anfechtungen aus § 30 Nr. 1, § 31 Nr. 1 KO. muß es der Konkursverwalter (und entsprechend der Einzelgläubiger bei Anfechtungen aus § 3 Nr. 1 AnfG.) in der Mehrzahl der Fälle auf diesen Eid des Prozeßgegners ankommen lassen. Demgegenüber bildet die in § 30 Nr. 2, § 31 Nr. 2 KO. (entsprechend § 3 Nr. 2 AnfG.) verfügte Umkehrung der Beweislast eine praktisch sehr bedeutsame Erleichterung der Anfechtung.

Die Einzelanfechtung übt jeder Gläubiger für seine eigene Rechnung aus. Mehrere benachteiligte Gläubiger können als einfache Streitgenossen (§§ 60, 61 ZPO.) zusammen oder aber einzeln die Anfechtungsklage erheben. Soweit der Anfechtungsgegner die geschuldete Rückgewähr an einen Anfechtungsberechtigten bewirkt, befreit er sich auch gegenüber den Konkurrenten. Weder die Erhebung der Einzelklage noch die Erstreitung eines obsiegenden Urteils noch dessen Rechtskraft begründet einen Vorrang zugunsten des Einzelgläubigers. Ja selbst die Erwirkung einer dinglichen Sicherheit (z. B. durch Pfändung oder Liegenschaftsbeschlagnahme) und die Befriedigung des Einzelgläubigers hat, wenn sie unter den Anzeichen des Konkurses erfolgt, mit Rücksicht auf § 13 III AnfG. nur einen unsicheren Wert. Siehe V unter 1.

III. Während sich das Anfechtungsinteresse der Konkursgläubigerschaft ohne weiteres aus der Konkurslage ergibt, muß der Einzelgläubiger, damit sein Zugriff auf den an sich rechtsbeständigen Erwerb des Dritten gerechtfertigt erscheint, ein besonderes Rechtsschutzbedürfnis nachweisen. Die Einzelklage wird nämlich erst dann zulässig, wenn „die Forderung“ d. h. der persönliche oder dingliche Geldanspruch des Einzelgläubigers gegen den Schuldner fällig und vollstreckbar, die Zwangsvollstreckung in das dem Schuldner noch verbliebene Vermögen aber fruchtlos versucht oder doch voraussehbar fruchtlos ist. § 2 AnfG. Diese Voraussetzungen für die Verfolgbarkeit der Einzelklage müssen — wie die Voraussetzungen für das Begründetsein des Anfechtungsanspruches — zur Zeit der letzten Tatsachenverhandlung erfüllt sein. Das Titelerfordernis rechtfertigt sich aus der Erwägung, daß der Zugriff auf einen bereits aus dem Schuldnervermögen ausgeschiedenen Wert nicht verstattet werden darf, bevor der Gläubiger zum Zugriff auf das Schuldnervermögen selbst befugt ist. Es bedarf selbständiger Hervorhebung, weil die aussichtslose Zwangsvollstreckung gar nicht erst versucht zu werden braucht. Keineswegs aber hat es den Sinn, dem Anfechtungsbeklagten die Bestreitung der Forderung des Gläubigers gegen den Schuldner abzuschneiden. In dieser Forderung bestreitet der Anfechtungsbeklagte mit Rücksicht auf die akzessorische Natur des Anfechtungsrechtes seine eigene Verbindlichkeit. Entspricht der Anfechtungskläger dem Titelerfordernisse lediglich durch Vorlage eines nur vorläufig vollstreckbaren oder nur unter Vorbehalt erlassenen Urteils, so muß „die Vollstreckung“ der Verurteilung des Anfechtungsbeklagten im Sinne des § 726 ZPO. davon „abhängig“ gemacht werden, daß die Verurteilung des Schuldners rechtskräftig oder vorbehaltlos wird. § 10 AnfG. Auch hier aber kann es zu einer Verurteilung des Anfechtungsbeklagten nur kommen, nachdem ihm gegenüber die seine Rückgewährpflicht bedingende Forderung gegen den Schuldner festgestellt worden ist. Eine die Anfechtungsfristen wahrende Einrede oder Gegeneinrede der Anfechtung kann bereits vor dem Eintritte der Vollstreckbarkeit des Hauptanspruchs (nicht auch vor seiner Fälligkeit oder vor der Zugriffsunzulänglichkeit des Schuldnervermögens) erfolgen. Alsdann hat das Gericht für eine von ihm zur Nachbringung des Titels zu bestimmende Frist die Entscheidung darüber, ob der Anfechtungsanspruch begründet ist, auszusetzen. § 5.

IV. Die Anfechtungsklage des Konkursverwalters muß innerhalb einer einjährigen, mit Eröffnung des Konkurses beginnenden Ausschlußfrist erhoben werden. Doch verbleibt dem Verwalter die Einredebefugnis auch nach dem Ablaufe dieser Frist. § 41 KO. Die Einzelanfechtung steht im Falle des § 3 Nr. 1 AnfG. unter einer zehnjährigen Ausschlußfrist, die mit dem Zusammentreffen von Fälligkeit und Vollstreckbarkeit des Hauptanspruchs oder mit der späteren Vollendung des anfechtbaren Aktes beginnt. § 12 AnfG. Die Ein- und Zweijahresfristen des § 3 Nr. 2—4 (mit § 3a) AnfG. und nur sie können im Wege einer außergerichtlichen Anfechtungsankündigung nach Maßgabe des § 4 AnfG. verlängert werden. Wenn nämlich der Einzelgläubiger, bevor sein Anspruch gegen den Schuldner fällig und vollstreckbar geworden (insolange ist die Einzelklage nach § 2 AnfG.

unzulässig), dem Anfechtungsgegner durch Zustellung eines Schriftsatzes (§§ 130 bis 132 BGB.) innerhalb der zu wahrenden Frist die Absicht anzeigt, eine bestimmte Rechtshandlung wegen einer bestimmten Forderung anfechten zu wollen, und wenn die Anfechtung in der Tat binnen zwei Jahren nachfolgt, so wahrt schon die außergerichtliche Ankündigung die Anfechtungsfrist. Diese Fristerstreckung soll den Nachteilen böswilliger Hintanhaltung der Titelerlangung vorbeugen. Darüber, ob die Erfordernisse der Fristerstreckung erfüllt sind, wird erst im Anfechtungsprozesse erkannt.

V. **Der Konkurs des Schuldners** setzt der Einzelvollstreckung (§ 14 KO.) und damit der ihr dienenden Einzelanfechtung der **Konkursgläubiger** ein Ziel. Par condicio omnium creditorum facta est. Darum gehen die Sonderrechte der Anfechtung auf im gemeinschaftlichen Anfechtungsrechte der Konkursgläubigerschaft, dessen Ziel eine Rückgewähr zur gemeinsamen Befriedigungsmasse (§§ 3, 37 KO.) und dessen Ausübung sachgemäß dem zur Sammlung, Verwertung und Verteilung dieser Masse berufenen Konkursverwalter anvertraut ist (§ 36 KO.). Auf diesem Gedanken beruhen die wichtigen Vorschriften des § 13 AnfG.

1. Der einzelne Konkursgläubiger (nicht der Absonderungsberechtigte als solcher) hat infolge der Konkurseröffnung die **Aktivlegitimation** zur Gläubigeranfechtung verloren. Nicht ihm für seine eigene Rechnung, sondern dem Konkursverwalter für Rechnung der gesamten Konkursgläubigerschaft steht während des Konkurses die Verfolgung der vorher erhobenen Anfechtungsansprüche, auch die Ausnutzung eines bereits erstrittenen, rechtskräftigen Urteils zu (§ 13 I AnfG.). Ja selbst eine vor dem Konkurs erwirkte Sicherung oder Befriedigung hat der Einzelgläubiger, wenn er sie in Kenntnis der Zahlungseinstellung oder des Konkursantrags erlangte, unter dem Gesichtspunkte des § 30 Nr. 1 Fall 2 KO. an die Masse auszuantworten (§ 13 III AnfG.). Der noch nicht rechtskräftig entschiedene Einzelprozeß des Konkursgläubigers wird durch den Konkurs gleich einem Aktivprozesse des Schuldners unterbrochen, da nun die Rückgewähr „zur Konkursmasse" zu erfolgen hat (§ 13 II 1 AnfG.; vgl. § 10 KO., § 240 ZPO.). Der Verwalter kann den Prozeß aufnehmen und erforderlichenfalls den Klagantrag erweitern, auch wenn die Fristen der Konkursanfechtung (§§ 31, 32 KO.) verstrichen sind, oder — jedoch lediglich nach Maßgabe der KO. — eine eigene Anfechtungsklage erheben. Lehnt der Verwalter die Aufnahme ab, so kann der Prozeß im Kostenpunkt, aber auch nur insoweit, schon während des Konkurses unter den ursprünglichen Parteien ausgetragen werden. § 13 II 2—5.

2. Nach **Beendigung** des Konkurses steht die Aktivlegitimation zur Anfechtung wieder bei den einzelnen Gläubigern. Sie können daher ihre schon vor dem Konkurse begründeten Anfechtungsansprüche wieder für eigene

Rechnung verfolgen, soweit diese Ansprüche nicht durch Verfügungen des Konkursverwalters (Empfangnahme der Rückgewähr, Verzicht, Stundung) konsumiert sind. § 13 IV AnfG. Anfechtungsprozesse, die der Konkursverwalter neu erhoben hatte, werden bei Konkursbeendigung in der Hauptsache (Rückgewähr „zur Konkursmasse") gegenstandslos. Nur im Kostenpunkte können sie zwischen Schuldner und Anfechtungsgegner ausgetragen werden. Der Eintritt des Einzelgläubigers in solche Prozesse ist ausgeschlossen.

3. In Ansehung des konkursfreien Neuerwerbs steht den Konkursgläubigern die Einzelanfechtung und insoweit die Einzelvollstreckung trotz des § 14 KO. schon während des Konkurses frei. § 13 V AnfG.

VI. Revisionsgericht in Sachen der Gläubigeranfechtung innerhalb und außerhalb des Konkurses ist seit 1. Januar 1900 ausschließlich das Reichsgericht (a. IX EG. z. KNov.).

C. Kommentar zum Anfechtungsgesetze.

Kommentar

zum Gesetz, betreffend die Anfechtung von Rechtshandlungen eines Schuldners außerhalb des Konkursverfahrens,

vom 21. Juli 1879,

in der Fassung des Einführungsgesetzes zu dem Gesetze, betr. Änderungen der Konkursordnung, vom 17. Mai 1898, nach der Bekanntmachung des Reichskanzlers vom 20. Mai 1898

(Reichs-Gesetzblatt 1879 S. 277—280; 1898 S. 709—712).

§ 1.

§ 1 AnfG.

Rechtshandlungen eines Schuldners können außerhalb des Konkursverfahrens zum Zwecke der Befriedigung eines Gläubigers als diesem gegenüber unwirksam nach Maßgabe der folgenden Bestimmungen angefochten werden.

§ 29 KO.

Rechtshandlungen, welche vor der Eröffnung des Konkursverfahrens vorgenommen sind, können als den Konkursgläubigern gegenüber unwirksam nach Maßgabe der folgenden Bestimmungen angefochten werden.

Unveränderter § 1 der ursprünglichen Fassung.
Materialien: Begründung S. 11f., Protokolle S. 2268.

I. **Zweck der Gläubigeranfechtung.**

1. Bei reinem Personalkredit sind die Gläubiger auf das im Zeitpunkte der freiwilligen oder erzwungenen Erfüllung vorhandene Schuldnervermögen angewiesen. Nun lehrt die Erfahrung, daß bedrängte Schuldner, sei es, um Vermögensstücke für sich und die Ihren zu retten oder nahestehende Gläubiger zu begünstigen, sei es in der Hoffnung auf Gegenvorteile oder gar nur aus bösem Willen, ihre Verfügungsfreiheit häufig dazu mißbrauchen, Zugriffsgegenstände beiseite zu schaffen oder zu unbilliger Bevorzugung einzelner Gläubiger zu verwenden. Oftmals tritt eine ungleiche Befriedigung der Gläubiger auch wider den Willen des Schuldners ein, namentlich beim Drohen seines wirtschaftlichen Zusammen- Anm. 1.

bruchs, wenn der Einzelzugriff — wie dies nach geltendem deutschen Rechte der Fall ist — unter dem Grundsatze der Prävention steht. Gegen diese Gefahren muß der Personalkredit, der in zahlreichen Fällen auch bei rechtsgeschäftlichen Verbindlichkeiten gar nicht zu entbehren ist, gesetzlich geschützt werden. Das ist ein unabweisbares und seit alter Zeit berücksichtigtes Gebot der Billigkeit. Die Lösung dieser Aufgabe aber gehört zu den schwierigsten Problemen der Gesetzgebung. Gilt es doch, den Widerstreit zu versöhnen zwischen den Interessen der in ihrer Befriedigungsaussicht verkürzten Gläubiger und der Verkehrssicherheit, die durch jede Bindung der Verfügungsmacht des Schuldners, namentlich aber durch die Umstoßung an sich gültiger Erwerbsgeschäfte erschüttert wird. Kein Wunder, wenn sich die Gesetzgebung verschiedener Zeiten und Völker dieser Aufgabe in ganz verschiedener Weise entledigt hat. Das geltende deutsche Recht verleiht den benachteiligten Gläubigern die Befugnis, zum Zwecke ihrer Befriedigung vom Anfechtungsgegner zu verlangen, daß er gewisse Zugriffsbeeinträchtigungen (§§ 3, 3a AnfG., §§ 30–32, 222 KO.) wiederum beseitige. Die Gesamtheit der Vorschriften über Voraussetzungen, Art und Inhalt dieser dem Erwerber obliegenden „Rückgewähr" (§ 7 AnfG., § 37 KO.) bildet **das Anfechtungsrecht** im objektiven Sinne. Das Recht des beeinträchtigten Gläubigers (im Konkurse der Konkursgläubigerschaft) auf Rückgewähr ist das Anfechtungsrecht im subjektiven Sinne oder der Anfechtungsanspruch. Die Unterscheidung eines „Anfechtungsrechtes" (als des Rechtes, anzufechten) und eines erst kraft besonderer Anfechtungserklärung entstehenden „Anfechtungsanspruchs" ist dem Gesetze fremd [Anm. 64].

Anm. 2. Die Anfechtung ist ein Hilfsmittel der Vollstreckung und zwar der Geldvollstreckung [§ 2 Anm. 8]. Nicht als ob das Anfechtungsrecht nur Ausfluß eines publizistischen Vollstreckungsrechtes, nicht als ob die Anfechtung ein „Akt" der Vollstreckung wäre (vgl. RG. VZS. v. 27. 4. 1898 Bd. **41**, 91 gegen RG. v. 22. 2. 1882 Bd. **7**, 189). Die Rückgewährverbindlichkeit stellt vielmehr ein rein privatrechtliches Schuldverhältnis dar; allein sie verpflichtet den Anfechtungsgegner, dem beeinträchtigten Gläubiger (der Konkursgläubigerschaft) wiederum den Zugriff auf Werte zu erschließen, die durch einen an sich wirksamen **Rechtsakt** aus dem Vermögen des Schuldners ausgeschieden waren. Insofern dient sie der Zwangsbefriedigung. Das Anfechtungsgesetz bringt die Subsidiarität der insofern einer gesetzlichen Bürgenhaftung vergleichbaren Rückgewährverbindlichkeit in den §§ 1, 2, 7 klar zum Ausdruck, indem es die Anfechtung nur „zum Zwecke der Befriedigung eines Gläubigers" (§§ 1, 7) und nur nach fruchtloser oder doch nur bei voraussichtlich fruchtloser Exekution (§ 2) verstattet. Siehe Einleitung S. 23. Damit stellt das Gesetz zugleich das allgemeine Anfechtungserfordernis einer Benachteiligung, d. h. einer für die Gläubiger ungünstigen Schmälerung der Haftungsmasse auf [Anm. 44 ff.]. Innerhalb des Konkurses hat die Anfechtung ganz denselben subsidiären Zweck. Nur weist hier schon die Tatsache der Konkurseröffnung auf die Unzulänglichkeit der Haftungsmasse hin, so daß es dem Anfechtungsgegner überlassen bleibt, durch den Nachweis völliger Massezulänglichkeit das Nichtbegründetsein eines Anfechtungsanspruchs darzutun (Jaeger KO. § 29 Anm. 34). Mit Rücksicht auf diesen Zweck, die Gläubigerschaft gegen unbillige Verkürzungen der Befriedigungsmasse zu schützen, empfiehlt es sich, die Anfechtung wegen Benachteiligung der Gläubiger im Unterschiede von der ganz anders gearteten Anfechtung einer Rechtshandlung wegen eines Willensmangels als Gläubigeranfechtung zu bezeichnen.

2. Die Gläubigeranfechtung **„außerhalb des Konkursverfahrens"** (§ 1) verfolgt Anm. 3. einen engeren Zweck als die Anfechtung im Konkurse. Erstere geschieht im individuellen Interesse eines einzelnen Gläubigers durch diesen selbst (§ 2 AnfG.), letztere im gemeinschaftlichen Interesse aller Konkursgläubiger durch den Konkursverwalter (§ 36 KO.). Daraus ergibt sich eine Verschiedenheit in der Art und im Umfange der Rückgewähr [Anm. 14], keineswegs aber in der rechtlichen Natur beider Anfechtungen. Vielmehr zeigt die Entstehungsgeschichte des Gesetzes mit aller Deutlichkeit, daß die Gläubigeranfechtung innerhalb und außerhalb des Konkurses auf einheitlichen Grundlagen aufgebaut (Begr. S. 9f.) und daß die früher redigierte, praktisch bedeutsamere und umfassendere konkursmäßige Anfechtung auf die Verhältnisse außerhalb des Konkurses nur in entsprechender Beschränkung „übertragen" worden ist (Begr. S. 11; vgl. RG. v. 12. 7. 1895 Bd. 35, 95). Die Anfechtungsgründe des § 30 KO. setzen eine Konkurseröffnung voraus und konnten deshalb nicht auch — wie die der §§ 31, 32, 222 KO. — auf die außerkonkursmäßige Anfechtung „übertragen" werden (Begr. S. 17). Was nun die Abgrenzung der konkursmäßigen und der außerkonkursmäßigen Gläubigeranfechtung angeht, so treffen die Worte „außerhalb des Konkursverfahrens" (§ 1) zunächst den Fall, daß der Schuldner zurzeit nicht im Konkurse steht. Sie beziehen sich aber weiterhin auch auf die während der Schwebe des Konkurses zu erzwingende Befriedigung eines Nichtkonkursgläubigers als solchen (vgl. Begr. S. 11). „Außerhalb des Konkursverfahrens anfechten" heißt daher anfechten zum Zwecke einer nichtkonkursmäßigen, nicht nach den Sätzen über die Deckung der Konkursforderungen erfolgenden Befriedigung. „Außerhalb des Konkursverfahrens" bedeutet weder den Gegensatz zu „während des Konkurses" noch soviel als „unabhängig vom Konkursverfahren" (diese Unabhängigkeit besteht auch für die konkursmäßige Anfechtung), sondern lediglich: nicht für Rechnung der Konkursmasse des Schuldners.[1] Der Gegensatz wird schärfer durch die Ausdrücke „Konkursanfechtung" und „Einzelanfechtung" gekennzeichnet. Somit ergibt sich folgendes **Geltungsgebiet** des Anfechtungsgesetzes. Es regelt

[1]) Ungenau wäre „nicht für Rechnung einer Konkursmasse". Steht nämlich der anfechtungsberechtigte Gläubiger im Konkurse, so übt selbstverständlich dessen Konkursverwalter die Einzelanfechtung für Rechnung der Konkursmasse (als gesetzlicher Vertreter des verganteten Gläubigers) aus.

Anm. 4. a) für Zeiten, in denen der Schuldner nicht (noch nicht, nicht mehr) im Konkurse steht, die Einzelanfechtung irgendeines Gläubigers. Über den Einfluß der Konkurseröffnung auf die schwebende Einzelanfechtung und über den Einfluß der Konkursbeendigung auf die schwebende Konkursanfechtung siehe zu § 13.

Anm. 5. b) während des Schuldnerkonkurses die Einzelanfechtung entweder eines Nichtkonkursgläubigers, sei es, daß der angefochtene Akt konkursgebundenes, sei es, daß er konkursfreies Vermögen betrifft, oder die Einzelanfechtung eines Konkursgläubigers rücksichtlich des nach Konkursbeginn neuerworbenen Vermögens (§ 13 V AnfG.). Der § 36 KO. entzieht für die Dauer des Schuldnerkonkurses nur den einzelnen Konkursgläubigern und auch diesen nur in Ansehung der Konkursmasse die Legitimation zur Anfechtung. Gläubigern, die darum zu den Nichtkonkursgläubigern zählen, weil ihre Forderungen erst nach Konkursbeginn entstanden (vgl. auch § 3 II KO.) oder zufolge der §§ 5 II, 63 KO. unanmeldbar sind, fehlt rücksichtlich der nach § 37 KO. zur Konkursmasse zurückzugewährenden Gegenstände das Anfechtungsrecht, weil diesen Gläubigern nach der ausschließenden Zweckbestimmung des § 3 KO. die der Konkursmasse gebührenden Werte nicht zugute kommen dürfen. Insoweit geht ihnen das gemeinschaftliche Anfechtungsrecht der Konkursgläubiger vor; in Ansehung des konkursfreien Vermögens aber konkurriert ihre Einzelanfechtung mit derjenigen der Konkursgläubiger. Einfluß des Konkurses auf schwebende Anfechtungsprozesse dieser Gläubiger: § 13 Anm. 5. Im übrigen kommen als Nichtkonkursgläubiger für Einzelanfechtungen während des Konkurses in Betracht:

Anm. 6. α) Absonderungsgläubiger[1]) als solche [§ 2 Anm. 8, 10 ff.]. Die Einzelanfechtung dieser Gläubiger läßt der § 36 KO. unberührt. So z. B. die Einzelanfechtung des Pfändungspfandgläubigers gegenüber einem anfechtbar begründeten Vorrangspfandrecht (vgl. OLG. Karlsruhe v. 29. 11. 1889 Bad. Annalen 1891 S. 17; OLG. Dresden v. 31. 5. 1902 Sächs. Archiv 1903 S. 260 f.). Darum kann der Absonderungsberechtigte nach Maßgabe des AnfG. die Anfechtungsklage trotz des Konkurses erheben und die vorher erhobene, ohne daß eine Unterbrechung eintritt, fortsetzen. Vgl. Wolff KO. § 36 Anm. 4, Voigt Einfluß des Konkurses auf schwebende Prozesse (1903) S. 213 ff. Gegen Voigt ist aber zu betonen: wer einen dem Schuldner gar nicht mehr gehörenden Gegenstand pfändet, wird nicht absonderungsberechtigt durch die Anfechtung der Veräußerung seitens des Konkursverwalters [Anm. 28]; wer sein Pfandrecht durch den gutgläubigen Erwerb eines Dritten verloren hat

[1]) Hartmann-Meikel S. 85 u. a. stellen auch den Aussonderungsberechtigten (§§ 43 ff. KO.) hierher. Der Aussonderungsberechtigte als solcher kommt aber hier nicht in Frage, da die Gläubigeranfechtung nur zugunsten von Geldansprüchen Platz greift [§ 2 Anm. 8].

(insbesondere nach § 936 BGB.), ist nicht mehr absonderungsberechtigt und kann, auch wenn er als persönlicher Gläubiger anfechtungsbefugt ist, doch durch das Mittel der Gläubigeranfechtung die pfandrechttilgende Verfügung nicht rückgängig machen [§ 2 Anm. 11]. Daß gleichzeitig ein Anfechtungsrecht der Konkursgläubigerschaft besteht, hindert die Anfechtung durch den Absonderungsberechtigten nicht: als solcher wird er durch die Anfechtung des Verwalters nicht mitgedeckt. Siehe RG. v. 6. 4. 1886 Bd. 16, 32; Hellwig Rechtskraft § 54 Note 45. Andrerseits schließt das Bestehen eines Absonderungsrechtes am Gegenstande der Rückgewähr die Anfechtung durch den Verwalter nicht aus (OLG. Karlsruhe v. 2. 6. 1886 Seufferts Archiv Bd. 43 Nr. 173). Dieser kann vielmehr das Anfechtungsrecht der Konkursgläubigerschaft auch neben dem Absonderungsberechtigten — in gemeinschaftlicher (§§ 60, 61 ZPO.) oder in gesonderter Klage — verfolgen, soweit der Masse ein Übererlös gebührt. Jaeckel S. 235 mit Beispiel in Note 54. Eine bloße Nebenintervention würde den Verwalter nicht zum Ziele führen, weil er als Intervenient nur der unterstützten Partei zum Siege verhelfen, nicht aber Rückgewähr zur Masse (§ 37 KO.) erstreiten könnte. Für den Bereich des Realrechts geht die Einzelanfechtung des Absonderungsgläubigers der für die Konkursgläubigerschaft — also nur für persönliche Gläubiger — geschehenden Anfechtung des Konkursverwalters vor. Letztere wirkt für einen anderen Interessentenkreis. Dementsprechend kann sich auch der Konkursverwalter nicht auf die von einem Realgläubiger erwirkte Umstoßung einer anfechtbaren Belastung oder Übereignung berufen, wie umgekehrt die Anfechtung des Konkursverwalters dem Realgläubiger als solchem nicht zustatten kommt [Anm. 28 f.]. Andrerseits stehen Verzicht, Vergleich, Anerkennung und rechtskräftige Abweisung des Konkursverwalters dem Absonderungsberechtigten nicht — wie einem Konkursgläubiger — entgegen, wenn er während des Konkurses oder späterhin eine sein Absonderungsrecht benachteiligende Rechtshandlung anficht. Vgl. OLG. Dresden v. 31. 5. 1902 Sächs. Arch. Bd. 13 S. 260 (Genehmigung eines anfechtbaren Vertrags). Ebensowenig wirkt ein in der Person des Absonderungsgläubigers eingetretener Verlust des Anfechtungsrechtes gegen die Konkursgläubigerschaft.

β) Massegläubiger als solche (§§ 57 ff., 224 KO.) Der § 36 KO. läßt auch ihre Einzelanfechtung unberührt. Sie mag für den Bereich des konkursfreien Neuerwerbs Bedeutung haben. Über Ansprüche aus gegenseitigen Verträgen (§ 59 Nr. 2 KO.) siehe § 2 Anm. 14. Verfügungen des Konkursverwalters über die Konkursmasse selbst können als Gegenstand einer Anfechtung durch Massegläubiger in Betracht gezogen werden, insofern der Verwalter als Zwangsvertreter des Schuldners erscheint (vgl. v. Völderndorff III S. 130 unter b). Man kann dabei etwa an die Anfechtung einer Schenkung — abgesehen von den auch in der Konkurslage gebotenen Pflichtschenkungen (Jaeger KO. § 133 Anm. 2) — oder Anm. 7.

einer absichtlich zum Schaden der Massegläubiger bewirkten Verteilung denken. In Fällen dieser Art wird indessen die Verfügung des Verwalters als jenseits der Grenzen seiner gesetzlichen Aufgabe liegend ohnehin nichtig sein. So insbesondere reine Schenkungen und gesetzwidrige Bevorzugungen einzelner Gläubiger (RG. v. 16. 12. 1902 Bd. **53**, 192 und v. 16. 3. 1904 Bd. **57**, 199 mit weiteren Zitaten). Schadensersatzpflicht des Verwalters: Jaeger KO. § 57 Anm. 4, § 82 Anm. 2.

II. Rechtliche Natur der Haftung des Anfechtungsgegners.

Anm. 8. 1. Überaus streitig ist die Frage nach den Grundlagen und damit nach der rechtlichen Natur des Anfechtungsanspruchs. Die einen fassen ihn durchgehend als deliktische, die anderen mit den Materialien der KO. (siehe bes. Motive S. 126, 132, Prot. d. KO. S. 27) teils als deliktische oder quasideliktische, teils als kondiktionsartige Verbindlichkeit, wieder andere als obligatio ex lege auf.

Anm. 9. a) Der Anfechtungsanspruch als solcher ist **niemals Deliktsanspruch**, auch nicht in den Fällen des § 3 Nr. 1, 2 AnfG. (§ 31 KO.). Denn erstlich gehört zum Begriffe der unerlaubten Handlung eine schuldhafte und widerrechtliche Rechtsverletzung, die entweder ein durch § 823 I BGB. geschütztes Rechtsgut trifft oder die Verletzung eines Schutzgesetzes nach § 823 II BGB. bildet oder doch eine gegen die guten Sitten verstoßende, vorsätzliche Schadenszufügung im Sinne des § 826 BGB. enthält. Die Haftung aus § 3 Nr. 1 AnfG. (§ 31 Nr. 1 KO.) kann aber eintreten unabhängig vom Willen des Verpflichteten und ohne daß dieser in der Lage wäre, dem Werden des seine Haftung begründenden Tatbestands vorzubeugen. Eine Mitwirkung des Anfechtungsgegners verlangt das Gesetz nicht (gegen Cohn i. d. JW. 1900 S. 696). Der Schuldner hat z. B. in der dem anderen Teile erklärten Absicht der Gläubigerbenachteiligung einen Wechsel vor den Augen des Wechselverpflichteten ins Feuer geworfen oder sonst ein Recht durch einseitig wirkenden Verzicht (vgl. § 306 ZPO., § 875 BGB.) zum Erlöschen gebracht, die Einlegung eines Rechtsmittels, die Erhebung einer Einrede, die Anmeldung zu einem Verteilungsverfahren unterlassen. Ferner aber genügt das Vorliegen einer unerlaubten Handlung in keinem Falle zur Begründung des Anfechtungsrechtes. Vielmehr entsteht dieses nicht schlechthin mit dem angeblichen „Missetun", sondern erst dann und nur dann, wenn binnen bestimmter Frist zur Benachteiligungsabsicht des Schuldners und zur Kenntnis des Anfechtungsgegners noch ein weiteres mit der Benachteiligungshandlung in keinem notwendigen Kausalzusammenhange stehendes, vom Willen des angeblichen „Missetäters" unabhängiges Ereignis (Fruchtlosigkeit der Vollstreckung, Konkurseröffnung) hinzutritt. Auch muß — anders als bei Deliktshaftungen — auf seiten des Anfechtungsgegners mindestens ein mittelbarer Vermögenserwerb erfolgt sein. Ferner kommt es gar nicht darauf an, ob der jetzt anfechtungsberechtigte Gläubiger — im Konkurs irgend ein Konkursgläubiger — zur Zeit der Vornahme des anzufechtenden Rechtsaktes bereits

Gläubiger war, also in seinen Rechten verletzt werden konnte oder nicht (RG. v. 1. 5. 1890 Bd. **26**, 11 mit Lit.). Wie aber soll ein Deliktsanspruch der Gläubiger zu konstruieren sein, wenn der Schuldner zur Zeit jener Handlung überhaupt keine Verbindlichkeiten hatte? Siehe § 3 Anm. 15. Endlich ist die Deliktshaftung eine Schadensersatzpflicht, die insbesondere auch auf Ersatz entgangenen Gewinnes geht (§§ 823, 826, 249 ff. BGB.), während die Anfechtung bloße — wenn auch volle — Rückgewähr (Restitution) anstrebt (§ 7 AnfG., § 37 KO.). Die Deliktshaftung hat für Täter und Teilnehmer einen ganz anderen Inhalt als die Anfechtungsschuld. Vgl. Hamburg v. 1. 2. 1904 OLG. 10 S. 221; Eccius bei Gruchot Bd. 34 S. 148 ff., Förster-Eccius I S. 774, L. Seuffert S. 225 f., K. Meyer Bl. f. Rechtsanwd. 65 S. 258 ff., Cosack S. 15 ff., 91 ff., Hartmann-Meikel S. 19 ff., Bernhardi S. 1 ff., Weismann Zivilprozeßrecht I (1903) S. 98, Biermann Z. f. Zivilpr. 34 S. 520, Menzel § 3, Krasnopolski § 5 (die beiden letzten lehnen die Deliktstheorie sogar für das österr. AnfG. ab, dessen § 17 III den Gegner in gewissen Grenzen als „unredlichen Besitzer" haften läßt), C. Jaeger Komm. z. schweiz. Konkursgesetz (1901) S. 509; **abw.** RG. v. 18. 11. 1882 Seufferts Archiv Bd. 38 Nr. 168, v. 17. 5. 1884 bei Gruchot Bd. 28 S. 1124, v. 28. 6. 1888 Bd. **21**, 425 (verein. Ziv. Senate), v. 26. 4. 1894 bei Gruchot Bd. 38 S. 1300, v. 11. 7. 1899 JW. S. 606 Nr. 2, v. 12. 3. 1901 Bd. **48**, 401, v. 13. 2. 1902 Bd. **50**, 410, v. 19. 4. 1904 JW. S. 368 Nr. 36; Stettin v. 8. 3. 1901 OLG. 3 S. 53; OLG. Dresden v. 9. 10. 1903 Sächs. Arch. 14 S. 394 und eine Reihe von Schriftstellern, neuestens noch Kohler Leitfaden (2. Aufl. 1903) S. 124 f., Gaupp-Stein ZPO. (6. und 7. Aufl. 1903) § 32 unter III für die Fälle des § 3 Nr. 1, 2 AnfG. (§ 31 KO.), während für die übrigen Fälle die Deliktsnatur der Anfechtung in der neuen Theorie und Praxis fast einhellig (abw. z. B. Stein a. a. O.) abgelehnt wird.

Die Gegner verkennen die Bedeutung **einer Konkurrenz** Anm. 10 der Ansprüche. Der anfechtbare Akt **kann** zugleich eine unerlaubte (§§ 823, 826 BGB.), unter Umständen eine strafbare (siehe bes. §§ 288, 49 StGB., §§ 239, 241 KO.) Handlung des Anfechtungsschuldners darstellen. So namentlich im Falle des § 3 Nr. 1 AnfG. (§ 31 Nr. 1 KO.). Allein, wer das „Anfechtungsrecht" geltend macht, der stützt sich eben nicht auf den Deliktstatbestand als solchen, sondern auf den selbständig und anders normierten Anfechtungstatbestand. Jeder dieser Tatbestände hat eigenartige, zeitlich ganz verschieden begrenzte Rechtsfolgen. Die Selbständigkeit und Verschiedenartigkeit der beiden Haftungen wird außerhalb des Konkurses besonders deutlich. Wenn z. B. der Schuldner, um eine ihm drohende Geldvollstreckung zu vereiteln, seine letzten Mittel an einen über die Sachlage unterrichteten Verwandten verschenkt hat, so haftet der Empfänger dem Gläubiger nicht bloß auf Rückgewähr nach Maßgabe der §§ 2, 3 Nr. 3 (Nr. 1), 7 AnfG., sondern ganz unabhängig von den Voraussetzungen des Anfechtungsgesetzes als Teilnehmer an einer unerlaubten — und strafbaren (§§ 288,

49 StGB.) — Handlung des Schuldners solidarisch mit diesem bis zur Anspruchsverjährung auf Ersatz des vollen Schadens (§§ 823 II, 830, 840, 852, 249 ff. BGB.). Siehe § 12 Anm. 8. Es leuchtet ein, daß der Klagegrund beider Ansprüche ganz verschieden ist, woraus sich für die Fragen der Klagänderung, der Rechtshängigkeitseinrede und der Rechtskraft bedeutsame Folgerungen ergeben. Nur der Deliktsanspruch, nicht die Schenkungsanfechtung kann im forum delicti commissi verfolgt werden [Anm. 11]. Keineswegs besteht, wie Merzbacher § 1 Anm. 6 anzunehmen scheint, hier nur eine Gesetzeskonkurrenz, die im Sinne ausschließlicher Anwendbarkeit des Anfechtungsgesetzes zu lösen wäre. Neuestens hat denn auch der VI. ZSen. d. RG. (U. v. 23. 6. 1904 JW. S. 499 ff. Nr. 32) die Möglichkeit des Nebeneinanderbestehens einer Anfechtungs- und einer Deliktshaftung mit ausführlicher Begründung anerkannt [siehe Anm. 60]. Innerhalb des Konkurses wird dem Gläubiger durch den § 36 KO. unmittelbar nur die Legitimation zur Einzelanfechtung, nicht auch zur Geltendmachung des Deliktsanspruches entzogen. Soweit der Schaden des Gläubigers nicht durch die Rückgewähr des § 37 KO. ausgeglichen wird, kann dieser auch während des Konkurses den Dritten selbständig mit der Deliktsklage auf Ersatz (insbesondere auch eines entgangenen Gewinns: § 252 BGB.) belangen. Bei der Schadensbemessung ist freilich zu erwägen, ob der Gläubiger die vereitelte Zwangsvollstreckung in der Tat auch unanfechtbar (§§ 30, 35 KO.) hätte für sich durchführen können. Daß durch das Anfechtungsmonopol des Konkursverwalters (§ 36 KO.) auch die Deliktsklage des einzelnen Konkursgläubigers insoweit verdrängt wird, als sich die durch die Anfechtung auszugleichende Gläubigerbenachteiligung und der Deliktsschaden decken, das dürfte aus dem Zwecke des Konkurses und der ratio des § 36 KO. zu folgern sein. Was endlich die Anwendbarkeit der §§ 134, 138 BGB. betrifft, so ist klar: indem ein neben dem BGB. geltendes Reichsgesetz (a. 32 EG. z. BGB.) einen in der dem Erwerber bekannten Absicht der Gläubigerbenachteiligung erfolgenden Akt an sich nur für anfechtbar, also nur in einem ganz beschränkten Sinne für „unwirksam" erklärt, bringt es deutlich zum Ausdrucke, daß dieser Tatbestand nicht schon als solcher unter die allgemeinen Vorschriften der §§ 134, 138 BGB. fällt, die eine absolute Nichtigkeit androhen. Vgl. RG. v. 15. 12. 1903 Bd. **56**, 230; v. 23. 6. 1904 JW. S. 500; OLG. Dresden v. 25. 2. 1902 Sächs. Arch. 14 S. 401 mit weiterer Rechtspr.; Rehbein BGB. I S. 166.

Anm. 11. Ist sonach der Anfechtungsanspruch als solcher in keinem Falle Deliktsanspruch, so unterliegt er auch nicht den Sondervorschriften, die nach bürgerlichem Recht für die Schuldverhältnisse aus unerlaubter Handlung gelten. Daher sind unanwendbar auch auf die Anfechtungsansprüche des § 3 Nr. 1. u. 2 AnfG. (§ 31 KO.) die §§ 273 II, 1000, 1007 (Zurückbehaltungsrecht; abw. für § 3 Nr. 2 AnfG. OLG. Dresden v. 9. 10. 1903 Sächs. Arch. 14 S. 394), 393 (Aufrechnung), 827—829 (Deliktsfähigkeit), 830 (Haftung des Anstifters und des Gehilfen), 831 (Haftung des Geschäftsherrn für seine Angestellten), 840 (Gesamthaftung mehrerer Delinquenten), 852 (Verjährung), 1415, 1463, 1525, 1536 BGB. (Haftung der Ehefrau mit Rücksicht auf den Güterstand) und a. 12 EG. z. BGB. (Haftung eines Deutschen aus einem im Auslande begangenen Delikt). Ebendarum ist auch für die auf die Kenntnis absichtlicher Gläubigerbenachteiligung (§ 3 Nr. 1 AnfG., § 31 Nr. 1 KO.) gestützte Anfechtungsklage der Gerichtsstand der unerlaubten Handlung (§ 32 ZPO.) nicht begründet. Abw. RG. a. a. O. (außer Bd. **21**, 420) und Kommissionsbericht S. 1953, während für den Anfechtungsanspruch aus § 30 Nr. 2 KO. die Annahme der Deliktsnatur und dementsprechend die Möglichkeit einer Klagerhebung im forum delicti commissi durch Beschluß der Verein. Zivilsenate v. 28. 6. 1888 Bd. **21**, 420 vereint worden ist.

b) Beruht der Anfechtungsanspruch nicht einmal in den Fällen des § 3 Nr. 1 AnfG. (§ 31 Nr. 1 KO.) auf unerlaubter Handlung, so kann in den übrigen Fällen von der Deliktsnatur dieses Anspruchs erst recht nicht die Rede sein. Ebensowenig ist der Anfechtungsanspruch als Schuldverhältnis aus ungerechtfertigter Bereicherung (§§ 812ff. BGB.) aufzufassen (vgl. Menzel S. 24ff.). Denn — abgesehen davon, daß eine bloße Bereicherungshaftung nur ausnahmeweise Platz greift (§§ 7 II, 11 III AnfG., §§ 37 II, 40 III KO.) — hat der Anfechtungsschuldner die Leistung nicht „ohne rechtlichen Grund" im Sinne des § 812 [§ 7 Anm. 11]. Sonach erübrigt nur, im Anfechtungsanspruch ein weder rechtsgeschäftliches noch deliktisches, sondern *einzig und unmittelbar auf dem Gesetze* beruhendes und ausschließlich auf Erwägungen der Zweckmäßigkeit und Billigkeit gegründetes Schuldverhältnis zu erblicken (*obligatio ex lege*). *Das Anfechtungsrecht der Gläubiger ist eine zum Schutze des Kredits geschaffene, positiv-rechtliche Ausnahmesatzung.* Siehe Cosack § 6, Eccius a. a. O. Note 22f., L. Seuffert S. 226, Endemann a. a. O. § 199 Note 3 und für den Fall des § 30 KO. RG. v. 25. 11. 1882 Bd. **10**, 329. Anm. 12.

Vielfach wird der Anfechtungsanspruch als restitutorische Forderung bezeichnet (Krasnopolski S. 14, RG. v. 20. 1. 1885 Bd. **13**, 6: „Forderungsanspruch auf Beseitigung des durch die Rechtshandlung begründeten rechtlichen und tatsächlichen Zustandes und *Wiederherstellung* des vor der Rechtshandlung bestandenen Zustandes"). Mit dieser Bezeichnung wird indessen nicht das Wesen, sondern *das Ziel* des Anspruchs bestimmt. Sie sagt nichts anderes, als was das Gesetz selbst mit den Worten „*zurückgewähren*" ausdrückt (§§ 7, 9 AnfG., § 37 KO.). Andrerseits ergibt die klare Fassung des Gesetzes, daß die Anfechtung in der Tat eine privatrechtliche Rückgewährforderung begründet. Das ist wiederholt bestritten worden. Ausgehend von der Erkenntnis, daß die Gläubigeranfechtung ein Hilfsmittel der Vollstreckung und insofern subsidiärer Natur ist [Anm. 2], hat man ihr jede „materielle Rechtsbasis" abgesprochen und behauptet, sie bilde lediglich einen „Ausfluß der Exekutionsbefugnis des Gläubigers, eine Ergänzung der Exekutionsvollstreckung und daher *ein revokatorisches Rechtsmittel zur* Anm. 13.

Ausführung der Exekution" (preuß. Obertribunal v. 12. 1. 1874 Bd. 73, 121). Ähnliche Gedanken entwickelt für das Reichsrecht Lippmann in Jherings Jahrb. 36 S. 345ff. Ihm ist die Gläubigeranfechtung eine Klage auf Vollstreckung gegen den Erwerber; nicht eine eigene privatrechtliche Befugnis, sondern das Schuldrecht selbst in einer besonderen Verwirklichungsphase, nur eine Funktion des Schuldrechts. Siehe unten § 2 Anm. 32. Auch die geistvollen Forschungen von Menzel (S. 26ff., 261ff., 274f.) haben denselben Ausgangspunkt, führen aber zu anderen Ergebnissen. Menzel konstruiert die außerkonkursmäßige Anfechtungsverbindlichkeit als eine Haftung für fremde Schuld. Diese Haftung sei, solange das Anfechtungsobjekt noch im Vermögen des Gegners vorhanden ist, eine unpersönliche Haftung auf Duldung der Zwangsvollstreckung (das „Womit" der Haftung sei der anfechtbare Erwerb samt Zuwachs und Ersatz, das „Wofür" die Forderung des anfechtenden Gläubigers nebst Zinsen und Kosten). Wenn ein unterscheidbarer Sondererwerb nicht oder nicht mehr vorhanden sei, hafte der Anfechtungsgegner beschränkt persönlich auf Geldzahlung. Vergleichsweise zieht Menzel andere Fälle beschränkter Haftung für fremde Schuld heran. Auch unser Reichsrecht bietet eine Fülle solcher Vergleiche. Betrachtet man beispielsweise die außerkonkursmäßige Anfechtung der Bestellung eines Nießbrauchs unter dem Gesichtspunkte beschränkter Haftung des Nießbrauchers für die bisherigen Schulden des Bestellers, so ergibt sich: der Gläubiger des Bestellers kann ohne Rücksicht auf den Nießbrauch Befriedigung aus dem belasteten Gegenstande verlangen und dementsprechend auf Grund eines Doppeltitels, der den Besteller zur Leistung und den Nießbraucher zur Duldung der Zwangsvollstreckung verurteilt, die Vollstreckung in den belasteten Gegenstand ohne Rücksicht auf den Nießbrauch betreiben. Dies verordnet nun ausdrücklich der § 1086 BGB. mit § 737 ZPO. für den Fall der Nießbrauchsbestellung am Vermögen — freilich nicht unter dem Gesichtspunkte der Anfechtung, sondern gerade zum Zwecke der Ersparung einer Anfechtung (Protokolle zweiter Lesung Bd. III S. 431). Zugegeben nun aber, daß die Annahme beschränkter Haftung im Falle der außerkonkursmäßigen Anfechtung eines noch unterscheidbar beim Anfechtungsgegner vorhandenen Erwerbs zu dem gleichen Ergebnisse führen kann, wie die Konstruktion einer besonderen privatrechtlichen Restitutionspflicht, so wäre es doch ein übereilter Schluß, die Gläubigeranfechtung überhaupt unter den Gesichtspunkt beschränkter Haftung zu stellen. Während Menzel für die außerkonkursmäßige Anfechtung in allen übrigen Fällen und für die konkursmäßige schlechthin die positive Leistungspflicht des Anfechtungsschuldners anerkennt, verallgemeinert neuerdings Linsmayer S. 89ff. den Gedanken beschränkter Haftung dahin: der Anfechtungsgegner ist nicht zur Leistung (Zurückleistung) der anfechtbar erworbenen Gegenstände verpflichtet (S. 90). Allein das gerade Gegenteil sagen unsere Gesetze (§ 37 KO., § 7 AnfG.). Daher sieht sich denn auch Linsmayer dort, wo er die Haftung des Anfechtungsgegners als beschränkte Haftung erweisen will

(S. 91f.), genötigt, die grundlegende Norm des § 37 I KO. zu übergehen. Er begnügt sich (S. 95 Note 1) mit der Behauptung: man müsse von der außerkonkursmäßigen Anfechtung ausgehen, die konkursmäßige sei lediglich eine Modifikation der außerkonkursmäßigen. Siehe dagegen oben Anm. 3 und z. B. § 37 österr. AnfG. Die Theorie ist eben viel zu eng. Übrigens findet sich der Gedanke einer Haftung des Anfechtungsgegners für fremde Schuld auch in der früheren deutschen Literatur. Siehe z. B. v. Völderndorff III S. 116 und die älteren Auflagen des Hartmannschen Kommentars (4. Aufl. S. 27; die 5. Aufl. S. 31ff. Note 1 steht unter dem Einflusse der Linsmayerschen Schrift).

In Wahrheit liegt die Sache so. Die Haftung des Anfechtungsgegners bildet eine privatrechtliche Rückgewährpflicht. Sie geht an sich auf eine **positive Leistung** und hat sonach einen anderen Inhalt als die bloße „Haftung" für fremde Schuld.[1]) Nun bezweckt aber die Anfechtung lediglich, die durch den anfechtbaren Akt bewirkte Beeinträchtigung des Gläubigerzugriffes wieder zu beseitigen. Daraus ergibt sich ein Unterschied in der Art (nicht im Wesen) der Rückgewähr, je nachdem im Sonderinteresse eines Einzelgläubigers oder im Gesamtinteresse der Konkursgläubigerschaft angefochten wird. Die Konkursgläubigerschaft wird anteilsmäßig aus einer gemeinschaftlichen Masse befriedigt, die der Verwalter zu sammeln und zu versilbern hat. In diese — zunächst noch im Vermögen des Schuldners stehende, aber zur gemeinschaftlichen Befriedigung der Konkursgläubiger zu verwendende (§ 3 KO.) — Masse und damit in die Verfügungsmacht des Konkursverwalters muß der veräußerte Gegenstand zurückgebracht werden. Bei der Konkursanfechtung bedarf es daher einer Rückgewähr „zur Konkursmasse" auch dann, wenn der veräußerte Gegenstand sich noch unterscheidbar im Ver- Anm. 14.

---

[1]) Auch das Anfechtungsgesetz charakterisiert die Haftung des Erwerbers keineswegs als bloße Verpflichtung zum Dulden der Zwangsvollstreckung. Vielmehr verpflichtet es im engsten Anschluß an den § 37 KO. den Erwerber positiv zur Rückgewähr („er hat zurückzugewähren": §§ 7, 9 AnfG.) mit der im Text bezeichneten, durch die Natur der Sache gebotenen Beschränkung. Der einheitliche Ausdruck weist darauf hin, daß die Anfechtungsverbindlichkeit in allen Fällen dieselbe rechtliche Natur hat. Übrigens scheidet unser Reichsrecht Schuld und Haftung keineswegs derart, daß die persönliche Haftung (eine dingliche Haftung nach Art der Pfandhaftung bildet die Rückgewährpflicht zweifellos nicht) für fremde Schuld nicht selber Schuldverhältnis ist. Auch das Einstehenmüssen des „Bürgen für die Hauptverbindlichkeit" (§§ 765ff. BGB.) bildet eine — von der Hauptverbindlichkeit abhängige — Verbindlichkeit, ein Schuldverhältnis im Sinne des BGB. Wollte man Ernst mit dem Satze machen, daß die Haftung des Bürgen und des Anfechtungsgegners keine „Schuld" (keine „Verbindlichkeit", kein „Schuldverhältnis") darstelle, so würde man bei der Technik unserer Gesetze auf unüberwindliche Schwierigkeiten stoßen. Die Rückgewährpflicht einer Ehefrau kann zweifellos eine „Verbindlichkeit, für die das eingebrachte Gut haftet", zweifellos auch eine „Gesamtgutsverbindlichkeit" sein [Anm. 73]. Die vererbte Rückgewährpflicht stellt eine „Nachlaßverbindlichkeit" im Sinne des § 1967 BGB. dar. Zwischen Verbindlichkeit und Schuld macht das BGB. keinen Unterschied. Vgl. z. B. nur die §§ 1410ff. über „Schuldenhaftung".

mögen des Erwerbers vorfindet. Anders bei der Einzelanfechtung. Hier ist dem Bedürfnisse des anfechtenden Gläubigers genügt, falls die Beitreibung seiner Forderung aus dem noch unterscheidbar vorhandenen Erwerbe so ermöglicht wird, wie wenn der erworbene Gegenstand noch zum Vermögen des Schuldners gehörte („als noch zu demselben gehörig", § 7 AnfG.). Hier erfüllt der Anfechtungsgegner seine Rückgewährverbindlichkeit vielfach schon durch Duldung des Zwangszugriffes. Der § 7 AnfG. drückt diese Beschränkung aus in den Worten „soweit es zur Befriedigung des Gläubigers erforderlich ist". Allein dieses Dulden ist nicht der ausschließliche, wenn auch im Regelfalle der wichtigste Bestandteil der Rückgewährpflicht. Sie stellt grundsätzlich auch bei der Einzelanfechtung eine Verbindlichkeit auf positive Leistung, auf Wiederherstellung der früheren Vollstreckungsmöglichkeit dar. Dazu gehört außer der Zugriffsgestattung die Angabe und Herbeischaffung des Zugriffsgegenstandes, die Auskunft über sein zwischenzeitliches Schicksal, die Wiedererrichtung der für den Zugriff erforderlichen Urkunden u. a. m. In den zahlreichen Fällen vollends, in denen der anfechtbare Erwerb von vornherein in einer Geldsumme bestand oder aber auf eine vom Erwerber zu vertretende Weise aus seinem Vermögen ausgeschieden ist, geht die Rückgewährpflicht auch bei der Einzelanfechtung ausschließlich auf eine positive Leistung und zwar auf Zahlung einer Geldsumme direkt an den anfechtenden Gläubiger. Die Leistung (Rückgabe oder Werterstattung) an den Schuldner wäre nicht nur ein Umweg. Sie könnte den ganzen Anfechtungserfolg in Frage stellen und befreit darum den Anfechtungsgegner nicht, jedenfalls nicht unmittelbar. Siehe auch unten Anm. 41; alles Nähere über die Art der Rückgewähr und die Tilgung der Anfechtungsverbindlichkeit zu § 7 (daselbst Rechtsprechung und Literatur).

Anm. 15. 2. Der Anfechtungsanspruch bildet ein Forderungsrecht auf Beseitigung der den Gläubigern nachteiligen Folgen der angefochtenen Rechtshandlung: die Gläubigeranfechtung hat nur **obligatorische** Kraft. Dieser beim Inkrafttreten des BGB. fast allgemein anerkannte Rechtssatz ist in neuester Zeit lebhaft bestritten worden. Man hat behauptet, der § 142 BGB. müsse auch für die dem BGB. angepaßten Nebengesetze, insbesondere für die KO. und das AnfG., gelten. Auch die Gläubigeranfechtung wirke also dinglich. Begründer dieser Ansicht (wir nennen sie Dinglichkeitslehre) ist Hellwig (Verträge auf Leistung an Dritte § 58, Zeitschr. f. Zivilpr. Bd. 26 S. 474 ff., Anspruch u. Klagrecht S. 260), der freilich neuestens (Lehrbuch d. ZPR. § 33 Note 9) das Anfechtungsrecht für ein Prozeßrecht erklärt [dawider § 2 Anm. 7, 30 ff.] und sich so selber den Boden für die Anwendung der Grundsätze des BGB. abgräbt. Denn wäre die Anfechtungsbefugnis in der Tat eine publizistische Rechtsmacht, so könnte von der Anwendbarkeit der §§ 142, 143 BGB., auf denen sich die Dinglichkeitslehre aufbaut, offenbar keine Rede sein. Der Dinglichkeitslehre haben sich angeschlossen Kipp zu Windscheids Pandekten (8. Aufl. 1900) II S. 955 ff., Crome Bürg. Recht I S. 352 ff., II S. 252, Hellmann i. d. Bl. f. Rechtsanwdg. 70 S. 401 ff.,

Fitting (3. Aufl.) § 18, Engelmann Bürg. Recht (3. Aufl. 1903) S. 462 f., H. Müller und O. Gaze in den oben genannten Abhandlungen, Voß in Jherings Jahrb. 47 S. 233 ff., R. v. Mayr Bereicherungsanspruch (1903) S. 401 ff. Von den Kommentatoren der KO. teilt nur Wolff § 29 Anm. 10 diese Meinung. Die überwiegende Mehrheit der Schriftsteller hält auch für das neue Recht an der obligatorischen Kraft der Anfechtung fest. So die Kommentare der KO. (außer Wolff), L. Seuffert S. 220, Kohler Leitfaden (2. Aufl. 1903) § 21, Harburger KO. (1900) S. 46, Schellhas Konkurssachen (1902) S. 343, Merzbacher AnfG. S. 6, Bernhardi AnfG. § 7 Anm. 1, § 9 Anm. 1, Hartmann-Meikel S. 36 u. 87, Eck Vorträge über das BGB. (1898) S. 127 u. 128, Cosack Bürg. Recht I § 53 zu Note 4 (4. Aufl. 1903 S. 159), F. Endemann I § 199 Note 4 (8. Aufl. 1903 S. 1251), Leonhard Allg. Teil des BGB. (1900) S. 432 Note 1, S. 444, Goldmann-Lilienthal BGB. (2. Aufl. 1901) § 45 Note 11, Rehbein BGB. I S. 197 f., Dernburg-Biermann Pandekten II S. 397 Note 4, Biermann Widerspruch und Vormerkung S. 9, 37 f., 142 u. Z. f. Zivilpr. 34 S. 520 f., Kober (v. Staudinger) BGB. 2. Aufl. Bd. III (1903) S. 78, Kuhlenbeck BGB. (2. Aufl. 1903) § 142 Anm. 2, Düringer-Hachenburg HGB. Bd. II (1901) S. 51, S. Goldmann HGB. Bd. II (1902) S. 573, in den S. 21 f. genannten Aufsätzen Linsmayer, Wendt, K. Meyer, Silbermann, Hüneberg, Sperlich u. Oertmann, endlich Langheineken Anspruch und Einrede (1903) S. 115 ff. („verhaltener obligatorischer Anspruch"). In der neuesten **Rechtsprechung** wird die Dinglichkeitslehre mit aller Bestimmtheit verworfen. So betont das RG. (VII. ZivSen.) v. 3. 5. 1904 Bd. **58**, 107: „Eine sich auf die Vergangenheit erstreckende dingliche Wirkung der Anfechtung ist vom RG. in ständiger Rechtsprechung für das alte Recht abgelehnt (Bd. **42**, 367), und die neue Fassung der KO. bietet keinen Anlaß, den Boden dieser Rechtsprechung zu verlassen". Siehe ferner namentlich RG. v. 30. 4. 1901 Bd. **48**, 149 („nur verpflichtet, der Konkursmasse die Forderung wieder zu verschaffen", eine Wendung, die keinesfalls auf einen nach dinglicher Vernichtung des Geschäfts bestehenden Bereicherungsanspruch paßt); v. 14. 1. 1902 Bd. **50**, 124; v. 22. 10. 1902 Bd. **52**, 340 (der Zusammenhang der §§ 119 f., 123, 142 f. BGB., „wonach das anfechtbare Rechtsgeschäft, wenn es angefochten wird, als von Anfang an nichtig anzusehen ist, ergibt, daß ihnen die Anfechtung von Rechtsgeschäften auf Grund des AnfG. nicht unterstellt werden kann"; also gerade, weil die Anfechtung wegen eines Willensmangels dinglich wirkt, hält das RG. die Heranziehung des § 143 BGB. für ausgeschlossen[1]); v. 29. 3. 1904 Bd. **58**, 44 (§ 143 BGB. unanwendbar, da die Gläubigeranfechtung von der unter den § 143 fallenden Anfechtung „in Voraussetzungen und Wirkung völlig verschieden ist"); v. 19. 4. 1904 JW. S. 368 Nr. 36 („Verpflichtung zur Rückgewähr eine obligatorische Verbindlichkeit der Erwerberin"); v. 28. 6. 1904 Recht 8 S. 388

[1]) Diese Schlußfolgerung ist so durchsichtig, daß die Polemik von Hellmann a. a. O. S. 402 (Note) kaum zu begreifen ist.

(„nach wie vor lediglich obligatorischer Rückgewähranspruch"); OLG. Karlsruhe 18. 11. 1901, v. 6. 3. 1903 u. v. 3. 2. 1904 Bad. Rechtspraxis 1902 S. 218, 1903 S. 142 f., 1904 S. 147; Cöln v. 25. 9. 1902 OLG. 5 S. 422 (der Anfechtungsanspruch ein „persönlicher Anspruch auf Änderung des dinglichen Rechtszustandes"); abw. Dresden v. 3. 2. 1903 OLG. 6 S. 258 f. (mit „der Rechtskraft" des der Anfechtungsklage stattgebenden Urteils — also nicht etwa mit Abgabe einer formlosen oder einer gerichtlichen Anfechtungserklärung[1]) — sei eine dingliche, unmittelbar zur Grundbuchberichtigung Anlaß bietende Rechtsänderung eingetreten).

a) **Gegen** die Dinglichkeitslehre spricht entscheidend:

Anm. 16. α) Bisher hatte die Gläubigeranfechtung nur obligatorische Kraft. Daß aber die Novelle eine so grundsätzliche und tiefgreifende Änderung angestrebt habe, ist weder aus der Fassung noch aus den Materialien des Gesetzes erweisbar. Wenn Gaze a. a. O. S. 3 ff., 7, 24 (ihm folgen Fitting S. 220 u. Hellmann a. a. O. S. 406) schon für das bisherige Recht aus den Worten „als unwirksam anfechten" (§ 22 KO. a. F., § 1 AnfG.) eine dingliche Wirksamkeit der Anfechtung ableiten will, verkennt er völlig den Sinn dieser Worte. „Unwirksam" bedeutet: der normalen Wirsamkeit entbehrend. Der Begriff ist allgemein und farblos. Er kann Nichtigkeit und Anfechtbarkeit bedeuten, die letztere ohne Rücksicht darauf, ob die Anfechtung dinglich oder nur obligatorisch wirkt. Der älteren Rechtssprache fehlte, wie insbesondere Mitteis in Iherings Jahrb. 28 (1889) S. 85 ff., 102 ff. darlegt, ein einheitlicher Sprachgebrauch. Siehe auch Regelsberger Pandekten I § 174, Förster-Eccius Preuß. Privatrecht I § 41, Oertmann Z. f. Zivilpr. 38 S. 15 f. Unser Reichsrecht, das eine klar erkennbare Fortentwicklung des preußischen Anfechtungsrechtes bildet, hat sich eng an die Terminologie der preußischen Gesetze von 1855 angelehnt. Dort hieß „als ungültig anfechten" (§ 99 KO. v. 8. 5. 1855, § 1 AnfG. v. 9. 5. 1855), was im preußischen Gesetze v. 26. 4. 1835 als „Recht zu widerrufen" oder „anzufechten" bezeichnet war. Der § 106 KO. v. 1855 (Vorbild unseres § 37 KO.) bestimmte den Inhalt des Anfechtungsrechtes dahin, daß „die Gläubigerschaft" das Weggegebene „von dem Erwerber zur Konkursmasse zurückfordern könne", der § 12 AnfG. v. 1855 (Vorbild unseres § 7 AnfG.) dahin: „der Gläubiger

[1]) In diesem überaus wichtigen Punkte sind die Anhänger der Dinglichkeitslehre keineswegs einig. Voß a. a. O. S. 246 läßt die Frage bezeichnender Weise offen. Hellmann a. a. O. S. 420 übergeht sie mit Stillschweigen (!). Würde die anfechtbare Rechtshandlung erst durch die Rechtskraft des der Anfechtungsklage stattgebenden Urteils vernichtet, so würde der Gläubiger nicht auf Grund einer vorläufig vollstreckbaren Verurteilung des Anfechtungsgegners vollstrecken können. Dieser Annahme fehlt jeder gesetzliche Rückhalt. Übrigens spricht auch die gesetzlich anerkannte Möglichkeit einer „Erhebung des Anfechtungsanspruchs im Wege der Einrede" (§ 5) gegen die Ansicht, daß erst ein rechtsgestaltender Richterspruch die „Unwirksamkeit" der angefochtenen Rechtshandlung erzeuge.

ist befugt zu verlangen", daß das Weggegebene „zurückgewährt wird". Dieser Rückforderungsanspruch bildet auch nach den Reichsgesetzen den unmittelbaren Inhalt des Gläubigeranfechtungsrechtes. Um jedoch gleich im Eingange der Anfechtungsvorschriften die bloße Relativität der Entkräftbarkeit zu betonen, gebraucht der § 29 KO. die Wendung „als den Konkursgläubigern gegenüber unwirksam", der § 1 AnfG. die Wendung „als diesem (dem anfechtenden Einzelgläubiger) gegenüber unwirksam" anfechten[1]). Das ist zweifellos auch der Standpunkt der Materialien. Die Motive der KO. S. 111 führen aus: „Juristisch läßt eine Nichtigkeit sich nur begründen, wenn dem Geschäft selbst ein rechtlicher Mangel innewohnte. Daß durch das Geschäft des Gemeinschuldners der persönliche Anspruch seiner Gläubiger verletzt wird, macht das Geschäft selbst nicht ungültig. Man begründet die Nichtigkeit daher durch die Fiktion, daß der Gemeinschuldner schon damals verfügungsunfähig gewesen sei." Gerade diese Rückdatierung des Konkurses aber hat das deutsche Recht grundsätzlich verworfen (Motive der KO. S. 95 ff., 147, 151 f.). Die Dinglichkeitslehre scheitert also jedenfalls für das bisherige Recht an einem feststehenden Prinzipe des Gesetzes. Dies war denn auch fast einhellig in

[1]) Wenn daher Voß a. a. O. S. 244 einwirft, die Worte „als unwirksam" seien von unserm Standpunkt aus ein überflüssiger Zusatz, übersieht er, daß es dem Gesetze darauf ankommt, die bloße Relativität der Unwirksamkeit hervorzuheben. Die Worte „als unwirksam" sind ja nicht für sich, sondern in Verbindung mit den Worten „den Konkursgläubigern (diesem) gegenüber" gebraucht. — Noch weniger treffen uns die Angriffe von Hellmann a. a. O. S. 406 f. Daß der Ausdruck „unwirksam" in einem weiteren, die obligatorische Rückgewährpflicht mitumfassenden Sinne gebraucht werden kann und tatsächlich gebraucht worden ist, vermag auch Hellmann nicht zu leugnen. Das genügt uns. Ohne allen Zwang aber läßt sich das „wirkungslos" der von ihm zitierten Materialienstelle in unserem Sinne deuten. Hätte Hellmann nur drei Zeilen weiter gelesen, so würde er auf den diese Auslegung bestätigenden und die Hellmannsche Annahme ausschließenden Satz gestoßen sein: „Die Anfechtbarkeit ist noch weniger als eine relative Nichtigkeit." Es heißt dort weiter: „Das Rechtsgeschäft bleibt, selbst wenn dessen Anfechtbarkeit (!) richterlich ausgesprochen wird, als an sich gültig bestehen und behält seine Wirkungen unter den handelnden Teilen nach dem Inhalt des Geschäfts. Ihm werden die Wirkungen nur nach der oben angegebenen Richtung für die Konkursgläubiger entzogen ... darum stellt der Entwurf das Prinzip an die Spitze: die Rechtshandlungen können als gegenüber den Konkursgläubigern unwirksam angefochten werden" (Motive der KO. S. 112). Wo daher in den Materialien von einer Feststellung der Unwirksamkeit geredet wird, ist diese eigenartige Unwirksamkeit gemeint. Zugleich ergibt sich gegen Hellmann a. a. O. S. 426, daß die Verfasser der Konkursnovelle von 1898 eine kaum zu entschuldigende Oberflächlichkeit begangen haben, wenn sie im jetzigen § 7 I KO. das Wort „nichtig" entsprechend dem § 135 BGB. durch „unwirksam" ersetzt und so die irreführende Wortübereinstimmung der §§ 7 (13), 29 KO. herbeigeführt haben. Im § 7 KO. handelt es sich um eine „relative Nichtigkeit"; die Anfechtbarkeit des § 29 KO. soll „weniger" bedeuten.

der Rechtslehre (Cosack Anfechtungsrecht § 43, Jaeckel § 11, Petersen i. d. Zeitschr. f. Zivilpr. 10 S. 25 ff., Mitteis in Jherings Jahrb. 28 S. 104, Kohler Lehrbuch § 38, Förster-Eccius I § 41 Note 10, § 114 Note 23: „ganz ohne gesetzliche Basis ist die Annahme einer Dinglichkeit der Klage") und, wie auch RG. v. 3. 5. u. 28. 6. 1904 a. a. O. betonen, in der Rechtsprechung anerkannt (RG. v. 14. 3. 1882 Bd. **7**, 35; v. 20. 6. 1883 Bd. **10**, 11; v. 20. 1. 1885 Bd. **13**, 6; v. 19. 1. 1893 Bd. **30**, 92; v. 2. 1. 1893 ebenda S. 404; v. 19. 10. 1893 Bd. **32**, 24; v. 24. 1. 1894 JW. S. 122 Nr. 18; v. 15. 10. 1897 Bd. **40**, 6; v. 16. 9. 1898 Bd. **42**, 367 u. sehr bestimmt v. 20. 10. 1899 Bd. **44**, 92[1]). Auch für das ganz entsprechende österreichische Recht wird anerkannt, daß die Gläubigeranfechtung nur obligatorisch wirke. Menzel §§ 34, 35, Krasnopolski § 13, Pollak S. 343 (zwiespältig Steinbach-Ehrenzweig S. 15 f. Note 2). Ebenso für das schweizerische Recht Brand a. a. O. S. 210 ff., 227 ff.

Anm. 17. Dieser Grundsatz soll nun in sein gerades Gegenteil verkehrt worden sein, weil das BGB. der von ihm behandelten Anfechtung dingliche Kraft beilegt. Zunächst steht indessen außer Zweifel, daß weder die Verfasser des BGB. noch diejenigen der Novellen von 1898 die Wirksamkeit der Gläubigeranfechtung ändern w o l l t e n. „Außer Betracht gelassen ist der Anfechtungsbegriff, von welchem die KO. §§ 22—24 und das Gesetz v. 21. 7. 1879 (RGBl. S. 277) ausgehen; die von diesen Gesetzen behandelten Rechtsgebiete fallen nicht in den Bereich des Entwurfes" (Motive z. EBGB. I S. 218). Daran hat auch die Kommission für die zweite Lesung des EBGB. festgehalten. Erst in der Bundesratsvorlage der Konkursnovelle (Drucks. 1897 Nr. 41) taucht die im jetzigen § 41 normierte Ersetzung der Verjährungsfristen durch Ausschlußfristen auf mit der Begründung, das BGB. rede nur bei „Ansprüchen" von einer Verjährung (§ 194), das Recht anzufechten sei

[1]) H e l l m a n n a. a. O. S. 408 f. (Noten) hat es in der Tat zuwege gebracht, fünf dieser Entscheidungen f ü r die Dinglichkeitslehre in Anspruch zu nehmen, unter dem Eindrucke freilich, daß dem Reichsgerichte „der Unterschied zwischen Relativität der Unwirksamkeit und zwischen obligatorischer Anfechtungswirkung nicht zum klaren Bewußtsein gelangt". In Wahrheit denkt das Reichsgericht hier gar nicht an eine auch nur relative „Nichtigkeit". Was es meint, ist bei gutem Willen kaum mißzuverstehen. Wenn z. B. der I. ZivSen. im Urteile v. 20. 6. 1883 Bd. **10**, 11 anerkennt: die Gläubigeranfechtung „begründe nicht eine objektive Reszission des Geschäfts, sondern gewähre nach § 7 lediglich dem anfechtenden Gläubiger d e n p e r s ö n l i c h e n A n s p r u c h, d a ß i h m g e g e n ü b e r d a s a n g e f o c h t e n e G e s c h ä f t u n w i r k s a m s e i, während es unter den Kontrahenten als gültig bestehen bleibe", so ergibt die Bezugnahme auf den § 7 mit aller Klarheit, was der Senat sagen will. Der Anfechtende hat nach § 7 einen persönlichen Anspruch darauf, daß sich der Anfechtungsgegner die Behandlung des Geschäfts als unwirksam (im Sinne des § 1) gefallen läßt. Allerdings wäre „ein obligatorischer Anspruch darauf, daß ein Geschäft im Hellmannschen Sinne der Nichtigkeit (und nicht in dem vom RG. klar erkannten Sinne des § 1) unwirksam sei, „juristisch unmöglich". Dies hat vermutlich auch der I. ZivSen. gewußt.

aber kein Anspruch in diesem Sinne, und mit dem Zusatze „der Frage, ob die Anfechtung ausschließlich im Wege der Klage und der Einrede oder auch durch eine außergerichtliche Erklärung des Verwalters gegenüber dem Anfechtungsgegner erfolgen kann, wird durch die Änderung nicht vorgegriffen" (ebenda S. 13 u. 14). Andrerseits wird im späteren Reichstagskommissionsbericht (S. 1952) regierungsseitig bemerkt: „Ebenso wie im BGB. bei der dinglich wirkenden Anfechtung die Anfechtungserklärung und beim Rücktritte von einem Vertrage die Rücktrittserklärung genüge, ohne daß es einer Klage bedürfe, so müsse hier bei dem Anfechtungsrecht die Erklärung des Konkursverwalters gegenüber dem Anfechtungsgegner genügen, daß er anfechte." Unverkennbar ist in diesen Worten die Gläubigeranfechtung zur „dinglich wirkenden Anfechtung" in einen Gegensatz gestellt. Sonst wären die Worte „dinglich wirkenden" höchst überflüssig. Einen Gegensatz zur Wirkung des Rücktritts zu markieren, besteht — was Hellmann a. a. O. S. 412 außer acht läßt — durchaus kein Anlaß. Die Frage nach den Folgen der Gläubigeranfechtung ist gänzlich unberührt geblieben. Nur „die Art", wie die Gläubigeranfechtung „ausgeübt werden solle", wollte man der dinglich wirkenden Anfechtung und dem bloß eine obligatorische Rückgewährpflicht (§ 346 BGB.) begründenden Rücktritt entsprechend gestalten. Auch diese Absicht hat, wie in Anm. 64 ff. dargelegt wird, im Gesetze keinen Ausdruck gefunden.

So bieten die Materialien keinen ausreichenden Anhalt für die Ding- Anm. 18.
lichkeitslehre. Hat aber nicht vielleicht das BGB. oder die Konkursnovelle, den Verfassern unbewußt, dennoch eine Änderung gebracht? Man hat dies deshalb behauptet, weil der Begriff „Anfechtbarkeit" nunmehr ein einheitlicher terminus technicus für das gesamte Reichsprivatrecht sei (so z. B. Gaze S. 2 ff., 11, Fitting S. 219). Dieser auf den höchst äußerlichen Grund der Übereinstimmung des Wortlauts gestützte Schluß ist ungerechtfertigt. Eine Rechthandlung „anfechten" heißt ganz allgemein: sie angreifen, um ihre Wirkungen zu beseitigen (vgl. Bruck, Bedeutung der Anfechtbarkeit für Dritte 1900 § 1). Noch heute bezeichnet das Reichsrecht Angriffe verschiedenster Art mit dem Namen Anfechtung. „Angefochten" wird auch der Einspruch der Verwaltungsbehörde nach § 62 II BGB. und die richterliche Entscheidung (z. B. § 1425 BGB., §§ 521, 538, 561, 569, 583 f., 957 ZPO., § 189 III KO., § 24 FGG.). In der Doktrin des gemeinen Rechts hat sich für „die mannigfaltigen Fälle der unvollständigen Ungültigkeit" der Name „Anfechtbarkeit" seit F. C. v. Savigny System des heut. röm. Rechts Bd. 4 (1841) S. 537 eingebürgert. Für die zweifellos obligatorische actio Pauliana des gemeinen Rechts war der Ausdruck Anfechtung beim Erlasse der Reichsjustizgesetze allgemein üblich. Viel früher schon findet er sich gerade für die Gläubigeranfechtung in der preußischen Gesetzessprache (Allg. Landrecht § 645 I 10, § 1133 I 11, Allg. Gerichtsordnung § 54 I 50, G. v. 26. 4.

1835 §§ 2, 3, KO. v. 8. 5. 1855 §§ 99ff., G. v. 9. 5. 1855 §§ 1ff.). Die beiden preußischen Gesetze von 1855, die unmittelbaren Vorbilder der Reichskonkursordnung und des Reichsanfechtungsgesetzes, gebrauchen bereits die Wendung „Rechtshandlungen nach Maßgabe der folgenden Bestimmungen als ungültig anfechten". Damit war die „Anfechtung" wegen Benachteiligung der Gläubiger — ihrem eigenartigen Wesen entsprechend — zu einem selbständigen Rechtsinstitute geworden (vgl. RG. v. 20. 10. 1899 Bd. **44**, 95: „eine singuläre, besonders geartete, selbständig geordnete Rechtsmaterie"; die Richtigkeit dieses Satzes wird dadurch, daß ihm Hellmann a. a. O. S. 413 den billigen Vorwurf der Willkür macht, in keiner Weise erschüttert). Auf diese Selbständigkeit deuten, wie Wendt S. 306f. durchaus zutreffend hervorhebt, noch jetzt die Worte „nach Maßgabe der folgenden Bestimmungen" im § 29 KO., § 1 (vgl. § 13 V) AnfG. und ebenso der Verweis im § 342 III HGB. hin. Nach a. 32 Satz 1 EG. z. BGB. hat die Gläubigeranfechtung trotz ihres privatrechtlichen Charakters ihre Eigenart bewahrt. Freilich greift das BGB. ergänzend ein, aber eben auch nur ergänzend. Diejenigen Vorschriften, die bisher den obligatorischen Charakter der Gläubigeranfechtung ergaben (§§ 37ff. KO., §§ 7ff. AnfG.), sind ganz oder doch wesentlich unverändert geblieben. Das entscheidet. Dabei muß wohl beachtet werden, daß dem BGB. selbst eine Anfechtung mit der Folge relativer Nichtigkeit fremd ist. Schon deshalb, namentlich aber im Hinblick auf die Eigenart der §§ 37—40 KO., §§ 7, 11 AnfG. kann (gegen Kipp S. 956) keine Rede davon sein, daß die Dinglichkeitslehre „vollen Einklang" mit der Anfechtung des BGB. herstelle. Das tritt bei der Einzelanfechtung besonders klar hervor. Hat z. B. der Schuldner durch Verschenkung eines Sachinbegriffs im Werte von 10000 Mk. die Befriedigung seines einzigen Gläubigers um 1000 Mk. verkürzt, so würde, wenn die Anfechtungserklärung die Übereignung nichtig machte, auch gegenüber dem verkürzten Gläubiger keineswegs schlechthin eine Nichtigkeit eintreten dürfen, sondern auch ihm gegenüber nur eine Nichtigkeit für den Bereich der zu ermöglichenden Befriedigung dieser bestimmten Forderung und nur in Höhe von 1000 Mk. Einen entsprechend eigenartigen Inhalt hätte der Anfechtungsanspruch als Aussonderungsrecht [Anm. 23]. Wie soll man sich eine derart relative Nichtigkeit vorstellen und wo wäre im sonstigen bürgerlichen Recht eine Anfechtbarkeit dieses beschränkten Inhalts nachzuweisen? Gerade die Fassung des grundlegenden § 7 AnfG. spricht deutlich gegen die Dinglichkeitslehre. Hiernach kann der Gläubiger unmittelbar kraft des Gesetzes „beanspruchen", daß der Erwerb „als noch zum Vermögen des Schuldners gehörig" zurückgewährt wird, d. h. als ob er noch zum Schuldnervermögen gehörte (was nicht mehr der Fall ist), keineswegs aber, weil er (infolge der Anfechtung) nicht mehr zum Schuldnervermögen gehört. Auch der Übergang von der Einzelanfechtung zur

Konkursanfechtung (§ 13 AnfG.) bereitet, wie die Bemühungen von Voß a. a. O. S. 247ff., 253ff. zeigen, der Dinglichkeitslehre ernste Schwierigkeiten. Keines Wortes der Erwiderung bedarf der Einwurf von Hellmann a. a. O. S. 420: der § 37 KO., der doch seiner ganzen Fassung nach wie der § 7 AnfG. sedes materiae für den Inhalt der Rückgewährpflicht ist, habe „lediglich ergänzende" Bedeutung. Wenn aber beigefügt wird, dies komme „ganz deutlich" im § 7 durch die Worte „soweit es erforderlich ist" zum Ausdrucke, denn „es" (das Zurückgewähren) „sei nicht erforderlich", soweit der Gläubiger infolge der dinglichen Anfechtungswirkung in den veräußerten Gegenstand direkt vollstrecken könne, so sagt ja das Gesetz nicht schlechthin „soweit es erforderlich ist", sondern „soweit *es zu seiner Befriedigung*", d. h. zur Befriedigung des anfechtenden Einzelgläubigers „erforderlich ist". Damit will der § 7 den Umfang der Einzelrückgewähr im Gegensatze zur Konkursrückgewähr begrenzen, keineswegs aber aussprechen, daß eine „Rückgewähr" im Sinne des Gesetzes nur unter Umständen stattfinden soll. „Rückgewähr" ist der Inhalt *jeder* Anfechtungshaftung innerhalb und außerhalb des Konkurses [§ 7 Anm. 11]. Ebenso gilt das kategorische Gebot des § 9 zweifellos für *jede* außerkonkursmäßige Anfechtungsklage (unzutreffend Hellmann a. a. O.).

Der Umstand, daß der Ausdruck „*Anfechtungsanspruch*" Anm. 19.
in den §§ 5, 10, 13 AnfG. stehen geblieben ist (in der KO. kam er auch früher nicht vor), widerlegt jedenfalls die Behauptung, die Gläubigeranfechtung sei der Anfechtung des BGB. *angepaßt* worden. Andrerseits darf man aber auch nicht übersehen, daß das Wort „Anspruch" hier *noch nicht im technischen Sinne des* BGB. gebraucht ist. *Es hat den Sinn behalten, den es bisher hatte.* Bisher aber bedeutete „den Anfechtungsanspruch erheben" (§§ 5, 13 I AnfG.) dasselbe wie „das Anfechtungsrecht ausüben" (§ 13 II, IV AnfG.). Die Ausdrücke „Anfechtungsrecht" und „Anfechtungsanspruch" werden in der Begründung des AnfG. ganz unterschiedslos gebraucht (vgl. z. B. S. 13, 18f.). Desgleichen in der Literatur und Judikatur des bisherigen Rechts. Diese Gleichbedeutung ergibt auch der Zusammenhalt der §§ 5, 9 AnfG. („Erhebung des Anfechtungsanspruchs im Wege der Einrede", „Anfechtung im Wege der Klage") sowie die Fassung der §§ 10, 13 AnfG. So mit Recht Wendt S. 296ff.; siehe im übrigen Anm. 64ff. Dagegen lehrt neuestens Hellmann a. a. O. S. 414f., die §§ 5, 10, 13 I, II hätten anders als die §§ 3, 11 III, 13 IV a. F. den Ausdruck „Anspruch" nicht im privatrechtlichen, sondern in einem davon verschiedenen prozeßrechtlichen Sinne gebraucht, weshalb die Aufrechterhaltung des früheren Wortlauts in den erstbezeichneten Stellen unschädlich sei — ein völlig verunglückter Rettungsversuch. Einmal würde es doch im hohem Grade befremdlich sein, wenn dasselbe kurze Gesetz, ja derselbe Paragraph (§ 13) ein und denselben Ausdruck in zwiespältiger Bedeutung gebrauchte, wenn insbesondere die Wendung „den Anfechtungsanspruch erheben" im § 11 III a. F. einen

anderen Sinn hätte als im § 5. Weder die Materialien noch die Literatur noch die Judikatur des früheren Anfechtungsrechtes wissen etwas von dieser Begriffsspaltung, und die Redaktoren der Novelle, denen Hellmann S. 416 selbst den Vorwurf mangelnder Sorgfalt nicht erspart, hätten in Vorahnung des nun von Hellmann entdeckten Unterschieds mit Bedacht das Wort „Anspruch" in den § 5, 10, 13 I, II stehen lassen! Warum diese Zumutung? „Weil die Gesetzesauslegung nunmehr vor der Aufgabe steht, den mit den vollzogenen Textänderungen verfolgten Zweck herauszustellen und die Vereinbarung dieses Zweckes mit der Beibehaltung des Ausdruckes „Anfechtungsanspruch" darzutun" (Hellmann a. a. O.). Gestehen wir uns doch lieber, daß die Redaktoren der Novelle durch eine dem Geiste des Gesetzes widersprechende Anschauung geleitet waren, und versuchen wir den Nachweis, daß trotz der unleugbaren Spuren dieses Irrtums die den Redaktoren als solche nicht zum Bewußtsein gelangte tiefgreifende Gesetzesänderung, wie sie die Dinglichkeitslehre behauptet, im Gesetze selbst nicht durchgeführt wurde. Das ist die Aufgabe einer auf den Geist, nicht auf den Buchstaben des Gesetzes gerichteten Auslegung. Übrigens würde in Wahrheit auch nach dem Sprachgebrauche der ZPO. Anfechtungsanspruch gar nichts anderes bedeuten als das materielle Anfechtungsrecht in unserem Sinne. Auch die Verfasser der ZPO. haben Anspruch und Recht nicht, wie es das BGB. tut, unterschieden. Sie verstehen, vom Normalfalle der Leistungsklage ausgehend, in den grundlegenden §§ 253, 306, 307, 322 ZPO. unter Anspruch das vom Kläger „in Anspruch genommene" materielle Recht. Dieser „Anspruch" kann nach der Fassung des § 253 Nr. 2 ZPO. unter keinen Umständen mit dem dort selbständig genannten „Antrag" im Sinne der Urteilsbitte identifiziert werden (gegen Hellmann S. 414 f.). Bei der Klage auf Erfüllung einer Forderung ist der „Anspruch" des § 253 Nr. 2 ZPO. stets auch ein Anspruch im Sinne des § 194 BGB. Da aber nach § 9 die Anfechtungsklage Leistungsklage sein muß (gegen Hellmann S. 407), ist auch im Sinne des § 253 Nr. 2 ZPO. Anfechtungsanspruch das privatrechtliche Anfechtungsrecht.

Anm. 20. β) Gegen die Dinglichkeitslehre sprechen auch innere Gründe. Die Anfechtung einer Rechtshandlung wegen Benachteiligung der Gläubiger ist ihrem Wesen (ihren Voraussetzungen und ihrem Zwecke) nach von der Vernichtung eines Geschäfts[1]) wegen Irrtums, Täuschung oder Drohung (§§ 119 ff., 123 f., 142 ff. BGB., § 196 KO.) grundverschieden. Diese Vernichtung erfolgt wegen eines dem Rechtsgeschäft

---

[1]) Selbstverständlich kommt als Parallele nur die Anfechtung von Rechtshandlungen in Betracht, was Hellmann a. a. O. S. 419 gänzlich verkennt, wenn er in seiner Polemik neuerdings wieder auf die §§ 1350, 1594, 2340 BGB. hinweist. Dem von Jaeger KO. bereits in erster Auflage vertretenen Standpunkte stimmen bei Kleinfeller, Jur.Ztg. 1903 S. 386, Oertmann a. a. O. S. 9.

anklebenden Mangels im Interesse einer unmittelbar oder doch mittelbar am Geschäfte beteiligten Person. Jene Anfechtung dagegen trifft auch an sich mangelfreie Rechtsakte im Interesse eines Dritten. Eine Vernichtung dieses Aktes würde weit über das Ziel der Gläubigeranfechtung hinausschießen. Das zeigt sich namentlich bei der Einzelanfechtung. So etwa, wenn die einheitliche Veräußerung einer Bibliothek, einer Zimmereinrichtung, eines Warenlagers wegen einer Forderung von geringerem Wertbetrag angefochten wird. Vgl. RG. v. 20. 1. 1885 Bd. **13**, 6; v. 29. 1. 1901 Bd. **47**, 220; Petersen a. a. O. S. 29; Krasnopolski S. 5ff. und bei Grünhut Bd. 14 S. 45ff. Andrerseits genügte eine solche Vernichtung für sich allein dem Anfechtungsbedürfnisse nicht. Dieses erfordert insbesondere bei der außerkonkursmäßigen Anfechtung eine direkte Leistung an den Anfechtungsgläubiger [Anm. 14]. Desgleichen versagt die Dinglichkeitslehre bei der konkursmäßigen und außerkonkursmäßigen Anfechtung einer Unterlassung [Anm. 34], sowie in den wichtigen Fällen der Anfechtung indirekter Zuwendungen [Anm. 40] und der Gläubigerkonkurrenz [§ 7 Anm. 36]. Ferner bildet die Unanfechtbarkeit des Scheingeschäfts [Anm. 57] eine unerwünschte Konsequenz der Dinglichkeitslehre. Auch für die Auslegung der §§ 7, 12 AnfG. (§§ 37, 41 KO.) liefert sie, wie dort darzulegen ist, unerfreuliche Ergebnisse. Die §§ 4, 9 AnfG. vermag sie nicht zu rechtfertigen [Anm. 65].

b) **Folgerungen:**

α) Bis zum Vollzuge der Rückgewähr bleibt der Anfechtungsgegner Subjekt des rückzugewährenden Rechtes. Für den Fall der konkursmäßigen Anfechtung einer Grundstücksübereignung folgt insbesondere, daß der Konkursverwalter nicht unmittelbar auf die Anfechtungserklärung hin eine Grundbuchberichtigung verlangen und zu ihrer Sicherstellung einen Widerspruch eintragen lassen kann (§§ 894, 899 BGB.). Abw. außer den Anhängern der Dinglichkeitslehre (z. B. Fitting S. 222) auch v. Wilmowski-Kurlbaum KO. § 37 Anm. 8c im Widerspruche mit Anm. 1; vgl. auch oberst. LG. v. 15. 12. 1902 Sammlg. Bd. 3 S. 1025ff. (keine „Protestation" nach bayer. Recht; „wenn" die Dinglichkeitslehre zutrifft, Widerspruch statthaft); für das bisherige preuß. Recht §§ 18f. G. v. 24. 3. 1879. Wohl aber kann bei der konkursmäßigen Anfechtung der obligatorische Rückgewähranspruch, insbesondere als Anspruch auf Rückübereignung an die Konkursmasse (§ 37 KO.) oder auf eine anderweite dingliche Rechtsänderung (z. B. Aufhebung einer Belastung) einen zur Sicherung im Wege **der Vormerkung** geeigneten Inhalt haben (§§ 883ff. BGB.). Insofern treffen LG. Leipzig v. 27. 11. 1901 Zentralbl. 2 S. 679 Nr. 553a und Köln v. 25. 9. 1902 OLG. 5 S. 422 wenigstens für die konkursmäßige Gläubigeranfechtung zu. Bei der außerkonkursmäßigen Anfechtung liegt die Sache um deswillen anders, weil der individuelle Anfechtungsanspruch [Anm. 14] in keinem seiner Hauptfälle einen nach § 883 BGB. vormerkbaren Inhalt hat. Insofern dieser Anspruch auf Anm. 21.

Gewährung der Zwangsvollstreckung, also auf eine Individualleistung geht, dient eine einstweilige Verfügung nach § 935 (§ 938) ZPO., insbesondere als Verbot der Weiterveräußerung (vgl. RG. v. 27. 2. 1886 Gruchot Bd. 30 S. 745, v. 19. 7. 1900 JW. S. 661 Nr. 12, Königsberg v. 21. 9. 1901 OLG. 4 S. 179, OLG. Köln v. 1. 4. 1903 Zentralbl. 4 S. 273 Nr. 306, Planck-Strecker BGB. (3. Aufl.) § 883 Anm. 1b, Biermann Vormerkung und Widerspruch S. 9, 37f., 142, Bendix Recht 6 S. 505f., Gaupp-Stein ZPO. § 935 Anm. II 1), insofern er auf Geldzahlung gerichtet ist, der Arrest (§ 916 ZPO.) zur vorläufigen Sicherung. Vgl. dagegen R. Schmidt Zivilprozeßr. S. 736 Note 1 und Volck Jur. Ztg. 7 S. 343 (nur für Arrestzulässigkeit), andrerseits OLG. Karlsruhe v. 6. 12. 1902 Bad. Rechtspraxis 1903 S. 86 (nur für Vormerkbarkeit des individuellen Anfechtungsanspruches). Meist wird zwischen der Anfechtung innerhalb und außerhalb des Konkurses nicht unterschieden (so z. B. LG. Leipzig a. a. O., v. Staudinger-Kober BGB. 2. Aufl. III S. 78). Verfehlt ist es, eine Vormerkbarkeit aus § 866 ZPO. abzuleiten, da die vom öffentlichen Recht erschlossene Möglichkeit der Eintragung einer Zwangshypothek jedenfalls keinen privatrechtlichen Anspruch im Sinne des § 883 BGB. darstellt (vgl. RG. v. 11. 11. 1903 Bd. **56**, 14; v. 9. 5. 1905 Zentralbl. 6 S. 54; Volck a. a. O; abw. z. B. LG. Leipzig v. 18. 12. 1901 Zentralbl. 2 S. 679 Nr. 553b). Siehe auch Seite 85 f. Note 1. Arrest und einstweilige Verfügung sind als vorläufige Schutzmittel des außerkonkursmäßigen Anfechtungsanspruches schon vor der Erwirkung eines Vollstreckungstitels durch den Anfechtungsgläubiger zulässig [§ 2 Anm. 15].

Anm. 22. β) Veräußert im Laufe des Anfechtungsprozesses der Beklagte die anfechtbar erworbene Sache weiter, so finden die §§ 265, 325, 727, 730, 750 ZPO. keine Anwendung, weil die Anfechtungsklage als Verfolgung eines obligatorischen Verschaffungsanspruches **keine Streitbefangenheit** im Sinne des § 265 ZPO. begründet. Stettin v. 14. 1. 1902 OLG. 4 S. 177, Jaeckel S. 140, L. Seuffert Konkursprozeßrecht S. 220, Gaupp-Stein ZPO. § 265 zu Note 11; abw. LG. Konstanz v. 9. 1. 1883 Z. f. Zivilpr. 7| S. 544 ff. und folgerichtig die Dinglichkeitslehre (z. B. Gaze S. 53). Hellwig Rechtskraft S. 370f. meint: von unserm Standpunkt aus müsse der Anfechtungsanspruch wenigstens als actio in rem scripta angesehen werden und dementsprechend Streitbefangenheit begründen, wenn beim Rechtsnachfolger die Voraussetzungen des § 40 II KO. (§ 11 II AnfG.) gegeben seien. Danach würde die Frage, ob der Anfechtungsanspruch Streitbefangenheit zu begründen vermag, von zufälligen Begleitumständen des Veräußerungsaktes abhängen. In Wahrheit ist übrigens der Anspruch gegen den Dritterwerber des Anfechtungsgegenstandes ein weiteres und selbständiges Anfechtungsrecht [§ 11 Anm. 7, 22]. Eine ganz andere Frage steht, was Hartmann-Meikel S. 282 f. Note 1 verkennen, im Falle RG. v. 18. 3. 1897 Bd. **39**, 12 zur Erörterung. Dort handelt es sich nicht um die Weiterveräußerung des anfechtbaren Erwerbs durch den Anfechtungsgegner, sondern um eine Übertragung des geltend gemachten Anfechtungsanspruches (der Rückgewährforderung) durch den Anfechtungsgläubiger. Zweifellos ist auf die Abtretung und ebenso auf den gesetzlichen Übergang (z. B. an einen den Anfechtungsgläubiger befriedigenden Bürgen des Schuldners, § 774 BGB.) des im Prozesse geltend gemachten Anfechtungsanspruches der § 265 ZPO. anwendbar und deshalb gegenüber dem weiterprozessierenden Zedenten der Einwand des Mangels der Aktivlegitimation versagt. Bedenken hatten sich nur darüber erhoben, ob die während des Anfechtungsprozesses erfolgende Abtretung der Forderung, deren Befriedigung die Anfechtung bezweckt, zugleich als Abtretung des Anfechtungsanspruches — des in diesem Prozesse „geltend gemachten Anspruchs" (§ 265 I ZPO.) — zu betrachten ist. Die Frage muß bejaht werden [§ 2 Anm. 20].

γ) Als bloßer Verschaffungsanspruch bildet die Rückgewährforderung **kein Aussonderungsrecht** im Konkurse des Anfechtungsgegners. Bis zum Vollzuge der Rückgewähr fehlt es an dem Erfordernisse der Nichtzugehörigkeit des Rückgewährgegenstandes zum Vermögen des Gemeinschuldners (§ 43). RG. v. 20. 1. 1885 Bd. **13**, 6; v. 15. 10. 1897 Bd. **40**, 6; abw. die Dinglichkeitslehre und R. Schmidt Z. f. Zivilpr. 29 S. 548 (gegen seine Begründung siehe RG. v. 16. 9. 1898 Bd. **42**, 367). Dementsprechend ist für die Aufnahme des nach § 240 ZPO. unterbrochenen Prozesses auf Rückgewähr der § 11 KO. nicht maßgeblich [§ 13 Einl.]. Folgerecht muß aber fernerhin anerkannt werden, daß der Anfechtungsanspruch auch **die Widerspruchsklage** mit dem ausschließlichen Gerichtsstande der Zwangsbereitschaft (§§ 771, 802, 40 II ZPO.) **nicht** begründet. Darum kann der anfechtende Gläubiger eine Aufhebung der bereits erfolgten Vollstreckungsmaßregeln zwar nach den §§ 938, 940, nicht aber nach den §§ 771 III, 769, 770 ZPO. erwirken. Das Gegenteil behaupten nicht nur Vertreter der Dinglichkeitslehre (außer Wolff Anm. 13, Gaze S. 52, weil Verwalter nicht „Dritter"), sondern auch zahlreiche Anhänger der herrschenden Ansicht (z. B. Cosack S. 235, Petersen-Anger ZPO. Anm. 6 e, Kohler Leitfaden 2. Aufl. S. 137 f.) und das RG. (9. 5. 1887 Bd. **18**, 393; 29. 12. 1892 Bd. **30**, 397; v. 1. 5. 1893 Bolze 16 Nr. 640; 24. 1. 1894 JW. S. 122 Nr. 18; 18. 6. 1894 JW. S. 427 Nr. 24; 14. 2. 1895 JW. S. 202 Nr. 15; v. 29. 10. 1897 Bd. **40**, 372; v. 26. 3. 1901 JW. S. 330 Nr. 13; v. 27. 3. 1903 Recht 7 S. 267 Nr. 1488; zweifelnd 28. 6. 1898 Bd. **42**, 346); vgl. auch Kommissionsbericht S. 1952f.; dagegen wie hier mit eingehender Begründung L. Seuffert Z. f. Zivilpr. 20 S. 75 ff., ZPO. § 771 Anm. 2 a. E. (9. Aufl. II S. 394), ferner J. W. Planck Zivilprozeßrecht § 179 Note 45, Voß Z. f. Vollstrw. 8 S. 165 ff., Menzel S. 296, v. Schrutka-Rechtenstamm Freigebung fremder Sachen (dogmat. Teil 1893) S. 26 ff., 80, Langheineken a. a. O. S. 120, Petersen-Kleinfeller KO. § 6 Anm. 16 a. E., § 29 Anm. 17 und 19, nun auch Anm. 23.

Hartmann-Meikel S. 43; wegen des österreichischen Rechts siehe jetzt Steinbach-Ehrenzweig S. 96 Note 2 mit Lit. Die Widerspruchsklage setzt zweierlei voraus: den Widerspruch eines „Dritten" kraft eines „die Veräußerung hindernden Rechtes an dem Gegenstande der Zwangsvollstreckung". Wenn nun auch der einen Vollstreckungsakt anfechtende Gläubiger zweifellos dem vollstreckenden Gläubiger und dem exequendus gegenüber als „Dritter" erscheint, so macht doch dieser Dritte durch die Anfechtung keineswegs geltend, daß ihm im Zeitpunkte der angefochtenen Vollstreckung „an dem Gegenstande der Vollstreckung ein die Veräußerung hinderndes Recht" zustand. „An dem Gegenstande der Vollstreckung" hat der Anfechtungsgläubiger auch jetzt noch kein Recht. Er hat durch die anfechtbare Vollstreckung lediglich einen obligatorischen Anspruch gegen den Vollstreckenden erworben und zwar dahin, daß dieser die Zwangsbefriedigung des Anfechtungsberechtigten so geschehen lasse, als ob die anfechtbare Vollstreckung nicht erfolgt wäre. Nun wird freilich allgemein angenommen, daß die Widerspruchsklage auch auf obligatorische Ansprüche gestützt werden kann. Diese Annahme findet eine gewichtige Stütze in der Analogie des § 43 KO., derzufolge selbst zur Abwehr der Universalexekution persönliche Rechte ausreichend sein können (Jaeger KO. § 43 Anm. 5). Allein gerade der § 43 KO. ergibt, daß nur solche persönliche Rechte Aussonderungs- und dementsprechend Widerspruchskraft haben, die an sich auf eine gegenwärtige Nichtzugehörigkeit des vom Dritten in Anspruch genommenen Gegenstandes zum Vermögen des exequendus hinweisen. So z. B. der Anspruch des Verleihers auf Rückgabe eines dem exequendus geliehenen Buches, das vom Verleiher selbst bei einer Bibliothek entliehen war, also nicht in seinem Eigentum steht. Ganz offenbar hat ein nur obligatorisch wirkender Anfechtungsanspruch diesen Sinn nicht, da er die fortdauernde Zugehörigkeit des Vollstreckungsgegenstandes zum Vermögen des exequendus gar nicht in Abrede stellt. Im Gegenteil, der Anfechtende fordert vom Anfechtungsgegner, daß dieser einen in sein Vermögen übergeführten Wert (den Wert des Pfändungspfandrechts oder Beschlagnahmevorrechts) zum Vermögen des exequendus „zurückgewähre", d. h. so behandeln lasse, als ob dieser Wert im Schuldnervermögen verblieben wäre. Zur Anwendbarkeit des § 771 ZPO. würde erforderlich sein, daß der Anspruch auf eine Nichtzugehörigkeit des Vollstreckungsgegenstandes zum Vermögen des exequendus hinweist, der Anfechtungsanspruch aber macht höchstens eine gewisse Nichtzugehörigkeit (in Wahrheit nur eine obligatorische Rückgewährpflicht) zum Vermögen des Anfechtungsgegners geltend. Darum kann auch von einer Analogie zwischen Anfechtungsansprüchen und Ansprüchen auf Herausgabe eines nicht zum Vermögen „des Schuldners" gehörenden Gegenstandes, wie sie neuestens wieder von Koll Zeitschr. f. Zivilpr. 33 S. 101 behauptet wird, keine Rede sein.[1]) Dazu kommt noch, daß die Anwendbarkeit des § 771 ZPO. auf Pfändungsanfechtungen namentlich innerhalb des Konkurses, wo diese Anfechtungen mit Rücksicht auf den § 30 KO. eine viel größere Rolle spielen, zu durchaus unerwünschten Ergebnissen führt. Daß für die praktisch so überaus bedeutsame Pfändungsanfechtung das Gericht der Zwangsbereitschaft zuständig sein und dementsprechend der zufällige Umstand, daß der Anfechtungsbeklagte in einem bestimmten Bezirke seinen Wohnsitz hat oder daß sich die gepfändete Sache hier befindet, eine ausschließliche Kompetenz begründet, ist in der Tat ein „unleidlicher Rechtszustand". Die Entscheidung der Anfechtungsklage hängt wesentlich davon ab, wann die Zahlungseinstellung erfolgt und ob und wodurch sie dem Anfechtungsgegner bekannt geworden ist. Es liegt nun aber, wie man mit Recht betont hat, im allseitigen Interesse, daß über diese Fragen einheitlich entschieden werde und zwar durch dasjenige Prozeßgericht, in dessen Bezirk der Konkurs eröffnet worden ist. Denn da befindet sich regelmäßig das zur Beantwortung der Fragen dienliche Material an Zeugen und Urkunden (Gemeinschuldner, Gerichtsvollzieher, Handlungsbücher und Papiere des Gemeinschuldners, Konkursakten). Aus diesen Erwägungen ging der Antrag hervor, für die Konkursanfechtung auch den Gerichtsstand des § 146 II KO. freizustellen. Diesen Antrag hat die Reichstagskommission von 1898 mit ungerechtfertigter Begründung verworfen (Bericht S. 1952 f.). Gerade der Umstand, daß die Frage der Anwendbarkeit des § 771 ZPO. immer wieder zur Entscheidung des Reichsgerichts gebracht wird, daß sich also die Praxis bei der gegenwärtigen Stellungnahme unseres obersten Gerichtshofes nicht beruhigen will, beweist, daß die letztere den Bedürfnissen des Lebens nicht gerecht wird.

Von unserem Standpunkt aus ist die **Zuständigkeitsfrage** so zu lösen: Anm. 21.
Der Gerichtsstand für die Anfechtungsklage wird regelmäßig bestimmt durch den Wohnsitz des Anfechtungsbeklagten im Zeitpunkt der Klagerhebung (§§ 13 ff., 263 Nr. 2 ZPO.). Da die Rückgewährforderung ein vermögensrechtlicher Anspruch ist, kommen insbesondere auch die Gerichtsstände der §§ 20, 23 ZPO. in Betracht. Auch der Gerichtsstand der

[1]) Aus diesen Erwägungen wird man — noch über Jaeger KO. § 29 Anm. 17 hinausgehend — annehmen müssen, daß auch vom Standpunkte der Dinglichkeitslehre aus die Anwendbarkeit des § 771 ZPO. nicht zu rechtfertigen ist. Denn auch der unmittelbare Rückfall des Vollstreckungserwerbes müßte zugunsten des Schuldnervermögens (im Konkurse des Schuldners zugunsten der Konkursmasse) eintreten. Die Berufung auf die durch Anfechtung bewirkte Vernichtung des Erwerbs würde hier erst recht Zugehörigkeit zum Vermögen des Schuldners geltend machen, während der § 771 ZPO. Ansprüche voraussetzt, die gerade entgegengesetzt die Nichtzugehörigkeit ergeben. Ein dem § 771 ZPO. genügendes Recht muß sich gegen den exequendus („Schuldner" im Sinne der ZPO.) richten und zur Zeit der bekämpften Vollstreckung bestehen, der Anfechtungsanspruch aber geht ausschließlich gegen den dritten Erwerber und entsteht hier frühestens durch den Vollstreckungsakt.

Niederlassung (§ 21 ZPO.) kann für Anfechtungsklagen begründet sein. So z. B. für die Klage auf Rückgewähr der von einer kaufmännischen Filiale bezogenen Warenlieferung (abw. v. Wilmowski-Kurlbaum KO. § 29 Anm. 19; Petersen-Anger ZPO. § 21 Anm. 9; die hier angeführte Entsch. des RG. v. 20. 11. 1893 Gruchot 38 S. 488 betrifft die Anfechtung eines nicht von der Niederlassung aus geschlossenen Geschäfts und ist auch insoweit nicht unbedenklich). Alle diese Gerichtsstände sind nicht ausschließlich, die Vereinbarung auf andere Gerichte sonach zulässig (§§ 38ff. ZPO.). Der (ausschließliche) dingliche Gerichtsstand ist nach § 24 ZPO. für den obligatorischen Rückgewähranspruch nicht begründet (L. Seuffert S. 220, Langheineken S. 121, Steinbach-Ehrenzweig S. 189 Note 4 mit österr. Rechtspr.; abw., aber folgewidrig RG. v. 24. 6. 1902 Bd. 52, 87). Auch kann die Rückgewährklage auf Grund der Anfechtung eines Vertrags nicht im Gerichtsstande des Erfüllungsortes (§ 29 ZPO.) erhoben werden. Denn einmal ist Zweck einer solchen Klage nicht die „Aufhebung des Vertrags" [Anm. 26ff.]. Sodann bildet den Gegenstand des Rechtsstreits die lediglich aus dem Gesetze selbst folgende, nicht eine aus dem „Vertrag" entspringende Rückgewährverbindlichkeit des Anfechtungsschuldners [Anm. 12]. RG. v. 2. 1. 1893 Bd. 30, 402; v. 20. 11. 1893 Bolze 17 Nr. 690, Wach Zivilprozeßrecht § 38 Note 8, Schmidt Zivilprozeßrecht § 45 Note 7, Steinbach-Ehrenzweig S. 189 Note 3; abw. Cosack S. 226, Gaze S. 49. Ebendeshalb bildet die Rückgewährforderung auf Grund der Anfechtung eines beiderseitigen Handelsgeschäfts nicht einen vor die Kammer für Handelssachen gehörenden Anspruch „aus einem Handelsgeschäft" im Sinne des § 101 Nr. 1 GVG. Vgl. RG. v. 26. 1. 1893 Bolze 16 Nr. 169, v. 2. 4. 1894 JW. S. 316 Nr. 13, Menzel S. 296, Steinbach-Ehrenzweig S. 189 Note 5. Ebensowenig sind Gewerbe- oder Kaufmannsgerichte für Anfechtungsklagen zuständig, die zum Zwecke der Befriedigung von Ansprüchen aus dem gewerblichen oder kaufmännischen Dienstverhältnis erhoben werden: der Rückgewähranspruch entspringt nicht selbst „aus" dem Dienstverhältnisse, wie dies § 4 Nr. 2 GGG., § 5 Nr. 2 KGG. verlangen. Der Gerichtsstand der unerlaubten Handlung ist für die Anfechtungsklage als solche in keinem Falle begründet [Anm. 11].

Anm. 25. δ) Der Rechtsnachfolger des Anfechtungsschuldners[1]) hat von einem Berechtigten erworben. Wirkte die Anfechtung dinglich, so fiele auch der Erwerb des Nachmanns mit dem Rechte des Vormanns von selbst zu-

---

[1]) Die Bezeichnung „Anfechtungsschuldner" paßt für die dinglich wirkende Anfechtung nicht. Darum gebraucht der § 143 BGB. den neutralen Ausdruck „Anfechtungsgegner". Für das Recht der Gläubigeranfechtung sind beide Bezeichnungen verwendbar. Das Anfechtungsgesetz spricht vom „Empfänger" der Leistung (§§ 7, 9) oder von „demjenigen, welchem gegenüber die anfechtbare Handlung vorgenommen worden ist" (§ 11 II). Ebenso die KO. (§§ 37, 39, 41 II).

sammen, und der Nachmann wäre grundsätzlich nur durch die Vorschriften über Erwerb in gutem Glauben geschützt (vgl. § 142 II BGB., Hellwig a. a. O. S. 484 ff., dawider Linsmayer S. 94 f.). Die obligatorisch wirkende Anfechtung dagegen wird nur aus Zweckmäßigkeitsgründen und nur in den Grenzen des § 11 AnfG. (§ 40 KO.) durch positive Vorschriften auf Rechtsnachfolger erstreckt. Rechte, die von Dritten unanfechtbar erworben sind, werden durch die Anfechtung nicht berührt. Ihre Begründung verpflichtet den Anfechtungsschuldner zur Beseitigung oder Ersatzleistung. RG. v. 20. 1. 1885 Bd. **13**, 7.

3. Die Mangelhaftigkeit des anfechtbaren Aktes ist **nur eine relative**. Sie besteht lediglich im Verhältnis zum anfechtungsberechtigten Gläubiger, bei der konkursmäßigen Anfechtung im Verhältnis zur Gesamtheit der Konkursgläubiger. Das besagen die Worte: anfechten „**als diesem** (dem befriedigungsbedürftigen Gläubiger) **gegenüber unwirksam**" (§ 1 AnfG.), „als den Konkursgläubigern gegenüber unwirksam" (§ 29 KO.). Der Wortsinn dieser aus den vorbildlichen preußischen Gesetzen [Anm. 18] herübergenommenen Wendung ist der: die Handlung wird „als" eine solche angefochten, die relativ mangelhaft [Anm. 16] ist, also, weil sie an diesem Mangel leidet. „Als" weist auf den Grund, nicht auf den Erfolg der Anfechtung hin (vgl. Kleinfeller Z. f. Zivilpr. 25 S. 93 f.). Die anfechtbare Handlung ist „unwirksam" im Sinne des § 1; sie wird es nicht erst durch Parteierklärung oder Richterspruch. „Gegenüber" bedeutet „im Verhältnis zu". Damit ist die bloße Relativität der Entkräftbarkeit des Aktes klargestellt. Diese subjektive Begrenzung der Mangelhaftigkeit besagt: daß wider den Willen des anfechtungsberechtigten Gläubigers der Mangel nicht geltend gemacht und daß auch die erfolgte Geltendmachung nur von diesem Gläubiger angerufen werden darf. Weder der Schuldner noch der Geschäftsgenosse des Schuldners noch irgendein Dritter (z. B. ein konkurrierender Realgläubiger) darf diese „Unwirksamkeit" für sich ausnutzen. Vgl. Motive der KO. S. 112; Begr. d. AnfG. S. 11 f.; RG. v. 10. 7. 1888 Bd. **21**, 99; v. 2. 1. 1893 Bd. **30**; 404 mit Zitaten; v. 29. 1. 1901 Bd. **47**, 219 und öfter. Dem Schutzzwecke des Gesetzes ist genügt, wenn die dem Gläubiger nachteiligen Folgen der anfechtbaren Handlung ihm gegenüber unschädlich gemacht werden. Im Befriedigungsbedürfnisse des benachteiligten Gläubigers findet die Wirksamkeit der Anfechtung ihre Grenze. Eine absolute Vernichtung des Geschäfts würde weit über den Zweck der Gläubigeranfechtung hinausgehen. Im einzelnen sei hervorgehoben: Anm. 26.

a) Unter den handelnden Teilen behält das angefochtene Grundgeschäft (z. B. der Kauf- oder Schenkungsvertrag) seine Wirksamkeit. Der Schuldner selbst und desgleichen sein Erbe (RG. v. 16. 12. 1887 Bolze 5 Nr. 340) oder seine nicht durch ein eigenes Anfechtungsrecht der Konkursgläubigerschaft gedeckte Konkursmasse (vgl. RG. v. 18. 1. 1894 JW. S. 122 Nr. 17) bleibt daher dem Geschäftsgenossen gegenüber trotz der Anfechtung gebunden. Vgl. auch RG. v. 24. 5. 1889 Bolze 8 Nr. 356; v. 27. 11. 1889 Bolze 9 Nr. 921. Diese fortdauernde Wirksamkeit des Geschäfts kann insbesondere in einer Gewährleistungspflicht des Schuldner-Verkäufers gegenüber einem gutgläubigen (§ 439 BGB.) Käufer zum Ausdrucke kommen. Anm. 27.

Näheres § 8 Anm. 7. Neuestens vertritt Fitting (3. Aufl.) S. 229 f. Note 33 gegenüber dieser auch durch die Motive der KO. S. 111 f. gestützten herrschenden Lehre den Satz, die einmal angefochtene Rechtshandlung erscheine vom Standpunkt eines jeden als nichtig. Der Käufer habe im Anspruch auf Rückerstattung seiner Gegenleistung alles, was ihm gerechterweise gebühre; denn wenn er sich auf ein Geschäft eingelassen habe, dessen Anfechtbarkeit er kannte oder kennen mußte, so hatte er auch mit der Gefahr eines Schadens zu rechnen. Nach der Gegenansicht wären (meint Fitting) bei der konkursmäßigen Anfechtung die Konkursgläubiger doch benachteiligt, da der Gewährleistungsanspruch alle Merkmale einer Konkursforderung enthalte und darum zum Schaden der Konkursgläubiger verfolgt werden könne. Allein ganz abgesehen davon, daß der Anfechtungsgegner keineswegs die Anfechtbarkeit allemal kennt oder auch nur kennen muß, würde die Fittingsche Ansicht doch nur den Fall treffen, daß lediglich das Vollzugsgeschäft (die Übereignungs- oder Belastungseinigung), nicht zugleich das Grundgeschäft (der Kaufvertrag usw.) angefochten wird [Anm. 32]. Einer Anmeldung der Gewährleistungsforderung aus dem anfechtbaren Kaufvertrage steht aber selbstverständlich ganz ebenso wie sonst einer anfechtbaren actio emti der Anfechtungseinwand des Konkursverwalters entgegen: der Kaufvertrag dringt „gegenüber den Konkursgläubigern" nicht durch (§ 29 KO.). Da die Anfechtung nur zugunsten der Gläubiger wirkt, darf endlich der Schuldner Anfechtungsprozesse des Verwalters nicht für sich ausnutzen [§ 13 Anm. 35].

Anm. 28. b) Das Anfechtungsergebnis kommt **dritten** Interessenten nicht zustatten. Hatte z. B. ein Gläubiger eine schon vorher vom Schuldner veräußerte, also dem Schuldner gar nicht mehr gehörende Sache gleichwohl noch als Vermögen des Schuldners gepfändet, so erwächst aus diesem ungültigen Pfändungsakte (vgl. Gaupp-Stein ZPO. § 804 Anm. II) nicht hinterher dadurch ein wirksames Pfändungspfandrecht, daß ein anderer Gläubiger oder der Konkursverwalter das Veräußerungsgeschäft des Schuldners erfolgreich anficht (vgl. RG. v. 11. 3. 1890 Bd. **25**, 63; unzutreffend Voigt a. a. O. S. 216 f.). Ebensowenig darf die Anfechtung eines von mehreren Belastungsakten (z. B. einer Verpfändung, Pfändung oder Nießbrauchsbestellung) zum **Aufrücken nichtanfechtender Realgläubiger** führen, mögen sie auch zur Zeit der Anfechtung selber anfechtungsberechtigt sein. Ihre Rechtslage wird weder verbessert noch verschlechtert. Wie aber „die Rückgewähr" zu vollziehen sei, damit die Stellung nichtanfechtender Nachmänner unberührt bleibt, das ist eine namentlich für die konkursmäßige Anfechtung bestrittene Frage. Siehe Jaeger KO. § 29 Anm. 27 mit Zitaten. Nach RG. v. 29. 1. 1901 Bd. **47**, 222 hat außerhalb des Konkurses der Anfechtungsgegner den durch eine angefochtene Hypothekbestellung gemachten Erwerb dadurch zurückzugewähren, daß er dem Anfechtungsgläubiger gegenüber von der Hypothek keinen Gebrauch macht und so das Hindernis beseitigt, das durch die anfechtbare Handlung einer wirksamen Zwangsvollstreckung bereitet war. Damit werde im Verhältnis unter den Parteien (nämlich des Anfechtungsprozesses) der Zustand hergestellt, wie wenn die bestehende Hypothek nicht bestände. In gleicher Art habe der Anfechtungsschuldner zugunsten des Anfechtungsgläubigers zurückzutreten, wenn das belastete Objekt bereits versteigert und die Befriedigung aus dem Erlöse in Frage sei. Diesen Ausführungen ist beizupflichten. Der Anfechtungsgegner muß dementsprechend im Verteilungsverfahren (§§ 872 ff. ZPO., §§ 105 ff. ZVG.) hinter den Anfechtungsgläubiger zurückzutreten und eine Zuweisung an diesen bewilligen. Vgl. auch RG. v. 14. 11. 1899 JW. S. 831 Nr. 13. War der Anfechtungsgegner schon aus dem Erlöse befriedigt worden, so geht seine Verbindlichkeit unmittelbar auf Herauszahlung an den Anfechtungsgläubiger, nicht etwa an den Schuldner (RG. v. 8. 3. 1898 JW. S. 247 Nr. 10). War die Verteilung erst im Laufe des Anfechtungsprozesses erfolgt oder dem Anfechtungskläger bekannt geworden, so kann er noch nachträglich seinen Klagantrag auf Herauszahlung umstellen (§ 268 Nr. 3 ZPO.). Eine das Aufrücken der nichtanfechtenden Nachmänner ermöglichende Beseitigung des angefochtenen Realrechts selbst unterbleibt. Wird der ursprünglich die völlige Aufgabe des Rechtes begehrende Antrag dahin ermäßigt, daß der Anfechtungsgegner zugunsten des Gläubigers im Verteilungsverfahren zurückzutreten habe, so liegt darin eine nach § 268 Nr. 2 ZPO. zulässige Antragsbeschränkung (RG. v. 24. 6. 1902 JW. S. 420 Nr. 12). Sonach bedarf es weder einer Abtretung der anfechtbar erworbenen Rangstelle an den Anfechtungsgläubiger (vgl. RG. v. 18. 2. 1898 JW. S. 224 Nr. 17) noch einer buchmäßig zu verlautbarenden Rangänderung im Sinne des § 880 BGB. (anders Dresden v. 3. 2. 1903 OLG. 6 S. 258) noch der von Menzel S. 264 Note 11 konstruierten Verpfändung des erworbenen Buchrechts, zu der außerhalb des Konkurses der Anfechtungsgegner dem Anfechtungsgläubiger verpflichtet sein soll. Desgleichen geht, wenn die Bestellung eines Briefpfandrechts (z. B. einer Briefgrundschuld) angefochten wird, ein Antrag auf Herausgabe des Briefes und Bewilligung seiner Umschreibung auf den Namen des Anfechtenden über den Anfechtungszweck hinaus (RG. v. 28. 2. 1902 JW. S. 221 Nr. 30). Ganz abwegig endlich ist die Ansicht von Linsmayer S. 105, daß die geeignete Form der Rückgewähr einer anfechtbar erworbenen Hypothek die Pfändung und Überweisung der Hypothek sei und daß vorläufiger Schutz durch Vormerkung des Anspruchs auf Duldung der Zwangsvollstreckung (§§ 883, 885 BGB.) erwirkt werden könne. Soll sich im Pfändungsakte des Anfechtungsgläubigers die Verpflichtung des Anfechtungsgegners nach § 7 AnfG. verwirklichen und müßte nicht, damit eine Pfändung der Hypothek statthaft wäre, der Hypothekberechtigte — hier also der Anfechtungsgegner — selbst „Schuldner" (Mitschuldner) der vollstreckungsreifen Geldverbindlichkeit (§ 2 AnfG.) sein? Darin, daß die zu pfändende Hypothek nicht Vermögen des Geldschuldners ist, liegt der gewaltige Unterschied gegenüber dem von Linsmayer S. 106 (oben) als „genau entsprechend" herangezogenen Falle des § 739 ZPO., in dem der Mann dulden muß, daß Vermögen „der Frau" wegen einer Schuld der Frau gepfändet wird. Wegen der Unzulässigkeit einer Vormerkung siehe oben Anm. 21.

Anm. 29. **Beispiel.** Angenommen: Der Schuldner hat sein Grundstück zugunsten eines Verwandten A schenkweise an erster Stelle mit einer Hypothek zu 10000 belastet; später haben B an zweiter und C an dritter Stelle Zwangshypotheken für je 5000 eintragen lassen; nur B ficht die Schenkung rechtzeitig an (§ 3 Nr. 3 AnfG.); er betreibt die Zwangsversteigerung und widerspricht auf Grund der Anfechtung einer zu seinem Nachteil erfolgenden Zuweisung an A (§ 115 ZVG., §§ 876 ff. ZPO.). Siehe § 2 Anm. 12. Entfallen nun auf die drei Hypotheken 9000, so gebühren zunächst dem B 5000, die übrigen 4000 aber dem A, nicht dem C. Da sich die Wirksamkeit der Anfechtung im Verhältnisse zwischen A und B erschöpft, kommt sie dem C nicht zugute. Hätte auch C rechtzeitig angefochten, so erhielte er die 4000, A nichts. So aber geht C leer aus. Noch weniger könnte, wenn die dritte Belastung überhaupt nicht erfolgt wäre, bei sonst gleicher Sachlage der exequendus die 4000 beanspruchen. Wie aber, wenn weder B noch C, sondern ein bloß persönlicher Gläubiger die Anfechtungsklage erhebt: kann ihm der Anfechtungsbeklagte den Einwand entgegensetzen, daß ohne die anfechtbare Belastung die auf A folgenden Realgläubiger B und C vor dem bloß persönlich berechtigten Anfechtungskläger zu befriedigen sein würden und daß sogar die Realgläubiger einen Ausfall zu gewärtigen haben? Das RG. v. 7. 10. 1889 Bd. **24**, 96 hat die Frage für das frühere preußische Recht verneint. Die Entscheidung trifft auch für das neue Reichsrecht zu. Zwar mag es auf den ersten Blick scheinen, als ob es am allgemeinen Erfordernis einer Benachteiligung des Anfechtenden fehlte und als ob eine erfolgreiche Anfechtung der Hypothek A allein zu einem unlösbaren Zirkel führen müßte, weil die dem A nachstehenden Hypotheken B und C dem Anfechtenden gegenüber wirksam bleiben. Indessen hört offenbar die durch die unentgeltliche Hypothekbestellung bewirkte Verkürzung der persönlichen Gläubiger, falls nur eben in der Tat keine anderen Befriedigungsmittel zu Gebote stehen, nicht darum auf benachteiligend zu sein, weil unanfechtbare Belastungen nachfolgen. Die Realgläubiger B und C haben an erster Rangstelle nur dann Befriedigung zu beanspruchen, wenn die Belastung A entweder überhaupt erloschen (also nicht etwa zum Eigentümerpfandrecht geworden) oder aber doch zugunsten von B und C selbst erfolgreich angefochten ist. Die Erwirkung der Zwangshypotheken war kein Mittel, den Vorrang des A zu beseitigen. B und C hätten rechtzeitig anfechten sollen. Taten sie das nicht, so müssen sie die erfolgreich von einem Nachmann angefochtene erste Rangstelle — die ihnen gegenüber wirksam vergeben ist — dem Anfechtenden zukommen lassen, mag dieser nun Real- oder bloßer Chirographargläubiger sein. Ein Aufrücken von B und C als Ergebnis der Anfechtung eines Dritten würde mit der relativen Wirksamkeit der Anfechtung unverträglich sein. In gleichem Sinne hat das OLG. Karlsruhe v. 5. 10. 1898 Juristenztg. 4 S. 91 im Streit um den Erlös einer

Fahrnispfändung erkannt: die erste Pfändung war nur von dem an dritter Stelle stehenden Gläubiger angefochten, da der Erstpfändende dem Zwischengläubiger ohnehin als Bürge haftete; der Einwand des beklagten Erstpfänders, der Kläger sei gar nicht geschädigt, weil das Unterbleiben der Erstpfändung ausschließlich dem Zwischengläubiger zustatten gekommen wäre, wurde verworfen. In der Tat hat die Anfechtung auch hier nicht zu einem Aufrücken des Zwischengläubigers geführt, da sie der Erstpfändung nicht alle Wirksamkeit, sondern nur die Wirksamkeit gegenüber dem an dritter Stelle stehenden Anfechtungskläger entzog. So erklärt es sich auch, daß innerhalb des Konkurses die lediglich vom Konkursverwalter ausgeübte Anfechtung eines vorgehenden Realrechts der Konkursmasse und keineswegs den nichtanfechtenden nachstehenden Realgläubigern als solchen zustatten kommt (Jaeger a. a. O.).

c) Die bloße Relativität des Anfechtungserfolges muß endlich, *was den* Anm. 30.
Anfechtenden selbst betrifft, dahin bestimmt werden: die Anfechtung wirkt nur zugunsten gerade derjenigen Forderung, um deretwillen angefochten wird, *nicht auch zugunsten anderer Forderungen desselben Gläubigers*. Da der Anfechtungskläger die „Rückgewähr" nur in den Grenzen seines Befriedigungsbedürfnisses zu beanspruchen (§§ 1, 7) und im Klagantrage den Umfang der beanspruchten Rückgewähr genau zu begrenzen hat (§ 9), muß er in der Klage die Forderung oder die mehreren Forderungen, wegen derer er Befriedigung aus einem vom Schuldner veräußerten Gegenstande begehrt, *bestimmt* bezeichnen. Die zu befriedigende Forderung gehört zum *Klagegrunde*: zum subjektiven, insofern sie das Gläubigerrecht und damit die aktive Sachlegitimation des Klägers trägt; zum objektiven, insofern sie den Rückgewähranspruch begrenzt. Daraus folgt, daß der Kläger *die Klage ändert* (§§ 264, 268 ff., 527 ZPO.), wenn er die ursprünglich angegebene Forderung mit einer anderen vertauscht. Daraus folgt weiter, daß dem Kläger die prozeßhindernde Einrede *der Rechtshängigkeit* (§§ 263 Nr. 1, 274 Nr. 4 ZPO.) oder der Einwand *der Rechtskraft* (§§ 322, 325 ZPO.) nicht entgegensteht, wenn er während der Schwebe des Anfechtungsprozesses oder nach rechtskräftiger Abweisung der ersten Klage wegen einer anderen Forderung eine neue Anfechtungsklage erhebt. Ebensowenig kommt ihm umgekehrt bei erneuter Anfechtung die Rechtskraft des zu seinen Gunsten erlassenen ersten Urteils zustatten. Immerhin behalten die Unterlagen des ersten Urteils, wie z. B. die Beweisergebnisse über die Frage der Benachteiligungsabsicht und ihre Kenntnis, vielleicht einen erheblichen tatsächlichen Wert. Vgl. RG. v. 1. 3. 1897 Bd. **39**, 3; v. 4. 2. 1898 JW. S. 157 f. Nr. 16 (mit RG. BZS. v. 27. 4. 1898 Bd. **41**, 87 stehen diese Entscheidungen keineswegs im Widerspruche, da der Beschluß v. 27. 4. 1898 nicht die materielle Voraussetzung eines Gläubigerrechts, sondern das rein formale Titelerfordernis des § 2 betrifft). Noch weniger kann der obsiegende Kläger unmittelbar auf Grund des erstrittenen Urteils die *Vollstreckung* anderer Forderungen in den Rückgewährgegenstand betreiben.

III. Gegenstand der Gläubigeranfechtung.

Anm. 31. Den Gegenstand einer außerkonkursmäßigen Gläubigeranfechtung bilden nach § 1 Rechtshandlungen des Schuldners, welche die Befriedigung des Gläubigers unmittelbar oder mittelbar beeinträchtigen. Grundsätzlich ist bei Feststellung der Anfechtungserfordernisse — namentlich der Benachteiligung [Anm. 54] — davon auszugehen, daß der Benachteiligungsakt als Ganzes, also z. B. der einheitliche Vertrag in seiner Gesamtheit, die einheitliche Pfandbelastung als solche (auch für den Bereich des unzulänglichen Gegenwertes: Stettin v. 13. 3. 1903 OLG. 10 S. 224), nicht nur eine einzelne Vertragsbestimmung, das Anfechtungsobjekt bildet, wenn auch der Anfechtungserfolg keineswegs in einer absoluten Vernichtung des Geschäfts besteht. Siehe oben Anm. 26 ff. Möglicherweise hängen auch zwei an sich selbständige Rechtsakte nach der Parteiabsicht derart zusammen, daß sie nur verbunden die anfechtbare „Rechtshandlung" oder den anfechtbaren „Vertrag" darstellen (vgl. RG. v. 8. 2. 1897 JW. S. 188 Nr. 11: wenn „ein Rechtsakt schon mit der Absicht vorgenommen wird, in unmittelbarem Anschluß an ihn seine Rechtswirkung sofort durch einen zweiten Akt zu modifizieren"; RG. v. 15. 4. 1898 JW. S. 359 f. Nr. 35: Ansteigerung eines Warenlagers anfechtbar als „das letzte Glied derjenigen Kette von Rechtshandlungen", durch die der Beklagte im Einverständnisse mit dem Schuldner das Lager an sich zu bringen bestrebt war und tatsächlich auch an sich brachte). Grund- und Vollzugsgeschäft: Anm. 32; mittelbare Zuwendung: Anm. 40. Andrerseits kann der Benachteiligungsakt sehr wohl auch ein in sich selbständiger Nebenvertrag sein, der gelegentlich eines anderen, im ganzen unanfechtbaren Geschäfts (z. B. einer Teilung) abgeschlossen worden ist. Vgl. RG. v. 25. 5. 1888 Bolze 6 Nr. 270. Auch eine Stundung kann für sich allein anfechtbar sein. Zeitpunkt des Zustandekommens der Rechtshandlung (Erwerbsvollendung): § 3 Anm. 22.

Im einzelnen sei bemerkt:

Anm. 32. 1. **Rechtshandlung** ist jede Willensbetätigung, an welche die Rechtsordnung rechtliche Folgen knüpft, einerlei, ob diese gewollt sind oder nicht. Der Begriff ist weiter als derjenige des Rechtsgeschäfts d. h. einer Privatwillenserklärung, gerichtet auf Rechtsfolgen, die nach der Rechtsordnung deshalb eintreten, weil sie gewollt sind. Motive zur KO. S. 114, Mot. z. EBGB. I S. 126 f., Prot. z. EBGB. I S. 128 ff.; Fitting (3) S. 186 f., Cosack §§ 12 ff., Jaeckel §§ 4 f., Menzel S. 67 f.; siehe auch Enneccerus Bürg. Recht (3. Aufl.) I § 136. Auch prozessuale Dispositionen — wie gerichtliche Geständnisse, Anerkenntnisse, Prozeßvergleiche, Klagezurücknahme, Rechtsmittelverzicht und die in Anm. 34 bezeichneten prozessualen Unterlassungen — gehören hierher. Zust. OLG. Darmstadt v. 29. 1. 1904 Recht 8 S. 533 Nr. 2334. Daß der Benachteiligungsakt unter Mitwirkung eines staatlichen Organs zustande kam, ist unerheblich. Insbesondere schließen Verurteilung und Vollstreckung die Anfechtbarkeit nicht aus (§ 6). Nur muß stets eine Willensbetätigung des Schuldners vorliegen [Anm. 43]. Unter den privatrechtlichen Rechtsgeschäften kommen nicht nur die rechtsgeschäftlichen Verfügungen (Übereignung, Belastung, Kündigung, Anerkenntnis, Erlaß,

Verzicht und sonstige Schuldtilgung), sondern auch Schuldbegründungsakte (Kauf- und Mietverträge, Darlehnsaufnahmen, Verbürgungen) für die Einzelanfechtung in Betracht [Anm. 49]. Immerhin spielen die rechtsgeschäftlichen Verfügungen hier die Hauptrolle.

a) Auch für die Gläubigeranfechtung ist das **Grundgeschäft** (die causa, also z. B. der Kaufvertrag, das Schenkungsversprechen) vom **Vollzugsgeschäfte** (der Übereignung, Belastung, Abtretung, Veränderung oder Aufhebung eines Rechtes) zu trennen. Freilich fällt mit dem Grundgeschäft auch das Vollzugsgeschäft: mit dem Kaufvertrage die Übereignung, mit dem Schenkungsversprechen der Schenkungsvollzug. Denn der Anfechtungsgegner hat nach § 7 alles zurückzugewähren, was im Vollzug der anfechtbaren Handlung aus dem Schuldnervermögen aufgeopfert worden ist. Aus der Anfechtbarkeit des Grundgeschäfts ergibt sich also zugleich die Anfechtbarkeit der Erfüllung. So auch dann, wenn das Vollzugsgeschäft, wie die „Einigung" der §§ 873, 925, 929, 1205 BGB., abstrakt ist, d. h. die dingliche Rechtsänderung trotz Mangelhaftigkeit des Kausalgeschäfts bewirkt. So wenig die abstrakte Natur des sog. dinglichen Vertrags eine Rückforderung im Wege der condictio sine causa ausschließt, wenn es am „rechtlichen Grunde" des Erwerbs fehlt, ebensowenig steht sie dem Rückgewähranspruch entgegen, wenn das Grundgeschäft wegen Gläubigerbenachteiligung anfechtbar ist. Entfällt ja doch die Anfechtbarkeit nicht einmal dann, wenn das anfechtbare Grundgeschäft wider den Willen des Schuldners im Zwangsweg erfüllt, also z. B. die schenkweise versprochene Sache dem Schuldner nach § 883 ZPO. vom Gerichtsvollzieher gewaltsam weggenommen worden ist (arg. § 6). Bei dieser sekundären Anfechtbarkeit des Erfüllungsaktes muß man indessen wohl beachten, daß die zeitlichen Grenzen der Anfechtbarkeit schon vom Zustandekommen des Grundgeschäfts (des Kaufvertrags oder Schenkungsversprechens) an zu berechnen sind [siehe § 3 Anm. 16]. Möglicherweise ist andrerseits auch nur das Vollzugsgeschäft, nicht schon die causa anfechtbar. Solche Fälle kommen namentlich im Bereiche des § 30 KO. in Betracht. Sie sind jedoch auch außerhalb des Konkurses denkbar. So etwa eine Hingabe an Erfüllungsstatt (§ 364 I BGB.) mit der Absicht die Gläubiger zu benachteiligen. Alsdann entscheidet natürlich die Zeit der Erfüllungshandlung. Gegen RG. v. 15. 5. 1891 Bd. 27, 133 siehe unten Anm. 49; vgl. auch Stettin v. 12. 2. 1904 OLG. 10 S. 225 ff. (Einzelanfechtung). Denkbar ist übrigens auch, namentlich mit Rücksicht auf § 889 BGB., daß eine Belastung und eine später geschehene Übereignung nebeneinander benachteiligen und darum (samt den entsprechenden Verpflichtungsgeschäften) gleichzeitig anfechtbar sind. Vgl. z. B. RG. v. 16. 5. 1892 Bolze 15 Nr. 177. Anm. 33.

b) **Unterlassungen** kommen nur als Rechtshandlungen d. h. als Willensbetätigungen mit Rechtserfolgen in Betracht. Als Rechtshandlungen in diesem Sinne aber sind Unterlassungen ganz ebenso anfechtbar wie ein positives Tun. Einschränkende Auslegungen, wie sie z. B. die Motive z. KO. S. 115 f. enthalten, widerstreiten der den Begriff der Rechtshandlung in Anm. 34.

seinem weitesten Sinne erfassenden Tendenz des Gesetzes und finden in dessen Wortlaut nicht die geringste Stütze, auch nicht in dem Worte „vorgenommen" (§ 3). Darum ist ein absichtliches Unterlassen nicht bloß dann anfechtbar, wenn es in seiner Wirkung vom Gesetze dem Tun gleichgestellt wird (das Nichterscheinen oder Nichtverhandeln im Termine, das Unterlassen eines Einspruchs, eines Widerspruchs, einer Rechtsmitteleinlegung, der rechtzeitigen Geltendmachung prozeßhindernder Einreden, RG. v. 20. 1. 1882 Bd. 6, 369; v. 19. 11. 1885 Bolze 2 Nr. 576; v. 8. 2. 1886 ebenda Nr. 577; OLG. Darmstadt v. 5. 6. 1883 Seufferts Archiv Bd. 40 Nr. 171), sondern z. B. auch das absichtliche Unterlassen der Unterbrechung einer Verjährungs-, Ersitzungs- oder Ausschlußfrist, der Erhebung eines Wechselprotests, der zur Vermeidung eines Rechtsverlustes erforderlichen Anmeldung. Jaeckel S. 66 ff., Cosack § 13, Fitting § 15 Note 9, Menzel § 11 (§§ 13, 37 österr. AnfG.), Steinbach-Ehrenzweig S. 96 ff., 164. Das unbewußte Unterlassen z. B. das aus Nachlässigkeit erfolgende Verjährenlassen, Nichtausüben einer Dienstbarkeit ist keine Willensbetätigung. Fitting S. 188, Förster-Eccius I S. 778 Note 34 gegen Otto S. 38 ff., Korn S. 62. Daß die Unterlassung auf Verabredung beruht, ist nicht erforderlich. Ein betrügliches Übereinkommen ist als solches, als positives Handeln, anfechtbar. Motive z. KO. S. 116, Kohler Lehrbuch S. 218 f. Erwerbsunterlassung: Anm. 36. Bei Lösung der Frage, in welchem Zeitpunkt eine anfechtbare Unterlassung erfolgt ist (wichtig insbesondere für die Zeitgrenzen der §§ 3, 12), muß man davon ausgehen, daß die Unterlassung solange begangen wird, als die unterlassene Handlung wirksam vorgenommen werden kann. Erst der Ablauf dieses Zeitraums entscheidet. Steinbach-Ehrenzweig S. 100, Menzel S. 77.

Anm. 35. Welche Folge hat nun aber die Anfechtung eines Unterlassens? Hier versagt die Dinglichkeitslehre vollkommen (Menzel S. 70, 75). Ohne die Annahme eines restitutorischen Anspruchs ist — zumal bei der konkursmäßigen Anfechtung — nicht auszukommen. „Es würde willkürlich sein, an Stelle einer Unterlassung irgendeine bestimmte Handlung zu setzen; noch willkürlicher aber, unmittelbar das verlorene Recht wieder herzustellen" (insofern zutreffend Motive z. KO. S. 115; unzutreffend Hellmann a. a. O. S. 418, der nicht erkennt, daß er ein positives Tun fingieren muß, um die Unterlassung „als nicht geschehen behandeln" zu können). Das Nichtgeschehene gilt keineswegs als geschehen, aber der Erwerber ist verpflichtet, den Wert zur Befriedigungsmasse „zurückzugewähren", der ihr durch die Untätigkeit des Schuldners verloren gegangen ist. Bei der Anfechtung außerhalb des Konkurses erschöpft sich freilich auch diese Rückgewähr vielfach im Verstatten des Zwangszugriffes ohne Rücksicht auf den durch das anfechtbare Unterlassen bewirkten Erwerb. Hat z. B. der exequendus absichtlich eine Forderung gegen einen Dritten verjähren lassen, so muß sich der Drittschuldner (Anfechtungsgegner) die Pfändung dieser Forderung durch den Anfechtungsgläubiger trotz der Verjährung gefallen lassen: die Forderung ist und bleibt verjährt, aber die Verjährungseinrede (§ 222 BGB.) scheitert gerade dem

Anfechtungsgläubiger gegenüber an der Replik der Anfechtung. Oder: hat der exequendus absichtlich die Ersitzung einer Sache nicht unterbrochen, so muß der Dritte, der die Ersitzung vollendet hat, die Pfändung durch den Gläubiger des exequendus dulden, als ob die Sache noch zum Vermögen des letzteren gehörte. Entsprechendes gilt im Falle einer anfechtbaren usucapio libertatis (vgl. Mot. z. EBGB. III S. 356, §§ 901, 945 BGB.), insofern z. B. der Anfechtungsgegner, der die Befreiung seines Eigentums von einem Nießbrauche des exequendus durch dessen absichtliche Untätigkeit erzielt hat, gleichwohl noch eine Pfändung des Nießbrauchs (§ 857 III ZPO.) durch den Anfechtungsgegner dulden muß, als ob der Nießbrauch noch bestände. Eine solche Duldung genügt aber nicht, wenn der anfechtbare Erwerb auf eine vom Erwerber zu vertretende Weise aus dessen Vermögen ausgeschieden ist (z. B. durch Weiterveräußerung der ersessenen Sache). Ebensowenig in solchen Fällen, in denen das anfechtbare Unterlassen zur Beitreibung einer Geldsumme aus dem Vermögen des exequendus geführt hat, wie insbesondere das absichtliche Nichtgebrauchen prozessualer Rechtsbehelfe. Alsdann geht der Anfechtungsanspruch auch außerhalb der Konkurses auf eine positive Leistung und zwar auf Zahlung des Anfechtungsgegners an den Anfechtungsgläubiger [siehe oben Anm. 14].

c) Die **Ablehnung** eines erst angetragenen **Erwerbs** kann durch passives oder aktives Verhalten erfolgen. In beiden Fällen ist die bloße Erwerbsablehnung — im Gegensatze zur Aufgabe eines bereits erworbenen Zugriffsobjektes — unanfechtbar. Denn die Anfechtung zielt lediglich auf „Rückgewähr" von Gegenständen ab, die „aus dem Vermögen des Gemeinschuldners" gelangt sind. Bei der bloßen Erwerbsablehnung fehlt es aber an einem Erwerb „aus dem Vermögen" des Schuldners. Wäre freilich der Anfechtungsanspruch eine Schadensersatzforderung aus unerlaubter Handlung [dagegen Anm. 9 ff.], so müßte den Gläubigern auch der entgangene Gewinn zu erstatten sein (§§ 823, 826, 252 BGB.). Menzel § 12; siehe auch Motive z. KO. S. 116: die Gläubiger sind „nicht verletzt: es ist in keinem Moment ein zu ihrer Befriedigung verwendbares Mittel vorhanden gewesen, ihnen also auch nicht entzogen worden". Von reiner Erwerbsablehnung ist jedoch sorgsam der Fall zu unterscheiden, daß im Unterlassen des Erwerbs die Aufgabe eines bereits erworbenen Rechtes liegt. So kann insbesondere die absichtliche Nichtausübung eines Vorkaufs- oder Wiederkaufsrechtes anfechtbar sein. Es fragt sich aber: einmal, ob die aufgegebene Anwartschaft beschlagsfähig war (vgl. Jaeger KO. § 1 Anm. 32 u. 35), zum andern, ob in der Tat durch das Nichteintreten in den Kaufvertrag, der doch auch Gegenverpflichtungen des Käufers begründet, eine Gläubigerbenachteiligung vorliegt. Siehe in letzterer Hinsicht RG. v. 24. 1. 1902 JW. S. 175 Nr. 45. Anm. 36.

Die Ausschlagung angefallener **Erbschaften** oder **Vermächtnisse** ist, einerlei, ob sie entgeltlich oder unentgeltlich, mit oder ohne Benachteiligungsabsicht geschieht, innerhalb wie außerhalb des Konkurses unanfechtbar. Freilich vollziehen sich Erbschafts- und Anm. 37.

Vermächtniserwerb unmittelbar mit dem Erbfalle von Rechts wegen (§§ 1922, 1942, 2176 BGB.). Auch hat die frühere reichsgerichtliche Rechtsprechung die Ausschlagung eines von Rechts wegen eingetretenen Erbschaftserwerbes für anfechtbar erklärt (Jaeger KO. § 9 Anm. 1—3 mit Zitaten). Allein im neuen Recht hat der noch mit rückwirkender Kraft ausschlagbare Erbschafts- und Vermächtniserwerb (§§ 1943, 1953, 2180 BGB.), wie die §§ 517, 1406 Nr. 1, 1453 I Satz 1 BGB., § 778 ZPO. und insbesondere mit aller Bestimmtheit der § 9 KO. ergeben, noch eine unvollkommene Bedeutung: er gilt noch nicht als beschlagsfähiges Vermögen. Innerhalb des Konkurses würde die Anfechtung der Ausschlagung im Ergebnisse notwendig zu einer Verletzung des § 9 KO. führen (vgl. § 1957 I BGB.). Wenn aber die Anfechtung nicht einmal im Konkurse statthaft ist, muß sie erst recht einem einzelnen Gläubiger versagt sein. Überdies erscheint der § 9 KO. nur als ein Ausfluß des allgemeinen Gedankens, daß der noch ex tunc ausschlagbare Erbschafts- oder Vermächtniserwerb noch kein Zugriffsobjekt für die Gläubiger darstellt. Zustimmend auch für außerkonkursmäßige Anfechtung RG. v. 17. 4. 1903 Bd. **54**, 289, OLG. Naumburg v. 24. 10. 1901 OLG. 4 S. 175, OLG. Colmar v. 26. 11. 1902 ebenda 6 S. 67 und herrschende Lehre (z. B. L. Seuffert S. 205, Fitting S. 194, Strohal Erbrecht 3. Aufl. Bd. 2 S. 18, Dernburg Erbrecht 1905 S. 417); abw. Pelargus Erbrecht S. 112, Frommhold BGB. § 1953 Anm. 1 und wichtige Auslandsgesetze (Jaeger KO. § 9 Anm. 24). Ebenso muß die Annahme einer überschuldeten Erbschaft oder eines überschwerten Vermächtnisses außerhalb wie innerhalb des Konkurses unanfechtbar sein (abw. Pelargus a. a. O., F. Kern Anfechtung der Annahme oder Ausschlagung, Greifsw. Diss. 1901). Kern will gegenüber der Annahme einer überschuldeten Erbschaft im Falle endgültig unbeschränkter Erbenhaftung die Schenkungsanfechtung zulassen. Allein auch die Korrektur der Erbschaftsannahme im Anfechtungswege würde den § 9 KO. verletzen. Überdies enthält die Annahme an sich auch bei Überschuldung des Nachlasses weder eine unentgeltliche Verfügung noch eine Gläubigerbenachteiligung. Der Schuldner benachteiligt erst dadurch, daß er nach der Annahme (siehe bes. § 1995 II BGB.) durch unmittelbare oder mittelbare Verstöße gegen die Inventarpflicht das Recht einer Beschränkung der Erbenhaftung preisgibt, seine Eigengläubiger und auch diese nur dann, wenn das ererbte Vermögen noch schlechter steht als sein eigenes. — Unanfechtbar sind ferner Ablehnung und Nichtablehnung der fortgesetzten Gütergemeinschaft (arg. § 9 Satz 2 KO.). — Noch weniger als die Ausschlagung einer bereits angefallenen Erbschaft kann der Erbverzicht (§§ 2346 ff. BGB.) anfechtbar sein, da der Verzichtende nicht einmal einen vorläufigen Erwerb, sondern nur die Aussicht auf eine dereinstige Beerbung aufgibt. Vgl. Mot. z. EBGB. IV S. 243 und für das bish. preuß. Recht RG. v. 18. 5. 1900 JW. S. 538 Nr. 42; siehe ferner RG. v. 5. 5. 1891 Bolze 12 Nr. 212 (Verzicht auf ein künftiges bäuerliches Anerbenrecht gleichfalls als Aufgabe einer bloßen „Erbfolgehoffnung" unanfechtbar). — Anders liegt die Sache (gegen

Petersen-Kleinfeller KO. § 29 Anm. 7) beim *Pflichtteil*. Ein Verzicht auf den bereits pfändbaren d. h. durch Vertrag anerkannten oder rechtshängig gewordenen „Pflichtteilsanspruch" (§ 2317 BGB.) — eine „Ausschlagung" kommt hier nicht in Frage — ist Aufgabe beschlagsfähigen Vermögens (§ 852 I ZPO.) und kann als solche anfechtbar sein. Der schon durch Vertrag mit dem Erblasser vereinbarte Verzicht auf „das Pflichtteilsrecht" (§ 2346 II BGB.) ist als beschränkter Erbverzicht unanfechtbar; ebenso aber auch der Verzicht auf den bereits entstandenen, jedoch noch nicht pfändbar gewordenen „Pflichtteilsanspruch", auch der unentgeltliche Verzicht, wenngleich er sich als Schenkung darstellt (gegen Merzbacher AnfG. S. 3).

Der Erlaß künftig verfallender, aber bereits geschuldeter *Zinsen* ist Anm. 38. Aufgabe eines schon erworbenen beschlagsfähigen Anspruchs. Auch das *aufschiebend* **bedingte** *Recht* stellt als rechtlich geschützte Anwartschaft einen gegenwärtigen Vermögenswert dar (Jaeger KO. § 1 Anm. 54). Deshalb ist der Verzicht auf ein unter aufschiebender Bedingung erworbenes, an sich beschlagsfähiges Recht anfechtbar und zwar trotz des § 517 BGB. wohl auch unter dem Gesichtspunkt einer unentgeltlichen Verfügung im Sinne des § 3 Nr. 3 und 4 AnfG. (§ 32 KO.). Siehe auch RG. v. 24. 5. 1884 Bl. f. Rechtsanwdg. 4. Erg.-Bd. S. 407. Auch die Erfüllung oder Vereitelung einer Bedingung durch Willensbetätigung des Schuldners kann anfechtbare Rechtshandlung sein, soweit nicht etwa der § 162 BGB. eine Anfechtung erübrigt. Solchenfalls führt die Anfechtung zur Rückgewähr des Erwerbs, aber keineswegs zur Erneuerung der Schwebe (Menzel S. 85 mit abw. Lit.). Andrerseits kann auch eine nur bedingte Vermögensentäußerung anfechtbar sein. Der bloße *Vertragsantrag* (die Offerte, §§ 145 ff. BGB.) begründet nicht einmal einen bedingten Vermögenserwerb (Jaeger KO. § 7 Anm. 15). Die Antragsablehnung ist daher unanfechtbar. So insbesondere die Nichtannahme eines *Schenkungsanerbietens*, und zwar auch dann, wenn sie mit der ausgesprochenen Absicht, die Gläubiger zu benachteiligen (abw. Kohler Lehrb. S. 218), oder zum Vorteil eines anderen (vgl. § 517 BGB.) erfolgt. Eine noch nicht angenommene *Anweisung* ist noch nicht Vermögen des Anweisungsempfängers (arg. § 784 BGB). Das Wechselakzept stellt ein Vermögensrecht dar und zwar auch das Blankoakzept (vgl. RG. v. 27. 5. 1891 Bd. **28**, 63; v. 28. 3. 1894 Bd. **33**, 44). Wer Vermögensvorteile, die sonst nur entgeltlich überlassen werden, unentgeltlich gewährt (Beispiele: unentgeltliche Einräumung einer Wohnung, unverzinstes Darlehen), lehnt nicht einen Erwerb ab, sondern nimmt eine unentgeltliche Verfügung vor. Vgl. Menzel S. 81, Krasnopolski S. 17. Doch ist *das unentgeltliche Leisten einer* **Arbeit**, die im Verkehr entlohnt zu werden pflegt, lediglich die Ablehnung eines möglichen Erwerbs. Die Arbeitskraft ist Ausfluß der Persönlichkeit, nicht Zugriffsobjekt. Darum sind Dienstverträge, durch die sich der Schuldner verpflichtet, ohne jede oder doch ohne eine angemessene Vergütung zu arbeiten (vgl. § 612 BGB.), auch dann unanfechtbar, wenn sie in der dem Dienstherrn bekannten Absicht der Gläubigerbenachteiligung abgeschlossen werden, und bleiben unanfechtbar auch nach Leistung der Dienste (zust. Dresden v. 3. 11. 1903 OLG. 10 S. 223). Darum sind ferner Vorausverfügungen über noch zu verdienenden Lohn oder Gehalt, soweit solche überhaupt möglich (vgl. namentlich § 400 BGB. mit 850 ZPO., ferner a. 81 EG. z. BGB.), unanfechtbar (zust. RG. v. 30. 5. 1905 JW. S. 442 Nr. 27) und bleiben es auch dann, wenn die Vergütung noch vor der Anfechtung verdient ist (vgl. Cosack S. 75). Verfügungen über bereits verdienten Lohn können anfechtbar sein. Doch kommt es eben darauf an, daß der Lohnanspruch zur Zeit der nachteiligen Verfügung bereits beschlagsfähig (§ 850 ZPO.) und nicht bloß „existent" geworden war (gegen Hartmann-Meikel S. 68).

Anm. 39. 2. Die Rechtshandlung muß in allen Fällen eine Handlung **des Schuldners** sein. Das verlangt ausdrücklich nicht nur der § 1 im allgemeinen, sondern auch der § 3 (§ 3a) für jeden einzelnen Fall der Anfechtung. Die Anfechtung innerhalb des Konkurses setzt in den Fällen des § 30 Nr. 1 Halbs. 2 und Nr. 2 KO. eine Rechtshandlung des Schuldners nicht voraus und trifft darum insbesondere auch Erwerbsakte eines Dritten, namentlich Vollstreckungsakte (§ 35 KO.), die wider den Willen des Schuldners und zur Beitreibung völlig unanfechtbarer Ansprüche geschehen. Allein eine dem § 30 KO. entsprechende Anfechtungsart fehlt eben außerhalb des Konkurses. Ganz natürlich, denn der § 30 KO. ist eine Antezipation des Konkursprinzipes, des Grundsatzes der Gleichbehandlung aller bloß persönlichen Gläubiger, und dementsprechend eine Schutzvorschrift zugunsten der Gesamtgläubigerschaft, nicht zugunsten des einzelnen Gläubigers. Der Hauptwert dieser spezifischen Konkursanfechtung liegt darin, daß sie die Härten des unsere Zwangsvollstreckung beherrschenden Präventionsprinzipes einigermaßen abschwächt (Jaeger KO. § 29 Anm. 2, § 30 Anm. 50). In ihr findet der § 35 KO. seine wichtigsten Anwendungsfälle. Dementsprechend hat der wörtlich mit dem § 35 KO. übereinstimmende § 6 AnfG. im Vergleiche zu seinem Vorbild ein viel begrenzteres Gebiet: ohne jede Mitwirkung des Schuldners erfolgende Vollstreckungsakte als solche sind außerhalb des Konkurses unanfechtbar. Der Vollstreckungsakt an sich kann also außerhalb des Konkurses nicht Anfechtungsobjekt sein. So hat der Berufungsrichter im Falle RG. v. 2. 3. 1886 Bolze 2 Nr. 578 vollkommen zutreffend erkannt: eine Pfändung, die in aller Ordnung vor sich gegangen, könne keinen Gegenstand des Angriffs (nach dem AnfG.) bilden, sofern nur das zugrunde liegende Schuldverhältnis zu Recht besteht (Revision zurückgewiesen). War freilich der vollstreckte materielle Anspruch (z. B. die Forderung aus dem Schenkungsversprechen, aus dem Schleuderverkaufe) anfechtbar, so bleibt es trotz der Vollstreckung bei der Anfechtbarkeit [§ 6 Anm. 4]. Alsdann bildet aber die materielle Rechtsbegründung den Anfechtungsgegenstand; ihre Perfektion ist maßgebend für die zeitlichen Schranken der Anfechtbarkeit. Ein weitergehendes Anfechtungsbedürfnis besteht außerhalb des Konkurses nicht. Das wird vielfach verkannt. Unter dem Einfluß einer irrigen (Cosack S. 90f.), übrigens die Auslegung des § 30 KO. betreffenden Stelle der Materialien (Mot. z. KO. S. 120f.), will man diesen bedeutsamen Unterschied zwischen konkursmäßiger und außerkonkursmäßiger

Anfechtung völlig aus dem Wege räumen: die Vollstreckung durch den Gerichtsvollzieher oder das Gericht erfolge in Vertretung des Schuldners, darum sei auch der Vollstreckungsakt in Wahrheit eine Rechtshandlung „des Schuldners". So neuestens noch Hartmann-Meikel S. 204, früher gelegentlich auch das RG. (v. 8. 2. 1886 Bolze 2 Nr. 577 u. ö.). Allein, wenn das Vollstreckungsorgan bei der Pfändung oder Beschlagnahme in technischer Vertretung eines Beteiligten handelt, vertritt es offenbar nicht den Schuldner, sondern den Gläubiger, auf dessen Ersuchen und zu dessen Gunsten der Vollstreckungserwerb bewirkt wird. So erklärt denn auch der VII. ZivSen. des RG. v. 1. 2. 1901 Bd. **47**, 224: „für den Gesichtspunkt einer Vertretung des Schuldners durch das Gericht bei der Pfändung bleibe kein Raum"; daher seien Pfändungen außerhalb des Konkurses nur anfechtbar, „wenn und soweit sie nach Lage des einzelnen Falles als vom Schuldner ... bewirkte Handlungen anzusehen seien"; „das treffe dann zu, wenn die Vollstreckungshandlung im kollusiven Einverständnisse des Schuldners mit dem Gläubiger zustande gebracht sei". Als Beispiele „der erforderlichen Mitwirkung des Schuldners" nennt das Urteil die Aufforderung an einen Gläubiger, dem drohenden Zugriff anderer zuvorzukommen; die Verheimlichung von Sachen, um sie gerade für den Zugriff des begünstigten Gläubigers bereit zu halten; endlich aber auch eine vorzeitige oder beschleunigte Gewährung des Vollstreckungstitels, insbesondere einer vollstreckbaren Urkunde. Letzternfalls setze die Anwendbarkeit des § 3 Nr. 1 voraus, daß der Schuldner den Titel bereits in der Absicht, die Gläubiger zu benachteiligen, gewährt habe; andrerseits genüge es, daß der Begünstigte z. B. der Stellung des Vollstreckungsantrages diese Absicht gekannt habe, weil sich erst mit der Vollstreckung sein anfechtbarer Erwerb vollende (S. 225). Mit Recht wird hier durchgängig mindestens ein Mitwirken des Schuldners gefordert. Dementsprechend ist auch der Satz, es genüge unter Umständen ein rein passives Verhalten des Schuldners, mit aller Vorsicht aufzunehmen. Das Unterlassen muß Willensbetätigung sein [Anm. 34]. Es bedarf immerhin einer passiven „Beteiligung" des Schuldners (so Mot. z. KO. S. 115), wie sie vornehmlich im Falle der Kollusion gegeben sein kann (vgl. RG. v. 20. 1. 1882 Bd. **6**, 369). Ungerechtfertigt erscheint der von einzelnen Schriftstellern (v. Wilmowski-Kurlbaum KO. § 29 Anm. 3, Bernhardi AnfG. § 1 Anm. 3) gegen RG. **47**, 224 erhobene Widerspruch: die beschleunigte Gewährung des Vollstreckungstitels für sich allein könne die Pfändung nicht anfechtbar machen und jedenfalls widerstreite es direkt dem § 3 Nr. 1, wenn es solchenfalls für genügend erachtet werde, daß die Absicht beim Schuldner zur Zeit der Titelgewährung, die Kenntnis beim Anfechtungsgegner aber erst zur Zeit des Pfändungsantrages vorgelegen habe. Die Titelgewährung darf eben nicht für sich allein betrachtet werden. In ihr beginnt der Schuldner einen Benachteiligungswillen zu betätigen, der sich erst in der durch sie ermöglichten Pfändung vollendet. Der gesamte Erwerbsakt des Gläubigers wird von einem einheitlichen Benachteiligungswillen des Schuldners getragen und erscheint darum für die Anfechtung als eine Rechtshandlung des Schuldners. Der Zuwendungsakt im ganzen stellt die Rechtshandlung im Sinne des § 1 dar. **Kenntnis von der Benachteiligungsabsicht (§ 3 Nr. 1) braucht aber der Erwerber erst im Zeitpunkte der Erwerbsvollendung zu haben [§ 3 Anm. 22]. Auch sonst hat man mehrere formell selbständige Rechtsakte, die einem einheitlichen Zuwendungswillen entspringen, für die Frage der Anfechtbarkeit als Einheit zu behandeln [siehe namentlich Anm. 31, 40, 54, 55]. Auch sonst kann eine durch den Willen des Schuldners in Bewegung gesetzte behördliche Tätigkeit für die Gläubigeranfechtung als Rechtshandlung des Schuldners in Betracht kommen [Anm. 43].** Anerkenntnisurteil: § 6 Anm. 5 u. 8.

Das Erfordernis einer Schuldnerhandlung muß noch näher bestimmt werden:

Anm. 49. a) Der persönlichen Handlung des Schuldners steht — abgesehen von dem nur den Willen des Schuldners ausrichtenden Boten — rechtlich gleich die Handlung **seines Vertreters**, einerlei, ob die Vertretung eine gesetzliche (wie bei Vormündern, elterlichen Gewalthabern, Pflegern, Vereinsorganen) oder eine gewillkürte (wie beim Prokuristen und Prozeßbevollmächtigten) ist. Wegen der in Zwangsvertretung des Gemeinschuldners vorgenommenen Handlungen des Konkursverwalters siehe Anm. 7; wegen des Einflusses der ehelichen Güterstände § 3 Anm. 18. Auch Handlungen der Erbenvertreter als solcher (eines Nachlaßpflegers, Testamentsvollstreckers) können Gegenstand der Einzelanfechtung sein. Der Erbe selbst setzt die vermögensrechtliche Persönlichkeit des Erblassers fort. Darum können Handlungen des Erblassers noch nach dem Erbfall ebensogut angefochten werden als Handlungen, die erst der Erbe in seiner Eigenschaft als Erbe vorgenommen hat [§ 2 Anm. 20]. Die Willenserklärung eines Dritten, der ohne Vertretungsmacht im Namen des Schuldners gehandelt hat, wird durch wirksame Genehmigung ex tunc zur Schuldnerhandlung (§§ 177, 180, 182 II, 184 BGB.). Ohne Genehmigung bleibt sie die Handlung eines Dritten. Gegenstand der Gläubigeranfechtung kann aber nur eine Handlung des Schuldners, nicht eine Handlung des mit Mitteln des Schuldners leistenden unbeauftragten Geschäftsführers als solchen sein (abw. Hartmann-Meikel S. 83). Hier mag der benachteiligte Gläubiger den Anspruch des exequendus wider den Geschäftsführer (etwa aus § 678 oder aus § 823 BGB.) pfänden. Ganz anders liegt die Sache, wenn der Dritte zwar nicht im Namen — also nicht in „Vertretung" — des Schuldners, aber doch auf dessen Weisung geleistet hat. Das sind die wichtigen Fälle **der mittelbaren Zuwendung**, der Zuwendung auf Schleichwegen, die — wie die Praxis zeigt — besondere Gefahren birgt. Anstatt daß A direkt dem C leistet, läßt er ihm durch B leisten. B leistet eigenen Namens, aber er hat zu diesem Behufe die Mittel von A erhalten oder er schuldet dem A die Leistung oder er bewirkt sie unter Anrechnung auf eine Forderung des A gegen ihn. Die Leistung an C erfolgt also in der Tat auf Kosten des A und der ganze Zuwendungsakt wird vom Willen des A getragen[1]). So fehlt es zweifellos nicht an einer

[1]) Von dem Falle, daß der Schuldner den ihm zustehenden Verschaffungsanspruch

Willensbetätigung „des Schuldners“. Allein es wäre verfehlt, nur die eine Seite des Zuwendungsaktes, also nur das Geheiß des A an C (sei es Auftrag oder entgeltliche Geschäftsbesorgung oder Anweisung), oder aber nur das Ausführungsgeschäft des C zugunsten des A (die Zahlung, Übereignung usw.) für die anfechtbare Rechtshandlung zu erklären, zumal das letztere für sich betrachtet gar keine Rechtshandlung des A (des Schuldners) darstellt. Vielmehr erscheint vom Standpunkte der Gläubigerbenachteiligung aus die Leistung auf dem Umweg über B als Zuwendung des A an C und unterliegt als solche der Anfechtung. Daß A durch B an C hat leisten lassen, das ist (abgesehen von den besonderen Erfordernissen des § 3) der aus dem Zusammenhalte der beiden Rechtsgeschäfte zu entnehmende einheitliche Anfechtungstatbestand. Als Anfechtungsgegner erscheint also der Zuwendungsempfänger C (nicht B, auch nicht B und C). „Rückzugewähren“ hat C den ihm indirekt aus dem Vermögen des A zugeführten Wert und zwar grundsätzlich in Natur. Hat also z. B. B die dem A geschuldete Übereignung auf dessen Geheiß an C bewirkt, so muß C als Anfechtungsgegner die Zwangsvollstreckung in die ihm übereignete Sache so gewähren, als ob sie (was nie der Fall war) zum Vermögen des A gehörte (RG. v. 3. 2. 1899 Bd. **43**, 83). Siehe auch § 3 Anm. 73ff. (Verträge auf Leistung an Dritte) sowie unten Anm. 56. Die reichsgerichtliche Rechtsprechung bietet noch eine Reihe von Beispielen einer solchen die Sicherheit des Kredits schwer bedrohenden Zuwendung auf Schleichwegen. Siehe insbesondere RG. v. 24. 10. 1890 Bolze 11 Nr. 163 (die Mittelsperson hat den Zuwendungswert durch Hypothekbestellung erhalten und aus dem Erlöse der Hypothek die angefochtene Geldzahlung bewirkt); v. 3. 4. 1895 Bd. **35**, 26 (hat die Mittelsperson mit Geldern des Schuldners oder mit dem von ihr erhobenen Betrag einer dazu vom Schuldner abgetretenen Forderung Wechsel eingelöst, so ist der befriedigte Wechselgläubiger und nur dieser Anfechtungsgegner); v. 20. 1. 1899 JW. S. 144 Nr. 18 (prinzipiell beipflichtend); v. 4. 7. 1899 JW. S. 540 Nr. 27 (A hat seinen Schuldner B beauftragt, den geschuldeten Kaufpreis an C zu bezahlen: C rückgewährpflichtig); v. 12. 6. 1900 Gruchot 46 S. 395ff. (A läßt eine Forderung, zu deren Abtretung ihm B verpflichtet ist, an C zedieren: C rückgewährpflichtig); v. 26. 4. 1901 JW. S. 405f. Nr. 23 (anfechtbare Anweisunng); v. 30. 4. 1901 Bd. **48**, 148 (ausgeführte Zahlungsaufträge an sich als indirekte Zuwendung anfechtbar, aber Benachteiligung der Konkursgläubiger im Einzelfalle verneint); v. 29. 11. 1904 Bd. **59**, 195 (anfechtbar eine Rechtshandlung des Schuldners, durch die er gegen Aufwendung von Bestandteilen seines Vermögens das Entgelt dafür in das Vermögen des Begünstigten fließen läßt, auch wenn der Schuldner und der Begünstigte nicht unmittelbar miteinander verkehrten; hier hatte der Schuldner als letztes

---

einem Dritten überweist, ist zu unterscheiden der Fall, daß der Schuldner sich einem Dritten anfechtbar zu einer Rechtsübertragung verpflichtet, dann aber auf Geheiß des Dritten statt an diesen an einen anderen leistet [§ 11 Anm. 9].

Aktivum eine Forderung, die dadurch getilgt wurde, daß der Drittschuldner eine Hypothek auf Anweisung des Schuldners an dessen Schwiegervater abtrat).

Anm. 41. Zu mittelbarer Zuwendung kann auch eine Schuldübernahme (§ 414 ff.) BGB. führen. Siehe den Fall RG. v. 18. 5. 1900 Bd. **46**, 101, der freilich den außerhalb des Konkurses nicht in Betracht kommenden Anfechtungstatbestand des § 30 Nr. 2 KO. betrifft. Hat A dem B ein Anwesen um 100000 verkauft und dabei mit B ausgemacht, daß dieser 10000 des Kaufpreises durch Übernahme einer Schuld des A an C tilgen solle, so ist die Einzelanfechtung grundsätzlich ausgeschlossen, wenn der Verkauf selbst und die übernommene Schuldverbindlichkeit unanfechtbar sind. Eine Anfechtung des Verkaufs (z. B. als absichtliche Verschleuderung) müßte sich gegen B, eine Anfechtung der übernommenen Schuld (z. B. als Schenkung) gegen C richten. Wenn nun außerhalb des Konkurses ein Gläubiger des A die Pfändung und Überweisung der Kaufpreisforderung erwirkt hat, kann ihm der auf 1000000 belangte Käufer entgegenhalten, daß er seine Verbindlichkeit in Höhe von 10000 durch Vollzug der vereinbarten Schuldübernahme bereits getilgt habe. Diesen Einwand vermag der Pfändungspfandgläubiger nicht lediglich durch den Hinweis darauf zu entkräften, daß ihm gegenüber die von B übernommene Schuld (etwa nach § 3 Nr. 2) anfechtbar ist. Das berührt den B nicht; es liegt nur eine anfechtbare Zuwendung an C, nicht an B vor; hat B bereits den C befriedigt, so muß die Anfechtungsklage gegen C auf Herauszahlung an den Kläger gerichtet werden. Vor der Befriedigung des C kann dieser im Anfechtungswege angehalten werden, das durch die Schuldübernahme erworbene Recht gegen B wieder aufzugeben (vgl. RG. **46**, 104): denn er hat es auf Kosten des exequendus A erlangt. Nach dieser Aufgabe hat B den vollen Kaufpreis zu bezahlen. Man beachte wohl, daß hier den Anfechtungstatbestand nicht die Schuldübernahme (wenn sie nicht etwa unter § 3 Nr. 1 fällt), sondern die frühere unentgeltliche Verfügung an C bildet: diese muß in den Zeitgrenzen des § 3 Nr. 3 (oder 4) liegen, wenn C zur Herauszahlung oder zur Aufgabe der Rechte gegen B — beides positive Leistungen (!) — verpflichtet sein soll [§ 3 Anm. 45]. Die Theorie einer bloßen „Haftung" des Anfechtungsgegners [oben Anm. 13] versagt hier augenfällig. Innerhalb des Konkurses liegt übrigens, was nicht übersehen werden sollte, der Fall darum anders, weil nach § 30 KO. gerade die Erfüllung einer vollkommenen unanfechtbaren Forderung (hier des C) anfechtbar sein kann.

Zuwendung durch Eheverträge: § 3 Anm. 67.

Anm. 42. b) Hat der Schuldner **gemeinsam mit einem anderen** gehandelt, also z. B. eine im Miteigentum stehende Sache übereignet oder eine gemeinschaftliche Haftung übernommen, so fragt es sich zunächst, ob die Willensbetätigung des Schuldners als selbständig wirksame Handlung ausgeschieden werden kann. Ist dies der Fall, so beschränkt sich die Anfechtbarkeit auf die Handlung des Schuldners. Cosack S. 330 f. So insbesondere bei der Gemeinschaft nach Bruchteilen (§§ 741 ff., 1008 ff. BGB.; Beispiele: §§ 921,

923, 947, 963, 984 BGB.). Haben hier die beiden Teilhaber gemeinsam verfügt, so ist die Verfügung nur für den Anteil des Schuldners (§ 747 Satz 1 BGB.) anfechtbar, für den zweiten Anteil bleibt sie wirksam. Die Sache liegt demnach so, als ob der Schuldner von vornherein nur über seinen Anteil verfügt hätte. Daß alsdann auch nur diese Anteilsverfügung anfechtbar sein kann, bedarf keiner Begründung. So ferner bei der Eingehung einer Gesamtschuld (§ 421 BGB.), wie z. B. bei gemeinschaftlicher Verbürgung (§ 769 BGB.): die Bürgschaft des exequendus ist anfechtbar, der Mitbürge bleibt voll verhaftet. In Fällen dagegen, in denen ein gesondertes Handeln des Schuldners wirkungslos geblieben wäre, fällt mit der Schuldnerhandlung in den Grenzen der Anfechtung das ganze Geschäft. Haben z. B. zwei Miterben, von denen nur einer der Schuldner des anfechtenden Gläubigers ist, vor der Erbteilung einen Nachlaßgegenstand schenkweise einem Dritten übereignet, so muß der Beschenkte die Zwangsvollstreckung des Anfechtungsgläubigers in diesen Gegenstand dulden, da die Anfechtung der Willensbetätigung des einen Miterben die Wirksamkeit der Verfügung über den Nachlaßgegenstand selbst hinfällig macht (§ 2040 I BGB.) und diese Verfügung auch nicht für den Anteil des anderen Miterben allein wirksam sein kann (§ 2033 II BGB.). Vgl. ROHG. v. 18. 6. 1878 Bd. 23 S. 417; abw. Cosack S. 331 (der Anfechtungsgegner habe nur Teilrückgewähr in Geld zu leisten; er haftet aber grundsätzlich auf Naturalrestitution ohne Einlösungsrecht: § 7 Anm. 5). Entsprechendes gilt, wenn bei ehelicher Gütergemeinschaft Mann und Frau zusammen einen Gesamtgutsgegenstand verschenkt haben (§§ 1442, 1446 BGB.) und ein Gläubiger die Schenkung anficht, der nur Gläubiger des Mannes, nicht auch der Frau ist. Siehe auch § 3 Anm. 18. — Über die Haftung einer Mehrheit von Empfängern der anfechtbaren Zuwendung siehe § 7 Anm. 44 f.

c) Daß der vom Willen des Schuldners getragene Benachteiligungsakt durch Anm. 48. eine öffentliche Behörde (Grundbuchamt, Notar, Vollstreckungsgericht, Gerichtsvollzieher, Vergleichsrichter in den Fällen des § 794 Nr. 1 u. 2 ZPO., Vormundschaftsgericht, Registerbehörde) beurkundet, verlautbart, genehmigt oder vollzogen worden ist, steht der Anfechtbarkeit keineswegs entgegen. Richterspruch und Zwangsvollzug hindern die Gläubigeranfechtung nicht (§ 6). Die Eintragung, die der Grundbuchrichter kraft des Antrags und der Eintragungsbewilligung des passiv beteiligten Schuldners vornimmt (§§ 13, 19 GBO.), kann als Abschluß einer anfechtbaren Rechtshandlung „des Schuldners" anfechtbar sein, weil der Grundbuchrichter — wenn auch nicht als willenloses Werkzeug — in der ihm durch den Parteiwillen gewiesenen Richtung tätig werden muß[1] (vgl. RG. v. 26. 4. 1894

---

[1] Der Beamte ist dem Staate, der ihn angestellt hat, kraft des öffentlich-rechtlichen Dienstverhältnisses zur Vornahme der Amtshandlung verpflichtet. Der angebliche „Anspruch" der Partei auf diese Handlung bildet kein Recht im subjektiven Sinne, sondern lediglich einen Reflex der Pflicht des Beamten gegen den Staat,

JW. S. 316 Nr. 14). Eine vom Willen des Schuldners **unabhängige** richterliche Maßnahme stellt auch dann keine anfechtbare „Rechtshandlung des Schuldners" dar, wenn sie dieser selbst anregte. So hat das RG. v. 15. 11. 1894 Bolze 19 Nr. 256 für das frühere preußische Recht auch eine vom Schuldner beantragte obervormundschaftliche Entziehung der elterlichen Nutznießung für unanfechtbar erklärt (vgl. jetzt § 1666 II; siehe auch § 1680 BGB., sowie §§ 12, 18 FGG.). Nach neuem Recht kommt hinzu, daß die elterliche Nutznießung als solche beschlagsfrei ist (§ 862 ZPO.). Dementsprechend bleibt auch ein freiwilliger Verzicht des Gewalthabers auf die Nutznießung (§ 1662 BGB.) unanfechtbar [Anm. 47].

Anm. 44. 3. Die Rechtshandlung ist — abgesehen von den Erfordernissen der §§ 3, 3a — **nur dann und nur insoweit anfechtbar, als sie den Gläubiger benachteiligt**, d. h. **seine Befriedigung unmittelbar oder mittelbar verkürzt**. In dieser Benachteiligung erschöpft sich das Anfechtungsinteresse. Würde sich bei Beseitigung des in Frage stehenden Rechtserfolges die Befriedigungsmöglichkeit in keiner Weise heben, so ist ein Anfechtungsanspruch nicht begründet. Ebensowenig dann, wenn der Nachteil schon vor Erhebung des Anspruchs durch freiwillige oder erzwungene Rückgabe oder Werterstattung vollkommen ausgeglichen worden war. Vgl. RG. v. 7. 5. 1896 JW. S. 338 Nr. 30. Dieses **allgemeine** Erfordernis der Benachteiligung ergibt sich innerhalb wie außerhalb des Konkurses ganz von selbst aus dem subsidiären Zwecke der Gläubigeranfechtung [Anm. 2]. In diesem Sinne gestattet das Anfechtungsgesetz eine Anfechtung nur „**zum Zwecke der Befriedigung eines Gläubigers** (§ 1), dessen Zugriff auf das Schuldnervermögen „zu einer vollständigen Befriedigung nicht geführt hat" oder doch voraussichtlich nicht führen würde (§ 2), und nur „**soweit es zu seiner Befriedigung erforderlich ist**" (§ 7). Entsprechendes gilt für die konkursmäßige Anfechtung. Wenn das Gesetz nicht ausdrücklich als allgemeines Erfordernis aufstellt, daß die Rechtshandlung den Gläubigern zum Nachteil gereicht sein muß, so ist das — wie die Motive z. KO. S. 114f. ergeben — nur unterblieben, um den Anschein zu vermeiden, als ob immer eine **unmittelbare** Benachteiligung erforderlich wäre [Anm. 52]. Höchst oberflächlich ist der Einwurf, eine Vergleichung des Wortlauts der Nr. 2 mit Nr. 3 des § 3 AnfG. (§ 31 Nr. 2 mit § 32 KO.) ergebe, daß für die Schenkungsanfechtung das Benachteiligungserfordernis nicht gelte. Denn feststehendermaßen sagen die Worte „sofern durch den Abschluß des Vertrags die Gläubiger benachteiligt werden" in Nr. 2 nicht, daß eine Benachteiligung, sondern daß ausnahmsweise eine unmittelbare Benachteiligung erfordert wird [Anm. 52]. Auch Schenkungen

---

der „Amtspflicht". Das bestätigt gerade der § 839 BGB., wenn er von einer dem Beamten „einem Dritten gegenüber obliegenden Amtspflicht" redet. „Gegenüber" heißt hier — wie sonst so oft — „in der Richtung gegen", „im Verhältnisse zu". Nicht auf einem Verpflichtungsverhältnisse zwischen dem Beamten und der Partei, sondern auf „unerlaubter Handlung" ruht der Schadensersatzanspruch des § 839 BGB.

sind nur anfechtbar, wenn sie die Befriedigung der Gläubiger verkürzen. Das wird für die außerkonkursmäßige Anfechtung niemand ernsthaft bestreiten. Im Konkurs ergibt die Konkurslage im Zusammenhalte mit der Unentgeltlichkeit ohne weiteres die Benachteiligung. Vgl. über das Benachteiligungserfordernis insbesondere RG. v. 30. 10. 1885 Bd. **14**, 313; v. 14. 6. 1894 Bd. **33**, 122; v. 6. 2. 1896 Bd. **36**, 163; v. 4. 7. 1899 JW. S. 540 Nr. 28; v. 30. 4. 1901 Bd. **48**, 151; v. 28. 2. 1902 Bd. **51**, 45; v. 3. 10. 1902 Bd. **52**, 229; v. 16. 9. 1904 JW. S. 559 Nr. 23; Cosack §§ 15 ff.; Menzel § 9. Die Benachteiligung gehört zum objektiven Grunde der Anfechtungsklage und muß dementsprechend im Streitfalle vom Anfechtenden **bewiesen** werden (vgl. RG. v. 15. 6. 1897 Bd. **39**, 93) und zwar auch in solchen Fällen, in denen das Gesetz das Erfordernis nicht ausdrücklich aufstellt (abw. RG. v. 16. 9. 1904 a. a. O.). Nur dann würde die Beweislast den Anfechtungsgegner treffen, wenn das Gesetz den nach dem Zwecke des Instituts und der Fassung des § 7 anspruchbegründenden Tatumstand ausdrücklich zur Einwendungstatsache stempeln würde. Siehe auch Anm. 52 (unmittelbare Benachteiligung), Anm. 55 (Wechselverpflichtung). Wenn vielfach im Anschluß an die Gesetzesmaterialien (z. B. von Hartmann-Meikel S. 3 f., 57) das Erfordernis der Benachteiligung als Verletzung eines außerkonkursrechtlichen „Befriedigungsanspruches" oder eines „Konkursanspruches" charakterisiert wird, so muß betont werden, daß ein von der zu vollstreckenden Forderung verschiedenes Recht auf Befriedigung nicht besteht. Auch ein prozessualer, gegen den Staat und seine Organe gerichteter „Befriedigungsanspruch" des Gläubigers besteht als Recht im subjektiven Sinne nicht [siehe die Note zu Anm. 43]. Keinesfalls bedarf es solcher Konstruktionen zur Rechtfertigung des Instituts.

Im einzelnen verlangt das Erfordernis der Benachteiligung:

a) Die Rechtshandlung muß sich auf **das Vermögen** des Schuldners beziehen. Personenstandsveränderungen, wie die Eingehung und Scheidung einer Ehe und die Annahme an Kindesstatt, sind der Anfechtung auch dann entzogen, wenn sie eine Minderung des Schuldnervermögens nach sich ziehen. So z. B. eine Wiederverheiratung, die den Eintritt einer Nacherbfolge bewirkt. Eheverträge können anfechtbar sein. Siehe insbesondere § 3 Anm. 64 ff. Die Persönlichkeit des Schuldners, insbesondere seine Erwerbskraft, für sich auszubeuten, sind die Gläubiger nicht befugt. Sie können im Anfechtungswege nicht verhindern, daß er seine Person anderen unentgeltlich dienstbar macht [Anm. 38]. Der Besitz stellt als Inbegriff rechtlicher Vorteile ein Vermögensrecht dar. Die Aufgabe des Besitzes kann als Aufgabe erheblicher Werte (Besitzschutz, Eigentumsvermutung, Anwartschaft auf Ersitzung oder Funderwerb) anfechtbar sein. Desgleichen eine langfristige Verleihung (vgl. § 604 BGB.), weil der Gläubiger den Rückgabeanspruch wider den Entleiher an sich nur so pfänden kann (§§ 846 ff. ZPO.), wie er seinem Schuldner (dem Verleiher) zusteht. Hat er sich den Anspruch überweisen lassen, so entkräftet er den seiner Rückgabeklage Anm. 46.

entgegengesetzten Einwand einer Leihe auf bestimmte Zeit durch die Replik der Anfechtung.

Anm. 46. b) **Das beschlagsfähige Vermögen muß verkürzt sein.** Denn die Anfechtung ist nur Mittel zum Zwecke der Vollstreckung. Die Aufgabe von Vermögensgegenständen, an die sich die Gläubiger doch nicht halten dürfen, bleibt unanfechtbar. Da die Grenzen des Konkursbeschlags und der Pfändbarkeit nicht ganz zusammenfallen (Jaeger KO. § 1 Anm. 18ff.), decken sich konkursmäßige und außerkonkursmäßige Gläubigeranfechtung gegenständlich nicht vollkommen. So kann z. B. eine Veräußerung des nach § 811 Nr. 4 ZPO. unpfändbaren Gerätes oder Viehes zwar konkursmäßig (§ 1 II KO.), nicht aber außerkonkursmäßig anfechtbar sein. Die Veräußerung von Sachen, die nach § 812 ZPO. nicht gepfändet werden „sollen", ist arg. § 1 IV mit § 37 KO. der konkursmäßigen und darum erst recht der individuellen Anfechtung entzogen.

Anm. 47. Beispielsweise sind außerhalb des Konkurses unanfechtbar: die Veräußerung der nach § 811 ZPO. unpfändbaren Sachen (wie etwa die Verschenkung eines Traurings, § 811 Nr. 11 ZPO.), die Erlassung unpfändbarer Ansprüche, insbesondere einer gesetzlichen Unterhaltsforderung (§ 850 Nr. 2 ZPO.; vgl. §§ 1614, 1714 BGB.) oder eines weder vertragsmäßig anerkannten noch rechtshängigen Pflichtteilsanspruches (§ 852 I ZPO.), der Verzicht auf eine ehemännliche oder elterliche Nutznießung als solche (§§ 861, 862 ZPO.; vgl. Motive z. EBGB. IV S. 308; die Nutznießung sei nicht dazu bestimmt, den Gläubigern des Mannes als Kreditbasis zu dienen). Dabei ist zu beachten, daß die rechtsgeschäftliche Übertragbarkeit zwar regelmäßig bei unpfändbaren Forderungen und sonstigen Rechten (§§ 400, 413 BGB.; Ausnahme z. B. § 2317 II BGB. mit § 852 I ZPO.), nicht aber auch bei unpfändbaren Sachen entfällt. Daß persönliche und dingliche Ansprüche auf Leistung unpfändbarer Sachen (z. B. aus dem Kauf eines unter § 811 Nr. 12 ZPO. fallenden Gegenstandes) selber unpfändbar sind, liegt in der Natur der Dinge und wird durch den § 851 II ZPO. bestätigt. Nach herrschender Lehre ist das Firmenrecht beschlagsfrei (Jaeger KO. § 1 Anm. 6 mit Lit.) und dementsprechend die Veräußerung einer Firma unanfechtbar (RG. v. 2. 4. 1894 Bolze 18 Nr. 205). Desgleichen die Übertragung eines Geschäftsbetriebes als solchen (OLG. Karlsruhe v. 30. 10. 1903 Z. f. franz. Zivilr. 35 S. 62) oder einer Kundschaft, da diese Werte keine Zugriffsobjekte darstellen. Ebenso ferner die Übertragung, auch die unentgeltliche, eines nach § 10 G. v. 19. 6. 1901 (RGBl. S. 227) wider den Willen des Urhebers nicht pfändbaren Urheberrechts durch den Urheber selbst oder eines noch unpfändbaren Erfinderrechts. Wann das Erfinderrecht pfändbar wird, ist streitig. Das RG. v. 3. 10. 1902 Bd. **52**, 227 (Lit. das. S. 233; dem RG. beipflichtend auch Allfeld Gewerbl. Urheberrecht 1904 S. 119) erklärt bereits den durch die Priorität der Anmeldung begründeten (öffentlich-rechtlichen? gegen wen gerichteten?) Anspruch auf Patenterteilung für pfändbar. Die Entscheidung findet eine Stütze im

§ 6 Satz 2 des Patentgesetzes v. 7. 4. 1891 (RGBl. S. 79) mit §§ 851 I, 857 I ZPO., läßt aber eine folgerechte Durchführung dieses Gedankens vermissen (vgl. Jaeger KO. § 29 Anm. 37). Nach der Patenterteilung besteht die Pfändbarkeit jedenfalls, vor der Anmeldung zur Patentierung besteht sie jedenfalls nicht.

Manche Gegenstände sind absolut unpfändbar, wie insbesondere Anm. 48. Orden und Ehrenzeichen (§ 811 Nr. 11 ZPO). Andere sind es nur relativ, insofern die Unpfändbarkeit eine näher bezeichnete Unentbehrlichkeit voraussetzt und dementsprechend dem Wechsel unterliegt. Legt z. B. der Handwerker das Handwerk nieder, so wird das ihm bisher unentbehrliche Handwerkszeug pfändbar (vgl. § 811 Nr. 5 ZPO.). Auch die Erbfolge führt häufig einen solchen Wechsel herbei (vgl. Jaeger KO. § 214 Anm. 27). Diese relativen Pfändungsverbote schließen die Gläubigeranfechtung dann aus, wenn die benachteiligende „Verfügung" (Übertragung, Verzicht usw.) noch im Stadium der Beschlagsfreiheit vollzogen worden ist. Hat z. B. der Handwerker sein Handwerkszeug um einen Spottpreis verkauft und übereignet und daraufhin erst den Willen der Aufgabe eines Gewerbes betätigt, so ist und bleibt die Übereignung unanfechtbar (vgl. OLG. Dresden v. 24. 10. 1902 Sächs. Arch. 14 S. 391). Von der rechtsgeschäftlichen Verfügung im technischen Sinne ist zu unterscheiden die obligatorische Verpflichtung zum Verfügen. Zwar bildet auch die im Stadium der Beschlagsfreiheit übernommene Verpflichtung (z. B. der Verkauf unter Wert) nicht schon vornherein einen Gläubigerbenachteiligungsakt. Wird aber der Gegenstand, dessen Veräußerung versprochen ist, noch in der Hand des Schuldners beschlagsfähig, so ergibt sich die Benachteiligung hinterher. Wo also — wie das die Regel ist [Anm. 52] — eine mittelbare Benachteiligung genügt, kann ein solches Versprechen und mit ihm die Erfüllung [Anm. 33] anfechtbar werden. Verfügungen des Schuldners, die ausschließlich **fremdes** Vermögen betreffen, wie z. B. die um der Gutgläubigkeit des Erwerbers willen wirksame Veräußerung oder Belastung einer beim Schuldner hinterlegten fremden Sache (§§ 932, 1207 BGB.), sind auch dann unanfechtbar, wenn eine unter den gleichen Umständen erfolgte Verfügung über eigene Vermögensstücke des Schuldners anfechtbar wäre. Hier ist nichts „aus dem Vermögen des Schuldners" herausgekommen (§ 7). Mit dem Hinweise darauf, daß der verletzte Dritte eine Schadensforderung erheben kann, wird die Anfechtbarkeit nicht gerechtfertigt (abw. RG. v. 11. 6. 1888 Bolze 6 Nr. 269, dahinstellend RG. v. 6. 2. 1896 Bd. **36**, 165). Fremdes Vermögen sind auch solche Gegenstände, auf deren Verschaffung der Schuldner einen obligatorischen Anspruch (z. B. aus Kauf oder Vermächtnis) hat. Verfügungen über diesen Anspruch können anfechtbar sein. Desgleichen, wie Anm. 38 bemerkt, Verfügungen über bedingte Rechte, z. B. im Falle des § 455 BGB. (Eigentumsvorbehalt beim Kaufe). Verfügt der Schuldner über den Verschaffungsanspruch zugunsten eines Dritten, läßt er insbesondere die geschuldete Übereignung nicht an sich selbst, sondern direkt an den Dritten vornehmen, also z. B. das gekaufte Grundstück auf einen Dritten überschreiben, die vermachte Fahrnis einem Dritten übergeben, so sind die Gläubiger ganz ebenso benachteiligt, wie wenn die Sachen erst an den Schuldner und hierauf vom Schuldner an den Dritten übereignet worden wären. Unter diesem Gesichtspunkt hat daher die „Rückgewähr" an den Schuldner zu erfolgen, obgleich sich die Sache selbst niemals in seinem Vermögen befunden hatte [Anm. 40]. Über den Fall, daß das Recht des Dritten nur simuliert ist, siehe Anm. 57 ff.

Anm. 49. c) Die das beschlagsfähige Schuldnervermögen betreffende Rechtshandlung muß in der Tat auch die Gläubigerbefriedigung **verkürzen**, sei es durch Schmälerung der Aktiven (Übertragung, Belastung) oder durch Erhöhung der Passiven (z. B. als Schenkungsversprechen). Allerdings behauptet das RG. v. 15. 5. 1891 Bd. **27**, 133: innerhalb des Konkurses stelle schon die Begründung von Verbindlichkeiten als Vermehrung der Passiven die erforderliche Benachteiligung dar; außerhalb des Konkurses sei dagegen die Anfechtung obligatorischer Verträge unzulässig, da der Einzelgläubiger nicht durch Eingehung von Verbindlichkeiten, sondern nur durch Minderung der Aktiven des Schuldners geschädigt werde. Allein dieser häufig nachgeschriebene Satz ist unhaltbar. Es ist schon verfehlt, allgemein zu sagen, für den Konkursfall bilde die Mehrung der Passiven einen Benachteiligungsakt. Ob der obligatorische Vertrag benachteiligt oder nicht, das hängt doch ganz von seinem Inhalt und den Begleitumständen ab: der Verkauf zu hohem, alsbald zahlbarem Preis an einen zahlungsfähigen Käufer benachteiligt die Gläubiger nicht und kann als solcher auch vom Konkursverwalter nicht angefochten werden. Für die außerkonkursmäßige Anfechtung liegt die Sache nur um deswillen anders, weil sich die in einem obligatorischen Versprechen liegende Benachteiligung hier vor der Erfüllung dem einzelnen Gläubiger gegenüber seltener fühlbar macht. Allein es ist zunächst sehr wohl denkbar, daß schon gegenüber der unerfüllten Forderung das Bedürfnis außerkonkursmäßigen Anfechtung eintritt, wie etwa, wenn diese Forderung gegenüber einer dem Gläubiger überwiesenen Forderung zur Aufrechnung gebracht wird, oder in Fällen langfristiger Gebrauchsüberlassung ohne alles oder doch ohne gebührendes Entgelt [Anm. 20, 71], insbesondere einer nachteiligen Verpachtung (vgl. §§ 21 III 146 ZPO., RG. v. 27. 11. 1889 Bolze 9 Nr. 921). Überdies aber bildet auch bei der Einzelanfechtung in aller Regel schon das Kausalgeschäft — nicht der Erfüllungsakt als solcher — den Gegenstand der Anfechtung [Anm. 32 u. 48]. Abgesehen vom Einflusse des § 30 KO. müssen die zeitlichen Schranken der konkursmäßigen und der außerkonkursmäßigen Gläubigeranfechtung doch offenbar einen einheitlichen Ausgangspunkt haben. — Waren die vom Schuldner aufgegebenen Gegenstände dem Empfänger ohnehin auf Grund eines unanfechtbaren Pfandrechts verstrickt, so fehlt es insoweit am Erfordernisse der Benachteiligung, als das Vorzugsrecht des Empfängers die Zwangsbefriedigung persönlicher Gläubiger ausschloß (vgl. RG. v. 22. 6. 1894 Bolze 18 Nr. 208, älteres gesetzliches Pfandrecht der Ehefrau). Daran allein freilich, daß der Zuwendungsempfänger als bevorrechtigter Konkursgläubiger (§ 61 Nr. 1—5 KO.) im

Konkursfalle vor dem Anfechtungsgläubiger zum Zuge gelangen würde, scheitert die Anfechtbarkeit nicht. Auch sonst braucht sich der einzelne Gläubiger keineswegs außerhalb des Konkurses eine anteilsmäßige Abfindung aufnötigen zu lassen, wäre auch die Mehrheit der anderen Gläubiger damit einverstanden. So kann ein Vertrag anfechtbar sein, durch den das vorhandene Vermögen einem Dritten unter der Verpflichtung übertragen wurde, es bestmöglich zu versilbern und den Erlös gleichmäßig unter alle Gläubiger zu verteilen. Denn auch Überschuldung schließt eine zur Vollbefriedigung führende Zwangsvollstreckung des erstzugreifenden Gläubigers nicht aus. Nur wenn nach Lage der Sache eine unangefochten bleibende Einzelvollstreckung schlechterdings ausgeschlossen und lediglich durch jenen Vertrag der Konkurs abgewendet worden war, mag es am Erfordernisse der Benachteiligung fehlen. RG. v. 15. 6. 1897 Bd. **39**, 90. Die Benachteiligung wird endlich nicht dadurch ausgeschlossen, daß der Schuldner die nun angefochtene Zuwendung dem Anfechtungsgläubiger selbst zuvor angeboten hat. Denn auf anfechtbare Akte braucht sich niemand einzulassen. RG. v. 10. 7. 1891 Bolze 12 Nr. 219.

Daß gerade die vom Schuldner beabsichtigte Benachteiligung Anm. 50.
eingetreten ist, wird nicht vorausgesetzt. Auch kommt es lediglich darauf an, daß der anzufechtende Akt die Gläubiger, d. h. bei der Einzelanfechtung den einzelnen anfechtenden Gläubiger — als persönlichen oder als Realgläubiger [§ 2 Anm. 8] —, bei der konkursmäßigen Anfechtung dagegen die Allgemeinheit der Konkursgläubiger (vgl. RG. v. 2. 1. 1903 Bd. **53**, 235) benachteiligt, mag er auch vom Standpunkt des Schuldners als vorteilhaft erscheinen (RG. v. 20. 6. 1883 Bd. **10**, 8; v. 17. 3. 1885 Bd. **13**, 301; v. 26. 10. 1893 Bolze 17 Nr. 204; v. 6. 7. 1900 JW. S. 651 Nr. 10; OLG. Köln v. 31. 1. 1903 Recht 7 S. 267 Nr. 1492; Motive z. KO. S. 114; Jaeckel S. 69 ff.). Erfordernis **objektiver** Benachteiligung. Daß ein Anspruch auf Individualleistung durch den Veräußerungsakt verletzt wird, ist ungeachtet einer dem Erwerber bekannten Benachteiligungsabsicht des Schuldners kein Grund zur Gläubigeranfechtung. Hat z. B. der Käufer die verkaufte Sache vertragswidrig einem anderen schenkweise übereignet (Schutz: §§ 935, 938 ZPO., §§ 883 ff. BGB.), so kann der erste Käufer den Erwerb des zweiten zwar vielleicht mit einer Deliktsklage, aber nicht im Wege der Gläubigeranfechtung angreifen: die Gläubigeranfechtung ist nur ein Hilfsmittel der Geldvollstreckung [§ 2 Anm. 8]. Beispielsweise hat das RG. für nachteilig erachtet: einen Mietvertrag auf zwanzig Jahre, weil er die Verkaufschancen gemindert (24. 4. 1895 Bolze 20 Nr. 208; vgl. freilich jetzt § 57 ZVG., § 21 III KO.); die Aufnahme von Hypotheken bei ungünstiger Vermögenslage (13. 10. 1885 Bolze 2 Nr. 590; 28. 10. 1886 Bolze 3 Nr. 378); eine Hingabe an Zahlungs Statt (14. 2. 1882 Bd. **6**, 46; 1. 5. 1885 Bolze 1 Nr. 545; v. 7. 12. 1897 JW. 1898 S. 52 Nr. 23); die Veräußerung eines nur bedingt erworbenen Rechtes (24. 5. 1884 Bl. f. Rechtsanwd. 4. Erg.-Bd. S. 407). Andrerseits wurden beispielsweise als nichtbenachteiligend für unanfechtbar er-

klärt: die Übereignung von Mobilien, deren Wert durch wirksame Pfändungen bereits erschöpft war (RG. v. 10. 7. 1888 Bd. **21**, 99); die Veräußerung eines zur Zeit noch hypothekarisch überlasteten Grundstücks, weil die Rückgewähr den Gläubigern kein Befriedigungsmittel verschaffe (RG. v. 15. 6. 1897 Bd. **39**, 92); die Bestellung einer Nachhypothek, wenn bei der — auch erst während des Anfechtungsprozesses erfolgenden — Zwangsversteigerung der Nachhypothekar gänzlich ausfällt (oberster Gerichtshof Wien v. 10. 10. 1891 österr. Zentralbl. Bd. 10 S. 268, weitere Rechtspr. bei Steinbach-Ehrenzweig S. 24 Note 10); die Abtretung einer Hypothek durch den eingetragenen Gläubiger insoweit, als die hypothekgesicherte Forderung gar nicht entstanden (das erwartete Darlehen nicht gewährt) und infolgedessen das dingliche Recht nach §§ 1113 I, 1163 I, 1177 BGB. dem Eigentümer zukam (RG. v. 28. 2. 1902 Bd. **51**, 43); eine Vermögensübertragung mit Schuldübernahme, wenn der Übernehmer die gleichen Garantien bietet (RG. v. 4. 3. 1902 Bd. **51**, 65); Befriedigung eines einzelnen Gläubigers mit fremden Mitteln z. B. auf Anweisung eines Dritten, der nicht Schuldner des exequendus ist, sondern die Zahlungsmittel nur gewährt, um selbst Gläubiger zu werden, oder mittels einer zum Zwecke der Zahlung von dritter Seite gewährten Darlehens, weil beidemal dem Erfolge nach — wie durch Zession — nur ein Wechsel in der Person eines Gläubigers eintrat (RG. v. 30. 4. 1901 Bd. **48**, 151; Karlsruhe vom 24. 10. 1901 OLG. 4 S. 174 f.); desgleichen die Erfüllung einer durch Bürgschaft gesicherten Schuld mit der vom Bürgen zu diesem Zweck an den exequendus ausgehändigten Summe (RG. v. 15. 11. 1899 JW. 1900 S. 16 f. Nr. 24). Andere Beispiele OLG. Dresden v. 20. 10. 1903 und v. 3. 4. 1903 Sächs. Arch. 14 S. 387 und 400.

Anm. 51 Die in diesen Entscheidungen ausgesprochenen Grundsätze sind mit Vorsicht anzuwenden. Eine anfangs bedeutungslose, aber wirksame Hypothekbestellung kann sich mittlerweile (z. B. durch Wegfall einer Vorhypothek, durch Wertsteigerung des Grundstücks) zu einer nunmehr die persönlichen Gläubiger benachteiligenden Belastung ausgewachsen haben, wenn auch die bloße Möglichkeit einer künftigen Wertsteigerung nicht genügt (vgl. RG. vom 16. 5. 1892 Bolze 15 Nr. 178, RG. Straff. v. 24. 9. 1897 Reichsanzeiger-Beilage S. 361). Ist eine Hypothek für einen Gläubiger eingetragen, aber von diesem noch nicht erworben (§§ 1117, 1163 BGB.), so kann sich eine Benachteiligung der Masse schon aus den Sätzen über die formale Legitimation des Eingetragenen ergeben (siehe insbesondere § 19 GBO., RG. v. 14. 1. 1902 Bd. **50**, 123). Die Gewährung eines für den Schuldner vollwertigen Entgelts kann für die Gläubiger von vornherein nachteilig sein, weil das Entgelt z. B. als Leibgedinge (Jaeger KO. § 1 Anm. 38) ihrem Zugriff entzogen ist (RG. v. 21. 4. 1892 Bolze 13 Nr. 198). Beim Versprechen eines an sich vollwertigen Entgelts kann die Gefährdung der Gläubiger in der schlechten Vermögenslage des Versprechenden liegen (RG. v. 26. 10. 1893 Bolze 17 Nr. 204). Die Sicherung eines Schenkungsversprechens durch Verpfändung eines beschlagsfähigen Gegenstandes kann einen selbständig anfechtbaren

Benachteiligungsakt darstellen. Ebenso eine zum Zwecke der Erfüllung des Schenkungsversprechens erfolgte Wechselhingabe, Schuldverwandlung oder Schuldanerkennung (§§ 607 II, 780 ff. BGB.; vgl. dagegen § 762 II BGB.). Siehe unten Anm. 55. Häufig sichern sich die Realgläubiger im Wege besonderer Übereinkunft mit dem Schuldner, namentlich durch Einrichtung einer Verwaltung oder durch Nießbrauchsbestellung, einen die bloßen Personalgläubiger ausschließenden Zugriff auf die mit dem Grundstück haftenden, aber vor der Beschlagnahme in gewissen Grenzen den Personalgläubigern erreichbaren Gegenstände, insbesondere auf Miet- und Pachtzinsforderungen (§§ 1120 ff. BGB., § 865 ZPO., §§ 21, 148 ZVG.). Die Praxis nimmt wohl mit Recht an, daß Abmachungen dieser Art den Personalgläubigern nicht zur Beschwer gereichen, weil die dadurch zunächst dem Zugriffe der Realgläubiger vorbehaltenen Gegenstände auch nach dem Gesetz (insbesondere nach § 1123 I BGB.) in erster Linie zur Befriedigung der Realgläubiger dienen sollen. Vgl. RG. v. 3. 3. 1900 Gruchot 44, 961; KG. v. 11. 10. 1902 Sächs. Archiv 13, 255; OLG. Dresden v. 8. 10. 1903 Sächs. Archiv 14, 384.

d) Zwischen dem anzufechtenden Rechtsakt und der Benachteiligung muß ein **ursächlicher Zusammenhang** derart bestehend, daß sich ohne jenen Rechtsakt die Befriedigung der Gläubiger günstiger gestaltet haben würde (RG. v. 14. 6. 1894 Bd. **33**, 123; abw. Menzel S. 62, 164). Wenn also der reiche A dem B 100 schenkt und darauf sein ganzes Vermögen verspielt, kann B der Anfechtung aus § 3 Nr. 3 entgegenhalten, daß A auch jene 100 verspielt haben würde. Daß der Richter zu dieser Überzeugung gelangt (§ 286 ZPO.), ist keineswegs undenkbar. Die Beweislast für die besonderen Verhältnisse, die trotz feststehender Unentgeltlichkeit — diese ergibt an sich die vom Anfechtenden zu beweisende Benachteiligung [Anm. 44] — die nachteilige Folge der Schenkung ausschließen, obläge dem B. Möglicherweise ergibt sich die Benachteiligung erst aus dem Hinzutreten anderer Umstände. Eine solche Benachteiligung genügt regelmäßig, aber nicht immer. Vielmehr erfordert das Gesetz mitunter eine **unmittelbare** Benachteiligung, indem es verlangt, daß die Gläubiger schon „durch den Abschluß" des Vertrags benachteiligt worden sind. Eine solche unmittelbare Benachteiligung wird für die Einzelanfechtung **nur** im Falle des § 3 Nr. 2 gefordert (vgl. § 30 Nr. 1 Fall 1, § 31 Nr. 2 KO.). Hier versagt die Anfechtung, wenn die Benachteiligung erst nach dem Zustandekommen des Geschäfts infolge eines von diesem unabhängigen Ereignisses eingetreten ist, sei es infolge späterer Akte des Schuldners (Verbrauch, Mitnahme auf die Flucht), sei es durch andere Umstände (der vom Schuldner erworbene Gegenstand wird zerstört, entwertet, gestohlen; der veräußerte, z. B. ein Grundstück, steigt im Werte). Künftige Chancen, die nicht schon den Preis zur Zeit des Vertragsabschlusses mitbestimmen, bleiben außer Rücksicht. Im Falle des § 3 Nr. 2 und nur in diesem Falle schließt die Gewährung einer für die Befriedigung der Gesamt- Anm. 52.

gläubigerschaft vollkommen gleichwertigen Gegenleistung die Anfechtung des Umsatzgeschäftes selbst unbedingt aus, auch wenn die Gegenleistung in Bargeld besteht. Vgl. RG. v. 5. 2. 1891 Bd. **27**, 99; v. 20. 5. 1892 Bd. **29**, 79; v. 12. 10. 1894 Bolze 19 Nr. 253; v. 2. 1. 1903 JW. S. 51 Nr. 22; v. 16. 9. 1904 Sächs. Arch. 15 S. 79; abw. RG. v. 5. 4. 1887 Bd. **18**, 123 (wenn das Äquivalent in Bargeld bestehe, sei Anfechtung nicht ausgeschlossen). Eine unmittelbare Gläubigerbenachteiligung liegt übrigens schon dann vor, wenn das Entgelt z. B. als Luxus- oder Kunstgegenstand minder leicht oder z. B. ein auf lange Zeit unkündbares, wenn auch gut verzinstes Darlehen weniger rasch verwertbar (RG. v. 19. 11. 1885 Bolze 2 Nr. 573) oder wenn es schwerer angreifbar z. B. im Ausland belegen ist (abw. OLG. Dresden v. 17. 10. 1899 Sächs. Annalen Bd. 21 S. 254), mag auch vom Standpunkte des Schuldners aus dessen Gesamtvermögen nicht als verringert erscheinen. Cosack S. 75 f., Krasnopolski S. 65. Andrerseits kann sehr wohl auch eine Forderung und zwar selbst eine befristete mit Rücksicht auf ihre Höhe, auf die Vermögenslage und die persönliche Zuverlässigkeit des Schuldners ein vollwertiges, jede Gläubigerbenachteiligung ausschließendes Entgelt darstellen (RG. v. 9. 10. 1903 Gruchot 48, 115). In allen übrigen Fällen, namentlich im Falle des § 3 Nr. 1, bedarf es dagegen nach Fassung und Zweck des Gesetzes nur einer **mittelbaren** Benachteiligung. Hier schließt auch die volle objektive Gleichwertigkeit des Entgelts eine Anfechtung nicht aus. Namentlich genügt es schon, daß dem Schuldner durch Umsetzung von Vermögensstücken in Bargeld das Verschleudern erleichtert ist. Der Umsatz an sich, nicht erst die Verschleuderung, ist anfechtbar. Vgl. RG. v. 14. 6. 1894 Bd. **33**, 123 mit Lit.; v. 6. 7. 1900 JW. S. 651 Nr. 10. Auch zu dieser Frage ist die vorhandene Judikatur mit aller Vorsicht zu verwerten, da die Auszüge häufig (z. B. RG. v. 25. 4. 1890 Bolze 10 Nr. 258) nicht ersehen lassen, auf welche Gesetzesvorschrift die Anfechtung gestützt war. Wie für die Benachteiligung im allgemeinen trägt im Falle des § 3 Nr. 2 der Anfechtende für die Unmittelbarkeit der Benachteiligung die Beweislast. Diese Unmittelbarkeit gehört nach den klaren Worten des § 3 Nr. 2 („sofern — werden") zum Grunde der Anfechtungsklage; nur die Unkenntnis der Benachteiligungsabsicht ist Einwendungstatbestand („und der andere Teil nicht beweist" usw.). Vgl. Menzel S. 165; abw. Cosack S. 76.

Anm. 53. Somit braucht die Benachteiligung außerhalb des Konkurses nur im Ausnahmefalle des § 3 Nr. 2 bereits zur Zeit der Vornahme des anzufechtenden Rechtsaktes — also meist des Grundgeschäfts [Anm. 33] — gegeben zu sein. Regelmäßig genügt es, wenn die zum Klagegrunde gehörende Benachteiligung zur Zeit des Urteils (RG. v. 16. 9. 1904 Sächs. Arch. 15, S. 80), genauer beim Schlusse der für das Urteil maßgebenden Verhandlung erster oder zweiter Instanz [§ 2 Anm. 6], eingetreten ist. Darum hat das Erfordernis des Kausalzusammenhangs zwischen Rechtsakt und Benachteiligung regelmäßig auch nicht den Sinn, daß die Forderung des Anfechtenden schon zur Zeit der Vornahme des anzufechtenden Aktes bestanden haben muß. Der Akt kann darum doch die Ursache sein, weshalb die jetzt zur Befriedigung der Gläubiger erforderlichen Mittel verkürzt sind. RG. v. 26. 1. 1886 Bd. **15**, 63. Andrerseits ist es denkbar, daß die Anfechtbarkeit nachträglich wieder entfällt, sei es durch Eintritt der Solvenz oder durch Beseitigung des nachteiligen Erfolgs (RG. v. 30. 10. 1885 Bd. **14**, 313). Jedenfalls muß, auch wo (wie insbesondere im Falle des § 3 Nr. 1) mittelbare Benachteiligung genügt, zur Zeit der letzten Tatsachenverhandlung eine wirkliche, nicht nur eine künftig mögliche Benachteiligung gegeben sein (vgl. RG. v. 16. 9. 1904 a. a. O.).

Sind **mehrere** Gegenstände (z. B. Liegenschaften und Fahrnis Anm. 54. oder ein Sachinbegriff, z. B. ein Warenlager, eine Bibliothek, eine Mobiliarschaft) in einem einheitlichen Vertrage veräußert, so muß die Benachteiligungsfrage nach dem Gesamtinhalte des Vertrags beurteilt werden. Das schließt indessen eine Beschränkung des Rückgewähranspruchs auf einzelne Gegenstände (z. B. auf die Fahrnis) nicht aus. RG. v. 7. 12. 1897 JW. 1898 S. 51 f. Nr. 22. Waren einzelne der zu einem einheitlichen Preise veräußerten Gegenstände bereits vor der Veräußerung durch wirksame Pfändungen dem vollen Werte nach erschöpft, so sind die Gläubiger in Ansehung dieser Gegenstände durch die Veräußerung nicht benachteiligt, insoweit also die Anfechtbarkeit nicht begründet (RG. v. 10. 7. 1888 Bd. **21**, 95).

Ob in der Eingehung einer **Wechselschuld** (durch Ausstellung, Anm. 55. Begebung, Annahme) eine Benachteiligung der Gläubiger liegt, das beurteilt sich nach dem materiellen Grunde der Verpflichtung. Wenn der Schuldner durch Annahme eines Wechsels auf 500 eine Valuta im objektiven Werte von 1000 erkauft, ist die „Eingehung" der Wechselschuld vorteilhaft auch für die Gläubiger. Wenn er dagegen schenkungshalber akzeptiert, ist die Annahme zweifellos nachteilig. Übernimmt der Schuldner die Wechselverbindlichkeit zum Zwecke der Erfüllung einer bereits bestehenden anderen Schuld — was nach § 364 II BGB. im Zweifel nur zahlungshalber, nicht an Zahlungsstatt geschieht —, so kann die Benachteiligung darin liegen, daß er den Vorteil einer Befristung, einer Bedingung oder der Unerzwinglichkeit des bestehenden Schuldverhältnisses preisgibt. Nur ein Vergleich der alten mit der neuen Schuld kann klarstellen, ob eine solche Benachteiligung vorliegt. Man kann daher keineswegs sagen, die Eingehung einer Wechselschuld oder sonst einer abstrakten Verbindlichkeit (§§ 780 ff. BGB.) sei an sich ein Benachteiligungsakt. Grützmann S. 167, Menzel S. 183, Krasnopolski S. 65 f., Hartmann-Meikel S. 145 f.; abw. Petersen-Kleinfeller KO. § 30 Anm. 18, Cosack S. 335, Steinbach-Ehrenzweig S. 87 Note 1. Das RG. (I. ZivSen. v. 7. 12. 1889 Bd. **26**, 74) behauptet zwar nicht, daß Wechselverpflichtung für sich allein Benachteiligung sei. Es folgert indessen aus der abstrakten Natur der Wechselschuld, daß die Tatsache ihrer Eingehung das Vorhandensein der Benachteiligung wenigstens prima facie beweise, und daß der Anfechtungsgegner diesen Beweis durch Aufdeckung des Grundgeschäfts oder in anderer Weise zu entkräften habe.

Die Steigerung, die der vorhandene Anspruch durch Wechselhingabe um Protestkosten und Provisionen und etwa um Zinsen erfahre, könne immer nur zur Anfechtung dieser Steigerung führen, aber nicht zur Beseitigung des Anspruchs, soweit er sich mit dem vor der Wechselhingabe vorhandenen decke. Zur Begründung seiner Ansicht macht das RG. namentlich geltend, es könne nicht der Wille des Gesetzgebers sein, die Anfechtung vom Beweis eines Tatbestandes abhängig zu machen, der dem Anfechtenden häufig unerforschlich bleibe. Einwandfrei sind diese Ausführungen nicht. Steht einmal fest, daß die Gläubigerbenachteiligung Anfechtungsvoraussetzung ist (das dürfte unbestritten sein), so trägt der Anfechtende die Beweislast. Der Hinweis auf die abstrakte Natur einer Verpflichtung genügt aber gerade wegen der Farblosigkeit abstrakter Schulden der Beweislast nicht. Der Satz vom „Beweise prima facie" hat keine positive Stütze. Für den Fall der Übertragung eines dem Schuldner zustehenden Wechselrechts durch Indossament, billigt neuestens der II. ZivSen. des RG. (17. 5. 1904 Bd. **58**, 141) das Urteil v. 7. 12. 1889. Hier liegt die Sache um deswillen anders als bei Übernahme einer Wechselverbindlichkeit, weil ein dem Schuldner zustehendes Recht veräußert, aufgegeben wird. Allein auch hier ergibt die abstrakte Natur des Veräußerungsaktes keineswegs „ohne weiteres" die Benachteiligung. Ebendasselbe ließe sich von der Forderungsabtretung des § 398 BGB., von der Auflassung (§§ 873, 925 BGB.) und von der Fahrnisübereignung (§ 929 BGB.) sagen, die sämtlich gleichfalls abstrakte Verträge darstellen. Auch von ihnen gilt der Satz, daß sie selbst dann zur Ausscheidung eines Vermögenswertes führen, wenn dem Vermögen des Veräußernden „kein entsprechender Gegenwert zufließt". Der Anfechtende brauchte also, um den Benachteiligungsbeweis zu führen, nur die Tatsache einer Zession, einer Auflassung usw. darzutun. Das genügt keinesfalls. Aus der abstrakten Natur der Übertragung ergibt sich vielmehr für die Frage der Benachteiligung gar nichts; das abstrakte Geschäft ist ebensowenig an sich nachteilig, wie es an sich vorteilhaft ist. Nur im Zusammenhalte mit dem Grundgeschäft ist die Frage zu lösen, ob der Akt die Gläubiger benachteiligt oder nicht. Es besteht ja auch sonst, namentlich in den Fällen der mittelbaren Zuwendung [Anm. 40 u. 56], kein Zweifel darüber, daß mehrere an sich selbständige, aber von einem einheitlichen Willen des Schuldners getragene Geschäfte nicht in ihrer Isoliertheit, sondern in ihrem Zusammenhange für die Gläubigeranfechtung in Betracht kommen. Darum dürfte die in der Entscheidung v. 17. 5. 1904 verworfene Ansicht des OLG. Köln den Vorzug verdienen. Siehe auch unten § 3 Anm. 27 („Vertrag") und Anm. 58 (Unentgeltlichkeit), § 11 Anm. 8 (Rechtsnachfolge).

Anm. 56. 4. Der Anfechtungsgegner muß einen unmittelbaren oder mittelbaren **Erwerb** aus dem anfechtbaren Akte ziehen. In diesem Sinne redet das Gesetz vom „Empfänger" der anfechtbaren Leistung (§§ 7, 8, 9 AnfG., §§ 37, 39 KO.), von der Anfechtbarkeit „des Erwerbs" (§ 11 AnfG., § 40 KO.). Cosack § 18, Menzel § 10. Durch direkte Zuwendung des Schuldners oder seines Vertreters braucht der Erwerb nicht zu geschehen. Auch der Erwerb auf dem Umwege der Anweisung, des Auftrags oder der Kommission [Anm. 40, § 7 Anm. 11], der Erwerb durch Zahlung eines rückgriffsberechtigten Mitschuldners, insbesondere Bürgen, der durch Verzicht (Aufrücken) erworbene Vorrang des nachstehenden Realgläubigers, kann Gegenstand unmittelbarer Rückgewährpflicht sein. Desgleichen ein durch Dereliktion ermöglichter Aneignungserwerb (§§ 928, 958 f. BGB.). Menzel S. 67, Krasnopolski S. 45; abw. L. Seuffert S. 206. Die durch Ausschlagung eines Erbteils oder Vermächtnisanteils oder durch Verzicht bewirkte Erbteilserhöhung oder Anwachsung (§§ 1935, 2094, 2158 BGB.) ist nach Anm. 36 unanfechtbar.

5. Unterliegen auch **nichtige** Akte der Gläubigeranfechtung? Können beispielsweise Willenserklärungen, die unter die §§ 105, 116 Satz 2, 117, 118, 125, 142 BGB. fallen, insbesondere **Scheingeschäfte**, wegen Benachteiligung der Gläubiger angefochten werden? Erfahrungsgemäß erfolgt die Vornahme von Scheingeschäften meist gerade zum Zwecke der Gläubigerbenachteiligung, namentlich unter Ehegatten, Verwandten und Verschwägerten. Aus diesem Grunde hat die preußische Gesetzgebung von 1855 (§ 103 KO., § 7 AnfG.) ohne Zeitschranke für anfechtbar erklärt „alle Rechtshandlungen, welche der Gemeinschuldner in der dem anderen Teile bekannten Absicht vorgenommen hat, sie nur zum Scheine vorzunehmen oder die Gläubiger auf andere Weise zu bevorteilen". Ähnlich verordnete der a. 1225 der bayer. Prozeßordnung von 1869: „Ohne Rücksicht auf die Zeit, in welcher sie erfolgten, sind auf Klage der Gläubigerschaft für ungültig zu erklären . . . 2. Rechtshandlungen, welche der Gantschuldner nur zum Scheine oder in der Absicht, Gläubiger dadurch zu benachteiligen, vorgenommen hat, soferne dieses Verhältnis dem anderen Teile bekannt war oder die Rechtshandlung eine freigebige Verfügung enthält." Demgegenüber bemerken die Motive z. KO. S. 131: eine Simulation macht die Rechtshandlung schon an sich ungültig; es bedarf nicht einer Anfechtung aus dem Recht der Gläubiger; sie würde strenggenommen ohne Gegenstand sein. Vgl. ferner Motive z. KO. S. 152, Begründung z. AnfG. S. 17. Andrerseits erklärt die Begründung des österreichischen Anfechtungsgesetzes, beim Vorliegen der sonstigen Erfordernisse seien der Absichtsanfechtung auch alle Rechtshandlungen unterworfen, die der Schuldner nur zum Scheine vorgenommen hat (Steinbach-Ehrenzweig S. 30). Daß ein fiduziarisches Rechtsgeschäft [Anm. 60], daß im Falle der Simulation das verdeckte (dissimulierte) Geschäft z. B. eine vollzogene Schenkung (§ 117 II BGB.), daß bei dinglicher Anfechtbarkeit (§§ 119, 120, 123 BGB.) das nicht angefochtene Geschäft während der Schwebe und daß ein relativ, aber nicht gerade dem Anfechtenden selbst gegenüber nichtiges Geschäft wegen Gläubigerbenachteiligung anfechtbar sein kann, leuchtet ohne weiteres ein. Desgleichen, daß im Konkurse der Konkursverwalter, außerhalb des Konkurses der einzelne Gläubiger kraft seines Vollstreckungstitels die nur scheinbar veräußerten Rechte noch als Rechte des Schuldners in Anspruch nehmen kann. Indessen zeigt die Rechtsprechung, daß die Praxis damit nicht auskommt, sondern auf die Anfechtung der Scheingeschäfte selbst angewiesen ist. Anm. 67.

Namentlich stehen dem nur die Rechte des Schuldners als solche ausübenden Verwalter oder Vollstreckungsgläubiger auch die Einwendungen entgegen, mit denen diese Rechte behaftet sind. Auch beschränkt sich die condictio sine causa gegenüber dem redlichen Geschäftsgenossen des Schuldners auf die Bereicherung (§§ 818, 819 BGB. gegen § 7 I AnfG., § 37 I KO.). Vom Standpunkte der Dinglichkeitslehre wird gleichwohl die Frage der Anfechtbarkeit eines Scheingeschäfts schlechthin verneint (vgl. z. B. Fitting S. 195).

Anm. 58. Von unserem Standpunkt aus ist zu sagen: Äußert das nichtige Rechtsgeschäft keine den Gläubigern nachteilige Wirksamkeit, dann ist eine Anfechtung allerdings „ohne Gegenstand", unbegründet. Insbesondere ist das Scheingeschäft nicht schon als solches anfechtbar. Hat aber die Scheinerklärung unmittelbar oder mittelbar zu einer die Befriedigung der Gläubiger beeinträchtigenden Rechtsveränderung geführt, so ist das allgemeine Anfechtungserfordernis der benachteiligenden Rechtshandlung gegeben und dementsprechend je nach dem Vorhandensein der besonderen Voraussetzungen (§§ 3, 11 AnfG., §§ 30—32, 42 KO.) die Anfechtbarkeit begründet. Häufig liegen gerade beim Scheingeschäft direkte Schädigungen des Gläubigerzugriffs in der Änderung der formalen Rechtslage, z. B. in der Eintragung des Scheinerwerbers in das Grundbuch (siehe namentlich §§ 19, 40 GBO., §§ 17, 146 f. ZVG.)[1]) oder der Besitzübergabe an ihn (die unmittelbare Sachpfändung erfordert Herausgabebereitschaft des Drittbesitzers:

[1]) Zugegeben, daß arg. § 866 ZPO. auch auf Grund einer vollstreckbaren Geldforderung nach § 14 GBO. die Umschreibung des zu beschlagnahmenden Grundstücks auf den nichteingetragenen exequendus erwirkt werden kann, so muß doch die Unrichtigkeit des Grundbuchs nach § 29 Satz 2 GBO. durch öffentliche Urkunde nachgewiesen und zu diesem Behuf erst ein Feststellungsurteil wider den die Scheinabrede leugnenden Erwerber erstritten werden (vgl. Turnau-Förster Liegenschaftsrecht 2. Aufl. II S. 97 u. 99). Der Simulationsbeweis ist aber der Natur der Sache nach außerordentlich schwierig, während die Anfechtung gerade gegenüber den hier vornehmlich in Frage stehenden Angehörigen des Schuldners [Anm. 57] besonders leicht gemacht wird (§ 3 Nr. 2 AnfG.), ein Moment von ganz erheblicher praktischer Bedeutung. Für den Konkursverwalter kommt der § 14 GBO. nicht in Betracht. Unverständlich ist der Einwurf von Hellmann a. a. O. S. 418: es sei klar, daß eine Scheinauflassung den anfechtungsberechtigten Einzelgläubiger an der Vollstreckung in das Grundstück ebensowenig hindere, wie wenn sie (die Auflassung nämlich) ernstlich gemeint gewesen wäre. Denn es kommt ja darauf an, ob trotz der Nichtigkeit des Scheingeschäfts für ein dinglich wirkendes Anfechtungsrecht Raum bleibt. Darüber, daß die begründete Anfechtung den Zwangszugriff erschließt [§ 9 Anm. 9], besteht freilich kein Zweifel. Noch seltsamer ist der Satz Hellmanns a. a. O.: wenn im Falle der Scheinzession [siehe den Text im Folgenden] der Schuldner dem Scheinzessionar geleistet habe, sei „die Scheinzession gemäß § 409 BGB. in Wahrheit zwischen Zedenten und Schuldner wirksam und folglich anfechtbar gegenüber dem Zessionar". Denn, auch wenn die besonderen Voraussetzungen des § 409 BGB. gegeben sind, wird die Zession in Wahrheit nicht „wirksam", jedenfalls nicht — worauf es hier ankäme — im Verhältnisse zwischen Zedent und Zessionar.

§§ 805, 809 ZPO.). So wird also im Falle der Scheinauflassung nicht eine Übereignung, sondern eine Rechtshandlung angefochten, die benachteiligt, auch wenn sie den verlautbarten Übereignungserfolg nicht hat. Man beachte wohl, daß von unserm Standpunkt aus die Gläubigeranfechtung den Akt nicht rückwirkend vernichtet, sondern lediglich den Erwerber verpflichtet, die durch die angefochtene „Rechtshandlung" (unter diesen weiten Begriff fällt auch das Scheingeschäft) erworbenen Vorteile in den Grenzen des Anfechtungsbedürfnisses zurückzugewähren. In anderen Fällen ergeben sich Nachteile aus der Ausübung des Scheinrechtes z. B. aus der Einziehung der zum Scheine abgetretenen Forderung. Hier wird die Beeinträchtigung der Gläubiger besonders deutlich außerhalb des Konkurses. Auf Grund der Anfechtung kann der Einzelgläubiger den Scheinzessionar nach der Einziehung direkt auf Zahlung belangen, während er bei Ausübung der Schuldnerrechte auf den unsicheren Umweg der Pfändung und Überweisung der dem Schuldner gegen den Scheinzessionar zustehenden Ansprüche, so wie sie dem Schuldner zustehen (Einwendungen!), angewiesen ist. Es wäre geradezu ein Hohn auf die Justiz, wollte man in Kollusionsfällen dem Anfechtungsgegner die Befugnis zugestehen, durch Hinweis auf die Scheinabrede den Anfechtungsangriff abzuwehren. Dazu kommt endlich, daß die Gläubigeranfechtung gegenüber einem Sonderrechtsnachfolger des Erstempfängers auch dann durchdringen kann, wenn dieser um seines guten Glaubens willen (§§ 892, 932 ff. BGB.) das Recht selber erworben hat. So findet insbesondere die gegen den Erstempfänger „begründete" Anfechtung bei unentgeltlichem Dritterwerb schlechthin auch gegen den Nachmann statt (§ 11 Nr. 3 AnfG., § 40 Nr. 3 KO.). Im Ergebnis übereinstimmend Rocholl Rechtsfälle aus der Praxis des RG. Bd. 1 S. 479 ff., Petersen Z. f. Zivilpr. 10 S. 34 f., v. Wilmowski-Kurlbaum KO. S. 131, Cosack S. 51 ff., Korn S. 206 ff., Steinbach-Ehrenzweig S. 30 f., Menzel S. 100 ff., Krasnopolski S. 10 ff., Kohler Lehrbuch S. 217, Linsmayer S. 88, 90, Wienstein bei Gruchot 48 S. 705 ff., Silbermann S. 13 ff., vgl. auch Jaeckel S. 7 ff.; abw. in 4. Aufl. Petersen-Kleinfeller Anm. 2, Otto S. 26 f., Förster-Eccius Bd. 1 § 32 Note 9, § 114 Note 41, Nessel bei Gruchot Bd. 28 S. 135 ff., jetzt auch Hartmann-Meikel S. 73 ff. Aus der Rechtsprechung sind für die hier vertretene Ansicht zu nennen: RG. v. 15. 3. 1882 Gruchot 27 S. 1082; v. 8. 2. 1887 Bolze 4 Nr. 1329; v. 14. 1. 1902 Bd. **50**, 121; OLG. Rostock v. 18. 5. 1898 Seufferts Archiv Bd. 55 Nr. 11; abw. RG. v. 8. 2. 1887 JW. S. 96 Nr. 13; v. 4. 11. 1887 Bolze 5 Nr. 331; OLG. Colmar v. 15. 11. 1893 Zeitschr. f. Elf.-Lothr. Bd. 19 S. 269. Selbstverständlich handelt es sich lediglich um die Frage, ob Werte, die der Schuldner nur zum Scheine veräußert hat, im Anfechtungswege der Vollstreckung zugänglich gemacht werden können. Was eine vorgeschobene Person auf ihren eigenen Namen, in Wahrheit aber für Rechnung des exequendus aus dem Vermögen eines Dritten erworben hat, das können die Gläubiger des exequendus weder unter Berufung auf Simulation noch auf Grund der Gläubigeranfechtung angreifen (hierher gehören die Fälle RG. v. 2. 10. 1888 Bolze 6 Nr. 323, v. 15. 6. 1897 Bd. **39**, 343). Sie müssen sich zunächst an die Ansprüche ihres Schuldners gegen die vorgeschobene Person halten (§§ 846 ff. ZPO.).

Anm. 59. Sonach hat der Anfechtende die Wahl, entweder die Nichtigkeit des angeblichen Veräußerungsaktes (die fortdauernde Zugehörigkeit des Gegenstandes zum Schuldnervermögen) oder die Gläubigeranfechtung geltend zu machen, wenn zugleich die Voraussetzungen der letzeren gegeben sind. Oft wird der Hinweis auf die Nichtigkeit einfacher zum Ziele führen. So wehrt z. B. der Gläubiger, der eine zum Scheine veräußerte Sache noch im Gewahrsam des Schuldners gepfändet hat (vgl. § 930 BGB., §§ 805, 808 ZPO.), die Widerspruchsklage des Scheinerwerbers (§ 771 ZPO.) mit der Einwendung des Scheingeschäfts — nicht reines Leugnen des Klagegrundes, also Beweislast des Einwendenden — ab oder es setzt der Gläubiger, dem eine gepfändete Forderung überwiesen worden ist, dem vom Drittschuldner erhobenen Einwande des Erlasses die Replik der Simulation entgegen. Unter Umständen wird der Anfechtende, wenn er nicht ganz sicher ist, den Beweis der Scheinabrede führen zu können, primär die Scheinabrede und eventuell die Anfechtung geltend machen (Beispiele: RG. v. 9. 11. 1893 Bd. **32**, 230; v. 8. 6. 1896 Bd. **37**, 103; v. 22. 10. 1902 Bd. **52**, 335). Man hat aber dabei zu beachten, daß Nichtigkeit und Anfechtbarkeit auf ganz verschiedenen Tatbeständen beruhen (vgl. § 260 ZPO.). Daraus folgt für den Fall, daß lediglich einer der beiden Ansprüche erhoben war: der Übergang vom einen zum anderen Anspruch ist Änderung des Klagegrunds (§§ 264, 268ff., 527 ZPO.; OLG. Colmar v. 3. 4. 1903 Recht 7 S. 214 Nr. 1191); die Rechtshängigkeit des einen Anspruchs steht der Einklagung des andern nicht entgegen (§ 263 Nr. 1 ZPO.); die rechtskräftige Abweisung des einen begründet gegenüber der Geltendmachung des andern nicht den Einwand der Rechtskraft (§ 322 I ZPO.). Diese Sätze kommen namentlich für Anfechtungen durch den Konkursverwalter in Betracht. Vgl. über die Frage der Klagänderung RG. v. 10. 11. 1885 Bolze 2 Nr. 1556, 7; v. 11. 6. 1886 Bolze 3 Nr. 1134, 3; v. 21. 2. 1887 JW. S. 96; v. 31. 5. 1892 Zeitschr. f. Elf.-Lothr. Bd. 17 S. 571; v. 27. 2. 1894 Bad. Annalen Bd. 60 S. 150; abw. L. Seuffert S. 204, sowie Vertreter der Dinglichkeitslehre (z. B. Fitting § 15 Note 25), teilweise auch Petersen-Kleinfeller KO. § 29 Anm. 2; wegen der Rechtskraft siehe OLG. Colmar v. 6. 4. 1892 Zeitschr. f. Elf.-Lothr. Bd. 18 S. 89.

Anm. 60. Häufig stellt die Simulation ein deliktisches Verhalten dar. Wer im Einverständnisse mit dem Schuldner einen Gläubiger desselben in sittenwidriger Weise vorsätzlich schädigt, begeht eine ihn zum vollen Schadensersatze gegenüber dem Geschädigten verpflichtende unerlaubte (§ 826 BGB.), unter Umständen eine strafbare Handlung (§§ 257ff., 263ff., 288, 47ff. StGB., § 242 KO.). Siehe auch Anm. 10. Auch das in vielfältigen Erscheinungsformen auftretende **fiduziarische** Geschäft, das ernstlich und bei Verfolgung erlaubter Zwecke nach außen vollwirksam ist (vgl. Jaeger KO. § 43 Anm. 17ff. mit Zit.), kann unter den Voraussetzungen und in den Grenzen des AnfG. anfechtbar sein, möglicherweise aber auch als vorsätzliche Vermögensbeschädigung durch den in betrüglichem Einverständnisse mit dem Schuldner handelnden Fiduziar diesen nach § 826 BGB. verpflichten, aus seinem Vermögen den Schaden auszugleichen. Daneben besteht die Möglichkeit, daß der durch die fiduziarische Veräußerung seines Schuldners benachteiligte Gläubiger die Rechte pfändet und sich überweisen läßt (§§ 829ff., 840f., 845 ZPO.), die seinem Schuldner auf Grund des internen Geschäftsbesorgungsverhältnisses gegen den Fiduziar zustehen (vgl. namentlich §§ 667f., 675 BGB.). Verfolgt aber das fiduziarische Geschäft lediglich den Zweck, die Vermögenslage des Schuldners zu verschleiern und dadurch seine Gläubiger zu benachteiligen, so verstößt es gegen die guten Sitten und ist dementsprechend als nichtig zu erachten (§ 138 BGB.). So unterscheidet mit Recht RG. v. 23. 6. 1904 JW. S. 499f. Nr. 32.

IV. **Die besonderen Anfechtungsgründe.**

1. Liegt auch die allgemeine Voraussetzung einer die Gläubiger benachteiligenden Rechtshandlung des Schuldners vor, so gestattet doch das Gesetz deren Anfechtung „außerhalb des Konkurses" nur zur Zwangsbefriedigung einer fälligen vollstreckbaren Forderung (§ 2) und nur dann, wenn gewisse besondere Tatumstände einen der Verkehrssicherheit so gefährlichen Eingriff in die Erwerbsgeschäfte dritter Personen rechtfertigen, wie ihn die Gläubigeranfechtung darstellt. Diese besonderen Tatumstände (die einzelnen Anfechtungsgründe) zerfallen in zwei Gruppen. Einmal ist es die dem Erwerber bekannte Absicht des Schuldners (§ 3 Nr. 1 u. 2), seine Gläubiger zu benachteiligen, zum anderen die Unentgeltlichkeit des Erwerbs (§ 3 Nr. 3 u. 4, § 3a), die dessen Anfechtbarkeit als gerechtfertigt erscheinen läßt. Wir unterscheiden danach zwei Hauptfälle der außerkonkursmäßigen Gläubigeranfechtung: eine Absichtsanfechtung und eine Schenkungsanfechtung. Dabei ist zu bemerken, daß die Nr. 2 des § 3 unverkennbar auf dem Verdacht einer dem Erwerber bekannten Benachteiligungsabsicht beruht, wenngleich das Gesetz diesen Verdacht nicht zu einer eigentlichen Rechtsvermutung erhoben hat [§ 3 Anm. 2 u. 26]. Innerhalb des Konkurses tritt neben die Absichtsanfechtung (§ 31 KO.) und die Schenkungsanfechtung (§§ 32, 222 KO.) ein dritter, nur im Konkurse vorkommender Anfechtungsfall, die besondere Konkursanfechtung des § 30 KO. Die Anfechtung gegen Rechtsnachfolger ist eigens geregelt (§ 11 AnfG., § 40 KO.). Anm. 61.

2. Die einzelnen Anfechtungsgründe schließen einander nicht aus. Sie können vielmehr konkurrieren. Ist ein und dieselbe Rechtshandlung aus **mehreren** Gründen anfechtbar, verschenkte z. B. der Schuldner im letzten Jahre vor der Anfechtung Vermögensstücke in der dem Erwerber bekannten Absicht der Gläubigerbenachteiligung (§ 3 Nr. 1 u. 3), so hat der benachteiligte Gläubiger die Wahl zwischen Absichts- und Schenkungsanfechtung (Krasnopolski S. 20). Er kann auch beide verbinden (§ 260 ZPO.). Dagegen fehlt es an der im § 253 Nr. 2 ZPO. geforderten Bestimmtheit der Angabe des Klagegrunds, wenn der Gläubiger die Anfechtung in Bausch und Bogen auf das AnfG. stützt, ohne den Anspruch im Anschluß an den Tatbestand einer oder mehrerer bestimmten Gesetzesvorschriften zu substanziieren (vgl. RG. v. 28. 10. 1890 Bolze 10 Nr. 264d). Der Übergang von einem für sich allein geltend gemachten Anfechtungsgrunde zum anderen z. B. von der Schenkungs- zur Absichtsanfechtung oder umgekehrt ist Klagänderung (§§ 264, 268ff., 527 ZPO.), weil damit der Klagegrund, d. h. der zur Rechtfertigung der Sachbitte behauptete Anm. 62.

Tatbestand (siehe statt aller Gaupp-Stein ZPO. § 253 unter III 3) in wesentlichen Punkten geändert wird. Das praktische Ergebnis dieses Standpunkts ist durchaus angemessen. Vgl. RG. v. 10. 1. 1888 Bolze 5 Nr. 343 mit Nr. 1095 (Übergang von Nr. 3 zu Nr. 2 des § 3), v. 19. 10. 1888 Bd. **22**, 391 (Übergang von Nr. 3 zu Nr. 1); vgl. auch RG. v. 16. 12. 1902 JW. 1903 S. 46f. Nr. 6. Ebenso die herrschende Lehre; a b w. Cosack S. 224, L. Seuffert S. 227 Note 13, Hellwig Anspruch § 10 zu Note 15, Rechtskraft § 54 Note 37, Steinbach-Ehrenzweig S. 36 Note 14 im Gegensatze zu den daselbst genannten Entscheidungen des obst. österr. Gerichtshofs (Slg. Nr. 12658, 15414). Nach der zu § 3 Anm. 26 vertretenen Ansicht liegt eine Klagänderung auch dann vor, wenn der Anfechtungskläger zwar bei der Absichtsanfechtung beharrt, aber insofern den Standpunkt wechselt, als er die ursprünglich auf Nr. 1 gegründete Klage nur auf Nr. 2 des § 3 stützt oder umgekehrt. Dagegen bedeutet der Wechsel zwischen § 3 Nr. 3 und 4 keine Änderung des Klagegrunds (RG. v. 26. 10. 1896 Bolze 23 Nr. 763). Die rechtskräftige Verneinung eines Anfechtungsgrundes steht der Geltendmachung eines anderen nicht entgegen (§ 322 ZPO.). Entsprechendes gilt für die prozeßhindernde Einrede der Rechtshängigkeit (§§ 263 Nr. 1, 274 Nr. 4 ZPO.).

Anm. 63 3. Landesrechtliche Erweiterungen oder Beschränkungen der Gläubigeranfechtung kommen im Bereiche des Konkursrechts nach § 4 EG. z. KO. nicht in Betracht. Protokolle z. KO. S. 20. Der reichsrechtliche Anfechtungsfall des § 342 HGB. [S. 32] wird durch die KO. nicht ausgeschlossen (§ 3 I EG. z. KO.), aber ergänzt. Wie die konkursmäßige sollte die außerkonkursmäßige Anfechtung durch das Reichsrecht einheitlich und erschöpfend geregelt werden. Vgl. RG. v. 12. 7. 1882 Bd. **9**, 146 (in Gebietsteilen des gemeinen Rechts ist eine alienatio in fraudem creditorum als solche außerhalb des Konkurses nur noch nach Maßgabe des AnfG. angreifbar); v. 15. 2. 1887 Bd. **17**, 317 (a. 882, 1166 code civil); v. 29. 12. 1891 Bd. **28**, 139 (a. 788 code civil); v. 4. 3. 1902 Bd. **51**, 65 (§ 19 Anh. bei § 646 I 11 ALR.).

V. Geltendmachung der Anfechtung.

Anm. 64. 1. Die Wendungen „den Anfechtungsanspruch erheben" und „das Anfechtungsrecht ausüben" kommen im AnfG. (§§ 5, 13) dem bisherigen Sprachgebrauche gemäß unterschiedslos vor [Anm. 19]. „Erfolgt die Anfechtung im Wege der Klage" (§ 9 AnfG.) bedeutet nichts anderes als „wird der Anfechtungsanspruch im Wege der Klage erhoben", „das Anfechtungsrecht im Wege der Klage ausgeübt". Vom Erfordernis eines **besonderen Anfechtungsaktes** weiß das bisherige Recht nichts. Die zur Wahrung des Rechts, zur Beobachtung der Anfechtungsfristen, erforderliche Erhebung ist die gerichtliche Geltendmachung durch Klage oder Einrede (§§ 9, 5 AnfG.). Nur Cosack S. 219ff. scheidet unter Zustimmung Dernburgs (Preuß. Privatrecht II § 130 S. 336 zu Note 2, vgl. auch Petersen Z. f. Zivilpr. 10 S. 38) einen besonderen Akt der Anfechtungserklärung „nach Analogie des Vorkaufs- oder Reurechts" aus. Diese Erklärung sei formlos. „Der Anfechtungsprozeß diene dazu, die einmal erklärte Anfechtung zur tatsächlichen Durchführung zu bringen" (Cosack S. 221 zu Note 1). Auch in der Reichstagskommission von 1898 wurde regierungsseitig die Ansicht vertreten: die Anfechtung sei ein rechtsgeschäftlicher Akt; das Anfechtungsrecht selbst sei kein „Anspruch" im Sinne des § 194 BGB.; erst die Anfechtung begründe Ansprüche; wie in den Fällen der dinglichen Anfechtung und des Rücktritts (§§ 143, 349 BGB.) müsse bei der Gläubigeranfechtung die außergerichtliche Erklärung des Verwalters genügen (Bericht S. 1952). Unter dem Einflusse dieser Ausführungen wird gelehrt: fortab werde das Anfechtungsrecht, d. h. das Recht anzufechten, durch einseitige empfangsbedürftige Willenserklärung ausgeübt (§§ 130ff. BGB.); erst mit der Anfechtungserklärung — also mit der Ausübung des bestehenden Anfechtungsrechtes (damit fällt der Einwand von Petersen-Kleinfeller KO. § 29 Anm. 11 S. 133) — entstehe ein Anfechtungsanspruch im Sinne des BGB., der seinerseits der ordentlichen Verjährung unterliege. So z. B. L. Seuffert § 37, Kohler Leitfaden (2. Aufl.) § 21 und Anhänger der Dinglichkeitslehre (z. B. Fitting S. 215ff.). Auf die Schattenseiten dieser Ansicht ist schon bei Beratung der Novelle im Bundesrat (Gutachtliche Äußerungen S. 10) und im Reichstage (Komm.Bericht S. 1952, Vorschläge des Berliner Anwaltvereins in der Juristenzeitung 1898 S. 132) hingewiesen worden: die formlose Anfechtungserklärung führe zu einem bedenklichen Schwebezustand; sie ermögliche es dem Verwalter, den Anfechtungsprozeß und mit diesem den Konkurs auf unabsehbare Zeit hinauszuzögern; zweckmäßiger sei es, den Verwalter zur alsbaldigen gerichtlichen Verfolgung des Anfechtungsrechtes zu nötigen, wenn der Gegner seine Rückgewährpflicht bestreite. In der Folge haben namentlich Wendt a. a. O. S. 300ff., 306, Bernhardi Annalen d. Deutschen Reichs 1903 S. 224ff., Langheineken a. a. O. S. 117ff. und die Rechtsprechung (RG. V. ZivSen. v. 22. 10. 1902 Bd. **52**, 334 für die außerkonkursmäßige, RG. VII. ZivSen. v. 29. 3. 1904 Bd. **58**, 44 und v. 28. 6. 1904 JW. S. 496 Nr. 25, OLG. Karlsruhe v. 3. 2. 1904 Bad. Rechtspr. 1904 S. 147, OLG. Darmstadt v. 9. 12. 1903 Recht 8 S. 579 Nr. 2539 für die konkursmäßige Anfechtung, abw. für letztere OLG. Stuttgart v. 22. 1. 04 Recht 8 S. 255) die Annahme einer besonderen, formlosen Anfechtungserklärung verworfen.

Mit Recht. Zunächst ist in der Tat nicht einzusehen, welchen Sinn das Erfordernis des besonderen Anfechtungsaktes haben soll, wenn die Gläubigeranfechtung doch nur obligatorisch wirkt. Es wäre eine ganz unnütze Umständlichkeit. Der § 143 BGB. könnte nur im Wege einer für unsern Standpunkt höchst bedenklichen Analogie herangezogen werden. Eine ausdrückliche Vorschrift, welche die Entstehung des obligatorischen Rückgewähranspruchs an eine besondere Erklärung knüpfte (vgl. §§ 349, 497, 531 BGB.), fehlt für die Gläubigeranfechtung. Mit den Voraussetzungen der Anfechtung ist die Rückgewährverbindlichkeit unmittelbar begründet (RG. v. 20. 10. 1899 Bd. **44**, 94, v. 29. 3. 1904 Bd. **58**, 47; OLG. Posen v. 10. 5. 1904 Posener Monatsschrift 1904 S. 78), wie etwa in den Fällen der §§ 528, 812, 823 BGB. Anspruch und Recht fallen auch bei der Gläubigeranfechtung zu- Anm. 65.

sammen (vgl. § 241 BGB.). Dem entsprechen Wortlaut und Sinn der §§ 5, 9, 13 AnfG. Warum sollte, wenn durch außergerichtliche Anfechtung die Rückgewährverbindlichkeit entstanden ist, eine Feststellungsklage nach Maßgabe des § 256 ZPO. ausgeschlossen sein? Weshalb sollte ferner die bloße Anfechtungsankündigung nach § 4 AnfG. der Schriftlichkeit bedürfen, wenn die fristenwahrende Anfechtung selber formlos, ohne Festlegung des Zeitpunktes der Ausübung geschehen könnte? Siehe namentlich auch § 13 Anm. 6, 24 f. Der Umstand, daß die Anfechtung nun unter Ausschlußfristen steht (§ 12 AnfG., § 41 KO.), ist für unsere Frage belanglos, da auch das BGB. mitunter Ansprüche an Ausschlußfristen knüpft (z. B. im § 864 I). Noch weniger fällt die oben erwähnte Äußerung der Regierungsvertreter, die in der Kommission selbst bloß eine Mehrheit von zwei Stimmen fand, ins Gewicht. Nur der durch die Gesetzesworte selbst getragene Wille des Gesetzgebers ist als geltendes Recht anzuerkennen (RG. BZS. v. 21. 2. 1902 Bd. **51**, 3, Wendt S. 301). Die positiven Änderungen der Novelle von 1898 zwingen aber nicht zu der Annahme, daß die Anfechtung auch außerhalb eines Prozesses erfolgen könne (RG. v. 22. 10. 02, v. 29. 3. 04 u. v. 28. 6. 04 a. a. O.). Freilich hat die Novelle im § 12 I 2. AnfG. (§ 41 I 2 KO.) wörtlich den für die dingliche Anfechtung geltenden § 124 II 2 BGB. kopiert und damit ein arg. e contrario gegen die Anwendbarkeit des § 203 I BGB. geliefert, weil der Verfasser die außergerichtliche Anfechtungserklärung für ausreichend erachtete [Anm. 64]. Darin liegt ein von unserm Standpunkt aus bedauerliches Versehen, das aber praktisch von geringer Tragweite ist (siehe besonders § 4) und keinesfalls zu dem Schlusse zwingt, daß das Gesetz selbst in der Novelle die Möglichkeit einer rechtswahrenden außergerichtlichen Anfechtung eingeführt habe (abw. Kurlbaum JW. 1905 S. 8 f.; gegen ihn siehe Jaeger JurZtg. 10 S. 129 ff. und letzterem tatsächlich im Hauptergebnisse beipflichtend Hellwig ebenda S. 249 f., der freilich unerklärt läßt, wie bei Anwendbarkeit des § 143 BGB. die Anwendung des § 200 BGB. umgangen werden kann; Rintelen Recht 9 S. 240 ff. geht auf JurZtg. 10 S. 129 ff. nicht ein). Es wäre auch verfehlt, das Erfordernis einer eigenen rechtsgeschäftlichen Ausübungserklärung aus dem Begriffe der Anfechtung abzuleiten. Die bisherige Rechtsentwicklung lehrt das Gegenteil. Vgl. namentlich preuß. KO. von 1855 § 110 („das Recht der Anfechtung kann nicht nur im Wege der Klage, sondern auch[1]) im Wege der Einrede ausgeübt werden"), bayer. Prozeßordnung von 1869 a. 1222, 1223, 1225 (bestimmte Akte „sind auf Klage der Gläubigerschaft für ungültig zu erklären"), österr. AnfG. §§ 16 II, 32 II („die Ausübung des Anfechtungsrechtes kann sowohl mittels Klage, als mittels Einrede erfolgen") mit den §§ 5, 9 unseres AnfG. und für den bisherigen Text des AnfG. RG. v. 20. 10. 1899 JW. S. 770 f. Nr. 11: das obligatorische Band zwischen dem Anfechtungsberechtigten und dem Gegner entstehe nicht erst mit der Rechtshängigkeit des Anspruchs oder einer Zustellung an den Gegner, sondern schon mit der Vor-

[1]) Vgl. dazu die Motive d. KO. S. 112, die ausdrücklich betonen, daß die Gläubigeranfechtung „auch im Wege der Einrede geltend gemacht werden kann", die Möglichkeit außerprozessualer Geltendmachung aber überhaupt nicht in Betracht ziehen.

nahme des Benachteiligungsaktes. Unbehelflich ist endlich der Umstand, daß das BGB. unter Ausschlußfristen stehende Ansprüche kennt, bei denen die Rechtserhaltung auch durch bestimmt bezeichnete außergerichtliche Akte geschieht (vgl. z. B. §§ 801, 1002 BGB.). Denn das sind eben positive Einzelvorschriften.

Während nun aber beispielsweise der erwähnte § 864 I BGB. ausdrücklich Anm. 66. bestimmt, daß der Anspruch nach Jahresfrist erlischt, „wenn er nicht vorher im Wege der Klage geltend gemacht wird“, fehlt eine Vorschrift darüber, wie die zur Wahrung der Anfechtungsfristen, insbesondere der Ausschlußfristen des § 12 AnfG. (§ 41 KO.), erforderliche Geltendmachung zu erfolgen hat. Dies hat zu der Annahme geführt, daß im Falle der Gläubigeranfechtung jede Geltendmachung, auch die außergerichtliche, zur Rechtswahrung für genügend zu erachten sei. So die herrschende Lehre, aber auch Petersen-Kleinfeller KO. § 29 Anm. 18, obgleich er in Anm. 11, 16 das Anfechtungsrecht als Anspruch im Sinne des BGB. auffaßt. Dagegen nimmt das RG. Bd. 52, 341 ff. für die außerkonkursmäßige Anfechtung an: eine Anfechtung „außerhalb eines Prozeßverfahrens, also durch bloße Erklärung gegenüber dem Anfechtungsgegner“, sei nicht zugelassen; doch genüge (speziell zur Beobachtung der Fristen des § 3 AnfG.) die im Prozeß erfolgende Zustellung eines vorbereitenden Schriftsatzes; schon mit dieser Zustellung, nicht erst mit dem Vorbringen in der mündlichen Verhandlung „erfolge“ die Anfechtung. Letzteres wird durch Hinweis auf die Anfechtung wegen Irrtums gerechtfertigt, obgleich unmittelbar vorher (S. 340) die Anwendbarkeit des § 143 I BGB. nachdrücklich abgelehnt ist. Folgerecht dürfte diese Entscheidung kaum sein, wenn sie vielleicht auch bei der (S. 336 dargelegten) ganz ungewöhnlichen Lage des konkreten Falles bis zu einem gewissen Grade die Billigkeit für sich hat. Unseres Erachtens muß man davon ausgehen, daß die Redaktion des § 12 I 1 AnfG. (§ 41 I 1 KO.) auf einem theoretischen Irrtum des Verfassers beruht, daß aber dieser Irrtum nur insoweit bindet, als er Ausdruck im Gesetze gefunden hat. Wäre es bei der „Verjährung“ geblieben, so kämen für die Fristwahrung die Sätze der Verjährungsunterbrechung (§§ 208, 209 BGB.) in Betracht. Nun steht zwar bindend fest, daß die Fristen Ausschlußfristen sind und dementsprechend insbesondere durch Anerkennung des Verpflichteten nicht gewahrt werden. Man wird indessen, da sachliche Änderungen nicht angestrebt wurden und das BGB. einen allgemeinen Satz des Inhalts, daß befristete Ansprüche auch außergerichtlich gewahrt werden können, nicht aufstellt, annehmen müssen, daß die zur Fristenwahrung erforderliche Geltendmachung des Anfechtungsrechtes nach wie vor nur eine **gerichtliche** Geltendmachung, und daß für diesen Begriff die Analogie des § 209 BGB. maßgebend ist. So gelangen wir zu einer sachgemäßen Lösung der Zweifelsfragen. Die Notwendigkeit gerichtlicher Geltendmachung rechtfertigt sich nach wie vor vollauf aus der Tatsache, daß die Gläubigeranfechtung einen außerordentlichen Eingriff in die Rechtssphäre eines möglicherweise völlig gutgläubigen Dritten bedeutet. Es ist angemessen und billig, daß diese Eingriffsbefugnis nur durch ein rechtsförmliches Rückgewährbegehren gewahrt wird. Alsdann müssen wir aber auch die Folgerung ziehen, daß der Anfechtungsanspruch nur im Falle der Anfechtungsklage schon durch Zustellung eines Schriftsatzes „erhoben" werden kann [Anm. 69], daß hingegen eine Erhebung durch Klagänderung [Anm. 59], Klagerweiterung oder Widerklage nach § 281 ZPO. und eine Erhebung durch Einwendung oder Replik nach dem Grundsatze der Mündlichkeit erst mit dem Vorbringen (vgl. § 297 ZPO.) in der mündlichen Verhandlung erfolgt. Zu dieser Zeit muß also die Anfechtung — und zwar die im Einzelfalle geltend gemachte — noch statthaft sein. War sie aber zu dieser Zeit statthaft, so schadet es auch in den Fällen der Einwendung und Replik, die keine Rechtshängigkeit begründen, nicht, daß zur Zeit der Schlußverhandlung die Anfechtungsfristen verstrichen sind. Siehe für das bisherige Recht RG. v. 21. 4. 1888 Gruchot 32 S. 1164 (Einrede auf Grund der §§ 3 Nr. 2, 4 AnfG.), v. 6. 6. 1889 Bolze 8 Nr. 249 (Replik aus § 3 Nr. 4 AnfG.); v. 3. 12. 1895 JW. 1896 S. 5 Nr. 17 (Wahrung der Frist des § 34 KO. a. F. durch Widerklage); v. 8. 10. 1897 Bd. **40**, 38 (Wahrung der Fristen des § 3 Nr. 3 und 4 AnfG. bei Klagerweiterung); obsts. LdsG. v. 10. 11. 1893 Slg. a. F. 14 S. 788 (Einrede aus § 3 AnfG.); für das neue Recht uns zustimmend RG. v. 29. 3. 1904 Bd. **58**, 47 hinsichtlich der konkursmäßigen Anfechtung[1]); abw. OLG. Darmstadt v. 6. 6. 1904 Recht 8 S. 533 Nr. 2331, Hartmann-Meikel S. 170, Bernhardi S. 16 (trotz S. 38 ff.). Die von Hellwig JurZtg. 10 S. 250 aufgestellte Behauptung, daß der Beklagte arg. § 203 II BGB. die Anfechtung einredeweise noch in der ersten Verhandlung erklären könne, wenn nur die Frist bei Prozeßbeginn noch nicht abgelaufen war, könnte höchstens für die Frist des § 3 Nr. 1 (nur für sie gilt nach § 12 I 2 der § 203 II BGB.), also gerade nicht für die kurzen Fristen des § 3 Nr. 2—4 (vgl. § 4) verfochten werden und trifft auch für § 3 Nr. 1 nicht zu, da ja der Gläubiger auf den Weg bloßer Verteidigung keineswegs angewiesen ist. Sonach hat die außerprozessuale Erklärung — so z. B. auch die Bestreitung einer anfechtbaren Forderung im Prüfungstermine (LG. Mainz v. 6. 5. 1901 Hess. Rechtspr. 1901 S. 107) — nur den Sinn einer Ankündigung der Anfechtungsabsicht, die vielleicht den Prozeß erspart und schon wegen § 93 ZPO. ratsam sein kann. Auch ist eine Inverzugsetzung des Anfechtungsschuldners durch außergerichtliche Mahnung denkbar (§§ 284 ff. BGB.), da die Anfechtungsschuld begründet und fällig ist, sobald die Voraussetzungen der

---

[1]) Der beim abweichenden Standpunkte des V. ZivSen. (Bd. **52**, 341) erwünschten Anrufung der Vereinigten Zivilsenate weicht diese Entscheidung des VII. ZivSen. aus mit dem Hinweise darauf, daß dort das AnfG., hier aber die KO. in Frage stehe. Derselbe Grund für die Unanwendbarkeit des § 137 GVG. wurde bei einer Kollision zwischen dem II. und VI. ZivSen. im Urteile v. 7. 11. 1899 Bd. **45**, 27 geltend gemacht. Die Überlastung des RG. erklärt solche einschränkende Auslegungen. Im Interesse der Sache muß aber betont werden, daß ein Unterschied zwischen der konkursmäßigen und der außerkonkursmäßigen Anfechtung in den fraglichen Punkten nicht besteht. Die Sätze der ersteren sind auf die letztere lediglich übertragen worden [Anm. 3]. Auch der § 13 AnfG. wäre bei begrifflicher Verschiedenheit beider Anfechtungen kaum verständlich.

§§ 2, 3, 3a AnfG. (§§ 30—32, 222 KO.) gegeben sind [§ 7 Anm. 32]. Von diesem Gesichtspunkt aus erscheint auch der § 4 AnfG. nach wie vor verständlich. Ein weiterer Vorteil ist der, daß man Klarheit darüber gewinnt, wie die konkursmäßige oder außerkonkursmäßige Anfechtung „erfolgt", wenn der Anfechtungsgegner selbst im Konkurse steht. Da der Anspruch eine Konkursforderung bildet [Anm. 23], werden die Anfechtungsfristen mit der Anmeldung im Konkurse gewahrt (arg. § 202 II Nr. 2 BGB.). Eine direkte Klagerhebung gegen den Konkursverwalter des Anfechtungsgegners ist zunächst gar nicht möglich, also zweifelhaft, wie die Anfechtung — falls sie nur im Prozesse geltend gemacht werden kann — „erfolgen" soll (unhaltbar Hellmann a. a. O. S. 418).

Ist sonach zur Wahrung des Anfechtungsrechtes eine gerichtliche Geltendmachung erforderlich, so steht doch selbstverständlich das Gesetz einem freiwilligen Leisten oder Dulden des Anfechtungsschuldners nicht entgegen [§ 7 Anm. 5]. Das Erfordernis gerichtlicher Geltendmachung schließt keineswegs aus, daß der Empfänger des anfechtbaren Erwerbs dem außergerichtlichen Begehren des Anfechtungsgläubigers stattgibt, daß er also z. B. in Voraussicht der Erfolglosigkeit eines Widerspruchs die Pfändung der anfechtbar erworbenen Fahrnis durch den Gläubiger des Veräußerers duldet. Man kann auch keineswegs sagen, daß die freiwillige Erfüllung der Anfechtungsverbindlichkeit keine „Rückgewähr" im Sinne des § 7 AnfG. (§§ 37, 39 KO.) ist. Allein vielleicht bestreitet der daraufhin nach § 8 in Anspruch genommene Schuldner, daß die Anfechtungsverbindlichkeit überhaupt oder doch mit diesem Inhalte begründet war. Vielleicht bestreitet auch ein anderer anfechtungsberechtigter Gläubiger, daß dem befriedigten Gläubiger ein Anfechtungsanspruch überhaupt oder doch mit diesem Inhalte zustand, und verlangt dementsprechend abermals Rückgewähr. Vgl. RG. v. 6. 7. und v. 7. 10. 1889 Bolze 8 Nr. 256 und 261 f. Dieses Risiko wird den Anfechtungsschuldner gerade außerhalb des Konkurses von der freiwilligen Erfüllung, erst recht von einer Leistung an Erfüllungsstatt, abhalten. Anm. 67.

Mißverstanden wird der Sinn der Streitfrage von (Hartmann-)Meikel S. 38 f. Er meint, sie durch folgenden Schluß abtun zu können: da es zu der vom Anfechtungsgegner zu „gewährenden" Zwangsvollstreckung eines gegen ihn gerichteten Titels bedürfe und andere Titel als Urteile und Prozeßvergleiche nicht in Betracht kämen, sei „natürlich die Zwangsvollstreckung auf Grund einer bloßen formlosen Bewilligung oder gar nur einer Anfechtungserklärung des Gläubigers ausgeschlossen". Als ob sich jemals einer der Gegner zu der Behauptung verstiegen hätte, daß der außergerichtliche Anfechtungsakt die Erzwingung der Anfechtungsschuld ermöglichte. Streit besteht lediglich darüber, ob die Erhaltung des Anfechtungsrechtes, die Fristenwahrung, auch durch außergerichtlichen Akt geschehen kann. Freiwillige Rückgewähr: Anm. 67. Übrigens ist es, wenn der Anfechtungsanspruch auf Zahlung einer bestimmten Geldsumme an den Anfechtungsgläubiger geht, weil der anfechtbare Erwerb von vornherein in einer Geldsumme bestand oder aber auf eine vom Erwerber zu vertretende Weise aus seinem Vermögen ausgeschieden ist, rechtlich keineswegs „ausgeschlossen", daß der wider den Anfechtungsgegner selbst erforderliche Titel Anm. 68.

in einer vollstreckbaren Urkunde (§ 794 Nr. 5 ZPO.) besteht. Gleiches gilt für den Vollstreckungsbefehl (§ 794 Nr. 4 ZPO.). Tatsächlich werden allerdings diese beiden Titel kaum eine Rolle spielen.

2. Hinsichtlich der gerichtlichen Geltendmachung sei bemerkt:

Anm. 69. a) Den normalen Weg der gerichtlichen Geltendmachung bildet **die Anfechtungsklage.** Sie ist die gesetzlich gebotene Art der Geltendmachung, wenn ein Widerspruch im Verteilungs- oder Konkursverfahren auf die Gläubigeranfechtung gegründet wird (§ 878 ZPO., § 115 ZVG., § 146 VI KO.). Vgl. z. B. RG. v. 22. 10. 1902 Bd. **52**, 336 (wo ausgesprochen ist, daß sich die Beweislast nicht verschiebt, wenn statt des Opponenten gesetzwidrig der Liquidant die Klage zur Austragung des Widerspruchs erhebt). Im Wege einer Widerspruchsklage nach § 771 ZPO. kann der Anfechtungsanspruch nicht geltend gemacht werden [Anm. 23]. Die Anfechtungsklage wird nach der Regel des § 253 ZPO. „erhoben" durch Zustellung der Klageschrift an den Anfechtungsgegner. Damit ist „die Anfechtung" im Sinne des Gesetzes „erfolgt". Auf den Zeitpunkt der Klagezustellung kommt es auch dann an, wenn der Zustellungsakt mangelhaft war, der Mangel aber nach § 295 ZPO. geheilt worden ist, weil diese Heilung zurückwirkt (so für die frühere Fassung des § 3 RG. v. 20. 4. 1883 Bd. **9**, 68; vgl. L. Seuffert ZPO. 9. Aufl. § 295, Anm. 6, Gaupp-Stein ZPO. § 295 Anm. V und wegen der Heilbarkeit eines Mangels der Klagerhebung L. Seuffert § 253 Anm. 5b, Gaupp-Stein § 253 Anm. IV mit Zit.). Klagerweiterung und Widerklage: Anm. 66. Wird die erste Anfechtungsklage zurückgenommen und später eine neue erhoben, so muß die Erhebung der neuen Klage noch innerhalb der Anfechtungsfristen erfolgen (§ 271 III ZPO.). **Innerhalb** des Konkurses kann der Anfechtungsberechtigte auf Leistung **oder** nach allgemeiner Regel (§§ 256, 280 ZPO., § 146 VI KO.) auf Feststellung, **außerhalb** des Konkurses kann er nach der zwingenden Vorschrift des § 9 AnfG. nur auf eine nach Art und Umfang bestimmt bezeichnete Leistung klagen (RG. v. 22. 1. 1889 Bd. **23**, 8; v. 10. 11. 1896 JW. S. 698 Nr. 31; v. 14. 10. 1902 JW. S. 610 Nr. 20). Auch für eine Klage auf Feststellung, daß der Einzelgläubiger im Falle der Erlangung eines Titels und der alsdann bestehenden Zugriffsunzulänglichkeit des Schuldnervermögens anfechtungsberechtigt sei, läßt das AnfG. keinen Raum (RG. v. 23. 2. 1904 Bd. **57**, 102). Näheres zu § 7. Wohl aber steht es dem Anfechtungsgegner unter den Voraussetzungen der §§ 256, 280 ZPO. auch außerhalb des Konkurses frei, auf Feststellung der Unanfechtbarkeit d. h. des Nichtbestehens der Anfechtungsschuld zu klagen. Eine solche Feststellungsklage des Gegners begründet gegenüber der Leistungsklage auf Rückgewähr nicht die prozeßhindernde Einrede der Rechtshängigkeit (§§ 263 Nr. 1, 274 Nr. 4 ZPO.), wenngleich ihre Zuerkennung Rechtskraft gegenüber einer künftigen Leistungsklage wirkt (vgl. RG. v. 18. 10. 1897 Bd. **40**, 364; v. 24. 2. 1902 Bd. **50**, 419). Selbstverständlich wahrt sie den Anfechtungsanspruch nicht, da sie ja die Anfechtbarkeit leugnet, nicht aber „die Anfechtung geltend macht" (vgl. RG. v.

8. 10. 1897 Bd. **40**, 39). Im übrigen siehe oben Anm. 14 (Klagantrag), Anm. 21 (Arrest und einstweilige Verfügung), Anm. 24 (Gerichtsstand), Anm. 62 (Substanzierung, Änderung des Klagegrunds), Anm. 72 (Parteien), § 9 Anm. 14 (sachliche Zuständigkeit, Streitwert). Die letztinstanzliche Zuständigkeit des bayerischen obersten Landesgerichts ist für Anfechtungsklagen innerhalb und außerhalb des Konkurses beseitigt (a. IX. EG. z. KNovelle).

b) „Die Erhebung des Anfechtungsanspruchs im Wege **der Einrede**" (exceptio Pauliana, siehe § 5 AnfG.) oder der Widerklage „erfolgt" in einer zur Fristenwahrung ausreichenden Weise nicht schon mit der Ankündigung der Erhebungsabsicht durch Zustellung eines vorbereitenden Schriftsatzes an den Prozeßgegner (seinen Prozeßbevollmächtigten), sondern erst durch Vortrag in der mündlichen Verhandlung [Anm. 66]. Außerhalb des Konkurses kommt die Anfechtungseinrede namentlich dann in Betracht, wenn der Anfechtungsberechtigte die Zwangsvollstreckung in den anfechtbar vom exequendus veräußerten Gegenstand ungeachtet der Veräußerung betreibt und nun der Empfänger des anfechtbaren Erwerbs die Widerspruchsklage aus § 771 ZPO. (z. B. als dritter Eigentümer der gepfändeten Sache, als Gläubiger der überwiesenen Forderung) erhebt. Hier wendet der Beklagte ein, daß ihm gegenüber „das die Veräußerung hindernde Recht" anfechtbar erworben worden sei. Beispiele: OLG. Dresden v. 20. 10. 1902 Sächs. Archiv 14 S. 386 (Widerspruchsklage auf Nießbrauch gestützt, dem Nießbrauchserwerbe die Anfechtung entgegengesetzt); RG. v. 16. 2. 1904 Bd. **57**, 82 (Widerspruchsklage auf Änderung des Güterstandes gestützt, Änderung nach § 3 Nr. 4 angefochten). Besonders häufig wird die Widerspruchsklage (im Konkurse des Veräußerers das Aussonderungsbegehren) auf einen Eigentumserwerb gestützt, bei dem die Übergabe durch Konstitut ersetzt worden sei (§ 930 BGB.). So mißbraucht, gefährdet das Konstitut die Kreditsicherheit in hohem Grade. Liegt die Übereignung außerhalb der kurzen Fristen des § 3 Nr. 2—4, so muß es der benachteiligte Gläubiger meist auf den Eid des Widerspruchsklägers — zum Beweise sei es einer Kenntnis der Benachteiligungsabsicht (§ 3 Nr. 1 AnfG.) oder aber der Scheinabrede (§ 117 BGB.) — ankommen lassen. Die Rechtsprechung sucht daher durch strenge Auslegung des § 930 BGB. das Anfechtungsbedürfnis zu erübrigen. Sie fordert den Willen und den tatsächlichen Erfolg einer Übertragung der Verfügungsmacht vom Veräußerer auf den Erwerber und zwar auf Grund eines ganz konkreten Rechtsverhältnisses und in bezug auf individuell bestimmte Sachen. Vgl. z. B. RG. v. 20. 2. 1901 Bd. **48**, 318, v. 12. 2. 1904 Gruchot 49 S. 126 (Schiebungen unter Ehegatten); v. 15. 11. 1901 Bd. **49**, 170, v. 28. 4. 1903 Bd. **54**, 396 (nachträglich vereinbarter Eigentumsvorbehalt); v. 3. 1. 1903 JurZtg. 8 S. 153 Nr. 30 (Warenlager); dazu F. Endemann Sachenrecht (8. u. 9. Aufl.) § 80 unter 3b. Siehe unten § 13 Anm. 6, 24f. Anm. 70.

Auch im Wege der Replik (Gegeneinrede, replica Pauliana) kann die Gläubigeranfechtung geltend gemacht werden. So z. B. außerhalb des Anm. 71.

Konkurses dann, wenn der Pfändungspfandgläubiger bei Einklagung der ihm überwiesenen Darlehensforderung dem Einwande des Erlasses, der Stundung, der Aufrechnung oder der Verjährung den Gegeneinwand einer Anfechtung des Erlasses, der Stundung, des Erwerbs der aufgerechneten Forderung oder des absichtlichen Nichtunterbrechens der Verjährung [Anm. 34 f.] entgegensetzt. Vgl. RG. v. 2. 11. 1887 **Bd. 19**, 202; v. 6. 6. 1889 Bolze 8 Nr. 249; v. 9. 1. 1891 RG. **27**, 98; v. 19. 6. 1891 JW. S. 393 Nr. 24; v. 12. 11. 1891 JW. S. 572 Nr. 4; v. 9. 12. 1895 Bolze 21 Nr. 248; v. 12. 6. 1900 JW. S. 566 Nr. 6. Ein anderes Beispiel: oben Anm. 45. Siehe auch § 5 Anm. 8.

Anm. 72. c) **Die Parteien** der außerkonkursmäßigen Anfechtungsklage sind der in seiner Zwangsbefriedigung verkürzte einzelne Gläubiger (§ 2) oder eine Mehrheit einzelner Gläubiger [Anm. 74] und der Empfänger der anfechtbaren Leistung (§ 7) oder eine Mehrheit von solchen [§ 7 Anm. 44], allenfalls auch Rechtsnachfolger (§ 11). Diese Parteien sind auch die ausschließlichen Subjekte des materiellen Rechtsverhältnisses, der Anfechtungsobligation, die als ein besonderes, wenn auch akzessorisches Schuldverhältnis neben der befriedigungsbedürftigen Verbindlichkeit steht. Der Schuldner selbst (der exequendus) ist für den Anfechtungsprozeß wie für die Anfechtungsobligation ein Dritter. Gegenüber der Fassung der §§ 7, 11 II muß es im hohen Grade befremden, wenn Francke i. d. Bl. f. Rechtsanwdg. 70 (1905) S. 161 die Frage aufwirft, wo das Gesetz bestimme, daß „nur" (! ?) das Aufgeopferte und dies „nur vom Empfänger", nicht auch vom Veräußerer zu beanspruchen sei. Der Anfechtungsanspruch als solcher geht nach Zweck und Wesen gegen den Empfänger des aufgeopferten Wertes. Nur er ist in der Lage, zum Schuldnervermögen „zurückzugewähren". Francke will gegenüber einem Urteile des OLG. Köln v. 8. 6. 1904 OLG. 9 S. 448 (vgl. auch OLG. Hamburg v. 23. 6. 1902 ebenda 6 S. 157) die Anfechtbarkeit eines Gütertrennungsvertrags dartun, durch den sich ein Ehegatte leistungsunfähig gemacht, um sich so der familienrechtlichen Unterhaltspflicht zu entziehen (§ 1603 I BGB.), und glaubt, dem Erfordernis eines Titels für den Unterhaltsanspruch nach § 5 ausweichen zu können, der aber doch Nachbringung des Titels „vor der Entscheidung" fordert. Nicht eine Anfechtungsklage, sondern eine Deliktsklage gegen beide Ehegatten auf Ersatz des vorsätzlich und sittenwidrig zugefügten Schadens nach Maßgabe der §§ 826, 840 BGB. bietet solchenfalls die wünschenswerte Lösung. Neukamp Recht 8 S. 514 ff.; abw. auch Hamm JurZtg. 10 S. 54 ff. Der Schuldner selbst ist im Anfechtungsprozeß unfähig zum Parteieide (Ausnahme denkbar nach § 450 ZPO., etwa nach dem Tode des ursprünglichen Erwerbers) und dementsprechend zeugnisfähig und zwar als Zeuge, der am Prozeßausgange, wenn auch vielleicht mittelbar, so doch nicht „unmittelbar" im Sinne des § 393 Nr. 4 ZPO. „beteiligt" ist (OLG. Jena v. 31. 1. 1903 JurZtg. 8 S. 456). Dagegen erscheint der Gemeinschuldner am Ausgange des konkursmäßigen Anfechtungsprozesses schon wegen der Kostenpflicht (§ 59 Nr. 1 KO.) unmittelbar beteiligt. Unter Umständen, namentlich in Fällen der

Absichtsanfechtung (§ 3 Nr. 1 u. 2 AnfG., § 31 KO.), kann der Schuldner das Zeugnis nach § 384 Nr. 2 ZPO. verweigern (vgl. § 288 StGB., §§ 239, 241 KO.). In jedem Falle wird seine Aussage mit Vorsicht aufzunehmen sein (§ 286 ZPO.). Ein die Nebenintervention des Schuldners für — nicht gegen — den Anfechtungsbeklagten rechtfertigendes rechtliches Interesse am Obsiegen des Beklagten (§ 66 ZPO.) kann sich bei der Einzelanfechtung aus der Verbindlichkeit zur Erstattung einer etwaigen Gegenleistung oder aus sonstiger Haftung des exequendus gegenüber dem Beklagten ergeben. Doch ist keineswegs gesagt, daß sich der unterliegende Anfechtungsgegner in jedem Falle an den exequendus halten dürfte. Möglicherweise fehlt, namentlich bei Schenkungsanfechtungen, das zur Nebenintervention erforderte „rechtliche" Interesse ganz. Siehe § 8 Anm. 15. Auch über äußere und innere Tatsachen, die in Handlungen des exequendus bestehen oder Gegenstand seiner Wahrnehmung waren, wie insbesondere über dessen Benachteiligungsabsicht (nicht nur über deren Kenntnis), kann dem Anfechtungsbeklagten der Eid zugeschoben werden, da er den angefochtenen Erwerb als Rechtsnachfolger des exequendus gemacht hat, dieser also Rechtsvorgänger der Partei im Sinne des § 445 ZPO. ist [§ 3 Anm. 24]. Der Zwangsverwalter des Schuldners ist nicht legitimiert, Verfügungen anzufechten, die der Schuldner vor der Beschlagnahme in Ansehung des Grundstücks vorgenommen hatte. Vgl. § 152 ZVG., Jaeckel ZVG. (2. Aufl. 1904) § 152 Anm. 3a.; vgl. auch Steinbach-Ehrenzweig S. 150 Note 4 mit Lit.

Passiv legitimiert für die Anfechtungsklage ist sonach grund- Anm. 73. sätzlich nur der Empfänger des anfechtbaren Erwerbs (unter Umständen sein Rechtsnachfolger, § 11), nicht zugleich der Schuldner. Die „Rückgewähr" des aus dem Vermögen des Schuldners weggegebenen Wertes (§§ 7, 9) kann eben begrifflich nur vom Erwerber, nicht vom Veräußerer begehrt werden. Ist daher der Rückgewähranspruch selbst zugleich wider den Schuldner erhoben, so kann dieser für seinen Teil den Einwand des Mangels der Passivlegitimation mit dem Erfolg erheben, daß die Anfechtungsklage in der Richtung wider den Schuldner (freilich auch nur insoweit) als unbegründet abgewiesen werden muß. RG. v. 12. 7. 1895 Bd. 35, 95; vgl. RG. v. 17. 2. 1886 Bolze 2 Nr. 586. Abweichend nimmt RG. v. 11. 10. 1886 Bolze 3 Nr. 376 an, daß die Rückgewährklage zugleich gegen den Schuldner gerichtet werden dürfe, „zu dem Zweck, um seinen Widerspruch gegen die Anfechtung und Rückgewähr durch richterliches Urteil zu beseitigen". Ein solcher Widerspruch des Schuldners gegen die Anfechtung — von einem Widerspruch gegen die vollstreckbare Forderung des Gläubigers (§ 2) ist keine Rede — würde aber völlig unbeachtlich und jedenfalls nicht mit dem in der Anfechtungsklage zu stellenden Begehren zu überwinden sein. Der Vollstreckung seines Gläubigers in den anfechtbar veräußerten Gegenstand kann der Schuldner auch nach § 771 ZPO. nicht widersprechen, da er weder ein Dritter ist, noch ein die Durchführung der Zwangsvollstreckung hinderndes Recht am Gegenstande hat. Dieser bleibt bei der außerkonkursmäßigen Anfechtung endgültig aus seinem Vermögen ausgeschieden. Eine andere Frage ist die, ob vielleicht mit der Leistungsklage der §§ 7, 9 wider den Anfechtungsgegner eine Klage auf Feststellung der Anfechtbarkeit wider den Schuldner erhoben werden kann. Nach RG. Bd. **35**, 96 ist es nicht ausgeschlossen, daß besondere Umstände einen solchen Feststellungsantrag gemäß § 256 ZPO. rechtfertigen. Doch dürfte sich ein derartiges Feststellungsinteresse neben der Rückgewährklage schwer konstruieren lassen. Wieder ein anderer Fall ist der, daß Anfechtungsgegnerin eine Ehefrau und daß wegen Zugehörigkeit des angefochtenen Erwerbs zum **eingebrachten** Gute zugleich ein Titel wider den Ehemann erforderlich ist (§ 739, vgl. §§ 741, 742 ZPO.). Für die Anfechtungsverbindlichkeit der Ehefrau haftet, da diese Verbindlichkeit unmittelbar auf dem Gesetze beruht [Anm. 12], wie grundsätzlich für jede obligatio ex lege das eingebrachte Gut der Frau ohne Rücksicht auf die Verwaltung und Nutznießung des Mannes, mag nun die Anfechtungsschuld vor oder nach der Eheschließung entstanden sein (§§ 1411, 1525 II, 1550 II BGB.). Der Mann muß daher die Vollstreckung einer Anfechtungsschuld der Frau in das eingebrachte Gut dulden. Da nun auch die Anfechtungsschuld selbst außerhalb des Konkurses sich vielfach in der Verbindlichkeit zum Dulden einer Zwangsvollstreckung erschöpft [Anm. 14], können hier zwei Duldungspflichten nebeneinander stehen. Die dem Manne obliegende Duldung ist aber keineswegs die Rückgewähr des § 7: die Frau muß die Vollstreckung der befriedigungsbedürftigen Verbindlichkeit des exequendus in einen Gegenstand ihres eingebrachten Gutes dulden, der Mann aber muß sich seinerseits diese Duldung der Frau gefallen lassen. Werden daher Mann und Frau zur Erwirkung des erforderlichen Doppeltitels zusammen verklagt (gewöhnliche, nicht notwendige Streitgenossenschaft: RG. v. 21. 11. 1904 Bd. **59**, 234 mit Lit.), so geht der Klagantrag nur in seiner Richtung gegen die Anfechtungsschuldnerin selbst auf die Rückgewähr (Dulden oder Leisten) des § 7. Diese Klagenverbindung ist auch dann möglich, wenn — wie insbesondere in Fällen des § 3 Nr. 2 u. 4 — der Ehemann selber der exequendus ist. Dann erscheint in der Tat der Schuldner als Streitgenosse des Anfechtungsbeklagten. Auch der Schuldner wird hier verurteilt, die Befriedigung des Klägers aus dem anfechtbaren Erwerbe zu dulden, aber nicht in seiner Eigenschaft als exequendus, sondern als Ehemann der Rückgewährschuldnerin: er darf sich als Nutznießer und Verwalter des eingebrachten Gutes dem Zugriffe des Klägers nicht widersetzen (RG. v. 22. 2. 1897 JW. S. 189 Nr. 13). Siehe auch § 4 Anm. 4. Gehört der anfechtbare Erwerb einer Ehefrau zum **Gesamtgute**, so haftet für die unmittelbar auf dem Gesetze beruhende Anfechtungsverbindlichkeit der Frau das Gesamtgut und der Ehemann persönlich neben der Frau als Gesamtschuldner (§§ 1459, 1530, 1549 mit §§ 421 ff. BGB.). Auch hier ist nun zwar eine Ausklagung der Ehefrau allein als der rückgewährpflichtigen Erwerberin (z. B. im Falle vorehelicher Zuwendung von seiten ihrer Eltern) möglich, eine Verurteilung der Frau allein aber nur in ihr etwaiges Vorbehaltsgut oder mangels eines solchen erst nach Aufhebung der Gütergemeinschaft vollstreckbar (§ 740, Ausnahme § 742 ZPO.; RG. v. 19. 4. 1904 JW. S. 368f. Nr. 36). Angemessen **und** genügend ist mit Rücksicht auf § 740 ZPO. die Ausklagung und Verurteilung des Mannes. Alsdann geht aber die Anfechtungsklage selbst, der Rückgewährantrag der §§ 7, 9, wider den Ehemann, weil er als solcher ein solidarisch neben der Frau haftender Anfechtungsmitschuldner ist. Seine Verurteilung hat also hier wieder einen ganz anderen Sinn als in Fällen des § 739 ZPO. Auch hängt sie keineswegs, wie RG. a. a. O. S. 369 anzunehmen scheint, von den Voraussetzungen des § 11 II AnfG. ab: für die dieser Entscheidung zugrunde liegende voreheliche Rückgewährschuld der nun in Gütergemeinschaft lebenden Ehefrau war schon nach § 1459 BGB. das Gesamtgut und der Mann persönlich verhaftet.

Eine **aktive Streitgenossenschaft** kann im außerkonkursmäßigen Anfechtungsprozesse vorkommen, indem mehrere benachteiligte Einzelgläubiger ihre mehreren Anfechtungsansprüche in einer Klage verfolgen. Mit der Nebenintervention des einen Gläubigers zugunsten des anderen würde dem Befriedigungsbedürfnisse des Intervenienten nach dem beschränkten Zwecke der Nebenintervention (§ 66 ZPO.) nicht gedient sein. Vgl. Petersen-Kleinfeller AnfG. § 1 Anm. 13 (S. 775). Die gemeinschaftliche Klage mehrerer durch dieselbe Rechtshandlung benachteiligter Gläubiger ist zulässig nach § 60 ZPO. („gleichartige Ansprüche") und begründet nur eine einfache Streitgenossenschaft im Sinne des § 61 ZPO., da die Anfechtbarkeit sehr wohl zugunsten des einen Klägers bejaht und dem anderen gegenüber verneint werden kann. Trotz Zulässigkeit der Klagenverbindung kann das Gericht von Amts wegen getrennte Verhandlung anordnen (§§ 145, 150 ZPO.; alsdann ergehen auch gesonderte Vollurteile) oder aber ohne Verhandlungstrennung über den zuerst spruchreif gewordenen einzelnen Anfechtungsanspruch durch Teilurteil erkennen (§ 301 ZPO.). Im übrigen siehe wegen der Konkurrenz mehrerer Anfechtungsgläubiger § 7 Anm. 39. Ist ein Anfechtungs**anspruch** mit dem ihn tragenden Gläubigerrecht **auf eine Mehrheit von Erben** übergegangen, so kann nach § 2039 BGB. jeder **einzelne** Miterbe den zum Nachlasse gehörenden Rückgewähranspruch verfolgen, der einzelne aber nur Rückgewähr an alle Erben fordern. Dieses im Anschluß an die bisherige preußische Praxis gewährte Individualrecht ist hier besonders wertvoll, weil ohne dasselbe die Wahrung der Anfechtungsfristen durch Eigensinn oder Gleichgültigkeit eines einzelnen Miterben vereitelt werden könnte (vgl. RG. v. 19. 10. 1891 Bolze 13 Nr. 193). Die Zugehörigkeit des Anfechtungsanspruchs (als Aktivbestandteil) zum **Gesamtgut** einer Gütergemeinschaft entscheidet sich bei der Abhängigkeit des Anspruchs von der befriedigungsbedürftigen Forderung danach, ob die Hauptforderung zum Gesamtgute gehört oder nicht (vgl. Posen v. 11. 1. 1904 OLG. 8 S. 336). Entsprechendes gilt für die Zugehörigkeit eines Anfechtungsanspruches der Ehefrau zum **eingebrachten Gute**. Danach beurteilt sich die Frage der Aktivlegitimation. Vgl. namentlich §§ 1380, 1443 BGB. Anm. 74.

VI. Räumliche und zeitliche Schranken der Anfechtbarkeit.

Anm. 75. 1. Welches **örtliche** Recht im Kollisionsfalle für die Gläubigeranfechtung maßgebend sein soll, ist überaus streitig und zweifelhaft. Die Kollision kann sich daraus ergeben, daß der Schuldner, der Erwerber oder der Gläubiger [§ 2 Anm. 43] Ausländer oder im Auslande wohnhaft, daß der Benachteiligungsakt im Auslande vorgenommen, das Rückgewährobjekt dorten belegen, daß nur im Ausland oder zugleich im Ausland Konkurs eröffnet oder zu eröffnen ist. Der Streit hängt eng zusammen mit dem Streit um die Natur der Gläubigeranfechtung. Allerdings behauptet eine verbreitete Lehre, es entscheide ohne Rücksicht auf den Charakter der Anfechtungsverbindlichkeit das zur Zeit der Vornahme des Benachteiligungsaktes am Wohnorte des Schuldners geltende Recht. Denn die Gläubigeranfechtung beruhe auf der Gebundenheit des gesamten Schuldnervermögens zugunsten der Gläubigerschaft und für diese Gebundenheit könne nur der Wohnsitz des Schuldners als der Ort, da dieses Vermögen als Ganzes seinen Sitz habe, bestimmend sein. So in der Hauptsache Cosack S. 105 ff., Jaeckel S. 17 ff., Petersen Zeitschr. f. Zivilpr. 10 S. 64 ff., Kleinfeller Zeitschr. f. Intern. Recht 13 S. 564 ff., Persen-Kleinfeller KO. § 29 Anm. 10, Hartmann-Meikel S. 44 ff.; zustimmend unter dem Gesichtspunkte, daß die Anfechtung „Exekutionsklage" sei, Lippmann in Iherings Jahrb. 36 S. 242 ff.; mit der Einschränkung, daß zugleich nach dem für den Erwerbsakt maßgebenden Rechte die Anfechtbarkeit begründet sein müsse, auch v. Wilmowski-Kurlbaum KO. § 29 Anm. 20. Auch West (Arch. f. zivil. Pr. 60 S. 358 ff.) und Francke (ebenda 62 S. 488 ff.) lassen das Recht am Wohnsitze des Schuldners entscheiden, weil hier der Benachteiligungserfolg eintrete. Indessen beruhen alle diese Konstruktionen auf einer völlig unsicheren Begründung. Sie leiten überdies bei folgerechter Durchführung (gegen Petersen-Kleinfeller a. a. O.) zu dem ganz unannehmbaren Ergebnisse, daß die im Inlande zum Schaden inländischer Gläubiger und zugunsten inländischer Erwerber vorgenommenen Veräußerungen inländischer Vermögensstücke nach ausländischem Anfechtungsrechte zu beurteilen sind, wenn der Schuldner wohl eine Niederlassung im Inlande, seinen Wohnsitz aber zur Zeit der Veräußerung im Auslande hat (vgl. § 238 KO.).

Anm. 76. Bildet die „Rückgewährpflicht" des Anfechtungsgegners, wie jedenfalls für das deutsche, österreichische und schweizerische Recht anzunehmen ist, ein unmittelbar aus der anfechtbaren Rechtshandlung erwachsendes Schuldverhältnis, so können in Ermanglung besonderer Vorschriften nur die allgemeinen Regeln des internationalen Obligationenrechts anwendbar sein. Der Anfechtungsanspruch ist ein Privatrecht und zwar ein verzichtbares Privatrecht, wenngleich die Voraussetzungen der Anfechtbarkeit durch zwingende Vorschriften festgelegt sind [§ 7 Anm. 37]. Es fragt sich also: nach welchem örtlichen Recht ist die Rückgewährverbindlichkeit des Anfechtungsgegners zu beurteilen? Auf den Charakter und Inhalt dieser Verbindlichkeit kommt es an. Ihre Abhängigkeit von der Schuld des exequendus besteht auch für das internationale Recht: ohne Gläubiger keine Gläubigeranfechtung. Keineswegs aber führt diese Abhängigkeit dahin, das die Rückgewährpflicht des Erwerbers nach den Schuldverhältnissen des Veräußerers beurteilt werden müßte. Ebensowenig schließt der Zweck der Gläubigeranfechtung, die Masse der Zwangsbefriedigung zu ergänzen, eine Anwendbarkeit der Sätze des internationalen Privatrechts auf die rein privatrechtliche Anfechtungsverbindlichkeit aus, wenn er auch zu gewissen Begrenzungen nötigen kann [Anm. 78]. Das für die Rückgewährpflicht maßgebende örtliche Recht bestimmt sich nun aber verschieden, je nachdem diese Verbindlichkeit als Deliktsschuld oder als obligatio ex lege aufzufassen ist. Vgl. Zitelmann Intern. Privatr. II S. 42 Note 10 mit S. 477. Wäre sie stets oder doch in bestimmten Fällen eine Deliktsschuld, so müßte, nach anerkannten Sätzen des internationalen Rechts, insoweit das Gesetz des Begehungsortes entscheiden. Die so begründete Anfechtbarkeit würde sich im Inland auf die Grenzen des Inlandsgesetzes beschränken (vgl. a. 12 EG. z. BGB.). Andrerseits würden die Fälle einer Begehung im Auslande mit der Absicht, den Akt dem Inlandsgesetze zu entziehen, gleichwohl dem Inlandsgesetze zu unterstellen sein. So und zwar (wenigstens für die Absichtsanfechtung) von seinem Standpunkt aus ganz folgerecht Kohler Leitfaden § 80 (Lehrbuch § 119); vgl. dazu Korn S. 256, Otto S. 200, v. Sarwey-Bossert KO. 4. Aufl. S. 152 f., Förster-Eccius Preuß. Privatr. I § 11 Note 57, § 114 Note 23. Nach deutschem, österreichischem und schweizerischem Rechte bildet nun aber die Anfechtungsverbindlichkeit als solche niemals eine Deliktsschuld, sondern eine obligatio ex lege [Anm. 8 ff.]. Nach welchem Statut gesetzliche Schuldverhältnisse zu beurteilen sind, ist streitig. Das Personalstatut des Schuldners und damit (nach neuerem Prinzip) das Heimatgesetz des Anfechtungsgegners (so Zitelmann a. a. O.) würde zu einer unangemessenen Maßgeblichkeit ausländischer Gesetze führen. Darum muß mit der herrschenden Lehre des internationalen Rechts (vgl. Enneccerus Bürg. Recht 3. Aufl. I S. 187) auch für diese obligatio ex lege grundsätzlich das Recht **des Erfüllungsortes** als entscheidend erachtet werden.

a) Die **konkursmäßige** Anfechtungsverbindlichkeit ist „zur Konkursmasse" zu erfüllen Anm. 77. (§ 37 KO.). Dementsprechend steht die Gläubigeranfechtung innerhalb des Konkurses grundsätzlich unter dem Gesetze des Konkursgerichts[1]). Im deutschen Konkurse entscheidet sich also vor allem nach der deutschen KO. die Frage, ob der Konkursverwalter im Wege der Anfechtung Rückgewähr zur Masse verlangen, ob er der Geltendmachung eines Aus- oder Absonderungsrechtes, der Anmeldung einer Konkursforderung anfechtend widersprechen kann, mag auch die benachteiligende Rechtshandlung im Auslande zustande gekommen, mag der Veräußerer oder der Erwerber Ausländer oder im Auslande wohnhaft sein. Im wesentlichen Ergebnis übereinstimmend v. Bar Lehrbuch des intern. Priv. u. Strafr. S. 203 und trotz prinzipieller Abweichung Petersen-Kleinfeller a. a. O.; vgl. auch L. Seuffert S. 202 f., Menzel S. 33. Doch ergeben sich aus den Besonderheiten der Gläubigeranfechtung folgende Schranken:

---

[1]) So für den Konkurs auch schon Jaeger KO. § 29 Anm. 62. Die Begründung war aber nicht ausreichend.

Anm. 78. α) Da die Konkursanfechtung nur eine Ergänzung der Konkursmasse anstrebt, versagt sie hinsichtlich solcher Gegenstände, die nach der lex fori auch ohne die Veräußerung nicht zur inländischen Konkursmasse gehören würden. Darum beschränkt sich in den Fällen des § 238 KO. die Anfechtung zugunsten einer deutschen Konkursmasse auf Gegenstände, die sich im Inlande befinden. Im Regelfall erfaßt der deutsche Konkurs und damit die konkursmäßige Anfechtung auch Auslandsvermögen. Hatte z. B. der Kridar die ihm gegen einen Drittschuldner in Österreich zustehende Forderung an einen anderen Österreicher schenkweise abgetreten, so beurteilt sich, wenn nur in Deutschland Konkurs eröffnet ist, die Schenkungsanfechtung wider den in Österreich belangten Erwerber nach der deutschen KO. Vgl. OLG. Colmar v. 28. 9. 1904 Recht 8 S. 556 (in dieser Knappheit freilich unzureichend). Vielfach scheitert jedoch die Einbeziehung ausländischen Vermögens in die deutsche Masse nicht nur an tatsächlichen Hindernissen, sondern auch an entgegenstehenden Rechtsgrundsätzen des Auslandsgesetzes, namentlich bei gleichzeitigem Auslandskonkurse. Vgl. Jaeger KO. § 1 Anm. 68, § 237 Anm. 1.

Anm. 79. β) Die Gläubigeranfechtung bedeutet an sich schon durch ihren Eingriff in den sonst gültigen Rechtserwerb des Anfechtungsgegners eine erhebliche Gefährdung der Rechtssicherheit. Es hieße, die Rücksichtnahme auf die Gläubiger übertreiben, wollte man einen unanfechtbar vollendeten Erwerb um deswillen der Anfechtung aussetzen, weil späterhin durch einen Niederlassungs- oder Wohnsitzwechsel des Veräußerers ein die Anfechtung gestattendes Konkursgesetz maßgebend wird. Ja es dürfte angemessen sein, die Anfechtbarkeit überhaupt zu verneinen, wenn sie nicht von vornherein zugleich nach dem für den Erwerbsakt an sich maßgebenden örtlichen Rechte besteht, und auch kein Anhalt dafür vorliegt, daß der Geschäftsabschluß nur zum Zwecke der Umgehung der inländischen Anfechtungsvorschriften in das Ausland verlegt worden ist. Denn das Interesse des Erwerbers erheischt dringend auch die Berücksichtigung dieses Statuts. Vgl. v. Bar a. a. O., Menzel S. 32f., v. Wilmowski-Kurlbaum a. a. O., Eccius bei Gruchot 34 S. 150, Gierke Privatrecht I S. 249 Note 163; siehe auch Steinbach-Ehrenzweig S. 193 Note 3 mit Lit. (ohne einheitliches Prinzip); abw. Krasnopolski S. 158ff. (der seinerseits nur kasuistische, der näheren Begründung ermangelnde Aufstellungen macht).

Anm. 80. b) Die **außerkonkursmäßige** Anfechtungsverbindlichkeit ist in den zu Anm. 79 bezeichneten Grenzen gleichfalls nach dem Gesetze des Erfüllungsortes zu beurteilen. Maßgebend ist daher, wenn der Anfechtungsgegner die Zwangsvollstreckung in eine Sache, namentlich in ein Grundstück, zu gewähren hat, die lex rei sitae [siehe übrigens § 7 Anm. 15], bei Geldersatzverbindlichkeiten das Recht am Wohnorte des Anfechtungsgegners zur Zeit der Entstehung der Anfechtungsschuld (§§ 269 I, 270 IV BGB.). Vgl. OLG. Karlsruhe v. 26. 5. 1904 Bad. Rechtspraxis 1904 S. 300 (Aussteuer nach schweizerischem

Rechte anfechtbar, da die Hingabe in der Schweiz stattfand und damals alle Beteiligten Schweizer und in der Schweiz wohnhaft waren). Da der Auslandskonkurs der Zulässigkeit inländischer Zwangsvollstreckungen nicht entgegensteht (§ 237 KO.), hindert er auch die inländische Einzelanfechtung als solche nicht. Ebensowenig hindert die Beschränkung des § 238 KO. [Anm. 78] Einzelanfechtungen hinsichtlich ausländischer Vermögensstücke.

c) Was die räumlichen Grenzen der konkursmäßigen und außerkonkursmäßigen Anfechtung gegenüber einem **Rechtsnachfolger** des ersten Erwerbers (§ 40 KO., § 11 AnfG.) betrifft, so lehren Hartmann-Meikel S. 47f. (beipflichtend Petersen-Kleinfeller KO. § 29 Anm. 10 a. E.), daß auch noch insoweit das zur Zeit der ersten Veräußerung am Wohnorte des Schuldners geltende Recht maßgebend bleiben müsse, weil nur der ursprüngliche Benachteiligungsakt, nicht der Sukzessionsakt Gegenstand der Anfechtung sei. Abweichend beurteilen Francke a. a. O., Cosack § 54 a. E. (S. 320), Jaeckel S. 19 die Anfechtbarkeit gegenüber dem Rechtsnachfolger selbständig nach dem Rechte, das zur Zeit der Nachfolge am Wohnorte des Schuldners gilt. Wir halten das Wohnsitzrecht des Schuldners überhaupt nicht für maßgebend [Anm. 76ff.]. Überdies erscheint es uns verfehlt, Erbfolge und Sondernachfolge zusammenzuwerfen. Der Erbe haftet anstatt des Ersterwerbers, der Sondernachfolger aber neben dem Ersterwerber. Die Anfechtungsschuld des Sondernachfolgers ist, wie zu § 11 dargelegt wird, eine neue, selbständige Verbindlichkeit. Dementsprechend muß sie, auch was das örtliche Recht betrifft, selbständig beurteilt werden, während die Anfechtungsschuld des Erblassers, so wie sie einmal entstanden ist, auf den Erben übergeht. Auch gegenüber dem Sondernachfolger kann eine Anfechtbarkeit aber nur dann erwachsen, wenn schon der Vorerwerb nach dem für diesen maßgebenden Recht anfechtbar ist. Wegen einer Gesetzesumgehung gilt das zu Anm. 79 Bemerkte. Vgl. auch Kohler Lehrbuch S. 662. Anm. 81.

2. Seine **zeitliche** Anwendbarkeit hat das Anfechtungsgesetz selbst für den Übergang des Jahres 1879 im § 14 (entsprechend den §§ 1, 9 EG. z. KO.) begrenzt. Die Neuerungen v. 17. Mai 1898 (a. VII EG. z. KNovelle) finden auf die vor dem 1. Januar 1900 vollendeten Erwerbsakte keine Anwendung (a. VIII EG. z. KNovelle). Aus § 14 II AnfG., § 9 EG. z. KO., a. VIII EG. z. KNovelle ergibt sich für das Übergangsrecht der allgemeine Grundsatz: ein Rechtserwerb bleibt unanfechtbar, wenn er sich unter der Herrschaft eines die Anfechtung nicht gestattenden Gesetzes vollzogen hat. Darum darf namentlich, wenn die in der Novelle von 1898 verordnete Verschärfung des § 11 II Nr. 3 AnfG. (§ 40 II Nr. 3 KO.) Platz greifen soll, die Sondernachfolge erst unter der Herrschaft der Novelle, also nicht vor dem 1. Januar 1900 (a. I EG. z. KNovelle), eingetreten sein. Im übrigen siehe die Erläuterungen zum § 14 sowie § 3 Anm. 71. Anm. 82.

§ 2.

Zur Anfechtung ist jeder Gläubiger, welcher einen vollstreckbaren Schuldtitel erlangt hat und dessen Forderung fällig ist, befugt, sofern die Zwangsvollstreckung in das Vermögen des Schuldners zu einer vollständigen Befriedigung des Gläubigers nicht geführt hat oder anzunehmen ist, daß sie zu einer solchen nicht führen würde.

Unveränderter § 2 der ursprünglichen Fassung.

Materialien: Begründung S. 12 ff., Protokolle S. 2268 f. (Einschaltung der Worte „und dessen Forderung fällig ist" ohne sachliche Änderung.)

I. Entstehung und Verfolgbarkeit des Anfechtungsanspruches im allgemeinen.

Anm. 1. 1. **Entstanden** (begründet) ist der Anfechtungsanspruch unmittelbar mit dem Abschlusse der einen Tatbestand der §§ 3, 3a enthaltenden Benachteiligungshandlung des Schuldners. Einer rechtsgeschäftlichen Anfechtungserklärung bedarf es zur Entstehung des Anfechtungsanspruches weder bei der konkursmäßigen noch bei der außerkonkursmäßigen Gläubigeranfechtung; Anfechtungsrecht und Anfechtungsanspruch decken sich [§ 1 Anm. 64 ff.]. Während aber der konkursmäßige Anfechtungsanspruch ein gemeinschaftliches Recht aller Konkursgläubiger bildet, das ausschließlich der Konkursverwalter zugunsten der Gesamtgläubigerschaft auszuüben ermächtigt ist (§ 36 KO.), stehen „außerhalb des Konkursverfahrens" so viele Einzelanfechtungsansprüche nebeneinander als benachteiligte Gläubiger vorhanden sind. Die Haftung des Anfechtungsschuldners gegenüber einer solchen Mehrheit von Einzelgläubigern begrenzt sich auf das, „was durch die anfechtbare Handlung aus dem Vermögen des Schuldners veräußert, weggegeben oder aufgegeben ist", bei der Schenkungsanfechtung im Falle gutgläubigen Empfangs auf die Bereicherung (§ 7). Hat der Anfechtungsschuldner in dieser Höhe seine Verbindlichkeit einmal, wäre es auch nur gegenüber einem von vielen Anfechtungsgläubigern, erfüllt, dann sind alle Einzelansprüche erloschen. Näheres zu § 7.

Anm. 2. 2. Von der Entstehung des Anfechtungsanspruches ist der Eintritt seiner Verfolgbarkeit zu unterscheiden. Eine zur Rechtswahrung ausreichende Verfolgung des Anfechtungsanspruches kann innerhalb und außerhalb des Konkurses nur im Wege gerichtlicher Geltendmachung (Klage, Einwendung, Replik) geschehen [§ 1 Anm. 64 ff.]. Der Staat gewährt nun aber den gerichtlichen Rechtsschutz nur dann, wenn das Bedürfnis eines solchen Schutzes, **ein Rechtsschutzinteresse**, vorliegt (vgl. Wach, Handbuch § 2 Note 18). Welches Rechtsschutzinteresse für die Zulässigkeit einer bloßen Feststellungsklage erfordert wird, das bestimmen ausdrücklich die §§ 256, 280 ZPO. Für Leistungsklagen läßt sich aus den §§ 257—259 ZPO. die Regel ableiten, daß mit der Fälligkeit des Anspruchs das Rechtsschutzinteresse ohne weiteres gegeben ist; denn es braucht nur beim Mangel der Fälligkeit durch besondere Umstände gerechtfertigt zu sein. Die Anfechtungsklage steht nach beiden Richtungen, was die Zulässigkeit der Feststellungs- und der Leistungsklage betrifft, unter eigentümlichen, die Verfolgbarkeit erschwerenden Vorschriften, da sie einen die Rechtssicherheit erschütternden Eingriff in den an sich gültigen Erwerb eines Dritten bedeutet. Diese Eigentümlichkeiten sind:

a) Als bloße Feststellungsklage ist die Anfechtungsklage eines Gläubigers außerhalb des Konkurses überhaupt unzulässig, damit der Anfechtungsgegner nicht durch vermeidbare Prozesse belästigt wird (§ 9). Sonst könnte der Fall eintreten, daß nach Feststellung der Anfechtbarkeit eine Veränderung der Verhältnisse demnächst der Leistungsklage den Boden entziehen würde. Dem Beklagten muß alsbald Gewißheit darüber werden, ob und inwieweit er rückgewährpflichtig ist. Diesem Gebote der Verkehrssicherheit trägt der § 9 Rechnung. Ebendarum darf der Einzelgläubiger auch nicht auf Feststellung dahin klagen, daß er für den Fall der Erwirkung eines Titels und der alsdann bestehenden Fruchtlosigkeit der Vollstreckung anfechtungsberechtigt sei. Der § 256 ZPO. wird für die Einzelanfechtung durch den § 9 AnfG. verdrängt. Der Konkursverwalter dagegen darf in Ermanglung einer abweichenden Vorschrift unter den regelmäßigen Voraussetzungen (§§ 256, 280 ZPO.) auf bloße Feststellung des Anfechtungsanspruches klagen. Näheres zu § 9; dortselbst die Rechtsprechung. Arrest und einstweilige Verfügung: Anm. 15. Anm. 3.

b) Die Zulässigkeit der Leistungsklage setzt bei der Einzelanfechtung ein besonderes Rechtsschutzbedürfnis voraus, während sie innerhalb des Konkurses durch die Konkurslage selbst gerechtfertigt wird. Dieses besondere Rechtsschutzbedürfnis für die Zulässigkeit der gerichtlichen Einzelanfechtung bestimmt unser § 2. Er behandelt also lediglich die Frage, wann die Verfolgung der Einzelanfechtungsansprüche zulässig ist. Wann diese begründet sind, das besagen die §§ 1, 3, 3a AnfG., wie auch das Begründetsein der vorbildlichen konkursmäßigen Anfechtung ausschließlich in den §§ 29, 31, 32, 222 KO. geregelt ist. Dies bestätigen die §§ 4, 5 AnfG. Insbesondere könnte der Anfechtungsanspruch auch durch Einrede nicht „erhoben" werden, wenn er vor der Titelerlangung noch gar nicht entstanden wäre [siehe die Rechtsprechung in Anm. 6]. Die Verfolgbarkeit (die „Befugnis" zur Anfechtung) setzt nach § 2 voraus, daß der einzelne Anspruch nicht nur — wie dies sonst zur Statthaftigkeit der Leistungsklage gefordert wird [Anm. 2] — fällig ist (aus der akzessorischen Natur des Anfechtungsanspruches folgt, daß er nicht vor der befriedigungsbedürftigen „Forderung" fällig wird); es muß außerdem der Gläubiger einen vollstreckbaren Titel erwirkt und seine Zwangsbefriedigung aus den dem Schuldner noch verbliebenen Mitteln vergeblich versucht haben oder er muß doch die voraussichtliche Vergeblichkeit eines solchen Versuchs dartun. Für die Verfolgung des Einzelanspruchs „im Wege der Einrede" gilt nach § 5 eine dort zu besprechende Erleichterung. Anm. 4.

Anm. 5. 3. Das Rechtsschutzintresse, also die sämtlichen Erfordernisse des § 2, hat der Richter nach den allgemeinen Prozeßvoraussetzungen (insbesondere der Zuständigkeit, der Partei- und Prozeßfähigkeit) und vor dem Begründetsein des Anfechtungsanspruches zu **prüfen**. Da die im § 2 verordnete Erschwerung der Verfolgbarkeit vorwiegend dem Interesse des Anfechtungsgegners dient [Anm. 2], hat das Prozeßgericht die Tatsachen, die der Anfechtende zur Rechtfertigung des Schutzbedürfnisses behauptet, ohne Wahrheitserforschung zu würdigen, wenn sie der Gegner zugesteht oder nicht bestreitet (§§ 138, 288, 331 ZPO.). So kann es trotz ihres Mangels zur Sachentscheidung kommen. Vgl. im allgemeinen über die Prüfung des Rechtsschutzbedürfnisses Stein, Voraussetzungen des Rechtsschutzes (1903) S. 40 ff. Damit freilich, daß der Gegner den Bestand der behaupteten Forderung des Anfechtenden an den exequendus zugibt, erübrigt er keineswegs die Nachprüfung des Titelerfordernisses (vgl. RG. v. 19. 6. 1891 Bolze 12 Nr. 217). Auch fragt es sich, wenngleich die zur Begründung der voraussichtlichen Vergeblichkeit eines Zwangszugriffes vom Anfechtenden vorgebrachten Indizien nicht auf ihre Wahrheit nachzuprüfen sind, immer noch, ob sie diesen Schluß auch in der Tat rechtfertigen. Verneint der Richter das Rechtsschutzbedürfnis, so hat er die Anfechtungsklage als unzulässig abzuweisen, ohne auf die Frage einzugehen, ob der Anfechtungsanspruch begründet ist oder nicht. Über das Begründetsein des Anspruchs wird also durch diese Abweisung in einer der materiellen Rechtskraft zugänglichen Weise nicht erkannt. Einer auf denselben Anfechtungsanspruch gestützten, aber in ihrer Zulässigkeit durch neue Tatsachen gerechtfertigten nochmaligen Anfechtungsklage steht daher das erste Urteil nicht entgegen. Für die Wahrung der Anfechtungsfristen ist freilich, da der für „die Verjährung" geltende § 212 BGB. hier unanwendbar bleibt, nur die neue Klage maßgebend. Wenn mithin auch das Verhandeln über die Erfordernisse des § 2 noch kein Verhandeln über das Begründetsein des Anfechtungsanspruches darstellt, so bildet es doch eine weitere Stufe nach dem Verhandeln über „prozeßhindernde Einreden" und insofern bereits „ein Verhandeln zur Hauptsache" im Sinne des § 274 (wie insbesondere auch der §§ 39, 76, 271) ZPO., also nicht nur ein „Verhandeln" schlechthin (z. B. §§ 43, 333 ZPO.). Eine „das Verfahren betreffende Vorschrift" im Sinne des § 295 ZPO. enthält der § 2 nicht.

Anm. 6. 4. Sind sonach auch die Voraussetzungen für die Verfolgbarkeit und für das Begründetsein des Anfechtungsanspruches zu trennen, so ergibt doch diese Trennung keinen Unterschied für die Lösung der Frage, **in welchem Zeitpunkte** die Voraussetzungen beider Art erfüllt sein müssen, damit eine Verurteilung des Anfechtungsbeklagten erfolgen kann. Es ist erforderlich und genügend, daß die Voraussetzungen der Verfolgbarkeit und des Begründetseins am Schlusse derjenigen mündlichen Verhandlung vorliegen, deren Tatsachenstand für das Urteil maßgebend ist: in beiden Richtungen entscheidet die Zeit **der Schlußverhandlung** erster oder zweiter Instanz (vgl. namentlich §§ 278, 323 II, 529, 767 II ZPO.; Gaupp-Stein, ZPO. § 300 IIIb, L. Seuffert, ZPO. § 267 Anm. 4 mit Lit.). Für das Gebiet des § 2 hat denn auch das Reichsgericht in einer Reihe von Entscheidungen anerkannt, daß es genügt, wenn die Voraussetzungen sich im Laufe des Anfechtungsprozesses erfüllt haben, wenn also spätestens bei der maßgebenden Schlußverhandlung Titel, Fälligkeit der Hauptforderung und Zahlungsunvermögen des Schuldners feststehen. So für das Erfordernis des Vollstreckungstitels RG. VZS. v. 27. 4. 1898 Bd. **41**, 87 in Übereinstimmung mit V. ZS. v. 22. 12. 1888 Bolze 7 Nr. 283 gegen III. ZS. v. 11. 12. 1896 Bd. **38**, 87 (dahinstellend VI. ZS. v. 18. 2. 1897 Gruchot 41 S. 684; die VZS. betonen unter Hinweis auf die §§ 4, 5 mit Recht, daß das Titelerfordernis „lediglich eine Voraussetzung für die Ausübung des Anfechtungsrechtes" bildet; mit Unrecht aber gehen sie davon aus, daß die Voraussetzung schon zur Zeit der Klagerhebung erfüllt sein müßte, wenn sie einen Bestandteil des Klagegrundes bilden würde; die ZPO. bietet dieser Unterscheidung nicht die geringste Stütze); für das Erfordernis der Fälligkeit des Hauptanspruchs RG. v. 24. 11. 1896 JW. 1897 S. 10 Nr. 29; v. 24. 6. 1898 JW. S. 480 Nr. 17; v. 27. 9. 1898 ebenda S. 574 f. Nr. 16; für das Erfordernis fruchtloser Vollstreckung RG. v. 18. 3. 1889 Bolze 7 Nr 303 (abw. Hamburg v. 30. 1. 1903 OLG. 10 S. 223, Jaeckel S. 57). Daß Titel und Zahlungsunvermögen Voraussetzungen der Geltendmachung (Ausübung) des Anfechtungsrechtes sind, betont wiederholt auch RG. v. 23. 2. 1904 Bd. **57**, 105. Fehlt noch zur Zeit der maßgeblichen Schlußverhandlung ein Erfordernis der Verfolgbarkeit oder des Begründetseins, so muß dem Antrage des Anfechtungsbeklagten auf Abweisung der Klage (im ersten Falle als unzulässig, im zweiten als unbegründet) ohne weiteres stattgegeben werden (arg. § 300 ZPO.); auf eine Vertagung zur Hebung des Mangels hat der Kläger kein Recht (vgl. RG. **41**, 88; **57**, 103), ein gesetzlicher Aussetzungsgrund liegt nicht vor (RG. v. 29. 12. 1888 Bolze 7 Nr. 940). Ist umgekehrt zur Zeit der Schlußverhandlung ein Erfordernis des § 2, das bei Prozeßbeginn vorlag, wieder weggefallen (der Titel aufgehoben, die Hauptforderung gestundet, das Schuldnervermögen wieder zulänglich geworden), so ist beim Beharren des Klägers auf dem Klagantrage die Klage als unzulässig abzuweisen, wie sie nach Wegfall eines klagebegründenden Tatumstandes (insbesondere nach völliger Ausgleichung der Benachteiligung) als unbegründet abgewiesen werden müßte. Klagänderung: § 1 Anm. 59.

5. Die dargelegte Bedeutung des § 2 ergibt, daß es jedenfalls für das Reichsrecht nicht mehr zutrifft, wenn RG. (I. Hilfssenat) v. 22. 2. 1882 Bd. **7**, 189 für das unserem AnfG. vorbildliche preußische Gesetz v. 9. 5. 1855 den Satz aufgestellt hat: da die Anfechtungsbefugnis auf dem Exekutionsrechte des Gläubigers beruhe, bilde der Vollstreckungstitel nicht nur die Legitimation zur Klage; er begründe vielmehr — in Verbindung mit anderen Voraussetzungen — das Anfechtungsrecht selbst. Siehe dagegen für das Reichsrecht die in Anm. 6 genannten Entscheidungen, sowie unten Anm. 30 ff. Gleichwohl lehrt Hellwig, Rechtskraft S. 89 f., gestützt auf das Urteil v. 22. 2. 1882: heute sei es weder erforderlich noch genügend, daß der Anfechtende eine „Forderung" [Anm. 8] gegen den Schuldner habe. Mit der akzessorischen Natur des An- Anm. 7.

fechtungsanspruches verträgt sich dieser Satz nicht. Das Dasein eines befriedigungsbedürftigen Anspruchs wider den exequendus ist für Entstehung, Fortdauer und Umfang der Anfechtungsverbindlichkeit maßgebend (§§ 1, 7). Mit ihm geht sie über (RG. v. 18. 3. 1897 Bd. 39, 14) und unter (RG. v. 25. 6. 1896 Bolze 23 Nr. 236). Er gehört zum Grunde der Anfechtungsklage [Einwendungen: Anm. 30 ff.], während das Titelerfordernis des § 2 nur ihre Zulässigkeit bedingt. Titel des Zessionars: Anm. 20. Freilich hat der § 2 nicht den Sinn, daß er die materielle Voraussetzung des Bestandes einer „Forderung" aufstellt (vgl. schon § 1 verb. „eines Gläubigers"). Immerhin bestätigt er in den Worten „Gläubiger, dessen Forderung fällig ist" jene Voraussetzung mittelbar. Mit der Gegenansicht lassen sich diese Gesetzesworte (ganz abgesehen von den §§ 1, 7) nicht vereinigen.

II. Die Erfordernisse der Verfolgbarkeit[1]) des Anfechtungsanspruches im einzelnen.

Anm. 8. Die Forderung des anfechtungsberechtigten Gläubigers gegen den Schuldner (exequendus) muß fällig und vollstreckbar, die Zwangsvollstreckung in das dem Schuldner noch zu Gebote stehende Vermögen muß fruchtlos versucht oder doch voraussehbar fruchtlos sein.

1. **Gläubiger** im Sinne des Anfechtungsgesetzes sind nicht nur persönliche Gläubiger [Miterben: § 1 Anm. 74], sondern auch Realgläubiger als solche, namentlich Hypotheken-, Grund-, Rentenschuld- und Reallastgläubiger, denen der Belastete — der „Schuldner" im Sinne der Zwangsvollstreckung — nicht zugleich persönlich haftet. Auch dingliche Ansprüche auf Geldzahlung bilden daher „Forderungen" im Sinne des § 2. Vgl. Begr. S. 14 und nun auch die §§ 592, 688, 794 Nr. 5 ZPO. Der Anfechtungsanspruch selbst hat auch in solchen Fällen nur obligatorische Kraft (RG. v. 16. 6. 1899 JW. S. 492 Nr. 26). Im übrigen siehe wegen der Realgläubiger Anm. 10 ff., 28. Die Anfechtungsklage muß den Anspruch, dessen Befriedigung der Kläger anstrebt, bestimmt bezeichnen [§ 1 Anm. 30]. Daß die Gläubigeranfechtung nur der **Geldvollstreckung** dient, ist im Konkurs ohne weiteres klar. Für die Einzelanfechtung folgt die Richtigkeit dieses Satzes namentlich aus der Fassung des § 2 („die Zwangsvollstreckung in das Vermögen des Schuldners" darf nicht zu einer „vollständigen Befriedigung" geführt haben). Diese Vorschrift ist, wie die Begr. S. 14 ausdrücklich hervorhebt, dem jetzigen § 807 ZPO. nachgebildet. Hier wie da passen die Worte „zu einer vollständigen Befriedigung des Gläubigers nicht geführt" nur auf eine Geldvollstreckung. So steht denn auch der § 807 ZPO. im Abschnitte „Zwangsvollstreckung wegen Geldforderungen" (anders der Offenbarungseid des § 883 ZPO.), die eine „Zwangsvollstreckung in das bewegliche" (§§ 803—863) und „in das unbewegliche Vermögen" (§§ 864—871) ist und den

---

[1]) Wegen der erleichterten Verfolgung im Wege der Einrede und Replik siehe zu § 5, wegen der Möglichkeit einer fristerstreckenden Anfechtungsankündigung vor Vollstreckbarkeit oder Fälligkeit des Hauptanspruchs zu § 4.

Gegensatz zur Naturalerzwingung anderer als Geldansprüche (§§ 883—898) bildet. Es ist sehr bezeichnend, daß unser § 2 gerade den technischen Ausdruck „Zwangsvollstreckung in das Vermögen" enthält. Damit weist er nach dem Systeme der ZPO. deutlich auf die Zwangsvollstreckung „wegen Geldforderungen" hin. Die Erzwingung einer Eigentumsherausgabe (§ 985 BGB., § 883 ZPO.) wäre offenbar gar keine Zwangsvollstreckung „in das Vermögen" des exequendus, da ihm die herauszugebende Sache eben nicht gehört. Dieser Beweisgrund wird keineswegs durch die Tatsache entkräftet, daß der § 237 KO. mit den Worten „Zwangsvollstreckung in das inländische Vermögen" auch die Fälle der §§ 883 ff. ZPO. trifft. Denn dort ist die Wortverbindung offenbar untechnisch gebraucht: nicht vom Vermögen „des Schuldners" ist die Rede, sondern allgemein von Vermögensgegenständen, die er im Inlande „besitzt". Keinesfalls ließe sich aber, wie Eccius I § 114 Note 29 mit Recht betont, aus einer vereinzelten Ungenauigkeit folgern, daß auch der § 2 ungenau gefaßt sei. Dazu kommen innere Gründe. Wer die Gläubigeranfechtung auch wegen eines Anspruchs auf Herausgabe oder Verschaffung bestimmter Gegenstände (§§ 883 ff. ZPO.) zuläßt, muß Übereignungen, Abtretungen oder Belastungen, die der Schuldner pflichtwidrig statt zugunsten des Gläubigers (z. B. Käufers) zugunsten eines Dritten vornimmt, in Fällen des § 3 (insbesondere bei absichtlicher Vertragsverletzung und bei Unentgeltlichkeit) trotz vollkommener Zulänglichkeit des Schuldnervermögens zur Schadensdeckung der Gläubigeranfechtung unterwerfen. Desgleichen Veräußerungen oder Belastungen fremder Sachen, auch wenn das bürgerliche Recht den Erwerber um seines guten Glaubens willen — die §§ 892 f., 932 ff., 1207 BGB. treffen auch unentgeltliche Verfügungen — im Erwerbe schützt. Damit würde die an sich schon die Verkehrsfreiheit bedrohende Gläubigeranfechtung weit über Gebühr und Bedürfnis erstreckt und rein persönlichen Forderungen (z. B. aus dem Kauf) eine höchst bedenkliche Wirksamkeit zuerkannt. Die Folgen derartiger Verletzungen obligatorischer und dinglicher Ansprüche regelt das sonstige bürgerliche Recht. Zu ihrer Verhütung dienen nach Lage der Sache insbesondere Vormerkungen, Widersprüche und einstweilige Verfügungen. Ob der Empfänger dem Verletzten haftbar wird, das hängt gleichfalls von den allgemeinen Vorschriften des bürgerlichen Rechtes ab. Eine solche Verantwortlichkeit kann sich z. B. aus § 816 I 2 BGB. oder nach Deliktsrecht (Teilnahme an unerlaubter Handlung) ergeben. Wortlaut und Sinn des Gesetzes weisen also darauf hin, daß nur erzwingbare Ansprüche auf eine bestimmte Geldsumme zur Gläubigeranfechtung berechtigen, mögen sie nun als Geldansprüche entstanden oder aber in Geldansprüche übergegangen sein. Daß ein Anspruch zur Geldforderung werden kann (vgl. §§ 280, 283, 286, 325 f. BGB., § 893 ZPO.), genügt nicht. So im Ergebnisse schon für das vorbildliche preußische Recht das Obertribunal (10. 2. 1876 Entsch. 77 S. 199), dann in ständiger Rechtsprechung (wenn auch nicht mit einwandfreien Gründen) das Reichsgericht (12. 5. 1887 Bd. 18, 145; 3. 11. 1887 Bd. 19, 204; 24. 2. 1893 JW. S. 201 Nr. 22; 18. 12. 1894 Bolze 19 Nr. 258; 22. 12. 1897 JW. 1898 S. 74 Nr. 28; v. 24. 6. 1898 ebenda S. 480 Nr. 17), desgleichen die österreichische Praxis (Steinbach-Ehrenzweig S. 149 Note 2) und die überwiegende Mehrheit der Schriftsteller (Eccius a. a. O., Dernburg, Preuß. Privatr. II § 132 Note 4, Korn S. 1 ff., Menzel S. 39, Krasnopolski S. 114 f., v. Wilmowski 5. Aufl. S. 566, v. Völderndorff, III S. 140 f., F. Endemann, Bürg. Recht I 8. Aufl. § 199 Note 13, Fitting, Zivilprozeß 11. Aufl. S. 646, Merzbacher S. 10 u. a.); **abw.** Markus bei Gruchot 33 S. 251 ff., Jaeckel S. 213 ff., Petersen-Kleinfeller § 2 Anm. 3, Hartmann-Meikel S. 94 ff., Voigt, Einfluß des Konkurses auf schwebende Prozesse (1903) S. 217 f., wohl auch Cosack S. 40 (vgl. freilich S. 45). Eine weitere Frage ist die, ob der Gläubiger noch eines besonderen Titels zur Anfechtung wegen seines Ersatzanspruchs bedarf, wenn der bereits in einem Vollstreckungstitel anerkannte Anspruch auf die Individualleistung in einen Schadensersatzanspruch übergegangen und das Schuldnervermögen im Sinne des § 2 zur Leistung der Ersatzsumme unzulänglich ist. Die Frage wird (gegen Steinbach-Ehrenzweig a. a. O.) bejaht werden müssen, weil das Titelerfordernis den beabsichtigten Schutz des Anfechtungsgegners nur dann sicherstellt, wenn damit die Vollstreckbarkeit einer bestimmten Geldsumme — des Höchstbetrags der Rückgewähr gegenüber diesem Gläubiger — verlangt ist. Selbst im Falle einer Überleitung des Individualanspruchs in eine Ersatzforderung nach § 283 BGB. muß also noch ein eigener Titel für die Ersatzforderung erwirkt werden, damit zugunsten dieser Forderung angefochten werden kann (Zuständigkeit: § 893 II ZPO.).

Anm. 9. Da sonach der Anspruch schon gegenwärtig auf Geld gerichtet sein muß, scheiden hier außer den Ansprüchen auf Herausgabe oder Verschaffung bestimmter Gegenstände (RG. **18**, 145), wie z. B. auf Übereignung der Kaufsache (JW. 1898 S. 74), insbesondere auch Ansprüche auf ein individuelles Tun oder Lassen aus, also etwa Ansprüche auf Rechnungslegung (Obertribunal a. a. O., ebenso aber auch z. B. Cosack S. 40) oder auf Teilung und Vorlage eines Inventars (vgl. OLG. Kiel v. 23. 5. 1884, Seufferts Archiv Bd. 40 Nr. 21) oder auf Stellung eines Bürgen oder Pfandes (RG. **19**, 207) oder auf Löschung einer Hypothek (Bolze 19 Nr. 258). Eine nach § 888 und erst recht eine nach § 890 ZPO. verhängte Geldstrafe hat der Staat, nicht der Vollstreckungsgläubiger zu fordern. Letzterem dient also dieser Geldanspruch nicht zur Gläubigeranfechtung (vgl. OLG. Kiel a. a. O.). Der Staat aber kann wie mit privatrechtlichen (z. B. auf Zahlung eines Kaufpreises oder einer Vertragsstrafe) so auch mit öffentlich-rechtlichen Geldansprüchen (z. B. mit Steuerforderungen) Anfechtungsgläubiger sein. Geldstrafen (auch auf Grund der §§ 888, 890 ZPO.) darf er im Konkurse nicht geltend machen (§ 63 Nr. 2 KO.). Umdeswillen ist er zwar an der Einzelanfechtung zugunsten eines Strafanspruchs nicht gehindert (vgl. § 495 StPO.); allein die Anfechtung des Konkursverwalters geht — anders als gegenüber Realgläubigern [Anm. 10] — arg. §§ 3, 37, 63 KO. vor [§ 1 Anm. 5]. Streitig ist, ob der Staat zum Vollzug einer Vermögensbeschlagnahme anfechten kann. Allgemein bejaht wird die Frage z. B. von Petersen-Kleinfeller § 2 Anm. 4 und v. Völderndorff III S. 141, für § 325 StPO. bejaht und für § 332 StPO., verneint dagegen von Hartmann-Meikel S. 103. Da die Gläubigeranfechtung lediglich zur unmittelbaren Beitreibung fälliger Geldansprüche dient, bleibt hier nicht nur der § 332, sondern auch der § 325 StPO. (Sicherung der für den Fall der Verurteilung „möglicherweise" auszusprechenden Geldstrafe und der Kosten) außer Betracht.

Was insbesondere **die Realgläubiger** — so nennen wir die im Konkursfall absonderungsberechtigten Gläubiger im Gegensatze zu den bloßen Konkursgläubigern (§ 13 I AnfG., § 36 KO. gegen §§ 4, 47 ff. KO.) — betrifft, so kommen, wie in Anm. 8 bemerkt ist, für die Gläubigeranfechtung sowohl solche Realgläubiger in Betracht, die zugleich persönliche Forderungen gegen den exequendus haben, als solche, denen nur dingliche Ansprüche an Gegenständen des exequendus zustehen. In beiden Fällen können sie als Realgläubiger nur solche Handlungen des exequendus anfechten, die den belasteten Gegenstand selbst betreffen. Sind sie zugleich persönliche Gläubiger, dann können sie auch nachteilige Verfügungen des Schuldners über andere Gegenstände anfechten. Alsdann fechten sie aber lediglich in ihrer Eigenschaft als persönliche Gläubiger an, nicht als Realgläubiger, und werden dementsprechend durch den Konkursverwalter nach § 13 AnfG., § 36 KO. verdrängt, während der als solcher anfechtende Realgläubiger dem bloß persönlichen Gläubiger und darum der Konkursgläubigerschaft — die Unanfechtbarkeit seines Realrechts vorausgesetzt (vgl. namentlich §§ 30, 35 KO.) — vorgeht [§ 1 Anm. 6]. Andrerseits kann der Realgläubiger zugunsten seines Realrechts auch auf Grund eines für seine persönliche Forderung gegen den exequendus erwirkten Titels, insbesondere auf Grund des Eintrags in die Konkurstabelle, anfechten. Vgl. Jaeger, Recht 8 (1904) S. 620 mit Lit., namentlich RG. v. 6. 4. 1886 Bd. 16, 36. Keinesfalls kann der Realgläubiger Verfügungen eines Vorgängers dessen anfechten, der das Realrecht bestellte oder seine Zwangsbegründung dulden mußte; denn das sind keine Rechtshandlungen „des Schuldners" (§ 1). Vgl. Menzel S. 38. Allein auch hinsichtlich solcher Verfügungen, die der exequendus selbst in Ansehung des belasteten Gegenstandes getroffen hat, ergeben sich Zweifel über die Anfechtungsbefugnis der Realgläubiger. Wie können sie als solche benachteiligt sein durch eine dem Erwerbe des Realrechts nachfolgende Handlung, da doch das Realrecht grundsätzlich seinen Vorrang bewahrt, oder andrerseits durch eine ihrem Erwerbe vorausgegangene Verfügung, da doch das Realrecht den Gegenstand bereits belastet angetroffen hat? Vgl. Jaeckel S. 6, 33 ff., 218 ff. (namentlich für das frühere preußische Recht), Menzel S. 36 f., Steinbach-Ehrenzweig S. 116 f., 182 f. Darauf ist zu antworten: Anm. 10.

a) Insofern der nachfolgende Akt das Realrecht völlig unberührt läßt, kann allerdings von einer Anfechtung durch den Realgläubiger als solchen keine Rede sein. Darum kann der Pfandgläubiger als solcher eine Veräußerung (z. B. Verschenkung), die sein Pfandrecht fortbestehen läßt, nicht anfechten (gegen Voigt, Einfluß des Konkurses 1903 S. 215). Möglicherweise aber hat die nachfolgende Verfügung den Untergang des Realrechts bewirkt. Das kommt nicht nur bei Fahrnis (vgl. insbesondere § 936 BGB.), sondern auch im Bereiche des Grundbuchrechts vor, namentlich wenn ein kraft Anm. 11.

Gesetzes entstandenes buchfähiges, aber noch nicht verbuchtes Realrecht (Beispiele: § 1287 BGB., § 848 II ZPO.) durch gutgläubigen Dritterwerb (§ 892 BGB.) verdrängt wird. Nun steht zwar fest, daß die Schutzvorschriften des allgemeinen bürgerlichen Rechts zugunsten des redlichen rechtsgeschäftlichen Verkehrs an sich eine Gläubigeranfechtung nicht hindern [§ 11 Anm. 27]; es muß aber bestritten werden, daß die Gläubigeranfechtung dem Verletzten zur Wiederherstellung des erloschenen Realrechts zu verhelfen vermag. Als gleichzeitiger persönlicher Gläubiger kann er ungeachtet jener Schutzvorschriften die unter § 3 fallende Verfügung (z. B. Verschenkung) anfechten, aber nicht mehr als Realgläubiger. Folglich muß diese Anfechtung der Anfechtung des Konkursverwalters weichen (§ 13 AnfG., § 36 KO.). Das Gegenteil lehrt freilich Voigt a. a. O. Allein es ist nicht wahr, daß die Gläubigeranfechtung, wie er behauptet, das durch den gutgläubigen Dritterwerb erloschene Pfandrecht ex tunc wieder aufleben läßt. Eine solche Wiederherstellung ist weder der Zweck noch der Erfolg einer nur zur unmittelbaren Geldbeitreibung dienenden [Anm. 8] und nur obligatorisch wirkenden Anfechtung. Es fehlt — vom Falle gleichzeitiger persönlicher Haftung abgesehen — der Geldanspruch, wie ihn das akzessorische Anfechtungsrecht voraussetzt. Nach dem Erlöschen der ausschließlich dinglichen Haftung ist ein „Gläubiger" im Sinne des § 2 nicht mehr da. Ein Bereicherungs- oder Deliktsanspruch gegen den Veräußerer aber würde offenbar nur ein Konkursgläubigerrecht, nicht ein Realgläubigerrecht als Grundlage zur Anfechtung der Veräußerung abgeben können. Anders liegt die Sache, wenn die benachteiligende Verfügung das Realrecht nicht getilgt, sondern nur zurückgesetzt hat, wie das namentlich nach § 1208 BGB., aber auch bei Grundstücksbelastungen zum Nachteil unverbuchter Buchrechte denkbar ist. Hier ist nach wie vor ein Realgläubiger vorhanden, der als solcher in seiner Befriedigung verkürzt und unter den besonderen Voraussetzungen des § 3 anfechtungsberechtigt sein kann, falls nur das Realrecht auf Zahlung einer Geldsumme geht. Die einen Nießbrauch zurückdrängende Belastung könnte der Nießbraucher kraft seines Nießbrauchs nach dem Inhalte dieses Rechtes nicht anfechten [Anm. 8]. Ist die Anfechtung begründet, so muß der Erwerber des Vorrangs im Verteilungsverfahren zurücktreten. Darüber und über den Einfluß der Anfechtung auf nichtanfechtende Zwischengläubiger siehe § 1 Anm. 28 f., § 9 Anm. 11.

Anm. 12. b) Durch eine der Begründung des Realrechts vorausgehende Verfügung kann der Realgläubiger als solcher sehr wohl benachteiligt sein. Hat beispielsweise der Schuldner, um die ihm drohende Eintragung einer Zwangshypothek zu vereiteln, noch vorher zugunsten eines mit dieser Absicht vertrauten Dritten schenkweise eine Grundschuld bestellt, die einen Ausfall des Zwangshypothekars nach sich zieht, so ist dieser in seiner Eigenschaft als Realgläubiger benachteiligt. Der Zwangshypothekar ist daher als solcher anfechtungsberechtigt (§ 3 Nr. 1 u. 3) und braucht dementsprechend im Konkurse des Belasteten dem Konkursverwalter nicht zu weichen. Vgl. Menzel S. 37, Förster-Eccius, Preuß. Privatr. I (7. Aufl.)

S. 784 und beispielsweise RG. v. 29. 11. 1886 Bd. 17, 168 (Realgläubiger als solcher ficht eine vorhergehende Belastung an; nur wegen Mangels eines Vollstreckungstitels verworfen), v. 28. 9. 1900 Gruchot 46 S. 391 ff. (der zur Eintragung einer Kaufpreishypothek verpflichtete Schuldner hat zuvor Hypothek zur Sicherung des Eingebrachten seiner Frau eintragen lassen, letztere Hypothek zugunsten der nachträglich eingetragenen Kaufpreiszwangshypothek erfolgreich angefochten). Es ist daher mindestens ungenau, zu sagen: ein Hypothekengläubiger könne eine Belastung, die schon vor Entstehung seiner Hypothek vollzogen war, nicht vermöge des dinglichen Rechtes der Hypothek, sondern nur vermöge seines Forderungsrechtes (wenn ihm der Belastete zugleich persönlich haftet) anfechten und sei dementsprechend im Konkursfalle nicht selbständig anfechtungsbefugt (so obsts. LdsG. v. 18. 12. 1903 Slg. n. F. 4 S. 921 f.). Zuzugeben ist nur, daß sich der Erwerb des nachstehenden Realrechts unter Umständen vollziehen kann, die dem Erwerber die Behauptung abschneiden, das erworbene Realrecht als solches sei durch vorgehende Belastungen verkürzt. So etwa bei freiwilliger Beleihung einer zweiten Rangstelle in Kenntnis des der ersten Beleihung zugrunde liegenden Tatbestandes. Selbstverständlich steht dem Realgläubiger als solchem auch dann kein Anfechtungsrecht zu, wenn er trotz der früheren Belastung noch voll und rechtzeitig zur Hebung gelangt [§ 1 Anm. 44 ff.]. Daß das zur Anfechtung erforderliche Gläubigerrecht erst nach dem Benachteiligungsakt entstanden sein kann, steht fest [§ 3 Anm. 15]. Der Zwangszugriff auf einen bereits aus dem Schuldnervermögen ausgeschiedenen Gegenstand vermag ein die Anfechtung stützendes Realrecht nicht mehr zu begründen [§ 1 Anm. 28].

2. Die „Forderung" — der obligatorische oder dingliche Geldanspruch [Anm. 8] — muß **fällig** sein. Vgl. namentlich §§ 271, 609, 1141 BGB. (Eintritt der Fälligkeit). Erst mit ihr wird der Anfechtungsanspruch fällig, erst damit die Anfechtungsklage statthaft. Einrede und Replik: § 5 Anm. 4. Eine künftige, betagte oder aufschiebend bedingte Forderung begründet keinen gegenwärtig verfolgbaren Anfechtungsanspruch. So z. B. nicht eine eventuelle Gewährleistungsforderung (RG. v. 12. 6. 1900 JW. S. 566 Nr. 6). Doch genügt es, wie zu Anm. 6 dargelegt wurde, wenn die Fälligkeit zur Zeit der letzten Tatsachenverhandlung vorliegt, mag sie auch erst nach Prozeßbeginn eingetreten sein. Dagegen wird das Erfordernis der Fälligkeit durch das Vorhandensein eines vollstreckbaren Titels nicht erübrigt: die Forderung muß fällig und vollstreckbar sein. Das ist (abgesehen vom § 794 Nr. 5 ZPO.) von Belang namentlich bei Verurteilungen zu künftiger Leistung (§§ 257—259 ZPO.), insbesondere auf regelmäßig wiederkehrende Geldzahlungen, wie Leib- und Unterhaltsrenten. Lautet der Titel auf wiederkehrende Leistungen, so ist der Anfechtungsanspruch jeweils nur zugunsten solcher Raten verfolgbar, die zur Zeit der maßgeblichen Schlußverhandlung erster oder zweiter Instanz bereits fällig geworden sind. Durch rechtzeitige Erweiterung des Klagantrags (§§ 268 Nr. 2, 529 II ZPO.) kann der Rückgewähranspruch auch für Raten Anm. 13.

geltend gemacht werden, die während des Prozesses verfallen sind. Fälligkeit zur Zeit der Vollstreckung genügt nicht. Wegen der nach der Schlußverhandlung verfallenden Bezüge muß nach Eintritt der Fälligkeit eine neue Anfechtungsklage erhoben werden. RG. v. 24. 11. 1896 JW. 1897 S. 10 Nr. 29 (kürzer bei Bolze 23 Nr. 244); v. 24. 6. 1898 JW. S. 480 Nr. 17; v 27. 9. 1898 JW. S. 574 f. Nr. 16; Jaeckel S. 31 f.; abw. die österreichische Praxis (Steinbach-Ehrenzweig S. 148 Note 1). Andrerseits genügt Fälligkeit zur Zeit der Schlußverhandlung auch dann, wenn — wie das gerade bei Leib- und Unterhaltsrenten der Fall zu sein pflegt — die Fälligkeit für bestimmte Zeitabschnitte im voraus eintritt (vgl. § 760 mit §§ 528, 843ff., 1361, 1518, 1612, sowie § 1710 BGB.).

Anm. 14. Bei Ansprüchen auf Erfüllung Zug um Zug (§§ 274, 322, 348 BGB.) gestattet das neue Recht dem Gläubiger grundsätzlich, die Gegenleistung solange in der Hand zu behalten, bis er seinerseits zu vollstrecken beginnt. Sonst würde sich die bloße Zugumzugschuld tatsächlich im Exekutionsverfahren zur Vorleistungsschuld verschärfen. §§ 726 II, 756, 765 ZPO. (die Ausnahme des § 726 II ZPO. kommt hier, da es sich um Geldschulden des exequendus handeln muß, nicht in Frage). Da nun der anfechtende Gläubiger lediglich die Wiederergänzung der zu seinem Schaden verkürzten Exekutionsmasse beansprucht, darf ihm nicht zugemutet werden, daß er schon im Anfechtungsprozesse oder gar noch vorher seine Gegenleistung an den exequendus bewirkt und damit die im Zugumzuggeschäfte liegende Deckung aufopfert. Er ist lediglich gehalten, seinerseits an den exequendus zu leisten, sobald er seinen Anspruch aus dem Vermögen des Anfechtungsgegners beizutreiben beginnt. Dementsprechend muß der Anfechtungsbeklagte, wenn der Titel des Gläubigers nur auf Erfüllung Zug um Zug lautet, also nur bedingt vollstreckbar ist, zwar zur „Rückgewähr" (§ 7) verurteilt werden, aber eben nur zur Rückgewähr gegen Leistung des Anfechtungsklägers an den exequendus, also in diesem Sinne nur zur Rückgewähr Zug um Zug. Gegenüber einem Antrag auf uneingeschränkte Verurteilung braucht der Anfechtungsbeklagte lediglich auf die Beschränktheit des Titels hinzuweisen. Das ist Verteidigung aus eigenem Rechte (§ 2), nicht Geltendmachung der bloß dem Schuldner selbst zustehenden Einrede des Zurückbehaltungsrechtes oder des nicht erfüllten Vertrags. Verurteilung schlechthin erzielt der Kläger nur, wenn er dartut, daß er an den exequendus vorgeleistet oder ihn in Annahmeverzug versetzt hat. Wird der Anfechtungsbeklagte zur Rückgewähr Zug um Zug verurteilt, so bleibt die Feststellung, daß zur Zeit der Vollstreckung des Anfechtungsurteils bereits an den exequendus geleistet oder dieser in Annahmeverzug versetzt worden ist, wie die Konstatierung des Vollzugs einer dem Gläubiger obliegenden Sicherheitsleistung (Anm. 19) dem Vollstreckungsorgan überlassen. Bei Ansprüchen auf Leistung Zug um Zug ist nicht die „Forderung" (im Sinne unseres § 2), sondern lediglich die Vollstreckbarkeit bedingt (vgl. § 726 II ZPO.). Der § 10 ist auf endgültig vollstreckbare Zugumzugansprüche (gegen Hartmann-Meikel S. 97) unanwendbar. Für das bisherige Recht vgl. Cosack S. 37, Jaeckel S. 32 f. mit Lit.; siehe ferner Menzel S. 43 Note 8.

Der Umstand, daß die „Forderung" und damit der akzessorische Anfechtungsanspruch selbst noch betagt oder bedingt ist, steht der Zulässigkeit eines Arrests oder einer einstweiligen Verfügung [§ 1 Anm. 21] zum Zwecke provisorischer Sicherung der Rückgewähr nicht entgegen (§§ 916 II, 936 ZPO.). Arrest und einstweilige Verfügung können erwirkt werden, ehe der Gläubiger für die „Forderung" einen vollstreckbaren Titel erlangt hat. Ob freilich diese einstweiligen Maßnahmen von Erfolg begleitet sind, das hängt von rechtzeitiger Beschaffung des Vollstreckungstitels ab. RG. v. 27. 2. 1886 Gruchot 30 S. 745; v. 17. 2. 1892 JW. S. 181 Nr. 7; v. 27. 4 1898 Bd. **41**, 90; v. 23. 2. 1904 Bd. **57**, 105; OLG. Posen v. 18. 1. 1886 (mit Bemerkungen von Jaeckel) i. d. Z. f. Zivilpr. 13 S. 421 ff.; vgl. ferner Jaeckel S. 32 Note 27, S. 225 ff. Siehe auch § 10 Anm. 9. Anm. 15.

3. Der Gläubiger muß für seine „Forderung" **einen Vollstreckungstitel** („einen vollstreckbaren Schuldtitel") erlangt haben. Der obligatorische oder dingliche Geldanspruch wider den exequendus muß also spätestens zur Zeit der letzten Tatsachenverhandlung des Anfechtungsprozesses in einem Vollstreckungstitel feststehen, widrigenfalls die Anfechtungsklage als unzulässig abzuweisen wäre [Anm. 2 ff.; Einrede u. Replik: § 5 Anm. 1 u. 8]. Des Titels bedarf also auch der als solcher anfechtende Realgläubiger (RG. v. 29. 11. 1886 Bd. **17**, 168; v. 22. 10. 1902 Bd. **52**, 337). Die Aufstellung des Titelerfordernisses wird in der Begründung S. 12 so gerechtfertigt: „Die Fälligkeit der Forderung berechtigt den Gläubiger nur, Erfüllung derselben von dem Schuldner zu verlangen. Erst die Vollstreckbarkeit gewährt dem Gläubiger die rechtliche Möglichkeit, ohne den Willen des Schuldners einzelne Vermögensstücke desselben nach seiner Auswahl zu seiner Befriedigung zu verwenden. Umsomehr muß eine Befugnis des Gläubigers, aus dem Vermögen des Schuldners ausgeschiedene Gegenstände einem dritten Erwerber gegenüber zu seiner Befriedigung zu beanspruchen, an die Voraussetzung der Vollstreckbarkeit gebunden sein." Anm. 16.

a) Als Vollstreckungstitel kommen hier in Betracht: vor allem rechtskräftige oder vorläufig vollstreckbare (§ 10) Leistungsurteile (§ 704 ZPO.), darunter auch Vollstreckungsurteile (§§ 722, 1042 ZPO.) und Urteile von Sondergerichten (z. B. Gewerbe- und Kaufmannsgerichten); ferner die Vergleiche, Entscheidungen und Urkunden des § 794 ZPO.; weiterhin die in sonstigen Reichsgesetzen anerkannten Titel, darunter z. B. die konkursmäßige Feststellung, wenn auch der Gemeinschuldner nicht widersprochen hatte oder sein Widerspruch durch Zurücknahme oder rechtskräftiges Urteil beseitigt ist (§§ 144, 164 II, 165, 194, 206 II KO; Austragung des Feststellungsstreites im Urkundenprozesse: Jaeger KO. § 146 Anm. 5), und zwar gewährt der Feststellungseintrag den zur Einzelanfechtung (§ 13 V) erforderlichen Titel dem Anmelder auch schon während des Konkurses (RG. v. 6. 4. 1886 Bd. **16**, 35; 24. 5. 1895 Bd. **35**, 80; v. 8. 1. 1897 JW. S. 110 f. Nr. 20; obstG. LdsG. v. 27. 9. 1895 Seufferts Archiv 51 Nr. 265; Jaeger KO. § 14 Anm. 2, § 164 Anm. 3, Recht 8 S. 620); endlich landesgesetzliche Titel (§ 801 ZPO.). Anm. 17.

Anm. 18. Dagegen genügt, da die Gläubigeranfechtung nur der unmittelbaren Geldbeitreibung dient, ein Urteil auf individuelles Tun oder Lassen oder auf bloße Sicherheitsleistung dem Erfordernisse des § 2 nicht [Anm. 8 f.]. Eben darum müssen auch Arrestbefehle, da sie eine Vollstreckung nur zum Zwecke und nur in den Grenzen vorläufiger Sicherung erschließen, hier außer Betracht bleiben. Sonst hätte der § 10 auch ihrer gedenken müssen. Vgl. RG. v. 26. 11. 1887 Bolze 5 Nr. 339; v. 9. 11. 1893 Bd. 32, 233; Jaeckel S. 21 Note 4; abw. v. Volderndorff III S. 143 Note 6.

Anm. 19. b) Der Vollstreckungstitel muß gerade für den beizutreibenden bestimmten Geldanspruch vorliegen. Auch muß mit Rücksicht auf den § 10, der auf Grund vorläufig vollstreckbarer Titel oder Vorbehaltsurteile nur eine bedingte Zuerkennung der Anfechtungsklage verstattet, vor der Sachentscheidung die Natur des konkreten Titels klargestellt werden (vgl. RG. v. 24. 3. 1887 Bolze 4 Nr. 362). Andrerseits genügt, wie die Begründung S. 13 betont, das Vorhandensein eines Vollstreckungstitels: einer vollstreckbaren Ausfertigung des Titels (§§ 724 ff. ZPO.) bedarf es zur Verfolgbarkeit des Anfechtungsanspruches nicht. Das wird allgemein anerkannt. Noch weniger aber bedeutet das Titelerfordernis als solches, daß die Voraussetzungen der §§ 750–752, 795 ZPO. erfüllt sein müssen. Denn diese Voraussetzungen (Zustellung, Sicherheitsleistung, Anzeige) sind sämtlich nur Bedingungen der Zulässigkeit des tatsächlichen Beginns der Exekution; sie kommen erst hinter dem Erfordernisse der Vollstreckungsklausel in Betracht; von ihrem Vorhandensein hängt die Gesetzlichkeit des Vollzugs der Vollstreckung, nicht aber die Vollstreckbarkeit des zu erzwingenden Anspruchs ab, sonst müßten sie vor der Erteilung der die Vollstreckbarkeit bezeugenden Klausel gegeben sein. Vgl. Gaupp-Stein ZPO. § 750 Anm. I. Daher ist es insbesondere unzutreffend, vom Kläger bereits im Anfechtungsprozesse den Nachweis der Sicherheitsleistung zu verlangen, wenn „die Vollstreckung von einer dem Gläubiger obliegenden Sicherheitsleistung abhängt" (§ 751 II ZPO.). Im Ergebnis übereinstimmend Jaeckel S. 27 f. Note 16, v. Wilmowski S. 567; abw. Cosack S. 36, Petersen-Kleinfeller S. 779 zu Note 2, nun auch Hartmann-Meikel S. 94 (die von Meikel mit „ebenso" angeführte Entsch. d. RG. v. 26. 9. 1884 Z. f. franz. Zivilr. 16 S. 400 ist offenbar versehentlich aus Petersen-Kleinfeller Note 3 zitiert; sie handelt von einer ganz anderen Frage: Anfechtung auf Grund eines Prozeßvergleichs über die Unterhaltspflicht). Daß andere Tatsachen, von denen im Sinne des § 726 I ZPO. „die Vollstreckung abhängt" (Beispiele: Kündigung, Vorleistung, Tod oder Eintritt der Volljährigkeit), auch die Verfolgbarkeit des Anfechtungsanspruchs bedingen, das ergibt sich — ebenso wie die Notwendigkeit des Eintritts eines Kalendertags, von dem die Geltendmachung des Anspruchs abhängt (§ 751 I ZPO.) — aus dem selbständigen Erfordernisse der Fälligkeit. Die Voraussetzungen des § 726 I ZPO. haben einen ganz anderen Sinn als diejenige der Sicherheitsleistung (§ 751 II ZPO.). Von ihnen hängt die Leistungspflicht selber ab (vgl. Gaupp-Stein ZPO. § 726 Anm. 10). Auf Antrag des

Anfechtungsbeklagten wird das gegen ihn ergehende Urteil die Sicherheitsklausel wiederholen müssen.

Da der § 2 das Formalerfordernis vollstreckbarer Ausfertigung des Titels überhaupt nicht aufstellt, bedarf es einer solchen (§ 727 ZPO.) auch dann nicht, wenn der ursprüngliche Schuldner gestorben ist und die Anfechtungsklage gegen den Erben erhoben oder fortgesetzt wird (vgl. Begründung S. 13), einerlei ob Rechtshandlungen des Erblassers oder des Erben als solchen (vgl. § 3a) oder eines Erbenvertreters (z. B. Nachlaßpflegers, Testamentsvollstreckers) angefochten werden. Siehe § 1 Anm. 40, § 11 Anm. 1 ff. Dies muß selbst dann gelten, wenn die Erbfolge weder offenkundig noch durch öffentliche oder öffentlich beglaubigte Urkunden erweislich und darum zur Erwirkung der Vollstreckungsklausel eine Klage erforderlich ist (§§ 727, 731 ZPO.). Denn auch solchenfalls bedarf es der Klausel nur zum tatsächlichen Beginne der Zwangsvollstreckung; der nach § 2 erforderliche Vollstreckungstitel selber ist schon vor der Ausfertigung auf den Namen des Erben vorhanden (abw. Cosack S. 36, Jaeckel S. 28 Note 16). Einwendungen des Anfechtungsbeklagten: Anm. 29 ff. Selbstverständlich können Handlungen des Erblassers auch auf Grund eines erst gegen den Erben erwirkten Titels anfechtbar sein. Desgleichen die unter der Firma einer offenen Handelsgesellschaft vorgenommenen Akte auf Grund eines Titels, der nach Auflösung der Gesellschaft gegen die persönlich haftenden Teilhaber erwirkt worden ist (RG. v. 6. 7. 1889 Bolze 8 Nr. 254). Umgekehrt bedarf es weder eines neuen Titels noch einer auf den Erwerber lautenden vollstreckbaren Ausfertigung, wenn der ursprüngliche Gläubiger gestorben und mit seiner Forderung der Anfechtungsanspruch auf den Erben übergegangen oder wenn eine Sonderrechtsnachfolge in Forderung und Anfechtungsanspruch, sei es kraft Gesetzes, kraft richterlicher Überweisung oder kraft rechtsgeschäftlicher Übertragung, eingetreten ist. So auch für den Fall einer Zession der Forderung RG. v. 18. 3. 1897 Bd. 39, 14; Petersen-Kleinfeller S. 780; abw. OLG. Cassel v. 17. 3. 1890 Z. f. Zivilpr. 16 S. 546 Nr. 17 (das vom Zedenten erstrittene Urteil genüge nicht zur Anfechtung durch den Zessionar; dieser müsse erst eine Vollstreckungsklausel auf seinen Namen nach § 727 oder ein Urteil nach § 731 ZPO. erwirken). Die Worte „vollstreckbarer Schuldtitel" dürfen eben nicht zu der Annahme verleiten, als fordere der § 2 außer dem Titel selbst auch dessen unmittelbare Vollstreckbarkeit. Der Begriff „vollstreckbarer Schuldtitel" in den §§ 2, 4, 5, 6, 10, 12 AnfG. deckt sich ganz mit dem zivilprozessualen Begriffe „Schuldtitel" schlechthin (§§ 795, 801). Im gleichen Sinne redet die KO. im § 35 von einem „vollstreckbaren Schuldtitel", während sie im § 146 VI in anderem Sinne von einem „mit der Vollstreckungsklausel versehenen Schuldtitel" spricht. Anm. 20.

4. Die Zwangsvollstreckung in die dem Schuldner selbst noch zu Gebote stehenden Mittel muß **fruchtlos versucht** oder doch **voraussehbar fruchtlos** sein. Übereinstimmend § 32 I österr. AnfG. Dieses weitere Erfordernis der Anfechtbarkeit bringt die subsidiäre Natur des Anm. 21.

Anfechtungsanspruches scharf zum Ausdrucke: der Anfechtungsgegner haftet nur cum beneficio excussionis. Vgl. z. B. RG. v. 17. 11. 1883 Bd. **10**, 236: „ein eminent subsidiäres Rechtsmittel". In Theorie und Praxis wird meist vom Erfordernisse der „Zahlungsunfähigkeit" gesprochen (vgl. z. B. Jaeckel § 1, RG. v. 30. 10. 1888 Bd. **22**, 47). Auch das Anfechtungsgesetz selbst verlangt im § 4, um die umständliche Wiederholung der Textworte des § 2 zu vermeiden: daß der Schuldner im Zeitpunkte der Zustellung der Anfechtungsankündigung „zahlungsunfähig" war. Man muß sich aber hüten, diese „Zahlungsunfähigkeit" des Anfechtungsgesetzes mit dem Konkursgrunde der „Zahlungsunfähigkeit" (Insolvenz, § 102 KO.) zusammenzuwerfen. Vor allem verlangt, wie schon in der Begründung S. 13 betont wird, die KO. als Konkursgrund eine allgemeine Zahlungsunfähigkeit, d. h. ein auf voraussichtlich andauerndem Mangel an Zahlungsmitteln beruhendes Unvermögen des Schuldners, seine sofort zu erfüllenden Geldschulden noch im wesentlichen zu berichtigen (vgl. RG. v. 17. 12. 1901 Bd. **50**, 41; v. 6. 6. 1902 Bd. **51**, 413), während es für die Zulässigkeit der Einzelanfechtung erforderlich und ausreichend sein muß, daß das beschlagsfähige Schuldnervermögen zur Vollbefriedigung dieses einzelnen Gläubigers nicht ausreicht (siehe Jaeckel S. 50 gegen Otto S. 235). Das Vermögen des Schuldners kann, auch wenn es zur Deckung aller Geldschulden unzulänglich ist, sehr wohl zur Vollbefriedigung einzelner Gläubiger ausreichen. Auch begnügt sich der § 2 mit bestimmten Anzeichen des speziellen Zahlungsunvermögens, mit einer direkt oder indirekt bewiesenen Fruchtlosigkeit der Zwangsvollstreckung. Gelingt dieser Beweis, so ist die Einzelanfechtung auch dann „zulässig", wenn der Schuldner in Wahrheit zur Vollbefriedigung aller Gläubiger imstande ist, aber sein Vermögen dem Gläubigerzugriff unzugänglich zu machen weiß, insbesondere verheimlicht hält. Darum braucht auch keine Überschuldung (Insuffizienz), ein Überwiegen der Passiven über die Aktiven, vorzuliegen. Es empfiehlt sich daher, nicht vom Erfordernisse der Zahlungsunfähigkeit oder der Vermögensunzulänglichkeit (so § 2 preuß. G. v. 9. 5. 1855), sondern vom Erfordernisse fruchtloser Zwangsvollstreckung zu reden. Jedenfalls genügt eine allgemeine Feststellung, daß der Schuldner „zahlungsunfähig" ist, dem § 2 nicht (RG. v. 24. 3. 1887 Bolze 4 Nr. 362). Die Fruchtlosigkeit der Exekution muß spätestens zur Zeit der letzten Tatsachenverhandlung feststehen [Anm. 6].

Anm. 22. a) **Wann** die Zwangsvollstreckung als fruchtlos verlaufen oder als aussichtslos zu gelten hat, das sind nach freiem Ermessen des Gerichts (§ 286 ZPO.) zu entscheidende Tatfragen. Damit ist aber keineswegs gesagt, daß dem Anfechtungskläger eine bloße Glaubhaftmachung (§ 294 ZPO.) obliegt, wie Hartmann-Meikel S. 106 lehren; vielmehr hat er auch diese Erfordernisse zu „beweisen" (vgl. RG. v. 6. 2. 1888 Bolze 5 Nr. 344; v. 20. 1. 1896 Bd. **36**, 115). Das vorbildliche preußische Recht (§§ 3, 4 G. v. 9. 5. 1855) hatte das richterliche Ermessen durch Einzelvorschriften gebunden, die nach der Natur der Sache doch nicht erschöpfend sein konnten. Es mutete insbesondere dem

Gläubiger zu, den Zahlungstermin gepfändeter Geldforderungen, die Versteigerung gepfändeter Sachen, gegenüber einem Grundeigentümer regelmäßig das Ergebnis einer Zwangsverwaltung oder Zwangsversteigerung, bei Pfandhaftung einer dem Schuldner nicht mehr gehörenden Sache den öffentlichen Verkauf abzuwarten (§ 4 l. c.) und begnügte sich andererseits damit, daß innerhalb des letzten Jahres zugunsten einer anderen Forderung ein fruchtloser Vollstreckungsversuch erfolgt war (§ 3 Nr. 3 l. c.). Jetzt verlangen die Worte „Zwangsvollstreckung in das Vermögen des Schuldners" jedenfalls so viel, daß der Vollstreckungsversuch erschöpfend, d. h. bei persönlicher Haftung des Schuldners [siehe Anm. 28], daß der Versuch gegen **alle** zur Zeit beschlags- und verwertungsfähigen Vermögensobjekte des Schuldners gerichtet war. Der ersten Alternative des Bedingungssatzes ist also nicht genügt, wenn Forderungen oder andere Rechte oder Grundstücke des Schuldners, die eine alsbaldige Zwangsbefriedigung ermöglichen, nicht angegriffen worden sind. „In das Vermögen" heißt „in das gesamte Vermögen" vollstrecken, nicht nur in das Barvermögen (abw. Korn S. 22ff.); der ernstliche Versuch einer Vollstreckung in einzelne Vermögensstücke genügt nicht schlechthin (abw. Otto S. 236). RG. v. 17. 10. 1884 Bd. **12**, 401; v. 7. 1. 1886, Bolze 2 Nr. 596 („namentlich genügt die Mobiliarpfändung nicht, wenn der Schuldner noch Grundstücke hat"); v. 30. 10. 1888, Bd. **22**, 47; Cosack S. 43f., Menzel S. 53 zu Note 10, Jaeckel S. 51ff., Petersen-Kleinfeller § 2 Anm. 10 (S. 780); so auch die österreichische Praxis (Steinbach-Ehrenzweig S. 154 Note 7). Im einzelnen ergibt sich:

α) Der Anfechtungskläger hat, wenn er die Fruchtlosigkeit eines einzelnen Vollstreckungsversuches (z. B. durch das Pfändungsprotokoll des Gerichtsvollziehers) nachgewiesen hat, stets zu gewärtigen, daß der Anfechtungsbeklagte die Unzulänglichkeit dieses Beweises dartut, indem er seinerseits nachweist, daß dem Schuldner außerdem noch beschlags- und verwertungsfähiges Vermögen zu Gebote steht. In diesem Sinne sagt das RG. v. 30. 10. 1888 Bd. **22**, 47: es sei dem Anfechtungsbeklagten der Gegenbeweis [siehe Anm. 29] nachzulassen, daß noch bereite und realisierbare Exekutionsobjekte bei dem Schuldner vorhanden sind (ebenso RG. v. 17. 10. 1884 u. v. 7. 1. 1886 a. a. O. sowie die herrschende Lehre z. B. Cosack S. 43, Menzel S. 54, Petersen-Kleinfeller Anm. 19; abw. Korn und Otto a. a. O.; vermittelnd Jaeckel S. 54ff., besonders Note 13). So kann es freilich zu einer kostenfälligen Abweisung der Anfechtungsklage auch dann kommen, wenn der Schuldner Vermögensstücke durch Verbergung oder Scheinveräußerung dem drohenden Zwangszugriff entzogen und infolgedessen weder der Gläubiger noch der Gerichtsvollzieher Kenntnis vom Vorhandensein dieser Gegenstände hatte, ein im Einzelfalle wenig erfreuliches, aber bei der unerläßlichen Subsidiarität der Gläubigeranfechtung nicht zu vermeidendes Ergebnis (abw. OLG. Marienwerder v. 22. 5. 1900, Seufferts Archiv 56 S. 128: Geld, das der Schuldner Anm. 23.

geflissentlich auch vor dem Gerichtsvollzieher verheimlicht habe, eigne sich nicht zum Nachweise bereiter Befriedigungsmittel). Übrigens schützt den Gläubiger die Strafvorschrift des § 288 StGB. und ein Deliktsanspruch auf Schadensersatz gegen Täter und Teilnehmer. Zudem zwingt die Offenbarungspflicht des § 807 ZPO. den fruchtlos ausgepfändeten Schuldner zur eidlichen Klarlegung seiner Vermögensverhältnisse. Kürzliche Ableistung des Offenbarungseides kann dem Anfechtungskläger den besonderen Nachweis der Fruchtlosigkeit des Zwangszugriffes ersparen [Anm. 26]. Andrerseits setzt der § 2 die Leistung dieses Eides nicht voraus (RG. v. 17. 11. 1883 Bd. **10**, 236; vgl. v. Völdernborff III S. 148 f.). Anfechtbare Veräußerungen deckt der Eid des § 807 ZPO. nicht auf, da er sich nur auf das noch vorhandene Schuldnervermögen bezieht [§ 7 Anm. 20].

Anm. 24. β) Den Nachweis der Fruchtlosigkeit einzelner Vollstreckungsversuche entkräftet der Anfechtungsbeklagte nur durch Angabe derzeit beschlags- und verwertungsfähiger Zugriffsobjekte des Schuldners. Auf Vermögensstücke, die tatsächlich der Zwangsvollstreckung entrückt oder unverwertbar sind (z. B. verborgene Gegenstände, Forderungen an insolvente Schuldner: RG. v. 25. 11. 1886 Bolze 3 Nr. 377; ins Ausland verschleppte und dadurch unangreifbar gewordene Sachen: Anm. 44; nachstehende, voraussichtlich ausfallende Hypotheken, Wohnungs- oder Leibgedingrechte[1]): RG. v. 11. 10. 1886, Bolze 3 Nr. 388; vgl. RG. v. 21. 3. 1895 Bolze 20 Nr. 207), mögen sie auch vielleicht in Zukunft einen Wert erlangen (RG. v. 25. 1. 1887 Bolze 4 Nr. 367; v. 4. 4. 1892 Bolze 14 Nr. 216) braucht sich der Anfechtungskläger nicht verweisen zu lassen. Noch weniger freilich auf Gegenstände, die nur nach der Behauptung des Schuldners oder des Anfechtungsbeklagten vorhanden sind, wie z. B. bestrittene Forderungen (RG. v. 4. 11. 1895 Bd. **36**, 30; v. 22. 10. 1896 JW. S. 670 Nr. 6). Die Vollstreckung braucht nur in das Vermögen des Schuldners versucht worden zu sein. Haftet dieser als Erbe des ursprünglichen Schuldners, so kommt nur das ererbte, nicht auch das eigene Vermögen des Erben als Zugriffsobjekt in Betracht, solange dem Nachlaßgläubiger der Zugriff auf das Eigenvermögen verschlossen oder sobald die Haftungsbeschränkung durchgeführt ist (siehe §§ 778 ff. ZPO.; vgl. für das ältere Recht RG. v. 25. 9. 1900 JW. S. 753 Nr. 20). Siehe dagegen § 3a Anm. 2. Vermögensstücke dritter Personen und des Gläubigers selbst scheiden aus (RG. v. 13. 5. 1885 Bolze 1 Nr. 560). Dementsprechend muß der Vollstreckungsversuch auch dann als mißglückt gelten, wenn der Gläubiger die mit Beschlag belegten Gegenstände wieder freigegeben hat, weil ihm ein Dritter ein die Widerspruchsklage des § 771 ZPO. oder einen Anspruch auf Vorzugsbefriedigung im Sinne des

---

[1]) Unpfändbare Altenteilsrechte kommen überhaupt nicht in Betracht. Über die Frage der Pfändbarkeit siehe Jaeger KO. § 1 Anm. 38.

§ 805 ZPO. begründendes Recht dargetan hat. Das Risiko eines Prozesses mit dem Dritten auf sich zu nehmen, wird dem Gläubiger nicht zugemutet. Da der § 2 nur die fruchtlose Inangriffnahme des Schuldnervermögens voraussetzt, braucht sich der Gläubiger auch keineswegs an etwaige Mitschuldner oder Bürgen des exequendus oder die ihm von dritten Personen bestellten Realrechte (z. B. Hypotheken) oder Sicherheiten zu halten, ehe er die Anfechtungsklage erhebt: nur im Verhältnisse zum Vermögen „des Schuldners" ist die Gläubigeranfechtung subsidiär. Vgl. RG. v. 13. 3. 1890 Bolze 9 Nr. 171. Haftet andererseits dem Gläubiger ein Gegenstand des Schuldners selbst als Pfand, so ergibt unser § 2 unmittelbar und allgemein — für Pfandstücke des beweglichen und des unbeweglichen Vermögens (anders § 777 ZPO.) — die Notwendigkeit, wie das Vermögen „des Schuldners" überhaupt, so insbesondere auch das Pfand vor der Anfechtung anzugreifen. Vgl. RG. v. 7. 1. 1886 Bolze 2 Nr. 597: der Anfechtungsbeklagte wie der Schuldner könne fordern, daß sich der Anfechtungskläger zunächst an eine ihm verpfändete Hypothek des Schuldners halte; zum Belege wird freilich § 46 I 20 ALR. (beneficium ordinis) angeführt. Ist der exequendus selbst nur als Bürge verpflichtet, so fragt es sich, ob der Anfechtungsbeklagte die vorgängige Auspfändung des Hauptschuldners verlangen kann (vgl. §§ 771 ff. BGB., §§ 349, 351 HGB.). Die Frage wird nur dann zu bejahen sein, wenn der Vollstreckungstitel (etwa als Prozeßvergleich oder vollstreckbare Urkunde; vgl. L. Seuffert ZPO. § 794 Anm. 6c) dem Bürgen (exequendus) die Einrede der Vorausklage ausdrücklich oder stillschweigend wahrt. Dann fehlt es einstweilen noch an der im § 2 geforderten „Fälligkeit" [Anm. 13]. Der Gläubiger, der ein an einem Vermögensstücke des Schuldners erworbenes Sicherungsrecht (Fahrnispfandrecht, Hypothek) freiwillig aufgibt, kann in Zukunft immer noch ebensogut wie irgend ein anderer persönlicher Gläubiger anfechtungsberechtigt sein. Im Verzicht auf das Sicherungsrecht oder den Vorrang braucht keineswegs ein Verzicht auf die Anfechtungsbefugnis zu liegen. Ob das Verhalten des Verzichtenden den Einwand der Arglist gegenüber einer Anfechtungsklage begründet, das hängt von der Lage des Falles ab. Vgl. RG. v. 25. 11. 1884 Bd. 12, 215 (= Bolze 1 Nr. 554 mit Datum v. 19. 12. 1884); Jaeckel S. 53; Korn S. 27; abw. Petersen-Kleinfeller Anm. 11.

γ) Gegenüber der Nachweisung bereiter Befriedigungsmittel kann sich der Anfechtungskläger nicht darauf berufen, daß sein Zwangszugriff im Falle eines alsbald eröffneten Konkurses (vgl. §§ 30, 35 KO.) anfechtbar gewesen sein würde (RG. v. 1. 11. 1889 Bolze 8 Nr. 266). Andrerseits schließt die Kenntnis des Anfechtungsklägers vom Unvermögen des Schuldners, alle seine Gläubiger zu befriedigen, die Einzelanfechtung nicht aus. Es ist Sache des Gläubigers, daß er sich der Gefahr aussetzt, im Konkursfalle den Erwerb zur Konkursmasse heraus- Anm. 25.

geben zu müssen. Wer sich unter den Konkurrenten beeinträchtigt fühlt, der mag den Konkurs beantragen. Vgl. RG. v. 29. 1. 1886 Bolze 2 Nr. 579. Der Anfechtbarkeit steht aber auch die Tatsache nicht entgegen, daß der Anfechtungskläger seiner Zeit die Empfangnahme gerade der Leistung abgelehnt hatte, deren Bewirkung an den Anfechtungsbeklagten nun angefochten wird. Denn es braucht sich kein Gläubiger auf eine anfechtbare Befriedigung einzulassen (RG. v. 10. 7. 1891 Bolze 12 Nr. 219).

Anm. 26. b) Läßt sich die Fruchtlosigkeit einer Zwangsvollstreckung in das Vermögen des Schuldners voraussehen, so braucht der Vollstreckungsversuch nicht erst unternommen zu werden. Das hieße, die Anfechtung zwecklos verteuern, verzögern und gefährden (vgl. Begr. S. 13). Es genügt daher der Beweis von Tatumständen, die darauf schließen lassen, daß der Zugriff auf das Schuldnervermögen nutzlos sein würde, also ein Indizienbeweis. Da das geltende Recht bestimmte Anzeichen dieser Nutzlosigkeit weder erschöpfend noch beispielsweise anführt [Anm. 22], ist weder das tatsächliche Vorbringen des Gläubigers noch die Beweiswürdigung des Richters gebunden. Vgl. RG. v. 25. 1. 1887 Bolze 4 Nr. 367. Beispielsweise kommen für diesen Indizienbeweis in Betracht: die Aussage des Schuldners selbst, seiner Familienangehörigen, seines Geschäftspersonals, der Inhalt seiner Bücher, vergebliche Vollstreckungsversuche anderer Gläubiger, Überlastung seiner Liegenschaften mit Hypotheken, Flucht oder Verborgensein des Schuldners. Den Beweiswert solcher Umstände kann der Anfechtungsbeklagte durch Angabe zugriffsbereiter Vermögensstücke entkräften [Anm. 24]. Auch die Tatsache, daß der Schuldner bereits den Offenbarungseid nach § 807 ZPO. auf Antrag des Klägers oder eines anderen Gläubigers geleistet hat, ist nicht mehr als ein Indiz. Die Verhältnisse können sich unterdessen geändert haben. Auf wie lange hinaus die Indizien der fruchtlosen Vollstreckung eines anderen Gläubigers oder der Leistung des Offenbarungseides vorhalten, das hängt ganz von den Begleitumständen ab. Auch hier waltet freies Ermessen des Richters. In einem Falle genügt dem Richter die Tatsache, daß vor fünf oder mehr Jahren ein Pfändungsversuch fruchtlos verlaufen war (vgl. RG. v. 7. 2. 1889 Bolze 7 Nr. 299), in einem anderen darf der vor wenigen Monaten fruchtlos versuchten Exekution keine Bedeutung mehr beigemessen werden. Es ist keineswegs gesagt, daß immer der Anfechtungsgegner einen besonderen Gegenbeweis für die Veränderung der Vermögenslage des Schuldners erbringen müßte. Durch Eideszuschiebung kann der Anfechtungskläger zwar solche bestimmt bezeichnete Tatsachen (§ 451 ZPO.) unter Beweis stellen, die in Handlungen oder Wahrnehmungen des Anfechtungsbeklagten selbst, seines Rechtsvorgängers — als solcher erscheint hinsichtlich des anfechtbaren Erwerbs der Schuldner [§ 3 Anm. 24] — oder Vertreters bestehen (§ 445 ZPO.), nicht aber direkt die voraussichtliche Fruchtlosigkeit der Zwangsvollstreckung. Denn die Annahme dieser Fruchtlosigkeit ist das Ergebnis einer Schlußfolgerung, die als juristische Beurteilung der Sache dem Richter vorbehalten bleiben muß.

c) Weil der § 2 nur verlangt, daß die Vollstreckung in das Schuldnervermögen „zu einer vollständigen Befriedigung" nicht geführt hat oder voraussichtlich „zu einer solchen" (also zu einer „vollständigen" Befriedigung) nicht führen würde, nimmt man allgemein an, der Anfechtungsgegner dürfe für den ganzen Betrag der Forderung in Anspruch genommen werden, wenn das Schuldnervermögen zwar zur Teilbefriedigung, nicht aber zur Vollbefriedigung ausreicht. Danach würde also, wenn beispielsweise der Schuldner ein Warenlager im Werte von 100000 Mk. durch entgeltlichen Vertrag anfechtbar veräußert, aber zur Zeit noch 90000 Mk. im Vermögen und eine einzige Schuld von 100000 Mk. hätte, der Gläubiger seine Forderung ganz aus dem Warenlager beitreiben dürfen. Ja man folgert sogar, daß der durch den Zwangszugriff nicht vollständig gedeckte Gläubiger die Pfandstücke des Schuldners wieder freigeben und den ganzen Schuldbetrag vom Anfechtungsgegner beitreiben könne. RG. v. 30. 10. 1888 Bd. 22, 48; Jaeckel S. 58, Petersen-Kleinfeller Anm. 14 v. Wilmowski Anm. 3 a. E., Hartmann-Meikel S. 108, Steinbach-Ehrenzweig S. 154, Menzel S. 55, wohl auch Cosack S. 44. Diese Auslegung widerstreitet nicht nur der in unabweisbaren Geboten der Billigkeit begründeten Subsidiarität des Anfechtungsrechtes [Anm. 21], sie verkennt auch völlig den Sinn des Gesetzes. Der § 2 regelt lediglich die Frage, wann der Anfechtungsanspruch verfolgbar, wann insbesondere eine Anfechtungsklage zulässig ist. Ob und inwieweit der Anspruch begründet ist, das steht auf einem ganz anderen Blatte [Anm. 1 ff.]. Die §§ 1, 7 ergeben mit aller Deutlichkeit, daß ein Anfechtungsanspruch nur besteht, „soweit" eine Rückgewähr „zur Befriedigung des Gläubigers erforderlich", m. a. W. soweit der Gläubiger benachteiligt ist. Ohne Benachteiligung keine Anfechtung! Darum muß im Gegensatze zur gemeinen Lehre verlangt werden, daß der Gläubiger sich in erster Linie an das Schuldnervermögen hält und den Anfechtungsgegner nur für den ungetilgten Rest der Forderung in Anspruch nimmt, wenn auch eine so begrenzte Anfechtungsklage schon vor tatsächlicher Vollstreckung in das Schuldnervermögen zulässig sein kann. Vermag der Gläubiger vorher den Umfang der Rückgewähr nicht mit einer dem § 9 genügenden Bestimmtheit zu bezeichnen, so muß er eben insolange die Klage verschieben. Darin liegt keine Härte. Verlohnt sich die Vollstreckung in das Schuldnervermögen überhaupt nicht, weil sie nicht einmal einen die Vollstreckungskosten übersteigenden Erlös verspricht, so muß sie schon nach allgemeinen Grundsätzen unterbleiben (§ 803 II ZPO., § 44 ZVG.). Anm. 27.

d) Realgläubiger, denen der exequendus nicht auch persönlich haftet [Anm. 8, 10 ff.], müssen nachweisen, daß die Zwangsvollstreckung in das Haftungsobjekt (z. B. in das grundschuldbelastete Grundstück und die mit diesem haftenden Gegenstände, § 865 ZPO.) fruchtlos versucht worden oder doch voraussehbar (insbesondere wegen vorgehender Realrechte) fruchtlos ist. Haftet dagegen der Belastete zugleich persönlich, so fordert der § 2 — nicht das bürgerliche Recht — zur Verfolgbarkeit der Anfechtung den Anm. 28.

Nachweis, daß das gesamte Schuldnervermögen einschließlich des belasteten Gegenstandes vergeblich angegriffen ist oder angegriffen würde [Anm. 24].

III. Die Verteidigung des Anfechtungsgegners.

Anm. 29. 1. *Leugnet* der Anfechtungsgegner das Vorhandensein eines der im § 2 aufgestellten Erfordernisse, so nötigt er damit den Anfechtenden zum Beweis. Ein solches Leugnen und nicht etwa eine zur eigenen Beweislast des Anfechtungsgegners stehende „Einwendung" (abw. die gemeine Lehre z. B. Petersen-Kleinfeller Anm. 17) enthält die Verteidigung, die im Vollstreckungstitel (z. B. einer vollstreckbaren Urkunde) anerkannte Forderung des Anfechtenden sei nur *befristet* oder *aufschiebend bedingt* entstanden. Denn nach § 2 muß der anfechtende Gläubiger *die Fälligkeit* der Forderung behaupten und beweisen. Die viel erörterte Streitfrage über die Beweislast bei Bedingung und Befristung (vgl. Betzinger, Beweislast 2. Aufl. 1904 S. 160 ff. mit Lit., F. Leonhard, Beweislast 1904 S. 315 ff.) ist für unsern Fall durch den Wortlaut des § 2 im Sinne der herrschenden Lehre erledigt. Behauptet der Anfechtungsgegner das Vorhandensein *eines ausreichenden Schuldnervermögens*, so leugnet er auch damit lediglich das zur Beweislast des Anfechtenden stehende Erfordernis fruchtloser Vollstreckung. Zu einem „Gegenbeweis" ist er nur behufs Entkräftung solcher Tatsachen genötigt, die bereits vom Anfechtenden dargetan und an sich ausreichend sind, die richterliche Überzeugung von der Fruchtlosigkeit der Vollstreckung zu begründen. Siehe Anm. 23 ff. Über den Beweis des allgemeinen Erfordernisses der Benachteiligung siehe § 1 Anm. 44, über den Beweis der einzelnen Anfechtungsgründe die Erläuterungen zum § 3.

Anm. 30. 2. Überaus streitig ist nun aber die Frage, *inwieweit der gegen den Schuldner erwirkte* **Vollstreckungstitel** *die Verteidigung des Anfechtungsbeklagten* **beschränkt.** Die Begründung S. 13 führt aus: der Vollstreckungstitel legitimiere den Gläubiger genügend; ein sonstiger Nachweis der Forderung sei nicht erforderlich, wenn auch von einer *Rechtskraft* des gegen den Schuldner ergangenen Urteils dem Dritten gegenüber nicht die Rede sein könne; immerhin seien dem Anfechtungsgegner solche Einwendungen unverwehrt, die den im Titel festgestellten *Anspruch selbst* betreffen, *soweit der Schuldner* zu ihrer Geltendmachung befugt wäre (§§ 767 II, III, 796 II, 797 IV ZPO.); „auch über diesen Umfang hinaus werde die Einrede zuzulassen sein, daß die Erlangung des Schuldtitels auf einer *Kollusion* zwischen Gläubiger und Schuldner beruhe." Beeinflußt von dieser Materialienstelle nimmt die überwiegende Mehrheit der Schriftsteller, freilich unter ganz verschiedenen Gesichtspunkten und mit stark abweichenden Einzelergebnissen an: der Anfechtungsgegner hat, abgesehen vom Einwande der Kollusion, alle, aber auch nur die Einwendungen, die dem Schuldner selbst wider den Vollstreckungstitel zustehen. Siehe die wertvollen Aufsätze von C. Jeß im Arch. f. ziv. Praxis Bd. 68 (1885) S. 36 ff. und namentlich von Lippmann in Iherings Jahrb. Bd. 36 (1896) S. 213 ff.; vgl. ferner Cosack S. 37 ff., Jaeckel S. 20 ff.,

Hartmann-Meikel S. 98 ff., Steinbach-Ehrenzweig S. 150 ff., Menzel S. 44 ff., Krasnopolski S. 142 ff. Die reichsgerichtliche Rechtsprechung leidet am Mangel eines einheitlichen und klar begründeten Prinzips. Einerseits billigt RG. (III. Ziv.-Sen.) v. 5. 4. 1895 JW. S. 267 f. Nr. 16 dem Anfechtungsbeklagten alle Einwendungen des Schuldners zu, „welche die Zwangsvollstreckung als unzulässig erscheinen lassen", und außerdem solche Einwendungen, die eine Kollusion zwischen Gläubiger und Schuldner geltend machen, „namentlich also der Simulation". Andererseits wird angenommen, daß dem Anfechtungsbeklagten — abgesehen vom Falle der Kollusion — Einwendungen „gegen den vollstreckbar gewordenen Anspruch des Klägers" überhaupt nicht zustehen. So RG. (VI. Ziv.-Sen.) v. 21. 4. 1892 JW. S. 301 Nr. 8 = Gruchot 36 S. 1146 unter Hinweis auf die noch für das preuß. Recht ergangene Entsch. des I. Hilfssenats v. 22. 2. 1882 Bd. 7, 188 (dawider Jeß S. 51, Lippmann S. 214 Note 1). Letztere, von einer jedenfalls für das geltende Recht nicht zutreffenden Auffassung des Titelerfordernisses ausgehend [Anm. 7], beschränkt die Verteidigung des Anfechtungsbeklagten auf die seinem eigenen Rechte, nicht dem Verfügungsrechte des Schuldners entstammenden Einwendungen. Der Anfechtungsbeklagte dürfe daher Kollusionen zwischen Gläubiger und Schuldner geltend machen und außerdem „Tatsachen, welche die Forderung betreffen, verwerten, um den Mangel einer fraudulosen Absicht bei Vornahme der angefochtenen Rechtshandlung klar zu legen". Weitere Einwendungen aber seien unzulässig, auch wenn der Schuldner selber sie gegenüber einem im Wechselprozeß erstrittenen Urteile noch im ordentlichen Nachverfahren (§ 600 ZPO.; siehe jedoch § 10 AnfG.) oder im Wege der Restitutions- oder Nichtigkeitsklage (§§ 578 ff. ZPO.) vorbringen könne. Danach würde es also dem Anfechtungsgegner verwehrt sein, gegenüber dem Wechseljudikate die Wechselfälschung, gegenüber einem durch Meineid erschlichenen Urteil die Tatsachen der §§ 580 Nr. 1, 581 ZPO. geltend zu machen. Ja man geht in konsequenter Durchführung dieses Gedankens so weit, es dem Anfechtungsbeklagten schlechthin zu versagen, daß er der Klage die Tatsache einer Erzwingung der Schuldurkunde, einer Simulation der Forderung und einer vor dem Urteil erfolgten Schuldtilgung entgegensetze, „mag auch die ganze Prozeßführung nur dem Zwecke der Simulation gedient haben" (so Petersen-Kleinfeller S. 783 zu Note 8, vgl. freilich S. 784 zu Note 2 u. RG. v. 5. 4. 1895 a. a. O.). Zur Begründung dieses aller Billigkeit hohnsprechenden Standpunktes wird lediglich geltend gemacht: das Titelerfordernis würde zwecklos sein, wenn der Anfechtungsgegner auf den durch Urteil erledigten Streit über das Forderungsrecht zurückkommen dürfte [siehe dagegen Anm. 32]. Im Gegensatze zu der nun herrschenden Lehre hatte das Kammergericht im Falle RG. 7, 188 angenommen: „daß das Judikat zwischen Gläubiger und Schuldner war jenen zur Anstellung der Anfechtungsklage legitimiere, daß es jedoch, da es nur Recht zwischen den Parteien schaffe, dem Anfechtungsbeklagten nicht unbedingt entgegenstehe, dieser vielmehr aus eigenem Rechte befugt sei, den Gegenbeweis gegen die tatsächlichen Voraussetzungen des Judikats zu führen". Im gleichen Sinne folgert

Otto S. 239 aus der grundsätzlichen Beschränkung der Rechtskraft auf die Parteien: es seien dem Anfechtungsbeklagten alle Einwendungen wider Entstehung und Fortbestand der vollstreckbaren Forderung verstattet; die Beibringung des Titels bürde dem Anfechtungsbeklagten lediglich die Beweislast für das Nichtbestehen der Forderung auf.[1]) So (abgesehen von der Beweisfrage) auch Bernhardi S. 11ff. Dieser Auslegung ist im wesentlichen beizupflichten. Sie bedarf jedoch einer eingehenden Rechtfertigung.

Anm. 31. a) Die Entscheidung der Kontroverse hängt von der Lösung folgender Vorfragen ab, die ihrerseits wieder lebhaft umstritten sind: 1. Stellt die Haftung des Anfechtungsgegners ein besonderes Schuldverhältnis dar? 2. Welchen Sinn hat das Titelerfordernis? 3. Beschränkt sich die Rechtskraft des die „Forderung" feststellenden Urteils in der Tat auf die Parteien? Die ersten beiden Fragen hängen zusammen.

Anm. 32. α) Die Haftung des Anfechtungsgegners stellt ein **besonderes**, wenn auch von der „Forderung" des Gläubigers wider den exequendus abhängiges Schuldverhältnis dar, ähnlich der Verbindlichkeit aus einer gesetzlichen Schadlosbürgschaft [§ 1 Anm. 12ff.]. Sie ist, wie insbesondere die Fassung des § 7 ergibt, keineswegs nur „eine Funktion" des wider den exequendus bestehenden „Schuldrechts". Zur Erzwingung der „Rückgewähr" bedarf es außerhalb wie innerhalb des Konkurses eines eigenen, wider den Anfechtungsgegner selbst erwirkten Vollstreckungstitels. Das Vorhandensein eines Titels wider den Schuldner bildet, wie nun fast allgemein anerkannt wird [Anm. 6], lediglich eine formale Voraussetzung, ein Erfordernis der Klagbarkeit des Anfechtungsanspruches. Dieses Erfordernis rechtfertigt sich vollauf aus der Erwägung, daß es unangemessen wäre: einmal dem Gläubiger den Zugriff auf einen aus dem Schuldnervermögen ausgeschiedenen Gegenstand zu erlauben, ehe er noch die rechtliche Möglichkeit eines Zugriffs auf das Schuldnervermögen selbst hat (vgl. Begr. S. 12); zum andern, dem Anfechtungsgegner die Austragung eines Streites über das Bestehen der Forderung zuzumuten, da doch das so erstrittene Urteil im Verhältnisse zum Schuldner gar nicht wirken und eine Überbürdung der Kosten dieses Streites auf den Anfechtungsgegner unbillig sein würde (vgl. auch § 5). In diesem Sinne heißt es in den Protokollen S. 2268, das Titelerfordernis verfolge „zugleich" den Zweck, daß ein Streit über die Forderung dem Schuldner selbst gegenüber ausgetragen werde. Daß durch den Titel dem Dritterwerber die Bestreitung der seine Verbindlichkeit bedingenden Hauptschuld abgeschnitten werden sollte, ist schon deshalb ausgeschlossen,

---

[1]) Auch für das schweizerische Anfechtungsrecht wird anerkannt, daß dem durch einen „Verlustschein" legitimierten Anfechtungskläger (a 285 Nr. 1 mit a 115, 149, 265) entgegengehalten werden könne, eine Forderung bestehe nicht. Siehe C. Jaeger S. 513 mit Rechtspr. u. Lit.; über die Bedeutung des Verlustscheines auch Brand, Anfechtungsrecht S. 69ff. Die Gesetzesstellen sind im Anhang abgedruckt.

weil ja keineswegs jeder Titel auch eine autoritative Feststellung der Forderung enthält [Anm. 34]. Die Klage wider den Anfechtungsgegner ist daher wie die Klage gegen den Bürgen weder der Form noch der Sache nach bloß eine Klage auf Erteilung der Vollstreckungsklausel, das Exequatur, das die Vollziehung des wider den Schuldner erwirkten Titels gegenüber dem Anfechtungsgegner verstatten soll. Die Anfechtungsklage verfolgt vielmehr einen besonderen, durch das Bestehen der Forderung wider den exequendus materiell bedingten Anspruch des Gläubigers.

Die gegenteilige Annahme leitet Lippmann S. 147f., 213ff. (ähnlich Anm. 33. Hellwig, Rechtskraft S. 90) zu dem Schlusse, daß der Anfechtungsgegner den Bestand „der Forderung" grundsätzlich nicht bestreiten könne. Den Satz, daß der Anfechtungsgegner einen nach Erlassung des Urteils — auf andere Titel ist keine Rücksicht genommen — eingetretenen Schuldtilgungsgrund geltend machen könne, vermag Lippmann S. 222 (vgl. S. 225f. Note 2) nur sehr gezwungen zu erklären. Wenn er aber S. 216 behauptet, die Lehre von einem besonderen Schuldverhältnisse zwischen Gläubiger und Anfechtungsgegner dürfe letzterem den Einwand der Zahlung überhaupt nicht zugestehen, „weil, wenn auch der Schuldner für den Anfechtungsbeklagten leisten könnte, er doch nicht den Anfechtungsgegenstand geleistet, sondern vielmehr nur seine eigene Schuld an den Gläubiger berichtigt hätte", so verkennt er die akzessorische Natur der Anfechtungsverbindlichkeit.

β) Der gegen den Schuldner erwirkte Vollstreckungstitel Anm. 34. stellt — selbst als Urteilsspruch — die Forderung nicht auch im Verhältnisse zum Anfechtungsgegner mit bindender Kraft fest. Der Gedanke einer auf den Anfechtungsgegner erstreckten Wirksamkeit des wider den Schuldner selbst erlangten Titels wird vielfach, wenn auch mit sehr verschiedenartigen Gründen, verfochten. Offenbar müssen dabei aber vor allem, was nicht genügend beachtet wird, diejenigen Vollstreckungstitel ausscheiden, die — wie Vergleiche und vollstreckbare Urkunden — keinen autoritativen Richterspruch enthalten und darum der Rechtskraft überhaupt unzugänglich sind (vgl. Gaupp-Stein ZPO. § 794 zu Note 33). Für sie ließe sich eine Rechtskrafterstreckung und eben deshalb eine Beschränkung der Verteidigung im Sinne des § 767 II ZPO., wie sie von der herrschenden Lehre vertreten wird, keinesfalls behaupten (vgl. § 797 IV ZPO., Gaupp-Stein ZPO. § 795 zu Note 4). Allein auch die rechtskräftige Verurteilung des Schuldners wirkt keine Rechtskraft wider den Anfechtungsgegner. Wohl wird vielfach gelehrt: das Urteil schaffe einen neuen selbständigen Verpflichtungsgrund; wirke es auch nur inter partes, so unterscheide es sich darin nicht von anderen eine Obligation begründenden Tatsachen; das Wesen der Obligation erschöpfe sich in einer Beziehung von Person zu Person; komme es also einem Dritten gegenüber lediglich darauf an, festzustellen, daß zwischen zwei anderen nur überhaupt eine, gleichviel wodurch und gleichviel wann, entstandene Obligation bestehe, so wiege ein Urteil so viel wie jeder andere Entstehungsgrund einer Forderung, und es folge daraus mit Notwendigkeit, daß in einem Anfechtungsprozesse mit der Beibringung des rechtskräftigen Urteils die Frage völlig abgeschnitten sei, ob das Urteil die Forderung mit Recht oder mit Unrecht feststelle. So Jeß S. 41; ähnlich Cosack a. a. O., Steinbach-Ehrenzweig S. 151 u. a. Auch lehren namhafte Prozessualisten in neuester Zeit ganz allgemein: das im Prozesse mit dem legitimus contradictor erstrittene Urteil ordne das Verhältnis, in dem die Parteien zueinander stehen, mit einer fortab auch für Dritte maßgebenden Wirksamkeit. Vgl. Klöppel, Urteil und Beweis, Gutachten aus dem Anwaltstande (1890) S. 848, Mendelssohn Bartholdy, Grenzen der Rechtskraft (1900) S. 314 f., 491 ff. (gerade für unsere Frage), L. Seuffert ZPO. 9. Aufl. § 325 Anm. 1a, Weismann, Zivilprozeßrecht I (1903) S. 245; dagegen insbesondere Hellwig a. a. O. S. 53 ff., 90 (Note 39), 262 ff. mit Lit., Kleinfeller, Zivilprozeßrecht (1905) S. 245 Note 14. Allein das eine Forderung zusprechende Leistungs- oder Feststellungsurteil will rechtsanerkennend, nicht rechtsbegründend wirken. Wohl bindet es als Äußerung der Staatsgewalt, auch wenn es unrichtig ist, und wirkt insofern schuldbegründend, als es dem Verurteilten die erfolgreiche Bestreitung der Schuld abschneidet. Doch äußert es auch diese rechtsändernde Wirksamkeit nur als Anerkennung einer schon vorhandenen Rechtslage (Wach, Handbuch S. 9, Hölder, Pandekten S. 392) und grundsätzlich nur inter partes. Die ungewollt schuldbegründende Wirksamkeit des Urteils reicht nur soweit als seine materielle Rechtskraft, die Rechtskraft aber beschränkt sich nach § 325 ZPO. — unbeschadet der in der ZPO. selbst und in anderen Gesetzen verordneten Ausnahmen — auf die Parteien und ihre Rechtsnachfolger. Dieser Satz muß seiner ganzen Fassung und Vorgeschichte nach als Prinzip festgehalten werden. Mit vollem Recht hat daher auch neuestens das RG. v. 5. 11. 1903 Bd. 56, 110 erkannt: das Urteil wirke nach § 325 ZPO. grundsätzlich „nur" zwischen den Parteien und ihren Rechtsnachfolgern; in Ermanglung einer Ausnahmevorschrift müsse es daher dem Bürgen trotz rechtskräftiger Verurteilung des Hauptschuldners freistehen, die Hauptschuld zu bestreiten. Ebenso OLG. Dresden v. 14. 1. 1904 Sächs. Archiv 15 S. 101; im Ergebnis auch M. Pagenstecher Z. f. Rechtspfl. i. Bayern 1905 S. 329 ff.; siehe ferner Wach, Handbuch S. 630, zur Lehre von der Rechtskraft (1899) S. 24, Schollmeyer, Recht der einzelnen Schuldverhältnisse (2. Aufl. 1904) S. 172 Note 3; abw. Mendelssohn Bartholdy, S. 426, 447, Hellwig S. 18, 317, L. Seuffert a. a. O. Entsprechend verneint das RG. in konstanter Rechtsprechung die Annahme einer notwendigen Streitgenossenschaft (§ 62 ZPO.) für den Fall gemeinschaftlicher Ausklagung des Hauptschuldners und Bürgen (zuletzt 21. 11. 1904 JW. 1905 S. 50 Nr. 21 mit Zit.). Sonach wird durch den Hinweis auf die „schuldbegründende" Kraft des Urteils unsere Frage gar nicht gelöst. Vgl. auch Lippmann S. 220. Das Leistungs- oder

Feststellungsurteil bildet eben keine objektive Schuldentstehungstatsache. Es wirkt, was Jeß S. 41 verkennt, insofern schwächer als Schuldversprechen und Schuldanerkenntnis (§§ 780—782 BGB.). Enthält eine vollstreckbare Urkunde (§ 794 Nr. 5 ZPO.) — was keineswegs der Fall sein muß — einen solchergestalt selbständigen Verpflichtungsgrund, dann ist allerdings „die Forderung" da, die der akzessorische Anfechtungsanspruch voraussetzt. Das ist aber nicht eine Wirkung des Vollstreckungstitels, sondern des in ihm beurkundeten Rechtsgeschäfts. Daß die vollstreckbare Urkunde einen selbständigen Verpflichtungsgrund enthalte, kann sonach der Anfechtungsgegner bestreiten. Steht dies aber fest, so kann er nicht mehr geltend machen, daß es an einer „Forderung" fehle.

Nach alledem bleibt nur die Frage, ob sich eine Erstreckung der Anm. 35.
Rechtskraft auf den Anfechtungsgegner nicht vielleicht aus anderen Vorschriften des Anfechtungsgesetzes ergibt. In der Tat lehren Eccius, Preuß. Privatr. I § 114 Note 27, Jaeckel S. 22 f. u. a.: der § 10 wäre gegenstandslos, wenn dem Anfechtungsgegner die Bestreitung der Forderung freistände. Dem ist jedoch nicht so. Auch für uns behält die Vorschrift die volle Bedeutung, die ihr nach der Begründung S. 26 f. zukommen soll. Es hat einen guten Sinn, gegen den Schuldner selbst auch eine vorläufige Vollstreckung unter gewissen Kautelen und auf Gefahr des Gläubigers zuzulassen. Gegenüber dem Dritten aber, der an sich rechtsgültig erwarb und nur aus besonderen Gründen rückgewährpflichtig ist, würde eine vorläufige Vollstreckung ungerechtfertigt sein, zumal die zugunsten des Schuldners gezogenen Schranken der vorläufigen Vollstreckbarkeit (§§ 710ff., 719f., 815 III, 819, 839 ZPO.) dem Anfechtungsgegner keinen ausreichenden Schutz gewähren. Ja gerade der § 10 spricht deutlich gegen die herrschende Lehre. Würde die rechtskräftige Verurteilung des Schuldners dem Anfechtungsgegner eine Bestreitung der Schuld abschneiden, so wäre es angemessen, im Falle einer noch nicht endgültigen Verurteilung des Schuldners die Sachentscheidung über den Anfechtungsanspruch auszusetzen, bis die Verurteilung des Schuldners endgültig geworden ist. Der § 10 gestattet aber bereits ein „den Anfechtungsanspruch für begründet erklärendes Urteil", also eine Entscheidung zur Hauptsache, und macht lediglich „die Vollstreckung" davon abhängig, daß das Urteil gegen den Schuldner rechtskräftig oder vorbehaltlos wird. Über das „Begründetsein" des akzessorischen Anfechtungsanspruches könnte im Anfechtungsprozesse gar nicht entschieden werden, solange die Forderung des Gläubigers gegenüber dem Anfechtungsbeklagten nicht feststeht.

b) Somit gelangen wir zu folgendem Schlusse: Da die Anfechtungsverbindlich- Anm. 36.
keit ein besonderes, von der Forderung des Gläubigers abhängiges Schuldverhältnis bildet und eine Verurteilung des Schuldners nicht auch Dritten gegenüber die Forderung rechtskräftig feststellt, muß dem Anfechtungsbeklagten im Anfechtungsprozesse die Bestreitung der

seine Rückgewährverbindlichkeit bedingenden Forderung, auch dann freistehen, wenn der vom Kläger vorgelegte Vollstreckungstitel ein rechtskräftiges Urteil ist. Allerdings können demnach Prozesse über das Bestehen derselben Forderung zwischen verschiedenen Personen neben oder nacheinander geführt werden, ohne daß gesetzliche Vorschriften über die Wechselbeziehungen dieser Prozesse bestehen (vgl. Jaeckel S. 23). Das kommt aber auch sonst vor, insbesondere im Falle der Bürgschaft. Wenn die Verurteilung des Schuldners nicht einmal dem Bürgen die Möglichkeit der Schuldbestreitung entzieht, darf sie diese Wirkung noch weniger gegenüber dem Anfechtungsbeklagten äußern. Denn der Bürge unterwirft sich der Haftung für fremde Schuld mit freiem Willen, der Anfechtungsgegner aber haftet dem Gläubiger nur kraft einer ganz singulären Notsatzung. Wer das leugnet, verliert jeden festen Halt für die rechtliche Konstruktion. Die Gegenansichten weichen denn auch nicht nur in den Begründungsversuchen und Einzelergebnissen weit von einander ab, sondern sie versagen überdies gerade in der wichtigsten Frage. Fast einstimmig wird nämlich unter dem Einflusse der Materialien anerkannt, daß „selbverständlich" dem Anfechtungsgegner solche Einwendungen unbenommen bleiben, die den im Titel festgestellten Anspruch selbst betreffen, und zwar in dem Umfang, in dem sie dem Schuldner zustehen (Begründung S. 13). Man fühlt, daß es mit der Billigkeit völlig unvereinbar wäre, dem Anfechtungsgegner auch diese Verteidigungsgründe zu entziehen. Wie kommt aber der Dritte zur Ausübung dieser Schuldnerrechte? Wenn die Behauptung eines vor dem Urteil erfolgten Erlöschens der Forderung einen unzulässigen Eingriff in die Rechtssphäre eines anderen enthält, so ist nicht einzusehen, warum das nicht auch von der Behauptung nachträglicher Schuldtilgung gelten müßte (vgl. Lippmann S. 220f. gegen Jaeckel S. 21f., 26). Gerade die Einwendungen des § 767 ZPO. sind ihrem Wesen nach Rechte des verurteilten Schuldners. Wenn sie aber wirklich dem Dritten zustehen, warum gilt dann nicht auch für ihn das Formerfordernis der Klage und das Gebot gleichzeitigen Vorbringens aller Einwendungen (§ 767 I u. III ZPO.)? Weil, sagen Petersen-Kleinfeller Anm. 17, der Einwand des Anfechtungsgegners „nicht die Aufhebung, sondern nur die Unwirksamkeit des vollstreckbaren Titels anstrebt". Allein auch die Vollstreckungsgegenklage bezweckt nicht die Aufhebung des Titels, sondern lediglich einen Ausspruch dahin, daß die Zwangsvollstreckung aus diesem Titel unzulässig sei (L. Seuffert ZPO. § 767 Anm. 1, Gaupp-Stein ZPO. § 767 zu Note 8). In Wahrheit läßt also die herrschende Lehre vom § 767 nur den Gedanken des Abs. II übrig, der aber mit der Rechtskraftwirkung des Urteils zusammenhängt und auf den Anfechtungsbeklagten nicht paßt, weil dieser nicht selbst verurteilt ist. Daß die Gesetzesmaterialien das Gegenteil annehmen, bindet uns nicht, da die Meinung ihres Verfassers im Gesetze selbst keinen Ausdruck gefunden hat.

Im einzelnen ergibt sich:

Anm. 37. α) Der Anfechtungsgegner kann geltend machen, daß die im Titel anerkannte

Forderung niemals entstanden (z. B. nur simuliert) oder aber nachträglich erloschen sei. Er wird dementsprechend nicht nur mit der Behauptung gehört, daß er selbst die Anfechtungsverbindlichkeit gegenüber diesem oder gegenüber einem andern Gläubiger erfüllt habe, sondern auch mit der Behauptung, daß die Forderung des Klägers gegen den Schuldner durch Erfüllung (insbesondere Zahlung) oder Erfüllungssurrogate (z. B. durch Vollzug der Aufrechnung einer Gegenforderung des Schuldners) vor oder nach Erlassung des Urteils getilgt worden sei. Bedeutungslos ist darum ein Prozeß, den der Gläubiger siegreich gegen den Schuldner durchgeführt hat, keineswegs. Liefert auch das Urteil nicht, wie z. B. Otto S. 238 f. ausführt, prima facie einen Beweis für die Forderung, so lassen sich doch seine Unterlagen, insbesondere die Ergebnisse eines Zeugen- oder Urkundenbeweises, auch gegenüber dem Anfechtungsschuldner verwerten (vgl. Wach, Handbuch S. 629). Dieser wird es sich schon wegen der Kostenlast reiflich überlegen müssen, ob er den Beweismitteln des ersten Prozesses gegenüber die Forderung mit Aussicht auf Erfolg bestreiten kann. Wenn aber ein Richterspruch ohne solche Unterlagen, etwa eine im Säumnisfalle oder auf Grund eines Anerkenntnisses oder der Leistung eines Parteieides (namentlich des angeblichen Gläubigers selbst) erstrittenes Urteil im Verhältnisse zum Anfechtungsgegner oder Bürgen nicht einmal diese mittelbare Verwertbarkeit hat, so erscheint das auch de lege ferenda nur gerechtfertigt. Die Geltendmachung von Restitutionsgründen (§ 580 ZPO.) ist dem Anfechtungsgegner nicht nur nicht verwehrt (vgl. Menzel S. 46; abw. RG. Bd. 7, 190), sondern unabhängig von den Förmlichkeiten (damit erledigen sich die Legitimationsbedenken von Krasnopolski S. 144) und Beschränkungen des Wiederaufnahmeverfahrens erlaubt. Darum kann z. B. zwar nicht der verurteilte Schuldner (§ 580 Nr. 7 Abs. II ZPO.), wohl aber der Anfechtungsgegner den Urkundenbeweis (Quittung) gegen einen Parteieid führen. Die Beweislast verteilt sich wie im Prozesse gegen den Bürgen nach allgemeinen Regeln. Im Streitfalle hat daher der Anfechtungskläger die Entstehung der Forderung, der Anfechtungsbeklagte die von ihm geltend gemachte Simulation und das Erlöschen der Schuld (insbesondere durch Zahlung, Aufrechnung, Erlaß) zu beweisen (vgl. wegen der Simulation Vetzinger a. a. O. S. 157, 160, F. Leonhard a. a. O. S. 309 f.). Dabei ist zu beachten, daß sich der Anfechtungsgegner — anders als nach § 193 KO. der Bürge — auch auf einen dem Schuldner durch Zwangsvergleich bewilligten Erlaß berufen darf, mag auch die Forderung des Gläubigers schon vor dem Konkurse rechtskräftig festgestellt und die Stimme des Gläubigers gegen den Zwangsvergleich abgegeben worden sein. Auch eine Vergleichsstundung kommt ihm zustatten (§ 2 „fällig").

β) So wenig als der Bürge kann der Anfechtungsgegner, auch wenn seine Anm. 38. Rückgewährpflicht auf Zahlung an den Gläubiger geht [§ 7 Anm. 4], eine dem Schuldner zustehende Forderung gegen die Anfechtungsverbindlichkeit aufrechnen. Wohl aber darf er geltend machen, daß der Schuldner selbst sich bereits durch Aufrechnung befreit habe [Anm. 37]. Auch kann er natürlich eine ihm selber zustehende Geldforderung an den Gläubigergegen den auf Geldzahlung gerichteten Anfechtungsanspruch aufrechnen. Solange sich der Gläubiger durch Aufrechnung gegen eine Forderung des Schuldners befriedigen kann, ist die Anfechtung mit Rücksicht auf ihre Subsidiarität (§ 2: „Vermögen des Schuldners") unstatthaft. Vgl. § 770 II BGB. Das österreichische Anfechtungsgesetz (§§ 37, 26) schließt dem Anfechtungsanspruche gegenüber ausdrücklich die Aufrechnung einer Forderung des Anfechtungsbeklagten wider den Schuldner aus. Die Unzulässigkeit einer solchen Aufrechnung folgt schon aus dem Erfordernisse der Gegenseitigkeit (§ 387 BGB. „einander").

Anm. 39. γ) Solange der Schuldner berechtigt ist, das seiner Verbindlichkeit zugrunde liegende Rechtsgeschäft wegen Irrtums, Täuschung oder Drohung anzufechten, wird man dem unter dem Gesichtspunkte der Gläubigeranfechtung in Anspruch genommenen Dritten eine auf § 242 BGB. gestützte exceptio doli generalis zugestehen müssen. Vgl. § 770 I BGB. Den Willensmangel aus dem Rechte des Schuldners geltend zu machen, erscheint der Anfechtungsbeklagte als Dritter nicht befugt. Andrerseits ist er nicht an die Form gebunden, in welcher der Schuldner selbst den Mangel gegenüber dem Titel verfolgen müßte (Rechtsmittel, Wiederaufnahme, Vollstreckungsgegenklage).

Anm. 40. Die dem Schuldner zustehenden „Einreden" (Leistungsverweigerungsbefugnisse) als solche geltend zu machen, ist der Anfechtungsgegner nicht für berechtigt erklärt (anders § 768 I 1 BGB.). Steht dem Schuldner die Einrede der Stundung zu, so fehlt es am Fälligkeitserfordernisse des § 2. Die Einrede der Verjährung (§ 222 BGB.) dürfte mit Rücksicht auf § 218 BGB. kaum in Betracht kommen. Der Inanspruchnahme wegen eines etwa nach § 218 II mit § 197 BGB. verjährten Anspruchs aber kann sich der Anfechtungsgegner wohl abermals auf Grund des § 242 BGB. widersetzen. Desgleichen wird ihn in der Regel die exceptio doli gegenüber der Anfechtungsklage eines Schenkungsgläubigers schützen, wenn er auch nicht selbst die dem Schuldner als Schenkungsversprecher zustehende Einrede des Notbedarfs hat (§ 519 BGB.). Denn es ginge jedenfalls wider Treu und Glauben, wenn der Schenkungsgläubiger zu seinem Vorteil entgeltliche oder aber ältere unentgeltliche Verfügungen umstoßen dürfte. Ohnehin würde er vielfach darauf gefaßt sein müssen, hinterher seinerseits auf Rückgewähr der erzwungenen Schenkung belangt zu werden. Vgl. Korn S. 20 (dolo facit, qui petit, quod redditurus est); unterstützend läßt sich jetzt § 228 KO. verwerten [§ 3a Anm. 1 u. 9]. Die herrschende Lehre erörtert diese Frage unter dem Gesichtspunkt, ob dem Anfechtungsbeklagten der Einwand zustehe, die Forderung des Klägers beruhe selbst auf einem wegen Gläubigerbenachteiligung anfechtbaren Geschäft. Bejahend insbesondere Cosack S. 38, L. Seuffert i. d. Z. für Zivilpr. 9 S. 134, v. Wilmowski S. 568, Krasnopolski S. 145 f.; eingeschränkt Menzel S. 48 f.; verneinend Eccius § 114 Note 27, Petersen-Kleinfeller Anm. 18. Das österreichische Anfechtungsgesetz sollte nach einem vom Justizausschusse des Abgeordnetenhauses beschlossenen Vorschlage zum § 32 folgenden Schlußsatz erhalten: „Das Anfechtungsrecht kann nicht geltend gemacht werden, wenn die Forderung des anfechtenden Gläubigers nach den Bestimmungen dieses Gesetzes selbst der Anfechtung unterliegt". Entsprechend einem Antrage des Herrenhauses blieb dieser Beisatz weg, „um die Abwägung der gegenseitigen Stärke der Ansprüche des Anfechtungsklägers und Anfechtungsbeklagten dem vernünftigen Ermessen des erkennenden Richters zu überlassen" (Steinbach-Ehrenzweig S. 155). Insofern eine exceptio doli generalis in Frage kommt, ist dieser Standpunkt vollauf gerechtfertigt. — Daß sich endlich der Anfechtungsgegner nach dem Tode des Schuldners nicht auf die dem Erben des Schuldners gegen die Inanspruchnahme seines Eigenvermögens zustehende Haftungsbeschränkung berufen darf, versteht sich von selbst (vgl. § 768 I 2 BGB.). Siehe auch Anm. 24. Wegen der exceptio retentionis und non adimpleti contractus siehe Anm. 14.

δ) Der Anfechtungsbeklagte kann geltend machen, daß der Kläger, obgleich der vorgelegte Titel auf seinen Namen lautet, die aktive Sachlegitimation verloren habe, weil seine Forderung vor Prozeßbeginn (§ 265 ZPO.) durch rechtsgeschäftliche Abtretung, richterliche Überweisung oder unmittelbar kraft Gesetzes auf einen andern übergegangen sei. Denn das akzessorische Anfechtungsrecht folgt der Forderung. Der neue Gläubiger erwirbt es ganz von selbst mit dem Gläubigerrecht, ohne daß eine Vollstreckungsklausel auf seinen Namen erwirkt zu werden braucht. RG. v. 18. 3. 1897 Bd. 39, 14 [oben Anm. 20]. Auch darin zeigt sich, wie verfehlt die Behauptung ist, daß der Titel als solcher den Anfechtungsanspruch trage. Anm. 41.

ε) Die Abhängigkeit der Anfechtungsverbindlichkeit von der Forderung rechtfertigt eine Nebenintervention des Anfechtungsgegners im Prozesse des Gläubigers wider den Schuldner auch dann, wenn — wie wir annehmen — das Urteil im Verhältnisse zum Anfechtungsgegner nicht wirksam wird (§§ 66—68, nicht § 69 ZPO.). Nebenintervention des Schuldners zugunsten des Anfechtungsbeklagten: § 1 Anm. 72. Auch als Nebenintervenient bleibt der Anfechtungsgegner im Hauptprozesse zeugnisfähig, weil er parteieidesunfähig ist (arg. e contr. §§ 69, 449 Satz 2 ZPO.). Eine unmittelbare Beteiligung am Prozeßausgang im Sinne des § 393 Nr. 4 ZPO. liegt nicht vor. Wer das wider den Schuldner erstrittene Urteil wider den Anfechtungsgegner wirken läßt, muß folgerecht auch im Prozesse gegen den Schuldner die Anwendbarkeit der §§ 69, 393 Nr. 4, 449 Satz 2 ZPO. auf jeden etwaigen Anfechtungsgegner bejahen — offenbar absurde Konsequenzen! Den Schuldner und Anm. 42.

den Anfechtungsgegner als Streitgenossen zusammen zu verklagen, gestatten die §§ 59, 60 ZPO. nicht. Siehe auch § 1 Anm. 73. Eine Besonderheit ergibt der Fall des § 10 [siehe daselbst Anm. 11].

IV. Internationales Recht.

Anm. 43. Ausländische Gläubiger können im Inland unter den gleichen Voraussetzungen anfechten wie inländische. Ein Vergeltungsrecht darf das inländische Prozeßgericht nicht aus eigener Machtvollkommenheit, sondern nur auf Grund einer vom Reichskanzler mit Bundesratszustimmung erlassenen Retorsionsanordnung üben. § 24 EG. z. ZPO.; vgl. § 5 KO. Der nach § 2 erforderliche Vollstreckungstitel wider den Schuldner muß im Inlande vollziehbar sein; ausländische Urteile für sich allein genügen nicht (vgl. §§ 328, 722 f. ZPO.).

Anm. 44. „Vermögen" im Sinne des § 2 ist an sich auch das ausländische Vermögen des Schuldners. Steht fest, daß der inländische oder ausländische Gläubiger seine Befriedigung aus ausländischem Vermögen des Schuldners alsbald zu erzwingen vermag, weil er etwa die Verurteilung des Schuldners von vornherein bei einem Gericht im Staate des Vermögenssitzes erwirkt hatte, so ist die Anfechtung unzulässig. Auf das ins Ausland verschleppte Schuldnervermögen braucht sich dagegen der Gläubiger jedenfalls dann nicht verweisen zu lassen, wenn ihm der Zugriff auf dieses Vermögen tatsächlich verschlossen oder nur mit unverhältnismäßigem Aufwande möglich ist (vgl. die österreichische Rechtsprechung bei Steinbach-Ehrenzweig S. 154 Note 7). Örtliches Recht: § 1 Anm. 75 ff.

§ 3.

§ 3 AnfG.

Anfechtbar sind:

1. Rechtshandlungen, welche der Schuldner in der dem anderen Teile bekannten Absicht, seine Gläubiger zu benachteiligen, vorgenommen hat;
2. die in dem letzten Jahre vor der Anfechtung geschlossenen entgeltlichen Verträge des Schuldners

   mit seinem Ehegatten, vor oder während der Ehe, mit seinen oder seines Ehegatten Verwandten in auf- und ab-

§ 31 KO.

Anfechtbar sind:

1. Rechtshandlungen, welche der Gemeinschuldner in der dem anderen Teile bekannten Absicht, seine Gläubiger zu benachteiligen, vorgenommen hat;
2. die in dem letzten Jahre vor der Eröffnung des Verfahrens geschlossenen, entgeltlichen Verträge des Gemeinschuldners

   mit seinem Ehegatten, vor oder während der Ehe, mit seinen oder seines Ehegatten

steigender Linie, mit seinen oder seines Ehegatten voll- und halbbürtigen Geschwistern, oder mit dem Ehegatten einer dieser Personen,	Verwandten in auf- und absteigender Linie, mit seinen oder seines Ehegatten voll- und halbbürtigen Geschwistern, oder mit dem Ehegatten einer dieser Personen,
sofern durch den Abschluß des Vertrages die Gläubiger des Schuldners benachteiligt werden und der andere Teil nicht beweist, daß ihm zur Zeit des Vertragsabschlusses eine Absicht des Schuldners, die Gläubiger zu benachteiligen, nicht bekannt war;	sofern durch den Abschluß des Vertrages die Gläubiger des Gemeinschuldners benachteiligt werden und der andere Teil nicht beweist, daß ihm zur Zeit des Vertragsabschlusses eine Absicht des Gemeinschuldners, die Gläubiger zu benachteiligen, nicht bekannt war.
	§ 32 KO. Anfechtbar sind:
3. die in dem letzten Jahre vor der Anfechtung von dem Schuldner vorgenommenen unentgeltlichen Verfügungen, sofern nicht dieselben gebräuchliche Gelegenheitsgeschenke zum Gegenstande hatten;	1. die in dem letzten Jahre vor der Eröffnung des Verfahrens von dem Gemeinschuldner vorgenommenen unentgeltichen Verfügungen, sofern nicht dieselben gebräuchliche Gelegenheitsgeschenke zum Gegenstande hatten;
4. die in den letzten zwei Jahren vor der Anfechtung von dem Schuldner vorgenommenen unentgeltlichen Verfügungen zugunsten seines Ehegatten.	2. die in den letzten zwei Jahren vor der Eröffnung des Konkurses von dem Gemeinschuldner vorgenommenen unentgeltlichen Verfügungen zugunsten seines Ehegatten.

Bisher § 3, dessen No. 4 folgendermassen lautete:

2. Die in den letzten zwei Jahren vor der Rechtshängigkeit des Anfechtungsanspruchs von dem Schuldner vorgenommenen unentgeltlichen Verfügungen zugunsten seines Ehegatten, sowie eine innerhalb dieses Zeitraums von ihm bewirkte Sicherstellung oder Rückgewähr eines Heiratsgutes oder des gesetzlich in seine Verwaltung gekommenen Vermögens seiner Ehefrau, sofern er nicht zu der Sicherstellung oder

Rückgewähr durch das Gesetz oder durch einen vor diesem Zeitraume geschlossenen Vertrag verpflichtet war.

Materialien: Begründung S. 17 ff., Protokolle S. 2269, Begründung der Novelle S. 61 mit S. 33 f., 35.

Die Novelle vom 17. Mai 1898 hat mit der Begründung, „dass das Anfechtungsrecht nach den Vorschriften des BGB. nicht als ein Anspruch anzusehen sei", in No. 2—4 die Worte „vor der Rechtshängigkeit des Anfechtungsanspruchs" ersetzt durch die Worte „vor der Anfechtung" und überdies in No. 4 mit Rücksicht auf die §§ 1391, 1418 BGB. den bisherigen zweiten Halbsatz gestrichen.

A. Allgemeine Grundsätze für Absichts- und Schenkungsanfechtung.

Anm. 1. I. Der § 3 normiert, ergänzt durch den § 3a, **die besonderen Anfechtungsgründe** in einer — abgesehen vom Ausgangspunkte der Befristung [Anm. 5] — nach Wortlaut und Wesen den §§ 31, 32 (§§ 222, 236) KO. genau entsprechenden Weise. Die Anfechtung des § 30 KO. beschränkt sich ihrer Natur nach auf den Konkurs. Die §§ 3, 3a AnfG. einerseits, die §§ 31, 32, 222 KO. andrerseits aber müssen aus dem zu § 1 Anm. 66 in der Fußnote dargelegten Grunde völlig übereinstimmend erläutert werden. Gegen RG. 27, 133 siehe § 1 Anm. 48. Nach der Besonderheit der Anfechtungsgründe scheiden wir zwei Hauptarten der Einzelanfechtung: die Absichtsanfechtung (§ 3 Nr. 1 u. 2) und die Schenkungsanfechtung (§ 3 Nr. 3 u. 4, § 3a).

Anm. 2. 1. Die Absichtsanfechtung ist die Anfechtung der vom Schuldner beabsichtigten Benachteiligungsakte. Sie beherrscht unter allen Anfechtungsgründen das weiteste Gebiet und begründet als solche niemals einen Deliktsanspruch [§ 1 Anm. 8 ff., insbesondere Gerichtsstand: Anm. 11]. Der Klagegrund und dementsprechend die Beweislast ist in den beiden ersten Nummern des § 3 verschiedenartig bestimmt. Im Regelfalle der Nr. 1 hat nämlich der anfechtende Gläubiger die Benachteiligungsabsicht des Schuldners und deren Kenntnis auf seiten des Anfechtungsgegners darzutun. Beim Feststehen eines entgeltlichen, die Gläubiger unmittelbar benachteiligenden Vertrags hingegen, den der Schuldner im letzten Jahre vor der gerichtlichen Geltendmachung [Anm. 5] des Anfechtungsrechtes mit einem nahen Angehörigen abgeschlossen hat, bleibt dem Anfechtungsgegner nach Nr. 2 nur die Einwendung, daß ihm eine Benachteiligungsabsicht des Schuldners beim Vertragsabschlusse — die conscientia fraudis der actio Pauliana — nicht bekannt war. Der Verdacht absichtlicher Benachteiligung liegt, wenn auch nur als legislativpolitische Erwägung, nicht als förmliche Rechtsvermutung [Anm. 26] auch der Nr. 2 zugrunde. Darum rechtfertigt sich der Ausdruck „Absichtsanfechtung" auch für die Nr. 2. Während die Nr. 2 nur Rechtsakte aus dem letzten Jahre vor der Anfechtung trifft, sind nach Nr. 1 alle beabsichtigten Benachteiligungshandlungen aus den letzten zehn Jahren seit Vollstreckbarkeit und Fälligkeit des Gläubigerrechts oder seit der späteren Vornahme der Handlung anfechtbar. Nach dreißig Jahren seit Vornahme der Handlung besteht schlechthin Unanfechtbarkeit. § 12.

2. *Schenkungsanfechtung* ist die Anfechtung unentgeltlicher Verfügungen Anm. 3.
aus dem letzten, bei Verfügungen zugunsten des Ehegatten auch aus dem vorletzten Jahre vor der gerichtlichen Geltendmachung des Anfechtungsrechtes (§ 3 Nr. 3. u. 4). Weiter zurückliegende Freigebigkeiten können immerhin nach § 3 Nr. 1 anfechtbar sein. Die Schenkungsanfechtung ist ein Billigkeitsinstitut. Sie gründet sich auf die Tatsache unentgeltlicher Zuwendung, hat nicht die Natur einer Deliktsklage (vgl. RG. v. 28. 6. 1888, Bd. 21, 437) und trägt in den beiden Fällen der Nr. 3 und 4 denselben Charakter. Siehe § 1 Anm. 8 ff., Gerichtsstand daselbst Anm. 11. Der § 3a erstreckt die Schenkungsanfechtung auf eine mit Nachlaßmitteln bewirkte Erfüllung von Pflichtteilsansprüchen, Vermächtnissen und Auflagen.

3. Die Anfechtungsgründe der Nr. 1—4 können miteinander *konkurrieren*. Anm. 4.
So fällt eine Schenkung, die der Schuldner drei Monate vor der Anfechtung einem Verwandten in der diesen bekannten Absicht der Gläubigerbenachteiligung gemacht hat, sowohl unter die Nr. 1 als unter die Nr. 3. Diese Konkurrenz hat namentlich wegen des § 7 II ihren Wert. Näheres siehe oben § 1 Anm. 62; hier auch wegen der Frage *der Klagänderung*.

II. **Die Fristen** des § 3 sind *Zeitgrenzen für die Entstehung und zugleich* Anm. 5.
für die Ausübung des Anfechtungsrechtes. Sie sind keine „Notfristen", gegen deren Versäumung Wiedereinsetzung in den vorigen Stand zulässig wäre, noch überhaupt prozessuale, sondern materiellrechtliche Zeitbestimmungen. Siehe unten Anm. 37 f. und § 12 Anm. 1. Der Zeitpunkt, von dem zurückgerechnet wird, ist bei den entsprechenden Fristen der konkursmäßigen Anfechtung die Eröffnung des Verfahrens, hier dagegen *die gerichtliche Geltendmachung der Anfechtung*. Im früheren § 3 war als maßgebender Zeitpunkt die „*Rechtshängigkeit des Anfechtungsanspruches*" bezeichnet. Der Ausdruck war ungenau, weil schon bisher nach § 5 eine fristenwahrende „Erhebung des Anfechtungsanspruchs" auch im Wege der Einrede und folglich auch im Wege der Replik statthaft war, Einrede und Replik aber keine Rechtshängigkeit begründen. Da man weder zugeben durfte, daß Einrede und Replik die Fristen des § 3 zu wahren außerstande, noch andrerseits, daß diese Fristen auf Einrede und Replik unanwendbar seien, war man genötigt, dem Geiste des Gesetzes entsprechend „die Rechtshängigkeit" untechnisch im Sinne gerichtlicher Verfolgung überhaupt zu verstehen (RG. v. 21. 4. 1888 Gruchot 32 S. 1164, Cosack S. 100, Jaekel S. 159 f. Note 8). Das dem früheren deutschen Rechte nachgebildete österreichische Anfechtungsgesetz redet in den entsprechenden §§ 29, 30 korrekt von „der gerichtlichen Geltendmachung des Anfechtungsrechtes". Unsere Novelle von 1898 hat die Worte „vor der Rechtshängigkeit des Anfechtungsanspruches" ersetzt durch die Worte „*vor der Anfechtung*", ohne aber eine sachliche Änderung anzustreben. Dementsprechend muß nicht nur für das Übergangsrecht (a VIII EG. z. KNov.), sondern auch fernerhin der Zeitpunkt der ersten (nicht etwa wieder zurückgenommenen) gerichtlichen Geltendmachung maßgebend bleiben und zwar der Geltendmachung gerade desjenigen Anfechtungsanspruches, auf Grund dessen die „Rückgewähr" (§ 7) verlangt wird. Die Zustellung eines Schriftsatzes reicht daher nur im Falle der Anfechtungsklage zur Fristenwahrung aus. Näheres § 1 Anm. 64 ff.

Anm. 6. Ist eine Frist des § 3 Nr. 2—4 durch rechtzeitige Erhebung der Anfechtungsklage gewahrt, der Anfechtungsprozeß aber durch den Konkurs des Schuldners unterbrochen und vom Konkursverwalter aufgenommen worden, so schadet es nicht, daß die angefochtene Handlung nicht mehr innerhalb der in den §§ 31, 32 KO. abgesteckten Zeitgrenzen liegt: die rechtzeitige Einzelanfechtung wird nun zum Vorteile der gesamten Konkursgläubigerschaft ausgenutzt [§ 13 Anm. 9]. Nach Konkursbeendigung kann der nämliche Anfechtungsanspruch in den Grenzen des § 13 IV 1 AnfG. wiederum vom Einzelgläubiger weiterverfolgt werden. Die Fristenwahrung wirkt fort. War die Einzelanfechtung nicht schon vor Konkursbeginn erfolgt, so berechnen sich die Fristen des § 3 Nr 2—4 nach Konkursbeendigung in Gemäßheit des § 13 IV 2 AnfG. [§ 13 Anm. 4].

Anm. 7. III. Das allgemeine Anfechtungserfordernis **der Gläubigerbenachteiligung** gilt für sämtliche Nummern des § 3, auch für die Schenkungsanfechtung. Darüber § 1 Anm. 44. Auch die Sicherung oder Befriedigung eines Gläubigers, selbst die vollkommen kongruente Deckung, kann einen unter den § 3 fallenden Benachteiligungsakt darstellen, sofern sie nur in einer Rechtshandlung „des Schuldners" besteht [§ 1 Anm. 39ff.]. Einzelheiten unten Anm. 9 u. 42.

B. Die Absichtsanfechtung (Nr. 1 u. 2).

I. Regelfall (Nr. 1).

„Anfechtbar sind Rechtshandlungen, welche der Gemeinschuldner in der dem anderen Teile bekannten Absicht, seine Gläubiger zu benachteiligen, vorgenommen hat."

1. Die Anfechtungserfordernisse nach Nr. 1.

Anm. 8. a) **Als Rechtshandlungen des Schuldners** kommen alle Willensbetätigungen desselben in Betracht, die unmittelbar oder mittelbar den Gläubigerzugriff beeinträchtigen, insbesondere auch absichtliche Unterlassungen (z. B. der Verjährungs- oder Ersitzungsunterbrechung, der Verteidigung im Prozesse; Protokolle z. KO. S. 22f.). Darüber § 1 Anm. 31ff. Eingehung und Erfüllung [Anm. 9] von Wechselverbindlichkeiten kommen hier in Betracht. Im Falle einer die Gläubiger benachteiligenden Prozeßhandlung ist diese selbst, z. B. ein Anerkenntnis, Verzicht, Vergleich, nicht aber das auf Grund dieser Handlung ergangene Urteil als solches Gegenstand der Anfechtung. Daß die Erlangung eines vollstreckbaren Titels für die anzufechtende Handlung die Anfechtung nicht ausschließt, wird im § 6 Fall 1 ausdrücklich anerkannt. Motive z. KO. S. 132, Protokolle z. KO. S. 23. Pfändungsakte gegen den Schuldner können außerhalb des Konkurses nur angefochten werden, sofern sie Rechtshandlungen des Schuldners oder seines Vertreters darstellen [§ 1 Anm. 39ff.].

Anm. 9. Auch **die Erfüllung einer Verbindlichkeit** durch den Schuldner oder seinen Vertreter begründet, **wenn** sie in der dem anderen Teile bekannten Absicht der Gläubigerbenachteiligung vorgenommen worden ist, die Anfechtung aus Nr. 1. Die Frage ist außerordentlich bestritten. Auszuscheiden sind zunächst die Fälle inkongruenter Deckung[1]), insbesondere die Erfüllung nicht erzwingbarer Ansprüche (RG. v. 10. 12. 1894 JW. 1895 S. 44f. Nr. 17 für § 3 Nr. 2) und die Leistung an Erfüllungsstatt[2]) (für § 3 Nr. 2), bei denen „die Möglichkeit" (freilich auch nicht schlechthin die Notwendigkeit) des Zutreffens der Nr. 1 nicht geleugnet werden sollte, (RG. v. 14. 2. 1882 Bd. **6**, 46; v. 8. 6. 1883 Bd. **9**, 102; v. 4. 2. 1897 JW. S. 170f. Nr. 21; Jaeckel S. 79, Steinbach-Ehrenzweig S. 35 Note 11; abw. Cosack S. 115, Menzel S. 159) und die verfrühte Leistung, die auch als Geldzahlung im ganzen, nicht bloß hinsichtlich des Interusuriums (Jaeger, KO. § 30 Anm. 46), der Absichtsanfechtung unterliegen „kann" (abw. Cosack a. a. O., Menzel S. 158). Es ist sehr wohl denkbar, daß die Inkongruenz der Deckung der Annahme eines betrüglichen Zusammenwirkens von Schuldner und Gläubiger eine Stütze bietet. Auszuscheiden ist weiter die vielfach hier angeführte Vereinbarung eines früheren Verfalltermins, da diese Vereinbarung als solche auf ihre Anfechtbarkeit zu prüfen ist. Mit ihr fällt die Rechtsbeständigkeit der Erfüllung. Gleiches gilt für die Deckung anfechtbar begründeter Ansprüche: die Anfechtung richtet sich gegen den Begründungsakt. Ernsteren Bedenken unterliegt dagegen die wichtige Frage, ob die Deckung (Sicherung und Befriedigung) und zwar auch die **völlig kongruente** Deckung persönlicher Ansprüche aus Nr. 1 anfechtbar sein kann. In den Motiven z. KO. S. 131 wird die Frage bejaht mit der Begründung, die geschuldete Leistung könne von einer ausdrücklichen oder stillschweigenden fraudulosen Übereinkunft begleitet und deshalb anfechtbar sein, wenn auch regelmäßig der Satz gelte: nullam videtur fraudem facere, qui suum recipit (fr. 6 § 6 quae in fraudem cred. XLII 8). Übereinstimmend bemerken die Motive des österr. AnfG. S. 32: „es läßt sich sehr leicht denken, daß eine solche Zahlung nur infolge einer fraudulosen Vereinbarung geschieht — so z. B. wenn der Schuldner im

---

[1]) Man pflegt „dem Deckungsgeschäft" im engeren Sinne als der Gewährung einer nichtgeschuldeten Sicherung (z. B. der nichtgeschuldeten Hypothekbestellung für ein Darlehen) das „reine Erfüllungsgeschäft" gegenüberzustellen. Die Unterscheidung ist unklar und irreführend; insbesondere läßt sie Zweifeln darüber Raum, welcher Unterabteilung die Leistung an Erfüllungsstatt zuzuweisen ist. Vgl. z. B. RG. v. 7. 11. 1899 Bd. **45**, 24. Wir fassen als **„Deckung"** Sicherung und Befriedigung zusammen; beide können kongruent oder inkongruent sein.

[2]) Einerlei, ob sie durch Hingabe von Sachen oder durch Überlassung anderer Werte, etwa durch Überweisung von Warenpapieren (Konnossementen, Lagerscheinen, Ladescheinen), durch Zession einer Forderung, Verzicht auf ein Recht, Bestellung oder Übertragung einer Dienstbarkeit erfolgt ist. Der Leistung von Bargeld steht die Erfüllung durch verkehrsübliche Geldsurrogate (Banknoten, Kassenscheine) gleich. Ebenso eine der Verkehrsübung entsprechende Wechsel- oder Scheckübermachung. Näheres Jaeger, KO. § 30 Anm. 45 mit Lit.

Einverständnisse des nunmehr befriedigten Gläubigers andere Gläubiger durch Prozesse in der Realisierung ihres Befriedigungsrechtes aufgehalten hätte, um den Fälligkeitstermin der nunmehr befriedigten Forderung herankommen zu lassen — oder daß dieselbe sonst von fraudulosen Vereinbarungen begleitet wird." Für die Bejahung hat sich auch das RG. nach anfänglichem Schwanken (14. 2. 1882 Bd. **6**, 45; 8. 6. 1883 Bd. **9**, 102) entschieden. Vgl. aus der sehr reichen Judikatur namentlich RG. v. 31. 5. 1886 Bd. **16**, 28; v. 6. 7. 1886 ebenda S. 62; v. 27. 3. 1888 Bd. **20**, 181; v. 1. 2. 1889 Bd. **23**, 11 mit Rechtspr. in Note 1 sowie S. 17 (Sicherung statt Befriedigung); v. 29. 1. 1890 Bd. **26**, 3; v. 15. 5. 1891 Bd. **27**, 131; v. 20. 9. 1892 JW. S. 429 Nr. 8; v. 29. 3. 1894 JW. S. 280 Nr. 9; vom 14. 6. 1894 Bd. **33**, 124; v. 25. 1. 1896 JW. S. 175 Nr. 29; v. 18. 12. 1896 Bd. **38**, 103; v. 10. 1. 1897 JW. S. 111 Nr. 23; v. 4. 12. 1900 JW. 1901 S. 9f. Nr. 13; v. 8. 1. 1901 ebenda S. 81f. Nr. 10; v. 19. 11. 1901 JW. 1902 S. 25 Nr. 17; v. 22. 11. 1901 das. S. 78 Nr. 9; v. 26. 9. 1902 das. S. 590 Nr. 13; v. 7. 10. 1902 das. S. 593 Nr. 18. Der VII. ZivS. (JW. 1901 S. 9 Nr. 13 für §§ 31f. KO.) faßt den Grundgedanken dieser Rechtsprechung dahin zusammen: „Wenn sich ein Schuldner zur Befriedigung einer fälligen Verbindlichkeit entschließt, so ist die nächstliegende Annahme die, daß er in der Absicht handelt, seine Gläubiger zu befriedigen. Einen rechtswidrigen Eingriff in das Befriedigungsrecht anderer Gläubiger begeht er dadurch nicht — und zwar selbst dann nicht, wenn er weiß, daß seine übrigen Mittel zur Befriedigung dieser Gläubiger nicht ausreichen. Nun ist es zwar nicht ausgeschlossen, daß ein Schuldner mit seinem Vorhaben, eine fällige Verbindlichkeit zu tilgen, auch den Zweck verbinden kann, seinen übrigen Gläubigern die Mittel zu ihrer Befriedigung zu entziehen. Aber diese Auffassung kann doch nur ausnahmeweise platzgreifen, wenn die begleitenden Umstände die Annahme rechtfertigen, daß es dem Schuldner bei der Zahlung im wesentlichen auf Vereitelung der Ansprüche der anderen Gläubiger angekommen sei." Derselbe Senat fügt JW. 1902 S. 590 Nr. 13 (§ 31 KO., § 3 Nr. 1 AnfG.) und S. 593 Nr. 18 (§ 3 AnfG.) hinzu: es sei „eine reine, lediglich nach der konkreten Sachlage zu beurteilende Tatfrage", ob in Fällen dieser Art die Benachteiligungsabsicht und ihre Kenntnis anzunehmen sei; ein Rechtsgrundsatz oder eine Beweisregel des Inhalts, daß bei kongruenter oder gar inkongruenter Deckung die Benachteiligungsabsicht durch Anführung besonderer Umstände dargetan werden müsse, bestehe nicht. In der Hauptsache übereinstimmend Kornitzer bei Grünhut Bd. 15 S. 604ff., Petersen-Kleinfeller KO. § 31 Anm. 10, v. Sarwey-Bossert KO. § 31 Anm. 1, v. Wilmowski-Kurlbaum KO. § 31 Anm. 15, Fitting § 16 Note 7, Jaeckel S. 73ff., Endemann § 43 Note 9, Steinbach-Ehrenzweig S. 33 mit Note 9 (und die hier zitierte Entscheidung des österr. obst. Gerichtshofs Samlg. 5 Nr. 2058), Kohler Lehrbuch S. 219, L. Seuffert S. 206, 213, K. Meyer, Recht Bd. 6 (1902) S. 167;

abw. namentlich Cosack S. 114ff. mit S. 80ff., Menzel S. 152ff., Krasnopolski S. 37f. und bei Grünhut Bd. 15 S. 29, Pollak S. 354, Förster-Eccius I § 114 Note 41. Der Haupteinwand der Gegner geht dahin: eine Wahrung der par condicio creditorum erstrebe das Gesetz erst von den im § 30 KO. bestimmten Zeitpunkten ab; die Verletzung dieser Gleichstellung sei daher ausschließlich nach § 30 KO. anfechtbar; das ergebe sich für die Absichtsanfechtung außerhalb des Konkurses (§ 3 Nr. 1 AnfG.) schon aus der Erwägung, daß der eine Gläubiger dem anderen eine diesem gebührende Zahlung nicht abfordern und so durch die Anfechtung einen ganz ungerechtfertigten Vorzug erlangen dürfe (Cosack S. 82, Menzel § 24 Note 8 u. 12, siehe auch schon Motive des preuß. AnfG. von 1855 S. 3). Nun ist allerdings die Deckung eines Gläubigers aus dem bloßen Grunde einer Verletzung der par condicio creditorum lediglich nach § 30 KO. anfechtbar. Diese Anfechtung setzt weder eine Benachteiligungsabsicht noch eine — von der Benachteiligungsabsicht begrifflich zu unterscheidende [Anm. 19] — Begünstigungsabsicht voraus. Aus dem selbständigen Grunde einer dem Erwerber bekannten Benachteiligungsabsicht des Schuldners kann dagegen eine Anfechtbarkeit nach § 3 Nr. 1 gegeben sein. Denkbar ist eine solche Absicht und ihre Kenntnis auch im Falle kongruenter Deckung, insbesondere wenn der Schuldner dabei seine Vermögensunzulänglichkeit in betrüglichem Einverständnisse mit dem Gläubiger verheimlichte, um diesem auf Kosten der übrigen Gläubiger die letzten verfügbaren Mittel zuzuwenden, mag nun der Gläubiger gedrängt oder der Schuldner ihm ohne Erfordern die Leistung aufgenötigt haben. Die Schwierigkeit liegt lediglich in der Aufdeckung bestimmter Anhaltspunkte für eine solche Kollusion. Unter Umständen beseitigt eine begleitende Korrespondenz oder das Zeugnis einer bei der Verabredung zugegen gewesenen Person auch diese tatsächliche Schwierigkeit [Eid: Anm. 24]. Außerhalb des Konkurses muß dies umsomehr gelten, als hier die Konkurrenz einer dem § 30 KO. entsprechenden Vorschrift nicht in Betracht kommt. Auch führt unsere Auslegung keineswegs zu unbilligen Ergebnissen. Angenommen: Der Schuldner wendet den Gesamtaktivrest seines Vermögens im Betrage von 10 000 dem Gläubiger A in der feststehendermaßen dem A bekannten Absicht zu, auf diese Weise jede Befriedigung der übrigen Gläubiger B, C und D zu vereiteln; die Zahlung wird von B nach § 3 Nr. 1 angefochten. Freilich wäre es nun ungerecht, dem B auf Kosten von A, C und D die vollen 10 000 zuzuerkennen. Indessen braucht ja nur einer von ihnen den Konkurs zu beantragen, um dieser Unbilligkeit vorzubeugen (§ 13 AnfG., § 37 KO.). Andrerseits zeigen gerade die zahlreichen Fälle dieser Art, daß ein dringendes Bedürfnis für die Erstreckung der Absichtsanfechtung auf kongruente Deckungen besteht. Denn es ist sehr wohl möglich, daß zur Zeit der Befriedigung des A weder eine Zahlungseinstellung erfolgt noch die Konkurseröffnung beantragt war oder doch daß der Nachweis einer vorher erfolgten Zahlungseinstellung (§ 30 Nr. 1 Fall 2 KO.) nicht zu führen ist. Wie anders als im Wege der Absichtsanfechtung sollte hier die offenbar unbillige

Befriedigung des A rückgängig zu machen und die erforderliche Masse wieder zu gewinnen sein? Die besondere Konkursanfechtung des § 30 KO. versagt in Fällen dieser Art, weil sie — aus ganz gerechtfertigten Zweckmäßigkeitserwägungen — eine Wahrung der par condicio nicht schon vom Eintritte, sondern erst von der Äußerung der Zahlungsunfähigkeit ab gebietet, und bedarf darum auch für den Konkurs einer Ergänzung.

Anm. 10. Umgekehrt unterliegt auch die Empfangnahme einer ihm geschuldeten, fälligen Leistung durch den nachmaligen exequendus der Absichtsanfechtung, wenn sie mit der dem Zahlenden bekannten Absicht geschah, die Gläubiger (z. B. durch Beiseiteschaffen oder Verschleudern des Geldes) zu benachteiligen. Vgl. Steinbach-Ehrenzweig S. 37 Note 16 mit Lit. Siehe noch Anm. 11 u. 27.

Anm. 11. b) Infolge der anzufechtenden Rechtshandlung muß die Zwangsbefriedigungsmasse vermindert oder doch der Zugriff erschwert werden, also vom Standpunkte des Gläubigers eine Benachteiligung eingetreten sein [§ 1 Anm. 44ff.]. Setzt auch § 3 Nr. 1 nicht wie Nr. 2 eine unmittelbare Gläubigerbenachteiligung voraus, so muß doch die anzufechtende Handlung wenigstens eine **mittelbare** Benachteiligung verursacht haben. In diesem Sinne wird auch zur Anwendbarkeit der Nr. 1 ein Kausalzusammenhang zwischen dem angegriffenen Rechtsakt und der Beeinträchtigung des Gläubigerzugriffs erfordert. RG. v. 14. 6. 1894 Bd. **33**, 122. Hätte z. B. der Schuldner durch Vereinbarung mit dem Drittschuldner die Abtretbarkeit einer Geldforderung in der dem Drittschuldner bekannten Absicht, den Zugriff der Gläubiger auf diese Forderung zu vereiteln (§ 851 I ZPO.), ausgeschlossen, so würde für eine Gläubigeranfechtung kein Raum sein, da nach § 851 II ZPO. der Gläubigerzugriff ungeachtet einer solchen Vereinbarung freisteht. Da aber schon eine mittelbare Benachteiligung genügt, ist insbesondere auch die Veräußerung gegen ein vollkommen angemessenes Entgelt anfechtbar, wenn dieses durch spätere Verfügungen des Schuldners oder durch Zufall dem Zugriffe der Gläubiger entzogen ward (Motive z. KO. S. 114, RG. a. a. O. S. 123 mit Literatur). Eben deshalb ist es unerheblich, daß im Zeitpunkte der Handlung noch andere Zugriffsobjekte vorhanden waren (RG. v. 6. 7. 1900 JW. S. 651 Nr. 10). Näheres oben § 1 Anm. 52f. Wußte der Erwerber beim Vertragsschlusse, daß der Schuldner nur in der Absicht veräußerte, das leichter zu verschleudernde Entgelt seinen Gläubigern zu entziehen, so ist der Veräußerungsakt auch dann anfechtbar, wenn diese Absicht nicht verwirklicht wurde, aber das Entgelt durch Zufall (zufälligen Untergang, Diebstahl, Unterschlagung durch den Vertreter des Schuldners) für die Gläubiger verloren gegangen ist. Fitting § 16 Note 7, Cosack S. 114, Krasnopolski S. 36. Fehlt es jedoch an einer gegenwärtigen Gläubigerbenachteiligung, weil z. B. ein vom Schuldner veräußertes Grundstück noch zurzeit hypothekarisch überlastet ist, so bleibt die Anfechtung trotz Feststehens der Benachteiligungsabsicht ausgeschlossen. Mit der objektiven Benachteiligung fehlt hier alles Interesse an einer Anfechtung. RG. v. 16. 5. 1895 Bolze 15 Nr. 178; abw. RG. v. 4. 2. 1885 Bolze 1 Nr. 534.

c) Der Schuldner muß die Rechtshandlung **in der Absicht**, seine Gläubiger zu benachteiligen, vorgenommen haben. Diese Absicht ist der auf den Erfolg der Gläubigerbenachteiligung gerichtete **Wille**. Daß die Gläubigerbenachteiligung der ausschließliche oder doch der letzte Zweck (Beweggrund) des Handelns war, erfordert das Gesetz nicht. Es genügt vielmehr, daß die Benachteiligung als notwendige Folge eines den Beweggrund des Handelns bildenden anderen Zweckes vom Willen des Schuldners mitumfaßt war. Wohl in den seltensten Fällen handelt der Schuldner so verwerflich, daß die Gläubigerbenachteiligung geradezu den Endzweck seines Handelns bildet. Dieser Endzweck besteht meist in der Absicht des Schuldners, Vermögensstücke für sich selbst (Mittel zur Flucht, künftige Existenz) oder zur Unterhaltung der Seinen zu retten oder sie einzelnen Gläubigern, insbesondere Angehörigen, begünstigungsweise zukommen zu lassen. Die Benachteiligung der Gläubiger oder der übrigen Gläubiger ist in solchen Fällen notwendig mitgewollt, mitbeabsichtigt. Wer hier die Anwendbarkeit der Nr. 1 in Abrede stellt, raubt der Absichtsanfechtung nahezu alle praktische Bedeutung. Cosack S. 77, Menzel S. 148. Der Streit darüber, ob die Absicht der Nr. 1 mit Vorsatz zusammenfällt, dürfte unfruchtbar sein, da Absicht und Vorsatz sich nur relativ unterscheiden. Finger, Lehrbuch des Deutschen Strafrechts I (1904) § 50. Andrerseits steht fest, daß Fahrlässigkeit und Absicht unvereinbare Begriffe sind. Auch grobe Fahrlässigkeit genügt also nicht. Wohl aber genügt das eventuelle Wollen der Benachteiligung, d. h. das Wollen für einen bestimmten, vorausgesehenen Fall, z. B. für den Fall des Nichtdurchdringens mit vermeintlichen Einwendungsrechten (RG. v. 6. 7. 1889 Bd. 24, 26; v. 21. 4. 1892 Gruchot Bd. 36 S. 1143). Auch ist der Wille, die übrigen Gläubiger zu benachteiligen, damit verträglich, daß der begünstigte Gläubiger gedrängt hat (RG. v. 26. 2. 1891 Bolze 11 Nr. 170). Anm. 12.

„Die Absicht, seine Gläubiger zu benachteiligen", (Finalsatz!) erfordert begrifflich ein Wollen, nicht bloß ein Wissen. Die verbreitete (siehe namentlich Cosack S. 77f. zu Note 8) und früher auch vom RG. (vgl. z. B. 24. 4. 1883 Bd. 9, 75; 20. 5. 1884 Bd. 11, 175, neuestens wieder vom OLG. Karlsruhe v. 28. 9. 1904 Bad. Rechtspr. 1904 S. 312) vertretene Ansicht, es genüge das Bewußtsein, daß die Handlung notwendig oder doch nach dem gewöhnlichen Lauf der Dinge die Gläubiger benachteiligen werde, ist daher ungenau. Begrifflich fallen Absicht und Bewußtsein der Benachteiligung zweifellos nicht zusammen. Der richtige Kern jener Meinung ist der, daß unter Umständen aus dem Bewußtsein auf die Absicht der Benachteiligung geschlossen werden kann. Sicher ist dieser Schluß aber nur dann, wenn die Handlung eine benachteiligende Folge haben mußte. Bei bloßer Wahrscheinlichkeit der Benachteiligung versagt das Indiz, sobald dargetan wird, daß der Schuldner den Nichteintritt der Benachteiligung erhofft Anm. 13.

hat. Daß aber vollends die Voraussicht der Möglichkeit einer Benachteiligung stets den Schluß auf eventuelles Wollen [Anm. 12] rechtfertige, ist tatsächlich unzutreffend. So mit Recht Menzel S. 147; vgl. ferner Motive z. KO. S. 130f., Jaeckel S. 87ff., Kornitzer bei Grünhut Bd. 15 S. 585ff., bes. S. 598ff., Steinbach-Ehrenzweig S. 28 Note 2, Fitting § 16 Note 6, L. Seuffert S. 212; so auch die neuere Rechtsprechung: RG. v. 14. 6. 1894 Bd. **33**, 124 mit Lit.; v. 25. 1. 1896 JW. S. 175 Nr. 29; v. 19. 11. 1901 JW. 1902 S. 25 Nr. 17; v. 4. 3. 1904 Bd. **57**, 163; v. 19. 5. 1905 JW. S. 442 f. Nr. 28; oberstes LdG. v. 29. 11. 1899 Bl. f. Rechtsanw. Bd. 65 S. 195; vgl. auch Jena v. 8. 11. 1900 OLG. 3 S. 51; OLG. Dresden v. 7. 10. 1902 und v. 9. 10. 1903 Sächs. Arch. 14 S. 383 und 394. Noch weniger rechtfertigt das Bewußtsein schon vorhandener Zahlungsunfähigkeit oder Vermögensunzulänglichkeit ohne weiteres den Schluß auf eine Benachteiligungsabsicht des Schuldners: „es ist mit vollkommen redlicher Absicht verträglich" (Motive z. KO. S. 130, RG. v. 18. 5. 1892 Bolze 15 Nr. 175). Vgl. dagegen die Fassung von § 11 des Depotgesetzes v. 5. 7. 1896. Auch daraus, daß „das Geschäft objektiv nachteilig für den Gemeinschuldner gewesen ist", folgt ganz gewiß noch nicht die Absicht des letzteren, seine Gläubiger zu verkürzen (RG. v. 17. 12. 1896 Bolze 23 Nr. 248).

Anm. 14. Die Absicht des Schuldners, seine Gläubiger zu benachteiligen, ist nach Anm. 12 mit der Verfolgung anderer Zwecke verträglich. Sie kann nach Anm. 9 auch bei Bewirkung der „geschuldeten" Leistung vorliegen. Sie fehlt bei Veräußerungen, wenn der Schuldner in der Überzeugung handelt, mit dem Erlös alle Gläubiger befriedigen zu können. Sie fehlt bei der Befriedigung eines Realgläubigers, wenn diese nur erfolgt, um die drohende Zwangsversteigerung abzuwenden und so die Verwertung des Grundstücks auf günstigere Zeiten hinauszuschieben (vgl. OLG. Dresden v. 7. 10. 1902 und v. 8. 10. 1903 Sächs. Arch. 14 S. 384 und 385). Desgleichen bei Vereinbarungen zwischen Schuldner und Realgläubiger, die letzterem ledig den Vorzugszugriff auf solche Gegenstände sichern, die nach dem Gesetze zunächst dem Realgläubiger haften [§ 1 Anm. 51]. Von einer Absicht, die Gläubiger zu benachteiligen, kann ferner dann keine Rede sein, wenn der Schuldner zur Konkursabwendung ein Arrangement mit der Mehrheit seiner Gläubiger trifft, kraft dessen einem Treuhänder Vermögenswerte (z. B. der Nießbrauch an Grundstücken und Forderungen) zu dem Zwecke übertragen werden, daß er nach und nach alle Gläubiger gleichmäßig befriedige. Allerdings braucht sich nach geltendem Rechte kein Gläubiger durch Mehrheitsbeschluß die außergerichtliche Liquidation aufdrängen zu lassen (Jaeger KO. § 173 Anm. 15ff.). Indessen steht ja die Erwirkung des Konkurses, der die Liquidation des Treuhänders ablöst (§ 117 KO.), jedem Gläubiger frei. Eine Absichtsanfechtung kann gegenüber Sonderbegünstigungen (Jaeger KO. § 181 Anm. 9), nicht aber zur Umstoßung eines Arrangements auf gleichmäßige Schuldendeckung in Betracht kommen. RG. v. 24. 2. 1905 Jur.Ztg. 10 S. 458. Andrerseits wird dadurch allein, daß der Schuldner den Willen hat, „mit dem Erlöse fällige Forderungen zu bezahlen", die Annahme einer Benachteiligungsabsicht noch keineswegs ausgeschlossen. So namentlich dann nicht, wenn er sich die Zahlungsmittel durch Schleudergeschäfte, etwa durch Verkauf seines Warenlagers weit unter dem Werte, verschafft. RG. v. 19. 11. 1901 JW. 1902 S. 25 Nr. 17. Eine Benachteiligung muß zwar nicht nur beabsichtigt, sondern auch tatsächlich eingetreten sein [Anm. 11]; aber es muß die eingetretene nicht gerade die beabsichtigte Benachteiligung sein.

„Seine Gläubiger" zu benachteiligen, muß der Schuldner Anm. 15. beabsichtigt haben. Zweifellos ist danach zunächst, daß sich die Schädigungsabsicht gegen „Gläubiger", Personal- oder Realgläubiger [§ 2 Anm. 8], gerichtet haben muß. Eine zur Verkürzung „der Erben" vorgenommene Verfügung unter Lebenden oder von Todes wegen begründet die Absichtsanfechtung weder zugunsten eines Erben (vgl. vielmehr §§ 2305ff., 2325ff. BGB.; RG. v. 16. 12. 1887 Bolze 5 Nr. 340) noch zugunsten eines Gläubigers. Dem Erfordernisse, „seine" Gläubiger zu benachteiligen, kann genügt sein, einerlei, ob sich der Benachteiligungswille des Schuldners gegen alle oder gegen einzelne, gegen bestimmte oder unbestimmte, gegen dermalige oder gegen künftige Gläubiger gerichtet hat. Indem das Gesetz „jeden" Gläubiger mit fälliger, vollstreckbarer Forderung (§ 2) für befugt erklärt, Rechtshandlungen anzufechten, die der Schuldner in der Absicht, „seine Gläubiger zu benachteiligen" vorgenommen hat (§ 3 Nr. 1), stellt es jedenfalls so viel klar, daß der Schuldner nicht gerade die Benachteiligung dieses bestimmten, jetzt anfechtenden Gläubigers erstrebt haben muß. Darum ist es auch unerheblich, daß die Forderung des anderen Gläubigers, dessen Benachteiligung beabsichtigt war, nur in der Vorstellung des Schuldners existierte, in Wahrheit aber (z. B. als Wechselforderung wegen eines dem Schuldner unbekannten Formmangels) nicht zu Recht bestand. Ferner aber ergibt sich, weil „jeder" auch nur zur Zeit der Schlußverhandlung begründete, fällige und vollstreckbare Geldanspruch [§ 2 Anm. 6] zur Anfechtung aus § 3 Nr. 1 berechtigt, daß der Anspruch des anfechtenden Gläubigers zur Zeit der Vornahme der angefochtenen Handlung noch nicht bestanden zu haben braucht. Das gilt nicht nur für nachträglich erwachsene Nebenansprüche (wie Zinsen, Kosten der Titelbeschaffung: RG. v. 28. 9. 1900 JW. S. 754 Nr. 21), sondern auch für die Hauptforderung selbst. In der Tat hat es guten Sinn, auch Gläubiger, deren Ansprüche unabhängig vom Willen und der Voraussicht des Schuldners entstanden (man denke an die zahlreichen und wichtigen Obligationen ex lege und ex delicto), eine ihre Befriedigung ausschließende frühere Vermögensverschleuderung anfechten zu lassen. So erscheint es beispielsweise gewiß als gerechtfertigt, daß ein Familienvater, dessen Erwerbsfähigkeit durch eine vorsätzlich vom Schuldner verübte Körperverletzung aufgehoben worden ist, zur Beitreibung seines Schadensersatzanspruchs (§§ 823, 843 BGB.) die absichtliche Vermögensverschleuderung seines Schuldners auch dann anfechten darf, wenn zur Zeit der Verschleuderung die Entstehung dieses Schadensersatzanspruchs nicht vorausgesehen werden konnte. Wer freilich mit dem Reichsgericht in der Anfechtungsverbindlichkeit der Nr. 1 eine Deliktsschuld des Anfechtungsgegners erblickt [§ 1 Anm. 8ff.], der müßte folgerecht verlangen, daß der Schuldner bei Vornahme der Handlung die Schädigung auch dieses künftigen Gläubigers gewollt und daß der Anfechtungsgegner diesen Willen gekannt hat (so in der Tat früher RG. v. 5. 5. 1885 Bd. **13**, 167, eine jetzt allgemein aufgegebene Ansicht). Wenn die Anfechtung wegen eines Liberalitätsanspruches aus späterer Zeit abgewehrt werden kann, so ist das eine Sache für sich [§ 2 Anm. 40]. Wie aber dann, wenn im Zeitpunkte der Handlung gar keine Gläubiger da waren? Eine Anfechtung aus Nr. 2—4, deren Tatbestand keine Absicht voraussetzt, kann solchenfalls recht wohl begründet sein. Auch eine Anwendbarkeit der Nr. 1 ist rechtlich nicht ausgeschlossen, etwa bei Inanspruchnahme erheblichen Kredits unter Verheimlichung einer unmittelbar zuvor geschehenen, die Zahlungsfähigkeit des Kreditnehmers aufhebenden Vermögensentäußerung. Meist jedoch wird sich eine Absicht des Veräußerers, seine Gläubiger zu benachteiligen, tatsächlich nicht konstruieren oder doch nicht erweisen lassen, wenn er zur Zeit der Veräußerung überhaupt keine Gläubiger hatte. Die Wendungen „Absicht, seine Gläubiger zu benachteiligen" (Nr. 1) und „Absicht des Schuldners, die Gläubiger zu benachteiligen" (Nr. 2) sind hier wie im § 31 Nr. 1 u. 2 völlig gleichbedeutend. Im Entwurfe des § 24 Nr. 2 (jetzt § 31 Nr. 2) KO. hieß es gleichfalls „seine Gläubiger". Die Änderung stammt von der Redaktionskommission. Daß damit ausgesprochen werden sollte, es genüge auch die Absicht einer Benachteiligung künftiger Gläubiger (Hartmann-Meikel S. 125f.), ist nicht erweisbar. Jedenfalls war es unangebracht, den Ausdruck nur in Nr. 2 zu ändern. Im Ergebnis übereinstimmend Motive z. KO. S. 130; RG. v. 19. 11. 1885 Bolze 2 Nr. 589 (es genügt die Absicht, einen oder einzelne bestimmte Gläubiger oder, wen es trifft, zu benachteiligen); v. 16. 6. 1887 Bolze 4 Nr. 380 (Benachteiligungsabsicht kann sich auch gegen noch nicht fällige Forderungen richten); v. 26. 1. 1886 Bd. **15**, 62 u. v. 1. 5. 1890 Bd. **26**, 14 (Zeit u. Voraussehbarkeit der Forderungsentstehung unerheblich); v. 29. 12. 1903 JW. 1904 S. 152f. Nr. 30 (= Bad. Rechtspraxis 1904 S. 265 Nr. 23 u. Recht 8 S. 167f. Nr. 779 mit Datum v. 15. 12. 1903, in Aufhebung v. OLG. Karlsruhe 16. 3. 1903 ebenda 1903 S. 159 Nr. 64; RG. erklärt eine ehevertragsmäßige Vorbehaltsgutserklärung zugunsten der Frau für anfechtbar durch spätere Gläubiger aus Nr. 1 oder Nr. 2; hatte der Schuldner z. Z. der Handlung keine Gläubiger, dann sei regelmäßig eine gegenwärtige Absicht der Benachteiligung künftiger Gläubiger zu verneinen); Marienwerder v. 7. 5. 1904 OLG. 10 S. 227 und herrschende Lehre (vgl. besonders Jaeckel S. 89f. Note 6, Steinbach-Ehrenzweig S. 128, 145, Menzel S. 149f., Krasnopolski S. 122); abw. namentlich Cosack S. 80ff., 114 (die Gesamtheit der Gläubiger müsse benachteiligt sein).

Im Zeitpunkte „der Vornahme" der Rechtshandlung muß der Schuldner die Verkürzung der Gläubiger beabsichtigt haben. Krasnopolski S. 33, RG. v. 1. 3. 1881 Bd. 4 S. 32; vgl. auch RG. 3. 1. 1895 JW. S. 83 Nr. 6 (bei Anfechtung der Veräußerung eines belasteten Grundstücks komme für die Beurteilung der Benachteiligungs absicht, also nicht des Benachteiligungserfolges, nur der Wert in Anschlag, den Veräußerer und Erwerber dem Grundstück zur Zeit der angefochtenen Rechtshandlung beigelegt haben). Wird eine kongruente Deckung z. B. die Übereignung (nicht der Verkauf) einer verkauften beweglichen Sache oder eines verkauften Grundstücks angefochten, so entscheidet der Zeitpunkt der Erfüllung, also z. B. der auf die wirksame Übereignungseinigung folgenden Übergabe oder Eintragung in das Grundbuch, nicht schon die Zeit der Abschließung des obligatorischen Vertrags, z. B. des Kaufes. Ist die Eintragung (z. B. einer Dienstbarkeit, einer Hypothek, vgl. § 20 GBO.) der Einigung vorausgegangen, so genügt die Absicht zur Zeit der Einigung, weil sich erst mit dieser der Rechtserwerb vollzieht (§ 873 BGB.). Ebenso, wenn bei Übereignung beweglicher Sachen die Einigung der Besitzübertragung nachfolgt (§ 929 BGB.). Näheres Jaeger KO. § 30 Anm. 19 u. 35 mit Zitaten; siehe auch oben § 1 Anm. 43, „Rechtshandlung des Schuldners". Anm. 16.

Ist die Rechtshandlung durch einen Stellvertreter des Schuldners vorgenommen worden, so entscheidet ausschließlich die Absicht des Vertreters. So stets in den Fällen gesetzlicher Vertretung (elterlicher Gewalthaber, Vormund, Pfleger, Konkursverwalter, Vorstand eines rechtsfähigen Vereins oder einer Aktiengesellschaft), mag auch der Vertretene eine beschränkte oder selbst — was bei der Pflegschaft möglich ist — volle Geschäftsfähigkeit haben. Zust. für Vormund OLG. Naumburg v. 2. 2. 1900 Bl. f. Rpfl. i. Thür. 47, S. 257. Doch genügt im Falle einer durch Rechtsgeschäft erteilten Vertretungsmacht die Absicht des Bevollmächtigten oder des Machtgebers, wenn ersterer nach bestimmten Weisungen des letzteren gehandelt hat (arg. § 166 BGB.). Vgl. Krasnopolski S. 34, Menzel S. 94ff., Steinbach-Ehrenzweig S. 28 Note 2 mit Rechtspr., Jaeckel S. 96ff., RG. v. 2. 7. 1897 JW. S. 466 Nr. 25 u. für das neue Recht L. Seuffert S. 212, Fitting § 16 Note 8; abw. Petersen-Kleinfeller KO. § 31 Anm. 4 (mit unzutreffendem Hinweis auf die §§ 278, 831 BGB.) und Hartmann-Meikel S. 120 (die im Anschluß an Kleinfeller einwenden, das von uns angerufene Prinzip des § 166 II BGB. lasse sich nicht vom Wissen auf den Willen erstrecken und führe zu einer wider Treu und Glauben verstoßenden Einschränkung der Anfechtbarkeit; ganz derselbe Vorwurf würde indessen den § 166 II BGB. in seiner unmittelbaren Anwendbarkeit treffen und ist tatsächlich ungerechtfertigt). Die Absicht eines Boten ist unmaßgeblich. Siehe Jaeger KO. § 30 Anm. 20, 22. Anm. 17.

Hat der Ehemann im eigenen Namen kraft eigenen Rechtes über Gesamtgutsgegenstände verfügt (§§ 1443ff., 1519, 1549 BGB.), so kommt es ausschließlich auf seine Benachteiligungsabsicht an. Er ist der Anm. 18.

Veräußerer und für die durch die Anfechtung zu ermöglichende Exekution in das Gesamtgut — für Einzelvollstreckung und Konkurs (§ 1459 BGB., § 740 ZPO., § 2 I KO.) — der „Schuldner" (vgl. Jaeger KO. § 2 Anm. 6). Darum muß auf seine Benachteiligungsabsicht auch dann das ausschließliche Gewicht gelegt werden, wenn er das angefochtene Geschäft, wie z. B. Verkauf und Übereignung einer Gesamtgutsliegenschaft (§ 1445 BGB.), nur mit Einwilligung der Frau vornehmen konnte und vorgenommen hat. Vgl. für das frühere preuß. Recht RG. v. 21. 3. 1895 Gruchot 39 S. 1070; abw. Meikel S. 121. Unbedenklich muß ferner die Absicht des Mannes allein entscheiden, wenn Rechtsgeschäfte über Gegenstände des eingebrachten Gutes angefochten werden, zu denen keine Zustimmung der Frau erforderlich war, wie z. B. Verfügungen über verbrauchbare Sachen (§§ 1376 Nr. 1, 92 BGB.). Wenngleich nämlich hier der Mann eigenen Namens und nicht als Vertreter der Frau verfügt hat (siehe über diese Frage Planck-Unzner, BGB. 3. Aufl. IV S. 131), so wirkt doch seine Verfügung für das Vermögen der „Schuldnerin" ebenso wie die eines gesetzlichen Vertreters. Ja selbst dann, wenn der Mann mit der erforderlichen Zustimmung der Frau (§ 1375 BGB.) über einen Gegenstand des eingebrachten Gutes verfügt hat, erscheint er als der eigentliche Veräußerer, dessen Willensmeinung allein entscheiden muß (abw. Meikel S. 120: Absicht des Mannes oder der Frau genüge). Nach dem in Anm. 17 vertretenen Standpunkte würde die Absicht der Frau sogar in Fällen, in denen der Mann als ihr Bevollmächtigter auftrat, nur dann genügen, wenn der Mann nach ihren Weisungen handelte, und auch dann noch würde der Absicht des Mannes eine selbstständige Bedeutung verbleiben. Das dürfte auch der tatsächlichen Stellung des Mannes entsprechen. Keinesfalls kann mit Kleinfeller a. a. O. Anm. 3 allein der Wille der zustimmenden Frau als maßgebend erachtet werden. Diese Ansicht verkennt die Maßgeblichkeit des Mannes für die Willensbildung und nimmt der Anfechtung gerade für die wichtigsten Fälle eines stillschweigenden und allgemeinen Konsenses der Frau alle praktische Bedeutung. Auch durch eine dem Dritten gegenüber erklärte Zustimmung wird die Frau nicht „Mitkontrahentin"; die Regel bildet aber der nur dem Manne und nur stillschweigend erklärte Konsens (vgl. Planck-Unzner S. 135 u. 138).

Anm. 19. Mit der Begünstigungsabsicht des § 30 Nr. 2 KO. deckt sich die Benachteiligungsabsicht unserer Nr. 1 dem Begriffe nach nicht (vgl. § 239 mit 241 KO., RG. v. 24. 10. 1885 Bolze 2 Nr. 591). Regelmäßig allerdings wird der Begünstigungswille den Benachteiligungswillen einschließen. Erachtet jedoch der Schuldner seine Mittel zur vollen und rechtzeitigen Befriedigung aller übrigen Gläubiger für ausreichend, will er also lediglich den begünstigten Gläubiger früher als dieser beanspruchen kann befriedigen, so liegt Begünstigungsabsicht ohne Benachteiligungsabsicht vor.

Anm. 20. d) Die Benachteiligungsabsicht des Schuldners muß dem anderen Teile **bekannt** gewesen sein. Daß auch letzterer zur Herbeiführung des nachteiligen Erfolgs mitgewirkt oder doch wenigstens auch seinerseits diesen Erfolg angestrebt habe, etwa um sich selbst zu bereichern, verlangt das Gesetz nicht (Motive z. KO. S. 130). Beispiele: § 1 Anm. 9. Daher sind (gegen Cohn JW. 1900 S. 696, Kohler Leitfaden S. 124) im Falle der Nr. 1 und 2 die Voraussetzungen des § 826 BGB. auf Seite des anderen Teiles durchaus *nicht notwendig* gegeben. Nur fordert das Gesetz *positives Kennen* jener Absicht; die fahrlässige Unkenntnis („kennen müssen" § 122 II BGB.) steht dem Kennen nicht gleich. Andrerseits genügt es gar nicht, daß der Geschäftsgenosse des Schuldners, etwa ein inkongruent befriedigter Gläubiger, die Absicht einer Gläubigerbenachteiligung hegte: der Schuldner selbst oder wer für ihn handelte [Anm. 18 u. 19] muß diese Absicht gehabt haben.

Der „*andere Teil*" ist, da für den Bereich der Nr. 1 auch einseitige Rechtshandlungen des Schuldners in Frage kommen, nicht notwendig „Vertragsgenosse" des letzteren, sondern ganz allgemein der Erwerber des in fraudem creditorum entäußerten und nach § 7 zurückzuerstattenden Wertes. So z. B. der Okkupant einer vom Schuldner derelinquierten Sache, der belastete Grundeigentümer im Falle frauduloser Löschung von Dienstbarkeiten, Hypotheken oder anderen für den Schuldner eingetragenen Lasten, bei Löschung einer zugunsten des Schuldners eingetragenen Eigentümerhypothek der Nachhypothekar, im Falle des — einseitig wirksamen — prozessualen Verzichts und Anerkenntnisses (§§ 306, 307 ZPO.) und im Falle unterlassener Geltendmachung von Verteidigungsmitteln der Prozeßgegner. Anm. 21.

Die Kenntnis der Benachteiligungsabsicht muß *zur Zeit der Vornahme* der Rechtshandlung vorhanden sein. Doch genügt es, daß dem anderen Teile die Kenntnis der Benachteiligungsabsicht für den Zeitpunkt nachgewiesen wird, in dem sich sein die Gläubiger beeinträchtigender Rechtserwerb *vollendet* hat, also z. B. für die Zeit der Eintragung (wenn eine Grundstücksübereignung angefochten wird, siehe Anm. 16 u. RG. v. 13. 1. 1887 Bolze 4 Nr. 357, v. 9. 7. 1888 Bolze 6 Nr. 271, v. 1. 2. 1901 Bd. 47, 225; vgl. OLG. Karlsruhe v. 9. 7. 1903 Bad. Rechtspraxis 1903 S. 322), der Löschung (wenn die Aufhebung des Rechtes an einem Grundstück angefochten wird, § 875 BGB.), der Aneignung [Anm. 21], der Vollendung einer Verjährung oder Ersitzung [Anm. 8]. Nachträgliche Kenntnis schadet nicht (vgl. RG. v. 30. 9. 1889 Bolze 8 Nr. 259). Krasnopolski S. 35 und bei Grünhut Bd. 15 S. 21 ff., Kohler Lehrbuch S. 222, Steinbach-Ehrenzweig S. 29 Note 5 mit Rechtspr. Wenn die Einigung der Eintragung oder Übergabe nachfolgt, entscheidet die Kenntnis zur Zeit der die Rechtsveränderung erst bewirkenden Einigung. Von einer mala fides *superveniens* ist hier nicht die Rede. Siehe Anm. 16. Ebenso entscheidet im Falle des § 875 BGB. die Kenntnis zur Zeit des Verzichts, wenn diesem die Löschung vorausgegangen war. Ist zwar das erfüllte Geschäft, nicht aber das Erfüllungsgeschäft als solches anfechtbar [§ 1 Anm. 33], so entscheidet der Zeitpunkt der Eingehung der erfüllten Verbindlichkeit, nicht der Zeitpunkt des Erfüllungsaktes. Vgl. RG. v. 16. 3. 1889 Bolze 7 Nr. 302. Anm. 22.

Anm. 23. Hat der andere Teil das Erwerbsgeschäft durch einen Stellvertreter abgeschlossen, so entscheidet ausschließlich dessen Kenntnis von der Benachteiligungsabsicht des Schuldners (vgl. für das frühere Recht RG. v. 17. 2. 1886 Bolze 2 Nr. 586). Doch genügt im Falle der Vollmacht — der gewillkürten Vertretung — die Kenntnis des Vertretenen oder des Vertreters, wenn letzterer nach bestimmten Weisungen des ersteren gehandelt hat. § 166 BGB. Beispielsweise schadet also die Kenntnis des Vormunds, nicht die des Mündels; die Kenntnis des Konkursverwalters, der für eine Konkursmasse erworben hat, nicht die des Gemeinschuldners. Bei Kollektivvertretung genügt die Kenntnis eines einzigen Vertreters, also z. B. die Kenntnis eines Mitvormunds im Regelfalle des § 1797 I BGB. oder eines Vorstandsmitglieds im Regelfalle des § 232 I 1 HGB. Auch beim Erwerbe für eine offene Handelsgesellschaft genügt die Kenntnis eines Teilhabers. Beim gesetzlichen Güterstand erwirbt der Mann unmittelbar für die Frau abgesehen von den §§ 1381 f. BGB. nur dann, wenn er das Erwerbsgeschäft im Namen der Frau abgeschlossen hat (Planck-Unzner BGB. § 1381 Anm. 1). Alsdann gelten die Sätze der Vollmacht. In den häufigen Fällen genereller oder unbestimmter Ermächtigung entscheidet sonach ausschließlich die Kenntnis des Mannes. Im übrigen, namentlich auch beim Erwerbe zugunsten eines Gesamtguts, fragt es sich selbstverständlich, wer das Erwerbsgeschäft abgeschlossen hat. Bevollmächtigter ist auch der Prozeßbevollmächtigte [siehe Anm. 8]. Die Anfechtbarkeit einer Pfändung erfordert Kenntnis des Gläubigers selbst (Näheres Jaeger KO. § 30 Anm. 21 mit Zit.).

2. **Beweislast nach Nr. 1.**

Anm. 24. Zur Begründung einer Anfechtung aus Nr. 1 hat der Gläubiger zu behaupten und im Streitfalle zu beweisen:

a) daß der Schuldner die angegriffene Rechtshandlung in der Absicht, seine Gläubiger zu benachteiligen, vorgenommen hat;

b) daß diese Absicht dem Anfechtungsgegner im maßgebenden Zeitpunkte [Anm. 22] bekannt gewesen ist.

Da nun der Schuldner, gleichviel ob das rückzugewährende Recht bereits in derselben Gestalt bei ihm vorhanden war oder erst neu von ihm begründet wurde, hinsichtlich dieses Erwerbs (wenn auch nicht hinsichtlich der Anfechtungsschuld) als Rechtsvorgänger des Anfechtungsgegners im Sinne des § 445 ZPO. erscheint (RG. v. 24. 10. 1885 Bd. **15**, 368; v. 26. 6. 1893 JW. S. 427 Nr. 15; v. 30. 6. 1903 JW. S. 344 f. Nr. 7, wo bemerkt wird, daß der III. ZivSen. von seiner gegenteiligen Ansicht — 23. 3. 1887 Bl. f. RA., ErgBd. 7 S. 41 — inzwischen abgegangen ist), kann der anfechtende Gläubiger dem Anfechtungsgegner nicht nur über dessen eigene Kenntnis von der anderweit festgestellten Benachteiligungsabsicht, sondern auch über das Bestehen dieser Absicht selbst den Eid in der Überzeugungsform des § 459 III ZPO. zuschieben. Die Benachteiligungsabsicht des Schuldners ist eine (innere) „Tatsache, welche in einer Handlung des

Rechtsvorgängers des Gegners besteht" (§ 445 ZPO.). Gaupp-Stein ZPO. § 445 zu Note 14, nun auch L. Seuffert ZPO. 9. Aufl. I S. 627; abw. Petersen-Remelé-Anger ZPO. (5. Aufl.) § 445 Anm. 11, v. Sarwey-Bossert KO. S. 165 f. Erbringt der Anfechtende den Beweis für das Bestehen der Benachteiligungsabsicht nicht, so ist seine Anfechtung als unbegründet zu verwerfen, ohne daß auf den lediglich über die Kenntnis dieser Absicht erbotenen Beweis eingegangen zu werden brauchte (RG. v. 24. 6. 1898 JW. S. 480 f. Nr. 18, v. 10. 3. 1899 Bd. **43**, 392). Der Anfechtende muß also, wenn er das Bestehen der Benachteiligungsabsicht nicht anderweit beweisen kann oder will, dem Gegner zugleich über die Tatsache und über deren Kenntnis den Eid zuschieben. Indessen bleibt zu beachten, daß der Parteieid nach § 451 ZPO. nicht auf unbestimmten Argwohn hin, sonst nur über festbezeichnete Anhaltspunkte zugeschoben, daß er also nicht zur Ausforschung mißbraucht werden darf. Auch muß der unter Eid gestellte Tatbestand den Schluß auf die zu beweisende Benachteiligungsabsicht rechtfertigen. Sonst darf der Richter mangels Erheblichkeit des Beweisanerbietens nicht auf den Eid erkennen. So etwa, wenn nur eine fahrlässige Benachteiligung oder nur das Bewußtsein der Insolvenz behauptet ist [Anm. 12 f.]. Eine Zurückschiebung des Eides an den anfechtenden Gläubiger ist unzulässig (§ 448 ZPO.). Zeugnis des Schuldners: § 1 Anm. 72.

Daß die Gläubiger in der Tat benachteiligt sind, ist Voraus- Anm. 25.
setzung jeder Anfechtung, auch derjenigen aus Nr. 1 (RG. v. 14. 6. 1894 Bd. **33**, 122; oben Anm. 7). Besteht also Streit darüber, daß eine auch nur mittelbare Benachteiligung vorliegt, so hat der Anfechtende nach allgemeinen Rechtsgrundsätzen auch diese Anfechtungsvoraussetzung zu beweisen [§ 1 Anm. 44].

II. Ausnahme: Entgeltliche Verträge mit Angehörigen (Nr. 2).

1. Der Gegensatz zwischen Nr. 1 und Nr. 2.

Bei entgeltlichen, die Gläubiger unmittelbar benachteiligenden Verträgen, Anm. 26.
die der Schuldner im letzten Jahre vor der Anfechtung mit gewissen Angehörigen abgeschlossen hat, hat nicht der Anfechtende die Kenntnis, sondern der Anfechtungsgegner die Unkenntnis einer Benachteiligungsabsicht des Schuldners zu beweisen. „Die Erfahrung, daß solche Verträge in der Regel sich als betrügerisch erwiesen haben, berechtigen und zwingen die Gesetzgebung, die Anfechtung dieser Verträge zu erleichtern und dem Verwandten den Einwand der Redlichkeit zu überlassen" (Motive z. KO. S. 132). Wenn sonach die Nr. 2 auch auf einem Verdachte der Benachteiligungsabsicht und ihrer Kenntnis beruht, bietet doch die Gesetzesfassung nicht den mindesten Anhalt dafür, daß dieser Verdacht zu einer Rechtsvermutung erhoben werden sollte. Vielmehr bildet die Behauptung der Redlichkeit gegenüber der Anfechtungsklage wie die Motive a. a. O. zutreffend bemerken, einen Einwand und zwar eine rechtsverneinende Einwendung. Den Grund einer Anfechtungsklage aus Nr. 2 bildet lediglich der Tatbestand, daß der Schuldner im Vorjahr einen entgeltlichen, die Gläubiger

unmittelbar benachteiligenden Vertrag abgeschlossen hat. Die Benachteiligungsabsicht und ihre Kenntnis gehören anders als im Falle der Nr. 1 nicht zum Klagegrund. Der Übergang von einer der beiden ersten Nummern zur anderen enthält sonach eine Klagänderung. In diesem Sinne namentlich Cosack S. 125 ff., Petersen-Kleinfeller KO. § 31 Anm. 11, Menzel S. 166; abw. geht das RG. (12. 3. 1901 Bd. **48**, 403 mit Zit.; v. 11. 3. 1902 Bd. **51**, 77 u. 79) und mit ihm die herrschende Lehre (z. B. Hartmann-Meikel Anm. 23, v. Wilmowski-Kurlbaum KO. § 31 Anm. 14, L. Seuffert § 36 zu Note 22, Kohler Leitfaden S. 149) von der Annahme einer Rechtsvermutung aus, ersteres, um zu folgern, daß der Anfechtung im Falle der Nr. 2 wie im Falle der Nr. 1 eine unerlaubte Handlung zugrunde liege. Indessen enthält nicht einmal die Nr. 1 einen Deliktstatbestand [§ 1 Anm. 9].

2. **Der Grund einer Anfechtung aus Nr. 2 (die materiellen Anfechtungserfordernisse).**

Anm. 27. a) **Die entgeltlichen Verträge** der Nr. 2 bilden den Gegensatz zu den „unentgeltlichen Verfügungen" der Nr. 3, 4 und umfassen nach Zweck und Entstehung der Vorschrift nicht nur obligatorische Vereinbarungen (z. B. Kauf-, Miet- und Pachtverträge), sondern jedes auf Willensübereinstimmung zweier Personen beruhende entgeltliche Rechtsgeschäft, insbesondere auch die sachenrechtliche „Einigung", den sog. dinglichen Vertrag (§§ 873, 925, 929, 1205 BGB.). Motive z. KO. S. 132 f., RG. v. 3. 5. 1892 Bd. **29**, 299; v. 18. 2. 1898 JW. S. 223 f. Nr. 17; Jaeckel § 7 S. 98 ff., Menzel S. 162, Krasnopolski S. 38. Dazu gehören beispielsweise Pfand- und Hypothekbestellungen (RG. a. a. O.), insbesondere eine Kollusion zur Erwirkung einer Zwangshypothek (§§ 866 ff. ZPO., RG. v. 7. 12. 1897 JW. 1898 S. 52 f. Nr. 26: da der Prozeß „im Einverständnisse beider Parteien nur zum Zwecke der Hypothekbestellung" erhoben wurde; vgl. RG. v. 1. 2. 1901 Bd. **47**, 224), Leistungen an Zahlungsstatt (auch RG. v. 15. 10. 1889 Bolze 8 Nr. 250, v. 4. 2. 1897 JW. S. 170 f. Nr. 21), die Bewilligung einer vollstreckbaren Urkunde für eine bereits bestehende Forderung (RG. v. 8. 6. 1883 Bd. **9**, 100), ein Schuldanerkenntnis (§§ 781 f. BGB., RG. v. 10. 10. 1884 Bd. **12**, 66), ein Teilungsvertrag, insbesondere Erbteilungen (RG. v. 13. 7. 1888 Bolze 6 Nr. 276 f.), Hingabe von Wechseln (RG. v. 7. 12. 1889 Bd. **26**, 74; v. 21. 12. 1889 Seufferts Archiv Bd. 45 Nr. 231, oben § 1 Anm. 55). Auch die Anfechtbarkeit kongruenter Deckungen auf Grund der Nr. 2, mögen sie in Geldzahlungen, Lieferung geschuldeter Sachen, Bestellung einer geschuldeten Sicherheit oder in Leistungen anderer Art bestehen, wird von der herrschenden Lehre mit dem Reichsgericht bejaht. RG. v. 6. 7. 1886 Bd. **16**, 62; v. 15. 5. 1891 Bd. **27**, 133; v. 3. 5. 1892 Bd. **29**, 300; v. 18. 2. 1898 JW. S. 223 f. Nr. 17; v. 31. 1. 1902 Gruchot 46 S. 676; v. 11. 3. 1902 Bd. **51**, 76; K. Meyer Recht Bd. 6 S. 168 f. Demgegenüber behauptet Wolff KO. § 31 Anm. 8a, die Erfüllung einer Verbindlichkeit scheide hier schlechthin aus, da sie eine einseitige Willenserklärung sei. Nun gibt es zwar Fälle, in denen sich die Erfüllung ohne Mitwirkung des Gläubigers vollzieht. So z. B. die Ausführung eines Auftrags, die Erfüllung einer Unterlassungspflicht. Allein in der Mehrzahl der Fälle bedarf es einer Mitwirkung des Gläubigers durch Annahme der Leistung. Auch im Sinne des BGB. kommt hier die Erfüllung nur durch „Vertrag" zwischen Gläubiger und Schuldner zustande. Planck BGB. § 362 Anm. 2c, Crome Bürg. Recht II S. 233. Jedenfalls ist das Geben und Nehmen der Leistung Vertrag in dem weiten Sinne unserer Vorschrift. So namentlich die Erfüllung der Verbindlichkeit aus einem Kaufvertrage durch Übereignung (vgl. z. B. RG. Bd. 27, 132). Die Übereignung kann anfechtbar sein, wenngleich der erfüllte Kaufvertrag selbst — besonders mit Rücksicht auf die zeitlichen Grenzen der Anfechtbarkeit — als unanfechtbar erscheint. Vgl. RG. v. 13. 1. 1887 Bolze 4, Nr. 357, aber auch RG. v. 8. 12. 1899 JW. 1900 S. 47 Nr. 3. Siehe § 1 Anm. 33; wegen der Beweislast unten Anm. 42.

Entgeltlich im Sinne der Nr. 2 ist das Rechtsgeschäft des Schuldners mit Angehörigen stets, wenn seine Leistung für eine nach Absicht der Parteien ein Äquivalent bildende Gegenleistung erfolgt, mag deren Erlangung auch nicht gerade den Beweggrund zur Verfügung des Schuldners abgegeben haben. Vgl. RG. v. 29. 4. 1893 Bolze 16 Nr. 199. Die freiwillige d. h. als solche nicht geschuldete Pfand- oder Hypothekbestellung oder Bewilligung einer vollstreckbaren Urkunde für eine bestehende eigene Verbindlichkeit kann eine entgeltliche Verfügung sein. Näheres unten Anm. 49. Anm. 28.

b) Auch im Falle der Nr. 2 stehen nur Rechtsgeschäfte **des Schuldners** in Frage. Auch hier kommen also — von arglistigem Einverständnisse zwischen Schuldner und Gläubiger abgesehen — Pfändungen gegen den Schuldner nicht in Betracht. RG. v. 9. 11. 1897 JW. 1898 S. 12 Nr. 30. Anm. 29.

c) **Die Angehörigen**, die als personae suspectae erscheinen, sind:

α) Der Ehegatte des Schuldners, „vor oder während der Ehe". Es genügt also einerseits, daß zur Zeit des Vertragsschlusses eine rechtswirksame Ehe bestanden hat, mag sie auch inzwischen durch Tod, Scheidung oder Wiederverheiratung im Falle der Todeserklärung (§ 1348 II BGB.) aufgelöst worden sein. Eine beim Vertragsschlusse dagegen bereits rechtskräftig geschiedene (§ 1564 Satz 3 BGB., vgl. Cosack S. 122, Jaeckel § 7 Note 19) und eine vollkommen nichtige d. h. nicht einmal in das Heiratsregister eingetragene formwidrige Ehe (§§ 1317, 1324, 1329 Satz 2 BGB.) genügen nicht. Dagegen wird in den Fällen der unvollkommenen Nichtigkeit (also in den sonstigen Fällen des § 1323 BGB.) und der Anfechtbarkeit (§ 1330 BGB.), obgleich die Umstoßung grundsätzlich zurückwirkt (§ 1343 BGB.), das Erfordernis einer „Ehe" im Sinne unserer Vorschrift erfüllt sein. Denn im Gegensatze zur vollkommen nichtigen Ehe („Nichtehe") ist die unvollkommen nichtige und die anfechtbare Ehe während des Schwebezustands immerhin „Ehe" und äußert sogar nach der Umstoßung noch als „Ehe" eine beschränkte Wirksamkeit (siehe §§ 1344 I, 1345 I, 1699 I BGB.). Jedenfalls spricht der Zweck der Nr. 2 für diese Auslegung. Vgl. Jaeckel a. a. O.; abw. Petersen-Kleinfeller KO. § 31 Anm. 18. Anm. 30.

Die rechtskräftige „Aufhebung der ehelichen Gemeinschaft“ (Ersatz der beständigen Trennung von Tisch und Bett, §§ 1575 f., 1586 f. BGB.) löst das Band der „Ehe“ nicht: die Parteien sind nach wie vor „Ehegatten“ (abw. Meikel S. 161).

Anm. 31. Es genügt andrerseits, daß zur Zeit der gerichtlichen Geltendmachung der Anfechtung eine Ehe besteht, mögen auch die jetzigen Ehegatten zur Zeit des Vertragsschlusses noch nicht verheiratet und auch nicht verlobt gewesen sein. Cosack S. 121 f., Menzel S. 160, Jaeckel S. 110 f. Ein Verlöbnis, dem die Ehe nicht spätestens zur Zeit der Anfechtung nachgefolgt ist, reicht für sich allein nicht aus („mit seinem Ehegatten“).

Anm. 32. β) Nahe Verwandte des Schuldners, nämlich seine Aszendenten und Deszendenten, seine voll- und halbbürtigen Geschwister. Ob eine Verwandtschaft in diesem Sinne besteht, bemißt sich zufolge a 33 EG. z. BGB. nach den Vorschriften des BGB, insbesondere nach § 1589, auch wenn das zu beurteilende Verhältnis schon vor dem 1. Januar 1900 begründet worden war. Ein uneheliches Kind ist hiernach verwandt zwar mit seiner Mutter und deren Verwandten (§ 1705), nicht aber mit dem Vater und dessen Verwandten (§ 1589 II BGB.). Putativkinder gelten nach Maßgabe des § 1699, durch Ehelichkeitserklärung legitimierte in den Grenzen der §§ 1736, 1737, durch nachfolgende Ehe legitimierte nach § 1719 BGB. schlechthin als ehelich. Das nach Eingehung der Ehe geborene, wenn auch vorher empfangene Kind „ist“ unter den Voraussetzungen des § 1591 BGB. „ehelich“, nicht legitimiert. Das Adoptivkind — und in den Grenzen des § 1762 seine Deszendenz — wird verwandt mit dem Annehmenden (§ 1757; anders nach österreichischem Rechte: Steinbach-Ehrenzweig S. 50 f.), nicht mit dessen Verwandten (§ 1763) und bleibt verwandt mit seiner natürlichen Familie. „Vollbürtige“ Geschwister haben das Elternpaar, „halbbürtige“ (oder Stiefgeschwister) nur einen Elternteil gemeinsam. „Zusammengebrachte“ Geschwister sind als solche weder verwandt noch verschwägert.

Anm. 33. Im Falle der gewillkürten wie der gesetzlichen Stellvertretung entscheidet die Verwandtschaft (oder Schwägerschaft) der Vertretenen als der Vertragsparteien. RG. v. 10. 10. 1884 Bd. **12**, 66. Zur Anfechtbarkeit wegen der Geschäftsschulden einer offenen Handelsgesellschaft genügt die Verwandtschaft eines einzelnen Teilhabers mit dem Vertragsgegner; denn „Schuldner“ („Gemeinschuldner“) sind die sämtlichen Gesellschafter. Umgekehrt genügt die Verwandtschaft auch nur eines Teilhabers mit dem jetzigen Schuldner, wenn eine offene Handelsgesellschaft als Anfechtungsgegnerin in Frage steht. RG. v. 21. 2. 1899 Bd. **43**, 105. Entsprechendes gilt, wenn mehrere Miterben als Schuldner oder als Anfechtungsgegner beteiligt sind.

Anm. 34. γ) Des Ehegatten Aszendenten, Deszendenten (aus einer anderen Ehe oder außereheliche) und Geschwister (voll- und halbbürtige). Dahin gehören also namentlich Schwiegereltern, Stiefkinder, Schwager und Schwägerin des Gemeinschuldners. Die Ehe muß, da hier die Worte „vor oder während der Ehe" offenbar mit Absicht weggelassen sind, zur Zeit des Vertragsabschlusses bereits bestanden haben. Verwandte des damaligen Verlobten des Schuldners kommen also nicht in Betracht. RG. v. 7. 10. 1882 Seufferts Archiv Bd. 38 Nr. 296; Jaeckel S. 111; Steinbach-Ehrenzweig S. 51 mit Rechtspr. in Note 34. Ob die Ehe aber auch zur Zeit des Vertragsabschlusses noch bestanden haben muß, ist im bisherigen Rechte streitig gewesen (verneint für den Fall einer vor jener Zeit durch Tod eingetretenen Auflösung der Ehe unter Berufung auf den Sprachgebrauch des täglichen Lebens und die ratio legis von Jaeckel S. 111 ff., Cosack S. 124; hier Literatur der Streitfrage). Man wird arg. § 1590 II BGB. mit a. 33 EG. z. BGB. die Frage für den Fall jeder „Auflösung" (Tod, Scheidung, Wiederverheiratung im Falle der Todeserklärung) verneinen, also annehmen müssen, daß die Ehe zur Zeit des Vertragsabschlusses nicht mehr bestanden zu haben braucht. Vgl. Prot. z. EBGB. 2. Lesung VI S. 564; zust. Jena v. 31. 1. 1901 OLG. 3 S. 54, Koll i. d. Z. f. Zivilpr. 33 S. 105, v. Wilmowski-Kurlbaum KO. § 31 Anm. 11; abw. Petersen-Kleinfeller KO. § 31 Anm. 18 zu Note 5, Meikel S. 164 f. (der übersieht, daß wir den § 1590 II mit a. 33 nicht direkt, sondern nur analog anwenden und dazu durch das praktische Bedürfnis gedrängt werden, da im Falle der Eheauflösung durch Tod — also im weitaus wichtigsten Falle — die Beziehungen zu den nächsten Angehörigen des Verstorbenen fortzuwirken pflegen). Da die Nr. 2 andrerseits „Verwandte des Ehegatten" und nicht gerade „Verschwägerte" nennt, gehören auch solche Verwandte des Ehegatten hierher, die ausnahmeweise nicht als verschwägert im Sinne des BGB. gelten. Dies ist von Belang für die Fälle der Ehelichkeitserklärung und der Annahme an Kindesstatt nach Maßgabe der §§ 1737 I Satz 2, 1763 Satz 2 BGB. Was in Anm. 33 vom Verwandtschaftsverhältnisse gesagt ist, gilt auch für das Schwägerschaftsverhältnis.

δ) Der Ehegatte der unter β und γ bezeichneten Verwandten des Schuldners oder seines Ehegatten, also auch Ehegatten von Verschwägerten des Schuldners. In diese Kategorie fallen namentlich Stiefvater und Stiefmutter des Schuldners (= Ehegatten seiner Aszendenten), Schwiegersohn und Schwiegertochter des Schuldners (= Ehegatten seiner Deszendenten), sowie Schwager und Schwägerin desselben (= Ehegatten seiner Geschwister, während Schwager und Schwägerin als Geschwister des Ehegatten des Schuldners mit γ getroffen werden). Auch die Ehegatten der Stiefkinder und Stiefenkel, ein zweiter Mann der Schwiegermutter, eine zweite Frau des Schwiegervaters gehören hierher Die Ausführungen in Anm. 34, 33 greifen entsprechend Platz. Daher scheidet z. B. der Vertragsschluß des Schuldners mit seinem zukünftigen Schwiegersohn aus und zwar schlechthin. Cosack S. 125, Förster-Eccius Anm. 35.

I § 114 Note 42; abw. Jaeckel S. 114 ff. und v. Wilmowski-Kurlbaum KO. § 31 Anm. 11 a. E. für den Fall des Vertragsschlusses unter der aufschiebenden Bedingung der Eheschließung. Allein maßgebend ist nach dem Gesetze die Zeit des Vertragsschlusses, nicht die des Eintritts einer Vertragsbedingung. Vgl. Anm. 40.

Anm. 36. Der Katalog der **personae suspectae** (α—δ) ist erschöpfend, jede analoge Erweiterung ausgeschlossen. Es gehören also zwar Stiefgeschwister, nicht aber zusammengebrachte Geschwister, nicht Neffe und Nichte, nicht die „Geliebte" des Schuldners (auch nicht bei dauernder außerehelicher Geschlechtsverbindung), nicht die Verlobten von Kindern des Schuldners, auch nicht die Geschwister von Schwager und Schwägerin (wenngleich sie im täglichen Leben vielfach selbst als Schwager und Schwägerin bezeichnet werden), vollends nicht nahestehende Freunde und Bekannte hierher. De lege ferenda ist die Aufzählung nicht einwandfrei, (vgl. Cosack S. 120 f.). Da die in Nr. 2 umgrenzte Angehörigkeit Beziehungen unter natürlichen Personen voraussetzt, spielt sie zwar bei der Anfechtung wegen Schulden einer offenen Handelsgesellschaft oder Kommanditgesellschaft, nicht aber einer Aktiengesellschaft, eingetragenen Genossenschaft (irrig Meikel S. 165 f.), eines Vereins mit oder (arg. § 50 II Halbs. 2 ZPO. mit § 213 KO.) ohne Rechtsfähigkeit eine Rolle. Dasselbe gilt für die Nr. 4.

Anm. 37. d) **In dem letzten Jahre** vor der **gerichtlichen** Geltendmachung der Anfechtung, also vor der „Erhebung" der Anfechtungsklage oder der in der mündlichen Verhandlung erklärten Anfechtungseinwendung oder Anfechtungsreplik [Anm. 5, § 1 Anm. 64 ff.], müssen die angefochtenen Verträge abgeschlossen worden sein. Die Nr. 1 greift also auf eine erheblich längere Vergangenheit zurück als die Nr. 2 [Anm. 2]. Die zeitliche Schranke der Nr. 2 bildet keine bloße Erlöschungsfrist, sondern zugleich eine Voraussetzung für die Entstehung des Anfechtungsrechtes. Die Rechtzeitigkeit der Geltendmachung gehört demnach zum Grunde einer Anfechtung aus Nr. 2 und ist im Streitfalle vom anfechtenden Gläubiger zu beweisen. Vgl. RG. v. 1. 2. 1887 Bd. **17**, 70. Die Sätze über die Hemmung der Verjährung (§§ 203 ff. BGB.) sind nicht, auch nicht entsprechend anwendbar. Das gilt beispielsweise, wenn die gerichtliche Geltendmachung durch Stillstand der Rechtspflege oder sonst infolge von höherer Gewalt (§§ 203, 205 BGB.) hinausgezögert worden ist. Siehe jedoch § 4.

Anm. 38. Als materiellrechtliche Zeitbestimmung ist die Frist nach § 188 II mit § 187 I BGB. zu berechnen. Sie reicht also vom Tage der gerichtlichen Geltendmachung zurück bis einschließlich zu demjenigen Tage desselben Monats im Vorjahre, der durch seine Zahl dem Tage der Geltendmachung entspricht. Ist z. B. die Anfechtungsklage am 2. Januar 1901 „erhoben" worden, so muß der Vertrag, um unter Nr. 2 zu fallen, am 2. Januar 1900 oder später abgeschlossen worden sein. Die Vorschriften der Zivilprozeßordnung bleiben, da die Frist keine prozessuale ist, für deren Berechnung außer Betracht. Die Frist würde sich daher, wenn der dem

Tage der Geltendmachung vorausgehende Kalendertag ein Sonn- oder Feiertag wäre, gleichwohl nicht etwa nach § 222 II ZPO. um einen Tag verlängern (vgl. RG. v. 9. 11. 1886 Bd. 17, 329, v. 11. 3. 1898 JW. S. 247 Nr. 9). Da aber die Frist bei der Einzelanfechtung von der Anfechtungserklärung zurückzuberechnen ist, fragt es sich, ob nicht im neuen Recht der § 193 BGB. Platz greift. Für die Anfechtungserklärung des § 143 BGB. gilt die Vorschrift zweifellos. Sie wird aber wenigstens entsprechend auch für die Gläubigeranfechtung gelten müssen, da der Zweck des § 193 BGB. bei Willenserklärungen, die an die Form gerichtlicher Geltendmachung gebunden sind, nicht minder zutrifft wie bei formloser Rechtsausübung (abw. Hartmann-Meikel S. 170 zu Note 1 im Widerspruche mit S. 288 f. Anm. 5). Ganz anders liegt die Sache im Konkurse, weil die Frist des § 31 Nr. 2 KO. von der „Eröffnung des Verfahrens" zurückberechnet wird.

Bei Beurteilung der Frage, ob das anzufechtende Rechtsgeschäft noch Anm. 39. innerhalb der kritischen Frist vorgenommen wurde, ist wohl zu unterscheiden, ob ein Erfüllungsgeschäft als solches oder aber das erfüllte Rechtsgeschäft selbst angefochten wird. Wenn z. B. als Erfüllungsgeschäft eine Auflassung nach Nr. 2 angefochten werden soll, genügt es, daß noch die Eintragung in die Frist fällt [Anm. 16, 22, 27]. Ebenso wenn eine Hypothekbestellung, sei es als kongruente oder als inkongruente Deckung, angefochten wird. Vgl. OLG. Karlsruhe v. 9. 7. 1903 Bad. Rechtspraxis 1903 S. 322. Um dagegen das *pactum* de hypothecando nach Nr. 2 anfechten zu können, muß der Gläubiger im Streitfalle beweisen, daß das zur Bestellung verpflichtende Abkommen noch innerhalb der einjährigen Frist getroffen wurde. Vgl. RG. v. 16. 3. 1889 Bolze 7 Nr. 302, v. 9. 1. 1896 JW. S. 132 Nr. 14.

e) **Unmittelbar durch den Abschluß** *des Vertrags müssen die Konkurs-* Anm. 40. *gläubiger benachteiligt sein.* Die Worte „durch den Abschluß" deuten hier wie die Worte „durch die Eingehung" in § 30 Nr. 1 Fall 1 KO. auf das Erfordernis *unmittelbarer* Kausalität zwischen Rechtsgeschäft und Gläubigerbenachteiligung hin [§ 1 Anm. 52]. Motive z. KO. S. 132 („zur Zeit seines Abschlusses und durch den Abschluß" muß der Vertrag benachteiligen), Protokolle z. KO. S. 22 (Einschaltung der Worte „durch den Abschluß" „lediglich der größeren Deutlichkeit halber"). Die Zeit des Vertragsschlusses und die damalige Lage der Verhältnisse sind also für die Frage, ob der Vertragsschluß eine Gläubigerbenachteiligung bewirkte, entscheidend. Daß durch spätere Schicksale des veräußerten Gegenstandes (z. B. Werterhöhung, Kurssteigerung) oder der gleichwertigen Gegenleistung, mag sie auch in Bargeld bestanden haben (RG. v. 29. 1. 1895 JW. S. 127 Nr. 7), eine Beeinträchtigung der Gläubiger eintrat, genügt nicht. RG. v. 9. 11. 1897 JW. S. 633 Nr. 15; v. 18. 9. 1900 JW. S. 716 Nr. 7; v. 9. 10. 1903 Gruchot 48 S. 112; v. 16. 9. 1904 Sächs. Arch. 15 S. 79; Stettin v. 12. 2. 1904 OLG. 10 S. 225). Die unmittelbare Benachteiligung ist als Erfordernis einer Anfechtung aus Nr. 2 vom anfechtenden Gläubiger zu beweisen (abw. Jaeckel S. 104 ff.).

3. **Die Einwendung der Redlichkeit nach Nr. 2.**

Anm. 41. Steht fest, daß der Schuldner im Vorjahr einen entgeltlichen, die Gläubiger unmittelbar benachteiligenden Vertrag mit einem nahen Angehörigen abgeschlossen hat, so kann sich der Anfechtungsgegner nur durch die Einwendung entlasten, daß ihm zur Zeit des Vertragsschlusses eine Benachteiligungsabsicht des Schuldners nicht bekannt war. Diese Unkenntnis hat er im Streitfalle zu beweisen, aber auch nur im Streitfalle. Die Wendung „sofern der andere Teil nicht beweist" ist also ungenau. Nach dem Sprachgebrauche des BGB. sollte es heißen „es sei denn, daß" und diese Wendung gebraucht nun in der Tat der § 11 II Nr. 2 in seiner Neufassung, klarstellend, daß es sich um einen Einwendungstatbestand handelt. Wie dort hätte hier die Redaktion geändert werden sollen. Beweist der Anfechtungsgegner sogar, daß eine solche Absicht des Schuldners gar nicht bestanden hat, so erübrigt sich natürlich der Beweis der Unkenntnis dieser Absicht (RG. v. 15. 1. 1901 JW. S. 123 Nr. 11). Durch Eideszuschiebung an den anfechtenden Gläubiger kann der Anfechtungsgegner den Beweis seiner Unkenntnis nicht antreten. Denn die Unkenntnis des Anfechtungsgegners bildet als innerer Vorgang keinen Gegenstand der Wahrnehmung des anfechtenden Gläubigers (§ 445 ZPO.). Auch über das Fehlen einer Benachteiligungsabsicht des Schuldners kann dem anfechtenden Gläubiger der Eid nicht zugeschoben werden. Denn als solcher — darauf kommt es an — ist der anfechtende Gläubiger nicht Rechtsnachfolger des Schuldners und zwar in keinem Falle (im Ergebnis ebenso Jaeckel S. 95 Note 15 und die freilich Nr. 1 betreffenden, etwas unklaren Ausführungen von Meikel S. 150f.; abw. Cosack S. 231, Koll i. d. Zeitschr. f. Zivilpr. 33 S. 103). Hatte der Gläubiger beispielsweise eine Forderung des Schuldners als diesem noch zustehend gepfändet, hierauf ein Dritter als Zessionar die Widerspruchsklage aus § 771 ZPO. erhoben und nun der Beklagte, gestützt auf unsere Nr. 2, den Einwand der Anfechtbarkeit des Zessionsaktes erhoben, so kann der Widerspruchskläger den ihm nach Nr. 2 obliegenden Beweis nicht durch Eideszuschiebung an den Pfändungspfandgläubiger antreten, auch nicht für die Behauptung, die angefochtene notarielle Zession sei nur die Wiederholung einer vor der kritischen Zeit erfolgten privatschriftlichen Abtretung (gegen Cosack a. a. O.). Erscheint der Anfechtungsgegner vertrauenswürdig, so empfiehlt es sich unter Umständen, ihm selbst den richterlichen Eid der Unkenntnis aufzuerlegen (§ 475 ZPO.), zumal er diesen Eid in der Wahrheitsform schwören kann. Zeugnis des Schuldners: § 1 Anm. 72.

Anm. 42. Streit über die Beweislast besteht für den Fall der Anfechtung vollkommen **kongruenter** Deckungen (sog. reiner Erfüllungsgeschäfte) nach Nr. 2 (entsprechend § 31 Nr. 2 KO.), also für die Anfechtung des Gebens und Nehmens einer fälligen und erzwingbaren Leistung, die gerade so, wie sie geschuldet war, bewirkt worden ist, also z. B. für die Anfechtung der in Erfüllung eines vor der kritischen Zeit abgeschlossenen Kaufvertrags geschehenen Übereignung. Das Reichsgericht hat früher wiederholt den Satz vertreten: die (angebliche) Rechtsvermutung einer conscientia fraudis werde durch den Nachweis einer völlig kongruenten Deckung widerlegt und damit der Anfechtende genötigt, die Benachteiligungsabsicht und ihre Kenntnis aus besonderen Umständen zu erweisen. So namentlich RG. v. 29. 1. 1890 Bd. **26**, 3 (I. ZivSen.); v. 15. 5. 1891 Bd. **27**, 135 (III. ZivSen.); v. 10. 12. 1894 JW. 1895 S. 44f. Nr. 17 (VI. ZivSen.); vom 9. 5. 1895 JW. S. 329f. Nr. 23 (VI. ZivSen.); v. 18. 12. 1896 Bd. **38**, 103 (III. ZivSen.); v. 24. 9. 1897 JW. S. 570f. Nr. 30 (III. ZivSen.); v. 18. 2. 1898 JW. S. 223f. Nr. 17 (III. ZivSen.). Gleiches wurde sogar für inkongruente Deckungen (sog. reine Deckungsgeschäfte) z. B. nichtgeschuldete Hypothekbestellungen behauptet. RG. v. 22. 10. 1896 JW. S. 670 Nr. 7 (VI. ZivSen.); v 29. 10. 1898 JW. S. 664 Nr. 24 (VI. ZivSen.); zweifelnd RG. v. 21. 2. 1899 Bd. **43**, 107 (II. ZivSen.). Für inkongruente Deckungen war die Ansicht schon aus tatsächlichen Gründen unhaltbar. So auch RG. v. 7. 11. 1899 Bd. **45**, 28 (II. ZivSen.). Allein selbst für völlig kongruente Deckungen ist sie zu verwerfen. Denn sie entbehrt jeder Stütze im positiven Recht. Darum hat denn auch neuestens der VII. ZivSen. — freilich über den § 137 GVG. hinweg — zu wiederholten Malen anerkannt: jene Aufstellung hat nicht den Sinn eines Rechtsgrundsatzes, sondern nur den Sinn eines Erfahrungssatzes; tatsächlich liegt die Erwägung nahe, daß ein Gläubiger, der nur empfing, was ihm gebührte, guten Glaubens war, und zwar selbst wenn er sich sagen mußte, seine Befriedigung werde bewirken, daß der Schuldner nun nicht mehr allen seinen Gläubigern gerecht werden könne; allein die Umstände des einzelnen Falles können auch so geartet sein, daß sich der Richter von der Redlichkeit des Empfängers nicht überzeugt; er hat daher auch das reine Erfüllungsgeschäft in jedem einzelnen Fall an der Hand allgemeiner Erfahrungssätze frei zu würdigen (22. 11. 1901 Gruchot Bd. 47 S. 429; 11. 3. 1902 Bd. **51**, 76; 23. 9. 1902 JW. S. 546f. Nr. 14; 26. 9. 1902 JW. S. 590 Nr. 13; 7. 10. 1902 JW. S. 593 Nr. 18; v. 19. 6 1903 JW. S. 296 Nr. 24; zust. OLG. Dresden v. 9. 10. 1903 Sächs. Arch. 14 S. 393). Von unserm Standpunkt aus bildet die Behauptung der Unkenntnis einer Benachteiligungsabsicht des Schuldners den Tatbestand einer rechtsverneinenden Einwendung [Anm. 26]. Steht nun fest, daß einerseits auch das Geben und Nehmen der geschuldeten Leistung Vertrag im Sinne der Nr. 2 ist [Anm. 27], daß andrerseits die Benachteiligungsabsicht und ihre Kenntnis trotz der Kongruenz der gegebenen und genommenen Leistung vorliegen können [Anm. 9], so erübrigt nach der unterschiedslosen Fassung des Gesetzes nur der Schluß: auch der Empfänger einer völlig kongruenten Deckung ist auf die Einwendung der Unkenntnis einer Benachteiligungsabsicht des Schuldners angewiesen, sobald die Erfordernisse einer Anfechtung aus Nr. 2 dargetan sind. Auch im Falle völliger Kongruenz der Deckung kehrt sich die Behauptungs- und Beweislast nicht um. Allein die Verhältnisse können tatsächlich so gelagert sein, daß der im Prozeß festgestellte Deckungshergang bei freier Beweiswürdigung (§ 286 ZPO.) auf die Redlichkeit des Empfängers schließen läßt, also den Redlichkeitsbeweis ganz erspart oder doch erheblich erleichtert. Das Erfordernis „sofern der andere Teil nicht beweist" ist, einerlei, wie man sich zur Vermutungslehre stellt, nicht buchstäblich zu verstehen [Anm. 41]. Vgl. nun auch Steinbach-Ehrenzweig S. 54 f. Note 41.

C. Die Schenkungsanfechtung (Nr. 3 u. 4).

I. Regelfall (Nr. 3).

Anm. 43. 1. **Unentgeltliche Verfügung** im Sinne der Nr. 3 und 4 ist eine Zuwendung aus dem Vermögen des Schuldners, insoweit dieser dafür eine Gegenleistung **als** „Entgelt" nicht zu beanspruchen hat. Als Entgelt (Äquivalent) kann aber jedenfalls nach dem Zwecke der Anfechtungsvorschriften eine Gegenleistung nur dann zählen, wenn sie nach der wirklichen (nicht bloß behaupteten) Parteiveranschlagung der Leistung im Werte wenigstens gleichkommt. Es entscheidet sich also die Frage der Unentgeltlichkeit einer Verfügung nicht schlechthin nach dem objektiven Wertverhältnisse von Leistung und Gegenleistung, sondern **nach der Willensmeinung der Parteien**. Insofern hat auch die Schenkungsanfechtung eine subjektive Voraussetzung. Vgl. Cosack S. 135. Wer eine Sache aus Not weit unter dem Werte veräußert oder aus Liebhaberei weit über den Wert bezahlt, nimmt — wie Menzel S. 122 mit Recht betont — auch hinsichtlich des Wertunterschiedes eine unentgeltliche Verfügung nicht vor: dort bildet die alsbaldige Erlangung der Barmittel das als solches erstrebte „Entgelt"; hier kommt der Affektionswert in Betracht. Darum sind auch die vor dem Zusammenbruch üblichen Schleudergeschäfte, durch die sich der Schuldner um jeden Preis Barmittel (zur Verdeckung seiner Zahlungsunfähigkeit, zur Flucht, zur Beiseitebringung) zu verschaffen sucht, als solche keine unentgeltlichen Verfügungen. Nicht selten wird übrigens die Notveräußerung als Wuchergeschäft nichtig sein (§ 138 II BGB.). Vgl. auch RG. v. 30. 11. 1892 Bd. **30**, 36: keine unentgeltliche Verfügung, „weil die Leistungen nach der Absicht der Parteien als Gegenleistung für die vom Schuldner übernommene Verpflichtung zu gelten haben"; siehe ferner Krasnopolski S. 45, Petersen-Kleinfeller KO. § 32 Anm. 3; dazu neuestens Frz. Haymann, Schenkung unter Auflage (1905) S. 9 ff. In Geld oder Geldeswert braucht das Äquivalent nicht zu bestehen (abw. Posen v. 14. 1. 1904 OLG. 8 S. 334). Andrerseits schließt die Tatsache der Gewährung eines für die Gläubigerbefriedigung gleichwertigen Gegenvorteils eine Anfechtbarkeit aus Nr. 3 und 4 auch dann aus, wenn der Schuldner den Gegenvorteil nicht als Entgelt angestrebt hatte. Denn hier fehlt es am Erfordernisse der Benachteiligung [Anm. 7]. Die bloße Erwartung eines Gegengeschenks hebt den Schenkungscharakter einer Zuwendung nicht auf. Ob ein Geschäft als „unentgeltliche Verfügung" vorgenommen worden ist, das beurteilt sich — anders als die Frage der Benachteiligung — nach dem Zeitpunkte des Geschäftsabschlusses. Offenbar kann ein Kaufvertrag nicht um deswillen als unentgeltliche Verfügung angefochten werden, weil die Ware nach Vertragsschluß, wäre es auch vor der Übergabe, ihren Wert verloren hat. RG. v. 17. 1. 1902 Bd. **50**, 136.

Der Begriff der unentgeltlichen Verfügung ist weiter als derjenige der Schenkung (Cosack S. 133 ff., RG. v. 22. 12. 1888 Bolze 7 Nr. 282 mit Zit.; abw. Motive z. KO. S. 135, Fitting § 16 Note 14). Die Zuwendung braucht nicht, wie die Schenkung (§ 516 BGB.), ein Vertrag zu sein. Sie kann in einem einseitigen Rechtsgeschäft, auch in einseitiger Rechtshandlung bestehen. So z. B. im Aufgeben von Rechten (Dereliktion einer Sache, die sich ein Dritter aneignet; einseitig wirksame Verzichte und Anerkenntnisse; Erwirkung der Löschung eines eingetragenen Rechtes: § 875 BGB, § 19 GBO.); im Unterlassen einer Verteidigung; im Nichtunterbrechen einer Verjährung, einer Ersitzung, einer Ausschlußfrist; in einer mit Bereicherungsabsicht bewirkten Zahlung fremder Schulden [Anm. 48], die den Schuldner auch befreit, wenn sie nicht von ihm angenommen und dementsprechend keine „Schenkung" ist (§ 267 BGB.); in der wissentlichen Zahlung einer Nichtschuld, die der Zahlungsempfänger (z. B. als Erbe) für vollwirksam hält (§ 814 BGB.). Siehe § 516 II BGB. Immerhin spielen „Schenkungen" auch hier die Hauptrolle. Eine Bereicherung des anderen Teiles ist nicht erfordert (vgl. § 7 II), ebensowenig eine Begünstigungsabsicht oder deren Kenntnis (RG. v. 27. 11. 1883 Bd. **10**, 87; v. 16. 4. 1886, zit. in Bd. **38**, 9). Auch im übrigen ist das Motiv der Zuwendung (Dankbarkeit, Mitleid, Prahlerei, Haschen nach Gunst, Verpflichtung zu künftiger Gefälligkeit, Befreiung von lästiger Zudringlichkeit, Bestechung) gleichgültig. Siehe RG. v. 24. 10. 1890 Bolze 11 Nr. 164 („um seinen Sohn dem Strafrichter zu entziehen"); v. 29. 4. 1893 Bolze 16 Nr. 199. Unwesentlich ist endlich die Vermögenslage des Verfügenden im Zeitpunkte der Zuwendung: eine Freigebigkeit kann als solche anfechtbar werden, auch wenn das Vermögen des Spenders zur Zeit der Verfügung vollkommen zulänglich war und der Zusammenbruch erst infolge späterer, von der Verfügung ganz unabhängiger und zur Zeit der Verfügung nicht voraussehbarer Ereignisse erfolgt ist. Dafür wird die Schenkungsanfechtung zeitlich eng begrenzt und der gutgläubige Empfänger nur in Höhe seiner Bereicherung für haftbar erklärt (§ 7 II). Daß der zu gewährende Gegenvorteil bereits geleistet wurde, ist nicht erforderlich. Es genügt, daß er geschuldet ist oder daß doch dem Verfügenden beim Ausbleiben der Gegenleistung eine condictio ob causam datorum erwächst (§ 812 I Satz 2 Fall 2 BGB., RG. v. 22. 12. 1888 Bolze 7 Nr. 282). Im einzelnen sei bemerkt: Anm. 44.

a) „Die Verfügung" kann in einer Überlassung dem Rechte nach (Übereignung, Abtretung, Überweisung, Bestellung eines dinglichen Rechts, Vorrangsbewilligung, Schulderlaß, so auch Erlaß geschuldeter künftiger Zinsen) oder aber in bloßer Gebrauchs- und Nutzungsüberlassung bestehen (z. B. in der unentgeltlichen Einräumung einer Wohnung, in einer Leihe für feste Zeit). Daß die unentgeltliche Gebrauchs- oder Genußüberlassung eine besondere Rechtsform (Leihe usw.) darstellt, schließt den Schenkungsbegriff nicht schlechthin aus. So kann insbesondere im zinslosen Darlehen eine Schenkung des Zinswertes liegen, einerlei, ob von vorn- Anm. 45.

herein Zinslosigkeit vereinbart oder erst nachträglich die Pflicht zur ferneren Zinszahlung erlassen worden ist. In diesem Sinne mit Recht Burckhard Begriff der Schenkung (1899) S. 33 ff. Die Stiftung ist mit eigenen Mitteln gegenüber der Stiftungspersönlichkeit unentgeltliche Verfügung (vgl. Meurer Juristische Personen 1901 S. 277, 279, Hölder BGB. § 82, Anm. 2, Rehbein BGB. I S. 66 f. und für das ältere Recht RG. v. 27. 6. 1881 Bd. 5, 138). Selbstverständlich schließt die staatliche Genehmigung einer Stiftung die Anfechtbarkeit nicht aus (RG. a. a. O.). Unter den Begriff der „unentgeltlichen Verfügung" fällt nicht bloß die sofort vollzogene Freigebigkeit (Realschenkung, Handgeschenk), sondern — was meist übersehen wird — auch **das Schenkungsversprechen.** Vgl. insbesondere die Ausdrücke „Verfügung von Todes wegen", „letztwillige Verfügung" (§§ 1937, 2174, 2299, 2301 BGB.). Schon **das** unerfüllte Schenkungsversprechen kann den Gläubiger benachteiligen, etwa wenn er eine Forderung seines Schuldners gepfändet hat und nun der Drittschuldner die Schenkungsforderung zur Aufrechnung verstellt (Replik der Anfechtbarkeit). Insbesondere aber verwirklicht sich die Benachteiligung stets mit einer — an sich den Gläubigern gegenüber gültigen — Erfüllung des Schenkungsversprechens. So auch, wenn der Schenkungsvollzug erzwungen worden ist (§ 6). Eine unmittelbare Benachteiligung setzen die Nr. 3 und 4 nicht voraus. War das Schenkungsversprechen in der nach § 518 I BGB. erforderlichen Form abgegeben, so stellt der Schenkungsvollzug als Schulderfüllung keine unentgeltliche Verfügung dar [Anm. 46]. Die Anfechtung richtet sich gegen das Schenkungsversprechen, nicht gegen den Schenkungsvollzug: **ersteres** muß in den Zeitgrenzen der Nr. 3 und 4 liegen. Das ist auch bei mittelbarer Zuwendung von Belang [§ 1 Anm. 41]. Gerade umgekehrt erblicken Hellwig Zeitschr. f. Zivilpr. Bd. 26 S. 479 und Kohler Leitfaden S. 151 im Schenkungsvollzug den anfechtbaren Akt. War freilich das Schenkungsversprechen wegen Formmangels nichtig und der Mangel durch die Bewirkung der Leistung geheilt worden (§ 518 II BGB.), so ist diese Bewirkung der anfechtbare Freigebigkeitsakt. Pfandsicherung des Versprechens: Anm. 49.

Anm. 46. b) Die Zuwendung zum Zwecke der **Erfüllung** einer **eigenen** rechtsbeständigen Verbindlichkeit ist ein entgeltliches Rechtsgeschäft. Das Entgelt liegt in der Schuldbefreiung. Motive z. KO. S. 123, Cosack Anfechtungsrecht S. 149 f., Bürg. Recht I (4. Aufl., 1903) S. 495; RG. v. 17. 1. 1902 Bd. **50**, 137; v. 17. 2. 1902 JW. S. 218 Nr. 22. So auch bei der vorzeitigen Erfüllung einer betagten Verbindlichkeit (RG. v. 10. 1. 1888 Bolze 6 Nr. 343). Doch stellt die verfrühte Zahlung einer unverzinslichen Schuld hinsichtlich der Zwischenzinsen eine unentgeltliche Verfügung dar, wenn die Parteien insofern eine Freigebigkeit beabsichtigt hatten [Anm. 43]. Daß der vorzeitig zahlende Schuldner selbst Zwischenzinsen weder abziehen noch kondizieren darf (§§ 272, 813 II BGB.), beweist nichts gegen unsere Ansicht. Die Erfüllung einer aufschiebend bedingten Verbindlichkeit ist im ganzen als unentgeltliche Verfügung anfechtbar, es sei denn, daß die Bedingung inzwischen eintrat. Ist die Schuld verjährt oder aus einem anderen Grunde zwar erfüllbar, aber nicht erzwingbar (unvollkommenes Schuldverhältnis; vgl. §§ 222, 656, 762, 764 BGB.; so auch die durch Zwangsvergleich geminderte Verbindlichkeit: Jaeger KO. § 193 Anm. 5), so hat die mit dem Willen einer Schulderfüllung erfolgte Leistung nicht den Charakter einer unentgeltlichen Verfügung (vgl. RG. v. 22. 12. 1888 Bolze 7 Nr. 282, v. 19. 2. 1897 JW. S. 189 Nr. 14, Cosack a. a. O., Kohler Lehrbuch S. 228; abw. Hellwig Anspruch § 2 Note 22). Gleiches gilt vom Anerkenntnis einer verjährten Schuld (Jaeckel S. 122). Dagegen wäre das im Bewußtsein des Nichtbestehens erklärte Anerkenntnis einer gänzlich erloschenen Schuld allerdings nach Nr. 3 u. 4 anfechtbar (RG. v. 7. 7. 1885 Bolze 2 Nr. 566).

Leistungen, die einer sittlichen Pflicht oder Rücksichten Anm. 47. des Anstands entsprechend in Schulderfüllungsabsicht erfolgen, sind arg. §§ 534, 814 BGB. der Schenkungsanfechtung entzogen [Anm. 43 u. 45]. Soweit diese Leistungen „gebräuchliche Gelegenheitsgeschenke" darstellen, sind sie auch beim Vorliegen einer **Schenkungsabsicht** unanfechtbar [Anm. 54]. Zu den durch sittliche Pflicht gebotenen Freigebigkeiten gehören zahlreiche Fälle der sog. remuneratorischen oder belohnenden Schenkungen, für die besondere Regeln im BGB. nicht aufgestellt sind. Eine „Ausstattung" (§ 1624 BGB.) in den Grenzen der Angemessenheit (insbesondere der Vermögensverhältnisse des ausstattenden Elternteils) — insoweit ist sie Erfüllung einer sittlichen Pflicht — unterliegt der Schenkungsanfechtung auch dann nicht, wenn ein gültiges Ausstattungsversprechen nicht vorausgegangen war. Vgl. Prot. z. EBGB. 2. Lesung IV S. 323, v. Staudinger-Kober BGB. § 1624 Anm. 3d, Spahn Verwandtschaft (1901) S. 72, Starke Aussteuer (1905) S. 27f. Note 1, Wolff KO. S. 141, F. Endemann Bürg. Recht II § 196 Note 19; abw. Planck-Unzner BGB. § 1624 Anm. 5, Neumann BGB. (3. Aufl.) § 1624 Anm. 3, Meikel S. 175, Bernhardi S. 24, Dernburg Familienrecht § 72 Note 9, Landsberg Jur. Monatsschr. f. Posen 1903 S. 21, Zimmermann Aussteuer und Ausstattung (1905) S. 34f., Kohler Leitfaden S. 151, Merzbacher AnfG. S. 25f. (die hier betonte Gefährdung der Gläubiger besteht nicht, da sich die Angemessenheit nach den Vermögensverhältnissen bestimmt). Soweit die Gewährung einer „Aussteuer" nach § 1620 BGB. nur die Erfüllung einer dem leistungsfähigen Elternteile gegenüber der dürftigen Tochter begründeten Rechtspflicht darstellt, kann von einer Anfechtung nach Nr. 3 keine Rede sein. Vgl. aus der bisherigen Rechtsprechung RG. v. 13. 4. 1883 Zeitschr. f. franz. Zivilr. Bd. 15 S. 47 (franz. Recht), v. 18. 4. 1895 JW. S. 301 Nr. 32 (gemeines Recht), v. 19. 2. 1897 JW. S. 189 Nr. 14, v. 17. 2. 1902 JW. S. 218 Nr. 22 (preuß. Landrecht). Auch das Ausstattungsversprechen eines Dritten (nicht eines Elternteils) braucht keineswegs Schenkungsversprechen zu sein. Es kommt ganz auf die Lage des einzelnen Falles an. Vgl. RG. v. 29. 10. 1903 JW. Beil. S. 129f. Nr. 290. Daß der Elternteil das Ausstattungsversprechen gegenüber dem Verlobten der Tochter abgegeben hat, zwingt schon deshalb nicht zur Annahme eines Schenkungsversprechens, weil der Versprechende hier recht wohl in Wahrheit eine Zuwendung an die Tochter beabsichtigt haben kann. Vgl. RG. v. 6. 6. 1904 JW. S. 405 Nr. 6. Morgengabe: Anm. 60.

Anm. 48. Die freiwillige Erfüllung oder Übernahme einer **fremden** Schuld **kann** Schenkung sowohl an den Schuldner als an den Gläubiger sein: an den Schuldner, wenn der für den Schuldner Eintretende diesem gegenüber weder zur Zahlung verpflichtet ist noch die getilgte Forderung selbst oder ein Rückgriffsrecht erwirbt (RG. v. 27. 11. 1883 Bd. **10**, 87; v. 17. 1. 1902 Bd. **50**, 134; v. 6. 6. 1902 Bd. **51**, 415); an den Gläubiger, wenn dieser wegen Mittellosigkeit des Schuldners oder aus rechtlichen Gründen keine Befriedigung zu erwarten hat (RG. v. 12. 10. 1896 Bd. **38**, 8; abw. L. Seuffert S. 214). Selbst wenn sich an die Zahlung der fremden Schuld der Erwerb eines Forderungsrechtes knüpft, kann die Zahlung wegen tatsächlicher, dem Zahlenden bekannter Wertlosigkeit dieses Erwerbs eine unentgeltliche Verfügung sein (vgl. RG. **51**, 416).

Anm. 49. c) Die nichtgeschuldete **Sicherung** eigener erfüllbarer Verbindlichkeiten **kann** eine entgeltliche Verfügung sein. Das Entgelt liegt möglicherweise in einer Zinsherabsetzung, Stundung, Verlängerung der Kündigungsfrist, Gewährung günstigerer Zahlungsmodalitäten. Daß eine solche Sicherung ihrem Begriffe nach entgeltlich wäre, „weil der Schuldner bereits in der bestehenden Forderung des Gläubigers dessen Entgelt für die Bestellung der Sicherheit besitze" (so z. B. RG. v. 8. 6. 1883 Bd. **9**, 103, OLG. Dresden v. 20. 10. 1902 Sächs. Arch. 14 S. 386), ist unzutreffend. Vgl. dagegen Cosack S. 152 f., Menzel S. 126, Krasnopolski S. 46 mit Lit. in Note 2, Steinbach-Ehrenzweig S. 41 f. Note 6 mit Zitaten, RG. v. 5. 11. 1880 Bd. **3**, 171; auch Prot. z. EBGB. 2. Les. Bd. II S. 8 (es seien Fälle denkbar, in denen die Sicherung eine „Schenkung" darstelle, z. B. als Bürgschaft oder Pfandbestellung für eine Forderung gegen eine vermögenslose Verlassenschaft). Es bleibt indessen auch für den Fall der Unentgeltlichkeit einer solchen Sicherung zu erwägen, daß eine nichtgeschuldete Sicherung eigener Verbindlichkeiten innerhalb des Konkurses nach § 30 Nr. 2 KO. nur für eine in der Regel viel kürzere Vergangenheit als für 1 oder 2 Jahre und nur unter Vorbehalt des Einwendungsbeweises der Gutgläubigkeit anfechtbar ist. Es läge daher ein Widerspruch zwischen dieser Vorschrift und dem § 32 KO. vor, wenn solche Sicherstellungen zugleich unter den § 32 fielen, da auch der gutgläubige Empfänger nach §§ 32, 37 II KO. noch der Anfechtung ausgesetzt bliebe. Vielmehr ist innerhalb des Konkurses ausschließlich sedes materiae für die Anfechtung einer nicht geschuldeten — und doch eine Gläubigerbenachteiligung nicht bezweckenden (§ 31 KO.) — Sicherung eigener Schuld der § 30 Nr. 2 KO. Nun müssen aber die Grenzen der Schenkungsanfechtung schon mit Rücksicht auf § 13 AnfG. für die konkursmäßige und für die ihr lediglich nachgebildete außerkonkursmäßige Gläubigeranfechtung die gleichen sein. Deshalb kommt die Sicherung eigener

Schulden wohl auch für unsere Nr. 3 u. 4 nicht in Betracht. Vgl. RG. v. 24. 2. 1882 Bd. **6**, 85; v. 7. 10. 1882 Seufferts Archiv Bd. 38 Nr. 296; v. Wilmowski-Kurlbaum KO. § 32 Anm. 3, Hellwig Anspruch § 10 Note 12a.

Die nichtgeschuldete Sicherung **fremder** Verbindlichkeiten kann eine unentgeltliche Verfügung sein und zwar zugunsten sowohl des Schuldners (wenn z. B. unter Regreßverzicht Bürgschaft geleistet ward: RG. v. 22. 12. 1888 Bolze 7 Nr. 282) als des Gläubigers (wenn der Schuldner mittellos oder die Schuld rechtlich zweifelhaft ist). Dagegen ist eine Bürgschaftsleistung oder Pfandbestellung im eigenen Interesse entgeltlich (RG. a. a. O.: Kredit an einen Angehörigen des Bürgen als Entgelt; RG. v. 19. 5. 1905 JW. S. 442 Nr. 28; OLG. Karlsruhe v. 25. 4. 1903 Bad. Rechtspraxis 1903 S. 321). Desgleichen eine durch Teilerlaß oder Stundung erkaufte Sicherung (vgl. RG. v. 16. 4. 1903 Bd. **54**, 284). Anm. 50.

d) Die Ablehnung eines **künftigen**, nicht einmal bedingt vollzogenen Erwerbs ist keine unentgeltliche Zuwendung (vgl. § 517 BGB.; abw. Petersen-Kleinfeller KO. § 32 Anm. 4). So z. B. die Nichtannahme einer Vertragsofferte, namentlich eines Schenkungsanerbietens, so auch die Verpflichtung zu unentgeltlicher Arbeitsleistung. Zust.: Steinbach-Ehrenzweig S. 40f. Note 4. Dagegen wäre der Verzicht auf künftig verfallende, bereits geschuldete Zinsen, der Verzicht auf einen bereits erworbenen Lohnanspruch unentgeltliche Verfügung. Da aufschiebend bedingte Rechte zum beschlagsfähigen Vermögen gehören, sofern sie nur als unbedingte pfändbar sind (Jaeger KO. § 1 Anm. 54), kann der Verzicht auf ein angefallenes bedingtes Recht unentgeltliche Verfügung (wenn auch nicht „Schenkung", § 517 BGB.) sein. Die Ausschlagung einer Erbschaft oder eines Vermächtnisses und die Ablehnung der fortgesetzten Gütergemeinschaft sind schlechterdings unanfechtbar [§ 1 Anm. 37]. Anm. 51.

e) Gewagte (aleatorische) Rechtsgeschäfte bilden keine unentgeltlichen Zuwendungen. So insbesondere nicht Spiel und Wette, Lotterie- und Ausspielvertrag, Differenzgeschäft (§§ 762—764 BGB., §§ 48, 66—69, Börsengesetz v. 22. 6. 1896). Siehe RG. v. 24. 9. 1897 JW S. 570 Nr. 29 (Kaufsache zwar von höherem Werte als Kaufpreis, Käufer hat aber außer diesem Werte eine Alimentation versprochen: aleatorische Natur der Alimentenschuld schließt die Annahme unentgeltlicher Zuwendung aus). Indessen kann das Spielgeschäft als Verstoß gegen ein gesetzliches Spielverbot nichtig sein (§ 134 BGB., vgl. z. B. §§ 284f. StGB.). Dann gilt das in Anm. 55 Bemerkte. Anm. 52.

f) Verbindet sich mit einem ernstlich gewollten entgeltlichen Geschäft eine unentgeltliche Zuwendung (negotium mixtum cum donatione), so ist die Freigebigkeit für sich — „der überschießende Betrag" — anfechtbar. So insbesondere im Falle ernstlich gewollter Verbindung von Kauf und Schenkung (Beispiel: Verkauf einer vollwertigen Forderung auf 100000 zum Preise von 25000, wenn beide Parteien darüber einig sind, daß der Mehrwert von 75000 dem Käufer unentgeltlich zugewendet werden soll). Motive z. KO. S. 136; RG. v. 6. 4. 1892 Bd. **29**, 267; v. 7. 7. 1898 JW. S. 518 Nr. 57 (zediert Anm. 53.

eine Forderung auf 9000, Zessionsvaluta 1500: Abtretung in Höhe von 7500 anfechtbare Freigebigkeit); Weirauch bei Gruchot 48 S. 229ff., bes. S. 249ff. Unteilbarkeit der Rückgewähr kann (z. B. bei Grundstücksveräußerungen) dazu führen, daß der Beschenkte als solcher die Zwangsvollstreckung in den ganzen Erwerb dulden muß. Der Umstand allein, daß zwischen Leistung und Gegenleistung objektiv ein erhebliches Mißverhältnis besteht, macht das entgeltliche Rechtsgeschäft auch nicht teilweise zur Schenkung [Anm. 43]. Wohl aber kann er einen Anhalt dafür liefern, daß der Rechtsakt im ganzen vom Willen der Gläubigerbenachteiligung getragen wird. Siehe Cosack Anfechtungsgesetz S. 140ff., Bürg. Recht I § 140 unter II (4. Aufl. S. 505); vgl. auch § 139 BGB. Von der gemischten Schenkung ist die verschleierte, d. h. der Fall zu unterscheiden, daß „das entgeltliche Geschäft nur zum Scheine abgeschlossen wurde, um der Schenkung das äußere Ansehen eines wirksamen entgeltlichen Vertrags zu geben" (Förster-Eccius, Preuß. Privatrecht II § 122 zu Note 160, 7. Aufl. S 30). Beispiel: Verkauf eines lastenfreien Landguts um eine Mark. Hier ist das entgeltliche Geschäft (der simulierte Kauf) als Scheingeschäft nichtig, der Akt im ganzen als reine Schenkung anfechtbar (RG. **29**, 266). § 117 II BGB. Dahin gehört insbesondere auch der Fall, daß die Schenkung in der äußeren Gestalt eines Vergleichs auftritt, während in Wahrheit nur die eine der beiden Vertragsparteien — nur der Schuldner — ein Opfer bringt, also kein „gegenseitiges" Nachgeben im Sinne des § 779 BGB. vorliegt. Für die Anfechtung der Schenkung unter Auflage (§§ 525ff. BGB.) gilt nichts besonderes; die Zuwendung ist als unentgeltliche Verfügung anfechtbar. Hätte die Auflage den Sinn eines Entgelts [Anm. 43], so läge eben keine „Schenkung" vor.

Anm. 54. 2. **Ausgenommen** von der Anfechtbarkeit sind **gebräuchliche Gelegenheitsgeschenke**, z. B. an das Gesinde oder Geschäftspersonal, an Angehörige oder Wohltäter. Die Bedeutung der Ausnahme liegt darin, daß trotz feststehender Schenkungsabsicht die Anfechtbarkeit entfällt [Anm. 47]. „Gelegenheit" in diesem Sinne sind namentlich Weihnachten, Neujahr, Ostern, Geburts-, Namens-, Verlobungs-, Hochzeits-, Abschiedsfeste, eine Taufe, ferner aber auch z. B. das Gelingen einer Heilung, eine Lebensrettung, der Abschluß eines Unterrichts, eine Sammlung zu gemeinnützigen oder wohltätigen Zwecken. Geschenke aus solchen Anlässen müssen in den Kreisen, denen der Schuldner angehört, „gebräuchlich" sein. Beispiel: RG. v. 31. 3. 1892 Bolze 14 Nr. 217 (Schenkung von Tuchabschnitten im Jahreswerte von 300 Mk. keine gebräuchliche Gelegenheitsschenkung); siehe auch Steinbach-Ehrenzweig S. 43 mit Rechtsprechung in Note 10 (wöchentliches Taschengeld an Kinder kein Gelegenheitsgeschenk). Der Brauch begrenzt zugleich das Maß der unanfechtbaren Zuwendung. Soweit dieses Maß überschritten ist, kann die Anfechtbarkeit begründet sein. Eine Mitgift (Aussteuer) fällt überhaupt nicht unter den Begriff Gelegenheitsgeschenk (RG. v. 17. 2. 1902 JW. S. 218 Nr. 22).

Anm. 55. 3. **Nichtige** Zuwendungen (Beispiele: §§ 117, 125, 134—136, 142 I, vgl. auch a. 86, 87 EG. z. BGB.) sind aus dem Vermögen des Schuldners gar nicht ausgeschieden und dementsprechend dem direkten Zugriffe seiner Gläubiger nicht entrückt. Die Fristen des § 3 spielen bei diesem Zugriff keine Rolle. Unter Umständen aber bedarf es trotz der Nichtigkeit noch einer Gläubigeranfechtung. Darüber § 1 Anm. 57 ff. Im früheren Rechte kam namentlich die Nichtigkeit der Schenkung unter Ehegatten in Betracht (RG. v. 21. 2. 1887 Bolze 4 Nr. 1587, OLG. Dresden v. 1. 10. 1886 Seufferts Archiv Bd. 43 Nr. 85), die das BGB. nicht mehr kennt. Vgl. Mot. z. EBGB. IV S. 113 ff., übrigens auch § 225 III BGB. Wegen des § 518 II BGB. siehe oben Anm. 45.

Das Rückforderungsrecht wegen Verarmung des Schenkers (§§ 528 f. BGB.) ist, solange der Anspruch nicht durch vertragsmäßige Anerkennung oder Eintritt der Rechtshängigkeit seinen rein persönlichen Charakter abgestreift hat, unpfändbar (§ 852 II ZPO.). Desgleichen ist das Recht, eine Schenkung wegen Undanks (§§ 530—533 BGB.) oder wegen Auflösung der Ehe (§ 1584 mit § 1345 BGB.) zu widerrufen, rein persönlicher Natur und erst der durch begründeten Widerruf entstandene Bereicherungsanspruch (§ 531 II mit § 1584 I Satz 2 BGB.) dem Zugriffe der Gläubiger unterworfen. Soweit die Schenkung nur durch den persönlichen Willen des Schuldners rückgängig gemacht werden kann, sind seine Gläubiger auf die Anfechtung angewiesen. Anm. 56.

4. Nur die **im letzten Jahre** vor der gerichtlichen Geltendmachung der Anfechtung vorgenommenen Verfügungen sind anfechtbar. Was in Anm. 37 ff. über die juristische Natur und die Berechnung der Anfechtungsfrist gesagt ist, gilt auch hier. Bei der Anfechtung gegen den Ehegatten des Schuldners erweitert sich die Frist um ein Jahr [Anm. 59]. Anm. 57.

5. Die Geltendmachung der Schenkungsanfechtung kann insbesondere auch einwendungsweise gegenüber der auf unentgeltlichem Erwerbe beruhenden Widerspruchsklage des § 771 ZPO. erfolgen [§ 1 Anm. 70]. Die Anfechtungserfordernisse hat der anfechtende Gläubiger im Streitfalle zu **beweisen**. So insbesondere, daß die Zuwendung unentgeltlich und innerhalb der kritischen Zeit erfolgt ist. Über beide Punkte ist die Eideszuschiebung nach § 445 ZPO. statthaft; der Schuldner erscheint als Rechtsvorgänger des Anfechtungsgegners [Anm. 24]. Eine Benachteiligungsabsicht des Schuldners wird hier nicht vorausgesetzt. Behauptet der Gläubiger die Unentgeltlichkeit einer vom Schuldner eingegangenen Wechselschuld, so muß der Gläubiger durch Aufdeckung des dieser Formalverbindlichkeit zugrunde liegenden materiellen Rechtsgeschäfts die Unentgeltlichkeit dartun [§ 1 Anm. 55]. Die Anfechtung einer Wechselschuld aus Nr. 3 oder 4 ist ausgeschlossen, falls der Wechsel gegen Rückgabe und Vernichtung eines anderen Wechsels ausgestellt ist, der — wenn auch unentgeltlich — früher als im letzten oder vorletzten Jahre vor der Anfechtung ausgestellt worden war. RG. v. 3. 2. 1886 Bolze 3 Nr. 386. Ein Fall unentgeltlicher Wechselausstellung: RG. v. 24. 10. 1890 Bolze 11 Nr. 164. Anm. 58.

II. **Erweiterte Anfechtbarkeit gegenüber dem Ehegatten (Nr. 4).**

1. Die Bedeutung der Nr. 4 erschöpft sich darin, daß sie die zeitliche Schranke der Anfechtbarkeit unentgeltlicher Zuwendungen um ein Jahr erweitert, Anm. 59.

falls der Ehegatte — Ehemann oder Ehefrau, aber nicht die noch so reichlich beschenkte Konkubine — des Schuldners bedacht ist. Das Gesetz will, wie die Motive z. KO. S. 137 bestätigen, nur die einjährige Frist der Nr. 3, in Übereinstimmung mit der bayerischen Prozeßordnung (a 1223 Nr. 2), dem Ehegatten des Schuldners gegenüber auf die zwei letzten Jahre erweitern. Hieraus, ferner aus dem Umstande, daß die Materialien nicht den mindesten Anhalt für die Absicht einer weitergehenden Verschärfung der Schenkungsanfechtung gegenüber dem Ehegatten bieten und endlich ex pari ratione legis muß gefolgert werden, daß die Ausnahme der Nr. 3 — Unanfechtbarkeit gebräuchlicher Gelegenheitsgeschenke — auch für die Nr. 4 gilt. Die Nr. 4 meint eben „unentgeltliche Verfügungen" im Sinne (mit der Begrenzung) der Nr. 3. Es wäre eine völlig unverständliche Härte, wenn die im Rahmen gebräuchlicher Zuwendung liegenden Geburtstags- und Weihnachtsgeschenke unter Ehegatten zwei Jahre lang schlechthin anfechtbar sein sollten, während solche Schenkungen an Dritte nicht einmal binnen Jahresfrist anfechtbar sind. Cosack S. 147, Fitting § 16 Note 18, Hartmann-Meikel S. 186, Jaeckel S. 125, Petersen-Kleinfeller KO. § 32 Anm. 8, L. Seuffert S. 214; abw. z. B. Otto S. 135, Kohler Leitfaden S 152, v. Wilmowski-Kurlbaum KO. § 32 Anm. 7.

Anm. 60. 2 Infolge der Beseitigung des Verbots der Eheschenkung [Anm. 55] hat die Schenkungsanfechtung gegenüber dem Ehegatten im neuen Recht an praktischer Bedeutung erheblich gewonnen. Voraussetzung ist aber nach wie vor, daß die Freigebigkeit „unter Ehegatten" — nur von diesem Falle reden auch die Motive z. KO. S. 136 f. —, also während der Ehe erfolgte. Dies ergibt sich schon arg. e contr. Nr. 2 verb. „vor oder während der Ehe". Schenkungen unter Verlobten (z. B. im Ehevertrage) scheiden also für den Bereich der Nr. 4 aus, auch wenn die Ehe noch vor der Anfechtung geschlossen wird. Kommt die Zuwendung nach dem Willen der Parteien erst mit der Eheschließung zustande, so liegt in Wahrheit eine Schenkung „unter Ehegatten" vor. Diesen Sinn kann insbesondere eine Morgengabe haben, sofern sie — was nach allgemeinen Regeln [Anm. 43 ff.] zu beurteilen ist — überhaupt eine unentgeltliche Verfügung darstellt. Ob sie ein gebräuchliches Gelegenheitsgeschenk bildet, bemißt sich nach ihrem Wert und nach der Sitte. Für die Beschränkung der Nr. 4 auf Freigebigkeiten während der Ehe OLG. Dresden v. 23. 12. 1898 JurZtg. 5 S. 210 f., Cosack S. 146, Jaeckel S. 126 f., Petersen-Kleinfeller KO. § 32 Anm. 8, v. Sarwey-Bossert KO. § 32 Anm. 5; abw. Posen v. 14. 1. 1904 OLG. 8 S. 335, v. Völderndorff KO. I S. 365, v. Wilmowski-Kurlbaum KO. § 32 Anm. 6, Hartmann-Meikel S. 185. Selbstverständlich können unentgeltliche Zuwendungen an den Verlobten wie an den geschiedenen Ehegatten aus Nr. 3 anfechtbar sein.

Anm. 61. 3. Nach **der früheren Fassung** unsrer Nr. 4 (entsprechend § 25 Nr. 2 KO. a. F.) war wie eine Freigebigkeit die nichtgeschuldete Sicherung oder Rückgewähr des Heiratsgutes — d. h. des durch Vereinbarung den Zwecken der Ehe dauernd gewidmeten — oder des gesetzlich in die Verwaltung des Mannes gekommenen Frauenvermögens an die Ehefrau oder im Einverständnisse mit ihr an einen Dritten (RG. v. 24. 5. 1901 JW. S. 516 Nr. 6) anfechtbar, auch wenn diese Akte entgeltlich erfolgten und wenn das zurückgewährte Gut (wie z. B. beim Güterstande bloßer Verwaltungsgemeinschaft) dem Rechte nach der Frau zustand, also diese hinsichtlich des Stammvermögens aussonderungsberechtigt war. Die Gläubiger des Mannes sollten dadurch gegen die Gefahr geschützt werden, daß dieser beim Zusammenbruche seines Vermögens die letzten Mittel zur Befriedigung oder Sicherstellung der Ehefrau verwende. Zugleich sollte ihnen die nach § 1 II KO. alter Fassung zur Konkursmasse gehörende gesetzliche Nutznießung des Mannes am Frauenvermögen gesichert werden. Ausgeschlossen war diese besondere Schenkungsanfechtung insoweit, als der Mann zur Sicherstellung oder Rückgewähr durch das Gesetz (eheliches Güterrecht oder aber allgemeine Rechtsgrundsätze, weil z. B. der Schuldner die Eheeinwilligung und Gewährung einer Mitgift durch Betrug erschwindelt hatte: RG. v. 24. 5. 1901 JW. S. 517 f. Nr. 6 u. 7) oder einen vor den kritischen zwei Jahren geschlossenen Vertrag verpflichtet war. Über die Möglichkeit einer Absichtsanfechtung oder einer besonderen Konkursanfechtung siehe für das ältere Recht RG. v. 17. 6. 1902 JW. S. 424 Nr. 28. Für das neue Recht war zu erwägen: einmal, daß die ehemännliche Nutznießung dem Konkursbeschlag entzogen worden ist (Jaeger KO. § 1 Anm. 44); zum anderen, daß die Frau nach den §§ 1391, 1418 I BGB. schon dann Sicherheitsleistung oder die richterliche Aufhebung der Verwaltung und Nutznießung zu beanspruchen hat, wenn das Verhalten des Mannes eine erhebliche Gefährdung ihrer Rechte besorgen läßt. Die bisherige Anfechtung der Nr. 4 hätte also gerade dort versagt, wo sie bestimmungsgemäß eingreifen sollte, nämlich beim Vermögensverfall des Mannes, und es hätte sich das dem Rechtsgefühl widerstreitende Resultat ergeben, daß nach dieser Vorschrift eine Deckung, die der Mann in günstiger Vermögenslage gewährt hatte, anfechtbar, die in ungünstiger Lage bewirkte Sicherung oder Rückgewähr dagegen unanfechtbar gewesen sein würde. Daher hat die Novelle von 1898 den bisherigen Halbsatz 2 ganz gestrichen, nachdem in erster und zweiter Lesung des Entwurfs eines BGB. vom Vorschlag einer solchen Änderung Umgang genommen worden war. Siehe Mot. z. EBGB. IV S. 198, 297, Prot. z. EBGB. (2. Lesung) IV S. 177, 200 f., 210, 212, VI S. 762 ff., Begründung z. KNov. S. 33 f.

a) Über den Sinn dieser Streichung hat sich alsbald in Theorie und Praxis Streit erhoben. Siehe namentlich Ullmann JW. 1904 S. 129 ff. u. 351 ff., Meikel Z. f. d. Notariat in Bayern 1904 S. 59 f. u. Bl. f. Rechtsanw. 70 (1905) S. 369 ff., K. Meyer Zentrabl. f. freiw. Gb. 5 S. 1 ff., G. Planck JurZtg. 12 S. 561 ff. und aus der Rechtsprechung RG. VII. ZivSen. v. 3. 5. 1901 JW. S. 385 f. (Rückgewähr des Eingebrachten kann auch nach § 31 Nr. 2 KO. = § 3 Nr. 2 AnfG. anfechtbar sein), v. 29. 12. 1903 JW. 1904 S. 152 f. Nr. 30 (Umwandlung von Gesamtgut in Vorbehaltsgut kann der Absichtsanfechtung auch späterer Gläubiger ausgesetzt sein), v. 19. 1. 1904 Gruchot 48 S. 958 (in einem Falle, wo ohne Schuldenberichtigung alles Gesamtgut bei der Auseinandersetzung mit Gläubigerbenachteiligungsabsicht der Frau zugewendet worden war, dahingestellt, ob Exekutionsduldung nach Anm. 62.

§ 1480 BGB. oder nach § 7 AnfG. geschuldet war), II. ZivSen. v. 16. 2. 1904 Bd. **57**, 81 (Umwandlung der Fahrnisgemeinschaft in Gütertrennung insofern als unentgeltliche Verfügung nach Nr. 4 erachtet, als den Gläubigern des Mannes der Zugriff auf die nach §§ 1550 II, 1525 I BGB. dem Gesamtgute zufließenden Nutzungen des eingebrachten Gutes der Frau entzogen worden ist, ohne daß ein Recht aus § 1468 BGB. erwiesen war), VII. ZivSen. v. 4. 3. 1904 Bd. **57**, 161 (§ 3 Nr. 2 AnfG. unanwendbar, weil Hypothekbestellung eine nach § 1391 BGB. geschuldete Sicherstellung war); Hamburg v. 23. 6. 1902 OLG. 6 S. 157 (eine Aufhebung der Gütergemeinschaft behufs Entlastung eines Ehegatten von der Unterhaltspflicht — §§ 1432, 1604 BGB. — weder als entgeltlicher noch als unentgeltlicher Vertrag „im Sinne des § 3" erachtet[1]); Königsberg v. 25. 2. 1903 OLG. 6 S. 281 (an Stelle der Gütergemeinschaft Gütertrennung vereinbart und vollzogen: die bisherigen Gesamtgutsgläubiger sind mit Rücksicht auf § 1480 BGB. nicht benachteiligt, sondern nur genötigt, besonderen Titel gegen die Frau zu beschaffen, was aber Folge nicht erst der Auseinandersetzung, sondern schon der unanfechtbaren Gütertrennung sei); OLG. Karlsruhe v. 16. 3. 1903 Bad. Rechtspraxis 1903 S. 159 Nr. 64 (Gläubiger, deren Forderungen erst nach Registrierung des den Güterstand ändernden Ehevertrags entstanden, haben kein Anfechtungsrecht; aufgehoben durch RG. v. 29. 12. 1903 a. a. O.); Colmar v. 9. 6. 1903 OLG. 7 S. 57 (an Stelle der Fahrnisgemeinschaft Gütertrennung vereinbart, nach § 3 Nr. 4 anfechtbar); OLG. Dresden v. 28. 4. 1902 Sächs. Arch. 13 S. 121 (Verzicht auf ehemännliche Nutznießung eine unentgeltliche Verfügung nach § 3 Nr. 4) u. v. 22. 9. 1903 ebenda 14 S. 395 (Geldzahlung zur Tilgung des Rückgewähranspruchs der Frau als Leistung an Erfüllungsstatt nach § 3 Nr. 2 anfechtbar).

Anm. 63. b) Nach § 1432 BGB. können die Ehegatten ihre güterrechtlichen Verhältnisse auch während der Ehe *grundsätzlich nach freiem Belieben* durch Verträge ordnen, die zu ihrer Gültigkeit gerichtlicher oder notarieller Beurkundung bei gleichzeitiger Anwesenheit der Parteien bedürfen (§ 1434 BGB.). In dem Grundsatze der Ehevertragsfreiheit eine Beschränkung der Gläubigeranfechtung zu erblicken, wäre jedoch verfehlt. Diesen Sinn hat die Ehevertragsfreiheit ebensowenig als die allgemeine Vertragsfreiheit. Im Gegenteil: je freier der rechtsgeschäftliche Wille waltet, desto lebhafter macht sich das Anfechtungsbedürfnis geltend und zwar gerade gegenüber Eheverträgen, die erfahrungsgemäß mit besonderer Vorliebe zur Benachteiligung der Gläubiger mißbraucht werden. Nicht selten sind unter Verlobten Vereinbarungen, die — sei es aus Schwäche des Mannes oder böser Absicht — allen Eheerwerb für ausschließliches und freies Vermögen der Frau erklären.

---

[1]) Meikel Z. f. Notariat i. B. 1904 S. 61, 63 u. anderwärts läßt bei Anführung dieses Urteils die wesentlichen Worte „im Sinne des § 3" weg und wirft daraufhin dem Urteil offenbare Unrichtigkeit vor, da der Ehevertrag doch entweder entgeltlicher oder unentgeltlicher Vertrag sein müsse. Der „entgeltliche Vertrag" unserer Nr. 2 setzt aber *unmittelbare* Gläubigerbenachteiligung voraus.

Mit Recht hält die herrschende Lehre Verträge dieses Inhalts für nichtig (§§ 138 I, 310 BGB.), so daß es meist einer Anfechtung gar nicht erst bedarf [§ 1 Anm. 57]. Vgl. Bartolomäus JW. 1902 S. 247; Dennler Z. f. d. Notariat in Bayern 1903 S. 192ff.; Henle ebenda S. 246ff.; G. Schmitt daselbst 1904 S. 68ff.; Ablehnung der Beurkundung: Anm. 70. Allein auch Eheverträge, die nicht gerade gegen die guten Sitten verstoßen, können den Gläubigern sehr gefährlich werden. Hätte unser Anfechtungsrecht die von der Novelle gestrichene Vorschrift niemals enthalten, so würde sicherlich kein Zweifel darüber bestehen, daß Eheverträge hinsichtlich der Anfechtbarkeit ganz ebenso zu beurteilen sind wie andere Rechtsgeschäfte unter Ehegatten, daß also insbesondere eine Ehevertragszuwendung, die sich nach Lage des Falles als unentgeltliche Verfügung darstellt, der Schenkungsanfechtung nach Nr. 4 (§ 32 Nr. 2 KO.) ausgesetzt ist. Nicht anders liegt die Sache, nachdem die gegen nichtgeschuldete Sicherung oder Rückgewähr des Frauenvermögens gerichtete Anfechtungsverschärfung fortgefallen ist. *So wie das Gesetz nun lautet, bietet es keinen Anhalt dafür, daß die Anfechtung ehegüterrechtlicher Geschäfte für die Zukunft ausgeschlossen oder auch nur erschwert sein sollte.* Vielmehr beurteilt sich fortab mangels besonderer Vorschriften auch die Anfechtbarkeit einer Sicherung oder Rückgewähr von Frauengut nach den allgemeinen Regeln (§ 3 AnfG., §§ 30—32 KO.). Zust. OLG. Dresden v. 30. 5. 1901 Sächs. Arch. 11 S. 631. In jedem Falle setzt daher die Anfechtbarkeit *eine Gläubigerbenachteiligung* voraus. Ob eine solche vorliegt, ist Tatfrage. Wie sonst auch wird, wenn der Schuldner zur Zeit der Handlung keine Verbindlichkeiten hatte, eine Benachteiligung und insbesondere eine beabsichtigte Benachteiligung *späterer* Gläubiger regelmäßig zu verneinen sein [Anm. 15]. Unrichtig aber ist es, aus der grundsätzlichen Abänderlichkeit der Güterstände mit K. Meyer a. a. O. S. 4f. den Satz herzuleiten, daß den späteren Gläubigern (also solchen, deren Forderungen nach Vornahme des anfechtbaren Aktes entstanden sind) die Anfechtung eines den Güterstand abändernden Ehevertrags schlechthin versagt wäre. Die Gläubigeranfechtung trifft ja gerade solche Rechtsänderungen, deren Herbeiführung an sich in der Macht des Schuldners steht. So unterliegt beispielsweise die Zulässigkeit einer Absichtsanfechtung keinem Bedenken, wenn die Eheleute den wertvollsten Gegenstand des ihren Kredit tragenden Gesamtgutes in Vorbehaltsgut der Frau umwandelten, um ihn dem Zugriff eines auswärtigen Bankiers zu entziehen, bei dem der Mann unter Verschweigung der Umwandlung alsbald große Kapitalien aufnimmt. Nicht minder kann solchenfalls die Schenkungsanfechtung zugunsten des späteren Gläubigers begründet sein. Dem Schutzbedürfnisse des Gläubigers wird auch keineswegs durch das Gebot der Eintragung im Güterrechtsregister (§ 1435 BGB.) genügt, da der neue Gläubiger des Mannes selbst beim Unterbleiben dieser Eintragung das Vorbehaltsgut der Frau nicht schon nach § 1435 BGB. angreifen darf (vgl. Motive z. EBGB. IV S. 318). Auch die

Voraussetzungen des § 1480 BGB. treffen in unserm Falle nicht zu. Ob eine Ehevertragszuwendung „unentgeltliche Verfügung" ist, das bemißt sich nach der Lage des konkreten Falles. Unstreitig kann die Änderung des bisherigen Güterstandes nach einer einzelnen Richtung (z. B. die Umwandlung eines einzelnen Gesamtgutsgegenstandes in Vorbehaltsgut) unentgeltliche Verfügung sein. Nach Planck a. a. O. wäre aber der Ehevertrag, der das bisherige Güterrecht durch ein anderes ersetzt, als solcher (im ganzen) niemals eine unentgeltliche Verfügung. Allein trotz der Aufopferung von Rechten und trotz der Übernahme von Verpflichtungen durch einen Ehegatten kann der Vertrag im ganzen nach der Willensmeinung der Parteien den Charakter einer unentgeltlichen Verfügung zugunsten dieses Ehegatten haben. Die Tatsache der Gewährung eines Gegenvorteils schließt für sich allein die Anfechtbarkeit nur aus, wenn dieser Gegenvorteil vom Standpunkte der Gläubigerschaft aus als vollwertiges Entgelt erscheint [Anm. 43].

Im einzelnen sei zur Frage der Anfechtbarkeit **güterrechtlicher Verträge**[1]) bemerkt:

Anm. 64. α) Ein Ehevertrag, der an Stelle des **gesetzlichen** Güterstandes der Verwaltung und Nutznießung Gütertrennung einführt (vgl. § 1436 BGB.) oder einzelne Gegenstände des eingebrachten Gutes für Vorbehaltsgut erklärt, ist schlechthin unanfechtbar. Er benachteiligt die Gläubiger des Mannes nicht. Denn die vom Manne aufgegebene gesetzliche Nutznießung ist als solche nach § 861 I 1 ZPO. unpfändbar [§ 1 Anm. 47]. Freilich würden die beim Fortbestande der Nutznießung in Zukunft vom Manne zu erwerbenden Früchte innerhalb der Grenzen des § 861 I 2 ZPO. dem Zugriffe seiner Gläubiger anheimfallen. Allein die Ablehnung eines künftigen Erwerbs ist unanfechtbar [§ 1 Anm. 36]. Die gegenteilige Bemerkung der Motive z. EBGB. IV S. 308 beruht auf der durch die Novelle von 1898 gestrichenen Anfechtungsvorschrift. Ullmann a. a. O. S. 131 f., 134, 351 ff.; abw. OLG. Dresden v. 28. 4. 1902 Sächs. Arch. 13 S. 121, Planck a. a. O. S. 566. Von diesem Standpunkt aus erscheint die Aufhebung der Verwaltung und Nutznießung auch dann als unanfechtbar, wenn die Frau diese Aufhebung nicht zu beanspruchen hatte (§ 1418 BGB.). Folgeweise kann auch die Vereinbarung der Gütertrennung an Stelle der Fahrnisgemeinschaft selbst dann, wenn die Frau keinen Anspruch auf die Aufhebung der Gemeinschaft hatte (§§ 1549, 1468 BGB.), nicht um deswillen anfechtbar sein, weil damit die Verwaltung des eingebrachten Gutes der Frau für Rechnung des Gesamtgutes (§§ 1550 II, 1525 I BGB.) in Wegfall kam und insofern den Gläubigern des Mannes der künftige Zugriff entging

[1]) Über den Fall einer Güterstandsänderung zum Zwecke des Ausschlusses der gesetzlichen Unterhaltspflicht siehe § 1 Anm. 72.

(abw. RG. v. 16. 2. 1904 Bd. 57, 81). Noch weniger kann die Aufhebung der im einseitigen Belieben der Frau stehenden Verwaltungsüberlassung nach § 1430 BGB. anfechtbar sein. Eine nicht zu dieser Zeit oder nicht in dieser Art zu beanspruchende Deckung von Ersatzforderungen der Frau (vgl. §§ 1394, 1411 BGB.) kann nach § 30 Nr. 2 KO. anfechtbar werden, unter Umständen aber auch einer Absichts- oder Schenkungsanfechtung unterliegen. Die kongruente Deckung ist keine unentgeltliche Verfügung (§ 3 Nr. 4 AnfG., § 32 Nr. 2 KO.) und tatsächlich zumeist auch einer Anfechtung nach Nr. 2 AnfG., § 31 Nr. 2 KO. entzogen [Anm. 9 u. 42]. So insbesondere eine nach § 1391 BGB. geschuldete Hypothekbestellung. Vgl. RG. v. 4. 3. 1904 Bd. 57, 161; siehe jedoch OLG. Dresden v. 30. 5. 1901 Sächs. Arch. 11 S. 629 ff. (ein nach Nr. 1 anfechtbares Erfüllungsgeschäft; siehe auch für das frühere preuß. Recht RG. v. 28. 9. 1900 Gruchot 46 S. 391 ff.). Soweit Aussonderungsansprüche der Ehefrau (§§ 43, 45, 46 KO.) befriedigt oder sichergestellt werden, kommt auch eine Anfechtung aus § 30 Nr. 1 Fall 2 oder Nr. 2 KO. („einem Konkursgläubiger") nicht in Frage.

Wird umgekehrt Vorbehaltsgut der Frau in eingebrachtes Gut verwandelt, so benachteiligt der Ehevertrag zwar nicht die Gläubiger des Mannes, wohl aber die Gläubiger der Frau. Den letzteren steht daher die Anfechtung nach den allgemeinen Regeln offen. Vgl. Ullmann a. a. O. S. 134, (v. Staudinger-)Engelmann BGB. IV (2. Aufl.) S. 239 mit Lit. Dagegen haben die Gläubiger der Frau wiederum kein Anfechtungsrecht gegenüber der Umwandlung von eingebrachtem Gut in Vorbehaltsgut der Frau, wenngleich die mit dem Wegfalle der ehemännlichen Rechte ermöglichte Konkurrenz von bloßen Vorbehaltsgläubigern solchen Gläubigern der Frau zum Schaden gereichen kann, die sich schon bisher auch an das eingebrachte Gut halten durften. Denn diese Schranke beruhte eben auf einem Rechte des Mannes, nicht der Gläubiger. Vgl. Ullmann a. a. O., Planck-Unzner BGB. § 1368 Anm. 2. Anm. 65.

β) Eine Verwandlung von **Gesamtgut** in Vorbehaltsgut der Frau kann der Absichts- und Schenkungsanfechtung sowie der besonderen Konkursanfechtung unterliegen und zwar auch im Interesse späterer Gläubiger [Anm. 63]. Vgl. RG. v. 29. 12. 1903 JW. 1904 S. 152 f. Nr. 30, Colmar v. 9. 6. 1903 OLG. 7 S. 57. Doch kann die Anfechtbarkeit einerseits deshalb ausgeschlossen sein, weil die Frau ein Recht auf Gemeinschaftsaufhebung hatte (§ 1468 BGB.), andrerseits deshalb, weil dem Gläubiger des Mannes der Zugriff, den die Anfechtung ermöglichen würde, ohnehin schon freisteht (§ 1480 BGB.) und dementsprechend eine die Anfechtbarkeit rechtfertigende Benachteiligung fehlt. Vgl. RG. v. 19. 1. 1904 Gruchot 48 S. 958, Königsberg v. 25. 2. 1903, OLG. 6 S. 281. Der Gesichtspunkt der Befriedigung eines Aussonderungsanspruches der Frau durch Abschichtung ihres Gesamtgutsanteils kommt für das neue Recht nach § 2 KO. nicht mehr in Betracht. Siehe dagegen Anm. 66.

für das ältere Recht RG. v. 12. 10. 1883 Seufferts Archiv 39 Nr. 108. Auseinandersetzung: Anm. 69.

Anm. 67. Wird umgekehrt **Vorbehaltsgut oder eingebrachtes Gut in Gesamtgut** verwandelt, so liegt möglicherweise gleichfalls eine Benachteiligung gegenwärtiger und unter Umständen auch künftiger Gläubiger vor, die je nach Lage des Falles eine Absichts- oder Schenkungsanfechtung oder auch die besondere Konkursanfechtung rechtfertigen kann. Namentlich im Hinblick auf § 2 KO. mag die Umwandlung von Alleinvermögen der Frau in Gesamtgut den Gläubigern der Frau zu empfindlichem Nachteile gereichen. Daß eine solche Umwandlung im Einzelfall eine unentgeltliche Verfügung darstellen kann, ist ganz fraglos. **Die Einführung allgemeiner Gütergemeinschaft** erklärt K. Meyer a. a. O. S. 10f, unter Hinweis auf den § 1459 BGB. für einen die Gläubiger des einen oder anderen Ehegatten nicht benachteiligenden und darum unanfechtbaren Akt. Mit Unrecht. Einmal geht die Ansicht, daß lediglich alte Gläubiger in Frage kommen, wie bereits betont wurde [Anm. 63], fehl: auch spätere Gläubiger der Frau, die das Gesamtgut nicht an sich schon angreifen dürfen (§§ 1460ff. BGB.), können und zwar **dem Manne gegenüber** anfechtungsberechtigt sein. Dies verkennt auch Ullmann a. a. O. S. 133. Zum andern kann die Vergemeinschaftung trotz des § 1459 BGB. auch den alten Gläubigern des bisher alleinberechtigten Ehegatten erheblichen Schaden bringen, indem sie ihnen die Konkurrenz der Gläubiger des anderen — vielleicht ganz überschuldeten — Ehegatten aufbürdet. Den anfechtbaren Erwerb machen **die Gläubiger** des bisher nicht mitberechtigten Ehegatten. Vgl. Ullmann a. a. O. Auch hier bleibt der § 2 KO. wohl zu beachten. Die Benachteiligung der Gläubiger des bisher alleinberechtigten Ehegatten liegt keineswegs, wie K. Meyer a. a. O. meint, „jenseits des Ehevertrags", sondern im Ehevertrage selbst, wenngleich sich der anfechtbare Erwerb erst mit dem Hinzutritt einer anderen Tatsache — Sicherung oder Befriedigung (besonders durch Zwangszugriff) oder Konkurseröffnung — vollendet. Anfechtungstatbestand ist, wie in anderen Fällen **mittelbarer Zuwendung** [§ 1 Anm. 40 f.], nicht das einzelne Rechtsgeschäft (der Ehevertrag für sich), sondern der gesamte Zuwendungsvorgang. Sind beispielsweise Angehörige des stark überschuldeten Mannes dessen Hauptgläubiger, während das zur Schuldendeckung noch eben ausreichende Vermögen der Frau Personen verhaftet ist, denen die Ehegatten fernstehen, so läßt sich sehr wohl denken, daß die Ehegatten, um jene Angehörigen auf Kosten der Frauengläubiger zu begünstigen, Gütergemeinschaft vereinbaren und daß die Begünstigten genau über den Zweck dieses Ehevertrags unterrichtet sind. Verschaffen sie sich nun kraft ihrer wider den Mann lautenden Titel (§§ 740, 795 ZPO.) durch Vollstreckung in das Gesamtgut Sicherung (z. B. nach § 866 ZPO.) oder Befriedigung, so vollzieht sich damit die anfechtbare Zuwendung. Hier wird offenbar auch noch der Vollstreckungserwerb von einer dem Erwerber bekannten Benachteiligungsabsicht getragen. Diese Absicht verbindet den aus verschiedenen an sich selbständigen Tatbeständen zusammengesetzten Zuwendungsvorgang zu einer einheitlichen „Rechtshandlung" im Sinne der Anfechtungsvorschriften. Auf Grund der Absichtsanfechtung können die benachteiligten Frauengläubiger die Duldung ihres Zwangszugriffes auf das Gesamtgut beanspruchen, als ob dieses noch Alleinvermögen ihrer Schuldnerin wäre (§ 7). Für sich betrachtet, stellt die Zwangsvollstreckung der Gläubiger des Mannes keine Rechtshandlung der Frau dar, wie sie doch nach § 1 zur Anfechtung einer Vermögensentäußerung der Frau erforderlich ist („Rechtshandlungen des Schuldners"). Ehevertrag und Zwangszugriff bilden die anfechtbare Rechtshandlung. Das wird besonders deutlich im Konkurse des Mannes, da den Frauengläubigern in diesem Falle nur dadurch ein ausreichender Schutz gewährt wird, daß sich die bisherigen Gläubiger des Mannes die Zwangsbefriedigung der bisherigen Frauengläubiger so gefallen lassen, als ob die Gütergemeinschaft gar nicht eingetreten wäre (§ 7). Insoweit kommt der § 2 KO. noch nicht zur Geltung: nur der nach Befriedigung der Frauengläubiger verbleibende Überschuß gehört als Gesamtgut zur Konkursmasse des Mannes. Diese Anfechtung einer Zuwendung der nicht persönlich verganteten Frau an die Gläubiger des nun verganteten Mannes steht unter den Vorschriften des Anfechtungsgesetzes, nicht der Konkursordnung (vgl. Jaeger KO. § 2 Anm. 6). Sie wirkt ähnlich wie eine Absonderung, da nur der Überschuß des früheren Frauenvermögens zur Konkursmasse des Mannes fließt. Die Streitfrage, wie die Anfechtung im Konkurse des Anfechtungsgegners (also des Erwerbers, in unserm Falle der Gläubiger des Mannes) wirkt [§ 1 Anm. 23], steht hier außer Betracht.

Meikel a. a. O. S. 66 führt aus, die Vereinbarung der allgemeinen Gütergemeinschaft enthalte möglicherweise deshalb eine die Anfechtbarkeit begründende Benachteiligung der Frauengläubiger, weil fortab der gegen die Frau gerichtete Vollstreckungstitel „in der Regel nicht mehr genüge", sondern ein gegen den Mann gerichteter Titel erforderlich sei, weshalb sich die Zwangsvollstreckung bis zur Beschaffung dieses Titels verzögere. Anm. 68. Dabei wird verkannt, daß ein bereits gegen die Frau erwirkter Titel nach Maßgabe der §§ 742 II, 795 ZPO. gegen den nun mitberechtigten Mann wie gegen einen Sonderrechtsnachfolger vollstreckbar ist, weiterhin aber, daß ja auch im Falle der Anfechtung noch ein besonderer Titel zur Vollstreckung wider den Mann als Anfechtungsgegner beschafft werden muß.

Möglicherweise nehmen die Ehegatten erst im Vollzug eines an sich unanfechtbaren Ehevertrags die anfechtbare Handlung vor. Anm. 69. So namentlich bei der Auseinandersetzung einer aufgelösten Gütergemeinschaft. Die Auseinandersetzung kann zu anfechtbarer Zuwendung (Übereignung Abtretung, Anweisung) an dritte Personen (vgl. z. B. RG. v. 25. 5.

1888 Bolze 6 Nr. 270) oder an einen Ehegatten führen, an letzteren namentlich dann, wenn ihm bei Auseinandersetzung des Gesamtguts mehr als die ihm gesetzlich gebührende Hälfte zugeteilt wird. Nicht der Ehevertrag als solcher, sondern der Zuwendungsakt bildet hier — als entgeltliche oder unentgeltliche Verfügung — den Anfechtungstatbestand. Wird die Vorschrift des § 1475 BGB. beobachtet, so wird freilich eine Benachteiligung wenigstens der bisherigen Gesamtgutsgläubiger vermieden (vgl. RG. v. 19. 1. 1904 Gruchot 48 S. 960). Eine Benachteiligung späterer Gläubiger ist trotz Beobachtung des § 1475 BGB. denkbar.

Anm. 70. γ) Bildet die Möglichkeit einer Gläubigeranfechtung einen „triftigen" (a. 83 preuß. FGG. v. 21. 9. 1899) oder „zureichenden" (a. 14 bayer. NotG. v. 9. 6. 1899) Grund für den Notar, die Beurkundung des Vertrags, insbesondere des Ehevertrags (§ 1434 BGB.) oder eines Grundstücksübereignungsversprechens (§ 313 BGB.), zu verweigern? So allgemein gefaßt, läßt sich die Frage nicht bejahen. Sonst hätte der Notar die Beurkundung jeder Schenkung abzulehnen, da ja auch ein unvorhersehbarer Vermögensverfall später die Schenkungsanfechtung (Nr. 3 u. 4), die keinerlei bösen Willen voraussetzt, begründen kann. Über die Absicht einer Gläubigerbenachteiligung (Nr. 1 u. 2) werden die Parteien den Notar nicht unterrichten. Erhellt aber diese Absicht aus der Lage des Falles, so ist es immer noch eine große Frage, ob das zustandegekommene Geschäft tatsächlich und erfolgreich angefochten werden wird. An sich ist es lediglich wegen Anwendbarkeit des § 3 und zwar auch der Nr. 1 oder 2 weder „offenbar ungültig" im Sinne des a. 40 II preuß. FGG. noch „offenbar nichtig" im Sinne des a. 16 bayer. NotG. Denn selbst der Tatbestand unserer Nr. 1 begründet, wie zu § 1 Anm. 10 dargelegt ist, keineswegs als solcher die Nichtigkeit der §§ 134, 138 BGB. Liegt aber ein derartiger Nichtigkeitsgrund vor, dann hat der Notar allerdings seine Mitwirkung zu versagen. Vgl. G. Schmitt a. a. O. S. 70 ff.

Anm. 71. δ) Nach **der Übergangsvorschrift** des a. VIII EG. z. KNov. bewendet es hinsichtlich der vor dem 1. Januar 1900 vorgenommenen Rechtshandlungen bei den bisherigen Anfechtungsvorschriften, mag auch die Anfechtung selbst erst nach dem 1. Januar 1900 erfolgen. Lediglich darin, daß die Geschäftsbeteiligten den durch das Geschäft geschaffenen Rechtszustand nach dem 1. Januar 1900 fortdauern lassen, liegt keine die Anwendbarkeit des neuen Rechts begründende Wiederholung. OLG. Dresden v. 13. 12. 1901 Sächs. Arch. 14 S. 401. Da die Streichung mit Rücksicht auf das eheliche Güterrecht des BGB. erfolgte, gilt sie für altrechtliche Güterstände auch nach dem 1. Januar 1900 nur im Falle der Überleitung, die jetzt freilich fast überall (durch Gesetz v. 4. 8. 1902 auch in Baden) durchgeführt ist (abw. Hartmann-Meikel AnfG. S. 187). Für die Anfechtung innerhalb des Konkurses ist diese Fortdauer des alten Anfechtungsrechtes für altrechtliche Güterstände nach a. VI EG. z. KNov.

zweifellos und allgemein anerkannt (Jaeger KO. § 32 Anm. 23, Petersen-Kleinfeller KO. § 32 Anm. 9, v. Wilmowski-Kurlbaum KO. § 32 Anm. 11). Einen Zwiespalt zwischen konkursmäßiger und außerkonkursmäßiger Anfechtung anzunehmen, verbietet sich schon mit Rücksicht auf den § 13 AnfG.

III. Besondere Beachtung verdient die Anfechtung **von Verträgen auf Leistung an Dritte** (§§ 328ff. BGB.). Beispiele: Lebensversicherung (a. 75 EG. z. BGB., §§ 149ff. Entw. e. G. über den Versicherungsvertrag, 1903, mit Begr. S. 167ff.; dazu Koenige bei Holdheim 1904 S. 41ff.), Leibrentenvertrag (§§ 759ff. BGB.), Gutsübernahmevertrag (vgl. a. 96 EG. z. BGB., a. 15, 89 Nr. 5 preuß. AG. z. BGB., a. 32—48 bayer. AG. z. BGB.), Schenkung mit Auflage der Leistung an einen Dritten (§§ 525ff. BGB.). Hatte sich der jetzige exequendus durch Vertrag die Leistung an einen Dritten versprechen lassen, so kann dieser Vertrag **gegenüber dem Versprechenden** (dem Vertragsgegner des exequendus) anfechtbar sein, ohne daß eine solche Anfechtung Besonderheiten bieten würde. Hat beispielsweise der älteste Sohn den Bauernhof gegen das Versprechen der Gewährung eines Altenteils an seine Eltern und der Zahlung einer Abfindungssumme an seine Geschwister übernommen, so beurteilt sich ihm gegenüber die Frage einer Anfechtung der Gutsübergabe ganz nach den gewöhnlichen Vorschriften. Da der Altenteil zumeist unpfändbar ist (Jaeger KO. § 1 Anm. 38) und die Übergabe des Gutes üblicherweise zu einem Anschlagspreis erfolgt, der hinter dem Sachwerte zurückbleibt, wird eine Gläubigerbenachteiligung unschwer festzustellen sein. Keineswegs aber bildet die Gutsübergabe allein schon wegen Überlassung „unter dem wahren Werte", wie Hartmann-Meikel S. 178 behaupten, eine unentgeltliche Verfügung. In aller Regel ist vielmehr der Gutsübernahmevertrag nach dem Willen den Parteien ein entgeltlicher Vertrag, der binnen Jahresfrist der erleichterten Anfechtung nach Nr. 2 ausgesetzt zu sein pflegt. Anm. 72.

Schwierigkeiten bereitet dagegen die Frage der Anfechtung **gegenüber dem Dritten**, zu dessen Gunsten der Vertrag lautet. Wir scheiden Zuwendungen unter Lebenden und von Todes wegen. Anm. 73.

1. **Die Zuwendung unter Lebenden.** Rechtsfall: der jetzige exequendus hatte ein Grundstück im Werte von 10000 an einen Liebhaber um 20000 verkauft und sich von vornherein die Zahlung dieser 20000 an seine Ehefrau, um diese zu beschenken, versprechen lassen. Der die Gläubiger benachteiligende Rechtsakt ist hier offenbar nicht die an sich auch für die Gläubiger überaus günstige Veräußerung des Grundstücks, sondern die Schenkung an die Ehefrau. Der Anfechtungsanspruch (§ 3 Nr. 4 mit § 7) geht gegen die Ehefrau dahin, daß sie den Zwangszugriff auf den noch ausstehenden Kaufpreisanspruch so gewähre, als ob nicht sie, sondern ihr Mann Subjekt dieses Anspruchs wäre („als noch zum Vermögen des Schuldners gehörig"). Hat die Ehefrau die 20000 bereits erhalten, so muß sie den Betrag an den Gläubiger, „soweit es zu seiner Befriedigung erforderlich ist", als gutgläubige Empfängerin in den Grenzen ihrer Bereicherung (§ 7 II AnfG.), „zurückgewähren", d. h. hier unmittelbar an den Gläubiger herauszahlen. Unmöglich kann die Anfechtung gegen die Ehefrau auf Gewährung dessen gehen

was nicht die Anfechtungsgegnerin, sondern der **Käufer** „aus dem Vermögen des Schuldners" erlangt hat. „Aus dem Vermögen" bedeutet eben soviel als „auf Kosten", „mit Mitteln" des Schuldners. Daß der zum Nachteile der Gläubiger aufgeopferte Wert in dieser Gestalt nie zuvor im Schuldnervermögen vorhanden war, das ist — wie sonst auch bei der Anfechtung mittelbarer Zuwendungen [§ 1 Anm. 40f.] — gänzlich belanglos. Sonach macht es, was den Inhalt des Rückgewähranspruchs betrifft, keinen Unterschied, ob sich der Mann ursprünglich selbst den Kaufpreis hatte versprechen lassen, um hinterher den Anspruch schenkungshalber an die Ehefrau abzutreten, oder ob er sich von vornherein Zahlung an dieser ausbedungen hatte. Nur beginnt die Zweijahresfrist der Nr. 4 im ersten Falle mit der Zession, im zweiten dagegen schon mit der Abschließung des Kaufvertrags. Entsprechendes gilt für die Verschenkung eines Lotterieloses. Ist das Los vom Manne um 10 Mark gekauft, später an die Frau verschenkt und schließlich mit 20000 gezogen worden, so bildet wiederum der Anspruch auf den Gewinn oder der bereits erhobene Gewinn, nicht aber der Kaufpreis von 10 Mark den Gegenstand der Rückgewähr. Denn nicht der Kauf, sondern die Schenkung ist der anfechtbare Rechtsakt. Anfechtungsgegner ist nicht der Verkäufer, sondern die Ehefrau. Daß nicht der für den Erwerb des Loses aufgewandte Wert den Gegenstand der Rückgewähr im Sinne des § 7 bildet, zeigt sich klar, wenn etwa das Los nicht beim Händler gekauft, sondern bei einem Dritten eingetauscht worden und der dafür ausgetauschte Gegenstand noch beim Dritten vorhanden ist oder wenn das an die Frau verschenkte Los dem Manne selbst geschenkt worden war. Zum ganzen siehe namentlich Hellwig, Verträge auf Leistung an Dritte (1899) S. 337ff., 366ff.

Anm. 74 2. **Die Zuwendung von Todes wegen**, insbesondere die Lebensversicherung auf den Todesfall. Vgl. dazu die grundlegenden Ausführungen von Hellwig a. a. O. §§ 54ff., insbesondere über die Auffassung der Zuwendung als eigenartiges Rechtsgeschäft von Todes wegen S. 352ff. mit Lit.; siehe ferner Ehrenberg in Iherings Jahrb. 41 (1900) S. 341ff. Hier scheiden wir weiter folgende Möglichkeiten:

a) Die Lebensversicherung lautet **nicht** auf einen von vornherein bestimmten Dritten, sondern auf den Versprechensempfänger selbst oder einen von diesem zu bestimmenden Dritten. Hier bildet der Versicherungsanspruch einen (regelmäßig) mit dem Tode des Versicherungsnehmers fällig gewordenen, beschlagsfähigen Aktivbestandteil des Nachlasses, also auch ein Aktivum der Nachlaßkonkursmasse, wie er ja schon vor dem Erbfall eine pfändbare (vgl. § 844 ZPO.) Anwartschaft darstellte. Hat der Versicherte „seine Erben" ohne näheren Zusatz als bezugsberechtigt bezeichnet, so soll bei der Kapitalversicherung die im § 157 des erwähnten Entwurfs (Begründung dazu S. 178f.) vorgesehene, an den § 2066 Satz 1 BGB. angelehnte Auslegungsregel platzgreifen: im Zweifel sollen diejenigen, die zur Zeit des Todes als Erben berufen sind, nach dem Verhältnis ihrer Erbteile bezugsberechtigt sein und zwar, da die Bezugsberechtigung unmittelbar aus dem Versicherungsvertrag entspringt, auch im Falle der Erbschaftsausschlagung; der Fiskus gilt nach dem mutmaßlichen Willen des Versicherten nicht als Erbe in diesem Sinne (vgl. §§ 2104, 2149 BGB.) und kann daher wenn er zur Erbfolge berufen ist, das Kapital nur als Bestandteil des Nachlasses erwerben. Vgl. bisher RG. v. 26. 1. 1894 Bd. **32**, 162; Hellwig S. 221 Note 419, S. 358. Hat der Versicherte einen Bezugsberechtigten (z. B. seine Ehefrau) hinterher durch Abtretung, Verpfändung oder Verfügung von Todes wegen bestimmt, so ist diese nachträgliche Zuwendung unter den sonstigen Voraussetzungen, namentlich also im Schenkungsfall als unentgeltliche Verfügung, anfechtbar. Dies wird allgemein anerkannt, auch vom Reichsgericht (17. 10. 1885 Bolze 2 Nr. 1074; 18. 5. 1887 Gruchot 31 S. 1119; v. 28. 2. 1902 JW. S. 259 Nr. 27). Benachteiligt sind die Gläubiger um den ganzen Zukunftswert der Versicherung, nicht nur in Höhe der entrichteten Prämien oder des dermaligen Anteils an der Prämienreserve. So auch Ehrenberg S. 392. Die Zweijahresfrist der Nr. 3 läuft solchenfalls vom Zeitpunkte der Zuwendung ab. Zurückzugewähren ist von der Ehefrau in den Grenzen des § 7 der noch ausstehende Anspruch oder die bereits bezogene Versicherungssumme, zweifellos nicht nur ein Betrag in Höhe der an den Versicherer entrichteten Prämien.

b) Die Versicherung lautet **auf einen von vornherein bestimmten Dritten** (z. B. auf die Ehefrau des Versicherten), an den die Leistung nach dem Tode des Versprechensempfängers erfolgen soll. Alsdann erwirkt der Dritte das Recht auf die Leistung im Zweifel mit dem Tode des Versprechensempfängers (§ 331 I BGB.) und unmittelbar vom Erblasser (§ 330 BGB., vgl. dagegen §§ 2174, 2176 BGB.). Im Zweifel fallen sonach Erwerben und Unwiderruflich-Werden des Erwerbs zusammen. Bis zum Erbfall aber hat der Dritte in diesem Falle, der bei der Lebensversicherung zugunsten Hinterbliebener durchaus die Regel bildet, nur eine Hoffnung, nicht ein bedingtes Recht auf die Leistung (so auch RG. VII. ZivSen. v. 3. 6. 1902 Bd. **51**, 404). Stirbt er vor dem Versicherten, so greifen mangels besonderer Abrede die Sätze unter a Platz. Bis zum Tode des Versicherten bildet daher der Versicherungsanspruch auch kein Zugriffsobjekt für die Gläubiger des Dritten, keinen Bestandteil seiner Konkursmasse. Vielmehr kann der Versicherte bis dahin durch Widerruf die Rechtslage unter a herstellen oder durch Vereinbarung mit dem Versprechenden oder nach § 332 BGB. an die Stelle des ursprünglich bezeichneten Dritten einen anderen setzen und auf die eine oder andere Weise den Anspruch seinem Nachlaß und damit dem Zugriffe der Nachlaßgläubiger erhalten. Kommt es andrerseits zum Erwerbe des ursprünglich bezeichneten Dritten, da der Versprechensempfänger ohne Gegenorder verstorben ist, und erweist sich nun der Nachlaß im Sinne des § 2 als unzulänglich, so kann die Zuwendung an den Dritten (also z. B. an die Witwe) diesem gegenüber nach Maßgabe des § 3 angefochten werden. Entscheidender Zeitpunkt des Erwerbs ist der Erbfall. Die Schenkungsanfechtung greift also z. B. Platz, wenn der Versicherungsnehmer Anm. 75.

im letzten Jahre, bei der Lebensversicherung zugunsten der Ehefrau innerhalb der beiden letzten Jahre vor der gerichtlichen Geltendmachung der Anfechtung gestorben ist. Dabei muß jedoch (gegen Hartmann-Meikel S. 180) betont werden, daß der Versicherungsvertrag dem begünstigten Dritten gegenüber, wenn auch zumeist, so doch nicht notwendig eine unentgeltliche Verfügung darstellt. Er kann auch entgeltlich, insbesondere zum Zwecke der Tilgung einer Schuld, zugunsten des Dritten geschlossen sein. Entscheidend ist die causa der Zuwendung an den Dritten. Der Rückgewähranspruch geht auf Herauszahlung der bereits an den Dritten entrichteten Versicherungssumme oder auf Gewährung des Zwangszugriffes in den noch unerfüllten Versicherungsanspruch (§ 7). Unmöglich kann dem Dritten gegenüber die Anfechtung auf Rückgewähr der an den Versicherer gezahlten Prämien gehen [Anm. 73 u. 74]. Hellwig a. a. O. S. 338f., v. Wilmowski-Kurlbaum KO. § 32 Anm. 9, Merzbacher AnfG. S. 28. Dagegen hat das RG. a. a. O. die Anfechtbarkeit der Zuwendung schlechthin verneint, da der Begünstigte nicht aus dem Vermögen des Erblassers, sondern unvermittelt erwerbe, die Masse also nicht um den Anspruch auf die Versicherungssumme gemindert sei. Ähnlich OLG. Stuttgart v. 16. 5. 1902 JurZtg. 7 S. 439f. Nr. 6 (Klage auf Prämienrückgewähr abgewiesen), OLG. Darmstadt v. 18. 3. 1904 Frankfurter Ztg. 1904 Nr. 299, Petersen-Kleinfeller KO. § 32 Anm. 6 mit älterer Rechtspr., Endemann, Bürg. Recht (5. Aufl.), Bd. 3 § 66 Note 23. Eine dritte Ansicht bejaht die Anfechtbarkeit in Höhe der während der kritischen Fristen entrichteten **Prämienbeträge**, da immerhin diese als Zuwendung auf Kosten des Schuldners anzusehen seien. So OLG. Hamburg v. 28. 6. 1898 Seufferts Archiv 55 Nr. 13 und diesem folgend für die Anfechtung durch den Nachlaßkonkursverwalter nun auch RG. VII. ZivSen. v. 8. 7. 1904 JW. S. 495f. Nr. 24, Hartmann-Meikel S. 181f. (noch ohne Berücksichtigung des BGB.), Ehrenzweig, Zweigliedrige Verträge S. 156ff., Strohal, Erbrecht (3. Aufl.) § 80 Note 7a, Ehrenberg a. a. O. S. 400. Darauf ist näher einzugehen.

Anm. 76. α) Das RG. a. a. O. führt aus: Der Nachlaßkonkursverwalter könne die Rückgewähr der Versicherungssumme von der Ehefrau nicht fordern, „weil die Versicherungssumme bzw. der Anspruch auf dieselbe nicht zum Nachlasse gehört habe, durch die Auszahlung somit die Nachlaßmasse nicht vermindert werde"; wohl aber sei in den Prämienzahlungen, die in den zwei letzten Jahren (vor dem Konkurse), „lediglich um den Versicherungsanspruch zum Vorteil der Ehefrau zu erhalten und ohne Gewährung eines Entgelts seitens der letzteren erfolgten", eine unter § 32 Nr. 2 KO. fallende mittelbare Zuwendung an die Ehefrau zu erblicken, weil die Prämienzahlung „zu dem Zwecke geschehe, die auf Liberalität beruhende Zuwendung der Versicherungssumme zu vermitteln und mittels der letzteren, soweit sie sich mit dieser decke, der Ehefrau zugute komme". Die Erkenntnis, daß hier eine mittelbare Zuwendung in dem zu § 1 Anm. 40f. erörterten Sinne vorliegt, hätte dahin führen müssen, die Anfechtbarkeit der Zuwendung selbst zu bejahen, falls sich der Erwerb innerhalb der kritischen Frist vollendete. So aber bleibt das Urteil auf halbem Wege stehen. Nicht die Prämien, sondern den von der tatsächlich erreichten Höhe der Prämienzahlungen unabhängigen Anspruch auf die Versicherungssumme hat der Mann seiner Frau mittelbar zugewendet. Nicht nur in Höhe der Prämien, sondern zum ganzen Versicherungsbetrag hat er sie beschenkt und zwar zu diesem ganzen Betrag auf seine Kosten („aus dem Vermögen des Schuldners"), weil **der ganze Betrag** seinem eigenen Vermögen gebührt haben würde, wie im Beispiele der Anm. 73 die volle Kaufpreissumme, wenn ein dritter Bezugsberechtigter nicht bestimmt worden wäre [Anm. 74]. Auch hier ist der Rückgewähranspruch inhaltlich der gleiche, wenn die Frau sofort beim Vertragsabschluß oder wenn sie eine Stunde später als bezugsberechtigt bestimmt worden ist. Bleibt sich ja doch auch beidemal das Opfer, das der Mann gebracht hat, und das nach § 7 den Ausschlag gibt, völlig gleich: beidemal hat er nicht die Prämien, sondern den Versicherungswert aufgeopfert. Das wird wieder besonders deutlich, wenn ein Dritter statt des Versicherungsnehmers die Prämien zahlt, um diesem seinerseits eine Schenkung zu machen.

β) Damit widerlegt sich auch die Schlußfolgerung von Strohal a. a. O. Er Anm. 77.
macht geltend: „Gehörte auch ein Anspruch gegen die Lebensversicherungsgesellschaft niemals zum Nachlaß des X, so würde doch die Nachlaßmasse um dasjenige größer gewesen sein, was X an die Versicherungsgesellschaft an Prämien gezahlt hat, wenn X den Lebensversicherungsvertrag zugunsten seiner Ehefrau nicht abgeschlossen hätte." Nicht darin, daß der Mann den (vielleicht auch vom Standpunkte der Gläubiger recht günstigen) Versicherungsvertrag abgeschlossen, sondern darin, daß er ihn zugunsten seiner Frau abgeschlossen hat, liegt die Benachteiligung der Gläubiger. Man muß also vielmehr fragen: um wieviel wäre der Nachlaß größer, wenn der Versicherungsvertrag nicht zugunsten eines Dritten abgeschlossen worden wäre? Die Antwort kann nur lauten: um die ganze Versicherungssumme. Diese, nicht der tatsächlich entrichtete Prämienbetrag, bildet im Beispielsfalle den Gegenstand der Schenkung an die Ehefrau.

γ) Im Normalfalle des § 331 BGB. erwirbt der Dritte ein Recht erst Anm. 78.
beim Tode des Versicherten. Bis dahin hat er eine bloße und frei entziehbare Aussicht auf Erwerb, nicht etwa eine rechtlich gesicherte Anwartschaft wie bei aufschiebend bedingter Zuwendung [Anm. 75]. Zweifellos sind aber auch schon in der Zwischenzeit Rechte gegen den Versicherer begründet. Wem stehen sie zu? Offenbar dem Versicherten selbst. Er kann insbesondere das Versicherungsverhältnis lösen und die Prämienreserve erheben, durch ausdrücklichen Widerruf die Rechtslage herstellen, die mangels der Bestimmung eines Bezugsberechtigten eintritt, und durch Zession des Versicherungsanspruchs die erste Einsetzung still-

schweigend widerrufen. Dies alles ist anerkannt. Ehrenberg S. 386ff. mit Lit. Danach steht aber auch außer Zweifel, daß die im Versicherungsverhältnisse begründeten Rechte bis zum Tode des Versicherten selbst dem Zugriffe seiner Gläubiger unterliegen und Bestandteile seiner Konkursmasse bilden. Der Konkursverwalter übt nach § 6 KO. als Zwangsvertreter des Versicherten dessen Widerrufsrecht zugunsten der Masse aus. Zust. OLG. Naumburg v. 20. 10. 1903, Recht 8 S. 633 Nr. 2747. Er kann durch Fortentrichtung der Prämien die Versicherung aufrecht erhalten und die Police, wenn der Versicherungsfall während des Konkurses nicht eintritt, für Rechnung der Masse verwerten, insbesondere durch Verkauf an einen Dritten, der dann seinerseits die Prämien weiterzahlt. Hat der versicherte Schuldner das Recht, durch Lösung des Versicherungsverhältnisses seinen Anteil an der Prämienreserve freizumachen, so steht diese Befugnis auch dem Konkursverwalter zu. Denn sie ist nur ein Teil der im Versicherungsverhältnisse begründeten Vermögensrechte, nicht aber — wie Ehrenberg S. 376 aufstellt — eine höchst persönliche, beschlagsfreie Berechtigung. Sind die Versicherungsansprüche von einem Einzelgläubiger gepfändet und diesem überwiesen worden, so hat die Überweisung den benannten Bezugsberechtigten verdrängt: als Überweisung an Zahlungsstatt endgültig (wie der in der Abtretung enthaltene Widerruf), als Überweisung zur Einziehung unter Begründung eines Vorzugsrechtes gegenüber dem Benannten (wie im Falle einer Verpfändung der Police; über die Verpfändung vgl. RG. v. 18. 12. 1891 Bolze 13 Nr. 480).

Anm. 79. Dies dürfte zur Erledigung der von Ehrenberg S. 398ff. erhobenen Bedenken führen. Er erklärt es für einen ungerechtfertigten Formalismus, daß im Normalfalle des § 331 I BGB. der Tod des Versicherten, in dem (von Ehrenberg selbst als ganz vereinzelt bezeichneten) Falle der sofortigen Zuwendung eines widerruflichen „Rechtes" an den Anwärter aber schon der Abschluß des Versicherungsvertrages den Zeitpunkt bilde, der innerhalb der Anfechtungsfristen liegen müsse. Im Ausnahmefall werde die Anfechtung tatsächlich versagen, weil es innerhalb eines Jahres seit Abschluß des Versicherungsvertrages kaum jemals zu einem Nachlaßkonkurse komme. Zudem sei es gar nicht richtig, daß in diesem Ausnahmefalle die Gläubiger schon durch den Vertragsabschluß benachteiligt werden, weil ja das Widerrufsrecht pfändbar und konkursbeschlagsfähig sei. Nicht durch eine Rechtshandlung des Schuldners, sondern durch eine bloße Tatsache, den Tod des Versicherten (!), werde seinen Gläubigern der Zugriff auf den Versicherungsanspruch entzogen. Eine offenbare Selbstwiderlegung. Denn, vollendet sich in der Tat der Benachteiligungsakt auch im Ausnahmefall erst mit dem Tode des Versicherten, dann entscheidet auch im Ausnahmefall erst die Zeit des Erbfalls als Zeit der Erwerbsvollendung über die Anfechtbarkeit und der gerügte Zwiespalt besteht gar nicht. Beidemal bildet der Erbfall den Zeitpunkt, in dem nach dem Willen des Schuldners die seine Gläubiger benachteiligende Zuwendung — sie ist natürlich die anfechtbare Rechtshandlung — zustandekommt. Übrigens beschränkt doch nur unsere Nr. 3 (KO. § 32 Nr. 1) die Anfechtbarkeit auf ein Jahr. Im Falle der Nr. 4 (KO. § 32 Nr. 2), der praktisch die Hauptrolle spielt, beträgt sie bereits zwei Jahre. Handelt es sich aber um absichtliche Benachteiligungen, wie sie gerade in den von Ehrenberg angedeuteten Ausnahmeverträgen vorliegen können, so greift die Anfechtung noch viel weiter zurück (§ 12 AnfG., § 41 KO.). Nicht uns trifft der Vorwurf des Formalismus, sondern die Gegner, die eine von vornherein auf den Namen der Ehefrau (wenn auch ohne sofortige Zuwendung eines „Rechtes") gestellte Versicherung für unanfechtbar, eine kurz nach Vertragsabschluß (vielleicht nach der erst inzwischen erfolgten Verheiratung des Versicherten) geschehene Einsetzung der Ehefrau dagegen für anfechtbar erklären. Tatsache ist, daß in beiden Fällen die Rechte aus der Versicherung bis zum Tode des Versicherten ausschließlich zu dessen Vermögen gehörten und ausschließlich dem Zugriffe seiner Gläubiger offen standen. Daraus folgt zugleich, daß es verfehlt ist, die Zuwendung durch Lebensversicherung mit einer bloßen Erwerbsablehnung auf ein und dieselbe Stufe zu stellen, wie dies Bernhardi AnfG. § 3 Anm. 15 tut. Die absichtliche Unterlassung des Widerrufs erscheint hier nicht minder verwerflich und anfechtbar als etwa das absichtliche Nichtunterbrechen einer Verjährung oder Ersitzung [§ 1 Anm. 34]. Eine rechtliche „Verpflichtung" zum Handeln braucht den Gläubigern gegenüber nicht zu bestehen, wenn das Unterlassen anfechtbar sein soll: die Anfechtung trägt sittlichen Pflichten Rechnung (abw. Petersen-Kleinfeller a. a. O. mit Lit.).

δ) In Theorie und Praxis macht sich bei Erörterung der Anfechtbarkeit ein Billigkeitsgrund von keineswegs frагloser Berechtigung geltend. Soziale Rücksichten sollen die Anfechtbarkeit der Lebensversicherung zugunsten naher Angehöriger, insbesondere der Witwe und der Abkömmlinge, verbieten. Doch lehrt die Erfahrung, daß solche Zuwendungen oft genug mit den letzten Resten des beschlagsfähigen Vermögens (unter Selbstmord des Versicherten nach Eintritt der Unanfechtbarkeit der Police) zum schweren Schaden der Gläubiger erkauft werden. Selbst wer aber jene Rücksichten als berechtigt anerkennt, sollte nicht übersehen, daß die dermalige Lage der Gesetzgebung nur eine allgemeine Bejahung oder eine allgemeine Verneinung der Anfechtbarkeit der in Verträge zugunsten Dritter gekleideten Zuwendungen gestattet und daß die allgemeine Verneinung angesichts der großen Gefährlichkeit indirekter Zuwendungen den Verkehr empfindlich erschüttern müßte. Es bedarf also jedenfalls einer im Wege der Gesetzgebung festzulegenden und scharf zu umgrenzenden Ausnahme (vgl. den Reformvorschlag von Ehrenberg S. 405ff.; siehe auch JurZtg. 10 S. 108). Der französische Gesetzentwurf über den Versicherungsvertrag will im a. 61 Anm. 80

nur die Prämienzahlung für anfechtbar erklären: Le capital assuré au profit d'un bénéficiaire déterminé ne peut être réclamé par les créanciers de l'assuré. Ces derniers ont seulement droit au remboursement des primes.

§ 3a.

§ 3a AnfG.

Hat der Erbe aus dem Nachlasse Pflichtteilsansprüche, Vermächtnisse oder Auflagen erfüllt, so kann ein Nachlaßgläubiger, der im Konkursverfahren über den Nachlaß dem Empfänger der Leistung im Range vorgehen oder gleichstehen würde, die Leistung in gleicher Weise anfechten wie eine unentgeltliche Verfügung des Erben.

§ 222 KO.

Hat der Erbe vor der Eröffnung des Verfahrens aus dem Nachlasse Pflichtteilsansprüche, Vermächtnisse oder Auflagen erfüllt, so ist die Leistung in gleicher Weise anfechtbar wie eine unentgeltliche Verfügung des Erben.

Neu eingefügt durch die Novelle vom 17. Mai 1898.

Materialien: Protokolle z. EBGB. V S. 831 f., VI S. 598, 772, 779; Begründung zur Novelle S. 49 (§ 205c) u. 61 (a. VII).

Die Anfechtbarkeit der Deckung von Pflichtteilsansprüchen, Vermächtnissen und Auflagen.

Anm. 1. I. Die **unmittelbare** Anwendung des § 3 Nr. 3 u. 4 zugunsten eines Nachlaßgläubigers (§ 1967 BGB.) ergibt: der durch eine Schenkung des Schuldners — sei es noch des Erblassers oder seines Vertreters, sei es bereits (bei Schenkungen nach dem Erbfalle) des Erben oder Erbenvertreters — benachteiligte Gläubiger kann unter den Voraussetzungen des § 2 die Schenkung anfechten und zwar eine Schenkung an den Ehegatten des Schenkers (mag dies der Erblasser oder der Erbe gewesen sein) binnen zwei Jahren, Schenkungen an andere Personen binnen eines Jahres. Diese unmittelbare Schenkungsanfechtung ist auch denkbar zugunsten der auf Pflichtteilsrechten, Vermächtnissen oder Auflagen beruhenden „Nachlaßverbindlichkeiten" (§ 1967 II BGB.). So kann es beispielsweise recht wohl zur Anfechtung durch einen Pflichtteilsgläubiger kommen, wenn der Erbe zu dessen Schaden Nachlaßgegenstände verschenkt hat. Auch aus § 3 Nr. 1 oder 2 können Handlungen des Erben um dieser Verbindlichkeiten willen anfechtbar sein. Rechtshandlungen aber, die noch der Erblasser selbst oder dessen Vertreter vorgenommen hatte, dürfen zugunsten von Pflichtteilsansprüchen, Vermächtnissen und Auflagen nicht angefochten werden. Das ergibt sich aus der Natur dieser uneigentlichen „Schulden" und wird durch den § 228 KO. bestätigt. Die durch Schenkungen des Erblassers verkürzten Pflichtteilsgläubiger verdienen allerdings Schutz. Allein dieser Schutz wird ihnen durch Vorschriften anderer und besonderer Art gewährt (§§ 2325 ff., 2329 ff. BGB.). Siehe auch § 2 Anm. 40.

Hat nun der Erbe aus dem Nachlasse Pflichtteile, Vermächtnisse oder Auflagen berichtigt, so können diese Deckungsgeschäfte zwar unmittelbar aus § 3 Nr. 1 oder 2, nicht aber unmittelbar aus § 3 Nr. 3 oder 4 anfechtbar sein. Auch eine analoge Anwendbarkeit der Nr. 3 und 4 würde mindestens auf Zweifel stoßen. Denn nach der Fassung des Gesetzes hat der Erbe eigene, rechtsbeständige „Verbindlichkeiten" (§§ 1967 II, 1979 BGB.) erfüllt, nicht „unentgeltlich verfügt" [§ 3 Anm. 46], wenn auch diese Verbindlichkeiten im Verhältnisse zu anderen Nachlaßverbindlichkeiten nur die Bedeutung von Freigebigkeitsschulden haben. Durch positive Vorschrift (§ 3a AnfG., § 222 KO.) werden indessen die Sätze der Schenkungsanfechtung auf diese Schulderfüllung **übertragen:** sie soll „in gleicher Weise wie eine unentgeltliche Verfügung des Erben" anfechtbar sein gegenüber dem Erwerber. Beispiel: Hat der Erbe einem Vermächtnisnehmer das diesem vermachte Grundstück übereignet und stellt sich hinterher etwa eine Nachlaßunzulänglichkeit im Sinne des § 1990 BGB. heraus, so muß der Vermächtnisnehmer, auch wenn er und der Erbe des besten Glaubens waren, binnen eines Jahres und als Ehegatte des Erben [Anm. 11] binnen zwei Jahren einem durch die Vermächtniserfüllung beeinträchtigten Nachlaßgläubiger den Zwangszugriff auf das Grundstück verstatten (§§ 2, 7). Von Vorteil ist diese übertragene Schenkungsanfechtung namentlich dann, wenn der Erbe für die Verkürzung der Nachlaßgläubiger nicht aufzukommen hat, weil er unter Umständen leistete, die zur Annahme voller Zulänglichkeit des Nachlasses berechtigten (§§ 1979, 2013 BGB.). Doch beschränkt sich die Anfechtbarkeit nicht auf diesen Fall. Sie hat vielmehr auch dann ihren Wert, wenn der Erbe wegen unredlichen oder schuldhaften (vgl. § 1980 BGB.) Verhaltens den benachteiligten Gläubigern erstattungspflichtig, diese Erstattungspflicht aber nach der Vermögenslage des Erben nicht sofort und voll realisierbar ist. Begründung S. 49. Soweit die Anfechtung Erfolg hat, wird der ersatzpflichtige Erbe gegenüber dem befriedigten Gläubiger befreit. Wenn andrerseits der Erbe aus seinem Eigenvermögen Ersatz leistet, entfällt mit der Benachteiligung die Anfechtbarkeit. Haftet der Erbe dem Nachlaßgläubiger, der anfechten will, endgültig unbeschränkt, so setzt die Anfechtbarkeit auch die Fruchtlosigkeit eines Zugriffs auf das Eigenvermögen des Erben voraus [§ 2 Anm. 24]. Vgl. auch Hagen in Iherings Jahrb. 42 S. 171 f. Note 127. Anm. 2.

II. Im einzelnen hat die übertragene Schenkungsanfechtung **folgende Voraussetzungen:**

1. Der Erbe (Allein- oder Miterbe, Vor- oder Nacherbe) oder statt des Erben sein gesetzlicher Vertreter (Nachlaßpfleger, Nachlaßverwalter, Konkursverwalter, Vormund oder elterlicher Gewalthaber) oder ein Bevollmächtigter des Erben muß eine Verbindlichkeit aus Pflichtteilsrechten (§§ 2303 ff.), Vermächtnissen (§§ 2147 ff.) Anm. 3.

oder Auflagen (§§ 2192 ff. BGB.) berichtigt haben. Das Gesetz redet nur von der „Erfüllung". Dem Zwecke der Vorschrift entsprechend muß indessen die Anfechtbarkeit auch für Erfüllungsersatzakte (Annahme an Erfüllungsstatt, Hinterlegung zur Schulderfüllung, Aufrechnung) und schon für Sicherungsakte (z. B. Verpfändung, Bestellung einer Hypothek) bejaht werden. Es wäre (gegen Meikel Anm. 2) völlig unangemessen, Sicherungen hier auszunehmen und die Benachteiligten mit dem Hinweis auf die etwaige Möglichkeit einer Absichtsanfechtung (§ 3 Nr. 1 u. 2) zu vertrösten. Soll ja doch die Sicherung gerade eine dingliche Gewähr für die Erfüllung, also für den Vollzug des Aktes, schaffen, gegen den der § 3a Schutz bieten will. Eine unmittelbare Anwendung des § 3 Nr. 3 u. 4 auf diese Sicherungsakte wäre aus den zu § 3 Anm. 49 dargelegten Erwägungen grundsätzlich ausgeschlossen. Nach der Gegenansicht würde die Anfechtung aus § 3a leicht zu vereiteln sein.

Anm. 4. Was von der Berichtigung einer eigentlichen Pflichtteilsschuld gilt, muß auch von der Abfindung des unehelichen Kindes mit dem einem ehelichen gebührenden Pflichtteile nach § 1712 BGB. gelten. Die Gleichbehandlung beider Deckungen entspricht hier, wie im Falle des Nachlaßkonkurses, durchaus der Natur der Sache. Sonst käme man zu dem unmöglichen Schlusse, daß die Entrichtung der Pflichtteilssumme an ein im Ehebruch erzeugtes Kind der Anfechtung aus § 3a entzogen, die Entrichtung an ein eheliches dagegen anfechtbar wäre. Vgl. Jaeger KO. §§ 226 ff. Anm. 5; abw. Meikel a. a. O.

Anm. 5. Auch die übertragene Schenkungsanfechtung wird dadurch nicht ausgeschlossen, daß die Verbindlichkeit durch einen vollstreckbaren Titel (z. B. durch ein gegen den Erben erwirktes Anerkenntnisurteil oder durch eine von ihm bewilligte vollstreckbare Urkunde) verstärkt oder im Wege der Zwangsvollstreckung (z. B. Erwirkung einer Zwangshypothek) oder Arrestvollziehung durchgesetzt worden ist (§ 6). Nur darf nicht übersehen werden, daß immer eine Rechtshandlung des Schuldners (§ 1), hier also des Erben, vorausgesetzt wird. Siehe § 6 Anm. 3.

Anm. 6. Auf vererbte, also bereits als Schulden des Erblassers begründete Verbindlichkeiten aus Pflichtteilsrechten, Vermächtnissen und Auflagen bezieht sich der § 3a nicht. Solche Erblasserschulden bilden vollberechtigte Nachlaßverbindlichkeiten. Näheres Jaeger KO. § 63 Anm. 10, §§ 226 ff. Anm. 10.

Anm. 7. 2. „Aus dem Nachlasse" muß die Leistung bewirkt worden sein. Diesem Erfordernis ist nicht nur genügt, wenn die Leistung aus Nachlaßmitteln, sondern auch dann, wenn sie zwar aus dem Eigenvermögen des Erben erfolgte, aber unter Umständen, unter denen er den Nachlaß für vollkommen zulänglich halten durfte. Denn auch im zweiten Falle hat der Erbe, falls er nicht etwa unbeschränkt haftet, „für Rechnung des Nachlasses" geleistet (§§ 1979, 2013 BGB.). Vgl. L. Seuffert, Konkursprozeßrecht S. 125, Linsmayer S. 15.

Anm. 8. 3. Anfechtungsbefugt ist — abgesehen vom Erfordernisse des § 2 [Anm. 2] — nur ein solcher Nachlaßgläubiger, der dem Empfänger der Leistung „im Range vorgehen oder gleichstehen würde". Damit wird auf die Rangordnung des Nachlaßkonkurses (§ 226 KO.) verwiesen. Siehe Jaeger KO.

§§ 226 ff. Anm. 19 ff. Anfechtungsbefugt kann also vor allem ein vollberechtigter Nachlaßgläubiger sein, mag es sich um vererbte oder neu entstandene Schulden handeln; ferner aber auch ein minderberechtigter (§ 226 II—IV KO.) Nachlaßgläubiger, es sei denn, daß er im Nachlaßkonkurse hinter dem Befriedigten rangiert. Pflichtteile nehmen hier die vorletzte, Vermächtnisse und Auflagen die letzte Rangstufe ein. Der Pflichtteil und das ihn ersetzende Pflichtteilsvermächtnis (§ 226 III KO.) geht also Vermächtnissen und Auflagen vor, diese aber stehen — mangels abweichender Anordnung des Erblassers (§ 2189 BGB.) — einander im Range gleich. Die nach Maßgabe der §§ 1973, 1974 BGB. ausgeschlossenen Erblasserschulden rangieren noch vor nichtausgeschlossenen Pflichtteilsverbindlichkeiten. Es ist daher auch denkbar, daß ein ausgeschlossener Nachlaßgläubiger auf Grund des § 3a anficht, wennschon dieser Fall mit Rücksicht auf die zeitlichen Grenzen der Anfechtung [Anm. 11] nur selten vorkommen wird.

Es mag befremdlich erscheinen, daß nicht nur ein dem Befriedigten vorgehender, sondern nach ausdrücklicher Gesetzesvorschrift auch ein ihm gleichstehender Nachlaßgläubiger anfechtungsbefugt sein soll. Darf etwa ein Vermächtnisnehmer dem vor ihm befriedigten gleichberechtigten Vermächtnisnehmer den Erwerb im Wege des § 3a wiederum abjagen? Das kann nicht der Sinn des Gesetzes sein, auch wenn man die Möglichkeit, daß der Anfechtungsgegner nach der Leistung seinerseits den Anfechtenden auf Grund des § 6 belangt, verneint. Die in den Protokollen z. EBGB. V S. 832 niedergelegten Erwägungen reden nur vom Schutze „besser berechtigter Gläubiger". Dort heißt es: eine allgemeine Ausgleichungspflicht lasse sich unter den vor der Eröffnung des Konkursverfahrens befriedigten Nachlaßgläubigern nicht einführen, wohl aber müsse eine solche den Vermächtnisnehmern, Auflagenempfängern und Pflichtteilsberechtigten obliegen; es würde jedoch zu weit gehen, wenn man den besser berechtigten Gläubigern einen nur der ordentlichen Verjährung (§ 195 BGB.) unterworfenen Ausgleichungsanspruch gebe; wer durch die Ausführung einer freigebigen Anordnung des Erblassers etwas erlangt habe, dürfe nicht länger der Gefahr ausgesetzt sein, das Erlangte an die besser berechtigten Gläubiger herausgeben zu müssen, als derjenige, welchem der Erbe etwas aus dem Nachlasse geschenkt habe. Aus dieser Begründung ergibt sich klar, daß der in das Gewand der Schenkungsanfechtung gekleidete Rückgewähranspruch des § 3a eine der Billigkeit Rechnung tragende Ausgleichung anstrebt. Keinesfalls darf daher einem Nachlaßgläubiger, der selbst nur auf der Rangstufe des Befriedigten steht, ein die Ausgleichung überschreitender Rückgewähranspruch zugestanden werden. Über diese Grenze hinaus kann auch eine Benachteiligung, das oberste Erfordernis jeder Gläubigeranfechtung, gar nicht behauptet werden. Anm. 9.

Wird der Nachlaßkonkurs eröffnet, so steht auch die Verfolgung eines bereits auf Grund des § 3a erhobenen Anfechtungsanspruches nach Maßgabe des § 13 beim Nachlaßkonkursverwalter (vgl. §§ 36, 37, 222, 228 I KO.). Die Durchführbarkeit einer Einzelanfechtung aus § 3a wird namentlich in Fällen der §§ 1990, 1992 BGB. von Bedeutung sein. Bei Zu- Anm. 10.

länglichkeit des Nachlasses fehlt es an dem auch für eine Anfechtung aus § 3a geltenden Erfordernisse der Benachteiligung. Die Ansicht von Strohal, Erbrecht (3. Aufl.) II S. 269, daß die Gläubigeranfechtung im Falle der Nachlaßverwaltung durch den Nachlaßverwalter ausgeübt werde, ermangelt der unentbehrlichen gesetzlichen Grundlagen (vgl. dagegen § 36 KO. und § 13 AnfG.). Sie widerstreitet aber auch der Aufgabe des Nachlaßverwalters, der, mit der Abwicklung eines auf die Zulänglichkeit des Nachlasses angelegten Verfahrens betraut, keine Rangordnung einzuhalten hat. Sie scheitert endlich am Wesen der außerkonkursmäßigen Gläubigeranfechtung, die eben Anfechtung im Einzelinteresse ist (§ 7 AnfG. gegen § 37 KO.).

Anm. 11. 4. Für die Anfechtung aus § 3a gelten die zeitlichen Schranken des § 3 Nr. 3 und 4. Die Leistung muß also innerhalb des letzten Jahres vor der gerichtlichen Geltendmachung der Anfechtung und, wenn sie an den Ehegatten des Erben bewirkt worden ist, innerhalb der zwei letzten Jahre erfolgt sein. Ist der Ehegatte des Erblassers, also z. B. dessen Witwe als Pflichtteilsgläubigerin oder Vermächtnisnehmerin befriedigt worden, so gilt die einjährige, nicht die zweijährige Frist. Man kann (auch abgesehen vom Pflichtteil) nicht einwenden, es handle sich um Liberalitäten des Erblassers. Denn nicht die letztwillige Verfügung als solche, sondern deren „Erfüllung" wird im § 3a für anfechtbar erklärt und zwar „wie eine unentgeltliche Verfügung des Erben". Für die Zeit nach dem Erbfall ist der Erbe als solcher „der Schuldner" im Sinne der Zwangsvollstreckung, „der Gemeinschuldner" im Sinne des Konkurses. Jaeger KO. § 214 Anm. 7 ff. mit abw. Ansichten. Ältere Leistungen können nach § 3 Nr. 1 anfechtbar sein.

Anm. 12. III. Auch für **die Wirksamkeit** der Anfechtung aus § 3a gelten die Sätze der Schenkungsanfechtung. Ein gutgläubiger Empfänger haftet also nur auf die Bereicherung (§ 7 II). Was heißt aber hier „guter Glaube"? Das Gesetz schweigt. Seinem Zwecke wird es entsprechen, zu sagen: der gute Glaube fehlt, wenn der Empfänger die Unzulänglichkeit des Nachlasses zur Befriedigung aller vor oder mit ihm rangierenden Nachlaßverbindlichkeiten kennt oder kennen muß. Näheres zu § 7. Gewährt er das Empfangene zurück, so lebt seine Nachlaßverbindlichkeit als solche wieder auf (vgl. § 8).

§ 4.

Hat der Gläubiger, bevor er einen vollstreckbaren Schuldtitel erlangt hatte oder seine Forderung fällig war, denjenigen, welchem gegenüber eine im § 3 Nr. 2 bis 4 bezeichnete Rechtshandlung vorgenommen ist, von seiner Absicht, die Handlung anzufechten, durch Zustellung eines Schriftsatzes in Kenntnis gesetzt, so wird die Frist von dem Zeitpunkte der Zustellung zurückgerechnet, sofern schon zu dieser Zeit der Schuldner zahlungsunfähig

war und bis zum Ablaufe von zwei Jahren seit diesem Zeitpunkte die Anfechtung erfolgt ist.

Bisher § 4: die Novelle von 1898 hat die Schlussworte der ursprünglichen Fassung „der Anfechtungsanspruch rechtshängig geworden ist“ entsprechend der Neufassung des § 3 No. 2—4 ersetzt durch die Wendung „die Anfechtung erfolgt ist“.

Materialien: Begründung S. 20f., Protokolle S. 2269, Begründung der Novelle S. 61 mit S. 35.

Die Anfechtungsankündigung.

I. Ratio legis.

Die Verfolgbarkeit des Anfechtungsanspruches setzt nach § 2 voraus, daß die Forderung des Gläubigers fällig und vollstreckbar geworden ist. Sind diese Voraussetzungen nicht spätestens zur Zeit der letzten Tatsachenverhandlung erfüllt, so muß die Anfechtungsklage als unzulässig abgewiesen werden [§ 2 Anm. 5 u. 6]. Nun steht aber die Anfechtung in den Fällen des § 3 Nr. 2—4 unter eng begrenzten Anfechtungsfristen: sie muß binnen eines Jahres, im Falle der Nr. 4 binnen zwei Jahren, seit dem Zustandekommen des Benachteiligungsaktes gerichtlich geltend gemacht werden [§ 1 Anm. 64 ff., § 3 Anm. 5]. Demnach würde an sich die Anfechtung vereitelt sein, wenn es dem Gläubiger nicht gelingt, spätestens in der Schlußverhandlung über die noch fristgerecht ausgeübte Anfechtung die Fälligkeit und Vollstreckbarkeit seiner Forderung darzutun.[1] Der § 4 will nach dem Vorgange des preußischen Gesetzes v. 9. 5. 1855 § 6 diese Härte für den Gläubiger beseitigen und eine böswillige Hinauszögerung der Vollstreckbarkeit durch den Schuldner unschädlich machen (Begründung S. 20). Diesen Zweck sucht das Gesetz dadurch zu erreichen, daß es zur Wahrung der im **§ 3 Nr. 2—4** gesetzten Fristen eine außergerichtliche Anfechtungsankündigung für ausreichend erklärt, falls das Schuldnervermögen schon zur Zeit der Ankündigung zugriffsunzulänglich war und die Anfechtung selbst der Ankündigung binnen zwei Jahren nachfolgt. Siehe einen ähnlichen Gedanken im § 845 ZPO. (Pfändungsankündigung). Die zweijährige Schranke ist zum Schutze des Anfechtungsgegners gezogen, der (zumal als redlicher Erwerber) nicht auf ungewisse Zeit der nachfolgenden Anfechtung preisgegeben werden soll (Begr. a. a. O.). Sie kann aber für Gläubiger mit betagten und wiederkehrenden Ansprüchen recht mißlich werden. Die Anfechtung auf Grund des **§ 3 Nr. 1** hat zufolge des § 12, der sich ausschließlich auf den § 3 Nr. 1 bezieht, ohnehin schon ein so weitreichendes zeitliches Geltungsgebiet, daß für eine Fristerstreckung im Sinne des § 4 kein Bedürfnis besteht. Anm. 1.

II. Die Erfordernisse der Anfechtungsankündigung.

1. Der Gläubiger muß seine Anfechtungsabsicht dem An- Anm. 2.

---

[1]) Von einer Wiedereinsetzung in den vorigen Stand auf Grund der §§ 233 ff. ZPO. kann nach der Natur der Fristen des § 3 keine Rede sein. RG. v. 1. 2. 1887 Bd. 17, 70 betrifft die frühere zivilrechtliche restitutio in integrum.

fechtungsgegner durch **Zustellung eines Schriftsatzes** innerhalb der zu wahrenden Frist (§ 3 Nr. 2—4) ankündigen. Die Zustellung dieser Anzeige ist eine Zustellung außerhalb des Prozesses und unterliegt als solche jedenfalls nicht unmittelbar den §§ 166 ff. ZPO. Als einseitige empfangsbedürftige Willenserklärung ist indessen die Ankündigung den §§ 130—132 BGB. mit der Maßgabe, daß schriftliche Inkenntnissetzung verlangt wird, unterworfen und darum eine vom Gerichtsvollzieher persönlich oder „durch die Post" (§§ 193 ff. ZPO.) nach den Vorschriften der ZPO. bewirkte Zustellung statthaft und ausreichend (§ 132 BGB.). Die Zustellungsurkunde der ZPO. liefert als öffentliche Urkunde im künftigen Anfechtungsprozesse den sichersten Ankündigungsnachweis (§§ 190 ff., 195, 415, 437 ZPO.). Es genügen aber auch andere schriftliche Verständigungen, insbesondere durch eingeschriebenen Brief oder durch die von einem Boten bewirkte Übergabe des Schriftstücks. Das Erfordernis der Schriftsatzzustellung bezweckt offenbar nur, Zeitpunkt und Inhalt der Ankündigung festzulegen. Diesem Zweck entspricht auch die nicht prozeßmäßige schriftliche Benachrichtigung. Man beachte wohl, daß für die ohnehin schon äußerst knappen Fristen des § 3 Nr. 2—4 die im § 12 I 2 vorgesehene Erstreckung nicht gilt, und daß auch deshalb jede Erschwerung der Anfechtungsansage vom Übel wäre. Für die Form der Schriftlichkeit ist jetzt der § 126 BGB. maßgebend. Im Ergebnis übereinstimmend Cosack S. 103, Petersen-Kleinfeller Anm. 3, v. Wilmowski (5. Aufl.) S. 573; abw. Jaeckel S. 165, Hartmann-Meikel S. 198 f., vgl. auch OLG. Rostock v. 19. 5. 1903 Seufferts Archiv 58 Nr. 169. Das österreichische Recht (§ 33) fordert „gerichtliche oder notarielle Zustellung" (vgl. Menzel S. 113 Note 3). Keinesfalls trifft der § 166 II ZPO. zu (irrig Otto S. 234). Der § 78 ZPO. gilt für diese außerprozessuale Mitteilung selbstverständlich nicht.

Anm. 3. Nach herrschender Lehre soll eine später zurückgenommene oder abgewiesene Anfechtungsklage immerhin noch dem Ankündigungserfordernisse des § 4 genügen (Jaeckel S. 164, Cosack S. 103, Hartmann-Meikel S. 198). Dem würde indessen nur dann beizupflichten sein, wenn der Gläubiger in der Klageschrift erklärt hätte, subsidiär wenigstens eine Ankündigung im Sinne des § 4 erlassen zu wollen. Auch genügt die Erwirkung einer einstweiligen Verfügung zum Schutze des Anfechtungsanspruchs für sich allein dem Ankündigungserfordernisse nicht (RG. v. 15. 6. 1894 Bolze 19 Nr. 249). Wohl aber kann im Gesuch um einstweilige Verfügung die Ankündigungsabsicht zum Ausdrucke kommen und durch Zustellung der den wesentlichen Inhalt des Gesuchs übernehmenden Verfügung (§§ 936, 922 II ZPO.) dem Anfechtungsgegner zur Kenntnis gebracht werden. Alsdann ist dem § 4 mittelbar genügt. Vgl. RG. v. 17. 2. 1904 Bd. **57**, 31.

Anm. 4. Die Zustellung hat an den Anfechtungsgegner (oder seinen Vertreter) zu erfolgen, also z. B. im Falle des § 3 Nr. 2 an den Vertragsgegner des Schuldners. Der zustellende Gerichtsvollzieher oder Postbote [Anm. 2] kann, wenn er den Adressaten nicht in seiner Wohnung antrifft, mit sofortiger Wirksamkeit eine Ersatzzustellung nach Maßgabe der §§ 181 ff., 195 ZPO. vornehmen. Im Falle privater Mitteilung wird dem Zustellungserfordernisse nur dann und erst dann genügt, wenn das Schriftstück innerhalb der zu wahrenden Frist dem Anfechtungsgegner auch wirklich — wäre es gleich auf Umwegen — zugeht. Ist Anfechtungsgegnerin eine Ehefrau, so braucht die außerprozessuale Zustellung des § 4 nicht lediglich deshalb auch gegenüber dem Ehemann zu erfolgen, weil die Anfechtungsklage selbst mit Rücksicht auf den § 739 ZPO. zugleich gegen den Mann auf Duldung zu richten wäre [§ 1 Anm. 73]. RG. v. 8. 12. 1899 Bd. 45, 58. Im *Fall einer Rechtsnachfolge* in den anfechtbaren Erwerb „genügt" nach § 11 IV eine Zustellung der Ankündigung an den zu belangenden Nachmann [§ 11 Anm. 30ff.].

Den Inhalt der Ankündigung hat das Gesetz nicht ausdrücklich vor- Anm. 5.
geschrieben. Es fordert aber Bekanntgabe der Absicht, „die Handlung" — also *eine ganz bestimmte* (nach Zeit, Ort und Gegenstand bezeichnete) *Handlung* — „anzufechten", offenbar, um den Erwerber über Anlaß und Inhalt der ihm angesonnenen Rückgewährverbindlichkeit zu unterrichten. Diesem Zweck und dem Wesen der Einzelanfechtung wie auch dem Wortlaute des § 4 („der Gläubiger") entspricht es, daß in der Ankündigung auch die befriedigungsbedürftige *Forderung* genau bezeichnet werden muß. Nur zugunsten dieser Forderung wirkt die Anzeige. RG. v. 1. 3. 1897 Bd. **39**, 3; v. 25. 11. 1904 Recht 9 S. 137 Nr. 637; Petersen-Kleinfeller Anm. 4, Jaeckel S. 163f., Steinbach-Ehrenzweig S. 157; *abw.* Cosack S. 102, Menzel S. 113 Note 4, Krasnopolski S. 126 Note 2. Die Anführung einer Gesetzesstelle oder auch nur der gesetzlichen Tatbestandsmerkmale (Absicht, Unentgeltlichkeit) wird nicht verlangt.

2. Der Anzeigende muß im Zeitpunkte der Zustellung bereits „*Gläubiger*", Anm. 6.
aber zur Anfechtung selber um deswillen außerstande sein, *weil seine „Forderung"* [§ 2 Anm. 8] *noch nicht fällig (bedingt, betagt) oder noch nicht vollstreckbar oder weder fällig noch vollstreckbar ist* (§ 2). Gläubigern mit fälligen *und* vollstreckbaren Ansprüchen kommt die Fristerstreckung des § 4 nicht zustatten, da sie dieses Schutzes nicht bedürfen. Sonst hätte jeder Anfechtungsberechtigte die Macht, die aus billiger Rücksicht auf den Anfechtungsgegner gesetzten Fristen des § 3 Nr. 2—4 nach Belieben um zwei Jahre zu verlängern. Im Ergebnis übereinstimmend RG. v. 28. 6. 1882 in Wallmanns JurZtg. 7 S. 435, v. 12. 3. 1891 Bolze 12 Nr. 207, v. 24. 2. 1893 JW. S. 201 Nr. 22; ebenso die österreichische Praxis (Steinbach-Ehrenzweig S. 156 Note 1). Der Zusammenhang mit § 2 ergibt, daß als „vollstreckbarer Schuldtitel" nur ein zur Anfechtung ausreichender Titel in Betracht kommt [§ 2 Anm. 8f., 16ff.]. Andrerseits genügt eine vorläufige Vollstreckbarkeit des fälligen Anspruchs zur Verdrängung des § 4, mag auch die Vollstreckbarkeit von vorgängiger *Sicherheitsleistung* des Gläubigers abhängig gemacht sein [siehe § 2 Anm. 19]. Jaeckel § 10 Note 15; abw. Cosack S. 102. Wer nicht einmal eine bedingte oder betagte Forderung hat, ist zu einer Ankündigung mit der Rechtsfolge des § 4 nicht befugt, wenngleich er (etwa auf Grund von Geschäftsverbindungen mit dem Schuldner) die Möglichkeit des künftigen Erwerbs einer Forderung hat. Siehe RG. (Ver. ZS.) v. 27. 4. 1898

Bd. 41, 89. Wohl aber berechtigen die unter gesetzlicher Bedingung stehenden Ausgleichungs- und Rückgriffsansprüche von Mitschuldnern und Bürgen zur Ankündigung nach § 4 (vgl. Jaeger KO. § 67 Anm. 5).

Anm. 7. 3. Der Schuldner muß zur Zeit der Ankündigung die anzufechtende Rechtshandlung bereits betätigt haben („vorgenommen ist") und schon zu dieser Zeit „zahlungsunfähig" sein. Die Worte „schon zu dieser Zeit" (nämlich zur Zeit der Zustellung des Schriftsatzes: RG. v. 23. 2. 1904 Bd. 57, 103) stellen außer Zweifel, daß „zahlungsunfähig" nur ein abgekürzter Ausdruck für den zur Anfechtung selbst erforderlichen Zustand der Zugriffsunzulänglichkeit des Schuldnervermögens im Sinne des § 2 ist. Im Entwurfe des § 4 hieß es genauer: „sofern schon zu dieser Zeit der Schuldner zur Befriedigung des Gläubigers unfähig war". Daß aber die von der Reichstagskommission beliebte Redaktion eine sachliche Änderung bezweckt haben sollte, läßt sich aus den Materialien nicht erweisen. Die Zahlungsunfähigkeit des § 4 bedeutet sonach anders als im Falle des § 102 KO. diejenige Vermögenslage des Schuldners, bei der anzunehmen ist, daß die Zwangsvollstreckung zu einer vollständigen Befriedigung nicht führen würde. Versucht kann die Zwangsvollstreckung mit Rücksicht auf die in Anm. 6 erörterte Voraussetzung noch nicht sein. RG. v. 9. 6. 1887 Bolze 4 Nr. 377, v. 20. 1. 1896 Bd. 36, 114, v. 8. 12. 1899 Bd. 45, 58 und herrschende Lehre; abw. Cosack S. 102 Note 20. Das österreichische AnfG. § 33 sagt in unserem Sinne „sofern anzunehmen ist, daß die Exekution in das Vermögen des Schuldners schon zur Zeit dieser Zustellung zur vollständigen Befriedigung des Gläubigers nicht geführt hätte". Über eine Eigentümlichkeit des österreichischen Rechts siehe Menzel § 17 zu Note 2. Im Schriftsatze des § 4 braucht die Zugriffsunzulänglichkeit des Schuldnervermögens noch nicht behauptet zu werden. Ob sie zur Zeit der Ankündigung schon bestand und dementsprechend die Fristverlängerung nach § 4 eingetreten ist, darüber wird — ebenso wie über die Rechtzeitigkeit der Ankündigung und die Aktivlegitimation des Ankündigenden — erst im Anfechtungsprozesse entschieden. Dort hat der Gläubiger die Beobachtung des § 4 nachzuweisen.

Anm. 8. 4. Die Anfechtung selbst muß der Anzeige binnen zwei Jahren nachfolgen. Es muß also eine gerichtliche Geltendmachung, wie sie nach § 3 Nr. 2—4 zur Fristenwahrung erfordert wird, innerhalb zweier Jahre seit Zustellung der Anzeige geschehen. Ob diese Geltendmachung im Wege der Klage oder im Wege der Einrede oder Widerklage geschieht, ist nach dem Zweck und dem jetzigen Wortlaute des § 4 einerlei. Dies wurde selbst für die frühere Fassung des Gesetzes anerkannt (RG. v. 21. 4. 1888 Gruchot 32 S. 1164), obwohl eine nachfolgende „Rechtshängigkeit des Anfechtungsanspruches" gefordert war, die durch bloße Einrede nicht begründet wird [§ 3 Anm. 5]. Insofern verdient die Neufassung des Gesetzes den Vorzug, wenn sie auch unzutreffenderweise damit motiviert ist, daß das Anfechtungsrecht kein Anspruch im Sinne des BGB. sei (Begründung d. Nov. S 61). Zu beachten bleibt indessen, daß die Anfechtung im Wege der Einrede oder Widerklage erst durch den Vortrag in der mündlichen Verhandlung „erfolgt" [§ 1 Anm. 66]. Genügte zu einer die Fristen des § 3 Nr. 2—4 wahrenden Anfechtung die formlose außergerichtliche Erklärung, so würde die Formvorschrift des § 4 nicht zu verstehen sein.

Die Zweijahresfrist des § 4 hat, da sie ja nur eine Erstreckung der Anfechtungsfristen des § 3 Nr. 2—4 bedeutet, ganz den nämlichen materiellrechtlichen Charakter wie diese Anfechtungsfristen selbst [§ 3 Anm. 5, 37; Berechnung: § 3 Anm. 38]. Von Amts wegen wird die Wahrung ebenso wenig nachgeprüft wie bei den Fristen des § 3. Anm. 9.

III. **Die Folge der Anfechtungsankündigung.**

Eine dem § 4 genügende Anfechtungsankündigung bewirkt, daß sich die Anfechtungsfristen des § 3 Nr. 2—4 und damit auch des § 3a, der ja nur eine Übertragung des § 3 Nr. 3 und 4 bedeutet, nicht aber des § 12 [Anm. 1] um einen Zeitraum von höchstens zwei Jahren verlängern. Die Verlängerung reiht sich jedoch nicht einfach an jene Fristen an; sie wird vielmehr bereits von der Ankündigung ab berechnet. Die Fristerstreckung gilt nur zu gunsten derjenigen Forderung, um deretwillen die Anfechtung angekündigt ward, nicht zugunsten anderer Forderungen desselben oder gar anderer Gläubiger. Geht aber diese Forderung später im Wege der Gesamt- oder Sonderrechtsnachfolge (z. B. durch Abtretung oder Überweisung) auf eine andere Person über, so gereicht die Ankündigung ohne weiteres auch dem neuen Gläubiger zum Vorteile. RG. v. 18. 3. 1897 Bd. **39**, 14 (für den Fall der Zession). Das österreichische AnfG. § 41 bestimmt ausdrücklich, daß die Fristerstreckung im später eröffneten Konkurse des Schuldners auch dem Konkursverwalter zustatten komme, jedoch nur „unter den Voraussetzungen und in dem Umfange" wie dem ankündigenden Gläubiger. Für das deutsche Recht wird die Frage verneint, da der Konkursverwalter nicht als Rechtsnachfolger des Gläubigers anfechte (so z. B. Petersen-Kleinfeller Anm. 5, v. Wilmowski 5. Aufl. S. 573). Dabei wird jedoch die Bedeutung des § 13 nicht genügend gewürdigt. Nach dieser Vorschrift darf der Konkursverwalter, der nun die im Gemeinschaftsrechte der Konkursgläubigerschaft aufgegangenen Anfechtungsansprüche auszuüben hat (§ 36 KO.), jedenfalls den vor Konkursbeginn „erhobenen" Einzelanfechtungsanspruch für Rechnung der Gesamtgläubigerschaft ausnutzen, ohne daß die im österreichischen Gesetze gezogene Schranke hinsichtlich des Umfangs der Anfechtung Platz greift. Unbedenklich muß ihm die gleiche Befugnis dann zugestanden werden, wenn der ankündigende Gläubiger zur Zeit der Konkurseröffnung die Anfechtung noch nicht gerichtlich geltend gemacht hatte, aber zu einer dem § 4 genügenden Rechtswahrung noch berechtigt war (vgl. § 13 IV AnfG.). Der § 41 des österr. AnfG. ist lediglich eine Konsequenz des unserem § 13 nachgebildeten § 40 l. c. Vgl. Steinbach-Ehrenzweig S. 177; siehe auch Krasnopolski S. 128 Note 2. Wegen der Wirksamkeit der Fristerstreckung gegenüber den Rechtsnachfolgern des Empfängers der Ankündigung siehe § 11 Anm. 31. Anm. 10.

§ 5.

Die Erhebung des Anfechtungsanspruchs im Wege der Einrede kann erfolgen, bevor ein vollstreckbarer Schuldtitel für die Forderung erlangt ist; der Gläubiger hat denselben jedoch vor der Entscheidung binnen einer von dem Gerichte zu bestimmenden Frist beizubringen.

Unveränderter § 5 der ursprünglichen Fassung.

Materialien: Protokolle S. 2269 (im Entwurfe nicht vorgesehen, sondern erst von der Reichstagskommission 1879 als § 4 a eingestellt).

Der erleichterte Anfechtungseinwand.

I. Ratio legis.

Anm. 1. Zur Wahrung der Anfechtungsfristen bedarf es einer gerichtlichen Geltendmachung des Anfechtungsanspruchs [§ 1 Anm. 64 ff.]. Daß diese „Erhebung" des Anspruchs nicht nur im Wege der Klage oder Widerklage, sondern auch „im Wege der Einrede" oder Gegeneinrede (Replik) geschehen kann, erkennt der § 5 mittelbar an. Sein Zweck geht aber nicht dahin, die Form der Anfechtung zu regeln, sondern die als statthaft vorausgesetzte Einrede (im prozessualen Sinne, § 278 ZPO.) zu erleichtern und einer unnützen Prozeßvervielfältigung vorzubeugen. Es wurde nämlich von der Reichstagskommission des Jahres 1879 erwogen (Protokolle S. 2269):

> „Die Kommission ist im Einverständnis mit der Vorlage der Ansicht gewesen, daß nicht bloß im Wege der Klage, sondern auch im Wege der Einrede die Anfechtung stattfinden kann. Es ist namentlich auch der Fall ins Auge gefaßt worden, daß dem Besitzer eines Gegenstandes derselbe von einem Dritten evinziert werden soll, dem gegenüber der Anfechtungsanspruch begründet sein würde. In diesem Falle liegt für den Anfechtenden, der hier der Exzipient ist, keine Veranlassung vor, sich vorher einen vollstreckbaren Titel zu verschaffen, und um auch diesen Fall zu ordnen, namentlich um nicht die Notwendigkeit herbeizuführen, daß der Anfechtende den Gegenstand, auf den sich die Anfechtung bezieht, erst herausgebe und sich dann einen vollstreckbaren Titel verschaffen muß, um dann von neuem die Klage zu erheben, ist der [jetzige] § 5 hinzugefügt, der den Richter anweist, dem Anfechtungsbeklagten eine Frist zur Herbeischaffung des vollstreckbaren Titels zu gewähren."

Diesen Erwägungen liegt der Gedanke zugrunde, daß an sich auch die Zulässigkeit der Anfechtungseinrede von den Erfordernissen des § 2, namentlich vom Titelerfordernis, abhängt und daß dementsprechend ohne den § 5 die zugunsten eines nicht titulierten Anspruchs erhobene Einrede eine Verurteilung nicht abwenden würde. Wie aber die Anfechtungseinrede in einem Eviktionsprozesse praktisch werden könnte, ist unklar. Vgl. über den Eviktionsbegriff Windscheid-Kipp Pandekten § 391 Note 1. Die Protokolle denken wohl an eine Widerspruchsklage (Exszindierungsklage) im Sinne des § 771 ZPO., bei der die Anfechtungseinrede in der Tat ihre Hauptrolle spielt [§ 1 Anm. 70]. Indessen bleibt auch für diesen Fall zu beachten, daß der Widerspruchsbeklagte, der zur Beitreibung eines fälligen Geldanspruchs eine Pfändung oder Liegenschaftsbeschlagnahme erwirkt hatte, doch bereits den Titel besitzt, von dessen alsbaldiger Vorlage der § 5 absehen soll [§ 2 Anm. 16 ff.]. Man würde daher etwa an den Widerspruch gegen einen Arrestbeschlag zu denken haben, weil Arrestbefehle dem § 2 nicht genügen [§ 2 Anm. 18]. Jedenfalls dürfte die Bedeutung des § 5 für die Anfechtungseinrede selbst [siehe jedoch Anm. 8] gering sein. Das frühere Anfechtungsrecht enthielt keine Vorschrift dieses Inhalts; das spätere österreichische Recht hat den Grundsatz im § 34 I übernommen, dessen Motive (Steinbach-Ehrenzweig S. 58 f.) bemerken:

„Der erste Satz enthält eine Ausnahme von dem im § 32 [entsprechend unserm § 2] ausgesprochenen Grundsatze, daß das Anfechtungsrecht nur einem solchen Gläubiger zusteht, dessen Forderung vollstreckbar geworden ist. Diese Ausnahme rechtfertigt sich durch die Erwägung, daß der Gläubiger, welcher das Anfechtungsrecht mittels Einrede ausübt, nicht beabsichtigt, ein einzelnes Vermögensstück des Schuldners, an welchem ihm ein Recht noch nicht zusteht, zu seiner Befriedigung heranzuziehen, sondern nur die Absicht hat, ein ihm bereits zustehendes Recht, in der Regel ein Pfandrecht, gegen den Angriff eines Dritten zu verteidigen. In diese Notwendigkeit kann aber der Gläubiger auch zu einer Zeit versetzt werden, in welcher seine Forderung noch gar nicht fällig, geschweige denn vollstreckbar geworden ist."

II. Der Inhalt des § 5.

1. Der § 5 regelt einen eigenartigen Fall einer begrenzten (nur die Verhandlung über den Anfechtungseinwand aufschiebenden), aber gebotenen (nicht nur freigestellten) Aussetzung des Verfahrens. Vgl. §§ 148, 151 ff. ZPO. Die Aussetzung unterliegt einfacher, ihre Ablehnung sofortiger Beschwerde (arg. §§ 252, 567, 577 ZPO.). Freilich redet der § 5 nicht ausdrücklich von einer „Aussetzung"; unverkennbar aber liegt eine solche im Zwecke der Vorschrift. Denn diese will einstweilen die Verurteilung des Beklagten hintanhalten und ihm Zeit verschaffen, die Vorfrage der Zulässigkeit seiner Anfechtungseinrede (nötigenfalls unter Durchführung eines besonderen Prozesses gegen den „Schuldner") darzutun. Einen förmlichen Aussetzungsantrag verlangt der § 5 nicht. Wegen der Nachprüfung des Titelerfordernisses siehe § 2 Anm 5. Anm. 2.

Im Aussetzungsbeschlusse hat das Prozeßgericht eine Frist zu bestimmen, binnen deren die Vorfrage zu erledigen, also der Vollstreckungstitel (durch Ausklagung des Schuldners, Durchführung des Mahnverfahrens oder sonstwie) zu erwirken ist. Vgl. z. B. § 151 ZPO. Die Frist muß der Sachlage angemessen und genau bestimmt sein. Möglicherweise erfordert die Ausklagung des Schuldners eine Reihe von Jahren. RG. v. 2. 5. 1894 Bolze 18 Nr. 207 (Fristen von fast zehn Jahren bewilligt). Der Fristbestimmung kann durch Anberaumung eines Termins zur Fortsetzung der mündlichen Verhandlung genügt werden. Alsdann erübrigt sich eine besondere Aufnahme im Sinne des § 250; vgl. §§ 218, 329 I ZPO. Die Frist ist richterliche Frist, die nach Maßgabe des § 221 ZPO. beginnt, durch die Gerichtsferien „gehemmt" wird Anm. 3.

(§ 223 ZPO.; irrig Hartmann-Meikel S. 202 „unterbrochen") und nach näherer Vorschrift der §§ 224, 225 ZPO. verlängert oder verkürzt werden kann.

Anm. 4. 2. Der § 5 verordnet eine vorläufige Befreiung nur von dem einen Anfechtbarkeitserfordernisse des Titels wider den Schuldner: die übrigen Voraussetzungen des § 2, Fälligkeit der Forderung und Zugriffsunzulänglichkeit des Schuldnervermögens, müssen also auch dann gegeben sein, wenn die Anfechtung im Wege der Einrede oder Gegeneinrede [Anm. 8] geltend gemacht wird. RG. v. 12. 6. 1900 JW. S. 566 Nr. 6 (Fälligkeit erforderlich). Anders Steinbach-Ehrenzweig S. 160; daß Zugriffsunzulänglichkeit vorausgesetzt wird, erkennen auch sie mit der Rechtsprechung des obersten österr. Gerichtshofs (S. 161 Note 4) an. Steht der Mangel einer dieser beiden Voraussetzungen fest, so darf die Verurteilung des Beklagten nicht nach § 5 aufgeschoben werden. Wohl aber liegt es im Sinne dieser Vorschrift, daß das Prozeßgericht zunächst nicht in ein Beweisverfahren über Bestand und Fälligkeit der Forderung einzutreten hat. Insofern kann man sagen: Bestand und Fälligkeit der Forderung brauchen einstweilen nur „behauptet" zu sein. Vgl. Jaeckel S. 30.

Anm. 5. Die Verurteilung des Beklagten darf auch dann auf Grund der vorgeschützten Anfechtungseinrede nicht aufgeschoben werden, wenn die Anfechtung offenbar unbegründet, also z B infolge Verstreichens der Anfechtungsfristen ausgeschlossen ist. Beweise über das Begründetsein wären nicht vor dem Feststehen der Erfordernisse des § 2 zu erheben [§ 2 Anm. 5].

Anm. 6. Andrerseits will der § 5 auch nur eine alsbaldige Verurteilung des Beklagten, nicht aber eine Abweisung der Klage aufhalten Vielmehr „hat" das Gericht nach § 300 ZPO. die Klage sofort als unzulässig oder aber als unbegründet abzuweisen, wenn der Rechtsstreit zur Erlassung eines Prozeßurteils (z. B. wegen feststehenden Mangels einer Prozeßvoraussetzung) oder, ohne daß es auf die Anfechtungseinrede ankäme, zur Erlassung eines Sachurteils reif ist. Eine Verhandlung und Beweiserhebung über anderweite Verteidigungsmittel des Beklagten wird durch Aussetzung der Verhandlung über die Anfechtungseinrede nicht gehindert.

Anm. 7. 3. Die Anfechtungseinrede bildet ein selbständiges Verteidigungsmittel, auf das die §§ 278, 279, 303, 461 II, 529 I, 540, 541 ZPO. anwendbar sind. Insbesondere steht es daher dem Beklagten einseitig frei, die in erster Instanz unterlassene Anfechtungseinrede noch in der Berufungsinstanz zu erheben (§ 529 I ZPO.). Die Erhebung der bloß eine Anspruchsabwehr bezweckenden Einrede ist nicht Erhebung eines neuen „Anspruchs" im Sinne des § 529 II ZPO. (Jena v. 20. 3. 1902 OLG. 5 S. 89). Siehe Anm. 9 Gegen absichtliche oder grobfahrlässige Verschleppung des Verteidigungsmittels bieten die §§ 279, 540 f. ZPO. ausreichenden Schutz. Erst recht muß es dem Beklagten unbenommen bleiben, die schon in erster Instanz erhobene Anfechtungseinrede im Berufungsverfahren zu wiederholen. Daß aber solchenfalls eine wiederholte Aussetzung nach § 5 erfolgen müßte, kann (gegen Petersen-Kleinfeller Anm. 4) nicht zugegeben werden.

4. Die Vergünstigung, die der § 5 dem Anfechtungsberechtigten für den Fall der Einrede gewährt, muß nach dem Zwecke der Vorschrift auch für den Fall der Gegeneinrede (Replik) Platz greifen. Denn auch in diesem Falle wird das Anfechtungsrecht nur zur Abwehr geltend gemacht, ohne daß der Berechtigte bisher zur Titelbeschaffung veranlaßt gewesen zu sein braucht. Der § 5 findet daher beispielsweise auch dann Anwendung, wenn der anfechtungsberechtigte Kläger dem Einwande des Erlasses die Replik der Anfechtung entgegenstellt [siehe § 1 Anm. 71]. RG. v. 9. 1. 1891 Bd. 27, 98; v. 19. 6. 1891 JW. S. 393 Nr. 24 (ungenau bei Bolze 12 Nr. 217); v. 12. 6. 1900 JW. S. 566 Nr. 6; Cosack S. 36; Menzel S. 44; Steinbach-Ehrenzweig S. 158 Note 1; abw. Jaeckel § 2 zu Note 21, Korn S. 12. Anm. 8.

Anders im Falle der Widerklage. Sie ist selber Anspruchserhebung im Sinne der ZPO. und erstrebt eine rechtskraftfähige Entscheidung. Für die Anfechtungswiderklage gelten daher auch im Falle des § 280 ZPO. die Voraussetzungen des § 2 ganz ebenso wie für eine ursprüngliche Anfechtungsklage (abw. v. Völdernborff 3 S. 165). Sobald der Beklagte den Titel erwirkt hat, aber auch erst dann, kann er vom bloßen Abwehrantrage zum Feststellungsbegehren des § 280 ZPO. übergehen, in zweiter Instanz freilich nur noch mit Einwilligung des Klägers (§ 529 II ZPO.). Anm. 9.

5. Gelingt es im Falle einer nach § 5 angeordneten Aussetzung dem Anfechtungsberechtigten nicht, binnen der vom Gericht bestimmten und etwa nach Maßgabe der §§ 224, 225 ZPO. verlängerten Frist [Anm. 3] einen Vollstreckungstitel wider den Schuldner zu erwirken, so muß die Einrede (Gegeneinrede) als unzulässig bei der Sachentscheidung außer Rücksicht bleiben (vgl. RG. v. 2. 5. 1894 Bolze 18 Nr. 207). Ist also die Sache bei Fristablauf für eine Verurteilung spruchreif, so kann der Anfechtungsberechtigte diese Verurteilung nicht länger abwenden. Doch bleibt im Urteile das Begründetsein der Anfechtung dahingestellt. Ihrer Geltendmachung in späteren Prozessen, sei es durch Klage, Widerklage, Einrede oder Replik, steht also weder die Rechtskraft noch auch nur eine Tatbestandswirkung des Urteils entgegen. Beschafft andrerseits der Beklagte in der Zeit zwischen Fristablauf und Schlußverhandlung den Vollstreckungstitel, so muß die Einrede berücksichtigt werden. Denn nun stützt der Anfechtungsberechtigte ihre Zulässigkeit gar nicht mehr auf die Ausnahme des § 5, sondern auf die Regel des § 2. Nur dann würde das Verteidigungsmittel für diese Instanz abgeschnitten sein, wenn es durch ein förmliches Zwischenurteil verworfen worden wäre (§§ 303, 318 ZPO.). Anm. 10.

Ist der beigebrachte Vollstreckungstitel nur ein Vorbehaltsurteil oder nur vorläufig vollstreckbar, so kommt nun erst noch der Grundsatz des § 10 in Betracht, der die uneingeschränkte Berücksichtigung einer auf so prekärer Grundlage ruhenden Anfechtung nicht zuläßt. Welchen Einfluß aber dieser Grundsatz äußert, ist sehr zweifelhaft, da der § 10 dem erst von der Reichstagskommission eingestellten § 5 nicht ausdrücklich Rechnung trägt. Nach Jaeckel § 2 Note 24, dem Petersen-Kleinfeller Anm. 2 beipflichten, wäre die Klage auf Grund einer so gestützten Anfechtungseinrede „wie bei anderen Anm. 11.

dilatorischen Einreden" „als zurzeit unbegründet" abzuweisen. Allein der Anfechtungseinwand bildet als solcher auch in unserem Falle keine dilatorische Einrede. Korn S. 14 f. verlangt, daß der Beklagte innerhalb der Frist des § 5 einen endgültigen Vollstreckungstitel beibringe, nimmt also offenbar an, daß vorläufige Titel die Verurteilung des Beklagten nicht aufhalten können. Nun widerstreitet allerdings eine billige Rücksichtnahme auf die Interessen des Klägers der (auch nur zeitweiligen) Klagabweisung. Andrerseits aber nötigt der zum Schutze des Beklagten erlassene § 5 seinem ganzen Zwecke nach zu der Annahme, daß die Frist in angemessenen Grenzen zur Beschaffung eines endgültigen Titels ausreichen, also grundsätzlich so weit abgesteckt werden muß, daß der Beklagte bei rühriger Prozeßbetreibung den endgültigen Titel beschaffen kann.

Anm. 12. 6. Auch die Erhebung des Anfechtungsanspruchs im Wege der Einrede oder Gegeneinrede enthält eine „Ausübung" des Anspruchs, die zur Fristenwahrung genügt [§ 1 Anm. 66, 70 f.] und den Erfolg einer Erfüllung des Anspruchs durch den Anfechtungsschuldner herbeiführen kann. Im Konkurse des Schuldners muß daher den einzelnen Konkursgläubigern als solchen die Erhebung der Anfechtungseinrede grundsätzlich versagt sein. Näheres über diese Frage unten § 13 Anm. 6, 24, 25.

§ 6.

Die Anfechtung wird dadurch nicht ausgeschlossen, daß für die anzufechtende Rechtshandlung ein vollstreckbarer Schuldtitel erlangt, oder daß dieselbe durch Zwangsvollstreckung oder durch Vollziehung eines Arrestes erwirkt worden ist.

Wörtlich übereinstimmend mit § 35 KO.
Unveränderter § 6 der ursprünglichen Fassung.
Materialien: Begründung S. 21 (§ 5 Entw.), Protokolle S. 2269.

Anfechtung gegenüber vollstreckbaren Titeln.

Anm. 1. I. Der mit dem § 35 KO. wörtlich übereinstimmende, aber gleichwohl weit minder praktische [Anm. 3] § 6 enthält in einer nicht ganz einwandfreien Formulierung (Menzel S. 88 f.) folgende Vorschriften:

1. „Die Anfechtung wird dadurch nicht ausgeschlossen, daß für die anzufechtende Rechtshandlung ein **vollstreckbarer Schuldtitel** erlangt worden ist." Der nächstliegende Sinn dieser Worte ist der: eine nach den vorausgehenden §§ 1—5 **an sich** anfechtbare Rechtshandlung hört nicht um deswillen auf, anfechtbar zu sein, weil der Anspruch gegen den Schuldner durch einen vollstreckbaren Titel (§§ 699 ff., 704, 794, 801 ZPO.)

verstärkt wird. Beispiel: A hat dem B schenkungshalber eine Grundschuld bestellt, B hierauf zur Beschaffung eines Titels (§§ 1147, 1192 BGB.) die Pfandklage erhoben und ein obsiegendes Urteil erstritten. Ein nachfolgender Zwangshypothekar [§ 2 Anm. 12] widersetzt sich im Verteilungsverfahren der vorgehenden Befriedigung des B und stützt seinen Widerspruch (§ 115 ZVG., § 878 ZPO.) auf den § 3 Nr. 3. Das Urteil steht der Anfechtung nicht entgegen. Sonst hätte es der Schuldner in der Hand, die Anfechtbarkeit dadurch zu beseitigen, daß er ein Urteil gegen sich ergehen ließe. Simulation: Anm. 8.

Die anfechtbare Handlung kann nun aber auch erst in der Schaffung des vollstreckbaren Titels z. B. in der Errichtung einer vollstreckbaren Urkunde (§ 794 Nr. 5 ZPO., vgl. RG. v. 8. 6. 1883 Bd. 9, 100) oder in der Abschließung eines Prozeß- oder Sühnevergleichs (§ 794 Nr. 1 u. 2 ZPO.) enthalten sein. Der Wortlaut des Gesetzes trifft diesen Fall nicht; aber der Zusammenhalt beider Alternativen des § 6 und der Zweck dieser Vorschrift stellen hier die Anfechtungsmöglichkeit außer Frage. Nur muß eben die Schaffung des Titels aus einem der in den §§ 3, 3a bezeichneten Gründe anfechtbar sein: der § 6 selbst enthält nicht etwa einen weiteren selbständigen Anfechtungsgrund. Anerkenntnisurteil: Anm. 5. Anm. 2.

2. „Die Anfechtung wird dadurch nicht ausgeschlossen, daß die anzufechtende Rechtshandlung **durch Zwangsvollstreckung** oder durch Vollziehung eines Arrestes **erwirkt** worden ist." Das will sagen: im Vollstreckungsakte selbst kann sich die anfechtbare Rechtshandlung verwirklichen; der formgültige [siehe Anm. 8] Vollstreckungsakt kann **selbständig** anfechtbar sein. Es braucht also nicht schon im Zeitpunkte der Vollstreckung und außer dieser eine anfechtbare Rechtshandlung vorgelegen zu haben. Andrerseits erklärt der § 6 nicht etwa den Zugriffsakt (z. B. die Pfändung) als solchen für anfechtbar, sondern erkennt lediglich an, daß sich in diesem Akte eine nach Maßgabe der §§ 3, 3a anfechtbare Rechtshandlung vollziehen kann. Hier tritt nun aber ein bedeutsamer Unterschied zwischen der konkursmäßigen und der außerkonkursmäßigen Anfechtung hervor: die Konkursanfechtung trifft nach Maßgabe des § 30 Nr. 1 Fall 2 und Nr. 2 auch eine ohne alles Zutun des Schuldners erwirkte Exekution, die Einzelanfechtung dagegen setzt stets eine Rechtshandlung **des Schuldners** voraus. Gerade im § 30 KO. liegt das Hauptanwendungsgebiet des § 35 KO.; für die Einzelanfechtung scheiden diese Fälle aus. Wohl aber verbleiben für den Bereich des § 6 AnfG. die mit Zutun des Schuldners erwirkten Pfändungen und Beschlagnahmen. Näheres § 1 Anm. 39. Sie können als solche anfechtbar sein, auch wenn sie zugunsten unanfechtbarer Ansprüche erwirkt worden sind (abw. Petersen-Kleinfeller S. 793 mit Rechtspr. in Note 1). Anm. 3.

Umsoweniger wird eine an sich anfechtbare Rechtshandlung (§§ 3, 3a) unanfechtbar, wenn zu ihrer Erzwingung Vollstreckungsakte vorgenommen werden. Ein Schenkungsversprechen aus dem Vorjahre wird beispiels- Anm. 4.

weise dadurch der Anfechtbarkeit [§ 3 Anm. 45] nicht entzogen, daß der Gläubiger den Gegenstand der Schenkung zwangsweise beitreibt, einerlei, ob er mit oder gegen den Willen des Schuldners vollstreckt.

Anm. 5. II. **Gegenstand** der Anfechtung ist demnach der Vollstreckungsakt allein, wenn außer ihm eine anfechtbare Rechtshandlung nicht vorgenommen worden ist [Anm. 3]. Sonst bildet zunächst nur diese Rechtshandlung selbst den Gegenstand der Anfechtung, nicht der sie verstärkende Vollstreckungstitel und nicht die auf Grund dieses Titels erzwungene Sicherung oder Befriedigung, es sei denn, daß etwa die Erwirkung des Titels oder dessen Vollziehung für sich wieder anfechtbar wäre. So sind z. B. gerichtliche Geständnisse, Anerkenntnisse [siehe auch Anm. 8] oder Säumnisse, die absichtliche Unterlassung einer Verteidigung [§ 1 Anm. 34 f.] anzufechten, ohne daß es einer besonderen Anfechtung des auf Grund dieser Prozeßhandlungen erwirkten Schuldtitels oder Exekutionsaktes bedarf. Mit der angefochtenen Handlung verliert auch der für sie erlangte Schuldtitel oder Exekutionsakt den anfechtenden Gläubiger gegenüber seine Wirksamkeit. Vgl. Krasnopolski S. 22 f.; Motive zu § 12 des österr. AnfG. (Steinbach-Ehrenzweig S. 94: „wenn die Rechtshandlung selbst als unwirksam gegenüber den Gläubigern erklärt wird, so müssen unter Einem, ohne daß es einer besonderen Anfechtung bedarf, auch der die anfechtbare Rechtshandlung verstärkende Exekutionstitel und folgerichtig auch alle auf Grund dieses Exekutionstitels erworbenen Exekutionsrechte und unternommenen Exekutionsschritte den Gläubigern gegenüber ihre Wirksamkeit verlieren"). Die Anfechtung einer Rechtshandlung des Schuldners erzeugt demnach einen unmittelbaren — aber immerhin nur obligatorischen — Anspruch auf Rückgewähr der im Exekutionswege genommenen Sicherung oder Befriedigung. So kann, wenn z. B. eine Sache vom Schuldner anfechtbar verkauft und die Übereignung vom Käufer erzwungen worden ist, der benachteiligte Gläubiger auf Grund der Anfechtung des Kaufvertrags — ganz wie wenn der Schuldner die Sache freiwillig übereignet hätte — Duldung der Zwangsvollstreckung in die Kaufsache selber fordern. Desgleichen entzieht die Anfechtung dem zur Sicherung eines anfechtbaren Schuldverhältnisses erwirkten Vollstreckungspfandrechte die Wirksamkeit insofern, als der anfechtende Gläubiger dem Pfanderwerber gegenüber im Verteilungsverfahren den Vorrang zu beanspruchen hat. Dies alles ergibt sich daraus, daß der § 6 erklärt, die einmal begründete Anfechtbarkeit werde durch Erlangung oder Verwirklichung eines Vollstreckungstitels „nicht ausgeschlossen".

Anm. 6. Die Motive der deutschen KO (S. 143) und des ihm folgenden östereichischen AnfG. (Steinbach-Ehrenzweig a. a. O.) führen die Vorschrift, daß die urteilsmäßige Feststellung eines anfechtbar erworbenen Rechtes die Anfechtbarkeit nicht ausschließe, auf den Grundsatz zurück „res iudicata ius facit inter partes tantum". Allein nicht nur deshalb, weil das vom Anfechtungsgegner wider den Schuldner erstrittene Urteil dem anfechtenden Gläubiger gegenüber als eine res inter alios acta erscheint, sondern weil es sich im Anfechtungsprozesse um eine Frage handelt, mit der das Urteil gar nichts zu tun hatte, steht dieses der Gläubigeranfechtung (alia quaestio) nicht entgegen. Gerade der objektiv rechtsbeständige Anspruch kann Gegenstand der Gläubigeranfechtung sein. Dementsprechend hat auch die urteilsmäßige Qualifizierung des Rechtsverhältnisses (z. B. als Nichtschenkung) und die Feststellung seiner Entstehungszeit dem anfechtenden Gläubiger gegenüber keine bindende Kraft. Vgl. Cosack S. 56, Menzel S. 89, Steinbach-Ehrenzweig S. 95. Wirkungslos ist das Urteil darum nicht. Einmal bewahrt es inter partes seine formelle und materielle Bedeutung [§ 1 Anm. 26ff.]. Sodann verschafft es — abgesehen von der Beweiskraft einer öffentlichen Urkunde (vgl. Cosack S. 57) — dem Anmelder der titulierten Forderung im Konkurse des Schuldners den Vorzug, daß der anfechtende Verwalter seinen Widerspruch im Wege der Klage nach § 146 VI verfolgen muß (Jaeger KO. § 35 Anm. 6).

Möglicherweise konkurriert das Anfechtungsrecht der Gläubiger mit einem Einwendungsrechte des Schuldners selbst gegenüber der Zwangsvollstreckung, insbesondere aus den §§ 766, 767 ZPO. Außerhalb des Konkurses wird diese Konkurrenz keine Rolle spielen, da der Einzelgläubiger als solcher die Einwendungen des Schuldners nicht geltend machen darf. Anders im Konkurse (Jaeger KO. § 35 Anm. 7). Anm. 7.

Mitunter wird der Prozeß zur Durchführung **simulierter** Ansprüche mißbraucht. Es läßt sich z. B. der vor dem Zusammenbruch stehende Schuldner durch Versäumnis- oder Anerkenntnisurteil zur Zahlung einer in Wahrheit nicht bestehenden „Kaufpreisschuld" verurteilen, nachdem er mit dem Kläger übereingekommen ist, daß dieser die Urteilssumme beitreiben oder im Konkurs anmelden solle, um sie entweder als Schenkung zu behalten oder später zurückzuerstatten. Vgl. auch den Fall in RG. v. 30. 11. 1895 Bd. Bd. 36, 249. Mit Unrecht redet man hier von einem „simulierten Prozesse" (vgl. Sintenis i. d. Zeitschr. f. Zivilpr. Bd. 30 S. 361 Note 3). Ganz abgesehen von der Nichtbeteiligung des Richters an der Scheinabrede entspricht ja die Begründung des Prozeßrechtsverhältnisses selbst dem beiderseitigen Willen der Parteien. Nicht das Prozeßrechtsverhältnis, sondern das materielle Rechtsverhältnis ist simuliert. Die Gläubigeranfechtung richtet sich gegen das benachteiligende Übereinkommen (gegen den Kollusionsakt) und wird auch hier weder durch die Rechtskraft des Urteils noch durch dessen Erzwingung ausgeschlossen [Anm. 6]. Strafvorschriften: §§ 239 Nr. 2, 242 KO. Anm. 8.

§ 7.

§ 7 AnfG.

Der Gläubiger kann, soweit es zu seiner Befriedigung erforderlich ist, beanspruchen, daß dasjenige, was durch die anfechtbare Handlung aus dem Vermögen des Schuldners veräußert, weggegeben oder aufgegeben

§ 37 KO.

Was durch die anfechtbare Handlung aus dem Vermögen des Gemeinschuldners veräußert, weggegeben oder aufgegeben ist, muß zur Konkursmasse zurückgewährt werden.

ist, als noch zu demselben gehörig von dem Empfänger zurückgewährt werde.

Der gutgläubige Empfänger einer unentgeltlichen Leistung hat dieselbe nur soweit zurückzugewähren, als er durch sie bereichert ist.

Der gutgläubige Empfänger einer unentgeltlichen Leistung hat dieselbe nur soweit zurückzugewähren, als er durch sie bereichert ist.

Unveränderter § 7 der ursprünglichen Fassung.
Materialien: Begründung S. 21 f. (§ 6 Entw.), Protokolle S. 2269.

Die Rückgewährverbindlichkeit des Anfechtungsgegners.

A. Wesen und Inhalt der Rückgewährpflicht.

I. Die Haftung im Regelfalle des Abs. I.

Anm. 1. 1. Die Rückgewährverbindlichkeit des Anfechtungsgegners bildet ein auf dem Gesetze beruhendes, akzessorisches, privatrechtliches Schuldverhältnis [§ 1 Anm. 8 ff.]. Sie entsteht unmittelbar mit dem Zustandekommen einer unter die §§ 3, 3a fallenden Benachteiligungshandlung des Schuldners, nicht erst mit der Abgabe einer besonderen Anfechtungserklärung oder gar erst mit der Verurteilung zur Rückgewähr. Sie wird verfolgbar, sobald die Forderung des anfechtungsberechtigten Gläubigers wider den Schuldner fällig und vollstreckbar geworden, der Zugriff auf das dem Schuldner noch verbliebene Vermögen aber fruchtlos versucht oder doch voraussehbar fruchtlos ist (§ 2).

Anm. 2. Wie der § 37 KO. bezeichnet der § 7 (§ 9) AnfG. die Haftung des Anfechtungsgegners als eine Pflicht auf „**Zurückgewährung**" des durch den anfechtbaren Akt aufgeopferten Vermögenswertes. Dieses Zurückgewähren ist das restituere der Titelrubrik XLII, 8 Dig. „quae in fraudem creditorum facta sunt ut restituantur". Übereinstimmend hatte der § 12 des für das Reichsrecht vorbildlichen preußischen Anfechtungsgesetzes v. 9. 5. 1855 den Gläubiger für „befugt" erklärt, „zu verlangen, daß dasjenige zurückgewährt wird, was durch die ungültige Rechtshandlung von dem Schuldner aus seinem Vermögen weggegeben oder veräußert worden ist". Das dem deutschen Recht folgende österreichische Anfechtungsgesetz v. 16. 3. 1884 redet im gleichen Sinne von einer Zurückleistungspflicht (§§ 17, 37) und verlangt im § 35 (entsprechend unserem § 9), daß der Antrag der außerkonkursmäßigen Anfechtungsklage das bezeichne, „was der Geklagte zum Zwecke der Befriedigung des Gläubigers zu leisten oder zu dulden für schuldig erkannt werden soll". In der Tat handelt es sich um eine Leistungs- oder Duldungspflicht mannigfaltiger Art, deren Ziel durch den allgemeinen, der Verschiedenartigkeit der Restitutionsfälle Rechnung tragenden [Anm. 7] Ausdruck Rückgewähr treffend bestimmt wird. Vom Standpunkte des Anfechtungsgegners aus, dessen Haftung ja gekennzeichnet werden soll, muß bei der konkursmäßigen wie bei der außerkonkursmäßigen Anfechtung die „Rückgewähr" eines Erwerbs erfolgen, damit der durch die anfechtbare Handlung vereitelte Gläubigerzugriff wieder ermöglicht wird.

Auch besteht keineswegs zwischen dem Umfange der konkursmäßigen und der außerkonkursmäßigen Anfechtungsschuld eine grundsätzliche Verschiedenheit von der Art, daß nur die erstere auf volle Rückgewähr ginge. Im Regelfalle (§ 37 I KO., § 7 I AnfG.) geht die Anfechtung hier wie dort auf volle Rückgewähr. Hat der Schuldner seiner Ehefrau anfechtbarerweise 10000 Mk. geschenkt, so muß die Beschenkte wie an den anfechtenden Konkursverwalter so auch an anfechtende Einzelgläubiger den ganzen Schenkungsbetrag zurückerstatten, falls nur der Zugriff des Einzelgläubigers oder der sämtlichen anfechtungsbefugten Einzelgläubiger um 10000 verkürzt ist. Wären zur Befriedigung der Einzelgläubiger nur noch 5000 erforderlich, so würde sich allerdings mit der Zahlung von 5000 die außerkonkursmäßige Rückgewährpflicht erschöpfen. Allein ganz ebenso liegt die Sache im Konkurse: sind nur noch 5000 zur Herstellung der Massezulänglichkeit erforderlich, so braucht die Ehefrau auch an die Konkursmasse nur 5000 zu erstatten. Der ganze Unterschied besteht darin, daß die konkursmäßige Anfechtung *um der Gesamtheit aller Konkursgläubiger willen* erfolgt, während die Einzelanfechtung der *individuellen* Befriedigung einzelner Personal- oder Realgläubiger dient. Die Konkursgläubiger werden gemeinschaftlich aus der Konkursmasse befriedigt, die der Konkursverwalter zu sammeln, zu verwerten und zu verteilen hat (§§ 3, 6, 117, 149ff. KO.). Darum muß die konkursmäßige Rückgewähr zu dieser Masse geleistet und dem Anfechtungsinteressenten auf einem Umwege zugeführt werden (§ 37 KO.). Darum begrenzt nur das Befriedigungsbedürfnis der Gesamtgläubigerschaft die Rückgewährpflicht. Der Einzelgläubiger dagegen betreibt seine Zwangsbefriedigung aus der im Anfechtungswege zu ergänzenden Haftungsmasse persönlich. Darum muß die Rückgewähr *unmittelbar an ihn selbst* erfolgen. Darum findet sie ihre Grenze in seinem individuellen Befriedigungsbedürfnisse. Diesen Unterschied bringt der § 7 AnfG. gegenüber dem § 37 KO. in den Worten zum Ausdruck: der Gläubiger kann die Rückgewähr beanspruchen, „*soweit es zu seiner Befriedigung erforderlich ist*" — eine Wendung, die zugleich bestätigt, daß sich die Gläubigeranfechtung ihrem ganzen Zwecke nach auf Ausgleichung der Gläubigerbenachteiligung (der Zugriffsverkürzung) beschränkt. Hat z. B. der Schuldner ein Warenlager, eine Bibliothek oder sonst einen Sachinbegriff im Werte von 10000 anfechtbar an ein und dieselbe oder an verschiedene Personen veräußert, so steht zwar dem anfechtungsberechtigten Einzelgläubiger, auch wenn er seinerseits nur 100 zu fordern hat, der Zugriff auf jedes beliebige Stück des Sachinbegriffs offen, aber eben nur bis zu seiner Vollbefriedigung. Er darf sich an ein Stück im Werte von 1000 halten, auch wenn der Zugriff auf Stücke minderen Wertes offen steht. Der Mehrwert des veräußerten Gegenstandes und die Unteilbarkeit der Rückgewähr stehen dem Anfechtungsbegehren des Einzelgläubigers nicht entgegen. Auch das Chikaneverbot des § 226 BGB. hindert nur einen Zugriff, der ausschließlich die Schädigung des Anfechtungsgegners (und nicht z. B. die Verhütung eines Ausfalls bei der Zwangsverwertung) bezwecken kann. Darüber, daß die Anfechtbarkeit nur zugunsten konkreter Geldforderungen besteht, siehe § 2 Anm. 18f., 27.

Anm. 3. Die Rückgewähr geschieht an den anfechtenden Einzelgläubiger **selbst**, weil er persönlich seine Zwangsbefriedigung betreibt [Anm. 2]. Da sie aber nur zum Zwecke dieser Befriedigung (§ 1) und nur in den Grenzen des Befriedigungsbedürfnisses zu erfolgen hat (§ 7), erfüllt der Erwerber die außerkonkursmäßige Rückgewährpflicht regelmäßig dadurch, daß er den anfechtbar erworbenen Gegenstand so dem Zugriffe des Gläubigers überantwortet, als ob der Gegenstand gar nicht aus dem Schuldnervermögen ausgeschieden wäre, als ob er noch zum Schuldnervermögen gehörte. Das besagen die Worte „als noch zu demselben gehörig zurückgewähren" (Abs. I). Im Normalfalle der noch unterscheidbar beim Anfechtungsschuldner vorhandenen Zuwendung geht sonach die außerkonkursmäßige Rückgewährverbindlichkeit auf ein Bereitstellen des anfechtbaren Erwerbs zur Zwangsvollstreckung. Ganz entsprechend verpflichten die §§ 1973, 1990 BGB. den Erben, Nachlaßwerte „zum Zwecke der Befriedigung des Gläubigers im Wege der Zwangsvollstreckung herauszugeben". In diesem Sinne führt die Begründung S. 21 f. aus:

„Gegenüber allen Konkursgläubigern bewirkt im Konkurse die Anfechtung regelmäßig die vollständige Rückgewähr des Empfangenen und die Rückgewähr zu dem die Konkursmasse bildenden Vermögen des Gemeinschuldners selbst; die Verwendung des Zurückzugewährenden zur Befriedigung der Konkursgläubiger ist ein Teil des Konkursverfahrens. Gegenüber dem einzelnen Gläubiger außerhalb des Konkursverfahrens ist der Umfang des Anfechtungsrechtes und folgeweise der Rückgewähr durch die zur Exekution stehende Forderung beschränkt; und die Erfüllung des Zweckes, für sie die Zwangsvollstreckung in das Zurückzugewährende zu eröffnen, ist Bestandteil der Rückgewährpflicht. Nicht zum Vermögen des Schuldners erfolgt die Rückgewähr, noch hat der Gläubiger einen Anspruch auf die zurückzugewährende Sache selbst, in dem Sinne, daß sie ihm geleistet werde und in sein Vermögen übergehe. Sein Anspruch gegen den Empfänger geht vielmehr nur auf Befriedigung aus der Sache selbst, so als ob diese noch zum Vermögen des Schuldners gehörte. In derselben Weise wie der Gläubiger, wenn die Sache im Vermögen des Schuldners geblieben wäre, gegen diesen sich aus derselben würde Befriedigung im Wege der Zwangsvollstreckung verschaffen können, ebenso hat der Empfänger die Zwangsvollstreckung in die Sache zum Zwecke der Befriedigung des Gläubigers über sich ergehen zu lassen. Stellt er die Sache dem Gläubiger in der Weise zur Verfügung, daß die Zwangsvollstreckung in dieselbe erfolgen kann, so ist damit seine Verpflichtung erfüllt; für die Kosten der Zwangsvollstreckung würde er dann mit seinem sonstigen Vermögen nicht aufzukommen haben. Dies gilt nicht bloß von körperlichen Sachen, sondern von jedem zurückzugewährenden Gegenstande. Die Verwendung desselben als Befriedigungsmittel unterliegt dem Zwangsvollstreckungsverfahren".

Damit stimmt auch die Rechtsprechung überein. Siehe namentlich RG. v. 20. 4. 1883 Bd. **9**, 71; v. 3. 2. 1899 Bd. **43**, 85; v. 29. 1. 1901 Bd. **47**, 221; v. 14. 1. 1902 Bd. **50**, 124; v. 28. 2. 1902 Sächs. Arch. 12 S. 738 ff. u. Gruchot 46 S. 1016 ff.; v. 1. 12. 1903 Bd. **56**, 195 („sofern nicht in Ausnahmefällen infolge besonderer

Umstände der Anfechtungszweck auf andere Weise nicht verwirklicht werden kann, sind die veräußerten Sachen nicht in das Vermögen des Schuldners zurückzuübertragen, sondern nur die Sachlage herzustellen, vermöge deren die veräußerten Sachen zum Zwecke der Befriedigung der Gläubiger so, als gehörten sie noch zum Vermögen des Schuldners, wirksam behandelt werden können; demgemäß sind die Sachen zur Zwangsvollstreckung bereit zu stellen"); Karlsruhe v. 18. 11. 1901 OLG. 4 S. 176 („der richterliche Ausspruch, daß das Geschäft dem Gläubiger gegenüber unwirksam sei, begründet nur einen persönlichen Anspruch auf Duldung der Zwangsvollstreckung in die zu diesem Zwecke zurückzugewährende Sache"); RG. v. 21. 2. 1902 ebenda S. 180. Das OLG. Dresden v. 3. 4. 1903 Sächs. Arch. 14 S. 398 hat erkannt, daß der auf Rückübertragung in das Schuldnervermögen gerichtete und insofern zu weitgehende Rückgewährantrag den Antrag auf Duldung der Exekution einschließe [siehe jedoch § 9 Anm. 4]. Ohne Bedenken muß eine Richtigstellung des auf Rückübertragung an den Schuldner oder auf Übertragung an den Gläubiger lautenden Klagebegehrens arg. § 268 Nr. 2 ZPO., also entsprechend einer „Beschränkung" des Klagantrags unter Beibehaltung des Klagegrundes, für zulässig gelten. Unterstützend mag der § 13 II 3 AnfG. herangezogen werden, der im umgekehrten Falle von einer „Erweiterung" des Klagantrags im Sinne des § 268 (Nr. 2) ZPO. redet. Aus der Literatur vgl. besonders Cosack S. 265ff., Jaeckel S. 174ff., Menzel S. 261ff., Krasnopolski S. 136ff.

Anders liegt die Sache, wenn die anfechtbare Zuwendung von vornherein in einer Geldsumme bestand oder aber auf eine vom Erwerber zu vertretende [Anm. 16ff., 30] Weise aus seinem Vermögen ausgeschieden ist. **Insoweit** geht der Rückgewähranspruch bei der Einzelanfechtung auf Rückzahlung oder auf Rückerstattung des Wertes und zwar unmittelbar an den Anfechtungsberechtigten selbst, also **auf eine positive Geldleistung des Anfechtungsgegners an den Anfechtungsgläubiger.** Rückübertragung in das Schuldnervermögen erstrebt die Einzelanfechtung hier ebensowenig als im Normalfalle [Anm. 3]. Dieser Umweg, der bei der konkursmäßigen Anfechtung durch die Natur des Konkursverfahrens geboten wird, würde bei der Einzelanfechtung nicht nur zwecklos, sondern in hohem Grade unsicher sein. Darum begehrt die Einzelanfechtung als solche niemals Rückleistung an den Schuldner. Darum vermag auch eine derartige Rückleistung den Anfechtungsanspruch als solchen nicht zu „erfüllen". Wohl aber bringt eine Rückleistung an den Schuldner, wenn sie im Erfolge den Zugriff des Gläubigers ermöglicht, auch den bereits gerichtlich geltend gemachten Anfechtungsanspruch mittelbar zum Erlöschen, wie ja auch eine vor der Anfechtung erfolgende freiwillige oder erzwungene Rückgabe an den Schuldner die Benachteiligung des Gläubigers und mit ihr dessen Anfechtungsrecht beseitigen kann (vgl. RG. v. 7. 5. 1896 JW. S. 338 Nr. 30; v. 7. 2. 1905 JW. S. 184 Nr. 33). Führt dagegen die vom Anfechtungsbeklagten bewirkte Rückleistung an den Schuldner nicht zur Befriedigung des Gläubigers, so haftet der Beklagte auf vollen Schadensersatz [Anm. 32], nicht etwa nur in Anm. 4.

Höhe des vom Schuldner durch Weiterveräußerung erzielten Erlöses (RG. v. 20. 10. 1899 Bd. **44**, 92 u. v. 7. 2. 1905 a. a. O., wo bemerkt wird: eine in Fortsetzung der benachteiligenden Tätigkeit, z. B. zwecks Verdunkelung des Sachverhalts bewirkte Rückleistung befreie nicht). Siehe ferner RG. v. 20. 4. 1883 Bd. **9**, 71; v. 20. 6. 1883 Bd. **10**, 10; v. 15. 5. 1891 Bolze 12 Nr. 214; v. 8. 3. 1898 JW. S. 247 Nr. 10; v. 23. 10. 1900 Bd. **47**, 376; v. 28. 2. 1902 Sächs. Arch. 12 S. 738 ff. und Gruchot 46 S. 1016 ff. (kürzer JW. 1902 S. 221 Nr. 30); v. 3. 5. 1904 Bd. **58**, 107; OLG. Posen v. 10. 5. 1904 Monatsschr. f. Posen Bd. 7 S. 78; vgl. auch das interessante Urteil des LG. Wiesbaden v. 1. 6. 1894 mit Bemerkungen von Guttmann i. d. Z. f. Zivilpr. 21 S. 345 ff.

Anm. 5. Der § 38 des österreichischen AnfG. verleiht dem Anfechtungsgegner ausdrücklich das Recht, sich durch Befriedigung der dem Anfechtungsgläubiger gegen den Schuldner zustehenden Forderung von der Rückgewährverbindlichkeit zu befreien. Auch die Begründung unseres § 7 erkennt S. 22 eine solche Befugnis des Anfechtungsgegners an:

„Der Empfänger wird es oft vorziehen, sich mit dem Gläubiger zu verständigen, ohne Zwangsvollstreckung den Gegenstand zu einem bestimmten Betrage ihm zu überlassen oder an einen anderen aus freier Hand zu verkaufen; zwar würde er sich dadurch rechtlich einem späteren Einwande des Schuldners oder anderer anfechtungsberechtigter Gläubiger aussetzen, daß der Betrag zu gering bemessen und also dem Gläubiger zu viel zurückgewährt worden sei; der Regel nach aber wird solcher Einwand tatsächlich ohne Bedeutung sein. Immer hat der Empfänger das Recht, statt den veräußerten Gegenstand selbst zurückzugewähren, den Gläubiger wegen seiner Forderung unmittelbar zu befriedigen; mehr als Befriedigung kann der Gläubiger nicht beanspruchen; soweit er ihn befriedigt, erfüllt der Empfänger seine Pflicht zur Rückgewähr."

Ein eigentliches Einlösungsrecht in dem Sinne, daß der Anfechtungsgegner befugt wäre, die Ausantwortung des noch unterscheidbar vorhandenen Erwerbs durch Zahlung des Wertes abzuwenden, besteht nun freilich nicht. Ein solches Recht bedürfte gesetzlicher Anerkennung (vgl. z. B. § 1990 gegen § 1992 BGB.). Auch läuft der Anfechtungsgegner, der die Hauptforderung erfüllt oder den Gläubiger durch Hingabe des Anfechtungserwerbs an Erfüllungsstatt (§ 364 BGB.) befriedigt, zweifellos Gefahr, daß andere Anfechtungsberechtigte das Gläubigerrecht oder die Anfechtungsbefugnis des Befriedigten ganz oder teilweise bestreiten oder behaupten, daß der gezahlte Betrag den vollen Zugriffswert des Anfechtungsgegenstandes nicht erreiche und darum auch die Rückgewährverbindlichkeit nicht oder doch nicht ganz getilgt habe. Siehe § 1 Anm. 67 mit Rechtspr. Nur auf diese Gefahr hin kann der Anfechtungsgegner durch Zahlung der Hauptschuld die Rückgewähr abwenden. Daß er andrerseits zu einer solchen Zahlung einseitig befugt ist, bestätigt der § 267 BGB. Der Gläubiger kann durch Ablehnung der ihm vom Anfechtungsgegner angebotenen Zahlung in Annahmeverzug geraten (§ 293 BGB.). Ein gesetzlicher Übergang der Hauptforderung auf den zahlenden Anfechtungsgegner findet nicht statt. Der § 268 BGB. ist unanwendbar, da der Anfechtungsgegenstand dem Hauptschuldner nicht mehr gehört, wenn auch der

Anfechtungsgegner obligatorisch gehalten ist, den Zwangszugriff so zu gewähren, als ob der Gegenstand dem Schuldner noch gehörte. Sonst müßte schlechthin auch der anfechtbar Beschenkte durch Befriedigung des Gläubigers einen Rückgriff gegen den Schenker erwerben, was offenbar der Natur der Sache (vgl. § 523 BGB. „arglistig", § 8 AnfG. „Gegenleistung") zuwiderlaufen würde. Siehe gegen die abweichende Ansicht von K. Meyer Bl. f. Rechtsanwdg. 65 S. 296 insbesondere Linsmayer S. 97 u. 110, der freilich gerade von seinem Standpunkt einer beschränkten Haftung für fremde Schuld (einer gesetzlichen Realbürgschaft) zu anderen Schlüssen gelangen sollte (vgl. besonders §§ 1143, 1225 BGB.) und mit Unrecht ein Gesamtschuldverhältnis zwischen den Hauptschuldner und dem nur akzessorisch verpflichteten Anfechtungsgegner konstruiert (siehe dagegen Jaeger KO. § 68 Anm. 3). Soweit der Anfechtungsgegner einen Anfechtungsberechtigten durch Ausantwortung des Anfechtungsgegenstandes in Natur oder durch Zahlung des Vollstreckungswertes befriedigt hat, ist die Anfechtungsverbindlichkeit gegenüber allen Anfechtungsberechtigten erloschen. Der Anfechtungsgegner haftet fortab nur noch in Höhe des Restwertes. Das ist ohne weiteres klar, wenn dieser Restwert ein dem Anfechtungsgegner nach Durchführung der Exekution zurückerstatteter Übererlös ist, sowie dann, wenn die Rückgewährverbindlichkeit auf Zahlung einer Geldsumme gerichtet war [Anm. 4]. Gleiches muß aber dann gelten, wenn der Anfechtungsgegner den Zugriff auf den unterscheidbar bei ihm vorhandenen Anfechtungsgegenstand durch Zahlung eines den Wert dieses Gegenstandes nicht erschöpfenden Betrags abgewendet hat, sei es, daß der Gläubiger nur diesen geringeren Betrag zu fordern hatte, sei es, daß er sich damit abfinden ließ. Dementsprechend gebührt einem weiteren Anfechtungsberechtigten, der hinterher doch noch die Zwangsvollstreckung in den Anfechtungsgegenstand durchführt, der Vollstreckungserlös nur in Höhe des Mehrwertes. Dies fordern Konsequenz und Billigkeit. Siehe Anm. 36. Läßt sich solchenfalls auch ein dingliches Recht des Anfechtungsgegners auf Vorzugsbefriedigung aus dem Erlöse nicht konstruieren, so haftet ihm der den ganzen Erlös in Empfang nehmende Betreibungsgläubiger doch sicherlich unter dem Gesichtspunkt ungerechtfertigter Bereicherung. Würde nach der in Rede stehenden Teilbefreiung nicht ein weiterer Einzelgläubiger, sondern der Konkursverwalter für Rechnung der Konkursgläubiger (§ 37 KO.) den ganzen Anfechtungsgegenstand in Natur zur Masse ziehen, so würde die Masse dem Anfechtungsgegner in Höhe der bereits bewirkten Tilgung der Anfechtungsverbindlichkeit nach § 59 Nr. 3 KO. haftbar werden. Im Ergebnis übereinstimmend OLG. Celle v. 22. 12. 1896 Seufferts Archiv 52 Nr. 159, OLG. Karlsruhe v. 18. 11. 1901 Bad. Rechtspr. 1902 S. 218, Jaeckel § 11 zu Note 9, Hartmann-Meikel S. 224 f.; abw. Förster-Eccius I (7. Aufl.) S. 787 f., Petersen-Kleinfeller AnfG. § 7 Anm. 9.

Die Begründung S. 22 führt endlich unter Bezugnahme auf die Motive z. KO. S. 147 aus, „sofern die Vermögensverringerung noch in den Grenzen bloß obligatorischer Beziehung geblieben war", seien für die Rückgewähr die Formen einer Zwangsvollstreckung unanwendbar. Als Beispiel wird der anfechtbare Erlaß einer Forderung genannt Anm. 6.

und betont, hier bewende es im Verhältnisse des Anfechtenden zum Drittschuldner „bei der Wirkungslosigkeit des Erlasses". In Wahrheit besteht auch hier eine obligatorische Rückgewährpflicht (Jaeger KO. § 37 Anm. 2). Im Falle des anfechtbaren Erlasses insbesondere hat bei der Einzelanfechtung der Drittschuldner als Anfechtungsgegner die Pfändung der Forderung so zu ermöglichen, als ob sie ihm nicht erlassen wäre. Näheres zu § 9, wo die Hauptfälle der Rückgewähr im einzelnen zu erörtern sind. Dort auch über die Rückgewähr bei anfechtbarer Belastung, bei indirekter Zuwendung und im Konkurse des Anfechtungsgegners.

Anm. 7. 2. Ihrer **Natur** nach bildet die Rückgewährverbindlichkeit ein eigenartiges, unmittelbar auf dem Gesetze beruhendes Schuldverhältnis. Näheres § 1 Anm. 8ff. Dieses Schuldverhältnis ist weder nach den Sätzen der unerlaubten Handlung noch nach denen der ungerechtfertigten Bereicherung zu beurteilen. Man muß vielmehr davon ausgehen, daß das Anfechtungsgesetz selbst durch seine freilich prägnanten, aber entwicklungsfähigen Vorschriften den wesentlichen Inhalt der Rückgewährverbindlichkeit erschöpfend bestimmen will (vgl. RG. v. 8. 11. 1889 Bd. **24**, 143; v. 20. 10. 1899 Bd. **44**, 95). In diesem Sinne bemerkt auch die Begründung S. 25 ausdrücklich: daß für die Verpflichtung des Empfängers zur Rückgewähr der § 7 in materieller Hinsicht erschöpfend und kasuistischen Vorschriften über die Art und Weise, in der nach der Verschiedenheit der Fälle die Verpflichtung zu erfüllen ist, vorzuziehen sei.

Anm. 8. a) Die Sätze der unerlaubten Handlung (§§ 823 ff. BGB.) sind unanwendbar, weil der Anfechtungsanspruch als solcher in keinem Falle Deliktsanspruch ist [§ 1 Anm. 9 ff.]. Konkurriert aber im Einzelfall ein Deliktsanspruch mit der Anfechtungsobligation, so steht jener — nicht diese — unter den Sätzen der unerlaubten Handlung. Hieraus ergibt sich im Einklang mit den Bedürfnissen der Praxis für die Fälle schuldhaft widerrechtlicher Gläubigerverkürzung, namentlich für die Teilnahme des Anfechtungsgegners an einem Vergehen des Schuldners, eine schärfere Haftbarkeit, als sie für den Fall der Anfechtung in unserem Paragraphen vorgesehen ist [§ 1 Anm. 10].

Anm. 9. b) Ebensowenig wie ein Delikt bildet eine ungerechtfertigte Bereicherung den „Grund" der Anfechtungsverbindlichkeit: der anfechtbare Erwerb kann — auch abgesehen vom § 30 Nr. 1 Fall 2 KO. — durch kongruente Erfüllung eines vollgültigen Anspruchs geschehen [§ 3 Anm. 9]. Nur vom Standpunkte der Dinglichkeitslehre erscheint nach Abgabe der Anfechtungserklärung der angefochtene Erwerb als relativ ungerechtfertigt (sine causa), so daß alsdann die §§ 818 ff. BGB. in Frage kommen können. So Hellwig a. a. O. S. 484 f.; aber auch Kohler Leitfaden (2) S. 143 f. wendet die §§ 818 f. BGB. allgemein an, obwohl er einerseits die Dinglichkeitslehre verwirft (S. 138 f.), andrerseits im Falle des § 31 Deliktshaftung annimmt (S. 124 f.). Das Gesetz selbst läßt gar keinen Zweifel darüber, daß die Anfechtungsschuld im Regelfalle keine bloße Bereicherungshaftung ist. Denn nur für den Ausnahmefall des Abs. II, für die Rückgewährpflicht des gutgläubigen Empfängers bei der Schenkungsanfechtung, wird eine Beschränkung auf die Bereicherung verordnet. Der charakteristischste Satz der Konditionenhaftung, der § 818 III BGB. (ohne Bereicherung keine Haftung), ist damit für alle übrigen Fälle der Anfechtungsrückgewähr verworfen. Dem entspricht auch die Fassung des Abs. I, der den Inhalt der Rückgewähr nach dem Weggeben aus dem Schuldnervermögen, nicht nach dem Empfangen oder gar nach dem gegenwärtigen Haben des Anfechtungsschuldners bemißt. Andrerseits besteht kein innerer Grund, die Anfechtungsverbindlichkeit (abgesehen vom Abs. II) in dem hohen Maße des § 818 III BGB. zu beschränken d. h. den Anfechtungsgegner vor Eintritt der Rechtshängigkeit (§ 818 IV BGB.) sogar durch verschuldeten Wegfall der Bereicherung haftfrei werden zu lassen. Vgl. zudem die Beweislast nach § 819 BGB. Mit Recht lehnt daher auch die Praxis (vgl. z. B. RG. v. 23. 3. 1888 Bolze 5 Nr. 337 b; v. 23. 5. 1890 Bolze 10 Nr. 263) die Annahme einer bloßen Bereicherungshaftung ab. Insofern hat auch der Satz der Motive z. KO. S. 148, daß die Haftung des Anfechtungsschuldners für Früchte und Surrogate (abgesehen vom Abs. II) unter dem weiten Gesichtspunkt eines unredlichen Erwerbs auszumessen sei, und die damit übereinstimmende positive Vorschrift des § 17 III österr. AnfG. einen richtigen Kern, wenngleich die Fassung in beiden Fällen nicht einwandfrei ist (vgl. Cosack § 44, Menzel § 35). Jedenfalls steht fest, daß die Materialien des Gesetzes (Motive z. KO. S. 147 f., Protokolle z. KO. S. 27 f.) für den Bereich des Abs. I eine Unterscheidung zwischen gut- und bösgläubigem Erwerb verwerfen. Auch in dieser Frage führt die Dinglichkeitslehre zu unbrauchbaren Ergebnissen.

c) Für den Bereich des Abs. I dürfen daher ergänzend nur die allgemeinen Anm. 10. Vorschriften des BGB. über die „Verpflichtung zur Leistung" (§§ 241 ff.) und auch diese nur insoweit herangezogen werden, als sie sich mit der Natur des Anfechtungsrechtes und den positiven Vorschriften der KO. vertragen. Vgl. L. Seuffert S. 221 ff. So sind die Folgen des Verzugs und der Rechtshängigkeit [Anm. 32] nach den Vorschriften der §§ 284 ff., 291 f. BGB. zu beurteilen, auch sofern sich hieraus für den Bereich des Abs. I eine Steigerung der Haftung nicht ergibt. Praktisch wird durch diese Heranziehung nicht viel erreicht. Denn gerade die wichtigsten Fragen — Einfluß einer vor der Anfechtung liegenden Tatsache auf die Gestaltung der Rückgewährschuld — bleiben ungelöst.

3. Als **Grundsatz** für die Bemessung der Rückgewährpflicht gilt: Anm. 11. der Anfechtungsschuldner muß, soweit es zur Befriedigung des oder der Anfechtungsberechtigten erforderlich ist [Anm. 2], **alles**, aber auch **nur das** „zurückgewähren", was durch den angefochtenen Akt aus dem Vermögen des Schuldners **herausgekommen** ist (Abs. I). Die Zugriffsmasse muß in den Zustand versetzt werden, in dem sie sich ohne Dazwischentreten des angefochtenen Aktes befinden

würde. Siehe namentlich RG. v. 18. 5. 1886 Bd. **16**, 23; v. 7. 11. 1888 Bolze 7 Nr. 294; v. 8. 11. 1889 Bd. **24**, 143 und 145 f.; v. 27. 10. 1890 Bd. **27**, 21; v. 6. 2. 1896 Bd. **36**, 163; v. 20. 10. 1899 Bd. **44**, 92; Förster-Eccius Preuß. Privatr. I § 114 unter 5; Petersen-Kleinfeller KO. § 37 Anm. 3. Was der Schuldner zum Schaden der Zugriffsmasse fortgegeben, nicht, was der Anfechtungsgegner empfangen hat, bildet nach den klaren Worten des Gesetzes den Grundstock der Rückgewähr zur Masse (abw. Menzel S. 243). Dabei bedeuten die Worte „aus dem Vermögen" soviel wie **auf Kosten** des Schuldners. Auch ein Erwerb, auf dessen Verschaffung der Schuldner selbst erst einen obligatorischen Anspruch hatte, kann auf Kosten des Schuldners und damit indirekt „aus seinem Vermögen" geschehen. So beim Versprechen der Leistung an Dritte [§ 3 Anm. 72 ff.]. So ferner, wenn auf Anweisung oder Zession des Schuldners die diesem geschuldete Übereignung an einen Dritten erfolgt. Das Anfechtungsbegehren ist hier auf Gewährung der Zwangsvollstreckung in die Sache selbst zu richten, obgleich der Schuldner noch gar nicht Eigentümer der Sache geworden war [§ 1 Anm. 40 mit Rechtspr.]. Auch in solchen Fällen indirekter Zuwendung wird man den Schuldner als Rechtsvorgänger des Anfechtungsgegners im Sinne des § 445 ZPO. [§ 3 Anm. 24] ansehen müssen. Streitwert: § 9 Anm. 14 ff.

Aus dem Prinzipe des Abs. I ergibt sich im einzelnen:

Anm. 12. a) Die **Nutzungen** (§ 100 BGB.) mit Einschluß des Zuwachses hat der Anfechtungsschuldner soweit zurückzugewähren, als sie dem Gläubigerzugriff infolge des angefochtenen Aktes entgangen sind, nicht nur, soweit sie der Anfechtungsschuldner gezogen und noch in Händen hat. Dahin gehören also auch die Erstattung der bereits verzehrten sowie derjenigen Früchte und insbesondere Zinsen, welche inzwischen zum Vorteil der Masse gezogen worden sein würden, wenn der fruchttragende Gegenstand im Vermögen des Schuldners verblieben wäre. „Aufgegeben" im Sinne des § 7 ist eben nicht nur das Kapital, sondern mit diesem zugleich der Ertrag. Es muß aber alles restituiert werden, „was aufgegeben ist". Dies gilt (gegen RG. v. 2. 4. 1894 Bolze 18 Nr. 206) außerhalb wie innerhalb des Konkurses (vgl. § 13). Ob und von wann ab der ververäußerte Gegenstand, wenn er im Vermögen des Schuldners verblieben wäre, Früchte — mittelbare (z. B. Pachtzinsen) oder unmittelbare — getragen hätte, ist Tatfrage und im Streitfalle vom anfechtenden Gläubiger zu beweisen. Bestand die Weggabe in einem Geldkapital, so kommt die Zinspflicht auch dann in Betracht, wenn das Kapital nicht bereits vor der Weggabe verzinslich angelegt war. Doch steht dem Anfechtungsgegner der Einwand offen, daß nach den Umständen des Einzelfalles, namentlich mit Rücksicht auf die finanzielle Lage des Schuldners, eine verzinsliche Anlegung ausgeschlossen war. Hat der Anfechtungsgegner bei anderen Sachen statt der Naturalrestitution Ersatz in Geld zu leisten, so kommt eine Verzinsung dieser Ersatzsumme erst vom Verzugs- oder Prozeßbeginn ab in Frage [Anm. 16 und 32]. Vgl. RG. v. 7. 11. 1888 Bolze 7 Nr. 294; v. 8. 11. 1889 Bd. **24**,

145; v. 1. 10. 1894 Bolze 19 Nr. 251; abw. Cosack S. 291 f., L. Seuffert S. 222 (letzterer lehrt ganz allgemein: „eine Verpflichtung zur Herausgabe oder Vergütung der vor Eintritt der Rechtshängigkeit oder des Verzugs gezogenen oder zu ziehenden Früchte lasse sich nicht konstruieren, da die Verbindlichkeit des Anfechtungsschuldners weder auf ungerechtfertigter Bereicherung noch auf Delikt beruhe"; siehe jedoch auch Anm. 29). Weil der Rückgewähranspruch den farblosen Charakter einer obligatio ex lege hat [§ 1 Anm. 12], erscheint er auch dann nicht als Forderung „aus einem Handelsgeschäft", wenn der angefochtene Rechtsakt sich als solches darstellt, und es kommt dementsprechend als gesetzlicher Zinssatz auch hier nicht der fünfprozentige des § 352 HGB., sondern der vierprozentige des § 246 (§ 288) BGB. in Betracht. RG. v. 26. 1. 1893 Bolze 16 Nr. 169; v. 2. 4. 1894 JW. S. 316 Nr. 13; v. 15. 4. 1902 JW. S. 273 Nr. 19. Die Erstattung höherer als der gesetzlichen Zinsen kann der Gläubiger verlangen, wenn solche — was er zu beweisen hat — beim Unterbleiben der angefochtenen Weggabe zum Vorteil der Masse erzielt worden wären. Rechenschaftspflicht: Anm. 20.

b) Andrerseits hat der Anfechtungsgegner auch nur dasjenige zurückzugewähren, was aus dem Vermögen des Schuldners herausgekommen ist (vgl. RG. Bd. **27**, 23; **36**, 164). Darum ist ein zur Zeit der angefochtenen Veräußerung bereits belasteter Gegenstand auch nur mit der Belastung zurückzugewähren (RG. v. 16. 5. 1886 Bd. **16**, 26; v. 14. 5. 1890 Bolze 10 Nr. 261; v. 16. 2. 1904 Bd. **57**, 28), Geldersatz im Falle einer vom Rückgewährpflichtigen zu vertretenden Unmöglichkeit der Naturalrestitution [Anm. 16] also auch nur unter Abrechnung der Last zu leisten (OLG. Karlsruhe v. 17. 2. 1891 Bad. Ann. 1892 S. 340). Dagegen muß der Anfechtungsgegner eine den Zugriff beeinträchtigende Belastung wieder beseitigen, die erst nach dem anfechtbaren Erwerb von ihm oder seinen Gläubigern auf das Anfechtungsobjekt gelegt worden ist. RG. v. 9. 5. 1887 Bolze 4 Nr. 371; v. 16. 2. 1904 Bd. **57**, 28; siehe jedoch § 9 Anm. 11 a. E. Wie aber, wenn gleichzeitig mit dem Erwerbe des Anfechtungsgegners Belastungen des Anfechtungsgegenstandes begründet, also z. B. mit der Übereignung eines Gutes an den Anfechtungsgegner zugleich Leibgedingsrechte seiner veräußernden Eltern oder Erbabfindungsansprüche seiner Geschwister verbucht worden sind? Hier hat der Schuldner zugunsten des Anfechtungsgegners das Grundstück nur mit der Belastung aufgegeben. Der Erwerber kann daher auch nur in den Grenzen dieser Zuwendung rückgewährpflichtig sein. Möglicherweise aber stellt die Belastung selbst wieder einen gegenüber dem Realberechtigten anfechtbaren Zuwendungsakt dar. RG. **57**, 29 u. 30. Über die Art und Weise der Rückgewähr einer angefochtenen Belastung siehe § 9 Anm. 11. Anm. 13.

Waren infolge des nun angefochtenen Erwerbs eigene Rechte des Anfechtungsgegners an der Sache per consolidationem erloschen (siehe jedoch §§ 889, 1163, 1177 f. BGB.) oder hatte dieser nach dem Erwerb zugunsten dritter Anm. 14.

Personen bestehende Lasten abgelöst, so braucht er die Rückgewähr nur gegen Wiederbestellung seiner einstmaligen Rechte und im zweiten Falle nur gegen Erstattung des Wertes der abgelösten Lasten zu leisten. Vgl. RG. v. 17.12.1901 JW. 1902 S. 95 Nr. 27 (wo freilich mit Unrecht angenommen wird, daß frühere Rechte des Anfechtungsgegners an der Rückgewährsache von selbst wieder aufleben). Auch sonstige Werterhöhungen darf der Anfechtungsberechtigte nicht für sich in Anspruch nehmen. Lassen sich Verwendungen des Anfechtungsgegners, die zur Erhaltung des Anfechtungsobjektes notwendig waren oder doch seinen gegenwärtigen Zugriffswert erhöhen, nicht ohne Schaden wegnehmen, so darf der Anfechtungsberechtigte die Zwangsvollstreckung in den Anfechtungsgegenstand jedenfalls doch gegen Erstattung des Aufwandes betreiben. Vgl. RG. v. 22. 4. 1896 Bolze 22 Nr. 192 gegen Cosack S. 260f., 266 (der annimmt, daß solchenfalls der Rückgewähranspruch selbst nur auf Geldentschädigung gehe). Siehe auch § 9 Anm. 11 a. E. Andrerseits wird mit Recht fast allgemein anerkannt, daß der vollstreckende Gläubiger solche Aufwendungen ersetzen muß (Cosack S. 296, Menzel S. 264, Steinbach-Ehrenzweig S. 167 mit Rechtspr. in Note 4). Denn er würde sich ohne rechtlichen Grund auf Kosten des Anfechtungsgegners bereichern, soweit er infolge dieser Aufwendungen zur Befriedigung gelangt. Offenbar müßte doch, wenn sich die Pflicht zur Naturalrestitution in eine Geldersatzverbindlichkeit auflöst [Anm. 16ff.], auch der Ersatzbetrag unter Abzug jener Verwendungen zu berechnen sein. Demgegenüber behaupten Hartmann-Meikel S. 235f., der Anfechtende bereichere sich hier überhaupt nicht, insolange er nicht mehr erhalte, als er kraft seines Titels zu fordern habe; ein Verwendungsanspruch aber sei unvereinbar „mit der rechtlichen Struktur des Anfechtungsanspruches". Die zweite Begründung ist bloße petitio principii; die erste verkennt, daß nicht das Erlangen der Befriedigung überhaupt, sondern das Erlangen aus einem insoweit nicht verhafteten Vermögen die condictio sine causa erzeugt. Unbedenklich muß dem Anfechtungsgegner auch ein Zurückbehaltungsrecht hinsichtlich der ihm zu erstattenden Verwendungen zugebilligt werden (§ 273 BGB.; vgl. RG. v. 12. 3. 1896 Bolze 22 Nr. 191; OLG. Oldenburg v. 29. 4. 1885 Seufferts Archiv 46 Nr. 98, L. Seuffert S. 222). Der vielfach erhobene Einwurf, die Retention scheitere an der Deliktsnatur der Anfechtungshaftung (vgl. § 273 II, § 1000 Satz 2 BGB., Jaeckel S. 206), trifft für keinen Fall der Anfechtung zu: als solche beruht die Rückgewährpflicht niemals auf unerlaubter Handlung [§ 1 Anm. 11]. Ein Gegensatz zwischen der konkursmäßigen und der außerkonkursmäßigen Anfechtung, wie ihn Bernhardi S. 36 annimmt, besteht hinsichtlich der Zurückbehaltung nicht. Er würde auch im Falle des § 13 zu großen Unebenheiten führen. Siehe noch § 8 Anm. 6.

Anm. 15. c) Etwaige **Kosten** der Rückgewähr hat der Anfechtungsgegner zu tragen. Denn er ist nach § 7 verpflichtet, den Zugriff in den anfechtbaren Erwerb so zu ermöglichen, als ob die Ausscheidung aus dem Schuldnervermögen nicht erfolgt wäre. Dementsprechend hat der Anfechtungsgegner, der die frühere Vollstreckungsmöglichkeit wieder gewähren muß, beispielsweise für die Kosten der Rückschaffung einer von ihm ins Ausland verschleppten oder sonst beiseite geschafften Sache oder aber für den Aufwand einzustehen, den eine Veränderung des Ortes der Vollstreckung verursacht. Lastenbeseitigung: Anm. 13. Ebenso treffen ihn die Kosten der Wiederherstellung solcher Urkunden, die bei Gelegenheit eines anfechtbaren Erlasses vernichtet worden, aber für den nach § 7 wieder zu ermöglichenden Zwangszugriff des Gläubigers erforderlich sind. So z. B. die Wiederherstellung eines beim Schulderlasse zerrissenen Hypotheken-, Grund- oder Rentenschuldbriefes (§§ 830, 857 VI ZPO.) oder Wechsels (§ 831 ZPO.). Insbesondere bildet die Neuunterzeichnung der Wechselschuld einen unerläßlichen Bestandteil der Verbindlichkeit des Anfechtungsgegners. Was die Kosten der Zwangsvollstreckung in den Rückgewährgegenstand betrifft, so muß sich der Anfechtungsgegner zweifellos ebenso wie der Schuldner selbst den Vorabzug dieser Kosten aus dem Vollstreckungserlöse gefallen lassen (§ 788 ZPO., §§ 44, 109, 155 ZVG.), da er ja den früheren Zugriff zu ermöglichen hat (abw. Cosack S. 295 zu Note 14). Von den „Kosten der Zwangsvollstreckung" (§ 788 ZPO.) sind selbstverständlich die „Prozeßkosten" zu unterscheiden. Für die Kosten eines Anfechtungsprozesses haftet der unterlegene Anfechtungsgegner ganz wie eine andere unterlegene Prozeßpartei von vornherein persönlich und unbeschränkt (§§ 91 ff. ZPO.). Mit dem § 7 hat diese Haftung nichts zu tun. Irrig Hartmann-Meikel S. 232 Note 4. Im Falle unseres Abs. II mindert der Kostenaufwand die Bereicherung [Anm. 30]. Streitwert: § 9 Anm. 14 ff.

d) Soweit eine Rückgewähr in Natur, also die Wiederermöglichung des Zugriffs auf den veräußerten Gegenstand selbst, ausgeschlossen ist, läßt sich die Anfechtungsverbindlichkeit nur **durch Werterstattung** erfüllen. Die Naturalrestitution ist bald von vornherein unmöglich (weil insbesondere die Zahlung einer Geldsumme oder eine unentgeltliche Gebrauchsüberlassung oder das absichtliche Unterlassen prozessualer Tätigkeit, das zur Beitreibung einer Geldsumme geführt hat, angefochten wird); bald tritt die Unmöglichkeit erst infolge nachträglicher Ereignisse ein (Zerstörung, Beschädigung, Verbrauch, Weiterveräußerung ohne Möglichkeit der Wiederbeschaffung, Entziehung durch Dritte, auch im Wege der Zwangsvollstreckung oder Zwangsenteignung, Untergang des anfechtbar erworbenen Rechtes z. B. einer Forderung durch Einziehung oder Aufrechnung). Daß die Anfechtungsverbindlichkeit insoweit auf Wertersatz geht, wie allgemein anerkannt wird (siehe z. B. RG. v. 20. 10. 1899 Bd. **44**, 92; v. 1. 12. 1903 Bd. **56**, 196; v. 3. 5. 1904 Bd. **58**, 107), und zwar bei der Einzelanfechtung auf Ersatz des Geldwertes unmittelbar an den anfechtenden Gläubiger [Anm. 2], das ergibt der Abs. I selbst durch das allgemeine Gebot „der Rückgewähr": der Anfechtungsgegner muß die frühere Zugriffsmöglichkeit wieder herstellen, primär in Natur, subsidiär dem Geldwerte nach. Das österreichische Gesetz (§§ 17 II, 37) bestimmt ausdrücklich: „Ist die Zurückleistung nicht möglich, so ist Ersatz zu Anm. 16.

leisten." Nur die Grenzen der Ersatzpflicht können zweifelhaft sein. Sie bestimmen sich wie die Grenzen der Rückgewähr in Natur nach dem Anfechtungsgesetze selbst, nicht nach dem sonstigen bürgerlichen Rechte (RG. v. 20. 10. 1899 Bd. **44**, 95) und ergeben sich aus der Erwägung, daß die Rückgewährverbindlichkeit im Regelfalle (Abs. I gegen Abs. II) keine bloße Bereicherungshaftung ist [Anm. 9], daß sie aber andrerseits auch nicht zu einer ungerechtfertigten Bereicherung des Anfechtungsberechtigten führen darf [Anm. 14]. Den ursprünglich auf Rückgewähr in Natur gerichteten Klagantrag darf der Anfechtungskläger wegen einer erst nach der Klagerhebung eingetretenen oder doch erst nachher bekannt gewordenen Unmöglichkeit der Naturalrestitution einseitig auf Wertersatz umstellen, falls nur der Klagegrund beibehalten wird [§ 1 Anm. 62]. § 268 Nr. 3 ZPO.; RG. v. 25. 3. 1898 JW. S. 262 Nr. 19.

Im einzelnen ergibt der in Anm. 16 aufgestellte Grundsatz:

Anm. 17. α) Der Anfechtungsgegner haftet nach Abs. I auf Wertersatz, nicht nur bei verschuldeter, sondern auch bei zufälliger Unmöglichkeit der Rückleistung (Untergang, Verschlechterung, Entziehung), es sei denn, daß der Verlust — was der Anfechtungsgegner im Streitfalle beweisen muß — die Zugriffsmasse auch ohne die angefochtene Weggabe getroffen haben würde. Die Einschränkung folgt aus der Erwägung, daß sich andernfalls der Gläubiger ohne rechtlichen Grund bereichern würde. Vgl. Petersen-Kleinfeller KO. § 37 Anm. 5, v. Sarwey-Bossert KO. § 37 Anm. 1, v. Wilmowski-Kurlbaum KO. § 37 Anm. 8b, Mandry-Geib S. 557, Jaeckel S. 185, jetzt auch Hartmann-Meikel S. 230, für das österr. Recht Steinbach-Ehrenzweig S. 124, Krasnopolski S. 93; abw. verneinen z. B. Menzel S. 249 (vom Standpunkt der Konditionshaftung), Cosack S. 246 ff. und L. Seuffert S. 221 abgesehen vom Verzuge [Anm. 32] die Zufallshaftung des Anfechtungsgegners. Jedenfalls muß dieser auch im Falle des Abs. II ausantworten, was er seinerseits als Ersatz für die Zerstörung, Beschädigung oder Entziehung des Anfechtungsobjektes erworben hat [Anm. 18].

Anm. 18. β) Die Ersatzpflicht geht auf Erstattung des Wertes, den der Anfechtungsgegenstand selbst (mit Zuwachs und Nutzungen), wenn er im Schuldnervermögen verblieben wäre, für den dermaligen Gläubigerzugriff haben würde. Diesem Werte kann ein Surrogat gleichkommen, das der Anfechtungsgegner anstatt des Anfechtungsgegenstandes erlangt hat z. B. eine Versicherungs-, Enteignungs- oder Schadensersatzsumme oder der entsprechende Anspruch. Wenn aber das Surrogat hinter diesem Werte zurückbleibt, genügt der Anfechtungsgegner durch Ausantwortung des Surrogats seiner Verbindlichkeit noch nicht: er muß den vollen Wert erstatten (vgl. RG. v. 20. 10. 1899 Bd. **44**, 94). Ebenso hat er im Falle der Naturalrestitution unter dem in Anm. 17 dargelegten Gesichtspunkt eine Wertminderung durch Geldzahlung auszugleichen (OLG. Marienwerder v. 1. 6. 1900

Seufferts Archiv 56 Nr. 101). Andrerseits geht der Anfechtungsanspruch nicht auf Gegenstände, die der Anfechtungsgegner durch Rechtsgeschäft mit den anfechtbar erworbenen Werten erlangt z. B. gekauft oder eingetauscht hat, sondern eben auf Werterfatz in Geld: nur die Geldleistung — nichts anderes und nicht mehr, insbesondere nicht den beim Umsatz erzielten Gewinn — darf der anfechtende Gläubiger beanspruchen, nur sie braucht er anzunehmen. RG. v. 27. 10. 1890 Bd. **27**, 23; v. 15. 5. 1891 Bolze 12 Nr. 214; v. 31. 3. 1892 Bolze 14 Nr. 515; v. 9. 11. 1893 Bolze 17 Nr. 205. Durch Übereinkunft beider Teile kann freilich eine Leistung an Erfüllungsstatt erfolgen, aber nur auf die in Anm. 5 bezeichnete Gefahr hin. In einer Entscheidung v. 1. 12. 1903 Bd. **56**, 196 hat das RG. (VII. ZSen.) erkannt: übersteige der bei der Weiterveräußerung erzielte und noch ausstehende Kaufpreis den Wert des Anfechtungsgegenstandes nicht, so sei der Ausspruch unbedenklich, daß der Anfechtungsbeklagte die Zwangsvollstreckung in die Kaufpreisforderung zu dulden habe, da diese Duldung sich innerhalb der Grenzen des Wertersatzes halte; übersteige dagegen der Kaufpreis den Wert, so dürfe dem Anfechtungsbeklagten der Vorteil auch nicht in dem zur Befriedigung der Forderung des Klägers notwendigen Umfang entzogen werden. Vgl. auch Jaeckel S. 185. Richtiger dürfte zu sagen sein, der Rückgewährantrag sei auch im ersten Fall auf Wertersatz zu richten. Eine Surrogation müßte ausdrücklich verordnet sein. Bei Ermittelung des zu ersetzenden Wertes bindet weder der seiner Zeit vom Schuldner gezahlte Anschaffungspreis noch der vom Anfechtungsgegner bei freiwilliger Weiterveräußerung erzielte Betrag (RG. v. 24. 1. 1893 Bolze 16 Nr. 195). So jedenfalls dann nicht, wenn unter den Beteiligten Streit über den wahren Wert besteht, wenn insbesondere der Anfechtungsgegner einen Glücksfall behauptet (RG. Bd. **56**, 196). Doch wird im Falle der Anfechtung eines Exekutionsaktes der Steigpreis als wahrer Wert des versteigerten Gegenstands anzusehen sein, obschon erfahrungsgemäß beim Zwangsverkauf weniger erlöst wird als beim freihändigen. Denn die Gesetze, die eine Versteigerung im Interesse der Beteiligten vorschreiben, beruhen auf „der Anschauung, daß durch solche der volle Wert der betreffenden Sachen ermittelt werde, nicht aber, daß sich hierbei ein unter dem vollen Werte verbleibender Erlös ergebe" (RG. v. 12. 1. 1893 Bd. **30**, 89). Ohnehin hätte ja der anfechtende Gläubiger den Gegenstand, wenn er im Schuldnervermögen verblieben wäre, nur im Wege der Zwangsverwertung zu seiner Befriedigung ausnutzen können. Andrerseits muß nach Anm. 11 der Versteigerungserlös auch insoweit erstattet werden, als er zur Deckung der Vollstreckungskosten vorweg genommen, also dem Anfechtungsgegner garnicht zugeflossen ist (vgl. § 788 ZPO., § 109 ZVG.). Keinesfalls kann der Anfechtungsgegner bei der Werterstattung die seinerzeit an den Schuldner entrichtete Gegenleistung insoweit verrechnen, als der Schuldner damit den nun anfechtenden Gläubiger befriedigt hat. Denn wegen Erstattung der Gegenleistung darf sich der Anfechtungsgegner nach § 8 nur an den Schuldner, nicht an den anfechtenden Gläubiger halten. Vgl. RG. v. 29. 1. 1884 JW. S. 89. Auch hat der Anfechtungsgegner, der als Gläubiger befriedigt worden war, kein Recht darauf, daß der anfechtbar aufgegebene Wert zwischen ihm und dem Gläubiger verhältnismäßig verteilt werde [§ 8 Anm. 1ff. und 5].

Anm. 19. γ) Durch Weiterveräußerung wird der Anfechtungsgegner grundsätzlich auch dann nicht befreit, wenn die Anfechtung nach § 11 gegen den Rechtsnachfolger zulässig ist. Die Passivlegitimation des Ersterwerbers besteht fort. Dieser hat kein Recht, den Gläubiger auf die Inanspruchnahme des Nachmannes zu verweisen. So kann unter Umständen ein zweifacher Anfechtungsanspruch begründet sein: gegen den Ersterwerber auf Wertersatz und gegen den Rechtsnachfolger auf Naturalrestitution [§ 11 Anm. 23ff.]. RG. v. 27. 10. 1890 Bd. **27**, 23; v. 12. 1. 1893 Bd. **30**, 88; v. 24. 1. 1893 Bolze 16 Nr. 195; v. 5. 5. 1893 Seufferts Archiv Bd. 49 Nr. 160; v. 6. 12. 1894 Bd. **34**, 406. Haftung aus gleichzeitiger Zuwendung an mehrere Personen: Anm. 44.

Anm. 20. e) Auskunftpflichtig ist der Anfechtungsgegner jedenfalls insoweit, als der Anfechtungsgläubiger zur bestimmten Angabe seines Anspruchs (§ 9 AnfG., §§ 253 Nr. 2, 254 ZPO.), wie insbesondere bei anfechtbarer Veräußerung eines ganzen Vermögens, eines Sachinbegriffs (z. B. Warenlagers), eines Urheber-, Verlags- oder Patentrechts, der Auskunft des Anfechtungsgegners bedarf. Auch diese Pflicht zur Auskunft (Rechnungslegung) ergibt sich unmittelbar aus dem § 7, ohne daß die Voraussetzungen des § 259 BGB. gegeben sein müßten. Denn der § 7 verpflichtet den Anfechtungsgegner keineswegs nur zur Duldung des Zugriffs, wie vielfach im Widerspruch mit den Worten des Gesetzes gelehrt wird, sondern positiv zur Wiedergewährung der früheren Vollstreckungsmöglichkeit. Die erforderliche Auskunft über den Umfang der anfechtbaren Veräußerung und über die späteren Schicksale des anfechtbaren Erwerbs (behufs Bemessung der Neben- und Ersatzleistungspflichten) gehört zur „Rückgewähr". Vgl. RG. v. 15. 4. 1898 JW. S. 360 Nr. 35, Cosack S. 293, Menzel S. 255; abw. Hartmann-Meikel S. 233f., siehe auch Hamm v. 19. 3. 1901 OLG. 2 S. 265 (wo die Anwendbarkeit des § 259 BGB. verneint wird). Wer die Auskunftpflicht des Anfechtungsgegners als solchen leugnet, stellt den zu genauer Substanzierung seines Anspruchs genötigten Gläubiger in zahlreichen Fällen klaglos. Die Erfahrung lehrt insbesondere, daß der Anfechtungsberechtigte bei anfechtbarer Veräußerung eines ganzen, vom Erwerber weiterbetriebenen Geschäfts zur Klarstellung der übernommenen Warenbestände auf diese Auskunft angewiesen ist. Durch Vorladung des Schuldners (Veräußerers) zum Offenbarungseide des § 807 ZPO. läßt sich nicht helfen, da dieser Eid nur das vorhandene Vermögen betrifft und nach den Motiven der ZPO. (Hahn Materialien S. 452) „die Verneinung fraudulоser Veräußerung" absichtlich keine Aufnahme in das Gesetz gefunden hat, „damit nicht der Schuldner gezwungen wird, eine strafbare Handlung zu bekennen" (vgl. § 288 StGB., §§ 239 ff. KO.). Siehe auch LG. Mainz v. 15. 4. 1901 Recht 5 S. 412. Der § 254 ZPO. greift Platz. Nachträgliches Auskunftbegehren ist einseitig zulässige Klagerweiterung im Sinne der §§ 268 Nr. 2, 529 II ZPO.

f) Zur Erzwingung der Rückgewähr bedarf es eines wider den Anfechtungsgegner selbst gerichteten Titels, in dem die konkrete Forderung gegen den Schuldner, die mit Hilfe der Anfechtung beizutreiben und nach § 2 ihrerseits im Anfechtungsprozesse durch Vorlage eines gegen den Schuldner lautenden Titels zu erhärten ist, genau bezeichnet sein muß (§ 9). Die Zwangsvollstreckung wider den Anfechtungsgegner findet ausschließlich auf Grund des gegen ihn erwirkten (vorläufig oder endgültig vollstreckbaren) Titels, nicht etwa auf Grund der beiden Titel statt. Titelbeschränkungen: § 2 Anm. 14 u. 19. Anm. 21.

II. **Die bloße Bereicherungshaftung nach Abs. II.**

Grundsätzlich haftet der Anfechtungsgegner auf Rückgewähr alles dessen, Anm. 22. was aus dem Vermögen des Schuldners herausgekommen und zur Befriedigung des oder der Anfechtungsberechtigten erforderlich ist (Abs. I). Diese Haftung beschränkt der Abs. II (entsprechend § 37 II KO.) aus Billigkeitsgründen [Anm. 23] gegenüber dem gutgläubigen Empfänger einer unentgeltlichen Leistung auf das Maß der noch vorhandenen Bereicherung. Die Haftung des nicht gutgläubigen Empfängers einer unentgeltlichen und des gutgläubigen oder nicht gutgläubigen Empfängers einer entgeltlichen Leistung bleibt von der Ausnahme unberührt [Anm. 24 f.]. Die gemilderte Haftung gilt auch gegenüber dem Rechtsnachfolger nach § 11 III.

1. Die **Voraussetzungen** der gemilderten Haftung sind: eine Anm. 23. Schenkungsanfechtung **und** guter Glaube des Empfängers. Dazu bemerken die Motive der KO. S. 148: der Anfechtungsgegner müsse grundsätzlich der strengen Haftung eines unredlichen Besitzers unterworfen werden. „Die alleinige Ausnahme mache der Fall einer Schenkung. Es würde zu hart sein, wenn der Beschenkte, der bei Annahme des Geschenks in gutem Glauben war und das geschenkt Erhaltene redlich verwendet hat, verpflichtet sein sollte, alles, was er damals empfangen, späterhin zu erstatten und dadurch in die Lage gebracht werden könnte, den Betrag des Geschenks aus seinem übrigen, eigenen Vermögen zurückgewähren zu müssen. Mit dem Geschenkten habe er sich vielleicht einen Genuß verschafft, zu welchem er sein sonstiges Vermögen nicht verwendet haben würde; bei völliger Rückgewähr käme er in eine üblere Lage, als wenn er das Geschenk nicht empfangen hätte. Der redliche Geschenknehmer brauche daher nur soweit zurückzugewähren, als er sich zurzeit noch im Besitz der Schenkung befinde." Im einzelnen wird vorausgesetzt:

a) Eine unentgeltliche Verfügung, die **als solche** d. h. also mit Anm. 24. der Schenkungsanfechtung des § 3 Nr. 3, 4 oder des § 3a angefochten wird. Diesem den Materialien [Anm. 23] zugrunde liegenden Gedanken entspricht auch der Wortlaut des Abs. II. Dazu kommt die Erwägung, daß es keinen Sinn hätte, in den Fällen des § 3 Nr. 1, 2 gerade den Gegner, der kein Entgelt gewährt hat, um seines guten Glaubens willen minder streng haften zu lassen. Bei Anfechtung auf Grund des § 3 Nr. 1, 2 bleibt sonach unser Abs. II außer Betracht. Cosack S. 298f. Begriff der Unentgeltlichkeit: § 3 Anm. 43ff.

Anm. 25. b) Guter Glaube des Empfängers. Dieser gute Glaube fehlt für die Gläubigeranfechtung innerhalb wie außerhalb des Konkurses nicht nur bei Kenntnis einer Benachteiligungsabsicht des Schenkers (so Jaeckel S. 195f.), auch nicht bloß dann, wenn der Empfänger entweder um die Benachteiligungsabsicht des Schuldners oder um seine Zahlungseinstellung oder um den Konkursantrag weiß (so L. Seuffert S. 223), sondern immer dann schon, wenn er weiß oder den Umständen nach wissen muß, daß die Gläubiger des Schenkers durch die Annahme oder das Behalten [Anm. 26] des Geschenks benachteiligt werden. Schon dann erscheint die Milde des Abs. II als ungerechtfertigt. Vgl. Cosack S. 299. Andrerseits kann nicht die Unkenntnis der Umstände, die im Konkursfall eine Anfechtbarkeit des Erwerbs begründen, erfordert sein, weil sonst bei jeder Schenkung der gute Glaube durch die Kenntnis der Unentgeltlichkeit ausgeschlossen wäre. Unhaltbar ist es endlich, wenn neuestens Bernhardi S. 34 lehrt: nicht gutgläubig sei der Empfänger, der um das Vorhandensein der Erfordernisse des § 2 wußte. Diese Erfordernisse sind nicht Voraussetzungen für das Begründetsein, sondern lediglich für die Verfolgbarkeit des Anfechtungsanspruches. Auch muß — schon mit Rücksicht auf den § 13 — der Mangel des guten Glaubens für die konkursmäßige und für die außerkonkursmäßige Anfechtung einheitlich definiert werden. Wegen des § 3a siehe daselbst Anm. 12.

Anm. 26. Der gute Glaube muß fortgedauert haben bis zu dem Zeitpunkte, in dem die Möglichkeit, den ganzen Empfang zurückzuerstatten, für den Empfänger aufgehört hat. „Die Sonderbestimmung soll nur den redlichen Besitz und solange dieser dauert schützen." Motive z. KO. a. a. O., Protokolle z. KO. S. 28. Wenn also der Empfänger beim Empfang in gutem Glauben war, hinterher aber die Benachteiligung der Gläubiger erkannte oder erkennen mußte und nun erst den Erwerb verbraucht, veräußert oder vernichtet hat, bewendet es bei der Vollhaftung nach Abs. I. Einfluß der Klagerhebung: Anm. 32.

Anm. 27. Nach anerkannter und insbesondere im neuen bürgerlichen Rechte durchgeführter Beweisregel muß den Ausnahmetatbestand beweisen, wer die Ausnahme anruft. Daher obliegt im Ausnahmefalle des Abs. II dem Anfechtungsgegner der Beweis fortdauernder Gutgläubigkeit. Der § 3 Nr. 2 kommt schon nach Anm. 24 nicht in Frage. Cosack S. 302, Korn S. 99, Fitting (3. Aufl.) § 18 Note 23, auch Petersen-Kleinfeller KO. § 37 Anm. 14, v. Sarwey-Bossert § 37 Anm. 4, aber mit der Einschränkung, daß der Gegner nur seine ursprüngliche bona fides beweisen müsse; abw. Motive z. KO. a. a. O., v. Völderndorff KO. § 30 Anm. d, v. Wilmowski-Kurlbaum KO. § 37 Anm. 12, Endemann S. 286,

Jaeckel S. 198, L. Seuffert S. 223, die dem Anfechtenden den Unredlichkeitsbeweis aufbürden. Doch besteht keine allgemeine Vermutung der Gutgläubigkeit. Eine Parallele zu Abs. II bietet die Haftung des gutgläubigen Erbschaftsbesitzers nach § 2025 Satz 2 BGB.: auch hier hat der auf Vollersatz belangte Beklagte seinen guten Glauben einzuwenden und dementsprechend im Streitfalle zu beweisen.

2. Der gutgläubige Empfänger haftet im Falle der Schenkungsanfechtung nur insoweit, als er durch die unentgeltliche Leistung **bereichert** ist. Im Gegensatze zur Regelhaftung des Abs. I wird sonach für den Ausnahmefall des Abs. II eine bloße Bereicherungshaftung statuiert und damit unverkennbar auf die Kondiktionsgrundsätze des allgemeinen bürgerlichen Rechtes hingewiesen. Die für den Umfang der bloßen Bereicherungshaftung maßgebende Vorschrift des neuen Rechtes ist der **§ 818 BGB.**, der sonach mit seinen sämtlichen vier Absätzen zur Anwendung kommt. Vgl. dazu namentlich Protokolle z. EBGB. (2. Lesg.) II S. 702 ff. und v. Mayr Bereicherungsanspruch 1903 S. 589 ff. Auch das BGB. hat „den außerordentlich schwer zu fixierenden Begriff" der Bereicherung nicht näher bestimmt. Mit allgemeinen Formeln wie „Erhöhung" oder „Wertsteigerung des Gesamtvermögensstandes" (RG. v. 12. 2. 1892 Bd. **29**, 2; v. Mayr S. 619 f.) wird nicht viel gewonnen. Als Richtschnur stellen die Protokolle a. a. O. S. 706 den Satz auf, daß der gutgläubige Empfänger durch die Rückgewähr nicht geschädigt werden dürfe. So auch die Materialien der KO. [Anm. 23]. Aus der bisherigen Rechtsprechung zu Abs. II seien erwähnt: RG. a. a. O. (zahlt der exequendus unentgeltlich die Schuld eines Dritten, so wird der Gläubiger nur bereichert, wenn seine Forderung „materiell unsicher oder rechtlich zweifelhaft", nicht, wenn sie sicher und vollwertig war); v. 31. 3. 1892 Bolze 14 Nr. 515 (keine Pflicht zur Rückgewähr der mit dem Erlöse der weggegebenen Gegenstände angekauften Sachen; siehe Anm. 29); vgl. auch ROHG. v. 5. 3. 1875 Bd. 16 S. 166 (daß und inwieweit Bereicherung fortgefallen, ist Einwendungstatbestand zur Beweislast des Anfechtungsbeklagten; siehe Anm. 31); OLG. München v. 22. 2. 1870 Seufferts Archiv 29 Nr. 32 (der Anfechtungsbeklagte ist insoweit bereichert, als er mit dem Erlöse der geschenkten Sache Schulden bezahlt oder andere notwendige Ausgaben bestritten hat; siehe Anm. 30). Anm. 28.

Für das neue Recht ergibt sich:

a) Der noch vorhandene Erwerb ist grundsätzlich in Natur zur Zwangsvollstreckung bereit zu stellen. Desgleichen die gezogenen und noch beim Anfechtungsgegner vorhandenen Nutzungen sowie alles, was er auf Grund des anfechtbar erworbenen Rechtes (z. B. durch dessen Einziehung; nicht aber als Anschaffung durch selbständigen Vertrag z. B. Kauf mit Mitteln des angefochtenen Erwerbs: Planck-André BGB. § 818 Anm. 2b, v. Mayr S. 612 ff. mit Lit., jetzt auch Enneccerus Bürg. Recht 2. Aufl. I S. 832) oder als Ersatz für die Zerstörung, Beschädigung oder Entziehung des Anfechtungsobjektes (z. B. aus Versicherung, Enteignung, unerlaubter Handlung) erlangt und noch im Vermögen hat. § 818 I BGB. Leugnet man für den Anm. 29.

Bereich des Abs. I die Verpflichtung des Anfechtungsgegners zur Herausgabe der vor dem Verzug oder Prozeßbeginne gezogenen Früchte [Anm. 12], so darf man im Falle des Abs. II den § 818 BGB. nicht anwenden, weil sich sonst für Abs. II eine strengere Haftung ergeben würde als für Abs. I.

Anm. 30. Ist eine Rückgewähr in Natur wegen der Beschaffenheit des Erlangten unmöglich (Beispiel: unentgeltliche Gebrauchsüberlassung) oder der Anfechtungsgegner aus einem anderen Grunde, namentlich wegen Veräußerung oder Verbrauchs, zur Herausgabe außerstande, so hat er dem Gläubiger den Geldwert zu erstatten (§ 818 II BGB.). Doch fallen Herausgabe- und Erstattungspflicht insoweit weg, als der Empfänger nicht mehr **bereichert** ist (§ 818 III BGB.). Darum wird der gutgläubige Erwerber vor Eintritt der Rechtshängigkeit [Anm. 32] durch ersatzlosen Verbrauch oder Untergang (Gegensatz: Anspruch auf Versicherungs-, Zwangsenteignungs-, Schadensersatzbeträge), durch unentgeltliche Veräußerung, zufällige, fahrlässige oder vorsätzliche Zerstörung, namentlich auch durch leichtsinniges Verderbenlassen haftfrei. Nur soweit er mit Hilfe des anfechtbaren Erwerbs notwendige Ausgaben aus seinem eigenen Vermögen erspart, also z. B. freiwillig oder gezwungen Schulden getilgt hat, erscheint er fortdauernd als „bereichert". Unter diesem Gesichtspunkte kann sich eine Haftung auch dann ergeben, wenn der Anfechtungsgegner seinerseits den anfechtbaren Erwerb zu Schenkungszwecken verwendet hat. Protokolle a. a. O. S. 707. Der § 818 II, III gilt auch für vertretbare Sachen, namentlich für den Verbrauch einer Geldsumme. Verwendungen irgend welcher Art, auch bloße Luxusverwendungen, auf den Anfechtungsgegenstand selbst oder dessen Surrogat, mindern die Bereicherung (v. Mayr S. 622). Ebenso kommen Gebühren für den Schenkungsakt in Abzug (Cosack S. 300). Selbstverständlich entfällt die Haftung auch insoweit, als der Empfänger bereits anderen Anfechtungsberechtigten in unanfechtbarer Weise Rückgewähr geleistet hat: denn insoweit ist die Anfechtungsverbindlichkeit erfüllt (Karlsruhe v. 18. 11. 1901 OLG. 4 S. 176). Für die Feststellung des Umfangs der Bereicherung ist spätestens die Zeit der Erhebung der Anfechtungsklage maßgebend; doch wird meist schon eine außergerichtliche Anfechtungsankündigung, insbesondere eine Zustellung nach § 4, den guten Glauben beseitigen [Anm. 26 und 32]; Motive z. KO. S. 148, Cosack a. a. O.

Anm. 31. Die Beweislast verteilt sich so: Der Anfechtende muß den in die kritische Zeit (§ 3 Nr. 3 u. 4, § 3a) fallenden Empfang einer unentgeltlichen Leistung dartun. Wendet nun der Gegner Unmöglichkeit der Sachrestitution ein (§ 818 II), so obliegt ihm die Beweislast dafür, daß er zur Herausgabe außerstande ist. Desgleichen hat er gegenüber der Forderung des Wertersatzes darzutun (rechtsverneinende Einwendung), daß und inwieweit seine Bereicherung fortgefallen ist (§ 818 III). Vgl. Protokolle a. a. O. S. 707. Dazu gehört auch der Nachweis über die Tatsache und den Umfang von Verwendungen, um die sich die Bereicherung angeblich mindert. Beweis des guten Glaubens: Anm. 27.

b) Vom Eintritte der Rechtshängigkeit — nicht schon von einer Zustellung nach § 4 [siehe aber Anm. 30] — ab unterliegt auch der gutgläubige Empfänger zufolge § 818 IV einer verschärften Haftung nach Maßgabe der §§ 291, 292, 987 ff. BGB. Von nun an wird er nicht mehr durch den bloßen Wegfall der Bereicherung befreit. Dies gilt selbst dann, wenn sein guter Glaube trotz der Rechtshängigkeit fortdauern sollte. Die Verzugsfolgen bestimmen sich nach den §§ 284 ff. BGB. Dabei ist zu beachten, daß ein nach §§ 3, 3a begründeter Einzelanfechtungsanspruch fällig wird, sobald er nach § 2 verfolgbar geworden ist. Fortab kann der anfechtungsberechtigte Gläubiger die verzugbegründende Mahnung (§ 284 BGB.) ergehen lassen und zwar auch durch außergerichtliche (formlose), einseitige, aber empfangsbedürftige Aufforderung an den Anfechtungsgegner, die Rückgewähr zu leisten. Das gilt selbstverständlich auch für die Regelhaftung des Abs. I. Anm. 32.

B. Die Subjekte des Rückgewährschuldverhältnisses.

I. Subjekt der **Rückgewährforderung** ist der einzelne Personal- oder Realgläubiger und zwar in seiner Eigenschaft als Subjekt desjenigen konkreten Anspruchs, dessen Befriedigung durch den anfechtbaren Akt verkürzt worden ist. An diesem Anspruch haftet die aktive Sachlegitimation zur Anfechtungsklage. Mit diesem Anspruche geht sie ipso iure auf einen Rechtsnachfolger über, einerlei, ob er das Anfechtungsrecht beim Erwerbe des Anspruchs kennt oder nicht. Mit diesem Anspruch erlischt sie. Siehe § 2 Anm. 8ff., 20. Der Schuldner selbst steht außerhalb der Anfechtungsobligation [§ 1 Anm. 72]. Er ist nicht Subjekt des Anfechtungsanspruchs als solchen, wenn auch eine Zurückführung des anfechtbaren Erwerbs in das Schuldnervermögen mittelbar zur Tilgung des Anfechtungsanspruchs führen kann [Anm. 4]. Schon darum kann von einer Aufrechnung der Anfechtungsverbindlichkeit, auch wenn sie auf Geldzahlung geht, mit einer Forderung des Anfechtungsgegners an den Schuldner keine Rede sein. Das österreichische Recht (§§ 26, 37) verordnet ausdrücklich die Unzulässigkeit einer solchen Kompensation. Wohl aber kann die Anfechtungsverbindlichkeit durch Aufrechnung einer dem Gegenstande nach gleichartigen Forderung des Anfechtungsgegners wider den anfechtenden Gläubiger getilgt werden (§ 387 BGB.). Anm. 33.

Mehrere anfechtungsberechtigte Gläubiger können ihre Einzelanfechtungsansprüche selbständig nebeneinander verfolgen. Streitgenossenschaft: § 1 Anm. 74 (hier auch über das Anfechtungsrecht mehrerer Erben des Gläubigers und über den Einfluß des Güterstandes auf die Aktivlegitimation). Denkbar ist auch, daß ein und dieselbe Rechtshandlung gleichzeitig vom Konkursverwalter in Ausübung eines gemeinschaftlichen Rechtes der gesamten Konkursgläubigerschaft (§§ 36, 37 KO.) und von einem anfechtungsberechtigten Nichtkonkursgläubiger (z. B. einem benachteiligten Hypothekar) angefochten wird [§ 1 Anm 5ff.]. Ist der Anfechtungsgegner zur Rückgewähr an verschiedene Gläubiger verurteilt, so bietet ihm der § 767 ZPO. Schutz gegen wiederholte Inanspruchnahme. Die Konkurrenz einer Mehrheit von Anfechtungsrechten führt zu manchen Zweifelsfragen. Siehe namentlich Cosack S. 228ff., Beißer in Gellers Zentralbl. 3 S. 11ff., Anm. 34.

Korn S. 232ff., Jaeckel S. 186f., Menzel S. 289ff., Krasnopolski S. 132ff., Steinbach-Ehrenzweig S. 171f., Linsmayer S. 37ff., Rehbein BGB. II S. 463.

Anm. 35. 1. Jeder einzelne Gläubiger, dem gegenüber der Anfechtungstatbestand erfüllt ist, hat ein eigenes Anfechtungsrecht. So viel Gläubiger (genauer: so viel verkürzte Ansprüche), so viel Einzelanfechtungsrechte. Alle diese Anfechtungsansprüche aber haben ein und denselben Gegenstand: der Schuldner ist **volle** Rückgewähr nur einmal zu bewirken verpflichtet [Anm. 36]. Insofern entspricht das Konkurrenzverhältnis einer Gesamtgläubigerschaft im Sinne des § 428 BGB. Doch verleiht ihm die subsidiäre und akzessorische Natur des Anfechtungsrechtes ein ganz eigenartiges Gepräge. Innerhalb der Haftungsgrenze, also bis zur vollen Rückgewähr, hat der Anfechtungsgegner jedem der konkurrierenden Gläubiger wegen einer anderen Forderung einzustehen, bei der Rückgewähr durch Geldersatz jedem für einen anderen Betrag aufzukommen. Die befriedigungsbedürftige Forderung individualisiert den Einzelanfechtungsanspruch [§ 9 Anm. 7]. Darum lassen sich die Sätze der Gesamtgläubigerschaft keinesfalls schlechthin auf die Konkurrenz der Anfechtungsrechte übertragen. Insbesondere kann keine Rede davon sein, daß die Rückgewähransprüche anderer Gläubiger erlöschen, wenn sich Rückgewähranspruch und Rückgewährschuld in der Person eines einzelnen Gläubigers vereinigen (gegen § 429 II BGB.). Siehe auch Anm. 39. Besonders deutlich wird der Gegensatz zur Gesamtgläubigerschaft bei der Streitwertberechnung [§ 9 Anm. 17].

Anm. 36. Soweit der Anfechtungsgegner die geschuldete Rückgewähr leistet, wird er gegenüber allen Gläubigern frei. Denn das Gesetz verpflichtet ihn nur zu einmaliger Rückgewähr (§ 7 AnfG., § 37 KO.). Das österreichische Recht hebt diesen Grundsatz im § 39 ausdrücklich hervor. Seine Motive verweisen auf S. 22 der Begründung des deutschen Anfechtungsgesetzes, wo es heißt: „Zwar steht die Anfechtung jedem Gläubiger kraft eigenen Rechts zu. Der Inhalt des Anfechtungsrechtes ist jedoch für sämtliche Gläubiger derselbe, und der Empfänger kann daher, soweit er die Rückgewährpflicht erfüllt hat, nicht zu einer nochmaligen Erfüllung angehalten werden." Unstreitig erlöschen hiernach alle Anfechtungsansprüche, sobald der Anfechtungsgegner einmal die geschuldete Rückgewähr voll bewirkt hat, einerlei, ob seine Verbindlichkeit auf Naturalrestitution oder auf Geldersatz gerichtet war. Folglich haben nach einer Teilrückgewähr die unbefriedigten Gläubiger nur noch Anspruch auf den Übererlös oder Restwert. Folglich muß aber auch der Anfechtungsgegner insoweit frei werden, als er die Naturalrestitution durch Befriedigung eines Gläubigers abwendet [Anm. 5]. Da nun die Rückgewähr ihrem Wesen nach eine Wiederherstellung der früheren Zugriffsmöglichkeit zugunsten des benachteiligten Gläubigers bedeutet, genügt der Anfechtungsgegner seiner Verbindlichkeit, wenn er denjenigen Vollstreckungswert leistet, den der Anfechtungsgegenstand zur Zeit der Realisierung des Anfechtungsrechtes darstellt. Zahlt also der Anfechtungsgegner dem ersten Anfechtungsgläubiger den ganzen dermaligen Vollstreckungswert, so erlöschen alle übrigen Anfechtungsrechte, die künftige Wertsteigerung aber gereicht dem Anfechtungsgegner zum Vorteil. Vgl. auch Linsmayer S. 33ff., der mit Recht darauf hinweist, daß die Dinglichkeitslehre auch hier versagt. Behauptet der Anfechtungsgegner im Falle wiederholter Inanspruchnahme, bereits befreit zu sein, so trägt er die Beweislast dafür, daß der frühere Gläubiger den ganzen damaligen Vollstreckungswert zu beanspruchen und in der Tat auch empfangen hat.

Anders als die Befriedigung [Aufrechnung: Anm. 33] wirkt der Verzicht des einzelnen Anfechtungsberechtigten. Die Anfechtungsansprüche der übrigen Gläubiger vermag ein solcher Verzicht nicht zu beseitigen. Dementsprechend wirken auch Erlaß, Stundung und Vergleich als solche nur individuell (abw. Cosack S. 229, teilweise auch Krasnopolski S. 134). Der Konkursverwalter verfügt zwar wirksam über das gemeinsame Anfechtungsrecht der Konkursgläubiger (§ 36 KO., § 13 IV 1 AnfG.), aber eben auch nur dieser Gläubiger. Die Verzichtbarkeit des Anfechtungsrechtes an sich steht außer Streit (vgl. RG. v. 15. 11. 1884 JW. 1885 S. 7; v. 4. 7. 1902 Gruchot 48 S. 415; siehe auch Steinbach-Ehrenzweig S. 143 Note 1 mit Rechtsprechung: eine allgemein gehaltene Billigung der Rechtshandlung regelmäßig noch kein Verzicht auf die Anfechtbarkeit). In der Ablehnung eines anfechtbaren Erwerbs liegt kein Verzicht auf die Anfechtung gegenüber einem anderen Erwerber (RG. v. 10. 7. 1891 Bolze 12 Nr. 219). Anm. 37.

Die rechtskräftige Verneinung des Anfechtungsanspruches gegenüber einem Gläubiger begründet nicht den Einwand der Rechtskraft gegenüber anderen Anfechtungsprätendenten, auch wenn diese denselben Anfechtungsgrund geltend machen (vgl. Krasnopolski S. 134; abw. Cosack S. 229). Ebensowenig kann der Anfechtungsgegner, wenn er von einem Anfechtungsprätendenten verklagt ist, der Klage eines anderen Prätendenten (oder desselben wegen einer anderen Forderung) die prozeßhindernde Einrede der Rechtshängigkeit entgegen halten. Vgl. RG. v. 4. 2. 1898 JW. S. 157 Nr. 16; v. 14. 11. 1899 JW. S. 831 Nr. 13. Spätere Klage des Konkursverwalters: § 13 Anm. 20. Anm. 38.

2. Eine Vorschrift des Inhalts, daß die Priorität der Ausklagung oder Urteilserwirkung einen Vorrang unter mehreren Anfechtungsberechtigten erzeugen würde, besteht nicht. Die Begründung S. 22 und 28 verneint ausdrücklich ein derartiges Vorzugsrecht und bemerkt, nur die frühere Pfändung oder der frühere Arrestbeschlag könne einen Vorrang begründen. Vgl. auch RG. v. 3. 2. 1892 Bd. **29**, 182. Zweifellos muß nun außer der Pfändung und Beschlagnahme auch die freiwillige Bestellung eines dinglichen Sicherungsrechtes am Gegenstande der Rückgewähr einen Vorrang begründen. Dies bestätigt mittelbar der § 13 III („Sicherung oder Befriedigung"). Über die Frage der Vormerkbarkeit siehe § 1 Anm. 21. Abgesehen von den Fällen dinglicher Sicherung besteht an sich die Möglichkeit, daß der rechtskräftig zur Rückgewähr verurteilte Anfechtungsgegner sich durch Leistung an einen anderen Anfechtungsberechtigten, der vielleicht seinerseits die Klage noch gar nicht erhoben hatte, befreit und so den ganzen Erfolg des Anfechtungsprozesses zum Schaden des siegreichen Klägers vereitelt. Siehe dagegen z. B. §§ 1973 II 3, 1991 III BGB. Man hat verschiedene Versuche gemacht, diesem unerfreulichen Ergebnis auszuweichen. Menzel S. 291 sagt: der Anfechtungsgegner befinde sich grundsätzlich von der Anfechtung ab im Verzuge Anm. 39.

[siehe Anm. 32]; dementsprechend hafte er dem Kläger für schuldhafte, ja selbst für zufällige Unmöglichkeit der Erfüllung (vgl. § 287 BGB.); eine „verschuldete Unmöglichkeit der Erfüllung" führe er aber herbei, wenn er einen anderen Anfechtungsberechtigten befriedige, dessen Anspruch später fällig geworden sei. Allein die Rückgewähr an einen anderen Anfechtungsberechtigten ist „Erfüllung" der Anfechtungsverbindlichkeit. Von anderer Seite (Förster-Eccius 7. Aufl. I S. 788, Cosack S. 230 f., Jaeckel § 11 Note 33) wird der Anfechtungsgegner wenigstens dann für haftbar erklärt, wenn er es durch schuldhafte Prozeßverzögerung dahin bringt, daß dem Anfechtungskläger ein Konkurrent zuvorkommt. Doch dürfte schon der Tatbestand dieser Haftung schwer zu erweisen sein. Auch die in Anm. 35 abgelehnte Annahme einer Gesamtgläubigerschaft der Anfechtungsberechtigten ermöglicht, wenigstens im neuen Reichsrecht (§ 428 Satz 2 BGB.), keine befriedigende Lösung. Von einer Ausgleichungspflicht der konkurrierenden Anfechtungsgläubiger unter einander (vgl. § 430 BGB.) kann keine Rede sein. Die Einzelanfechtungsansprüche sind ihrem Wesen nach Individualrechte. Klagantrag und Urteilsformel lauten auf Rückgewähr ausschließlich an den Kläger, nicht — wie nach Hellwig Anspruch S. 192 ff. (abw. Planck BGB. § 428 Anm. 2) beim Gesamtgläubigerverhältnis — auf Leistung an den Kläger **oder** an die übrigen Berechtigten. Außerhalb des Konkurses stehen auch die Anfechtungsrechte persönlicher Gläubiger selbständig nebeneinander. Eine Rechtsgemeinschaft besteht nur in Ansehung des Anfechtungsrechtes der Konkursgläubiger während des Konkurses, hier freilich bis zu dem Grade, daß der Konkursverwalter nach § 13 I 1 auch den rechtskräftigen Sieg des Einzelgläubigers für Rechnung der Gesamtgläubigerschaft ausnutzen kann [§ 13 Anm. 21]. Die Sätze über die Rangfolge der konkursmäßigen Befriedigung (§§ 61, 226, 236 KO.) sind selbstverständlich für die Konkurrenz anfechtungsberechtigter Einzelgläubiger unmaßgeblich. Zu einer angemessenen Lösung führt aber der Grundsatz des § 242 BGB.: der Rückgewährschuldner, der zum Zwecke der Vereitelung des Anfechtungserfolges statt an den siegreichen Kläger an einen Konkurrenten leistet, handelt wider Treu und Glauben. Dementsprechend steht der auf nachträgliche Leistung an den Konkurrenten gestützten Vollstreckungsgegenklage (§ 767 ZPO.) des Rückgewährschuldners eine exceptio doli aus § 242 BGB. entgegen. Die Konkurrenten aber mögen rechtzeitig den Konkurs beantragen.

Anm 40. Der Anfechtungsanspruch **eines Realgläubigers als solchen** [§ 2 Anm. 8, 10 ff.] geht, insofern er dem dinglichen Befriedigungsrechte des Realgläubigers aufhilft, den Anfechtungsansprüchen bloßer Personalgläubiger und darum auch der Konkursgläubigerschaft vor. Vgl. Otto S. 221 f., Menzel S. 292, Petersen-Kleinfeller AnfG. § 7 Anm. 11 (S. 798).

Anm. 41. Ein Vorzugsrecht vor **den Eigengläubigern** des Anfechtungsgegners steht den Anfechtungsgläubigern nicht zu. Einstweilen bildet der anfechtbare Erwerb Vermögen des Anfechtungsgegners und darum auch ein Zugriffsobjekt seiner Gläubiger. Durch frühere Pfändung oder Beschlagnahme läuft daher der Eigengläubiger dem Anfechtungsgläubiger den Rang ab. Der Anfechtungsgegner aber wird dem Anfechtungsberechtigten nach Anm. 16 ff., 30 ersatzpflichtig. Übrigens kann der Vollstreckungserwerb des Eigengläubigers seinerseits wieder anfechtbar sein [§ 11 Anm. 10]. Vgl. auch Cosack S. 268, Menzel S. 265 f.

3. Was von der Konkurrenz mehrerer Anfechtungsgläubiger gesagt ist [Anm. 39 ff.], gilt auch für den Fall, daß eine Rechtshandlung zugunsten mehrerer Ansprüche derselben Person anfechtbar ist. Vgl. RG. v. 4. 2. 1898 JW. S. 157 f. Nr. 16. Anm. 42.

II. Subjekt **der Rückgewährverbindlichkeit** ist „der Empfänger" des anfechtbar aufgegebenen Vermögenswertes (§ 7), „derjenige, welchem gegenüber die anfechtbare Handlung vorgenommen ist" (§ 11 II). Er — der Geschäftsgenosse des Schuldners, nicht ausschließlich und nicht zugleich der Schuldner selbst — ist passiv legitimiert für die Anfechtungsklage und bleibt es grundsätzlich auch im Falle der Weiterveräußerung des anfechtbaren Erwerbs [Anm. 19]. Siehe oben § 1 Anm. 73 (daselbst über Güterstandsänderungen zum Nachteil unterhaltsberechtigter Verwandten und über den Einfluß des ehelichen Güterstandes auf die Sachlegitimation). Anm. 43.

Mehrere Geschäftsgenossen des Schuldners haften grundsätzlich nur pro parte d. h. im Verhältnis ihrer Beteiligung am angefochtenen Rechtsakte. Denn nur in diesem Verhältnis ist etwas aus dem Vermögen des Schuldners herausgekommen. Der § 840 BGB. ist unanwendbar [§ 1 Anm. 11]. Für das Beteiligungsverhältnis trifft den Anfechtenden die Beweislast. RG. v. 8. 11. 1889 Bd. **24**, 144; Cosack S. 264 f., 331 f.; Menzel S. 253. Geht jedoch die Anfechtungsverbindlichkeit auf eine unteilbare Leistung, so haften mehrere Anfechtungsgegner als Gesamtschuldner (§ 431 BGB.). Gegen die Annahme einer Verwandlung der unteilbaren Leistung in eine teilbare, namentlich wenn die Verbindlichkeit zum Werterſatz an Stelle derjenigen zur Naturalrestitution tritt, siehe Protokolle z. EBGB. (2. Lesg.) I S. 445 f. Trotz Teilbarkeit der Leistung haften mehrere als Gesamtschuldner in Fällen einer Gemeinschaft zur gesamten Hand z. B. als Mitglieder einer rückgewährpflichtigen offenen Handelsgesellschaft (§ 128 HGB.) oder als Erben des Anfechtungsgegners (§ 11 I AnfG., §§ 2058 ff. BGB.). Erwerb zu einem ehelichen Gesamtgut: § 1 Anm. 73. Anm. 44.

Die gemeinschaftliche Ausklagung mehrerer gleichzeitig durch denselben Akt begünstigter Anfechtungsgegner ist statthaft (§ 60 ZPO.). Eine besondere („notwendige") Streitgenossenschaft im Sinne des § 62 ZPO. entsteht durch diese Klagenhäufung nicht (RG. v. 12. 7. 1895 Sächs. Archiv 5 S. 585). Die Anfechtbarkeit kann recht wohl gegenüber dem einen Beklagten bejaht, gegenüber dem anderen verneint werden. Gegenstück: § 1 Anm. 74 (aktive Streitgenossenschaft). Liegt ein wesentliches Moment des subjektiven Anfechtungstatbestandes (Kenntnis, Verwandtschaft oder sonstige Angehörigkeit) nur in der Person eines Erwerbers vor, so gereicht das grundsätzlich den anderen Erwerbern nicht zum Schaden. Anders beim Erwerb zu einer Gemeinschaftsmasse, insbesondere zum Vermögen einer offenen Handelsgesellschaft [§ 3 Anm. 23 u. 33]. Die Rückgewähr des Teilerwerbs durch einen von mehreren Anfechtungsgegnern bewirkt selbstverständlich auch nur eine Teilerfüllung der Anfechtungsschuld. Insoweit aber dadurch die Forderung des Empfängers getilgt wird, sind diesem einzelnen Anfechtungsberechtigten gegenüber auch die übrigen Rückgewährschuldner befreit. Fristenwahrung: § 12 Anm. 7. Anm. 45.

§ 8.

Wegen Erstattung einer Gegenleistung oder im Fall einer anfechtbaren Leistung wegen seiner Forderung kann der Empfänger sich nur an den Schuldner halten.

Unveränderter § 8 der ursprünglichen Fassung.
Materialien: Begründung S. 22ff. (§ 7 Entw.), Protokolle S. 2269.

Rechte des Anfechtungsgegners.

I. Der Ausschluß einer Konkurrenz mit dem Anfechtungsgläubiger.

Anm. 1. 1. Hatte der Schuldner die angefochtene Veräußerung nicht unentgeltlich, sondern um eine Gegenleistung oder zur Erfüllung einer schon früher begründeten rechtsbeständigen Verbindlichkeit vorgenommen [siehe § 3 Anm. 9], so erhebt sich die Frage, ob der Rückgewährpflichtige seine Gegenleistung an den Schuldner oder seine durch die anfechtbare Leistung getilgte Forderung an diesen gegenüber dem Rückgewähranspruch in Rechnung stellen darf. Hat er doch vielleicht insoweit das beschlagsfähige Vermögen des Schuldners unmittelbar oder mittelbar vergrößert. Das Anfechtungsgesetz verneint die Frage im § 8 für beide Fälle: **nur an den Schuldner,** also nicht an den anfechtenden Gläubiger und darum auch nicht an den Gegenstand der Rückgewähr darf sich der Rückgewährpflichtige wegen seiner Gegenleistung oder seiner Forderung halten. Dieser Grundsatz enthält eine ungerechtfertigte Härte (Cosack § 47). Er ist um so befremdlicher, als der Anfechtungsgegner bei der konkursmäßigen Anfechtung seine Gegenleistung als Masseschuldgläubiger oder doch mindestens als Konkursgläubiger zurückfordern (§ 38 KO.) und seine wiederauflebende, an sich im Konkurse verfolgbare Forderung in Konkurrenz mit den übrigen Gläubigern geltend machen darf (§ 39 KO.).

Anm. 2. Angenommen: Der Vater hat sein Anwesen im Werte von 50 000 um 40 000 an seinen Sohn verkauft. Ein Gläubiger des Vaters pfändet wegen einer Forderung von 90 000 zunächst den noch vorhandenen Kaufpreis von 40 000 und ficht hierauf, da der Sohn den schwierigen Entlastungsbeweis des § 3 Nr. 2 nicht zu führen vermag, auch die Gutsübertragung erfolgreich an. So wird er voll befriedigt auf Kosten des Sohnes, ohne daß diesem eine condictio sine causa wider den Gläubiger erwachsen würde, da sich ja dessen Erwerb nicht ohne rechtlichen Grund, sondern kraft des Gesetzes (§ 3 Nr. 2, §§ 7, 8) vollzieht. Der Sohn mag sich an den Vater halten und verliert daher, wenn dessen Mittel erschöpft sind, abgesehen von den Kosten des Erwerbs und der Rückgewähr seine ganze Gegenleistung, gleichsam zur Strafe dafür, daß er sich in das anfechtbare Geschäft eingelassen hat. Daß die noch beschlagbar im Schuldnervermögen vorhandene Gegenleistung für ihren Bereich nach § 2 die Anfechtung ausschließt, ist ein schwacher Trost, wenn die Forderung des Gläubigers den Gegenwert übersteigt. Oder: Der Sohn hat 40 000, der dritte Gläubiger 50 000 vom Vater zu fordern. Der Vater übereignet dem Sohne das Anwesen im Werte von 50 000 an Erfüllungsstatt. Der dritte Gläubiger erwirkt auf Grund des § 3 Nr. 2 die Rückgewähr und verschafft sich so unter Abschüttelung der Konkurrenz des Sohnes Vollbefriedigung. Der Sohn geht, zur Strafe für die Annahme der anfechtbaren Leistung, leer aus.

Die Begründung S. 23 f. sucht den bedingungslosen Ausschluß einer An- Anm 3.
rechnung der Gegenleistung auf die Rückgewährschuld mit dem Hinweis auf eine nachweisliche oder vermutliche Unredlichkeit des Anfechtungsgegners zu rechtfertigen. Allein, selbst wenn ein Delikt des Anfechtungsgegners vorläge, was an sich nicht der Fall ist [§ 1 Anm. 9 ff.], würde der weit über eine Schadensausgleichung hinausgehende § 8 ungerechtfertigt sein. Gegenüber der konkursrechtlichen Regelung (§§ 38, 39 KO.) wird geltend gemacht: „im Konkurse erfolge die Rückgewähr im vollen Umfang und zum Vermögen des Schuldners". Auch die Einzelanfechtung aber geht grundsätzlich auf volle Rückgewähr, auch die konkursmäßige Rückgewähr wird mittelbar den Gläubigern zugeführt [§ 7 Anm. 2]. Für den Fall der Leistung auf Schuld hatte der Entwurf (§ 7 II) eine Konkurrenz des Anfechtungsgegners mit dem Anfechtungsgläubiger vorgesehen: „Im Fall einer anfechtbaren Leistung kann der Empfänger wegen seiner Forderung insoweit, als das Empfangene zurückgewährt ist und nicht der übrige Teil desselben den Betrag der Forderung erreicht, sich an das Zurückzugewährende nach der zwischen ihm und dem Gläubiger im Konkursverfahren bestehenden Rangordnung halten." Siehe dazu Begründung S. 23 ff. Die Reichstagskommission von 1879 hat diesen Unterschied verworfen und den Standpunkt vertreten, daß auch im Falle angefochtener Zahlung der Rückgewährpflichtige wegen seines „Dolus", wegen seiner „fraus gegen die Kreditoren" von der Konkurrenz am Rückgewährgegenstand auszuschließen und an den Schuldner zu verweisen sei (Protokolle S. 2269), eine jedenfalls in dieser Allgemeinheit unzutreffende Erwägung.

Der einzige Weg, auf dem der Anfechtungsgegner den Nachteilen des § 8 Anm. 4
entgehen kann, ist schleunige Konkurseröffnung. Sie ermöglicht die konkurrierende Geltendmachung eines Anspruchs auf Erstattung der Gegenleistung (§ 38 KO.) oder einer wiederauflebenden Forderung an den Schuldner (§ 39 KO.). Darum erleichtert das österreichische Anfechtungsgesetz, das im § 36 Satz 1 unseren § 8 trotz seiner Bedenklichkeit übernommen hat,[1]) durch eine Sondervorschrift zugunsten des Anfechtungsgegners (§ 36 Satz 2) die Erwirkung des Konkurses (Steinbach-Ehrenzweig S. 166 ff., Menzel S. 284). Für das deutsche Recht ist zu bemerken, daß die unter der gesetzlichen Voraussetzung der Rückgewähr ent-

[1]) Die Begründung des österreichischen Gesetzes (S. 64) bemerkt hierzu: „Der Gläubiger hat die Gegenleistung nicht und ist durch dieselbe, wenn sie sich noch im Vermögen des Schuldners befindet, nicht bereichert" [vgl. dazu Anm. 2]. „Er ist tatsächlich nicht in der Lage, über das Vermögen des Schuldners zu verfügen, und rechtlich auf Grund des für ihn unwirksamen Geschäfts auch nicht verpflichtet, die Gegenleistung des Anfechtungsgegners diesem zu verschaffen. Zudem hat der letztere, wenn die Anfechtung von Erfolg ist, erwiesenermaßen unredlich gehandelt und

stehende oder wiederauflebende Forderung arg. § 67 KO. Konkursforderung sein und auf bloße Glaubhaftmachung hin (§ 105 KO.) zum Konkursantrag ermächtigen kann. Jaeger KO. § 38 Anm. 7, § 39 Anm. 8 ff., § 67 Anm. 1.

Anm. 5. 2. So wie das Gesetz einmal lautet, verbietet es jegliche Konkurrenz des Rückgewährpflichtigen wegen seiner Gegenleistung oder seiner wiederauflebenden Forderung. Er hat daher im Verteilungsverfahren der Zwangsvollstreckung auf Grund dieser Gegenrechte anteilsmäßige (vgl. RG. v. 2. 6 u. v. 10. 7. 1891 Bolze 12 Nr. 215) oder gar vorgehende Befriedigung nicht zu beanspruchen, mag auch die Gegenleistung in einer nach § 38 KO. einen Masseschuldanspruch begründenden Weise die Zugriffsmasse erhöhen oder die wiederauflebende Forderung nach § 61 KO. bevorrechtigt sein. Nicht minder sind dem Anfechtungsgegner Zurückbehaltung und Aufrechnung verwehrt (vgl. RG. v. 29. 1. 1884 JW. S. 89). Für eine Aufrechnung fehlt es in beiden Fällen des § 8 am Erfordernisse der Gegenseitigkeit, da die Rückgewährschuld gegenüber dem Einzelgläubiger, die auf Erstattung des Entgelts gerichtete wie die wiederbelebte Forderung aber gegenüber dem Schuldner besteht. Auch dann, wenn der Gläubiger die Forderung des Schuldners auf die noch ausstehende Gegenleistung gepfändet hat und nach Überweisung einzieht, ist dem Anfechtungsgegner die Aufrechnung versagt (abw. Cosack S. 290). Wohl aber kann er eine mit der früheren Forderung des Anfechtungsgegners wiederauflebende Belastung zum Nachteile des anfechtenden Gläubigers geltend machen [Anm. 13]. Denkbar ist auch, daß die wiederauflebende Forderung an sich ein Vollstreckungsprivileg hat (etwa nach § 10 Nr. 2 ZVG.). Auch dieser Rang verbleibt ihr.

Anm. 6. Verfehlt wäre es, aus dem § 8 die Unzulässigkeit einer Zurückbehaltung wegen Verwendungen auf den Rückgewährgegenstand abzuleiten. Gegenansprüche dieser Art stehen im § 8 überhaupt nicht in Frage. Siehe darüber § 7 Anm. 14. Er entscheidet auch nicht darüber, wie es mit Forderungen des Anfechtungsgegners wider den Schuldner aus anderen, selbständigen Rechtsgründen zu halten sei. Die Begründung S. 23 bemerkt, auch eine Konkurrenz wegen anderer, mit der anfechtbaren Handlung nicht zusammenhängender Forderungen dürfe dem Anfechtungsgegner nicht zugebilligt werden. Doch hat der § 8 selbst diese Frage nicht berührt. „Wegen seiner Forderung" (Einzahl!) heißt: wegen der durch die anfechtbare Leistung getilgten Forderung [Anm. 12]. Vielfach wird daher im Gegensatze zur Begründung gelehrt, wegen anderer Forderungen müsse dem Anfechtungsgegner der Zugriff auf den Rückgewährgegenstand im Wege der Zwangsvollstreckung oder des Arrests frei stehen. So z. B. Cosack S. 288, Jaeckel S. 205, Korn S. 248, v. Wilmowski Anm. 3,

---

verdient daher auch keine Rücksicht" [siehe Anm. 3]. „In Übereinstimmung mit § 8 des deutschen Gesetzes v. 21. 7. 1879 hat sich daher der Entwurf für das in dem vorliegenden Paragraphen zum Ausdruck gebrachte Prinzip entschieden und dasselbe aus den gleichen Gründen (!) auch auf den Fall angewendet, daß infolge der Anfechtung eine Forderung des Anfechtungsbeklagten an den Schuldner wieder auflebt."

Petersen-Kleinfeller Anm. 3. Die letzteren fügen hinzu: „denn im Verhältnisse zwischen dem Anfechtungsgegner und dem anfechtenden Gläubiger gelte die Rechtshandlung nach § 1 überhaupt als unwirksam." Diese Ansicht verkennt, daß die Gläubigeranfechtung nur obligatorische und überdies nur relative Wirksamkeit hat. Nur zugunsten einer individuell bestimmten befriedigungsbedürftigen Forderung, nicht zugunsten des Gläubigers überhaupt ist der Anfechtungsgegner persönlich verpflichtet, den Zwangszugriff so zu ermöglichen, als ob der Rückgewährgegenstand noch zum Schuldnervermögen gehörte (§ 7). Daß er nicht zu diesem Vermögen, sondern vorerst noch zum Vermögen des Anfechtungsgegners gehört, steht in jeder anderen Hinsicht fest. Folgeweise kann auch der Anfechtungsgegner einstweilen nicht in den Rückgewährgegenstand — sein eigenes Vermögen — vollstrecken. Vgl. Menzel S. 283, Steinbach-Ehrenzweig S. 168 f., Hartmann-Meikel Anm. 7. Ausreichenden Schutz bietet der Konkurs.

II. Der Rückgriff gegen den Schuldner.

1. Erstattung einer Gegenleistung.

a) In den Worten „wegen Erstattung einer Gegenleistung kann der Empfänger sich nur an den Schuldner halten" setzt der § 8 einen Erstattungsanspruch des rückgewährleistenden Anfechtungsgegners wider den Schuldner stillschweigend voraus. Art und Inhalt dieses Anspruchs ergibt das sonstige bürgerliche Recht. Da das angefochtene Grundgeschäft (z. B. der Kauf- oder Tauschvertrag) unter den Geschäftsgenossen trotz der Anfechtung wirksam bleibt, bestimmen sich die Rechte des Anfechtungsgegners, dem die anfechtbare Leistung abgestritten worden ist, nach der Art und dem Inhalte dieses Geschäfts. Als Kauf- oder Tauschvertrag oder als kaufähnliches Veräußerungsgeschäft kann es einen Anspruch des Anfechtungsgegners auf Gewährleistung wegen Rechtsmangels begründen. §§ 434, 515; Erstreckung auf kaufähnliche Verträge: § 445 BGB.; Schenkung [Anm. 9]: § 523 BGB.; siehe oben § 1 Anm. 27 (daselbst wider die Bedenken von Fitting). Der Einwand von Linsmayer S. 109, ein Entwehrungsanspruch sei ausgeschlossen, weil der Schuldner dem Anfechtungsgegner Eigentum verschafft habe, geht offenbar fehl. Denn mit der Eigentumsverschaffung erschöpft sich die Pflicht des Verkäufers durchaus nicht. Er hat den verkauften Gegenstand frei von Rechten zu verschaffen, die dritte Personen gegen den Käufer geltend machen können (§ 434 BGB.). Diese Entziehungsrechte brauchen nicht gerade dinglicher Natur zu sein. Unstreitig gehört auch das Mietrecht hierher, das doch dem Käufer nur den Gebrauch der Sache für die Dauer der Mietzeit entzieht. Um wie viel mehr das Anfechtungsrecht, das zum Verluste des Rechtes selbst (des Eigentums an der Kaufsache) führt! Freilich wird in der Mehrzahl der unter den § 8 gehörenden Anfechtungsfälle die Gewährleistungspflicht des Veräußerers (Schuldners) darum ausgeschlossen sein, weil der Erwerber (Anfechtungsgegner) beim Vertragsabschlusse die Anfechtbarkeit positiv gekannt hat (§ 439 BGB.; siehe insbesondere § 3 Nr. 1 AnfG.). Die Gegenleistung hat der Schuldner indessen auch in solchen Fällen grundsätzlich Anm. 7.

zu erstatten und zwar unter dem Gesichtspunkt einer condictio causa finita (§ 812 I 2 BGB.). Der rechtliche Grund für das Verbleiben der Gegenleistung im Schuldnervermögen entfällt, sobald der Rückgewährpflichtige die Rückgewähr leistet: dann und insoweit entsteht der Bereicherungsanspruch. An sich verstößt die Empfangnahme einer anfechtbaren Leistung weder gegen ein gesetzliches Verbot noch gegen die guten Sitten [§ 1 Anm. 8ff.]. Daher führt die Anfechtbarkeit als solche zur Anwendung weder des § 309 BGB. (abw. Petersen-Kleinfeller KO. § 38 Anm. 7) noch des § 817 BGB. (abw. z. B. Korn S. 240). Ein Eintritt des rückgewährleistenden Anfechtungsgegners in die Rechte des Gläubigers wider den Schuldner findet (gegen Linsmayer S. 110f.) nicht statt [§ 7 Anm. 5].

Anm. 8. Soweit hiernach der Anfechtungsgegner vom Schuldner Schadensersatz wegen Nichterfüllung verlangen kann (§ 440 BGB.), hat er auch die aufgewendeten Kosten des Erwerbs und der Rückgewähr (Gebühren der Beurkundung und Buchung, Stempelkosten, Kosten des Anfechtungsprozesses), Vergütung der dem Gläubiger erstatteten Nutzungen und selbst Ersatz entgangenen Gewinns (§ 252 BGB.) zu beanspruchen. Für den Regelfall bloßer Bereicherungshaftung läßt sich ein Rückgriff in diesem Umfange nicht konstruieren.

Anm. 9. b) In den Fällen der Schenkungsanfechtung (§ 3 Nr. 3 u. 4, § 3a) kommt die Erstattung einer Gegenleistung regelmäßig nicht in Frage. Die Gewährleistung wegen eines Mangels im Rechte (§ 523 BGB.) spielt hier naturgemäß eine noch geringere Rolle als bei entgeltlichen Geschäften. Was Hartmann-Meikel Anm. 5 in diesem Zusammenhange von der Anfechtung eines Erbverzichts ausführen, ist jedenfalls im neuen Rechte gegenstandslos, da Erbverzichte unanfechtbar sind [§ 1 Anm. 37]. Immerhin kann ein Geschäft im ganzen der Schenkungsanfechtung unterliegen, obgleich der Erwerber dem Veräußerer oder auf seine Weisung einem Dritten eine Leistung gemacht hat, die nach erfolgreicher Anfechtung erstattet werden muß. So namentlich dann, wenn die Leistung nach dem Willen der Vertragsteile kein „Entgelt" darstellen sollte [§ 3 Anm. 43]; ferner bei Unteilbarkeit der Rückgewähr und bei der Schenkung unter Auflage [§ 3 Anm. 53]. Die verbreitete Lehre, der § 8 beziehe sich nur auf die Nr. 1 u. 2 des § 3 (so z. B. Bernhardi S. 37), ist daher ungenau.

Anm. 10. c) Gerät der erstattungspflichtige Schuldner in Konkurs, so greift der § 38 KO. ein. Soweit also der Konkursverwalter die Einzelanfechtung zugunsten der Konkursmasse ausnutzt (§ 13 I AnfG.), bildet die Erstattungsforderung des Anfechtungsgegners einen Masseschuldanspruch nach § 59 Nr. 3 KO., einerlei, ob eine Klagerweiterung nach § 13 II 3 erfolgt oder nicht [§ 13 Anm. 15]. Im übrigen ist der Erstattungsanspruch Konkursforderung.

Anm. 11. Auch für die während des Konkurses erfolgende Einzelanfechtung eines Nichtkonkursgläubigers [§ 1 Anm. 3ff.] kommt der § 8 in Frage. Auf Grund einer nach Konkursbeginn an einen Einzelgläubiger geleisteten Rückgewähr kann jedoch der Anfechtungsgegner seine Gegenleistung weder als

Massegläubiger noch als Konkursgläubiger kondizieren. Denn einerseits entsteht der Bereicherungsanspruch erst nach Konkursbeginn, wenn auch der angefochtene Akt schon vorher erfolgte; andrerseits wird durch diese Rückgewähr an einen Dritten „die Masse" nicht rechtlos bereichert.

2. Die anfechtbar getilgte Forderung.

a) Bestand der seinerzeit vom Anfechtungsgegner für den anfechtbaren Erwerb aufgeopferte Gegenwert in einer Forderung, so fragt es sich, ob die alte Schuld mit der Rückgewähr von selbst wieder auflebt oder ob etwa nur ein Bereicherungsanspruch wider den ungerechtfertigterweise befreiten Schuldner entsteht. Der Bereicherungsanspruch ginge auf Wiederherstellung der alten Schuld. Er würde einen zwecklosen Umweg darstellen und den Anfechtungsgegner nur unvollkommen restituieren [Anm. 13]. Darum läßt der § 39 KO. für den Fall der konkursmäßigen Rückgewähr die anfechtbar getilgte Forderung von selbst wieder aufleben. Das ist unverkennbar auch der Sinn des § 8 AnfG. Denn der Fall der Aufopferung einer Forderung wird selbständig neben der Aufopferung eines sonstigen Gegenwertes genannt und für den ersten Fall verordnet: „wegen seiner Forderung". D. h. also wegen derjenigen bestimmten Forderung, auf welche die anfechtbare Leistung als Erfüllung oder an Erfüllungsstatt in Empfang genommen worden war, „kann sich der Empfänger nur an den Schuldner halten". Der Ausdruck „wegen seiner Forderung" ist nur erklärlich, wenn das Wiederaufleben der Forderung vorausgesetzt wird. Sonst müßte wie von der „Erstattung" einer Gegenleistung von der Wiederherstellung der Forderung oder einem Ersatz ihres Verlustes die Rede sein. Auch der Zusammenhang mit dem § 39 drängt zu dieser Annahme. Das österreichische Anfechtungsgesetz (§ 36 Satz 1) sagt in engster Anlehnung an unseren § 8 genauer: „Wegen Erstattung einer Gegenleistung oder wegen einer infolge der Anfechtung wieder auflebenden Forderung kann der Anfechtungsgegner sich nur an den Schuldner halten". Auch der a. 291 II des schweizerischen Schuldbetreibungsgesetzes verordnet: „Bestand die anfechtbare Rechtshandlung in der Tilgung einer Forderung, so tritt dieselbe mit der Rückerstattung des Empfangenen wieder in Kraft." So auch die herrschende deutsche Lehre (RG. v. 10. 3. 1888 Bd. **20**, 161; Petersen-Kleinfeller Anm. 2; Cosack S. 268; Jaeckel S. 207; Förster-Eccius I § 114 zu Note 49); abw. Menzel S. 272ff., Hartmann-Meikel Anm. 2. Die Forderung lebt aber nicht „durch die Anfechtung" wieder auf (so z. B. Petersen-Kleinfeller a. a. O.), sondern nur dann und nur insoweit, als der Anfechtungsgegner das Empfangene zurückgewährt. Das ergibt der Zweck des Gesetzes und der Zusammenhalt mit § 39 KO. Einerlei ist, ob die angefochtene Leistung die geschuldete [siehe § 3 Anm. 9] oder eine datio in solutum war (§ 364 I BGB.), ob sie freiwillig oder im Vollstreckungsweg erfolgte [vgl. aber § 1 Anm. 39], desgleichen, ob die Rückgewähr erzwungen ward oder nicht [§ 7 Anm. 5]. Anm. 12.

b) Mit der Forderung leben grundsätzlich ihre Nebenrechte, insbesondere Anm. 13.

zwischenzeitliche Zinsansprüche, Pfandrechte und Bürgschaften von selbst und ex tunc wieder auf. RG. v. 10. 3. 1888 Bd. **20**, 157 (für das gesetzliche Verpächterpfandrecht). Doch ergeben sich hier mancherlei Schwierigkeiten. Näheres Jaeger KO. § 39 Anm. 8—16.

Anm. 14. c) Gerät der Schuldner nach der Rückgewähr in Konkurs, so gelten für die Verfolgung der wiederbelebten Forderung im Konkurse die allgemeinen Regeln (Jaeger KO. § 39 Anm. 6, 9—12) und zwar auch dann, wenn es dem Verwalter nicht gelingt, die Rückgewähr nachträglich noch der Masse zuzuführen (vgl. § 13 III AnfG.). Ebenso steht dem Anfechtungsgegner, der während des Konkurses einem Nichtkonkursgläubiger Rückgewähr leistet, die Verfolgung einer nach § 8 AnfG. ex tunc wiederbelebten Konkursforderung und eines sie sichernden Absonderungsrechtes frei, obwohl die Rückgewähr der Masse nicht zugute kommt. Für den Fall der Rückgewähr zur Konkursmasse gilt der § 39 KO. Siehe auch § 13 Anm. 6.

Anm. 15. 3. Beiziehung des Schuldners in den Anfechtungsprozeß.

Insofern dem Anfechtungsbeklagten im Falle seines Unterliegens nach Anm. 7ff., 12 ein Rückgriffsanspruch gegen den Schuldner erwachsen kann, steht ihm eine Streitverkündung nach Maßgabe der §§ 72ff. ZPO., also mit den Folgen des § 74 ZPO. und der §§ 209 Nr. 4, 215 BGB. (Unterbrechung der Verjährung des Rückgriffs) frei. Der rückgriffspflichtige Schuldner kann daraufhin oder aber ohne Anregung dem Anfechtungsbeklagten zum Zwecke der Unterstützung als unselbständiger Nebenintervenient beitreten (§§ 66—68, 70, 71 ZPO.). Im übrigen siehe § 1 Anm. 72ff.

§ 9.

Erfolgt die Anfechtung im Wege der Klage, so hat der Klagantrag bestimmt zu bezeichnen, in welchem Umfange und in welcher Weise die Rückgewähr seitens des Empfängers bewirkt werden soll.

Unveränderter § 9 der ursprünglichen Fassung.

***Materialien**: Begründung S. 25f. (§ 8 Entw.), Protokolle S. 2269.*

Der Rückgewährantrag.

I. Die Bedeutung des § 9 im allgemeinen.

Anm. 1. 1. Als materiellrechtlichen Grundsatz für die Haftung des Anfechtungsgegners stellt der § 7 die allgemeine Vorschrift auf: der benachteiligte Gläubiger hat, soweit es seine Befriedigung erheischt, die Rückgewähr des anfechtbar aufgeopferten Wertes zu beanspruchen. Wie der Anfechtungszweck ergibt, bedeutet diese Rückgewähr eine Wiederermöglichung des durch den anfechtbaren Akt vereitelten Gläubigerzugriffes. Worin sie im Einzelfalle bestehen soll, sagt das Gesetz nicht. Die Gläubigerbenachteiligung tritt in so mannigfaltigen Gestalten auf, daß jede kasuistische Ordnung der Rückgewährfälle lückenhaft bleiben würde. Da nun aber die Rückgewähr den vereitelten Vollstreckungszugriff wieder erschließen soll, muß die Verurteilung zur Rückgewähr so genau bestimmt sein, daß *Art und Umfang der wieder zu ermöglichenden Zwangsvollstreckung im Einzelfalle genau feststehen*. Darum genügt es nicht, daß der Anfechtungskläger in Anlehnung an den allgemeinen Grundsatz des § 7 „Rückgewähr" des preisgegebenen Wertes beantragt. Ein solches Begehren würde, da sich der Richterspruch in den Grenzen der Parteianträge halten muß (§ 308 ZPO.), keine ausreichende Grundlage zu vollstreckbarer Verurteilung bieten. Vielmehr muß der Klagantrag bestimmt angeben, *wie und inwieweit* im konkreten Falle Rückgewähr beansprucht wird.

So stellt der § 9 zunächst klar, nach welcher Richtung der Antrag einer Anm. 2. Anfechtungsklage dem Gebote des § 253 II Nr. 2 ZPO. entsprechend „*bestimmt*" sein „*muß*". Es würde aber verfehlt sein, im § 9 lediglich eine Erläuterung dieser allgemeinen Klagevorschrift zu erblicken. Sein Zweck reicht erheblich weiter. Die Erfordernisse des § 253 II ZPO. sind wesentlich, aber verzichtbar (§ 295 I ZPO.), da sie jedenfalls vorwiegend dem Parteiinteresse, nämlich einer Rücksichtnahme auf den Beklagten dienen (vgl. L. Seuffert ZPO. § 253 Anm. 5, 9. Aufl. S. 351, Gaupp-Stein ZPO. § 253 Anm. IV mit Rechtspr.). *Die Vorschrift des § 9 dagegen ist wesentlich und unverzichtbar* (§ 295 II ZPO.). Denn sie will einer unnötigen Prozeßvervielfältigung vorbeugen (Begr. S. 26; RG. v. 22. 1. 1889 Bd. **23**, 8; v. 10. 2. 1903 JW. S. 128 Nr. 15; v. 23. 2. 1904 Bd. **57**, 104; ebenso die Begr. zum § 35 des österreich. AnfG., Steinbach-Ehrenzweig S. 162) und trägt insofern keineswegs nur oder doch vorwiegend dem Schutzbedürfnisse des Beklagten, sondern nicht minder dem Interesse des Staates am Ausschlusse doppelter Inanspruchnahme seiner Gerichte Rechnung. Die Norm des § 9 ist zwingend, die des § 253 II Nr. 2 dagegen nachgiebig (abw. Petersen-Kleinfeller § 1 Anm. 11, § 9 Anm. 1). Die Beobachtung der ersteren, nicht auch der letzteren muß von Amts wegen nachgeprüft werden. Ein unberichtigter [Anm. 4] Verstoß gegen den § 9 führt daher nicht nur auf Rüge oder bei Säumnis des Beklagten, sondern trotz einer Unterlassung der Rüge oder einer ausdrücklichen Verzichterklärung zur Abweisung der Anfechtungsklage durch Prozeßurteil („*als unzulässig*", also ohne Sachwürdigung). Der verbesserten Anfechtungsklage steht die Rechtskraft dieser Abweisung nicht im Wege. Fristwahrend wirkt aber solchenfalls erst die verbesserte Klage [§ 2 Anm. 5].

Die Absicht, zweckloser Prozeßverdoppelung vorzubeugen, liegt schon der Anm. 3. allgemeinen Vorschrift des § 256 ZPO. zugrunde, insofern dort ein auf Feststellung beschränkter Klagantrag nur für zulässig erklärt wird, wenn der Kläger an alsbaldiger bloßer „*Feststellung*" ein rechtliches Interesse hat. Wer alsbald auf *die Leistung* klagen kann, muß das Feststellungsinteresse aus besonderen Umständen rechtfertigen. Denn es wäre mit den Grundsätzen einer geordneten Rechtspflege unvereinbar, wenn der Kläger nach seiner Willkür den Klagantrag auf Feststellung beschränken dürfte, um späterhin Gegner und Gericht mit einem neuen Prozesse — der Leistungsklage — zu behelligen. Darum wird ein eigenes, von Amts wegen nachzuprüfendes Feststellungsinteresse gefordert (vgl. L. Seuffert a. a. O. I S. 359 u. 360 mit Zit.). Die Anfechtungsklage ist nun nach § 2 überhaupt erst zulässig, wenn der Anspruch des Gläubigers fällig und vollstreckbar und das Schuldnervermögen zugriffsunzulänglich ist. Vorher fehlt nach dem Standpunkte des Gesetzes das Rechtsschutzbedürfnis für Anfechtungsklagen überhaupt, auch für bloße Feststellungsklagen, ohne daß neben dem § 2 AnfG. der § 256 ZPO. in Betracht kommen könnte. Eine Klage auf Feststellung, daß der Kläger für den späteren Fall der Titelerlangung und der Zugriffsunzulänglichkeit des Schuldnervermögens anfechtungsberechtigt sei, würde sich überdies beim Ausbleiben dieser Voraussetzungen als eine bedenkliche Gefährdung der Verkehrssicherheit darstellen (RG. v. 23. 2. 1904 Bd. 57, 104). Nachher ist die Klage auf Leistung („Rückgewähr") statthaft, die bloße Feststellungsklage aber ein zweckwidriger Umweg, da doch die Anfechtung eine „Befriedigung" des Gläubigers (§§ 1, 2, 7) anstrebt (vgl. RG. v. 18. 1. 1892 JW. S. 155 f. Nr. 23). Deshalb gebietet der § 9 dem Berechtigten, die an sich (§ 2) zulässige Anfechtungsklage alsbald auf ein nach Art und Umfang bestimmtes Leistungsbegehren zu richten. Insofern bedeutet der § 9 nicht, wie die gemeine Lehre behauptet, eine Ausnahme vom Grundsatze des § 256 ZPO. (so z. B. Hartmann-Meikel Anm. 1), sondern eine dem Zwecke der Einzelanfechtung Rechnung tragende Anwendung dieses Prinzips. Mit der Dinglichkeitslehre sind Wortlaut und Sinn des § 9 unvereinbar [§ 1 Anm. 65].

Anm. 4. Nach alledem würde eine auf bloße Feststellung der „Unwirksamkeit" eines Aktes gegenüber dem Kläger (§ 1) gerichtete Klage als Verstoß gegen das zwingende Gebot des § 9 unzulässig sein. Der Vorsitzende hat nach § 139 II ZPO. in Partei- und in Anwaltsprozessen die Pflicht, auf die Bedenken aufmerksam zu machen, die in Ansehung dieses von Amts wegen zu berücksichtigenden Punktes bestehen (vgl. auch § 139 I ZPO.), und so die nach § 268 Nr. 2 ZPO. einseitig statthafte Erweiterung des Klagantrags zu einer dem § 9 entsprechenden Fassung zu veranlassen. In Parteiprozessen hat der Amtsrichter ganz allgemein dahin zu wirken, daß die Parteien ihr Begehren in „sachdienliche" Anträge kleiden (§ 503 ZPO.). Dagegen darf das Gericht dem Kläger zwar weniger, nicht aber mehr und nichts anderes zusprechen, als er beantragt hat (§ 308 ZPO.). Es ist daher auch nicht unbedenklich, auf eine nicht beantragte „Modalität der Rückgewähr" zu erkennen, wenngleich die beantragte „der Sach- und Rechtslage nicht entspricht", die ausgesprochene aber sich „innerhalb der Tendenz des Klagantrags" hält. So z. B. RG. v. 20. 4. 1883 Bd. 9, 71 (Verurteilung zur Geldzahlung statt zu der beantragten Duldung der Pfändung einer Forderung, deren Nichtbestehen sich herausstellte); vgl. ferner RG. v. 28. 2. 1902 Sächs. Archiv 12 S. 742 („Duldung der Zwangsvollstreckung" statt der beantragten Anerkennung, Herausgabe usw.); OLG. Dresden v. 3. 4. 1903 Sächs. Archiv 14 S. 398 (Verurteilung zur Duldung der Zwangsvollstreckung statt zu der beantragten Rückübereignung an den Schuldner). Richtiger ist es, auf dem Wege der §§ 139, 503 mit § 268 Nr. 2 ZPO. für zweckentsprechende Korrektur des

Klagantrags zu sorgen. Siehe auch § 7 Anm. 3 a. E. Beispiel einer nach § 268 Nr. 2 ZPO. für statthaft erachteten Antragsbeschränkung: RG. v. 24. 6. 1902 JW. S. 420 Nr. 12 (ursprüngliches Verlangen völliger Aufgabe des anfechtbar erworbenen Realrechts dahin „ermäßigt", daß der Beklagte im Verteilungsverfahren hinter den Kläger zurücktrete). Anders liegt die Sache bei der konkursmäßigen Anfechtung. Der Konkursverwalter darf die Anfechtungsklage unter der allgemeinen Voraussetzung der §§ 256, 280 ZPO. auf Feststellung beschränken (vgl. RG. v. 22. 1. 1889 Bd. 23, 6; v. 16. 9. 1904 Sächs. Archiv 15 S. 77). Eine Anfechtungsklage des Verwalters auf bloße Feststellung kann insbesondere zur Abwehr einer anfechtbar erworbenen, im Sinne des § 146 VI KO. titulierten Konkursforderung veranlaßt sein (vgl. Jaeger KO. § 146 Anm. 12 u. 24). Daß der angebliche Rückgewährschuldner seinerseits innerhalb wie außerhalb des Konkurses nach Maßgabe der §§ 256, 280 ZPO. auf Feststellung des Nichtbestehens der Anfechtungsverbindlichkeit klagen kann, wurde bereits zu § 1 Anm. 69 bemerkt.

In der Praxis werden tatsächlich trotz des § 9 zahlreiche Anfechtungs- Anm. 5. klagen auf bloße Feststellung zugelassen. So enthält insbesondere die beliebte Formulierung „der Beklagte werde verurteilt anzuerkennen, daß er dem Kläger gegenüber nicht befugt ist, Rechte aus der Pfändung (oder dem sonstigen Erwerbsakte) geltend zu machen" (siehe z. B. das durch RG. v. 1. 2. 1901 Bd. 47, 223 bestätigte Urteil des OLG.) in Wahrheit einen reinen Feststellungsantrag. Denn „Anerkennung" ist hier der einem älteren, noch im § 256 ZPO. („Anerkennung einer Urkunde" statt Feststellung ihrer Echtheit) nachklingenden, aber unpassenden Gerichtsgebrauch entstammende Ausdruck für Feststellung. Korrekt hätten Klagantrag und Urteilsformel etwa auf Bewilligung des Vorrangs im Verteilungsverfahren lauten müssen [Anm. 11]. Vgl. auch RG. v. 24. 6. 1902 JW. S. 420 Nr. 12: Antrag, „daß die Beklagte im Verhältnis zum Kläger zurücktrete, indem sie ihm den in der Zwangsvollstreckung auf sie entfallenden Betrag überlasse". Im Falle RG. v. 28. 2. 1902 Sächs. Archiv 12 S. 738ff. hatte der erste Richter unter Billigung des Berufungsgerichts den Beklagten antragsgemäß verurteilt: „anzuerkennen, daß die Abtretung der Grundschuld gegenüber der Klägerin unwirksam sei" statt „die Zwangsvollstreckung des Klägers in die Grundschuld zu dulden". Da die Verurteilung zur Rückgewähr zugleich den zuerkannten Anfechtungsanspruch feststellt (vgl. § 767 I ZPO. „der durch das Urteil festgestellte Anspruch"), bedarf es keines besonderen Feststellungsantrags neben dem Leistungsbegehren. Vgl. dagegen § 35 österr. AnfG.

2. Was der § 9 für die Klage des anfechtenden Einzelgläubigers bestimmt, gilt Anm. 6. gleichermaßen für eine Widerklage. Denn auch sie ist eine Klage im vollen Sinne des Wortes. Auch die Zulässigkeit einer Feststellungszwischenklage nach § 280 ZPO. kann dem § 9 gegenüber nicht anerkannt werden (abw. v. Wilmowski Anm. 1). Daß dagegen unsere Vorschrift die bloße Abwehr eines Anspruchs im Wege der Einwendung oder Gegeneinwendung nicht trifft, ergibt die Natur der Sache.

II. Umfang der Rückgewähr.

Anm. 7. Nach § 7 hat der anfechtende Einzelgläubiger Rückgewähr nur insoweit zu beanspruchen, als es zu seiner Befriedigung erforderlich ist. Diese Grenze der Rückgewährverbindlichkeit gegenüber dem einzelnen Gläubiger muß in dem seiner Anfechtungsklage stattgebenden Urteile zur Verhütung eines Mißbrauchs genau festgelegt werden. Darum verlangt der § 9 eine bestimmte Bezeichnung des Umfangs der Rückgewähr. Klagantrag und Urteilsformel haben daher den Geldanspruch, dessen Befriedigung durch die angefochtene Handlung verkürzt worden ist, individuell und zwar nach Kapital, Zinsen und Kosten zu bezeichnen und sich nicht etwa mit den Worten „bis zur Befriedigung des Klägers" zu begnügen (RG. v. 15. 4. 1898 JW. S. 360 Nr. 35; v. 10. 2. 1903 JW. S. 128 Nr. 15). Mit Rücksicht auf die akzessorische Natur der Rückgewährverbindlichkeit bedarf es dieser bestimmten Angabe der verkürzten Forderung („wegen einer Darlehensforderung von 1000 Mark mit 50 Mark Kosten und vier Prozent Zinsen seit") auch dann, wenn die Rückgewährverbindlichkeit auf Zahlung einer Geldsumme an den Kläger geht [Anm. 12]. Vertauschung der in der Klageschrift geltend gemachten Forderung mit einer anderen wäre Klagänderung (RG. v. 24. 2. 1897 Bd. **39**, 3; v. 4. 2. 1898 S. 157 f. Nr. 16). Neben der subjektiven kann eine objektive Begrenzung des Umfangs der Rückgewähr geboten sein. Siehe in in dieser Hinsicht § 7 Anm. 11 ff., 22 ff.; insbesondere wegen Ermittelung der Anfechtungsgegenstände im einzelnen § 7 Anm. 20.

III. Art und Weise der Rückgewähr.

Anm. 8. 1. Besteht der anfechtbare Erwerb nicht in einer Geldsumme, so ist die Rückgewähr grundsätzlich **eine Rückgewähr in Natur** d. h. bei der Einzelanfechtung Wiederermöglichung des durch die anfechtbare Veräußerung vereitelten Gläubigerzugriffs [§ 7 Anm. 2]. In zahlreichen Fällen erfordert diese Wiederherstellung der früheren Zugriffsmöglichkeit kein positives Tun des Anfechtungsgegners: er genügt seiner Rückgewährpflicht, wenn er sich die Zwangsvollstreckung in den Anfechtungsgegenstand so gefallen läßt, als ob dieser Gegenstand noch Vermögen des Schuldners wäre. Klagantrag und Urteilsformel lauten alsdann auf Duldung der Zwangsvollstreckung. In anderen Fällen reicht, trotzdem der anfechtbare Erwerb noch unterscheidbar im Vermögen des Anfechtungsgegners vorhanden ist, ein bloßes Dulden des Zugriffs nicht aus. Es kann einer Rückschaffung verschleppter Sachen, einer Auskunfterteilung, einer vorgängigen Beseitigung rechtlicher oder tatsächlicher Zugriffshindernisse bedürfen. Diese Nebenpflichten bilden integrierende Bestandteile der Rückgewährverbindlichkeit [§ 7 Anm. 15 u. 20]. Die Maßnahmen der Zwangsvollstreckung selbst dagegen, wie z. B. die Wegnahme des Briefes bei der Pfändung anfechtbar abgetretener Briefforderungen (§§ 830, 857 VI ZPO.), sind nicht im Anfechtungsprozesse zu beantragen und anzuordnen, sondern dem Vollstreckungsverfahren vorzubehalten, dem die Anfechtung nur die Wege ebnen soll (RG. v. 28. 2. 1902 Sächs. Archiv 12 S. 741, auch bei Gruchot 46 S. 1018). Sache des Klägers ist es, die ihm dienliche Art der Rückgewähr im Klagantrage zu bestimmen; Sache des Beklagten, zu weit gehenden Ansprüchen (z. B. dem Verlangen der Übereignung einer anfechtbar veräußerten Sache an den Kläger) in der mündlichen Verhandlung entgegen zu treten. Beim Ausbleiben des Beklagten hat das Gericht das beantragte Versäumnisurteil nur insoweit zu erlassen, als der Klagevortrag den Klagantrag rechtfertigt (§ 331 ZPO.). Richterliche Fragepflicht: Anm. 4.

Sieht man von den Nebenpflichten ab, so ergeben sich namentlich folgende Gruppen der Rückgewähr in Natur:

a) Übereignungen beweglicher und unbeweglicher Sachen, Anm. 9. insbesondere auf Grund von Kauf- oder Schenkungsverträgen oder als Leistungen an Erfüllungsstatt. Klagantrag und Urteilsformel lauten dahin: daß der Beklagte die Zwangsvollstreckung des Klägers wegen einer genau bezeichneten Forderung [Anm. 7] in die genau bezeichnete Sache so zu dulden hat, als ob diese Sache noch zum Vermögen des Schuldners gehörte. Der Rückgewähranspruch geht weder auf Rückübereignung an den Schuldner noch auf Übereignung an den Gläubiger. Darum wäre ein Antrag im Sinne der §§ 847, 848 ZPO. nicht nur „nicht notwendig", wie die Begründung S. 25f. bemerkt, sondern durchaus sachwidrig. Bei Grundstücken eröffnet die Verurteilung des Anfechtungsbeklagten dem Gläubiger grundsätzlich die Wahl zwischen der Erwirkung einer Zwangshypothek (vgl. RG. v. 23. 10. 1900 Bd. **47**, 376), der Zwangsversteigerung und der Zwangsverwaltung (§ 866 ZPO.). Daß die Anfechtung „Befriedigung" des Gläubigers bezweckt (§§ 1, 7), eine Zwangshypothek aber zunächst nur Sicherung gewährt, ist kein Widerspruch, denn sie stellt die künftige Befriedigung in einer vielleicht durch das Interesse aller Beteiligten gebotenen Weise sicher (vgl. auch § 13 III). Da der Anfechtungsgegner die Zwangsvollstreckung so zu dulden hat, als ob der Schuldner noch (eingetragener) Eigentümer des Grundstücks wäre, steht der § 17 ZVG. nicht im Wege. Der § 7 AnfG. modifiziert also den § 17 ZVG. Vgl. RG. v. 23. 10. 1900 a. a. O.; v. 14. 1. 1902 Bd. **50**, 124; v. 6. 11. 1903 Bd. **56**, 144 (wo freilich verkannt wird, daß die Sache bei der konkursmäßigen Anfechtung nach § 37 KO. ganz anders liegt); OLG. Karlsruhe v. 6. 12. 1902 Bad. Rechtspr. 1903 S. 86 Nr. 39; Jaeckel ZVG. § 17 Anm. 7 (2. Aufl. S. 90); abw. vom Standpunkte der Dinglichkeitslehre aus Wolff ZVG. 2. Aufl. § 17 Anm. 3 (im Verhältnisse zum anfechtenden Gläubiger sei der Schuldner wieder als Eigentümer zu betrachten und einzutragen). Ebensowenig als bei der Veräußerung des Alleineigentums bedarf es bei der Veräußerung eines Miteigentumsbruchteiles der Rückauflassung an den Veräußerer. Der Erwerber hat, auch wenn er durch die anfechtbare Zuwendung Alleineigentümer geworden und nun als solcher im Grundbuch eingetragen ist, die Zwangsvollstreckung in den Bruchteil des Grundstücks (§ 864 II ZPO.) so zu gewähren, als ob dieser noch Vermögen des Schuldners wäre. Vgl. Voß Juristenztg. 9 S. 546f. gegen Matthießen ebenda S. 161ff. Bei der Gemeinschaft zur gesamten Hand sind veräußerliche und pfändbare Anteile an den einzelnen Gegenständen der Gemeinschaft nicht vorhanden. Der Anteil eines Miterben am Nachlaß im ganzen ist veräußerlich und pfändbar (§ 2033

BGB., § 859 II ZPO.). Hat der eine von zwei Miterben seinen Erbteil anfechtbar an den anderen übertragen, so geht dessen Rückgewährpflicht dahin, die Zwangsvollstreckung in den hinzuerworbenen Erbteil so zu gewähren, als ob er noch dem Schuldner gehörte. Vgl. OLG. Breslau v. 21. 6. 1904 Recht 8 S. 389 Nr. 1747. Über die Frage der Anfechtbarkeit einer Umwandlung von Gesamtgut in Vorbehaltsgut siehe § 3 Anm. 66. Ein Übererlös gebührt, soweit er nicht von anderen Anfechtungsgläubigern beansprucht werden kann, dem Anfechtungsgegner [§ 7 Anm. 5]. Eine Gewährleistungspflicht des Schuldners besteht regelmäßig nicht [§ 8 Anm. 7].

Anm. 10. b) Abtretung und Erlaß von Forderungen. Der Rückgewähranspruch geht dahin, daß der Anfechtungsgegner die Pfändung der ihm abgetretenen oder erlassenen Forderung so ermöglicht, als ob die Forderung dem Schuldner noch zustände. Mit einem bloßen Dulden wird gerade in diesen Fällen die Rückgewährverbindlichkeit häufig nicht zu erfüllen sein. Insbesondere kann es der Wiederherstellung einer Schuldurkunde (z. B. eines Wechsels oder Hypothekenbriefs, vielleicht auch eines nur zum Beweise dienlichen Schuldscheines) bedürfen [§ 7 Anm. 15]. Zwang: § 888 (nicht § 894) ZPO. Erweist sich die für den Zugriff erforderliche Wiederherstellung als unmöglich, weil z. B. der vernichtete Wechsel auch Unterschriften nicht rückgewährpflichtiger Garanten enthielt, so besteht die Rückgewähr im Wertersatz [Anm. 12]. Ein Antrag auf „Anerkennung der Unwirksamkeit" des Erlasses oder der Abtretung widerspricht dem § 9 [siehe Anm. 5]. Da die „Unwirksamkeit" des § 1 nur eine Entkräftbarkeit im Sinne obligatorischer Rückgewährpflicht bedeutet, würde eine Unwirksamkeitserklärung nicht schon „die Rückkehr des Schuldnerus" und „damit die Existenz einer pfändbaren Forderung" zur Folge haben können (abw. Hartmann-Meikel S. 258). Siehe § 7 Anm. 6. Andrerseits ist es ungenau, wenn die Begründung S. 26 ganz allgemein lehrt, bei Anfechtung eines Schulderlasses sei der Rückgewährantrag auf Geldzahlung zu richten (vgl. Otto S. 243, Krasnopolski S. 138). Womöglich ist vielmehr auch der durch einen Erlaß oder eine Abtretung vereitelte Zugriff wiederherzustellen. Hat freilich der Erwerber eine ihm anfechtbar übertragene — fällige und unbedingte — Geldforderung bereits eingezogen, so würde die an sich geschuldete Wiederherstellung der Forderung „ein sinn- und zweckloser Umweg" sein. Dem Geiste des Gesetzes entspricht daher eine Rückgewähr durch unmittelbare Geldzahlung an den anfechtenden Gläubiger (vgl. RG. v. 30. 4. 1901 Bd. **48**, 149; v. 30. 12. 1902 Bad. Rechtspr. 1903 S. 110). Gleiches gilt für den Fall einer Tilgung der anfechtbar erworbenen Forderung durch Aufrechnung (vgl. RG. v. 26. 1. 1888 Bolze 5 Nr. 345; v. 3. 5. 1904 Bd. **58**, 107). Hat der Erwerber die fällige und unbedingte Geldforderung einziehen lassen, so muß er — abgesehen vom Ausnahmefalle des § 7 II — den eingezogenen Betrag auch dann erstatten, wenn er ihm von seinem Beauftragten gar nicht abgeliefert worden ist (vgl. RG. v. 23. 3. 1888 Bolze 5 Nr. 337 b). Denn im Regelfall begrenzt das Weggeben des Schuldners, nicht das Empfangen des Gegners den Rückgewähranspruch [§ 7 Anm. 9 u. 11]. Dementsprechend hängt auch die Rückgewährpflicht dessen, der die anfechtbar erworbene Forderung weiter abgetreten hat, nicht vom Empfang eines Gegenwertes ab (RG. v. 23. 5. 1890 Bolze 10 Nr. 263). Besteht der auf Grund der anfechtbaren Abtretung eingezogene Leistungsgegenstand nicht in einer Geldsumme, sondern in einer individuell bestimmten und noch unterscheidbar beim Anfechtungsgegner vorhandenen Sache (wie z. B. im Falle anfechtbarer Abtretung des Anspruchs aus dem Kauf eines Pferdes oder Hauses), so geht der Rückgewährantrag auf Ermöglichung (Duldung) des Zugriffs in den konkreten Leistungsgegenstand (Pferd, Haus). Näheres über die Anfechtung solcher indirekter Zuwendungen § 1 Anm. 40, insbesondere über Verträge auf Leistung an Dritte § 3 Anm. 72 ff.

c) Belastung von Gegenständen. Wird gegenüber der Zwangs- Anm. 11. vollstreckung in einen Gegenstand des Schuldners von einem Dritten auf Grund anfechtbarer Belastung „ein die Veräußerung hinderndes Recht" im Sinne des § 771 ZPO. (z. B. ein anfechtbar bestellter Nießbrauch) geltend gemacht, so wehrt der vollstreckende Gläubiger die Widerspruchsklage mit dem Anfechtungseinwande ab [§ 1 Anm. 70]. Zur Anfechtungsklage wird der benachteiligte Gläubiger namentlich dann genötigt, wenn er sich im Verteilungsverfahren einem auf die anfechtbare Belastung (z. B. Hypothek oder Grundschuld) gestützten Anspruch auf Vorzugsbefriedigung widersetzt hat (§ 878 ZPO., § 115 ZVG.). Dabei ist zu beachten, daß die Anfechtung ein Aufrücken nicht anfechtender Realgläubiger nicht bewirken darf. Der Klagantrag hat dementsprechend regelmäßig dahin zu lauten, daß der Beklagte eine ihm vorgehende Berücksichtigung des Klägers bewillige. Siehe § 1 Anm. 28 mit abweichenden Ansichten. Eine bloße Feststellungsklage darf dies nach § 9 nicht sein (abw. Gaupp-Stein ZPO. § 878 unter II). Warum andrerseits ein Widerspruch nach § 878 ZPO. nicht sollte auf das Anfechtungsrecht gestützt werden können, ist gegen R. Schmidt Zivilprozeßrecht S. 631 Note 2 nicht einzusehen. Siehe z. B. RG. v. 22. 10. 1902 Bd. 52, 336 sowie die Rechtsprechung zu § 1 Anm. 28 und für die entsprechende Widerspruchsklage des Konkursverwalters nach § 146 VI KO. Jaeger KO. § 141 Anm. 9, § 146 Anm. 24, ferner die Kommentare der ZPO. zu § 878, bes. L. Seuffert 9. Aufl. II S. 566. Sowenig als die Rückgewähr einer angefochtenen Eigentumsübertragung eine Übereignung an den Gläubiger [Anm. 9], ebensowenig ist die Rückgewähr einer angefochtenen Belastung eine Abtretung des belastenden Rechtes (z. B. einer anfechtbar bestellten Hypothek) an den Gläubiger (RG. v. 18. 2. 1898 JW. S. 224 Nr. 17) und ebensowenig die Rückgewähr einer angefochtenen Belastungsabtretung (z. B. der anfechtbaren Abtretung einer Hypothek) eine Abtretung an den Gläubiger [Anm. 10]. Hat der Schuldner ein Grundstück anfechtbar übereignet, der Erwerber aber (z. B. durch einen Hausbau) werterhöhende Verwendungen auf dieses Grundstück gemacht und zur Beschaffung der erforderlichen Mittel das Grundstück hypothekarisch belastet, so bildet das Grundstück nur unter Abzug der

Verwendungen den Gegenstand der Rückgewähr, da dem Gläubiger die Werterhöhung angerechnet werden darf [§ 7 Anm. 14]. Er hat zwar die Beseitigung einer neuen, seinen Zugriff beeinträchtigenden Belastung [§ 7 Anm. 13], nicht aber die Einräumung eines Vorrangs vor der Verwendungshypothek zu beanspruchen. Er muß daher die neue Belastung insoweit gegen sich gelten lassen, als sie sich in den Grenzen der Erhöhung des Zugriffswertes der Liegenschaft hält. Vgl. RG. v. 5. 5. 1885 Bolze 1 Nr. 557.

Anm. 12. 2. Als **Ersatzverbindlichkeit** geht die Rückgewährpflicht auf Geldzahlung unmittelbar an den anfechtenden Einzelgläubiger, wenn der anfechtbare Erwerb von vornherein in einer Geldsumme bestand oder wenn die Naturalrestitution eines anderen Erwerbs auf eine vom Erwerber zu vertretende Weise unmöglich geworden ist. Darüber § 7 Anm. 2, 16ff., 22ff. Übergang vom Begehren der Rückgewähr in Natur zum Ersatzantrag: § 7 Anm. 16. Rückgewähr bei Anfechtung eines Unterlassens: § 1 Anm. 35.

Anm. 13. 3. Im **Konkurse** des Rückgewährpflichtigen (des Anfechtungsgegners) bildet der konkursmäßige wie der außerkonkursmäßige Rückgewähranspruch eine bloße Konkursforderung, nicht ein Aussonderungsrecht [§ 1 Anm. 23]. Der anfechtende Einzelgläubiger ist daher genötigt, auch den an sich auf Rückgewähr in Natur gehenden Anfechtungsanspruch nach Maßgabe des § 69 KO. als Geldforderung anzumelden.

IV. Der Wert des Streitgegenstandes.

Anm. 14. 1. Der Wert des Streitgegenstandes (§§ 2ff. ZPO.) — von Bedeutung für die sachliche Zuständigkeit (§§ 23, 70 GVG.), für die Zulässigkeit der Revision (§ 546 ZPO. i. d. Fassung v. 9. Juni 1905, RGBl. S. 536), für die vorläufige Vollstreckbarkeit (§ 709 Nr. 4 ZPO.) und für die Berechnung der Gerichtskosten und Anwaltsgebühren (§ 9 GKG., § 11 GO. f. RA.) — bestimmt sich grundsätzlich nach dem, was der Kläger beansprucht (vgl. § 23 Nr. 1 GVG. „Ansprüche"), nicht nach dem, was er zu beanspruchen hat. Fordert daher der Anfechtungskläger als Rückgewähr direkte Zahlung [Anm. 12], so ist Streitwert der eingeklagte Geldbetrag, auch wenn sich die Forderung ganz oder zum Teil als unbegründet erweist. Eine richterliche Festsetzung und eine Angabe des Streitwertes in der Klageschrift (§ 253 III ZPO.) ist daher nur veranlaßt, wenn der Anfechtungskläger nicht Geldersatz, sondern Rückgewähr in Natur [Anm. 8—11], also insbesondere Duldung des Zugriffs auf einen individuell bestimmten Gegenstand, beansprucht. Kommt es zu gerichtlicher Wertbestimmung, so entscheidet das freie Ermessen des Gerichts (§ 3 ZPO.). Zu schätzen ist der Wert des wieder zu ermöglichenden Zugriffs und zwar zufolge § 4 ZPO. nach dem Zeitpunkte der Klagerhebung (vgl. RG. v. 25. 9. 1885 Bolze 2 Nr. 1401; v. 27. 4. 1900 JW. S. 437f. Nr. 2: Revisionssumme im Anfechtungsprozesse). Da nun aber der Rückgewähranspruch bei der Einzelanfechtung durch das Befriedigungsbedürfnis des einzelnen Gläubigers begrenzt wird (§ 7), ergeben sich für die gerichtliche Schätzung **zwei Schranken**: eine absolute, bestimmt durch die Höhe der Zugriffswerte, die infolge des anfechtbaren Akts dem Schuldnervermögen verloren gegangen sind, und eine relative, bestimmt durch die Höhe der konkreten, befriedigungsbedürftigen Forderung des Klägers, um deretwillen diese Anfechtungsklage erhoben wird.

a) Übersteigt der Forderungsbetrag den anfechtbar aufgeopferten Zugriffswert, so entscheidet der letztere. Dabei ist zu beachten, daß durch anfechtbare Übereignung einer bereits wirksam belasteten Sache nur der Überwert dem Gläubigerzugriff entzogen wird. Begehrt also der Anfechtungskläger Duldung des Zugriffs auf die Sache, so kommt die als solche unangefochtene Belastung bei der Bemessung des Streitwerts in Abzug. Dies entspricht dem Grundgedanken des nach seinem Wortlaute freilich unanwendbaren § 6 ZPO. RG. v. 23. 10. 1900 Bd. **47**, 375 (unter Ablehnung einer Heranziehung des § 6 ZPO.); im Ergebnis ebenso RG. v. 29. 5. 1900 JW. S. 520 Nr. 2 („gemäß § 6 ZPO."), Celle v. 8. 2. 1901 OLG. 2 S. 434 („§ 6 ZPO. mindestens entsprechend anwendbar"); siehe auch Wach Handbuch § 31 zu Note 18 und für den Fall der Ignorierung einer Scheinveräußerung beim Zugriff RG. v. 13. 3. 1903 JW. S. 180 Nr. 26. Unmittelbare Anwendung findet der § 6 ZPO., wenn eine Pfandbestellung angefochten wird [Anm. 11], und zwar insofern, als der pfandgedeckte Anspruch des Anfechtungsbeklagten den Wert der von ihm zu leistenden Rückgewähr begrenzt. Anm. 15.

b) Wenn dagegen der Betrag der Forderung, um deretwillen die Anfechtung erfolgt, zurückbleibt hinter dem vom Schuldner aufgeopferten Werte, so begrenzt der Forderungsbetrag den Streitwert dieser Anfechtungsklage. Daß auch noch andere Gläubiger anzufechten und dadurch volle Rückgewähr zu erwirken berechtigt sind, kommt für die schwebende Einzelanfechtung nicht in Frage. RG. v. 10. 10. 1882 Bd. **7**, 394; v. 23. 10. 1900 Bd. **47**, 376. Bei Bestimmung dieser relativen Wertgrenze muß nun aber die ganze befriedigungsbedürftige Forderung mit Kapital, Zinsen und Kosten als einheitliche Rechnungsgröße zu Grunde gelegt werden. Der § 4 ZPO. bleibt insoweit außer Betracht. Denn, wenn auch der Anspruch wider den Anfechtungsgegner von der Forderung des Anfechtungsklägers wider den Schuldner abhängt, wird doch im Anfechtungsprozesse selbst nicht diese Forderung verfolgt. Man kann daher auch nicht sagen, daß ihre Akzessorien in diesem Rechtsstreit „als Nebenforderungen geltend gemacht werden". Eine entsprechende Anwendung des § 4 I ZPO. würde, da es sich gerade in unserm Fall um beträchtliche Zinsen und Kosten zu handeln pflegt, eine bei der Schwierigkeit der Anfechtungsprozesse unerwünschte Revisionsverkürzung zur Folge haben. So nach anfänglichem Schwanken das RG. in „feststehender Rechtsprechung" (v. 14. 11. 1884 Bolze 1 Nr. 1515; v. 27. 5. 1887 Bolze 4 Nr. 1077; v. 10. 10. 1892 JW. S. 460 f. Nr. 1; v. 18. 2. 1896 JW. S. 172 Nr. 14; v. 30. 5. 1899 JW. S. 423 Nr. 2; v. 27. 4. 1900 JW. S. 437 f. Nr. 2); ebenso die herrschende Lehre z. B. Gaupp-Stein ZPO. (7. Aufl.) § 4 zu Note 17, Petersen-Remelé-Anger ZPO. (5. Aufl.) § 4 Anm. 14; abw. Wach Handbuch § 31 Note 48. Der § 4 ZPO. kommt für Anm. 16.

Anfechtungsklagen etwa dann zur Anwendung, wenn — sei es durch den Konkursverwalter oder durch einen Einzelgläubiger — Rückgewähr des veräußerten Gegenstandes samt seinen Nutzungen [§ 7 Anm. 12] beansprucht wird, also bei Bemessung der in Anm. 15 bezeichneten absoluten Wertgrenze.

Anm. 17. 2. Wird ein und dieselbe Rechtshandlung von mehreren Gläubigern zusammen (oder von demselben Gläubiger wegen mehrerer selbständiger Forderungen) angefochten, so wächst der relative Streitwert auf den Gesamtbetrag der Forderungen an. Soweit also dieser Betrag den aufgeopferten Zugriffswert [Anm. 15] nicht übersteigt, findet — anders als bei gemeinschaftlicher Klage von Gesamtgläubigern (Wach S. 381) — eine Zusammenrechnung statt; darüber hinaus aber nicht, weil der Anfechtungsgegner den aufgeopferten Wert nur einmal voll zurückzugewähren hat [§ 7 Anm. 34ff.]. Sind beispielsweise durch eine Schenkung von 10000 die Gläubiger A, B und C, deren jeder 4000 vom Schuldner zu fordern hat, verkürzt, so beträgt der Streitwert 8000, wenn zwei, 10000 aber und nicht etwa 12000, wenn alle drei zusammen die Schenkung anfechten. Hätte zunächst A allein die Rückgewähr von 4000 erwirkt, so würde der Streitwert einer gemeinschaftlichen Klage von B und C nur 6000 (Höchstbetrag der Resthaftung), nicht 8000 ausmachen (so wohl auch Cassel v. 25. 5. 1905 OLG. 11 S. 43 Nr. 5a für einen Fall der Prozeßverbindung). Werden verschiedene Rechtshandlungen von demselben Gläubiger oder zusammen von verschiedenen Gläubigern angefochten, so erhöht sich die absolute Wertgrenze auf den Gesamtbetrag der anfechtbaren Veräußerungen, einerlei, ob die mehreren Anfechtungsgründe gleichartig sind oder nicht. § 5 ZPO.

§ 10.

Liegt ein nur vorläufig vollstreckbarer Schuldtitel des Gläubigers oder ein unter Vorbehalt ergangenes Urteil (Zivilprozeßordnung §§ 540, 599) vor, so ist in dem den Anfechtungsanspruch für begründet erklärenden Urteile die Vollstreckung desselben davon abhängig zu machen, daß die gegen den Schuldner ergangene Entscheidung rechtskräftig oder vorbehaltlos wird.

Unveränderter § 10 der ursprünglichen Fassung.
Materialien: Begründung S. 26f. (§ 9 Entw.), Protokolle S. 2269.

Bedingt vollstreckbare Verurteilung zur Rückgewähr.

I. Der Zweck des § 10.

Anm. 1. Die Verfolgbarkeit des Anfechtungsrechtes setzt nach § 2 außer der Zugriffsunzulänglichkeit des Schuldnervermögens voraus, daß die befriedigungsbedürftige Hauptforderung fällig und in einem „vollstreckbaren Schuldtitel" festgestellt ist. „Vollstreckbare Schuldtitel" bilden nun aber von den richterlichen Entscheidungen nicht nur die rechtskräftigen und unbedingten, sondern auch vorläufig vollstreckbare (§§ 704, 708 ff., 794 Nr. 4 ZPO.) und unter Vorbehalt erlassene Leistungsurteile (§§ 302 IV, 529 III 2, 540 f., 599 ZPO.). Ein Aufschub der Entscheidung über den Anfechtungsanspruch bis zum Eintritte der endgültigen und bedingungslosen Vollstreckbarkeit des Titels würde — so bemerkt die Begründung S. 26 — „ohne zwingenden Grund den Erfolg der Anfechtung gefährden". Deshalb soll eine alsbaldige unbedingte Verurteilung des Anfechtungsgegners gestattet sein, aber nur unter dem ausdrücklichen Zusatze, daß „die Vollstreckung" dieses Urteils vom Eintritte der Rechtskraft oder der Vorbehaltlosigkeit des dermalen noch anfechtbaren Titels abhänge. Der Zusatz soll den Anfechtungsgegner vor unersetzlicher Schädigung behüten und zugleich (vgl. § 8) dem Interesse des Schuldners dienen. Die Schutzvorschriften der §§ 302 IV, 600 II, 712 f., 717 II, 719 f., 839 ZPO. kommen bei solcher Sachlage dem Schuldner, nicht aber dem unbedingt verurteilten Anfechtungsgegner zustatten. Im allgemeinen wie im einzelnen gibt unsere Vorschrift zu Bedenken Anlaß. Ob die hier vorgesehene unbedingte, aber selbst nach Eintritt der Rechtskraft noch vorläufig unerzwingbare Verurteilung wirklich eine Sicherung des Anfechtungserfolges bedeutet, wie die Begründung a. a. O. erwartet, das darf füglich bezweifelt werden. Fremde Rechte haben die Vorschrift nicht übernommen.

II. **Voraussetzungen.**

1. Der § 10 setzt vor allem voraus, daß der Gläubiger dem Titelerfordernisse des § 2 wenigstens durch Vorlage eines vorläufig vollstreckbaren oder unter Vorbehalt erlassenen Urteils genügt hat. Stellt die — wenn auch unbedingte — Verurteilung des Schuldners nur eine bedingte Leistungspflicht fest (vgl. namentlich §§ 259, 726 ZPO.), so schließt das selbständige Erfordernis der Fälligkeit (§ 2) die Verfolgbarkeit des Anfechungsrechtes und damit eine Verurteilung des Anfechtungsgegners, wie sie der § 10 vorsieht, schlechterdings aus [§ 2 Anm. 13 ff.]. Auf andere Titel als auf richterliche Entscheidungen, wie insbesondere auf Vergleiche und vollstreckbare Urkunden (§ 794 Nr. 1, 2, 5 ZPO.), die häufig nur bedingte Leistungspflichten anerkennen, bezieht sich der § 10 überhaupt nicht. Der Vollstreckungsbefehl gehört hierher, weil er einem vorläufig vollstreckbaren Versäumnisendurteil gleichsteht (§§ 700, 794 Nr. 4 ZPO.). Als Vorbehaltsurteile — der Sache nach auflösend bedingte Endurteile — kommen nach der Zivilprozeßnovelle von 1898 außer den ausdrücklich angezogenen Fällen der §§ 540, 599 pari ratione legis auch die Fälle der §§ 302, 529 (§ 529 III 2 verweist ausdrücklich auf § 540) in Betracht, die man bei der Neuredaktion des Anfechtungsgesetzes einzuschalten vergessen hat. Anm. 2.

2. Weiterhin paßt der § 10 nur auf den Fall eines „den Anfechtungsanspruch für begründet erklärenden Urteils", also eines zur Rückgewähr verurteilenden [§ 9 Anm. 8 ff.], der Anfechtungsklage stattgebenden Sachurteils. Wird die Anfechtungsklage als unbegründet oder (namentlich kraft des § 2) als unzulässig abgewiesen, so ist für den § 10 kein Raum. Was für die Klage gilt, gilt auch für die Widerklage. Dagegen Anm. 3.

kommt die Zuerkennung einer bloßen Anfechtungs e i n r e d e hier nicht in Betracht, da sie lediglich den Erfolg einer Abwehr der Klage hat. Dringt eine Anfechtungs r e p l i k durch, so kann allerdings eine Verurteilung des Beklagten, aber nicht gerade zur Rückgewähr im Sinne des § 7, nicht eine urteilsmäßige Zuerkennung des Anfechtungsanspruchs selbst (wie dies der § 10 fordert) die Folge sein. Zu dem Schlusse, daß „der Anfechtungsanspruch begründet ist", kann das Gericht bei der Abhängigkeit des Anfechtungsanspruchs von der Forderung des Gläubigers gegen den Schuldner nur gelangen, wenn der Bestand dieser Forderung für das Gericht feststeht. Der noch entkräftbare Schuldtitel allein stellt den Bestand der Forderung für den Anfechtungsprozeß nicht fest. Andrerseits bestätigt gerade der § 10, daß die Entkräftbarkeit dieses Titels den Anfechtungsrichter nicht hindert, seinerseits den Bestand der Forderung unbedingt zu bejahen. Sonst könnte auch der Anfechtungsanspruch höchstens bedingt als „begründet" erklärt, also nur eine bedingte Verurteilung ausgesprochen werden. Siehe Anm. 5 u. 6.

III. Die aufschiebend bedingte Vollstreckbarkeit.

Anm. 4. 1. Stehen die in Anm. 2 u. 3 bezeichneten Voraussetzungen fest, so muß das Gericht der Verurteilung des Anfechtungsgegners v o n A m t s w e g e n (auch im Versäumnis-, auch im Anerkenntnisurteil) und i n d e r U r t e i l s f o r m e l s e l b s t den Zusatz beifügen: „D i e V o l l s t r e c k u n g d e s U r t e i l s h ä n g t d a v o n a b , d a ß d i e — näher zu bezeichnende [siehe auch § 9 Anm. 7] — E n t s c h e i d u n g r e c h t s k r ä f t i g (v o r b e h a l t l o s) w i r d." Folge des Zusatzes: Anm. 7ff. Ist der Zusatz in der Urteilsformel übergangen worden, so kann der Verurteilte e i n E r g ä n z u n g s u r t e i l im Sinne des § 321 ZPO. erwirken. Denn der zum Schutze des nur subsidiär haftenden Anfechtungsgegners verordnete Zusatz korrespondiert mit dem Vorbehalte, der nach den §§ 302 II, 540 II, 599 II ZPO. einer Verurteilung des primär haftenden Schuldners beizufügen ist. Diese Vorschriften sprechen also nicht gegen, sondern gerade für die Zulässigkeit eines Ergänzungsurteils. Petersen-Kleinfeller Anm. 3; a b w. die herrschende Lehre (z. B. Hartmann-Meikel Anm. 1, Cosack S. 227, Jaeckel S. 231). Auch im Rechtsmittelwege kann eine Urteilsergänzung erwirkt werden, weil es sich nicht um einen übergangenen „A n s p r u c h" im Sinne des § 529 II ZPO. handelt. Vgl. L. Seuffert ZPO. § 321 Anm. 5; Gaupp-Stein ZPO. § 302 unter III.

Anm. 5. Nicht die Verurteilung, sondern n u r d i e V o l l s t r e c k u n g bedingt der Zusatz des § 10. Darüber läßt die Fassung und Begründung des Gesetzes keinen Zweifel. Zudem würde ein aufschiebend bedingtes Urteil späterer Läuterung bedürfen (vgl. § 462 ZPO.), für die hier jede gesetzliche Grundlage fehlt. So auch die herrschende Lehre (z. B. Petersen-Kleinfeller Anm. 6, Jaeckel S. 232 Note 47, Hartmann-Meikel Anm. 2); a b w. Cosack S. 227, L. Seuffert Z. f. Zivilpr. 9 S. 137. Sogar im Kostenpunkte muß die „Verurteilung" unbedingt lauten. Die Festsetzung der dem Anfechtungskläger zu erstattenden Kosten kann trotz des die Vollstreckbarkeit aufschiebenden Zusatzes alsbald erfolgen (§ 104

ZPO.). Doch muß auch die Vollstreckung des Kostenfestsetzungsbeschlusses arg. § 10 durch ausdrücklichen Zusatz suspendiert werden. Vgl. RG. v. 11. 5. 1891 JW. S. 310 Nr. 16 („Zusatz in hohem Grade zweckmäßig"); wegen der Kostentragung gegenüber der Staatskasse siehe Anm. 11.

Man streitet darüber, ob das Gericht befugt ist, statt einer nach § 10 beschränkten Verurteilung den Anfechtungsprozeß bis zum Eintritte der Rechtskraft oder Vorbehaltlosigkeit des Schuldtitels nach § 148 ZPO. auszusetzen. Bejahend z. B. L. Seuffert a. a. O., Jaeckel S. 233, Petersen-Kleinfeller Anm. 7, Hartmann-Meikel Anm. 2; verneinend Cosack S. 227 Note 19, Korn S. 13f., v. Völderndorff unter II B (S. 195). Die Wahrheit liegt in der Mitte. Einerseits nämlich will der § 10 keineswegs jede Aussetzung des Anfechtungsprozesses bis zur endgültigen Erledigung der Schuldklage verbieten. Die Worte „in dem den Anfechtungsanspruch für begründet erklärenden Urteile" besagen eben nur: wenn das Gericht dazu gelangt, der Anfechtungsklage stattzugeben. Andrerseits folgt aber aus dem allgemeinen Grundsatze des § 300 I ZPO., daß das Gericht das Endurteil erlassen muß („hat"), sobald die Sache spruchreif ist. Steht also für das Gericht der Anfechtungsklage der Bestand der Forderung gegen den Schuldner bereits fest, was ungeachtet der Entkräftbarkeit des Schuldtitels der Fall sein kann [Anm. 3], so darf die nach § 10 beantragte Verurteilung des Anfechtungsbeklagten nicht lediglich wegen der Entkräftbarkeit des Schuldtitels durch eine Aussetzung des Anfechtungsprozesses hinausgezögert werden. Das würde in der Tat gegen den Zweck des § 10 verstoßen. Gerade diese „Aussetzung" soll, weil sie den Anfechtungserfolg gefährden könnte, nach der Begründung S. 26 durch den § 10 verhütet werden. Demnach erscheint die Aussetzung namentlich dann unzulässig, wenn der Anfechtungsbeklagte den Bestand der Hauptforderung trotz der Vorläufigkeit des Titels nicht bestreitet (insbesondere im Säumnisfall) oder den Anfechtungsanspruch selber anerkennt. Die Abhängigkeit des Anfechtungsanspruchs von der Forderung steht nicht entgegen. Kann es doch auch zur endgültigen Verurteilung des Bürgen kommen, ehe die Hauptforderung dem Schuldner gegenüber rechtskräftig bejaht ist. Das Titelerfordernis des § 2 aber hat nur formalen Sinn: es bedeutet eine Voraussetzung für die Zulässigkeit, nicht für das Begründetsein der Anfechtungsklage [siehe § 2 Anm. 1ff., 30ff.]. Anm. 6.

2. **Eine nach Maßgabe des § 10 erlassene Verurteilung des Anfechtungsbeklagten** ist der Rechtskraft zugänglich (§§ 322, 325, 705 ZPO.). Allein auch noch nach dem Eintritte der Rechtskraft ist das Urteil vorläufig unvollstreckbar. Die Vollstreckbarkeit hängt von dem durch den Gläubiger zu beweisenden Eintritt der Rechtskraft oder Vorbehaltlosigkeit des die Hauptforderung tragenden Titels ab. Es liegt also ein Fall des **§ 726 I ZPO.** vor. Anm. 7.

a) Eine vollstreckbare Ausfertigung des Urteils darf der Gerichtsschreiber nur auf Anordnung des Vorsitzenden und nur dann erteilen, wenn die Rechtskraft oder Vorbehaltlosigkeit des Haupttitels [Anm. 10] durch öffentliche oder öffentlich beglaubigte Urkunden erwiesen ist (§§ 726 I, 730f. ZPO.). Wird der Haupttitel nur teilweise definitiv, so muß sich auch die Vollstreckungsklausel auf diesen Teil der Hauptforderung Anm. 8.

beschränken. Außer dem zu vollstreckenden Urteile selbst muß auch die ihm beigefügte Vollstreckungsklausel und die öffentliche oder öffentlich beglaubigte Urkunde dem Anfechtungsgegner spätestens beim Beginne der Zwangsvollstreckung zugestellt werden (§§ 750, 766 ZPO.). Einwendungen des Verurteilten gegen die Zulässigkeit der Vollstreckungsklausel sind nach Maßgabe der §§ 732 (793), 768 ZPO. geltend zu machen. Wird die Einwendung als begründet erachtet, so ist „die Zwangsvollstreckung für unzulässig zu erklären". Diese Entscheidung wird nach Maßgabe der §§ 775 Nr. 1, 776 ZPO. vollzogen.

Anm. 9. b) Arreste und einstweilige Verfügungen zur Sicherung der künftigen Rückgewähr [§ 1 Anm. 21, § 2 Anm. 15] sind selbständig auf ihre Voraussetzungen nachzuprüfen. Ihr Vollzug (§§ 928ff., 938 ZPO.) trifft den Anfechtungsbeklagten schwerer als die einstweilen noch gar nicht — auch nicht in den Grenzen einer Zwangssicherung — vollstreckbare Verurteilung des § 10. Zum Zwecke der Glaubhaftmachung des Rückgewähranspruchs (§§ 920, 936 ZPO.) kann der vorläufig vollstreckbare oder unter Vorbehalt erlassene Titel wider den Schuldner verwertbar sein. Vielleicht aber hat unterdessen der Fortgang des Prozesses gegen den Schuldner dem vorläufigen Titel auch ohne förmliche Aufhebung seinen materiellen Wert entzogen. So etwa im Falle einer Zurückverweisung, wenn der Oberrichter die vom Unterrichter bejahte Schuldbegründungstatsache verneint, aber die Möglichkeit des Bestehens einer anderen offen gelassen hat.

Anm. 10. 3. Die Bedingung der Vollstreckbarkeit des Rückgewährurteils ist erfüllt, wenn der die Hauptforderung tragende Titel endgültig vollstreckbar (d. h. rechtskräftig im Sinne des § 705 ZPO.) oder als Vorbehaltsurteil vorbehaltslos geworden (d. h. im Nachverfahren der §§ 302, 541, 600 ZPO. rechtskräftig bestätigt) ist. Eine rechtskräftige Feststellung der Hauptforderung enthält auch deren Eintragung in die Konkurstabelle, wenn im später eröffneten Konkurse des Schuldners die Forderung unbestritten bleibt (§§ 145 II, 164 II, 194, 206 II KO.). Nützt nun aber der Konkursverwalter das vom Einzelgläubiger vor Konkursbeginn erwirkte Rückgewährurteil auf Grund des § 13 I für Rechnung der gesamten Konkursgläubigerschaft aus, so verliert der nach § 10 dem Urteil beigefügte Zusatz seine Bedeutung auch dann, wenn die Forderung des Klägers im Konkurse nicht zur Anerkennung gelangt. Denn für die konkursmäßige Anfechtung, in der jetzt die Einzelanfechtung des Konkursgläubigers aufgegangen ist, hat der Zusatz des § 10 keinen Sinn mehr. Seinem Zwecke genügt auch die Feststellung anderer Konkursforderungen. Darum kennen die §§ 29ff. KO. eine dem § 10 AnfG. entsprechende Beschränkung nicht. Vgl. RG. v. 24. 11. 1892 Bd. **30**, 71.

Anm. 11. 4. Wird der die Hauptforderung bekräftigende Titel endgültig aufgehoben, so ist damit die aufschiebende Bedingung für den Eintritt der Vollstreckbarkeit des Rückgewährurteils ausgefallen: die Verurteilung des Anfechtungsgegners bleibt, mag sie auch unterdessen rechtskräftig geworden sein, in der Hauptsache wie im Kostenpunkt [siehe Anm. 5] ein für allemal unerzwingbar. Unzuträglichkeiten, die dem Verurteilten aus dem Urteil erwachsen können (etwa bei Verfügungen über den Rückgewährgegenstand, vgl. § 11), kann im Wege einer Feststellungsklage (§ 256 ZPO.) abgeholfen werden. Ersatz der Gerichtskosten, die er auf Grund der Verurteilung an die Staatskasse zu zahlen hatte, wird der Anfechtungsgegner lediglich wegen Ausfalls der Vollstreckbarkeitsbedingung nicht — man denke an Versäumnis- und Anerkenntnisurteile — beanspruchen können. Aus unerlaubter Handlung (z. B. Meineid, Urkundenfälschung, Betrug) des Gläubigers kann sich freilich eine in selbständiger Klage zu verfolgende Schadensersatzpflicht ergeben. Um einer Verschleppung des Hauptprozesses vorzubeugen, darf der Anfechtungsgegner diesem Prozeß als Nebenintervenient beitreten (§ 63 ZPO.). Die Zulässigkeit einer solchen Intervention ist zweifellos, nicht aber ihre rechtliche Natur. Obwohl die Verurteilung des Hauptschuldners keine Rechtskraft wider den Anfechtungsgegner erlangt, ist „die Rechtskraft der in dem Hauptprozesse erlassenen Entscheidung" in dem besonderen Falle des § 10 „auf das Rechtsverhältnis des Nebenintervenienten zu dem Gegner von Wirksamkeit", wie dies der § 69 ZPO. voraussetzt, insofern unmittelbar von ihr die Vollstreckbarkeit des Rückgewährurteils abhängt. Die Nebenintervention dürfte daher nach § 69 (§ 449), nicht nach § 67 ZPO. zu beurteilen sein. Siehe dagegen § 2 Anm. 42.

Möglicherweise wird der die Hauptforderung feststellende Titel rechtskräftig oder vorbehaltlos, aber hinterher im Wege einer Wiederaufnahme des Verfahrens umgestoßen. Solchenfalls soll dem Anfechtungsgegner nach Hartmann-Meikel Anm. 4 einerseits die Restitutionsklage des § 580 Nr. 7 ZPO., andrerseits „eine selbständige Klage auf Grund des § 767 ZPO., in welcher Rückerstattung des auf Grund des Anfechtungsurteils Geleisteten begehrt werden kann", zustehen. Beides ist offenbar unzutreffend. Das Urteil im Wiederaufnahmeverfahren ist weder „ein früheres Urteil" noch „eine andere Urkunde" (als ein Urteil) im Sinne des § 580 Nr. 7 ZPO.; die Vollstreckungsgegenklage (§ 767 ZPO.) aber macht die Unzulässigkeit der Erzwingung des betreffenden Titels, nicht einen Anspruch auf Erstattung der bereits vollzogenen Leistung geltend und hat dementsprechend nach beendeter Zwangsvollstreckung keinen Boden mehr (vgl. Falkmann Zwangsvollstreckung 2. Aufl. S. 382 ff. mit S. 368 ff.). Eine nach allgemeinen Zuständigkeitsregeln zu erhebende Bereicherungs- oder Deliktsklage schneidet der § 767 ZPO. allerdings nicht ab. Die nachträgliche Aufhebung des die Vollstreckbarkeit des Rückgewährurteils bedingenden Titels ist „späterer Wegfall des rechtlichen Grundes" der Rückgewährleistung im Sinne des § 812 I 2 BGB. Übrigens kann das Rückgewährurteil unter dem nämlichen Gesichtspunkt einer Wiederaufnahmeklage ausgesetzt sein wie der Haupttitel. So z. B. wenn der Gläubiger sowohl die Verurteilung des Schuldners als die des Anfechtungsgegners durch Meineid oder Urkundenfälschung erschlichen hatte (§ 580 Nr. 1 u. 2 ZPO.). Eine von Verschuldung unabhängige Schadensersatzpflicht entsprechend dem § 717 II ZPO. besteht für den Fall nachträglicher Umstoßung rechtskräftig gewordener Urteile (vgl. § 707 ZPO.) nicht. Anm. 12.

§ 11.

§ 11 AnfG.

(I) Die gegen den Erblasser begründete Anfechtung findet gegen den Erben statt.

(II) Gegen einen anderen Rechtsnachfolger desjenigen, welchem gegenüber die anfechtbare Handlung vorgenommen ist, findet die gegen den letzteren begründete Anfechtung statt:

1. wenn ihm zur Zeit seines Erwerbes die Umstände, welche die Anfechtbarkeit des Erwerbes seines Rechtsvorgängers begründen, bekannt waren;
2. wenn er zu den im § 3 Nr. 2 genannten Personen gehört, es sei denn, daß ihm zur Zeit seines Erwerbes die Umstände, welche die Anfechtbarkeit des Erwerbes seines Rechtsvorgängers begründen, unbekannt waren;
3. wenn ihm das Erlangte unentgeltlich zugewendet worden ist.

(III) Im Falle des Abs. 2 Nr. 3 findet auf die Haftung des Rechtsnachfolgers die Vorschrift des § 7 Abs. 2 Anwendung.

(IV) Zur Erstreckung der Fristen in Gemäßheit des § 4 genügt die Zustellung des Schriftsatzes an den Rechtsnachfolger, gegen welchen die Anfechtung erfolgen soll.

§ 40 KO.

(I) Die gegen den Erblasser begründete Anfechtung findet gegen den Erben statt.

(II) Gegen einen anderen Rechtsnachfolger desjenigen, welchem gegenüber die anfechtbare Handlung vorgenommen ist, findet die gegen den letzteren begründete Anfechtung statt:

1. wenn ihm zur Zeit seines Erwerbes die Umstände, welche die Anfechtbarkeit des Erwerbes seines Rechtsvorgängers begründen, bekannt waren;
2. wenn er zu den im § 31 Nr. 2 genannten Personen gehört, es sei denn, daß ihm zur Zeit seines Erwerbes die Umstände, welche die Anfechtbarkeit des Erwerbes seines Rechtsvorgängers begründen, unbekannt waren;
3. wenn ihm das Erlangte unentgeltlich zugewendet worden ist.

(III) Im Falle des Abs. 2 Nr. 3 findet auf die Haftung des Rechtsnachfolgers die Bestimmung des § 37 Abs. 2 Anwendung.

Bisheriger § 11:

(I) Die gegen den Erblasser begründete Anfechtung findet gegen den Erben statt.

(II) Gegen einen anderen Rechtsnachfolger desjenigen, welchem gegenüber die anfechtbare Handlung vorgenommen ist, findet die gegen den letzteren begründete Anfechtung statt:

1. *wenn ihm zur Zeit seines Erwerbes bekannt war, dass der Schuldner die Rechtshandlung in der Absicht vorgenommen hatte, seine Gläubiger zu benachteiligen,*
2. *wenn er zu den im § 3 Nr. 2 genannten Personen gehört und nicht beweist, dass er zur Zeit seines Erwerbes von den Umständen, welche die Anfechtung gegen den Rechtsvorgänger begründen, keine Kenntnis hatte.*

(III) Zur Erstreckung der Fristen in Gemässheit des § 4 genügt die Zustellung des Schriftsatzes an den Rechtsnachfolger, gegen welchen der Anfechtungsanspruch erhoben wird.

Materialien: Begründung S. 27 (§ 10 Entw), Protokolle S. 2269, Begründung der Novelle S. 61 mit S. 34f.

Die Novelle vom 17. Mai 1898 hat die bisherige Gesetzesfassung in vier Punkten geändert:

1. *Die bisher auf den Fall der Absichtsanfechtung beschränkte Nr. 1 ist auf alle Anfechtungsgründe erstreckt.*
2. *Die Neufassung der Nr. 1 u. 2 stellt klar, dass der mittelbare Rechtsnachfolger vor einer Anfechtung sicher ist, wenn auch nur einer seiner Vormänner anfechtungsfrei erworben hat.*
3. *Der unentgeltliche Erwerb des Sondernachfolgers ist nach dem neuen Abs. III vorbehaltlich des § 7 II anfechtbar.*
4. *Die Redaktionsänderung im jetzigen Abs IV beruht auf derselben unzutreffenden Erwägung wie in den §§ 3 u. 4.*

Die Anfechtung gegenüber Rechtsnachfolgern des Ersterwerbers.

Der § 11 regelt die Anfechtbarkeit gegenüber einem Rechtsnachfolger des ersten Anfechtungsschuldners, also gegenüber einem Rechtsnachfolger des Geschäftsgenossen des Schuldners. Einleitung.

1. Der Rechtsnachfolger haftet schlechthin bei der Nachfolge in die Anfechtungsverbindlichkeit, insbesondere durch Erbgang (Abs. I).
2. Der Rechtsnachfolger haftet nur ausnahmeweise bei der Nachfolge in den Anfechtungsgegenstand d. h. bei einem vom Ersteempfänger oder einem Nachmanne desselben hergeleiteten Erwerb des anfechtbar veräußerten und ganz oder teilweise weiterveräußerten Aktivums (Eigentums oder sonstigen Rechts), nämlich:

a) wenn der Rechtsnachfolger unentgeltlich erworben hat (Abs. II Nr. 3), bei gutem Glauben jedoch nur in Höhe der Bereicherung (Abs. III);

b) wenn der Rechtsnachfolger im Zeitpunkte der Vollendung seines Erwerbs die Umstände, die den Erwerb des unmittelbaren Vormanns anfechtbar machen, positiv gekannt hat (Abs. II Nr. 1: Teil des die Anfechtungsklage begründenden Tatbestands, Beweislast des Anfechtenden);

c) wenn der Rechtsnachfolger ein naher Angehöriger des Schuldners (§ 3 Nr. 2) ist, es sei denn, daß ihm die Umstände unter b zur Zeit seines Erwerbs unbekannt waren (Abs. II Nr. 2: Einwendungstatbestand, Beweislast des Rechtsnachfolgers).

3. Zur Fristerstreckung nach § 4 genügt eine Zustellung der Anfechtungsankündigung an den Rechtsnachfolger (Abs. IV).

Über den Fall, daß der Schuldner selbst Rechtsnachfolger des Anfechtungsgegners wird: Anm. 3f., 11. Gleichzeitige Anfechtbarkeit gegenüber dem Rechtsnachfolger und seinem Vorgänger: Anm. 23.

I. Anfechtung gegen die Erben (Abs. I).

Anm. 1. 1. Gegen die Erben des ersten Anfechtungsschuldners oder seines der Anfechtung nach § 40 ausgesetzten Gesamt- oder Sonderrechtsnachfolgers findet „die gegen den Erblasser begründete Anfechtung" ohne weiteres statt. Die Redlichkeit oder Unredlichkeit des Erben spielt keine Rolle. Seine Verpflichtung zur Rückgewähr ist eine Nachlaßverbindlichkeit im Sinne des § 1967 BGB. Daß die einmal entstandene Anfechtungsschuld vererblich ist, versteht sich nach Zweck und Inhalt dieser obligatio ex lege von selbst und wird allerwärts anerkannt (siehe breits fr. 10 § 25 quae in fraudem creditorum XLII 8: haec actio heredi ceterisque successoribus competit; sed et in heredes similesque personas datur). Motive z. KO. S. 153, Cosack S. 325, Menzel S. 208. Entstanden ist aber die Schuld bereits mit der Vollendung des Benachteiligungsaktes [§ 7 Anm. 1]. Eine Anfechtungserklärung gegenüber dem Erblasser braucht nicht erfolgt zu sein. Die Verbindlichkeit geht so auf den Erben über, wie sie in der Person des Erblassers entstanden war; aber sie kann sich nach dem Erbfall ändern (z. B. durch Verbrauch oder Veräußerung des Rückgewährobjekts, durch Aufhören des guten Glaubens im Falle des § 7 II). Vor der Erbschaftsannahme ist die Anfechtung gegenüber dem Erben selbst nach § 1958 (vgl. aber § 1960 III) BGB. ausgeschlossen, da sie nur durch gerichtliche Geltendmachung erfolgen kann [§ 1 Anm. 64ff.]. Fristerstreckung: Anm. 30ff. u. § 12 Anm. 5. Für den Umfang der Erbenhaftung, also für die Frage, ob der Erbe beschränkt oder unbeschränkt, ob überdies eine Erbenmehrheit geteilt oder ungeteilt haftet, sind die allgemeinen Grundsätze des Erbrechts maßgebend (§§ 1975ff., 2058ff. BGB.). Für die Erzwingung der vererbten Rückgewährschuld gelten die §§ 778ff. ZPO. Wird also die Anfechtungsklage gegen den Erben erhoben oder fortgesetzt (§§ 239, 246 ZPO.), so muß er sich im Urteil den Vorbehalt der Haftungsbeschränkung sichern (§ 780 ZPO.) und einem Übergriff in sein Eigenvermögen mit der Vollstreckungsgegenklage wehren (§§ 781, 785 ZPO.).

Anm. 2. 2. Hatte der Erblasser, gegen den die Anfechtbarkeit begründet war, einen Nacherben eingesetzt (§§ 2100ff. BGB.), so haftet nach Abs. I bis zum Eintritte des Falles der Nacherbe der Vorerbe, von da ab der Nacherbe (§ 2139 BGB.). Haftet der Nacherbe beschränkt, der Vorerbe aber unbeschränkt für die Nachlaßverbindlichkeiten, so bleibt nach § 2145 I 1 BGB. der Vorerbe auch nach Eintritt der Nacherbfolge noch insoweit rückgewährpflichtig (§ 7), als der Nacherbe nicht haftet. Siehe im übrigen § 2144 BGB., §§ 326, 728 I ZPO.

3. Hat der Schuldner selbst den Anfechtungsgegner beerbt Anm. 3. (Hauptfall: anfechtbare Zuwendungen von Eltern an Kinder), so ist zu unterscheiden:

a) Während der Verschmelzung des ererbten und des eigenen Vermögens des Erben ist für die Anfechtung kein Raum, da insolange das Vermögen des Schuldners und das des Anfechtungsgegners eine einzige, ungetrennte Haftungsmasse bilden. Daß der Anfechtungsanspruch per confusionem vorbehaltlich eines Wiederauflebens nach Maßgabe der §§ 1976, 1991 II BGB. erloschen wäre, kann man nicht behaupten, da ja der Erbe nicht zugleich Gläubiger der Anfechtungsobligation geworden ist. Auch ein Erlöschen des Anspruchs infolge Fortfalls der Benachteiligung braucht nicht vorzuliegen. Denn, mag auch der Anfechtungsgegenstand (z. B. das Geschenk) zum Vermögen des Schuldners (der den Beschenkten beerbt hat) zurückgeflossen sein, so konkurrieren doch während der Verschmelzung beider Massen auch die Gläubiger des bisherigen Anfechtungsgegners (des Beschenkten).

b) Mit der Gütersonderung (§§ 1975 ff. BGB.) hört zwar der Nachlaß Anm. 4. nicht auf, Vermögen des Erben zu sein. Allein Nachlaß und Eigenvermögen unterliegen fortab wieder einer gesonderten Haftung, gleich als ob sie noch verschiedenen Personen gehörten. Damit tritt auch die Anfechtung wieder in Kraft. Ein schon vor dem Erbfall erhobener Anfechtungsprozeß würde, wenn es nicht zur Gütersonderung kommt, endgültig in der Hauptsache gegenstandslos geworden und nur noch im Kostenpunkt auszutragen sein.

4. Der Abs. I redet nur vom Erben des Anfechtungsgegners. Nach allgemeinen Anm. 5. Rechtsgrundsätzen kann es jedoch keinem Zweifel unterliegen, daß sich eine von den Schranken des Abs. II unabhängige Rückgewährpflicht auch an jeden andern Eintritt **in die Verbindlichkeiten** des Anfechtungsgegners knüpft. Dies ist zunächst zweifellos für den Anfall des Vermögens eines aufgelösten oder der Rechtsfähigkeit entkleideten Vereins an den Fiskus, weil dieser wie ein Erbe haftet (§§ 45, 46 BGB.). Allein auch in den Fällen der Vermögensübernahme (§ 419 BGB.) und des Erbschaftskaufes (§§ 2371 ff. BGB.) rückt der Erwerber — freilich neben den Veräußerer, nicht anstatt desselben — in die bereits begründeten Verbindlichkeiten des Veräußerers ein: daß der Erwerber ohne weiteres (wenngleich beschränkbar) auch für die Anfechtungsschuld des Veräußerers „haftet", ergibt sich unmittelbar aus den §§ 419, 2382 BGB., nicht etwa aus einer entsprechenden Anwendung unseres Abs. I. Dies verkennt v. Schwerin Rechtsnachfolge (1905) S. 79 Note 4. Wie er behaupten kann, „der Erwerber sei lediglich dem Veräußerer gegenüber zur Erfüllung verpflichtet", das ist bei dem klaren Wortlaute des § 2382 BGB. nicht zu verstehen. Gleiches gilt für die Fortführung eines unter Lebenden erworbenen kaufmännischen Geschäfts mit Firma nach § 25 HGB., da zu den

„im Betriebe des Geschäfts begründeten Verbindlichkeiten des früheren Inhabers" nicht nur Schulden „aus Handelsgeschäften" [vgl. § 7 Anm. 12], sondern auch obligationes ex lege — wie die Anfechtungsverbindlichkeit — zählen können (vgl. Staub HGB. § 25 Anm. 11 mit § 22 Anm. 21; Dernburg Bürg. Recht II § 159 zu Note 8). Auch bei Veräußerung des Vermögens einer Aktiengesellschaft im ganzen vollzieht sich eine Sukzession in die Anfechtungsverbindlichkeit nach Maßgabe der §§ 303 ff. HGB., unabhängig von den besonderen Voraussetzungen unseres Abs. II. Ebensowenig hängt die Haftung des Gesamtguts einer ehelichen oder fortgesetzten Gütergemeinschaft von diesen Voraussetzungen ab, wobei wiederum die Natur der Anfechtungsschuld als obligatio ex lege (nicht „aus einem Rechtsgeschäft": §§ 1460, 1488 BGB.) zu beachten ist [vgl. § 7 Anm. 12]. Abw. einerseits v. Wilmowski-Kurlbaum KO. § 40 Anm. 3, andrerseits Hartmann-Meikel Anm. 2 a. E., Wolff KO. § 40 Anm. 6, Petersen-Kleinfeller KO. § 40 Anm. 3. Letztere wollen den Nachfolger in die Schuld stets nur nach Abs. II, erstere dann nach Abs. II haften lassen, wenn die Anfechtung noch nicht gegenüber dem Rechtsvorgänger erklärt war. Eine Unterscheidung dieser Art ist praktisch unerträglich und verliert mit der Scheidung zwischen Anfechtungsrecht und Anfechtungsanspruch ihren Boden [§ 1 Anm. 64 ff.]. Im übrigen verkennen die Gegner, daß es sich hier keineswegs um eine analoge Erstreckung des Abs. I, sondern um die direkte Anwendung anderer Rechtssätze handelt. Steht einmal außer Frage, daß die gegenüber dem Erblasser begründete Anfechtungsschuld eine „vom Erblasser herrührende" Nachlaßverbindlichkeit im Sinne des § 1967 BGB. ist, so kann auch die uneingeschränkte Anwendbarkeit des § 2382 BGB. nicht bezweifelt werden. Ebenso liegt die Sache in den übrigen Fällen. Da unser bürgerliches Recht auch eine Sondernachfolge in die Schuld anerkennt (§§ 414 ff. BGB.), ist sogar eine gesonderte Übernahme der Anfechtungsschuld denkbar. Das Gesetz hat eben im § 40 nur die Frage geregelt, wann der Rechtsnachfolger des ersten Anfechtungsschuldners unabhängig von einer Schuldübernahme für die Rückgewähr aufzukommen hat. Völlig verfehlt ist daher die Schlußfolgerung, jeder andere Sukzessor als der Erbe, namentlich ein Vermögensübernehmer oder Erbschaftskäufer, hafte nur unter den besonderen Voraussetzungen des Abs. II. Siehe auch Anm. 7.

Anm. 6. 5. **Nicht** hierher gehört der Fall, daß derjenige stirbt, welcher die anfechtbare Handlung vorgenommen hat, „der Schuldner", der künftige „Gemeinschuldner". Der § 11 redet nur von den Rechtsnachfolgern dessen, dem gegenüber die anfechtbare Handlung vorgenommen worden ist, also von den Rechtsnachfolgern des Anfechtungsgegners, z. B. des Beschenkten, nicht des Schenkers. Anfechtung einer Rechtshandlung des Erblassers: § 2 Anm. 20. Siehe auch § 3 a.

II. Anfechtung gegen andere Rechtsnachfolger (Abs. II, III).

1. Begriff „ein anderer Rechtsnachfolger".

Anm. 7. a) Die Anfechtbarkeit bildet **nicht eine dingliche Belastung** des anfechtbar erworbenen Gegenstands dergestalt, daß dieser

Gegenstand nur mit dem Mangel der Anfechtbarkeit behaftet auf die Rechtsnachfolger des ersten Erwerbers übergehen könnte (RG. v. 19. 10. 1893 Bd. **32**, 24; v. 9. 11. 1894 Bd. **34**, 62). Sie bedeutet vielmehr eine obligatorische Verpflichtung [§ 1 Anm. 15 ff.]. Deshalb versteht sich die Statthaftigkeit der Anfechtung gegenüber späteren Erwerbern des anfechtbar veräußerten Gegenstandes durchaus nicht von selbst. Diese Verstattung erscheint vielmehr als eine durch Zweckmäßigkeitserwägungen (Cosack § 53) gerechtfertigte Besonderheit. Dabei ist wohl zu beachten, daß die Anfechtbarkeit des Ersterwerbs und die Rechtsnachfolge in diesen Erwerb gar nicht genügen, um eine Mithaftung des Rechtsnachfolgers zu erzeugen. Es müssen besondere Umstände den Dritterwerb begleiten (Abs. II Nr. 1—3), damit auch dieser anfechtbar wird. Und es geht nicht etwa die Verpflichtung des Ersterwerbers auf den Nachmann über, sondern es tritt zur ersten eine **weitere**, selbständige Anfechtungsschuld [Anm. 22 ff.]. Darin liegt der große Unterschied zwischen Abs. I und Abs. II. Der Erbe haftet anstatt, der Sondernachfolger des Abs. II neben dem Ersterwerber. Der Erbe haftet nicht, weil der anfechtbare Erwerb auf ihn übergegangen, sondern, weil er in die Schulden des Erblassers eingerückt ist. Der Rechtsnachfolger des Abs. I haftet als Nachfolger in ein Passivum (in die Anfechtungsschuld), der Rechtsnachfolger des Abs. II als Nachfolger in ein Aktivum (in den anfechtbaren Erwerb). Darum ist die Gegenüberstellung beider Fälle („gegen einen anderen Rechtsnachfolger") technisch verfehlt und irreführend [Anm. 5]. Die Haftbarkeit des Erben brauchte gar nicht eigens erwähnt zu werden, weil sie sich von selbst verstand [Anm. 1]. Auch die Worte „die gegen den letzteren begründete Anfechtung" sind mißverständlich [Anm. 12]. Siehe namentlich Menzel S. 207 ff., Krasnopolski S. 72 ff., Cosack S. 320 ff. Auch eine actio in rem scripta im Sinne einer Obligation mit unbestimmtem Gegner, also derart, daß der jeweilige Inhaber des anfechtbaren Erwerbs verpflichtet wäre (vgl. über den Begriff Windscheid-Kipp Pandekten I § 45 Note 6), liegt in den Fällen des Abs. II nicht vor. Der Erstempfänger haftet ja grundsätzlich fort, der Nachfolger aber wird nicht durch den Erwerb schlechthin verpflichtet. Abw. Hellwig Rechtskraft S. 369 ff. Man kann nicht einmal behaupten, daß im Falle der Nr. 3 eine obligatio in rem scripta vorliege (so Kohler Enzyklopädie II S. 135 Note 2). Denn auch hier wird der Veräußerer seiner Verbindlichkeit nur dann ledig, wenn er selbst als Beschenkter verpflichtet ist und in gutem Glauben weiterveräußert [Anm. 23].

b) Steht sonach fest, daß **der Rechtsnachfolger** des Abs. II ein Sondernachfolger in den anfechtbar erworbenen und weiterveräußerten Gegenstand (Sache oder Recht) ist, so erhebt sich die weitere Frage nach der Tragweite des Begriffes „Nachfolge" in den Erwerb. Der Ausdruck „Rechtsnachfolge" wird in einem engeren und in einem weiteren Sinne gebraucht. Bald beschränkt man den Begriff auf denjenigen Erwerb, bei dem das erworbene Recht vom Rechte des Vormanns abhängt (Regels- Anm. 8.

berger Pandekten I S. 441); bald erstreckt man ihn auf alle Fälle, in denen der Nachfolger seinen Erwerb aus dem Rechte eines Vorgängers herleitet, auch wenn dieser in Wahrheit nicht berechtigt ist (Hellwig Rechtskraft S. 92 ff., Dernburg Bürg. Recht I § 103). In demselben zwiespältigen Sinne wird der Ausdruck „abgeleiteter" (derivativer) Erwerb im Gegensatze zum „ursprünglichen" (originären) Erwerbe gebraucht. Nun ergibt sich aus den §§ 265 III, 325 II ZPO. mit aller Bestimmtheit, daß hier auch diejenigen, „welche Rechte von einem Nichtberechtigten herleiten", unter dem Ausdrucke „Rechtsnachfolger" verstanden werden (Hellwig S. 105, L. Seuffert ZPO. § 325 Anm. 4). Man wird also, da diese Vorschriften die wichtigsten Sätze des Prozeßrechts über die Rechtsnachfolge enthalten, annehmen dürfen, daß ihr Sprachgebrauch für die ZPO. und deren Nebengesetze, insbesondere auch für die KO. (§ 72 KO.) und damit für das AnfG., wenigstens als Regel zu gelten hat. Für eine einschränkende Auslegung besteht nach der Tendenz des § 11 AnfG. (§ 40 KO.) kein Grund. Auszuscheiden ist sonach zwar derjenige dritte Erwerb anfechtbar veräußerter Gegenstände, der sich nach der Vorstellung des Erwerbers oder der zu seinen Gunsten verfügenden Staatsgewalt überhaupt nicht vom Rechte eines andern herleitet, wie der Dritterwerb durch Ersitzung, Aneignung,[1]) Fund, Verarbeitung oder Zwangsenteignung. Vgl. Enneccerus Bürg. Recht (3. Aufl.) § 130 Note 1 mit Lit. Dagegen ist Rechtsnachfolger im Sinne des § 11 II, wie das RG. v. 18. 1. 1889 Seufferts Archiv Bd. 45 Nr. 154 mit Recht anerkennt, auch der Indossatar und zwar Nachfolger des Indossanten. Freilich ist das Recht des Inhabers an und aus dem Wechsel, wie man es meist auszudrücken pflegt, nach a. 36, 74, 82 WO. originär d. h. „durchaus unabhängig davon, ob der Vorinhaber ein berechtigter Inhaber war oder nicht" (RG. v. 5. 11. 1900 Bd. **47**, 70; Grünhut Wechselrecht § 28 Bd. I S. 286; vgl. nun auch Romeick Technik des BGB. Heft 3 S. 103 ff.). Allein dieses Recht ist doch „auf Grund der Verfügung eines anderen erworben", von einem anderen hergeleitet. Daß sich der Erwerb auch vollzieht, wenn der Vormann nicht berechtigt war, schließt — wie bemerkt — arg. § 325 II ZPO. den Begriff der Rechtsnachfolge im Sinne der ZPO. nicht aus. So auch für den § 445 ZPO. RG. v. 5. 11. 1900 a. a. O.; vgl. ferner RG. v. 29. 5. 1897 Bd. **40**, 339 (Zwangsversteigerung) und v. 23. 11. 1899 Bd. **45**, 369 (Anweisung). Ob sich endlich die Sonderrechtsnachfolge unter Lebenden oder von Todes wegen vollzogen hat, gilt gleich. Zweifellos ist daher und zwar im neuen Rechte nach Abs. II Nr. 3 schlechthin rückgewährpflichtig wie der unter Lebenden beschenkte Dritte auch der Vermächtnisnehmer,

---

[1]) Eine andere, nicht in diesen Zusammenhang gehörende Frage ist die, ob als erster Erwerber rückgewährpflichtig wird, wer infolge absichtlicher Untätigkeit des Schuldners eine Ersitzung gegen diesen vollendet [§ 1 Anm. 34] oder sich eine vom Schuldner aufgegebene Sache aneignet [§ 3 Anm. 44].

dem der verstorbene Ersterwerber den anfechtbar erworbenen Gegenstand zugewendet hatte. Freilich begründet das Vermächtnis nach § 2174 BGB. nur einen Verschaffungsanspruch gegen den Beschwerten. Allein nur auf Grund dieses unmittelbar vom Erblasser hergeleiteten Anspruchs wird der vermachte Gegenstand selbst erworben. In Wahrheit hat der Erblasser seinen anfechtbaren Erwerb durch Vermittlung des Beschwerten auf den Bedachten weiterübertragen. Dem Sinne des Abs. II ist damit genügt. Vgl. Cosack S. 313, Menzel S. 216; abw. Hartmann-Meikel S. 270 f.

Im einzelnen gehört unter den Abs. II:

α) Vor allem der Normalfall, daß das anfechtbar erworbene Recht in derselben Gestalt und mit demselben Inhalte, wie es dem Ersterwerber zustand, auf einen anderen übertragen worden ist — einerlei, ob der Übergang auf rechtsgeschäftlicher Verfügung (Übereignung, Abtretung) des Ersterwerbers oder eines an seiner statt Verfügungsbefugten (z. B. des Ehemanns), auf obrigkeitlicher Zuweisung (z. B. Überweisung an Zahlungsstatt) oder unmittelbar auf dem Gesetze (z. B. § 268 III BGB.) beruht. Hatte sich der Schuldner anfechtbar zu einer Rechtsübertragung verpflichtet (z. B. zur Abtretung einer weit unter Wert verkauften Hypothekenforderung) und auf Weisung des Versprechensempfängers die Übertragung an einen Dritten vollzogen, so kann der Dritte nach Abs. II rückgewährpflichtig sein, obgleich sein Erwerb in dieser Gestalt nicht durch das Vermögen des Ersterwerbers hindurchgegangen ist. Vgl. v. 12. 5. 1904 OLG. 10 S. 227 f. (Tatbestand undeutlich). Auch die Übertragung eines anfechtbar erworbenen Sicherungsrechtes z. B. Pfändungspfandrechtes mit der gesicherten Forderung gegen den Schuldner gehört hierher (RG. v. 19. 10. 1893 Bd. **32**, 22), während eine Zahlung mit anfechtbar erworbenem Geld oder dem Erlöse des Anfechtungsgegenstandes keine Rechtsnachfolge in den anfechtbaren Erwerb selbst begründet, wie sie der Abs. II voraussetzt (RG. v. 18. 1. 1889 Seufferts Archiv Bd. 45 Nr. 154). Wird die Einbringung von Sachen in das Vereinsvermögen einer neugegründeten Aktiengesellschaft von einem Gläubiger des Einbringers (Gründers) angefochten, so erscheint die Aktiengesellschaft als erste Anfechtungsgegnerin, nicht etwa als Rechtsnachfolgerin der Gründergemeinschaft. Denn diese hat unmittelbar für die künftige Aktiengesellschaft erworben. RG. v. 6. 7. 1889 Bd. **24**, 21 u. 23. Anm. 9.

β) Weiterhin aber auch die Schaffung eines neuen Rechtes auf Grund des anfechtbar erworbenen (sog. **konstitutive** im Gegensatze zur translativen Sukzession). Darum ist derjenige, dem der Ersterwerber am anfechtbar erworbenen Gegenstand eine Dienstbarkeit, ein Pfandrecht, eine Hypothek, Grund- oder Rentenschuld bestellt hat, Rechtsnachfolger im Sinne des Abs. II. RG. v. 11. 4. 1883 Bd. **9**, 84; v. 24. 10. 1885 Bd. **15**, 371; v. 25. 5. 1897 JW. S. 346 ff. Nr. 20 („feststehende Rechtsprechung des RG.“, daß Hypothekbestellung am anfechtbar erworbenen Grundstück eine „Rechtsnach- Anm. 10.

folge" begründet); vgl. auch RG. v. 4. 11. 1889 Bd. **25**, 412 (Bestellung eines Altenteils als Rechtsnachfolge); Stettin v. 14. 1. 1902 OLG. 4 S. 177 u. OLG. Colmar v. 26. 6. 1903 Z. f. Els.-Lothr. 29 S. 328 (Hypothekbestellung als Begründung einer Rechtsnachfolge); Jaeckel § 9 Note 43, Menzel S. 214 f. Desgleichen, wer durch Zwangsvollstreckung ein Recht am Anfechtungsgegenstand erlangt hat (vgl. RG. v. 24. 5. 1897 Bd. **39**, 83). So z. B. der Pfändungspfandgläubiger, mag er nun eine Sache oder ein Recht gepfändet haben (§ 804 I ZPO.). Darum gehört zweifellos hierher auch die Pfändung und Überweisung einer Geldforderung zur Einziehung. Abw. ObstLdsG. v. 21. 3. 1892 Bl. f. RA. 57, 247 ff.; Petersen-Kleinfeller KO. § 40 Anm. 5 a. E. Allein ein Pfandrecht ist schon mit bewirkter Pfändung entstanden (§ 829 III ZPO.) und dadurch eine konstitutive Rechtsnachfolge eingetreten; die Überweisung zur Einziehung (§ 835 ZPO.) macht das erworbene Pfandrecht lediglich realisierbar (ganz unhaltbar v. Schwerin a. a. O. S. 57 f.). Daß bei dieser Überweisung die Forderung Vermögen des Schuldners bleibt, kann nicht ins Gewicht fallen. So ist es ja auch bei der Sachpfändung und bei vertragsmäßiger Pfandbestellung, und doch liegt beidemal ein abgeleiteter Rechtserwerb vor. Über das Erfordernis „einer Rechtshandlung des Schuldners" siehe § 1 Anm. 39 ff. — Rechtsnachfolger im Sinne des Abs. II ist endlich auch derjenige, der die anfechtbar erworbene Sache vom Erwerber gemietet, gepachtet, (auf festbestimmte Zeit) entliehen hat. Doch kann der auf Rückgewähr belangte Besitzmittler im Wege der Urheberbenennung (§ 76 ZPO.) die Prozeßlast abwälzen. Vgl. Cosack § 54 Note 2, Menzel S. 215, Krasnopolski S. 73. Nicht aber der Gläubiger, der sich auf Grund einer außerkonkursmäßigen Anfechtung Deckung verschaffte [§ 13 Anm. 23 f.].

Anm. 11. c) Auch im Sinne des Abs. II kann der Schuldner selbst als Rechtsnachfolger in Betracht kommen. So etwa, wenn er sein Gut einem Sohne geschenkt und sich von diesem daran ein Recht auf unpfändbare Leibgedingsreichnisse hat bestellen lassen, das bei der Zwangsversteigerung des Gutes durch den Gläubiger des Vaters bestehen bleiben würde (vgl. § 9 EG. z. ZVG.). Siehe RG. v. 4. 11. 1889 Bd. **25**, 412; Steinbach-Ehrenzweig S. 110 Note 4 mit österreich. Rechtsprechung.

2. Die Anfechtung gegen einen „anderen Rechtsnachfolger" im Sinne des Abs. II **setzt zweierlei voraus:**

Anm. 12. **a)** Vor allem muß gegen **den Ersterwerber** — bei wiederholter Sukzession auch gegen alle Zwischenerwerber [Anm. 14] — **„die Anfechtung begründet"** sein. In jedem Falle wird also Anfechtbarkeit des Ersterwerbs vorausgesetzt. Ein Erwerb, der in erster Hand unanfechtbar war, kann nicht in zweiter oder dritter Hand (zugunsten der Gläubiger des Erstveräußerers) anfechtbar werden. Daß ein Nachmann die dem Ersterwerber unbekannte Benachteiligungsabsicht des Schuldners kennt, genügt also nicht, um eine Absichtsanfechtung gegen den Nachmann zu begründen. Andrerseits ist es, wenn Erst- und Zwischenerwerb anfechtbar sind, ganz gleichgültig, auf welchem Grunde die Anfechtbarkeit beruht. Einerseits braucht der Vorerwerb nicht mehr — wie bisher nach Nr. 1 in ungerechtfertigtem Gegensatze zu Nr. 2 (Cosack S. 310, 317) — gerade der Absichtsanfechtung ausgesetzt zu sein: alle Anfechtungsarten der §§ 3, 3a kommen gleichmäßig in Betracht. Begründung d. Nov. S. 34. Andrerseits braucht sich die Anfechtung des Nacherwerbs nicht auf denselben Grund zu stützen, wie die Anfechtung des Vorerwerbs. Sie kann z. B. gegen den Ersterwerber aus § 3 Nr. 1, gegen den Zwischenmann aus § 11 II Nr. 3, gegen den Dritterwerber aus § 11 II Nr. 2 begründet sein. Die Anfechtungsschuld der aufeinanderfolgenden Erwerber kann daher von ganz verschiedener Art und von ganz verschiedenem Inhalte sein. Die Haftung des Nachmanns kann milder, sie kann aber auch strenger sein als die des Vormanns war oder ist — strenger, wenn etwa der Vormann nur als gutgläubig Beschenkter nach § 7 II, der Nachmann aber aus § 11 II Nr. 1 Rückgewähr zu leisten hat. Hieraus und aus der grundsätzlichen Fortdauer der Haftung des Vormannes [Anm. 23] folgt, daß die Worte, „die gegen den letzteren (den Vormann) begründete Anfechtung" finde gegen den Nachmann statt, nur besagen sollen: wenn eine Anfechtung gegen den Vormann begründet ist, findet unter bestimmten weiteren Voraussetzungen auch eine Anfechtung gegen den Nachmann statt. Keineswegs will das Gesetz einen Übergang der Anfechtungsverbindlichkeit, wie sie in der Person des Vormanns entstanden war, vom Vormann auf den Nachmann verordnen.

Da der Ersterwerb anfechtbar sein muß, muß er auch in den Zeitgrenzen der §§ 3, 3a liegen und die Anfechtung erfolgen, ehe die Frist des § 12 gegenüber dem nach § 3 Nr. 1 haftenden Ersterwerber verstrichen ist. Hatte z. B. der Schuldner einem Nichtangehörigen eine Schenkung gemacht, die lediglich unter dem Gesichtspunkte des § 3 Nr. 3 anfechtbar sein könnte, so ist eine Anfechtung gegen den Rechtsnachfolger des Beschenkten ausgeschlossen, sobald ein Jahr seit jener Schenkung verstrichen ist. Hatte umgekehrt der Schuldner vor drei Jahren eine Schenkung in der dem Erwerber bekannten Absicht, die Gläubiger zu benachteiligen, vorgenommen (§ 3 Nr. 1) und der Erwerber das Geschenk sofort an einen Angehörigen des Schuldners weiterveräußert, so haftet der Rechtsnachfolger als persona suspecta nach § 11 II Nr. 2, ohne daß seine Haftung auf die Frist des § 3 Nr. 2 beschränkt wäre. Vielmehr haftet der Angehörige nach § 11 II Nr. 2 auch dann, wenn weder die erste noch die zweite Veräußerung innerhalb des letzten Jahres vor der Anfechtung liegt. Nur darf die erste nicht schon vor mehr als zehn Jahren erfolgt sein (§ 12). Vgl. RG. v. 24. 11. 1899 Bd. **45**, 45, Cosack S. 318, Menzel S. 219 f., Krasnopolski S. 79 f. Fristerstreckung Anm. 30 ff. Anm. 13.

b) Zweitens muß der Erwerb **des Rechtsnachfolgers** unter einen der besonderen Tatbestände des Abs. II Nr. 1—3 fallen:

Anm. 14. α) **Ohne Rücksicht** darauf, ob der Nachmann entgeltlich oder unentgeltlich erworben hat, findet eine Anfechtung gegen den Nachmann statt, falls dieser zur Zeit seines Erwerbs die Umstände **gekannt** hat, welche den Erwerb seines unmittelbaren Rechtsvorgängers anfechtbar machen. Abs. II **Nr. 1.** Im Falle mehrfacher Sukzession genügt also die Anfechtbarkeit gegenüber einem mittelbaren Vormanne nicht: sie muß gegen den unmittelbaren und darum gegen alle Zwischenmänner begründet sein. So ist übereinstimmend mit § 15 des österreichischen Anfechtungsgesetzes (Menzel S. 212, Krasnopolski S. 76) eine Streitfrage des bisherigen Rechts im Sinne von Cosack § 54, 5 gegen die herrschende Lehre (z. B. v. Völderndorff KO. I S. 427 Note 20) entschieden worden. Begründung d. Nov. S. 34; abw. auch jetzt noch Petersen-Kleinfeller KO. § 40 Anm. 7 und de lege ferenda Bernhardi Anm. 3. Rechtslogik und Verkehrssicherheit fordern diese Regelung. Deckt doch sogar beim Erwerbe von einem Nichtberechtigten ein im Erwerbe geschützter Zwischenmann schlechthin alle seine Nachmänner. Ist z. B. eine Sache vom Nichteigentümer A nach § 929 BGB. an B, von B an C und von C an D veräußert worden, so rettet der gute Glaube des C den D auch dann, wenn B und D selbst den Rechtsmangel gekannt haben. §§ 932, 935 BGB. D hat eben von einem Berechtigten erworben. Noch weniger läßt sich eine Erstreckung der Anfechtbarkeit auf die Nachmänner dessen rechtfertigen, in dessen Hand der Erwerb unanfechtbar geworden ist. Man würde sonst zu dem unerträglichen Schlusse gelangen, daß die Anfechtbarkeit des § 29 KO. stärker wirkt als die Nichtigkeit des § 7 KO. Siehe Jaeger KO. § 7 Anm. 34. Bei der jetzigen Fassung des Abs. II kann ein Zweifel über das Erfordernis der Anfechtbarkeit auch des Zwischenerwerbs höchstens noch für die Nr. 3 aufgeworfen werden, weil die ersten beiden Nummern in den Worten „seines Rechtsvorgängers" ausdrücklich die Kenntnis des dem unmittelbaren Vorerwerb anhaftenden Mangels fordern. Selbstverständlich aber kann für alle drei Nummern des Abs. II nur ein und dasselbe Prinzip gelten und sicherlich nicht gerade im Falle der Nr. 3 eine Verschärfung Platz greifen (vgl. vielmehr Abs. III).

Anm. 15. Nicht auf die Kenntnis der „Anfechtbarkeit" (vgl. § 142 II BGB.) des Ersterwerbs, sondern auf die Kenntnis der diese Anfechtbarkeit begründenden Umstände wird das entscheidende Gewicht gelegt. Der Rechtsnachfolger braucht also nicht auch über die Normen des Anfechtungsrechtes unterrichtet gewesen zu sein. Kenntnis ist positives Kennen. Auch hier steht — anders als bei der dinglich wirkenden Anfechtung (§ 142 II, vgl. § 932 II gegen § 892 BGB.) — das Kennenmüssen (§ 122 II BGB.) dem Kennen nicht gleich [§ 3 Anm. 20]. Für die Kenntnis entscheidet der Zeitpunkt, in dem sich der Erwerb des Rechtsnachfolgers vollendet [§ 3 Anm. 22]. Nachträgliche Kenntnis fällt nicht ins Gewicht.

Im Falle der Nr. 1 muß also der anfechtende Gläubiger beweisen: daß der Ersterwerb (samt etwaigen Zwischenerwerben) anfechtbar ist, und daß dem Rechtsnachfolger beim Erwerbe die eine Anfechtbarkeit des unmittelbaren Vorerwerbs begründenden Umstände positiv bekannt waren. Wird insbesondere die Anfechtung gegen den Ersterwerber auf § 3 Nr. 1, gegen den Nachmann auf § 11 II Nr. 1 gestützt, so gehört zur Begründung der gegen den letzteren erhobenen Anfechtungsklage: Kenntnis des Ersterwerbers von einer Benachteiligungsabsicht des Schuldners und Kenntnis des Nachmanns von dieser Kenntnis seines Vorgängers (die abweichende Ansicht im RG. v. 24. 11. 1899 Bd. **45**, 47 bezieht sich auf die ältere Fassung des § 11 II Nr. 1, 2). Dagegen verbleibt, wenn die Anfechtbarkeit des Ersterwerbs auf den § 3 Nr. 2 gestützt ist, der Einwendungsbeweis dieser Vorschrift dem vom Gläubiger belangten Rechtsnachfolger: der Gläubiger hat nur die Kenntnis der zum Klagegrunde des § 3 Nr. 2 gehörenden Tatsachen, der Nachfolger dagegen zu beweisen, daß seinem Vorgänger beim Vertragsabschluß eine Benachteiligungsabsicht des Schuldners nicht bekannt war. Vgl. Cosack S. 312, Steinbach-Ehrenzweig S. 111, Menzel S. 213, L. Seuffert § 36 Note 30. Beruht die Anfechtbarkeit des Ersterwerbs auf § 3 Nr. 3, 4 (§ 3a), so braucht dem Rechtsnachfolger nur Kenntnis vom unentgeltlichen Erwerbe seines Vormannes nachgewiesen zu werden; daß er selbst — der Rechtsnachfolger — entgeltlich erworben hat, schützt ihn gegen die Anfechtung nicht. Er mag sich an seinen Vormann halten. Anm. 16.

β) Gehört der Rechtsnachfolger zu den im § 3 Nr. 2 genannten Angehörigen **des Schuldners** — also nicht des Ersterwerbers, nicht des unmittelbaren Vormannes (RG. v. 2. 11. 1887 Bd. **19**, 203; v. 25. 5. 1897 JW. S. 346 Nr. 20, Cosack S. 312; irrig Fuchs S. 56, v. Wilmowski-Kurlbaum KO. § 40 Anm. 6) —, so besteht Verdacht, daß der Rechtsnachfolger den anfechtungsbegründenden Sachverhalt gekannt hat, daß also ein Mittelsmann nur zur Umgehung des Gesetzes eingeschoben worden ist. Motive z. KO. S. 153. Darum wird es der persona suspecta überlassen, gegenüber der Anfechtungsklage einwendungsweise — Neufassung „es sei denn, daß" statt des minder genauen bisherigen Wortlauts „und nicht beweist, daß" [§ 3 Anm. 41] — geltend zu machen und im Streitfalle zu beweisen, daß ihr zur Zeit ihres Erwerbs die eine Anfechtbarkeit des unmittelbaren Vorerwerbs [Anm. 14] begründenden Umstände unbekannt waren. Abs. II **Nr. 2.** Hier braucht also der Gläubiger nur Anfechtbarkeit des Vorerwerbs und Angehörigkeitsverhältnis darzutun. Im übrigen siehe § 3 Anm. 26 ff. An eine dem § 3 Nr. 2 entsprechende besondere Zeitschranke ist die Anwendbarkeit des Abs. II Nr. 2 nicht gebunden [Anm. 13]. Anm. 17.

Das den Verdacht der Nr. 2 rechtfertigende Angehörigkeitsverhältnis muß im Zeitpunkte des Eintritts der Rechtsnachfolge, nicht schon im Augenblicke des Ersterwerbs bestehen. Nur für die An- Anm. 18.

fechtung gegen den Ehegatten des Schuldners genügt es, daß später die Ehe geschlossen worden ist (arg. verb. „vor oder während der Ehe“ im § 3 Nr. 2). Cosack S. 316, Jaeckel S. 152, Krasnopolski S. 75, Kohler Lehrbuch S. 260.

Anm. 19. γ) Der **unentgeltliche** Dritterwerb unter Lebenden oder von Todes wegen [Anm. 8] ist nach Abs. II **Nr. 3** einer Anfechtung unterworfen, auch wenn die in Nr. 1 u. 2 vorausgesetzte Kenntnis nicht feststeht, falls nur der Erwerb des Spenders selbst anfechtbar ist. Welchem Anfechtungsgrunde der Erwerb des Vorgängers unterliegt, ist einerlei. Der Zwischenerwerb muß auch hier anfechtbar sein [Anm. 14]. Mit dieser Vorschrift ist die Novelle von 1898 auf den Standpunkt früherer Partikulargesetze (siehe namentlich § 16 Nr. 3 preuß. AnfG. v. 1855) zurückgekehrt. Die Neuregelung entspricht durchaus der Billigkeit (Cosack S. 309 gegen Motive z. KO. S. 152) und dem in den §§ 816 I Satz 2, 822 BGB. anerkannten Grundsatze. Auch das österreichische Anfechtungsgesetz enthält im § 31 Nr. 3b (freilich in mangelhafter Redaktion: Menzel S. 217 f., Krasnopolski S. 75) eine entsprechende Norm. Begründung d. Nov. S. 35. Nach Nr. 3 ist die Anfechtbarkeit beispielsweise auch gegen den zulässig, dem der Erwerber des Anfechtungsgegenstandes an diesem schenkweise ein Pfand zur Sicherung einer fremden Schuld bestellt hat. Auch gegenüber einer Leihe (§ 598 BGB.) auf festbestimmte Zeit kann sich der Gläubiger zu einer Anfechtung nach Nr. 3 gezwungen sehen [Anm. 10]. Was über Gelegenheits- und Pflichtschenkungen zu § 3 Nr. 3, 4 bemerkt ist, muß gegen Wolff KO. § 40 Anm. 10 auch hier gelten.

Anm. 20. Nach **Abs. III** haftet der Erwerber der unentgeltlichen Leistung nur in Höhe seiner Bereicherung, **falls** er in gutem **Glauben** ist (§ 7 II). Daß für die Person seines Vorgängers die Voraussetzungen des § 7 II erfüllt sind, wird nicht gefordert. Der gute Glaube fehlt, wenn der Rechtsnachfolger die Benachteiligung der Gläubiger kennt oder kennen muß [§ 7 Anm. 25]. Diese Unkenntnis muß bis zu dem Zeitpunkte fortgedauert haben, in dem der Rechtsnachfolger die Möglichkeit verloren hat, die ganze Leistung zurückzuerstatten [§ 7 Anm. 26]. Es genügt nicht, daß er bei Empfangnahme der unentgeltlichen Zuwendung in gutem Glauben war. Beweislast: § 7 Anm. 27; Bereicherung: ebenda Anm. 28 ff. Ist der Beschenkte eine persona suspecta im Sinne des § 3 Nr. 2, so stützt der Gläubiger die Anfechtung zunächst auf § 11 II Nr. 2 und nur subsidiär auf Nr. 3. Gelingt dem Beschenkten der Einwendungsbeweis (Nr. 2), so haftet er immer noch in Höhe seiner Bereicherung (Nr. 3 mit Abs. III).

Anm. 21. 3. **Die Erben** eines Rechtsnachfolgers, dessen Erwerb nach Abs. II der Anfechtung unterliegt, haften ohne weiteres nach Abs. I, also unter dem Gesichtspunkte der Nachfolge in die Anfechtungs**schuld**. Auch hier gilt Anm. 5.

4. **Die Anfechtungsschuld des Rechtsnachfolgers.**

Anm. 22. a) Die Rückgewährpflicht des Rechtsnachfolgers ist — abgesehen davon, daß sie nur bei Anfechtbarkeit des Vorerwerbs entsteht — eine selbständige

Verbindlichkeit. Weder beruht sie auf demselben Grunde, noch braucht sie denselben Inhalt zu haben wie die erste Anfechtungsschuld [Anm. 12]. Da der Nachmann als Rechtsnachfolger in den anfechtbaren Erwerb haftet, kann er auch nur in den Grenzen der Rechtsnachfolge, also nur insoweit in Anspruch genommen werden, als das aus dem Vermögen des Schuldners Herausgekommene Gegenstand der Rechtsnachfolge war. Soweit der Vormann den Erwerb für sich behalten, für sich verbraucht oder anderweit veräußert hat, liegt keine Rechtsnachfolge vor. In den Grenzen der Rechtsnachfolge entscheidet — vorbehaltlich der Ausnahme des Abs. III [Anm. 20] — der Grundsatz des § 7 I. Die Haftung für Ersatz- und Nebenleistungen bemißt sich nach der Person des Rechtsnachfolgers: sein Verschulden, sein Verzug, sein böser Glaube entscheidet. Cosack S. 320ff., Menzel S. 268.

b) Der Anfechtungsanspruch ist weder actio in rem noch actio in rem scripta Anm. 23.
[Anm. 7]. Er ruht nicht derart auf dem Anfechtungsgegenstand, daß dessen jeweiliger Inhaber und nur dieser verpflichtet wäre. Der Ersterwerber kann sich der Anfechtungsschuld durch Weiterveräußerung regelmäßig nicht entschlagen: er haftet trotz der Veräußerung fort [§ 7 Anm. 19]. Nur im Ausnahmefalle des § 7 II erlischt die Haftung des Ersterwerbers durch eine Weitergabe des Geschenks, die unentgeltlich und zu einer Zeit erfolgt, in welcher der gute Glaube des Erstbeschenkten noch fortdauert [§ 7 Anm. 26]. Andrerseits kann die Anfechtungsschuld des weiteren Erwerbers geringer [Anm. 22], unter Umständen auch größer sein als die des ersten [Anm. 12]. Mehrere Rückgewährverbindlichkeiten aufeinander folgender Erwerber brauchen sich also nicht vollkommen zu decken. Soweit sie sich aber decken, besteht ein gesetzliches **Gesamtschuldverhältnis** nach § 421 BGB. Denn insoweit ist jeder Schuldner verpflichtet, die — zur Befriedigung des Gläubigers oder der mehreren Gläubiger „erforderliche" — Rückgewähr ganz zu leisten, der Gläubiger aber die Leistung nur einmal zu fordern berechtigt, weil die Benachteiligung nicht weiter reicht. Daß die mehreren Verpflichtungen nacheinander entstanden und unmittelbar im Gesetze begründet sind, steht der Annahme eines Gesamtschuldverhältnisses nicht entgegen (vgl. Dernburg Bürg. Recht II § 160 IV, V). Zustimmend Wolff KO. § 40 Anm. 2, 12, v. Wilmowski-Kurlbaum KO. § 40 Anm. 10, Petersen-Kleinfeller KO. § 40 Anm. 1. Der § 840 BGB. ist unanwendbar [§ 1 Anm. 11]. Haftung bei gleichzeitigem Erwerbe mehrerer Personen: § 7 Anm. 44.

Schon für das bisherige Recht war anerkannt: daß von mehreren auf- Anm. 21
einander folgenden Erwerbern jeder für sich belangt werden kann, also nicht der eine mit dem andern verklagt werden muß (RG. v. 12. 11. 1891 Bolze 13 Nr. 194, Motive z. KO. S. 150f.); daß aber mehrere auch zusammen belangt werden können [RG. in § 7 Anm. 19]; sowie daß im Falle der Klagenhäufung eine gewöhnliche, nicht eine besondere Streitgenossenschaft (§ 61, nicht § 62 ZPO.) vorliegt, weil die Entscheidung keineswegs einheitlich ausfallen muß (RG. v. 9. 12. 1882 Gruchot 27 S. 1140). Gleich-

wohl wurde die Annahme eines Korreal- oder Solidarschuldverhältnisses abgelehnt (Krasnopolski S. 76 ff. mit Lit.).

Anm. 25. Mit der Anerkennung eines Gesamtschuldverhältnisses wird — auch abgesehen von Anm. 24 — ein fester Boden für die Lösung wichtiger Zweifelsfragen gewonnen (§§ 421—425 ff. BGB.). So ergibt sich aus § 422 BGB., daß die Erfüllungshandlungen eines Mitschuldners für alle wirken; desgleichen der gegenüber einem Mitschuldner eingetretene Verzug. Erlaß: § 423 BGB.; Zwangsvergleich: § 193 Satz 2 KO.; Kündigung, Leistungsverzug, Verschulden, Unmöglichkeit der Leistung, Verjährung, Konfusion: § 425 BGB. Fristwahrung: Anm. 30 ff. u. § 12 Anm. 5.

Anm 26. Unter dem Gesichtspunkte des § 425 BGB. ist auch die überaus streitige Frage zu lösen, ob **das rechtskräftige Urteil**, das den Anfechtungsanspruch gegenüber dem Ersterwerber verneint, die Anfechtung gegenüber seinem Rechtsnachfolger ausschließt (Krasnopolski S. 78 f. mit Lit.; dazu Hellwig Rechtskraft § 54, Steinbach-Ehrenzweig S. 111 f.). Nach § 425 II BGB. steht dem Rechtsnachfolger der Einwand rechtskräftiger Abweisung **nicht** zu, auch dann nicht, wenn die Sukzession nach der Erhebung oder erst nach der rechtskräftigen Abweisung der Anfechtungsklage eingetreten war. Selbstverständlich aber können die Unterlagen des ersten Urteils (z. B. die Ergebnisse eines Zeugen- oder Urkundenbeweises) eine auch für die Entscheidung des zweiten Prozesses ausschlaggebende tatsächliche Bedeutung haben. Der Umstand, daß die Anfechtbarkeit gegenüber dem Rechtsvorgänger „begründet" sein muß, löst unsere Frage noch nicht (abw. Menzel S. 213 f.; ähnlich Hartmann-Meikel Anm. 6). Denn es handelt sich darum, ob ein Nachmann sich auf eine Entscheidung berufen darf, die zugunsten seines Vorgängers die Anfechtbarkeit verneint. Diese Frage beurteilt sich nach den §§ 322, 325 ZPO. Dabei ist zu beachten, daß der Anfechtungsanspruch „Streitbefangenheit" im Sinne des § 265 mit §§ 325, 727 ZPO. nicht zu begründen vermag [§ 1 Anm. 22]. Stettin v. 14. 1. 1902 OLG. 4 S. 177; abw. Bernhardi Anm. 1. Freilich wird neuerdings bestritten, daß die Sonderrechtsnachfolge im § 325 ZPO. Streitbefangenheit voraussetzte (Literatur bei L. Seuffert ZPO. § 325 Anm. 4 b), und andrerseits behauptet, der § 425 BGB. gelte nur für ein bereits vor Prozeßbeginn begründetes Gesamtschuldverhältnis (Hellwig Rechtskraft S. 321). Ja, es wird sogar in Abrede gestellt, daß der § 325 I ZPO. eine grundsätzliche Beschränkung der Rechtskraft auf die Parteien enthalte (L. Seuffert Anm. 1 und Anm. 4 b). Diese Fragen können hier nicht ausgetragen werden. Nach unserer Ansicht wirkt auch die rechtskräftige Bejahung der Anfechtbarkeit nur inter partes. Zweifellos erwächst die Entscheidung über eine nur einwendungs- oder replikweise geltend gemachte Anfechtung überhaupt nicht in Rechtskraft. Stützt sich die neue Klage auf einen anderen Anfechtungstatbestand, so fehlt die objektive Identität [§ 1 Anm. 62].

Anm. 27. 5. Der öffentliche Glaube des Grundbuchs (§§ 892 f. BGB.) und der Grundsatz „Hand wahre Hand" (§§ 932 ff., 1207 BGB., §§ 366 f. HGB.,

a. 74 WO.) decken zwar einen Mangel im Rechte des Gewährsmannes, schließen aber die Anfechtung nicht aus, die im Interesse dritter Personen auch einen unter den Parteien vollwirksamen Rechtsakt trifft. Der § 11 trägt dem guten Glauben des Dritterwerbers selbständig und in weitestem Maße Rechnung. Diese Vorschrift allein ist sedes materiae für die Frage, inwieweit ein redlicher Dritter gegenüber der „Gläubigeranfechtung" geschützt wird. Von praktischer Bedeutung wird die Frage beim unentgeltlichen Erwerb, der nach Abs. II Nr. 3 trotz guten Glaubens anfechtbar ist. Der innerlich ungerechtfertigte Standpunkt des § 39 II Entw. einer Gemeinschuldordnung, demzufolge weitergehende zivilrechtliche Schutzvorschriften vorbehalten werden sollten, war bereits vom zweiten Entwurf aufgegeben worden. Vgl. Menzel S. 220, Jaeckel S. 153 f.

6. Was **die Erstattungsansprüche** des Rechtsnachfolgers betrifft, so kann der Nachfolger die Erstattung desjenigen Entgelts, das er seinem Vorgänger und nicht dem Schuldner geleistet hat, etwa mit einer Bereicherungs- oder Gewährleistungsklage auch nur von seinem Vorgänger verlangen. Der § 8 gilt nicht für das Verhältnis zwischen zwei aufeinander folgenden Anfechtungsschuldnern. Sofern der Nachmann nur auf die Bereicherung haftet [Anm. 20], kann er seine Aufwendungen in Abzug bringen. Anm. 28.

7. Für das **Übergangsrecht** gilt der Grundsatz: ein unter der Herrschaft des alten Rechts vollzogener und nach diesem unanfechtbarer Erwerb bleibt unanfechtbar auch im neuen Recht [§ 1 Anm. 82]. Anm. 29.

Wegen des internationalen Rechts siehe § 1 Anm. 81.

III. **Wirksamkeit einer Anfechtungsankündigung nach § 4 gegenüber den Rechtsnachfolgern des Ersterwerbers (Abs. IV).**

Da die Anfechtung einem späteren Erwerber gegenüber nicht stattfindet, wenn sie nicht gegen den Ersterwerber und sämtliche Zwischenerwerber „begründet" ist, setzt die Haftung eines Nachmannes stets voraus, daß der Erwerb aller Vormänner, auch noch der Ersterwerb, innerhalb der Anfechtungsfristen (§§ 3, 3a, 12) liegt [Anm. 13 u. 14]. Nun können aber die Fristen des § 3 Nr. 2—4 (§ 3a) vor Eintritt der Fälligkeit oder Vollstreckbarkeit des Hauptanspruchs durch eine Anfechtungsankündigung nach Maßgabe des § 4 verlängert werden, falls das Schuldnervermögen schon zur Zeit dieser Ankündigung zugriffsunzulänglich ist und die Anfechtung selbst binnen zwei Jahren nachfolgt. Da fragt es sich, wem im Falle der Rechtsnachfolge die fristerstreckende Ankündung zugestellt sein muß. Diese Frage beantwortet der Abs. IV, aber in einer nicht erschöpfenden und nicht zweifelsfreien Fassung. Wir unterscheiden: Anm. 30.

1. Eine Ankündigung an den Ersterwerber erstreckt unter den sonstigen Voraussetzungen des § 4 die Anfechtbarkeit auf alle Nachfolger in den anfechtbaren Erwerb, einerlei, ob die Nachfolge Gesamt- oder Sonderrechtsnachfolge ist, einerlei, ob sie vor oder nach der Zustellung eintritt. Vgl. Cosack S. 318, Hartmann-Meikel Anm. 12 und (für den anders formulierten § 33 II österr. AnfG.) Menzel S. 114, Krasnopolski S. 127. Unser Abs. IV löst diese Frage nicht [Anm. 32]. Die Begründung S. 27 bejaht sie, aber mit dem Zusatze, im Anm. 31.

Falle der Nr. 1 (alter Fassung) müsse dem Nachfolger die Benachteiligungsabsicht des Schuldners, im Falle der Nr. 2 die Zustellung des § 4 beim Erwerbe bekannt gewesen sein (vgl. auch Cosack a. a. O. zu Note 18), was schon deshalb fehlgeht, weil Benachteiligungsabsicht und Anfechtungsankündigung nicht miteinander korrespondieren. Nach anderer Ansicht soll dem Nachmann immer nur eine vor Eintritt der Rechtsnachfolge an den Vormann zugestellte Ankündigung schaden, weil der Vormann nicht länger passiv legitimiert sei (so Jaeckel S. 170), und dem Nachmanne die wohlerworbene Rechtslage nicht hinterher verkümmert werden dürfe (so Petersen-Kleinfeller Anm. 3, v. Wilmowski Anm. 1). Keines von beiden Argumenten schlägt durch. Einerseits dauert die Passivlegitimation des Veräußerers fort [Anm. 23]. Andrerseits rückt der Nachmann, vorausgesetzt natürlich, daß zur Zeit der Weiterveräußerung der Ersterwerb selbst noch anfechtbar ist, also zu dieser Zeit die Fristen des § 2 Nr. 2—4 noch nicht versäumt sind, keineswegs in eine sichere, sondern in die unsichere Position seines Vorgängers ein. Wird nun dem Vorgänger gegenüber die Anfechtbarkeit verlängert, so schadet das nach dem Grundsatze des Abs. II auch dem Sondernachfolger. Denn gegen diesen findet unter den Voraussetzungen der Nr. 1—3 die gegen seinen Auktor „begründete", also auch die seinem Auktor gegenüber erstreckte Anfechtung statt, ohne daß dem Gläubiger zugemutet würde, vor der rechtswahrenden Ankündigung des § 4 nachzuforschen, ob der anfechtbare Erwerb nicht vielleicht unterdessen weiter übertragen worden ist. Meist wird eine solche Aufklärung weder durch äußere Umstände veranlaßt noch aber rasch genug möglich sein. So ergibt der Abs. II eine der Billigkeit und dem Wesen des abgeleiteten Erwerbs entsprechende Lösung der Streitfrage.

Anm. 32. 2. Eine Ankündigung an den zu belangenden Rechtsnachfolger selbst soll nach der ausdrücklichen Vorschrift des Abs. IV zur Erhaltung des Anfechtungsrechtes gegenüber diesem Rechtsnachfolger und damit gegenüber seinen Nachmännern (nicht aber gegenüber seinen Vormännern) „genügen". Das will sagen: die Ankündigung braucht nicht außerdem auch den Vorerwerbern zugestellt zu sein; es „genügt" Zustellung an den zu belangenden Nachmann allein.[1]) So kann also infolge bloßer Zustellung an einen Nachmann die Anfechtung diesem gegenüber stattfinden, obgleich sie den Vormännern gegenüber abgeschnitten ist. Zur Zeit der Rechtsnachfolge freilich muß die Anfechtbarkeit auch noch gegenüber dem Vormanne begründet gewesen, zur Zeit der Anfechtung selbst aber darf ihm gegenüber die Anfechtungsfrist bereits verstrichen sein. Insofern weicht der Abs. IV in der Tat — nicht nur „scheinbar" (wie die Begründung S. 27 bemerkt) — von dem Satze ab, daß die Inanspruchnahme des Nachmanns eine Haftung aller Vormänner voraussetzt. Die Ausnahme beruht auf Zweckmäßigkeitserwägungen. Wenn es dem Gläubiger nur um die

[1]) Nach Hartmann-Meikel S. 279 wäre der Sinn des Abs. IV der: die Zustellung „kann" wirksam an den Nachfolger allein, sie kann aber auch an den Vormann allein erfolgen. So aufgefaßt, entscheidet der Abs. IV auch die in Anm. 31 erörterte Frage.

Inanspruchnahme eines ihm bekannten Nachmanns zu tun ist, hat eine Zustellung an den Nachmann selbst und nur an ihn guten Sinn.

§ 12.

§ 12 AnfG.

Die Anfechtung einer nach § 3 Nr. 1 anfechtbaren Handlung kann nur binnen zehn Jahren erfolgen. Auf den Lauf der Frist finden die für die Verjährung geltenden Vorschriften des § 203 Abs. 2 und der §§ 206, 207 des Bürgerlichen Gesetzbuchs entsprechende Anwendung.

Die Frist beginnt mit dem Zeitpunkt, in welchem der Gläubiger den vollstreckbaren Schuldtitel erlangt hatte und seine Forderung fällig war, wenn aber die Rechtshandlung nach diesem Zeitpunkte vorgenommen ist, mit der Vornahme der Handlung.

Die Anfechtung ist ausgeschlossen, wenn seit der Vornahme der Rechtshandlung dreißig Jahre verstrichen sind.

§ 41 KO.

Die Anfechtung kann nur binnen Jahresfrist seit der Eröffnung des Verfahrens erfolgen. Auf den Lauf der Frist finden die für die Verjährung geltenden Vorschriften des § 203 Abs. 2 und des § 207 des Bürgerlichen Gesetzbuchs entsprechende Anwendung. Die Anfechtung nach § 31 Nr. 1 ist ausgeschlossen, wenn seit der Vornahme der Handlung dreißig Jahre verstrichen sind.

Ist durch die anfechtbare Handlung eine Verpflichtung des Gemeinschuldners zu einer Leistung begründet, so kann der Konkursverwalter die Leistung verweigern, auch wenn die Anfechtung nach Abs. 1 ausgeschlossen ist.

Bisheriger § 12:

Das Anfechtungsrecht auf Grund des § 3 Nr. 1 verjährt in zehn Jahren seit dem Zeitpunkte, mit welchem der Gläubiger den vollstreckbaren Schuldtitel erlangt hatte und seine Forderung fällig war, wenn aber die Rechtshandlung nach diesem Zeitpunkte vorgenommen ist, erst seit der Vornahme der Handlung.

Materialien: Begründung S. 18f., 27 (§ 11 Entw.), Protokolle S. 2269, Begründung der Novelle S. 61 mit S. 35.

Die Novelle vom 17. Mai 1898 hat die Fassung dem § 124 BGB. entsprechend verändert. Grund: Anm. 2.

Die zeitlichen Schranken der Absichtsanfechtung des § 3 Nr. 1.

I. Die rechtliche Natur der Anfechtungsfristen.

1. Die Gläubigeranfechtung ist an zwei verschiedene Arten **zeitlicher** Anm. 1.

Schranken gebunden: die einen bilden Erfordernisse für die Entstehung des Anfechtungsrechtes, die anderen Grenzen seiner Ausübung. Erstere sind nach rückwärts abgesteckte Fristen, in denen die Handlung liegen muß, wenn ein Anfechtungsrecht entstehen soll; letztere sind Schranken für die Geltendmachung des entstandenen Anfechtungsrechtes. So muß z. B. nach § 32 Nr. 2 KO. die unentgeltliche Verfügung an den Ehegatten, damit das Recht der konkursmäßigen Schenkungsanfechtung entsteht, innerhalb der zwei letzten Jahre vor Konkursbeginn erfolgt sein, nach § 41 I 1 KO. aber die Anfechtung, damit das entstandene Recht nicht untergeht, innerhalb des ersten Jahres seit Konkursbeginn gerichtlich geltend gemacht werden: die zwei Jahre vor Konkursbeginn sind Entstehungs-, das eine Jahr seit Konkursbeginn ist Ausübungsfrist. Dem Zeitpunkte der Konkurseröffnung (§§ 30—33 KO.) würde nun an sich bei der Einzelanfechtung der Eintritt einer Zugriffsunzulänglichkeit des Schuldnervermögens im Sinne des § 2 entsprechen. Da sich indessen dieser Zeitpunkt nicht so genau feststellen läßt wie die Eröffnung des Konkurses, verlangt das Gesetz bei der Einzelanfechtung, daß der Benachteiligungsakt innerhalb bestimmter Fristen „vor der Anfechtung", genauer vor ihrer gerichtlichen Geltendmachung [Anm. 7], erfolgt ist (§§ 3, 3a, 4, 12). Damit fällt die Scheidewand zwischen Entstehungs- und Ausübungsfristen. Erstere gehen unmerklich in letztere über. Die zeitlichen Schranken der Einzelanfechtung sind also **zugleich** Entstehungs- und Ausübungsfristen.

Anm. 2. 2. Die Ausübung entstandener Rechte ist ihrerseits bald durch Verjährungs- bald durch Ausschlußfristen zeitlich begrenzt. Die Verjährung eines Anspruchs berechtigt den Verpflichteten, die Leistung zu verweigern (§ 222 BGB.); der Ablauf einer Ausschlußfrist dagegen tilgt das Recht selber. Verjährbar im Sinne des BGB. sind nur „Ansprüche" (§ 194 I BGB.), nicht auch andere Rechte. Unter Ausschlußfristen sind vorwiegend andere Rechte, vereinzelt aber auch Ansprüche gestellt (z. B. § 864 BGB.). Für die Trennung von Verjährung und Ausschließung sind im einzelnen Zweckmäßigkeitsgründe maßgebend. Vgl. Enneccerus Bürg. Recht (3. Aufl.) I § 211; Planck BGB. (3. Aufl.) vor § 194. Im § 12 a. F. war von einer „Verjährung des Anfechtungsrechtes" die Rede; doch bestand Streit über den Charakter dieser Frist (Jaeckel S. 171 ff.). Die Novelle von 1898 hat die Zehnjahresfrist zur **Ausschlußfrist** gestempelt (Abs. I) und daneben eine dreißigjährige Ausschlußfrist mit ein für allemal feststehendem Ausgangspunkte gesetzt (Abs. III). Vorbild war der § 124 BGB.[1]) und maßgebend die Annahme, das Anfechtungsrecht stelle keinen „Anspruch" im Sinne des BGB. dar. Diese Annahme geht, wie zu § 1 Anm. 64 ff. gezeigt wurde, fehl. Einen vom Anfechtungsrecht zu unterscheidenden, erst durch Erklärung der Anfechtung entstehenden Anfechtungsanspruch gibt es nicht. Anfechtungsrecht und Anfechtungsanspruch fallen zusammen. Es läuft daher eine besondere

---

[1]) Wie unüberlegt man dieses Muster nachgebildet hat, zeigt die uneingeschränkte Verweisung auf die §§ 206, 207. Die Analogie ist für § 206 I Satz 2 und für § 207 Satz 2 gar nicht durchführbar. Darüber und über andere Unebenheiten Anm. 5.

dreißigjährige „Verjährungsfrist" weder nach §§ 200, 195 BGB. vom Beginne der Zulässigkeit der Anfechtung (abw. z. B. v. Wilmowski-Kurlbaum KO. § 41 Anm. 1) noch aber von ihrer Erklärung ab (abw. Petersen-Kleinfeller AnfG. § 12 Anm. 2 a. E., Merzbacher Anm. 2 a. E.). Diese Verjährung würde nicht nur eine Rechtsunsicherheit von unerträglicher Dauer bedeuten, sondern neben unserm Abs. III geradezu unverständlich sein. Auch in den Fällen des § 3 Nr. 2—4 würde sie den Zweck der kurzen Anfechtungsfristen, dem der Anfechtung ausgesetzten Erwerber baldige Ruhe zu schaffen, völlig vereiteln.

3. Die Ausschlußfristen des § 12, die lediglich der Absichtsanfechtung des § 3 Nr. 1 gelten, sind unter sich wiederum wesentlich verschieden. Die Zehnjahresfrist enthält eine relative (Abs. I, II), die Dreißigjahresfrist dagegen eine absolute Begrenzung des Anfechtungsrechtes (Abs. III). Der fruchtlose Ablauf der ersten schließt die Anfechtung eines bestimmten Gläubigers, der Ablauf der zweiten die Anfechtung aller Gläubiger aus. Dementsprechend hat die erste Frist einen wandelbaren, relativ bestimmten, die zweite aber einen unwandelbaren Ausgangspunkt [Anm. 4]. Anm. 3.

II. Der Fristenlauf.

1. Fristbeginn. Während die absolute Dreißigjahresfrist schlechthin schon mit Vollendung des Benachteiligungsaktes beginnt (Abs. III), nimmt die relative Zehnjahresfrist ihren Anfang erst in dem Zeitpunkt, in welchen die drei Erfordernisse der Vollendung des Benachteiligungsaktes, der Fälligkeit des befriedigungsbedürftigen Hauptanspruches und der Erlangung eines Vollstreckungstitels für diesen sämtlich gegeben sind (Abs. II). Die Reihenfolge des Eintritts dieser drei Voraussetzungen ist gleichgültig. Der Benachteiligungsakt kann der Fälligkeit und Vollstreckbarkeit des Hauptanspruchs vorangehen oder nachfolgen. Die Fälligkeit ihrerseits geht der Titelerlangung meist voran; sie kann aber auch erst hinterher eintreten, namentlich bei Prozeßvergleichen und vollstreckbaren Urkunden (vgl. § 726 ZPO.). Der Vollstreckungstitel wird erlangt schon mit der Verkündung eines Urteils, wenn dieses für vorläufig vollstreckbar erklärt oder (wie insbesondere das Nichtversäumnisurteil eines Landgerichts in der Berufungsinstanz und des Reichsgerichts) sofort rechtskräftig ist; sonst erst mit Eintritt der Rechtskraft des Urteils (§§ 704, 705 ZPO.). In den Fällen bedingter oder befristeter Leistungspflicht, die auch in rechtskräftigen Urteilen festgestellt sein kann, fehlt es nicht am Erfordernisse des Titels, sondern an dem der Fälligkeit. Die Erlangung eines zweiten Titels für denselben Anspruch begründet selbstverständlich nicht einen neuen Fristenlauf (RG. v. 8. 1. 1887 Bolze 4 Nr. 374). Eine vollstreckbare Ausfertigung des Titels fordert der Abs. II nicht [§ 2 Anm. 20]. Es braucht aber auch keine Zugriffsunzulänglichkeit des Schuldnervermögens im Sinne des § 2 vorzuliegen, damit die Zehnjahresfrist beginnen kann. Deshalb kann die Frist — die eben zugleich Entstehungs-, nicht nur Ausübungsfrist ist [Anm. 1] — schon einsetzen, ehe die Möglichkeit einer Ausübung des Anfechtungsrechtes nach § 2 besteht. So ist es Anm. 4.

aber auch in den Fällen des § 3 Nr. 2—4. Daß die Fristen des § 3 Nr. 2—4 von der Geltendmachung des Anfechtungsrechtes zurückberechnet werden, begründet um deswillen keinen Wesensunterschied, weil ja auch die für § 3 Nr. 1 gesetzten Fristen nur durch Geltendmachung des Anfechtungsrechtes gewahrt werden [Anm. 7]. Nach österreichischem Recht (§§ 29, 30), nimmt die Befristung der Anfechtung in allen Fällen den gleichen Ausgangspunkt („vor der gerichtlichen Geltendmachung"). Diese Regelung verdient den Vorzug.

Anm. 5. 2. Die Sätze von der Hemmung und Unterbrechung einer Verjährung (§§ 202 ff., 208 ff. BGB.) sind auf die Ausschlußfristen des Abs. I und III unanwendbar. Doch soll nach Abs. I Satz 2 für die Zehnjahresfrist des Abs. I Satz 1, nicht auch für die Dreißigjahresfrist des Abs. III eine beschränkte Ausnahme Platz greifen, indem die §§ 203 II, 206, 207 BGB. entsprechende Anwendung finden. Warum aber eine derartige Fristverlängerung nur für die Anfechtung des § 3 Nr. 1, nicht auch für die zeitlich noch viel enger begrenzte Anfechtung des § 3 Nr. 2—4 (§ 3 a) gilt, das ist vollkommen unerfindlich. Im einzelnen besagt Abs. I Satz 2:

a) Nach Analogie des § 203 II BGB. ist der Lauf der Zehnjahresfrist für die Absichtsanfechtung des § 3 Nr. 1 gehemmt, solange der Anfechtungsberechtigte durch höhere Gewalt — ausgenommen Stillstand der Rechtspflege [§ 1 Anm. 65] — innerhalb der letzten sechs Monate der Ausschlußfrist an der Geltendmachung des Anfechtungsrechtes verhindert war. Vgl. Enneccerus Bürg. Recht (3. Aufl.) I S. 538 mit S. 502.

b) Nach Analogie des § 206 I Satz 1, II BGB. endet die Zehnjahresfrist für die Absichtsanfechtung des § 3 Nr. 1, falls der Gläubiger mangels voller Geschäftsfähigkeit prozeßunfähig und ohne gesetzlichen Vertreter ist, nicht vor Ablauf von sechs Monaten seit Hebung des einen oder anderen Hindernisses. Der zweite Satz des § 206 eignet sich nicht zu entsprechender Anwendung, da eine Frist von zehn Jahren in Frage steht. Für die Frist des § 41 I 1 KO. gilt die Analogie des § 206 BGB. überhaupt nicht, auch wenn der Konkursverwalter (§ 36 KO) wegfallen und längere Zeit unersetzt bleiben sollte.

c) Nach Analogie des § 207 Satz 1 BGB. (Satz 2 paßt auch hier nicht) endet die Zehnjahresfrist für die Absichtsanfechtung des § 3 Nr. 1, falls der Anfechtungsgegner verstorben ist, nicht vor Ablauf von sechs Monaten nach dem Zeitpunkt, in dem die Erbschaft vom Erben angenommen oder ein Vertreter bestellt ist, demgegenüber die Anfechtung geltend gemacht werden kann (§§ 1960 f., 1975, 2213 BGB.). Das hängt damit zusammen daß die vererbte Anfechtungsverbindlichkeit nach § 1958 BGB. vor Annahme der Erbschaft gegenüber dem Erben selbst nicht gerichtlich verfolgbar ist [§ 11 Anm. 1]. Eine gleiche Fristverlängerung greift bei der Einzelanfechtung nach Analogie des § 207 Satz 1 BGB. dann Platz, wenn der Anfechtungsberechtigte gestorben ist, also der Anfechtungsanspruch mit dem vererbten Gläubigerrecht ein Nachlaßaktivum bildet. Denn der Erbe wird vielfach, um nicht als stillschweigend annehmend zu gelten, die Verfolgung der Nachlaßrechte zunächst unterlassen. Für die Frist des § 41 I 1 KO. kommt die Anologie des § 207 BGB. nur in Betracht bei Vererbung der Anfechtungsverbindlichkeit, nicht auch des Anfechtungsanspruches (§ 36 KO.).

3. Für die Fristenberechnung sind, da die Zeitschranken des § 12 beide materiellrechtlichen Charakter haben, die §§ 187 I, 188 II BGB. maßgebend. Nach § 187 I BGB. zählt bei Berechnung der Zehnjahresfrist der Tag des Zusammentreffens der drei im Abs. II bezeichneten Voraussetzungen, bei Berechnung der Dreißigjahresfrist der Tag des Zustandekommens der Benachteiligungshandlung nicht mit. Dementsprechend bestimmt sich das Ende der Fristen nach der ersten Alternative des § 188 II BGB. Fällt der letzte Tag der Fristen auf einen Sonn- oder Feiertag, so wird die Anfechtung arg. § 193 BGB. [§ 3 Anm. 38] noch am nächstfolgenden Werktag erfolgen können (abw. Bernhardi Anm. 4). Aus der materiellrechtlichen Natur der Fristen folgt namentlich die Einflußlosigkeit der Gerichtsferien (gegen § 223 I ZPO.). Anm. 6.

4. Zur Fristenwahrung bedarf es nach neuem wie nach altem Rechte gerichtlicher Geltendmachung des Anfechtungsanspruches [§ 1 Anm. 64ff.]. Die Zustellung eines Schriftsatzes reicht daher nur im Falle der Anfechtungsklage zur Fristenwahrung aus. Hat der Schuldner das anfechtbare Geschäft mit einer Mehrheit von Personen abgeschlossen [§ 7 Anm. 44f.], so muß die Anfechtungsfrist — einerlei, um welchen Anfechtungsfall es sich handelt — gegenüber dem einzelnen in Anspruch zu nehmenden Geschäftsgenossen gesondert gewahrt werden. In den Fällen einer Sukzession in die Anfechtungsschuld (z. B. durch Erbfolge) genügt es, daß die Frist gegenüber dem Vorgänger vor Eintritt der Sukzession gewahrt worden ist. In den Fällen des § 11 II wirkt die Fristenwahrung gegenüber einem von mehreren Anfechtungsschuldnern nur individuell (arg. § 425 BGB.). Wird nur der zweite Erwerber belangt, so bedarf es keiner besonderen Fristenwahrung gegenüber dem ersten: es genügt, daß die Anfechtung gegen den ersten zu der Zeit „begründet" war, als die Anfechtung gegen den zweiten erfolgte (arg. § 11 IV). Anm. 7.

III. Die Ausschlußfolge.

Der Ablauf der Ausschlußfrist begründet nicht nur die Befugnis zur Verweigerung der Rückgewähr (Gegensatz: § 222 BGB.); er hebt vielmehr den Anfechtungsanspruch selber auf. Wie in den Fällen des § 3 Nr. 2—4 (§ 3a) bewirkt die Fristversäumung das völlige Erlöschen des Anfechtungsanspruches. Auch im Wege der Einwendung oder Replik [§ 1 Anm. 70f.] kann fortab eine Anfechtung nicht mehr erfolgen. Das Gegenteil aus § 41 II KO. herzuleiten, geht offenbar nicht an. Auch kann von einer Rückforderung unter dem Gesichtspunkt ungerechtfertigter Bereicherung keine Rede sein [siehe § 1 Anm. 12]. Stellt aber der Anfechtungstatbestand zugleich eine unerlaubte Handlung des Empfängers dar, so kommen für die Geltendmachung dieser Haftung die §§ 852, 853 BGB. in Betracht. Gerade hier mag eine Konkurrenz der Anfechtungs- und der Deliktshaftung dem Gläubiger zum Vorteil gereichen [§ 1 Anm. 10]. Anm. 8.

Nach verbreiteter Lehre würde der Fristablauf von Amts wegen zu Anm. 9.

berücksichtigen sein (so z. B. Hartmann-Meikel Anm. 2, Petersen-Kleinfeller S. 805 zu Note 5, „da die Wahrung der zehnjährigen Frist zu den tatsächlichen Voraussetzungen der erfolgreichen Anfechtung gehöre"; abw. für das frühere Recht Jaeckel S. 173, Korn S. 222). Das ist zweifellos unzutreffend. Auch diese schuldtilgende Tatsache muß wie andere (z. B. ein Verzicht) durch Parteivortrag zum Prozeßstoffe gemacht werden. Freilich dient die Befristung der Verkehrssicherheit. Dies gilt aber auch von der Verjährung, die gleichwohl nur eine Einredebefugnis begründet. Der Unterschied zwischen Verjährung und Ausschließung liegt darin, daß die Verjährungseinrede als verzichtbares Weigerungsrecht *vom Weigerungsberechtigten selber* geltend gemacht werden muß, während die rechtsvernichtende Tatsache der Ausschließung auch dann zu beachten ist, wenn sie sich aus dem Vorbringen des alleinverhandelnden Prozeßgegners (im Falle der Anfechtungsklage also *des Anfechtungsklägers* selbst) ergibt (§ 331 II Halbs. 2 ZPO.; Gaupp-Stein ZPO. § 300 zu Note 20, § 331 zu Note 4). Die *Beweislast* verteilt sich nach der Fassung des § 12 so, daß im Streitfalle der Anfechtungskläger die Wahrung der Zehnjahresfrist (klagebegründende Tatsache), der Anfechtungsbeklagte aber die Versäumung der Dreißigjahresfrist (Einwendungstatsache) darzutun hat.

IV. **Übergangsrecht.**

Anm. 10. Die Neufassung des § 12 findet erst auf die *seit dem 1. Januar 1900* vorgenommenen Rechtshandlungen Anwendung (a. VIII mit a. I EG. z. KNov.).

§ 13.

(I) Wird über das Vermögen des Schuldners das Konkursverfahren eröffnet, so steht die Verfolgung der von Konkursgläubigern erhobenen Anfechtungsansprüche dem Konkursverwalter zu. Aus dem Erstrittenen sind dem Gläubiger die Prozeßkosten vorweg zu erstatten.

(II) Ist das Verfahren über den Anfechtungsanspruch noch rechtshängig, so wird dasselbe unterbrochen. (2) Im Fall einer Verzögerung der Aufnahme kommen die Bestimmungen der Zivilprozeßordnung § 239 zur entsprechenden Anwendung. (3) Der Konkursverwalter kann den Anspruch nach den Vorschriften der Konkursordnung §§ 37 bis 39, 41 in Gemäßheit der §§ 268, 529 der Zivilprozeßordnung erweitern. (4) Lehnt der Verwalter die Aufnahme des Rechtsstreits ab, so kann derselbe rücksichtlich der Prozeßkosten von jeder Partei aufgenommen werden. (5) Durch die Ablehnung der Aufnahme wird die Befugnis des Verwalters, nach den Vorschriften der Konkursordnung das Anfechtungsrecht auszuüben, nicht ausgeschlossen.

(III) Soweit der Gläubiger aus dem Zurückzugewährenden eine Sicherung oder Befriedigung erlangt hatte, finden auf die Anfechtung derselben die Vorschriften des § 30 Nr. 1 der Konkursordnung entsprechende Anwendung.

(IV) Nach der Beendigung des Konkursverfahrens können Anfechtungsrechte, deren Ausübung dem Konkursverwalter zustand, von den einzelnen Gläubigern nach Maßgabe dieses Gesetzes verfolgt werden, soweit nicht dem Anspruch entgegenstehende Einreden gegen den Verwalter erlangt sind. (2) War die Anfechtung nicht schon zur Zeit der Eröffnung des Konkursverfahrens erfolgt, so wird die im § 3 Nr. 2 bis 4 bestimmte Frist von diesem Zeitpunkte berechnet, sofern die Anfechtung bis zum Ablauf eines Jahres seit der Beendigung des Konkursverfahrens erfolgt.

(V) Rechtshandlungen, welche der Gemeinschuldner rücksichtlich seines nicht zur Konkursmasse gehörigen Vermögens vorgenommen hat, können von den Konkursgläubigern auch während des Konkursverfahrens nach Maßgabe dieses Gesetzes angefochten werden.

Im wesentlichen unveränderter § 13 der ursprünglichen Gesetzesfassung; die Novelle von 1898 hat (abgesehen von den Verweisungen) im Abs. IV Satz 2 die bisherige Fassung „War der Anspruch nicht schon zur Zeit der Eröffnung des Konkursverfahrens rechtshängig, so wird die im § 3 No. 2 bis 4 bestimmte Frist von diesem Zeitpunkte berechnet, sofern die Rechtshängigkeit bis zum Ablauf eines Jahres seit der Beendigung des Konkursverfahrens eintritt" in der vorstehenden Weise geändert, da die Redaktoren das Anfechtungsrecht nicht als „Anspruch" im Sinne des BGB. auffassten [dagegen § 1 Anm. 64 ff.].

Materialien: Begründung S. 28 ff. (§ 12 Entw.), Protokolle S. 2269, Begründung der Novelle S. 61 mit S. 35.

Der Konkurs des Schuldners.

Der § 13 regelt den Einfluß, den der Konkurs des Schuldners (des exequendus) auf die Anfechtungsrechte der einzelnen Konkursgläubiger ausübt. Die Sonderrechte weichen dem Gemeinschaftsrechte (Abs. I—III), aber auch nur diesem. Außerhalb der Konkursgemeinschaft bleiben sie unberührt. So einerseits die Anfechtungsrechte der Nichtkonkursgläubiger schlechthin, andrerseits die Anfechtungsrechte der Konkursgläubiger nach Konkursbeendigung, soweit diese Rechte nicht bereits verbraucht sind (Abs. IV) und rücksichtlich konkursfreier Werte (Abs. V). Der Schuldner selbst ist im Anfechtungsprozesse nicht Partei [§ 1 Anm. 72]. Fällt eine der Parteien des Anfechtungsprozesses in Konkurs, so wird der Rechtsstreit nach der allgemeinen Vorschrift des § 240 ZPO. unterbrochen. Für seine Aufnahme während des Konkurses gilt, wenn der auf Rückgewähr klagende Gläubiger in Konkurs geraten ist, der § 10 KO., insofern der Rückgewähranspruch mit dem Gläubigerrecht ein Aktivum der Konkursmasse darstellt Einleitung.

(„für" den Gemeinschuldner anhängig). Im Konkurse des auf Rückgewähr belangten Anfechtungsgegners aber bestimmt sich das Schicksal des Prozesses nach den Vorschriften der §§ 12, 144 II, 146 III KO., also weder nach § 10 KO., da die Rückgewährverbindlichkeit ein Passivum der Konkursmasse ist, noch nach § 11 KO., da sie eine bloße Konkursforderung und nicht einen Aussonderungsanspruch begründet [§ 1 Anm. 23, § 9 Anm. 13].

I. Ratio legis und Konstruktionsfragen.

Anm. 1. Dem Gebote der Gleichbehandlung aller Konkursgläubiger (par condicio creditorum) entspricht es, daß die Anfechtungsansprüche der einzelnen Konkursgläubiger im gemeinschaftlichen Anfechtungsrechte der Gesamtgläubigerschaft **aufgehen**, wenn der Schuldner in Konkurs verfällt. Anstelle der Einzelvollstreckung mit grundsätzlichem Vorrange des Erstzugriffes (§ 804 III ZPO., §§ 11 II, 23 ZVG.) tritt „die gemeinschaftliche Befriedigung" aller Konkursgläubiger mit grundsätzlicher Verlustteilung (§§ 3, 12, 14, 15 KO.). Zur gemeinschaftlichen Befriedigung der Konkursgläubiger dient nach § 3 KO. die Konkursmasse. Darum ist der anfechtbar veräußerte Wert in diese Masse zurückzuführen (§ 37 KO.) und das mit ihrer Sammlung, Verwertung und Verteilung betraute Organ (§§ 117, 149 ff. KO.), der Konkursverwalter, auch berufen, die Gläubigeranfechtung im Konkurs auszuüben (§ 36 KO.). Sonach hat der Schuldnerkonkurs die materiellrechtliche Folge, daß die einzelnen Anfechtungsrechte der nunmehrigen Konkursgläubiger für den Bereich des Konkurses zum einheitlichen Rechte der Gesamtgläubigerschaft werden. In diesem Sinne sprach der § 18 des preußischen AnfG. von einem Übergange bereits erworbener Anfechtungsrechte auf die Gläubigerschaft. Es wechselt das anfechtungsberechtigte Subjekt. Wie die Sondervollstreckung in der Konkursvollstreckung aufgeht, so wird die zur Ergänzung der Vollstreckungsmasse dienende Gläubigeranfechtung aus einem Individualrecht zum Gemeinschaftsrecht. Ein Gläubigerrecht aber bleibt sie innerhalb wie außerhalb des Konkurses. Hier wie dort ist das Anfechtungsrecht nur Akzessorium verkürzter Geldansprüche, ein Hilfsrecht der benachteiligten Gläubiger. Träger des Anfechtungsrechtes kann weder der Schuldner noch der Konkursverwalter sein. Daß der Konkursverwalter nicht materiellrechtlich in die Anfechtungsansprüche der Einzelgläubiger sukzediert, liegt auf der Hand. Er selbst rückt weder in das privatrechtliche Anfechtungsschuldverhältnis noch bei Aufnahme unterbrochener Rechtsstreitigkeiten (Abs. I, II) in das Prozeßrechtsverhältnis ein [Anm. 2]. Er hat nach den klaren Worten des Gesetzes das gemeinschaftliche Anfechtungsrecht der Konkursgläubiger lediglich „auszuüben" (§ 36 KO., § 13 IV AnfG.), darf die schon vor dem Konkurs von Konkursgläubigern erhobenen Anfechtungsansprüche für Rechnung der Masse (§ 37 KO.) „verfolgen" (Abs. I) und erscheint in Geltendmachung dieser fremden Rechte als gesetzlicher Vertreter der anfechtungsberechtigten Gläubigergemeinschaft (darüber Jaeger KO. § 36 Anm. 4 ff.). Zu der Annahme, daß der Gemeinschuldner Subjekt des konkursmäßigen Anfechtungsrechtes sei, hat der Wortlaut des § 37 KO. verleitet. Allerdings geschieht nach dieser Vorschrift die Rückgewähr zur „Konkursmasse“, die doch einstweilen noch Vermögen des Gemeinschuldners ist (§§ 6, 14 KO.). Dadurch wird aber der Rückgewähranspruch nicht selber zum Bestandteil der Konkursmasse. Die Rückgewähr zur Konkursmasse ist lediglich ein durch den Konkurszweck (§ 3 KO.) gebotener Umweg [§ 7 Anm. 2]. Der anfechtbar veräußerte Wert wird ja der Masse nur zugeführt, um gleich ihren übrigen Bestandteilen zur gemeinschaftlichen Befriedigung der anfechtungsberechtigten Gläubiger verwendet zu werden, also ausschließlich kraft des Rechtes und im Interesse der Gläubigerschaft (vgl. z. B. RG. v. 21. 10. 1902 Bd. **52**, 333). Es ist ein ganz naturgemäßer Vorgang, wenn das Ergebnis der Gläubigeranfechtung zunächst Bestandteil des zum Schaden der Gläubiger verkürzten und wiederergänzt unter die Gläubiger aufzuteilenden Schuldnervermögens wird. Vgl. Cosack § 42, Menzel S. 243, 287, 307 f., Steinbach-Ehrenzweig S. 114 f., Wach Handbuch I § 51 Note 5, A. S. Schultze Konkursrecht S. 64 ff., L. Seuffert Konkursprozeßrecht § 37 Note 1, Kohler Leitfaden S. 139 ff. Eine von dem hier vertretenen Standpunkt wesentlich abweichende Konstruktion entwickelt auf dem Boden der Dinglichkeitslehre Voß in Iherings Jahrb. 47 S. 233 ff.[1])

---

[1]) Das österreichische AnfG. bestimmt im § 16 I 1 ausdrücklich: „Zur Anfechtung ist die Gläubigerschaft, vertreten durch den Masseverwalter, berufen.“ Auch für das schweizerische Schuldbetreibungs- und Konkursgesetz, das im a. 200 den „Gegenstand der Anfechtungsklage“ als „zur Konkursmasse gehörend“ bezeichnet, ergibt wohl der a. 285 Nr. 2 mit a. 260 I, daß der Anfechtungsanspruch zunächst ein „Rechtsanspruch der Gesamtheit der Gläubiger“ ist (vgl. die Kommentare von Weber-Brüstlein-Reichel 2. Aufl. a. 285 Anm. 5 b, C. Jaeger a. 285 Anm. 3 u. 4, unhaltbar Brand S. 236). In der deutschen Literatur hat die Ansicht, daß das Anfechtungsrecht Bestandteil der Konkursmasse ist, zahlreiche Vertreter, die freilich untereinander wieder zu sehr verschiedenen Schlüssen gelangen. Meist wird gelehrt, weil der Anfechtungserfolg zunächst der Masse zufließt, müsse auch der Anfechtungsanspruch Massebestandteil sein. Darum sei der Konkursverwalter, wie in Ausübung sonstiger Masserechte, so auch bei Geltendmachung der Gläubigeranfechtung als Vertreter des Gemeinschuldners zu betrachten. Er vertrete eben den Schuldner, wie er sein sollte oder hätte sein sollen, nicht, wie er sich tatsächlich verhält oder verhalten hat. Vgl. Petersen i. d. Z. f. Zivilpr. 9 S. 45 ff., Petersen-Kleinfeller KO. § 36 Anm. 1, v. Wilmowski-Kurlbaum KO. S. 29 f., Wolff KO. S. 51, 146, Mandry-Geib Zivilr. Inhalt d. Reichsgesetze (4. Aufl.) S. 551, W. Endemann Konkursverfahren § 45 zu Note 20, Gaze Anfechtung S. 52. Von diesem Standpunkt aus müßte auch die außerkonkursmäßige Anfechtung ein Recht des Schuldners sein. Wenn der exequendus zum Schaden seiner Gläubiger A, B und C, deren jeder mehr als 1000 zu fordern hat, seine letzten 1000 an seine Ehefrau verschenkt, so entsteht unmittelbar mit dieser Schenkung ein unbedingter Anspruch des A, B und C auf Rückgewähr der 1000 (§ 3 Nr. 4, § 7 AnfG.; vgl. z. B. RG. v. 20. 10. 1899 Bd. **44**, 93), der nach Maßgabe des § 2 für den einzelnen Gläubiger verfolgbar wird. Verfällt nun der exequendus in Konkurs, so wird der Rückgewähranspruch aus einem Individualrechte zum gemeinschaftlichen Rechte des A, B und C (angenommen, es seien nur diese drei Konkursgläubiger da), das für ihre einheitliche Rechnung vom Konkursverwalter „auszuüben“ ist (§ 36 KO.). Den bereits anhängigen Anfechtungsanspruch eines dieser Gläubiger kann der Verwalter nun mit dem Antrag auf Rückgewähr zum gemeinschaftlichen Befriedigungsfonds weiter „verfolgen“ (Abs. I).

Anm. 2. Die Vergemeinschaftung des Anfechtungsrechtes bedeutet für den einzelnen Konkursgläubiger als solchen einen Verlust der materiellrechtlichen Verfügungsbefugnis und demgemäß der aktiven Sachlegitimation. Für Anfechtungsprozesse während des Konkurses hat also der einzelne Konkursgläubiger die Sachlegitimation, nicht aber — wie Hartmann-Meikel Anm. 5 ausführen — die Prozeßfähigkeit verloren. Die keineswegs selbstverständliche, sondern nur kraft positiver Gesetzesvorschrift eintretende Prozeßunterbrechung entspricht (gegen Hartmann-Meikel a. a. O.) nicht dem § 241 ZPO. Findet sie ja doch auch im Falle der Vertretung des Gläubigers durch einen Prozeßbevollmächtigten statt (anders

---

Tut er das nicht, so ist doch der Einzelprozeß nicht mehr in der Haupsache, sondern nur noch im Kostenpunkt unter den ursprünglichen Parteien auszutragen (Abs. II). Ja es muß sogar der Einzelgläubiger, der in Kenntnis der Zahlungseinstellung oder des Konkursantrags „aus dem Zurückzugewährenden" Deckung erlangt hat, nach Abs. III mit § 30 Nr. 1 KO. seinerseits Rückgewähr zur Konkursmasse leisten, damit der Anfechtungserfolg nicht ihm allein, sondern auch seinen Konkurrenten zustatten kommt. Und würde nun etwa der Konkurs (vielleicht nach § 204 KO.) sofort eingestellt, so könnten A, B und C nach Maßgabe des Abs. IV wiederum ein jeder für sich das Anfechtungsrecht „verfolgen", dessen „Ausübung dem Konkursverwalter zustand". Nichts wäre daher verkehrter als zu behaupten, daß im gegebenen Falle der Rückgewähranspruch des § 32 Nr. 2 KO. vor Konkurseröffnung noch gar nicht existiert habe, sondern erst mit dem Konkurs entstanden sei. Der Konkurs hat ihn nicht begründet, sondern gemeinschaftlich gemacht, ohne das Wesen des Anspruchs zu ändern. Nach wie vor ist der Rückgewähranspruch ein Akzessorium der Forderungen des A, B und C. Damit erledigen sich die Ausführungen von Fitting Konkursrecht (3. Aufl.) § 17, Note 2, der daran festhält, daß auch das außerkonkursmäßige Anfechtungsrecht ein Vermögensrecht des Schuldners ist. Sein Standpunkt hat wenigstens den Vorzug der Konsequenz. Unverständlich bleibt freilich die Verweisung auf die „verwandten Fälle" der §§ 1380 I, 1411 I 2 BGB. Auch ist klar, daß von einer Vertretung „der Konkursmasse" nur untechnisch geredet werden kann, da die Masse Rechtsobjekt, nicht Rechtssubjekt ist. Wenn endlich Fitting a. a. O. auf den Zwiespalt hinweist, der sich aus der Annahme ergibt, daß ein und derselbe Verwalter Rechte des Schuldners und Rechte seiner Gläubiger auszuüben hat, so wird diese Doppelstellung durch den Konkurszweck vollauf erklärt und gerechtfertigt. Daß sie praktisch undurchführbar wäre, ist ganz unzutreffend (vgl. z. B. auch § 217 II HGB.). Im Gegenteil, nur die hier vertretene Konstruktion vermeidet unlösbare Widersprüche zwischen dem materiellen und dem formellen Recht, ohne daß sie die starke Zumutung stellt, in der Anfechtung von Rechtshandlungen des Schuldners wegen Benachteiligung der Gläubiger ein Recht des Schuldners zu sehen, das dieser freilich niemals selber ausüben dürfe. Noch schwerer zugänglich ist die Konstruktion von Oetker Grundbegriffe I S. 335 f. Sie gipfelt in folgenden Sätzen: „Die Anfechtung will eine Läsion des Gemeinschuldners, nicht der Gläubiger, beseitigen"; „das Anfechtungsrecht ist eine höchst unpersönliche Berechtigung" und zwar eine „Berechtigung des Gemeinschuldners, mittels Verwandlung eines bedingten gesetzlichen Gebotes in ein unbedingtes durch Vorgehen des Konkursverwalters den Anfechtungsgegner zur Rückgewähr zu verpflichten"; gleichwohl aber „fungiert der Verwalter bei der Anfechtung nicht, wie es scheinen könnte, als gesetzlicher Vertreter des Gemeinschuldners".

§ 246 mit § 241 ZPO.). Sie beruht vielmehr, wie die Begründung S. 30 klar erkennen läßt, auf einer Übertragung des im § 240 ZPO. ausgesprochenen Grundsatzes, demzufolge der Konkurs einer Partei, auch wenn diese durch einen Prozeßbevollmächtigten vertreten ist (Grund: Jaeger KO. § 23 Anm. 8), einen die Konkursmasse betreffenden Prozeß unterbricht. Freilich konnte von einer direkten Anwendbarkeit dieses Grundsatzes keine Rede sein, weil der in Konkurs verfallene Schuldner nicht zu den Parteien des Anfechtungsprozesses gehört. Da indessen der Anfechtungsgegner die Rückgewähr von nun ab „zur Konkursmasse" (§ 37 KO.) zu leisten hat, besteht eine gewisse Analogie mit einem für die Konkursmasse anhängigen Prozesse des Schuldners selbst. So lag es im Hinblick auf den Prozeßerfolg nahe, eine dem § 240 ZPO. und dem § 10 I KO. entsprechende Regelung zu treffen. Daher die Prozeßunterbrechung, daher das Wahlrecht des Verwalters. Beide sind auch der Sachlage angemessen und mit Recht vom österreichischen AnfG. (§ 40) übernommen worden. Da nämlich der Anfechtungsprozeß des einzelnen Gläubigers doch nur auf Ermöglichung einer Sondervollstreckung abzielt, die ihm als Konkursgläubiger arg. §§ 12, 14, 37 KO. nicht gestattet sein darf, muß ihm auch die Fortführung des Prozesses, dessen Einleitung allein ja noch keinen Vorrang verleiht, versagt sein. Vgl. Begründung S. 28. Dem Verluste der Sachlegitimation für die Dauer des Konkurses entspricht der einstweilige Stillstand des Verfahrens. Nachdem aber der Antrag auf Rückgewähr zugunsten des Einzelgläubigers (§ 7 AnfG.) in der Hauptsache nicht mehr aufrecht erhalten werden kann, erscheint es zweckmäßig, daß die von ihm bereits errungene prozessuale Rechtslage zugunsten der Gläubigergesamtheit ausgenutzt werden darf. Auch dem Anfechtungsgegner wird die Austragung des schwebenden Prozesses mit dem Konkursverwalter erwünschter sein als die Belästigung durch eine neue Klage. Daß dem Einzelgläubiger seine Prozeßkosten aus dem „Erstrittenen" vorweg erstattet werden, ist ein Gebot der Billigkeit. Andrerseits besteht für den Verwalter kein Zwang zur Prozeßübernahme. Er darf, wenn es ihm vorteilhafter erscheint, eine neue Klage erheben. Er darf aber auch Anfechtungsansprüche, die er für aussichtslos hält, unangetastet lassen. Beidemal kann der schwebende Prozeß unter den ursprünglichen Parteien während des Konkurses nur im Kostenpunkt ausgetragen werden, weil der Einzelgläubiger — wie sich auch der Verwalter entscheiden mag — für die Konkursdauer die Sachlegitimation eingebüßt hat. Der Fall des § 10 II KO. liegt anders.

Auch der Umstand, daß der Einzelgläubiger vor Konkursbeginn bereits eine Anm. 8
rechtskräftige Verurteilung des Anfechtungsgegners erstritten hat, begründet keinen Vorrang vor den übrigen Gläubigern [§ 7 Anm. 39]. Auch dieses Urteil ist daher nach Abs. I unter Vorwegerstattung der Prozeßkosten an den Einzelgläubiger für Rechnung der Gläubigergesamtheit auszunutzen [Anm. 21]. Ja selbst eine Befriedigung oder dingliche und darum an sich vorrangbegründende Sicherung, die der Anfechtungsgegner vor Konkursbeginn freiwillig oder gezwungen dem Einzelgläubiger gewährt hat, erweist sich nach Konkurseröffnung als unbillige Begünstigung vor anderen Konkursgläubigern, sofern sie innerhalb der Zeitgrenzen liegt, auf welche der § 30 Nr. 1 KO. den Grundsatz der par condicio credi-

torum zurückerstreckt. So rechtfertigt sich der Abs. III, demzufolge der Einzelgläubiger die in Kenntnis der Zahlungseinstellung oder des Konkursantrags erlangte Deckung in den gemeinschaftlichen Befriedigungsfonds abzuführen hat [Anm. 23ff.]. Eine ausdrückliche Vorschrift dieses Inhalts war höchstens deshalb veranlaßt, weil der als Deckung erlangte Wert nicht direkt aus dem Vermögen des Schuldners geflossen ist. Doch würde ohnehin die Fiktion des § 7 I AnfG. („als noch zum Vermögen des Schuldners gehörig") eine entsprechende Anwendbarkeit des § 30 Nr. 1 Fall 2 (§ 35) KO. vermittelt haben, zumal diese Vorschrift eine Rechtshandlung des Schuldners selbst gar nicht voraussetzt.

Anm. 4. Endet der Konkurs (§§ 163, 190, 202, 204 KO.), ohne daß der mit Konkursbeginn gemeinschaftlich gewordene Anfechtungsanspruch durch Empfangnahme der Rückgewähr zur Masse oder sonstige wirksame Verfügungen des Konkursverwalters getilgt oder abgeschwächt worden ist, so wird dem Einzelgläubiger, einerlei, ob er vor dem Konkurse schon Klage erhoben hatte oder nicht, die selbständige Verfolgung für eigene Rechnung — also in den Grenzen des § 7 — wieder ermöglicht [Anm. 28ff.]. Denn, nachdem die Rechtsgemeinschaft der Konkursgläubiger aufgehört hat, steht die aktive Sachlegitimation zur Anfechtung wiederum bei den einzelnen Gläubigern. Auf diesem Gedanken beruht unser Abs. IV. Eine durch den Konkurs bewirkte Prozeßunterbrechung würde arg. § 240 ZPO. [Anm. 2] spätestens jetzt und zwar von selbst ihr Ende erreichen. Gleiches gilt für den Fall, daß der Konkurseröffnungsbeschluß im Beschwerdeverfahren (§ 109 KO.) rechtskräftig aufgehoben, also die Konkurseröffnung rückgängig gemacht wird. Die Tatsache des Eintritts einer Unterbrechung läßt sich nicht ignorieren. Weder im Falle des § 13 AnfG. noch im Falle des § 240 ZPO. setzt diese Unterbrechung einen rechtskräftigen Eröffnungsbeschluß voraus. Jaeger KO. § 10 Anm. 10; irrig v. Völderndorff S. 205 (AnfG. § 13 unter a). Daß die besondere Konkursanfechtung des § 30 KO., die eben nur als Gemeinschaftsrecht vorkommt, nach dem Konkurse nicht von Einzelgläubigern ausgeübt werden kann, ist selbstverständlich. De lege ferenda von fragwürdiger Berechtigung erscheint dagegen die Fristerstreckung des Abs. IV 2, nach der die nicht schon vor dem Konkurse gewahrten Anfechtungsfristen des § 3 Nr. 2—4 (dementsprechend jetzt auch des § 3a) vom Zeitpunkte der Konkurseröffnung (§ 108 KO.) zurückzuberechnen sind und die zu dieser Zeit noch mögliche Anfechtung dem Einzelgläubiger noch ein volles Jahr nach dem Wirksamwerden des Konkursbeendigungsbeschlusses offen gehalten wird, mag auch der Konkurs noch solange gedauert haben. Dadurch wird die Rechtslage des Anfechtungsgegners auf allzulange Zeit unsicher gemacht. Auch kann sich bei langjährigen Konkursen ein ungerechtfertigter Gegensatz zum Anfechtungsfalle des § 3 Nr. 1, für den diese Erstreckung nicht gilt [Anm. 28], ergeben. Die Motivierung der Materialien „denn während des Konkurses war der einzelne Gläubiger, wenngleich er schon vorher den Anspruch hätte erheben können, zur Erhebung desselben nicht in der Lage" (Begründung S. 32) enthält keine ausreichende Rechtfertigung des Gesetzes. Andrerseits dürfte auch der radikale Standpunkt des österreichischen AnfG., das im § 44 schlechthin die Geltendmachung der vor dem Konkurs entstandenen Anfechtungsansprüche für die Zeit nach dem Konkurs ausschließt (vgl.

Menzel S. 305 ff., Steinbach-Ehrenzweig S. 180 ff.), zu weit gehen. So jedenfalls für die Fälle alsbaldiger Wiedereinstellung des Konkurses, insbesondere wegen Massemangels (§ 204 KO.). Will der Einzelgläubiger das Risiko eines Anfechtungsprozesses, das der Konkursverwalter gescheut hat, auf sich nehmen, so darf ihm das nicht bedingungslos verwehrt sein. Bei Konkursen von kurzer Dauer, aber auch nur bei solchen wird daher der Standpunkt des deutschen Gesetzes vorzuziehen sein. Wo der Einzelgläubiger, wie nach schweizerischem Konkursrecht durch erzwingbare „Abtretung" (a. 285 mit a. 260, 269) bei Verzicht der Gläubigerschaft auf die Anfechtung schon während des Konkurses zur Sonderverfolgung des Anspruchs gelangen kann, besteht diese Schwierigkeit nicht. Vgl. übrigens auch § 112 preuß. KO. von 1855.

II. Das Wahlrecht des Konkursverwalters.

1. Das Wahlrecht des Konkursverwalters **setzt voraus**, daß über das Anm. 5. Vermögen des Schuldners das Konkursverfahren — wenn auch noch nicht rechtskräftig [Anm. 4] — eröffnet worden ist, nachdem ein Gläubiger, der nun die Rechtsstellung eines Konkursgläubigers (§ 3 I KO.) einnimmt, einen Anfechtungsanspruch erhoben hatte. Daß unser Abs. I schon für die Zeit vor dem Konkurse von „Konkursgläubigern" redet, ist eine auch anderwärts vorkommende Abkürzung (vgl. z. B. §§ 11, 30 KO.). Ob der Gläubiger am Konkurse teilnimmt oder nicht, ob er eine einfache oder bevorrechtete Konkursforderung hat, gilt gleich. Die Einzelanfechtung des Nichtkonkursgläubigers dagegen [§ 1 Anm. 5 ff.] läßt der § 13 unberührt. So jedenfalls die Anfechtung des Realgläubigers als solchen [§ 1 Anm. 6, 28, § 2 Anm. 10 ff.]. So aber auch die Anfechtung eines Massegläubigers, wenn überhaupt eine solche vor dem Konkurse begonnen haben kann. Im Falle des § 17 mit § 59 Nr. 2 KO. [siehe § 2 Anm. 14] würde die Frage der Unterbrechung zunächst in der Schwebe und, je nachdem sich der Konkursverwalter für Erfüllung oder Ablehnung entscheidet, der Anfechtungsprozeß unberührt geblieben oder unterbrochen worden sein (abw. Voigt Einfluß des Konkurses 1903 S. 218 f.). Die vor dem Konkurse begonnene Anfechtung zugunsten eines persönlichen Vermögensanspruches, der nach Maßgabe der §§ 3 II, 5 II, 63 KO. hinter den Konkursforderungen zurücktreten muß und dementsprechend unanmeldbar ist, wie etwa die Anfechtung zugunsten einer vorauszuzahlenden familienrechtlichen Unterhaltsrate (vgl. § 258 ZPO., Jaeger KO. § 3 Anm. 29), würde aus den zu § 1 Anm. 5 dargelegten Gründen dem Anfechtungsrechte der Konkursgläubigerschaft weichen müssen. Hinsichtlich eines nun der Konkursmasse gebührenden Rückgewährgegenstandes (§ 37 KO.) dürfte daher nach Analogie der für die Anfechtung nachmaliger Konkursgläubiger geltenden Vorschriften eine Prozeßunterbrechung mit Eintrittsrecht des Konkursverwalters anzunehmen sein, obgleich diese Gläubiger nicht „Konkursgläubiger" sind. Sie haben, sobald einmal Konkurs eröffnet ist, noch weniger Anspruch auf einen der Masse gebührenden Wert als der einzelne Konkursgläubiger. Daß sie an Gegenständen der Masse nach Konkursbeginn ein dingliches Vorrecht zum Schaden der Konkursgläubiger nicht erwerben können,

ergibt der § 15 (nicht § 14) KO. Im Ergebnis übereinstimmend Voigt S. 219f. Die Anfechtung zugunsten von Schenkungsforderungen (§ 63 Nr. 4 KO.) wird keine Rolle spielen [siehe § 2 Anm. 40].

Anm. 6. Der jetzige Konkursgläubiger muß den Anspruch schon vor Konkursbeginn „erhoben", d. h. gerichtlich geltend gemacht haben [§ 1 Anm. 64ff.]. Sonst könnte von einem Wahlrechte des Konkursverwalters zwischen Weiterverfolgung und selbständiger Ausübung des Anfechtungsrechtes (Abs. II 5) keine Rede sein. Daß der Verwalter die vor dem Konkurse gar nicht geltend gemachte Anfechtung im Konkurse nach den Vorschriften der KO. und ausschließlich nach diesen Vorschriften zu verfolgen hat, ist klar. Schwierigkeiten ergeben sich nur, wenn man die Möglichkeit einer formlosen Anfechtung bejaht (so z. B. v. Wilmowski-Kurlbaum KO. § 36 Anm. 11). „Erhoben" wird aber auch von unserm Standpunkt aus ein Anfechtungsanspruch nicht nur durch Klage oder Widerklage, sondern auch durch die gerichtliche Geltendmachung im Wege der Einwendung oder Replik [§ 1 Anm. 70f.]. Freilich tritt, da die bloße Einwendung oder Replik keine Rechtshängigkeit begründet, in diesen Fällen eine Prozeßunterbrechung (Abs. II) nicht ein (unzutreffend Bunsen Z. f. Zivilpr. 26 S. 321). Darum liegt aber doch in der Einwendung oder Replik der Anfechtung eine gerichtliche Geltendmachung, die zur Fristenwahrung ausreicht und im Erfolg die Erfüllung der Anfechtungsverbindlichkeit sichern kann. Vgl. einerseits Cosack S. 232f., Menzel S. 293, 309, Petersen-Kleinfeller § 13 Anm. 4; andrerseits z. B. Voigt S. 222, v. Völderndorff S. 208, Hartmann-Meikel S. 294 (der in Anführungszeichen stehende drittletzte Absatz dieser Seite stammt jedenfalls nicht, wie es scheinen könnte, aus den Materialien des deutschen oder österreichischen Gesetzes). Mit Recht hat daher der Redaktor der KO. (Protokolle zu KO. S. 92) betont, daß der einzelne Konkursgläubiger den Widerspruch des § 144 I KO. nicht auf die Gläubigeranfechtung gründen dürfe. Von dem zu § 1 Anm. 64ff. vertretenen Standpunkt aus macht es dabei keinen Unterschied, ob der Konkursverwalter die Anfechtung bereits „erklärt" hat oder nicht (abw. von seinem Standpunkt aus Cosack S. 233). Wenn insoweit einem „Mitinhaber des Anfechtungsrechtes" der Anfechtungseinwand versagt wird, so ist das keineswegs „mysteriös", wie Oetker I S. 235 meint, sondern eine durchaus sachgemäße Folgerung daraus, daß die einheitliche Verfügung über das gemeinsame Anfechtungsrecht der Gläubigerschaft beim Konkursverwalter steht (§ 36 KO., § 13 IV 1 AnfG.). Die Freigabe der Anfechtung an die einzelnen Konkursgläubiger würde der Natur der Sache widersprechen (§§ 12, 14 KO.) und schon deshalb bedenklich sein, weil auch eine freiwillig betätigte Rückgewähr an den einzelnen Anfechtungsberechtigten die Masse belasten kann [§ 8 Anm. 12]. Einem Mißbrauche der dem Verwalter eingeräumten Verfügungsmacht sucht das Gesetz durch die §§ 82, 83, 133 Nr. 2 KO. zu steuern. Indessen darf, was den bereits vor dem Konkurs erhobenen Anfechtungseinwand betrifft, nicht übersehen werden, daß dieser normalerweise eine schon errungene dingliche Sicherung (ein Pfändungspfandrecht, Beschlagnahmevorrecht, eine Zwangs- oder Arresthypothek) gegen die Widerspruchsklage des § 771 ZPO. verteidigt [§ 1 Anm. 70]. Diese

Anfechtung übt der Gläubiger nicht als Konkursgläubiger, sondern als Realgläubiger aus (vgl. Jaeger KO. § 14 Anm. 9). Der Erwerb des Realrechts kann seinerseits unter den Abs. III fallen, aber seine Verteidigung gegenüber dem Widerspruchskläger darf dem Realgläubiger auch im Konkurse nicht verwehrt sein. Vgl. die Motive des österr. AnfG. bei Steinbach-Ehrenzweig S. 173f., auch schon Förster-Eccius Preuß. Privatr. I § 114 Note 55. Insofern erscheint die von Voigt S. 222 Note 1 bekämpfte Entscheidung des OLG. Kiel (v. 29. 10. 1880 Schlesw.-Holst. Anzeigen 1881 S. 10) doch begründet. Näheres unten Anm. 24 u. 25.

Die schwebende Einzelanfechtung muß endlich, was der Zusammenhang Anm. mit § 240 ZPO. ergibt [Anm. 2] und der § 13 V AnfG. bestätigt, einen nach § 37 KO. der Konkursmasse gebührenden Rückgewährgegenstand betreffen. Die Durchführung des Einzelanspruchs auf Rückgewähr eines dem Konkursbeschlag entzogenen Gegenstandes würde daher dem nunmehrigen Konkursgläubiger durch Abs. I, II nicht verwehrt sein. Insofern aber der Gegenstand auch dem Einzelzugriff entrückt ist, erweist sich der erhobene Anfechtungsanspruch als „unbegründet" [§ 1 Anm. 46]. Vgl. Voigt S. 221.

2. Der bereits vor dem Konkurs erhobene (§§ 253, 280 ZPO.) Anm. 8. und noch rechtshängige (vgl. § 705 ZPO.) Anfechtungsprozeß (Klage oder Widerklage) eines nunmehrigen Konkursgläubigers wird im Zeitpunkte der Konkurseröffnung (§ 108 KO.) **unterbrochen** (Abs. II 1). Die Folgen dieser Prozeßunterbrechung sind:

a) Alle Fristen, auch die Notfristen, werden im Zeitpunkte der Konkurseröffnung unterbrochen und beginnen, sobald die Unterbrechung aufhört, von neuem zu laufen (§ 249 I ZPO.). Aufhebung des Konkurseröffnungsbeschlusses: Anm. 4.

b) Parteihandlungen sind, sofern sie nicht gerade die Wiederaufnahme des Anfechtungsprozesses bezwecken, der anderen Partei gegenüber unwirksam (§ 249 II ZPO.). So würde z. B. eine während der Unterbrechung erfolgende Urteilszustellung die Rechtsmittel- oder Einspruchsfrist nicht in Lauf setzen. Doch ist der Mangel heilbar (§ 295 ZPO.).

c) Richterakte — ausgenommen die Verkündung auf Grund einer noch vor Konkursbeginn (§ 108 KO.) geschlossenen Verhandlung — dürfen während der Unterbrechung nicht erfolgen (arg. § 249 III ZPO.). Die Mangelhaftigkeit einer gleichwohl erlassenen Entscheidung muß aber durch den im Einzelfall angebrachten Rechtsbehelf (Rechtsmittel, Einspruch) geltend gemacht werden. RG. v. 5. 10. 1899 Bd. **45**, 326.

Die Wirkungen unter b und c treten auch dann ein, wenn die handelnde Partei oder der entscheidende Richter nichts vom Konkurse weiß.

3. Die Unterbrechung eröffnet dem Konkursverwalter fol- Anm. 9. gende **Wahl:** er kann den Prozeß anstatt des Konkursgläubigers aufnehmen oder aber eine neue Anfechtungsklage erheben. Für seine Entscheidung wird

die Gunst oder Ungunst der Prozeßlage maßgebend sein. Denn, soweit die Prozeßführung des Einzelgläubigers bindende Situationen geschaffen hat (vgl. z. B. §§ 290, 295, 532 ZPO.), bleibt sie auch für die in den Prozeß eintretende Gesamtgläubigerschaft maßgebend [Anm. 14]. Erfolgt die Unterbrechung nach Schluß der zweiten Instanz, so verbleibt dem Konkursverwalter — abgesehen vom Falle der Zurückverweisung (§ 565 ZPO.) — nur die Möglichkeit der neuen Klage, sofern eine Klagerweiterung [Anm. 14] erforderlich wird, da diese im Revisionsverfahren ausgeschlossen ist. Der neuen „nach den Vorschriften der KO." zu erhebenden Klage steht auch eine rechtskräftige Aberkennung des Einzelanfechtungsanspruches nicht im Wege [Anm. 20]. Andrerseits ist der Konkursverwalter auf die Prozeßübernahme angewiesen, wenn die Fristen der konkursmäßigen Anfechtung verstrichen, diejenigen der Einzelanfechtung aber gewahrt sind. Solchenfalls bedeutet die im Abs. I allgemein ausgesprochene Befugnis der Verfolgung des Einzelanspruchs zugunsten der Gesamtheit eine Erstreckung der konkursmäßigen Anfechtung (vgl. Begründung S. 28, Protokolle S. 2269). Waren auf Grund desselben Anfechtungstatbestandes von verschiedenen Gläubigern selbständige Anfechtungsklagen erhoben worden, so hat der Konkursverwalter arg. Abs. I 1 auch darüber freie Hand, welche Einzelklage er aufnehmen will (Begründung S. 31). Alsdann liegt in der Aufnahme des einen Prozesses eine „Ablehnung" der übrigen im Sinne des Abs. II. Für die Ablehnung, nicht auch für die Aufnahme des unterbrochenen Anfechtungsprozesses gilt wie für die Neuerhebung der Klage bei Anfechtungswerten über dreihundert Mark das Erfordernis der Genehmigung eines etwaigen Gläubigerausschusses, das aber nur innenrechtliche Bedeutung hat (§§ 133 Nr. 2, 135, 136 KO.). Selbstverständlich kann der Verwalter auch von jeglicher Anfechtung Abstand nehmen, sei es, weil sie ihm aussichtslos erscheint oder wegen der Gefahr einer Beeinträchtigung der Masse durch Ansprüche des Anfechtungsgegners (vgl. §§ 38, 39 KO.).

Anm. 10. Die Wahl zwischen Ablehnung und Aufnahme des unterbrochenen Anfechtungsprozesses hat der Verwalter ohne Zögern auszuüben. Zum Schutze des Anfechtungsbeklagten erklärt Abs. II Satz 2 (wie § 10 I 2 KO.) bei Verzögerung der Aufnahmeerklärung den § 239 ZPO. für entsprechend anwendbar. Der Prozeßgegner darf daher den zögernden Verwalter zur Aufnahme und zugleich zur Verhandlung der Hauptsache laden (Jaeger KO. § 10 Anm. 29). Auch der bisherige Anfechtungskläger mag — etwa mit Rücksicht auf die Prozeßkosten (Abs. I Satz 2, Abs. II Satz 4) — an baldiger Wahlbetätigung des Verwalters ein Interesse haben. Die Analogie des § 239 ZPO. paßt indessen nur auf eine Ladung der Gegenpartei des Zögernden und eröffnet daher dem Einzelgläubiger keinen Weg, den Verwalter zur Entscheidung zu drängen (abw. v. Völderndorff S. 208 f.). Wohl aber würde sich der Verwalter durch schuldhafte Schädigung des Gläubigers diesem nach § 82 KO. verantwortlich machen. Der § 40 IV des österreichischen AnfG. gibt dem Einzelgläubiger und dem Anfechtungsgegner gleichmäßig die Befugnis, den Verwalter durch Antrag auf konkursgerichtliche Bestimmung einer Wahlfrist zur Erklärung zu nötigen.

a) **Die Ablehnung** der Prozeßaufnahme kann der Verwalter ausdrücklich oder in schlüssigem Verhalten, gegenüber dem Anfechtungsbeklagten oder gegenüber dem anfechtenden Gläubiger erklären. Sie bedeutet als solche einen Verzicht des Konkursverwalters auf die Ausbeutung des unterbrochenen Einzelprozesses, nicht auf das konkursmäßige Anfechtungsrecht selber (vgl. Begründung S. 31). Sie schließt daher eine „nach den Vorschriften der Konkursordnung", also innerhalb der konkursmäßigen Anfechtungsfristen (Protokolle S. 2269), neu zu erhebende Anfechtungsklage des Verwalters nicht aus (Abs. II 5). Jede der bisherigen Prozeßparteien darf, wenn der Verwalter die Aufnahme ablehnt, den Prozeß wider die bisherige Gegenpartei aufnehmen, aber eine jede nur im Kostenpunkt, nicht in der Hauptsache (Abs. II 4). Diese Aufnahme zur Austragung der Frage, wer die Kosten der Einzelklage tragen muß, wird zulässig, sobald der Konkursverwalter die Weiterverfolgung abgelehnt hat, also schon während des Konkurses. Dies stellt die uneingeschränkte Fassung des von der Reichstagskommission des Jahres 1879 eingeschalteten Satzes 4 im Abs. II außer Zweifel (Protokolle S. 2269 gegen Begründung S. 31). Die Kosten hat zu tragen, wer bei Durchführung des Prozesses unterlegen sein würde (§ 91 ZPO.). Zulässigkeit und Begründetsein der Einzelklage müssen daher auch im Falle einer Aufnahme nach Abs. II 4 geprüft werden, wenngleich eine der Rechtskraft zugängliche Entscheidung über die Hauptsache nicht ergeht. Erhebt der Verwalter auf Grund desselben Tatbestands eine neue Anfechtungsklage, so entsteht die Gefahr widersprechender Entscheidung der verschiedenen Prozesse. Dieser Gefahr beugt eine Aussetzung der aufgenommenen Einzelklage nach § 148 ZPO. vor. Statthaft ist die Aussetzung, insofern die Entscheidung über das Begründetsein der vom Konkursverwalter auf den nämlichen Benachteiligungsakt gestützten Klage den Richterspruch über die Kostenlast im Einzelprozesse beeinflussen kann. Damit ist den Voraussetzungen des § 148 ZPO. genügt (L. Seuffert ZPO. § 148 Anm. 1a mit Lit.). Daraus, daß in einem einzelnen Falle die außerkonkursmäßige Anfechtung begründet, die spätere konkursmäßige Anfechtung aber etwa wegen Fristablaufs unbegründet sein kann, folgt keineswegs eine allgemeine Unzulässigkeit der Aussetzung (abw. Wolff KO. § 36 Anm. 3b). Erwartet der Richter des Einzelprozesses aus diesem Grund eine Abweisung der konkursmäßigen Anfechtungsklage, so wird er freilich die in sein pflichtmäßiges Ermessen gestellte Aussetzung unterlassen. Anm. 11.

Durch einen Verzicht auf das Anfechtungsrecht selbst entzieht der Konkursverwalter nach Abs. IV 1 dem Einzelgläubiger zwar auch für die Zeit nach dem Konkurse die Möglichkeit, die Einzelanfechtung in der Hauptsache auszutragen [Anm. 29]; die Austragung im Kostenpunkte dagegen bleibt den bisherigen Prozeßparteien unbenommen. Andrerseits bestätigt der Abs. IV 1 („nach der Beendigung des Konkursverfahrens") mit § 36 KO., daß der Konkursverwalter während des Konkurses keinem Konkursgläubiger die Einzelanfechtung, sei es die Aufnahme eines unterbrochenen Prozesses oder die Erhebung der Einzelklage, zu gestatten vermag Anm. 12.

(abw. Voigt S. 230). Er kann zwar auf das gemeinschaftliche Anfechtungsrecht der Konkursgläubigerschaft verzichten, keineswegs aber die im Interesse der par condicio creditorum (§§ 12, 14 KO.) kraft Gesetzes eintretende Vergemeinschaftung des Anfechtungsrechts zugunsten eines einzelnen Gläubigers aufheben. Auch von einer Abtretung des konkursmäßigen Anfechtungsrechts an einen Einzelgläubiger kann keine Rede sein (Jaeger KO. § 29 Anm. 29). Nebenintervention: Anm. 17.

Anm. 13. Lehnt der Verwalter die Prozeßaufnahme ab, so unterliegt eine zum Schutze des anfechtenden Einzelgläubigers erlassene einstweilige Verfügung „wegen veränderter Umstände" der Aufhebung nach Maßgabe der §§ 936, 927 ZPO. und zwar auch dann, wenn der Verwalter auf das Anfechtungsrecht selbst nicht verzichtet (OLG. Dresden v. 9. 1. 1893 Seufferts Archiv 50 Nr. 68). Die Möglichkeit, daß der Einzelgläubiger nach Konkursbeendigung den Anfechtungsprozeß vielleicht auch in der Hauptsache weiter verfolgen darf (Abs. IV), steht dieser Aufhebung nicht schlechthin entgegen. Immerhin kann die Voraussicht baldiger Konkursbeendigung, namentlich eines Zwangsvergleichs oder einer Einstellung, das Gericht bestimmen, von der seinem Ermessen anheimgestellten Aufhebung abzusehen. Nimmt andrerseits der Verwalter den unterbrochenen Prozeß auf, so kommt die vom Einzelgläubiger erwirkte einstweilige Verfügung z. B. ein Veräußerungsverbot der Gesamtgläubigerschaft zustatten. Was die Zuständigkeit für die Aufhebung der einstweiligen Verfügung betrifft, so muß als Gericht der anhängigen Hauptsache im Sinne der §§ 927 II, 936, 943 ZPO., das Gericht des Hauptprozesses auch dann noch gelten, wenn sich dieser Prozeß auf die Kostenfrage beschränkt hat. Vgl. RG. v. 1. 5. 1893 Bolze 16 Nr. 797 mit 759. Für den Fall eines Arrestvollzugs zugunsten der Einzelanfechtung (§§ 930—932 ZPO.) bleibt zu beachten, daß damit der Gläubiger zum Absonderungsberechtigten geworden ist [Anm. 5 f.]. Über die Zulässigkeit von Arresten und einstweiligen Verfügungen siehe § 1 Anm. 21.

Anm. 14. b) **Die Aufnahme** des unterbrochenen Einzelprozesses von seiten des Konkursverwalters erfolgt durch Zustellung eines Schriftsatzes an den Anfechtungsgegner (§ 250 ZPO.) oder aber durch mündliche Aufnahmeerklärung in der Verhandlung vor dem erkennenden Gericht (RG. v. 17. 3. 1902 Bd. **51**, 97; v. 23. 10. 1902 Bd. **52**, 347). Durch die Aufnahme verdrängt der Konkursverwalter den Einzelgläubiger zugunsten der Gesamtgläubigerschaft aus der Parteirolle. Als gesetzlicher Vertreter der Konkursgläubigerschaft rückt der Verwalter — das liegt im Wesen der „Aufnahme" — in diejenige Prozeßlage ein, die zur Zeit der Unterbrechung gegeben war. Alle vor dem Konkurse liegenden Prozeßhandlungen des Einzelgläubigers, insbesondere Rügeunterlassung, Geständnis oder Verzicht, binden den Verwalter, soweit sie den Einzelgläubiger gebunden haben. Das muß der Verwalter vor der Aufnahme in Erwägung ziehen [Anm. 9]. Der Parteiwechsel macht stets eine Änderung des Klagantrags (auf Rückgewähr „zur Konkursmasse" nach § 37 KO. gegen § 7 AnfG.), möglicherweise auch eine Klagerweiterung erforderlich. Die unerläßliche Antragsänderung ist im Regelfalle nicht nur eine Umleitung, sondern eine inhaltliche Änderung des Rückgewährbegehrens, das bisher auf Zugriffsermöglichung, jetzt auf Rückleistung zur Konkursmasse geht. Durch die ausdrückliche, von der Reichstagskommission des Jahres 1879 eingeschaltete Bestimmung des Abs. II 3 wird dem aufnehmenden Konkursverwalter die einseitige Befugnis zugestanden, den Rückgewähranspruch nach den Vorschriften der §§ 37—39, 41 KO. in Gemäßheit der §§ 268, 529 ZPO. zu erweitern. Während nämlich der Einzelgläubiger nach § 7 AnfG. die Rückgewähr des anfechtbar aufgeopferten Wertes nur zu beanspruchen hat, „soweit es zu seiner Befriedigung erforderlich ist", darf der Konkursverwalter diese Rückgewähr bis zur Vollbefriedigung aller Konkursgläubiger verlangen. Hatte bereits der Einzelgläubiger die Rückgewähr im ganzen Umfange begehrt (also etwa die volle Werterstattung, weil seine Forderung diesen Wert noch übersteigt), so bedarf es keiner Klagerweiterung. Darum lautet der Abs. II 3 nur gestattend (abw. Petersen-Kleinfeller Anm. 8). Bloß „die Erweiterung", nicht die einfache Fortsetzung der Anfechtung steht nach Abs. II 3 unter der Zeitschranke des § 41 KO. Andrerseits sind auch im Falle der Erweiterung die besonderen Fristen der Absichts- und Schenkungsanfechtung nicht nach den §§ 31, 32 KO., die unser Abs. II 3 stillschweigend ausscheidet, von der Konkurseröffnung ab zurückzurechnen; es genügt vielmehr, daß der Einzelgläubiger die Fristen des § 3 Nr. 2—4 (§ 3a) AnfG. gewahrt hatte (Begründung S. 28). Wie der Verweis auf den § 529 (Abs. II ZPO.) ergibt, darf der Verwalter den Anspruch auch noch in der Berufungsinstanz ohne Einwilligung des Anfechtungsgegners erweitern. In dritter Instanz verbietet die Gestaltung unseres Revisionsverfahrens eine Klagerweiterung. Durch Einlegung der Revision würde daher der Verwalter, wenn es einer Antragserweiterung bedarf, nur in Fällen der Zurückverweisung (§ 565 ZPO.) zum Ziele gelangen können.

Da die Antragserweiterung „in Gemäßheit des § 268 (Nr. 2) ZPO." Anm. 15. geschieht, findet der § 506 ZPO. Anwendung. Auf rechtzeitigen Antrag einer Partei muß daher, wenn das mit der Sache befaßte Amtsgericht infolge der Erweiterung unzuständig wird, eine beschlußmäßige Verweisung an das übergeordnete Landgericht erfolgen. Schwebt der Anfechtungsprozeß zur Zeit der Erweiterung bereits in zweiter Instanz vor dem Landgericht, so muß wohl — aber wiederum nur auf rechtzeitigen Parteiantrag (abw. Hartmann-Meikel Anm. 7) — eine dem § 506 ZPO. entsprechende Verweisung an das Landgericht als erste Instanz ausgesprochen werden. L. Seuffert ZPO. 9. Aufl. § 529 Anm. 2b mit Lit.; abw. auch Voigt S. 226. Nach dieser Verweisung steht dem Anfechtungsgegner die Erhebung einer Widerklage zur Verfolgung seiner Gegenrechte (§§ 38, 39 KO.) auch ohne Einwilligung des Konkursverwalters frei, während eine Widerklage in „zweiter" Instanz jedenfalls mit dieser Einwilligung statthaft ist (§ 529 II ZPO., dessen Neufassung Meikel a. a. O. übersieht). Die Anwendbarkeit des § 38 KO. setzt übrigens keineswegs — wie Jaeckel S. 240f. und ihm folgend Voigt

S. 225 f. Note 2 annehmen — eine „Erweiterung" der aufgenommenen Klage voraus, ebensowenig wie die Anwendbarkeit des § 39 KO., obgleich unser Abs. II 3 auf beide Vorschriften nur gelegentlich der Erweiterungsfrage verweist. Denn die Masseschuld des § 38 beruht auf dem Gedanken ungerechtfertigter Massebereicherung (Jaeger KO. § 38 Anm. 2), eine solche ergibt sich aber auch aus der Rückgewähr des bereits vom Einzelgläubiger beanspruchten Wertes „zur Konkursmasse", ganz einerlei, ob der Verwalter diese Rückgewähr durch Neuerhebung oder durch Aufnahme des Anfechtungsprozesses erzielt. Was hätte es auch für einen Sinn, den Anfechtungsgegner um deswillen besser zu stellen, weil der Einzelgläubiger zufällig bloß Teilrückgewähr zu beanspruchen hatte? Nur kann eben im Falle der Klagerweiterung auch die ungerechtfertigte Bereicherung der Masse wachsen. So z. B. wenn der Schuldner 100 Tonnen Öl zu Schleuderpreisen veräußert, der Einzelgläubiger den Verkauf von 40 Tonnen, der den Prozeß aufnehmende Verwalter aber klagerweiternd auch den Verkauf der übrigen 60 Tonnen angefochten hat. Insofern mag die Bezugnahme des Abs. II 3 auf den § 38 KO. Bedeutung haben. Im übrigen siehe wegen der Gegenrechte des Anfechtungsbeklagten § 8 Anm. 10 u. 14.

Anm. 16. Indem der Abs. II 3 eine Änderung „des Anspruchs" nur nach Maßgabe der §§ 268, 529 ZPO. gestattet, schließt er per arg. e contrario weitergehende Änderungen aus. Nur unter den Voraussetzungen der §§ 264, 527 ZPO. steht daher dem Verwalter eine Änderung des den Grund der Anfechtungsklage bildenden Tatbestands [§ 1 Anm. 62] z. B. der Übergang von der Absichtsanfechtung (§ 3 Nr. 1 u. 2 AnfG.) zur besonderen Konkursanfechtung (§ 30 KO.) frei. Neue Klagegründe kann er nur in einer neuen Klage verfolgen. Petersen-Kleinfeller S. 810 Anm. 9, v. Sarwey-Bossert KO. S. 144, v. Wilmowski-Kurlbaum KO. § 36 Anm. 8, Voigt S. 225; abw. Hellwig Rechtskraft S. 373.

Anm. 17. Hat der Verwalter den Prozeß aufgenommen und siegreich durchgeführt, so sind dem Gläubiger nach Abs. I 2 „aus dem Erstrittenen die Prozeßkosten vorweg zu erstatten". Sonst würde die Masse rechtlos bereichert. Die Erstattungsverbindlichkeit ist also bedingte Masseschuld im Sinn des § 59 Nr. 3 KO., mit der Besonderheit (gegenüber § 60 KO.) freilich, daß diese Masseschuld vor anderen Masseschulden aus „dem Erstrittenen" zu decken ist. Der Gläubiger kann als Nebenintervenient sein Interesse (vgl. auch Abs. IV) wahrnehmen. „Im Verhältnisse zu dem die Gesamtheit der Konkursgläubiger im Anfechtungsprozesse vertretenden Konkursverwalter" erscheint der einzelne Konkursgläubiger „als eine andere Person" (§ 66 ZPO.). So mit Recht RG. v. 16. 4. 1889 Bolze 7 Nr. 879 u. 1160, v. 24. 4. 1891 JW. S. 273 Nr. 11, Protokolle z. KO. S. 26, Voß a. a. O. S. 258; abw. Cosack S. 237. Die im Ausnahmefall des § 69 ZPO. Platz greifende Selbständigkeit des Intervenienten verträgt sich nicht mit dem Anfechtungsmonopole des Konkursverwalters (§ 36 KO.). Für die Anwendung des § 69 ZPO. ist daher kein Raum. Bolze 7 Nr. 879, Walsmann Streitgenössische Nebenintervention (1905) S. 189 mit Lit. Siehe Anm. 32. Als Dritter hat der Einzelgläubiger, nachdem an seine Stelle durch die Prozeßaufnahme des Verwalters die Gesamtgläubigerschaft in das Prozeßrechtsverhältnis eingerückt ist, Zeugnisfähigkeit vorbehaltlich des § 393 Nr. 4 ZPO.

Ohne besonderen Aufnahmeakt, also ganz von selbst[1]) Anm. 18.
endet die Prozeßunterbrechung, sobald ein das Konkursverfahren aufhebender (§§ 163, 190 KO.) oder einstellender Beschluß (§§ 202, 204 KO.) wirksam oder eine den Eröffnungsbeschluß aufhebende Entscheidung des Beschwerdegerichts (§§ 109, 116 KO.) rechtskräftig wird [Anm. 4]. Über das Wirksamwerden des Konkursbeendigungsbeschlusses siehe Jaeger KO. § 163 Anm. 4, § 190 Anm. 1, §§ 205 f. Anm. 4. War der Prozeß unter den ursprünglichen Parteien bereits während des Konkurses im Kostenpunkt aufgenommen worden, so eröffnet sich ihnen nun die Möglichkeit, die Verhandlung wieder auf die Hauptsache zu erstrecken. Jeder Fortsetzung des Prozesses in der Hauptsache stehen indessen wie der Neuerhebung eines aus der Zeit vor dem Konkurse stammenden Anfechtungsanspruches nach Abs. IV 1 die wider den Konkursverwalter erlangten „Einreden" entgegen [Anm. 28 ff.].

c) Von einer Unterbrechung und Aufnahme des Einzelprozesses kann keine Rede Anm. 19.
mehr sein, wenn dieser bereits vor dem Konkurse durch Prozeßvergleich oder rechtskräftigen Richterspruch erledigt war. Der Prozeßvergleich des Einzelgläubigers bindet die im Verwalter vertretene Gesamtgläubigerschaft nicht. Der Vergleich als solcher hat nur individuelle Wirkung [§ 7 Anm. 37]. Möglicherweise aber hat sich der Anfechtungsgegner bereits durch eine auf Grund des Vergleichs bewirkte Leistung ganz oder teilweise befreit [§ 7 Anm. 5 u. 36]. Alsdann kommt höchstens eine Anfechtung dieses Erwerbs gegenüber dem Einzelgläubiger nach Abs. III in Frage [Anm. 23 ff.]. Für den Fall der Prozeßerledigung durch **Urteil** ist zu unterscheiden:

α) Auf Grund rechtskräftiger Aberkennung des Einzelanfechtungs- Anm. 20.
anspruches kann der Anfechtungsgegner einer neuen, nach Maßgabe der §§ 29 ff. KO. erhobenen Anfechtungsklage des Konkursverwalters den Einwand der Rechtskraft auch dann nicht entgegenhalten, wenn sich die

---

[1]) In einer vielzitierten Stelle der Begründung S. 31 heißt es: „Die Unterbrechung der anhängig gewesenen Prozesse hört mit der Beendigung des Konkursverfahrens von selbst auf; sie können von dem Gläubiger und dem Gegner mittels einfachen Schriftsatzes (§ 250 ZPO.) aufgenommen werden." Das ist insofern nicht ganz korrekt ausgedrückt, als es einer technischen „Aufnahme" nicht bedarf. Es wird direkt zu der erforderlichen weiteren Verhandlung geladen (§ 214 ZPO.). Dabei ist wohl zu beachten, daß der neue Lauf unterbrochener Notfristen (namentlich für Einspruch und Rechtsmittel) ganz von selbst mit wirksamer Konkursbeendigung wieder begonnen hat [siehe Anm. 8]. Ungenau ist die gelegentliche Bemerkung in RG. v. 5. 10. 1899 Bd. 45, 326, daß die Unterbrechung schon am Tage der Erlassung des Konkursaufhebungsbeschlusses ende.

Klage des Verwalters auf denselben Tatbestand stützt wie die abgewiesene Einzelklage. Der Konkursverwalter klagt, wie schon in Anm. 17 betont worden ist, für eine andere Partei (§ 325 ZPO.).

Anm. 21. β) Die rechtskräftige Zuerkennung des Einzelanfechtungsanspruches kann der Konkursverwalter nach Maßgabe des Abs. I zugunsten der Gläubigergesamtheit „verfolgen", also die Verurteilung für Rechnung der Konkursmasse ausnutzen. Denn durch den rechtskräftigen Sieg allein hat der Einzelgläubiger noch keinen Vorrang vor den übrigen Gläubigern erworben. Muß er ja doch nach Maßgabe des Abs. III sogar eine auf Grund dieses Urteils erwirkte dingliche Sicherung oder Befriedigung im Interesse der par condicio creditorum wieder aufgeben. Von einer Anspruchserweiterung durch den Konkursverwalter kann hier allerdings keine Rede mehr sein. Wohl aber bedarf es einer Umstellung der Verurteilung auf die Konkursmasse (§ 37 KO.). Dies geschieht in der vollstreckbaren Ausfertigung, die der Konkursverwalter — nötigenfalls unter Vorlage seiner Bestallung (§ 81 II KO.) — nach Maßgabe der §§ 727, 730 ZPO. zu erwirken hat. Lautet die Verurteilung nicht auf Geldzahlung, sondern auf Gewährung (Duldung) der Zwangsvollstreckung in den individuellen Anfechtungsgegenstand, so wird die dem Verwalter erteilte Vollstreckungsklausel eine auch insofern dem § 37 KO. Rechnung tragende Fassung erhalten, also dahin lauten müssen, daß die Ausfertigung dem Verwalter zu dem Zwecke erteilt wird, die Rückgewähr des betreffenden Gegenstandes zur Konkursmasse zu erzwingen. Im Ergebnis übereinstimmend Begründung S. 28 u. 30; RG. v. 24. 11. 1892 Bd. **30,** 70; v. 22. 1. 1894 Bd. **32,** 104; sowie die herrschende Lehre (z. B. Cosack S. 361, Jaeckel S. 237 f., Voigt S. 227, Hellwig Rechtskraft S. 374 und namentlich Voß S. 260 ff.). Dagegen erklären Petersen-Kleinfeller Anm. 6 eine neue Klage des Verwalters für „notwendig", weil das Urteil zugunsten des Einzelgläubigers einen nach § 14 KO. nicht mehr erzwingbaren Inhalt habe, und der Verwalter nicht Rechtsnachfolger des Gläubigers sei. Daß die Anpassung der Vollstreckungsklausel an den § 37 KO. eine Besonderheit enthält, soll nicht in Abrede gestellt werden; aber diese Besonderheit beruht auf der positiven Vorschrift unseres Abs. I und führt zu einer durchaus sachgemäßen Lösung. Was hätte es für einen Sinn, der Gläubigergesamtheit die Weiterverfolgung einer noch schwebenden Einzelklage zu gestatten, ihr aber die Ausbeutung des siegreich durchgeführten Prozesses zu verwehren? Alle Beteiligten würden dadurch geschädigt: die Gesamtgläubigerschaft und der Anfechtungsgegner wären zu einem neuen Prozesse gedrängt, der Einzelgläubiger aber (der doch für sich das Urteil nicht ausnutzen darf) müßte den Anspruch des Abs. I 2 einbüßen. Was den zweiten Einwurf betrifft, so ist der Verwalter allerdings nicht Rechtsnachfolger des Gläubigers. Indessen ist doch der individuelle Anfechtungsanspruch im Gemeinschaftsrecht aufgegangen, der Einzelgläubiger durch die vom Verwalter repräsentierte Gesamtgläubigerschaft aus seinem

Rechte verdrängt worden. Insofern liegt jedenfalls eine Analogie zum Falle einer Rechtsnachfolge auf der Gläubigerseite vor. Nach alledem ist die neue Klage, soweit eine Ausnutzung des Einzelurteils nach Abs. I zum Ziele führt, nicht nur nicht notwendig, sondern gar nicht zulässig. Insoweit fehlt jedes Rechtsschutzbedürfnis. Die wiederholte Inanspruchnahme der Gerichte würde nicht nur zwecklos, sondern — wie betont — ein Schaden für alle Beteiligten sein. Vgl. Jaeckel S. 248 f., Voigt S. 229; abw. Hartmann-Meikel Anm. 3 a. E. Wohl aber kann der Konkursverwalter den durch das Einzelurteil nicht erschöpften Inhalt der Rückgewährverbindlichkeit (§ 37 KO.) in einer neuen Klage verfolgen. Zur Ausnutzung des Einzelurteils gehört übrigens auch die Erwirkung der Kostenfestsetzung anstelle des Einzelgläubigers (vgl. § 104 I ZPO. mit §§ 14, 37 KO.; Voß S. 262 f.) und die Beitreibung der Kosten zur Masse. Der Einzelgläubiger hält sich wegen seines Kostenerstattungsanspruches nach Abs. I 2 an die Masse [Anm. 17]. Über den Wegfall eines Vorbehalts im Sinne des § 10 siehe daselbst Anm. 10.

Ist das Urteil bei Konkurseröffnung noch nicht rechtskräftig, aber Anm. 22. vorläufig vollstreckbar, so wird der Einzelprozeß des Konkursgläubigers nach Abs. II unterbrochen. Die vorläufige Vollstreckbarkeit steht dieser Unterbrechung natürlich nicht entgegen (vgl. RG. v. 31. 12. 1883 Bd. **11**, 398). Nun hat der Verwalter die Wahl, den Einzelprozeß durch Aufnahme zu „verfolgen" oder die Aufnahme abzulehnen. Keineswegs aber kann er das vorläufig vollstreckbare Urteil ausnutzen („Verfolgung" im Sinne des Abs. I) und doch die Aufnahme ablehnen. Erst durch die Aufnahme legitimiert sich der Verwalter zum Antrag auf Erteilung der Vollstreckungsklausel. Vgl. Voß S. 259 f.; abw. Voigt S. 227 f. mit S. 16 f.

III. **Umstoßung der Einzelrückgewähr.**

1. Hatte der einzelne Konkursgläubiger bereits vor dem Konkurs, aber Anm. 23. in Kenntnis der Zahlungseinstellung oder des Eröffnungsantrags durch freiwillige oder erzwungene Rückgewähr Sicherung oder Befriedigung erlangt, so unterliegt dieser Erwerb, wie wenn er direkt aus dem Vermögen des Schuldners stammte, im Interesse der Gleichbehandlung aller Konkursgläubiger seinerseits einer Anfechtung nach Maßgabe des § 30 Nr. 1 KO. [Anm. 3]. Hier wie dort muß es sich um die Deckung eines nun zu den Konkursforderungen gehörenden Anspruchs handeln. Die Begründung S. 30 bemerkt erläuternd: „Hatte die Geltendmachung des Anfechtungsanspruchs bereits zu einer freiwillig oder im Wege der Zwangsvollstreckung geleisteten Befriedigung oder infolge einer Pfändung zu einem Pfandrecht des anfechtenden Gläubigers an dem Zurückzugewährenden geführt, so hat es hierbei sein Bewenden, es sei denn, daß dem Gläubiger zur betreffenden Zeit die Zahlungseinstellung des Schuldners oder der Eröffnungsantrag bekannt war." Der positive Satz, daß die Erfüllung oder dingliche Sicherung

des Einzelanfechtungsanspruches grundsätzlich wirksam bleibt, ist in unserm Abs. III nur stillschweigend zum Ausdrucke gelangt (anders § 42 II österr. AnfG.). Er bedarf aber besonderer Hervorhebung, weil er uns das Verständnis für die Bedeutung des Verweises auf den § 30 Nr. 1 KO. erschließt. Nur nach Nr. 1 Fall 2, also nur unter der Voraussetzung, daß der Konkursverwalter dem Einzelgläubiger im Streitfalle die Kenntnis der Zahlungseinstellung oder des Eröffnungsantrags für den Zeitpunkt der Erwerbsvollendung nachzuweisen vermag, unterliegt die aus dem Vermögen des Anfechtungsgegners erwirkte Deckung einer Anfechtung zugunsten der Gesamtgläubigerschaft. Auch eine im Sinne des § 30 Nr. 2 KO. inkongruente Deckung kann sonach — das argumentum e contrario ist unabweisbar — vom Konkursverwalter nur auf Grund der Nr. 1 angefochten werden. Der anfechtende Konkursverwalter muß es also in Ermangelung anderer Beweismittel auf den Eid des Einzelgläubigers ankommen lassen (vgl. Jaeger KO. § 30 Anm. 6). Das ist um deswillen von besonderer Bedeutung, weil das im Vollstreckungswege erwirkte Pfandrecht auch dann als inkongruente Deckung im Sinne des § 30 Nr. 2 (mit § 35) KO. erscheint, wenn der Gläubiger den Titel schon vor der Krisis in völlig einwandfreier Weise erworben hatte (Jaeger KO. § 30 Anm. 42ff.). Ob es freilich gerechtfertigt war, die unmittelbar aus dem Vermögen des Schuldners erwirkte inkongruente Deckung anders zu behandeln als die nach § 7 AnfG. erlangte, das fragt sich noch sehr. Ferner ergibt die Fassung des Abs. III, daß die vom Einzelgläubiger erwirkte Rückgewähr nicht etwa unter dem Gesichtspunkte des § 40 II, sondern eben ausschließlich nach § 30 Nr. 1 KO. anfechtbar ist, wenngleich der Einzelgläubiger durch diese Deckung den seinerzeit vom Schuldner veräußerten Gegenstand selbst oder ein dingliches Recht an diesem Gegenstand erworben hat, also insofern Sonderrechtsnachfolger des ersten Anfechtungsgegners geworden ist. Diesen Sinn hat das vielfach mißverstandene Urteil des RG. v. 24. 5. 1897 Bd. **39**, 85 (ausführlicher Reichsanzeiger 1897 Beilage S. 302f.). Keineswegs aber ist, wenn der Rückgewährgegenstand vom Einzelgläubiger bereits wieder auf einen Dritten überging, dem Rechtsnachfolger gegenüber die Anwendbarkeit des § 40 KO. ausgeschlossen. Die Anfechtung auf Grund der §§ 30 Nr. 1 Fall 1, 31, 32 KO. setzt — anders als die aus § 30 Nr. 1 Fall 2 u. Nr. 2 — eine Rechtshandlung des Schuldners selbst voraus. Darum dürfte die Ansicht von Petersen-Kleinfeller Anm. 13 (S. 811), daß an sich die Erfordernisse des § 31 Nr. 1 KO. in unserm Falle „nicht selten" gegeben seien, auf einem Irrtum beruhen. Soweit durch die Rückgewähr an den Einzelgläubiger die Anfechtungsverbindlichkeit nicht erschöpft ist, haftet der Anfechtungsgegner nach § 37 KO.

Anm. 24. Von besonderer Bedeutung ist die Anfechtung aus Abs. III gegenüber einer im Zwangsweg erwirkten Einzeldeckung, etwa gegenüber einer Pfändung oder gegenüber der Eintragung einer Zwangshypothek (§§ 803ff., 866, 932 ZPO.; vgl. RG. **39**, 84). Hat der Einzelgläubiger auf Grund eines zugunsten seines Anfechtungsanspruchs wider den Anfechtungsgegner erwirkten Urteils die anfechtbar veräußerte Sache oder Forderung als noch zum Vermögen des Schuldners gehörend (§ 7) gepfändet, so hat er damit ein an sich vollwirksames Pfändungspfandrecht (§ 804 ZPO.) am Rückgewährgegenstand erworben und zwar zweifellos auch dann, wenn das Urteil nur vorläufig vollstreckbar war und bei Konkursbeginn noch nicht rechtskräftig geworden ist. Auch hier greift der Abs. III Platz (abw. v. Wilmowski-Kurlbaum KO. § 30 Anm. 23). Wie aber dann, wenn der Einzelgläubiger eine Sache beim Schuldner gepfändet, daraufhin ein Dritter — etwa mit der üblichen Berufung auf Übereignung durch Konstitut [§ 1 Anm. 70] — die Widerspruchsklage aus § 771 ZPO. erhoben und nun der Einzelgläubiger die Anfechtung einredeweise geltend gemacht hatte? Trotzdem die Rückgewährpflicht nur eine obligatorische Verbindlichkeit darstellt, muß auch hier der Erwerb eines Pfändungspfandrechtes durch den Einzelgläubiger und damit die Möglichkeit einer Anwendung unseres Abs. III bejaht werden. Wenn nämlich die Rückgewährpflicht bestand (darüber ist nötigenfalls noch zu entscheiden), war der Anfechtungsgegner unmittelbar kraft Gesetzes von vornherein (d. h. vom anfechtbaren Erwerbe, nicht erst von der Anfechtungserklärung ab) dem benachteiligten Gläubiger gegenüber verpflichtet, sich den Zwangszugriff so gefallen zu lassen, als ob die Sache gar nicht aus dem Vermögen des Schuldners ausgeschieden wäre (§ 7). Alsdann hat der Einzelgläubiger die Sache befugterweise in dritter Hand gepfändet und damit ein dingliches Recht an ihr erworben. Entsprechendes gilt für die Forderungspfändung. Unzutreffend ist es daher, wenn das RG. v. 22. 1. 1894 Bd. **32**, 103 (VI. ZivSen.) „im Verhältnisse zwischen dem anfechtenden Gläubiger und der Konkursmasse" die Wirksamkeit der Pfändung verneinen will (ihm zustimmend z. B. Hartmann-Meikel Anm. 4). Mit Recht hatte es derselbe Senat im Urteil v. 2. 11. 1887 Bd. **19**, 203 als „natürlich" bezeichnet, daß in Fällen dieser Art der Widerspruchsklage des Dritten „die Einrede der Anfechtung entgegengehalten werden kann, ohne daß durch diese der Gegenstand der Pfändung erst geschaffen würde". Sonst müßte der Widerspruchsklage zunächst stattgegeben werden, weil zur Zeit der Pfändung der gepfändete Gegenstand Vermögen eines Dritten und deshalb die Pfändung unwirksam war. Die gesetzlich feststehende Möglichkeit einer Anfechtung „im Wege der Einrede" (§ 5) wäre damit verneint und der Anfechtungsberechtigte zur Klage oder Widerklage genötigt (unhaltbar v. Schrutka, Freigebung fremder Sachen, S. 127). Der § 7 erwartet ja aber gar nicht, daß der Anfechtungsgegenstand erst in das Schuldnervermögen zurückgeführt werde, sondern gestattet trotz Zugehörigkeit zum Vermögen des Dritten den Zwangszugriff des benachteiligten Gläubigers so, als ob der Gegenstand noch dem Schuldner gehörte. Die Verbindlichkeit des Anfechtungsgegners, sich in diesem Sinne auspfänden zu lassen, erwächst auch nicht etwa erst aus seiner Verurteilung [vgl. S. 56 Note 1]. Das Urteil befindet zwar darüber, ob die Verbindlichkeit besteht, und seine Rechtskraft setzt einem Streite der Parteien über diese Frage ein Ziel. Keineswegs aber ist die Rechtskraft Bedingung der Fiktion des § 7. Andrerseits ermöglicht ein zugunsten des Veräußerers bewirkter Verzicht des Anfechtungsgegners auf den Erwerb, also z. B. eine Wiederaufgabe des durch Konstitut erworbenen Eigentums, den Gläubigern des Veräußerers den Zwangszugriff ohne weiteres, nicht erst nach § 7. Solchenfalls würde direkt der § 30 Nr. 1 u. 2 KO., nicht unser Abs. III anwendbar sein (abw. Petersen-Kleinfeller Anm. 13 zu Note 4).

Anm. 25. Im häufigsten Falle der Widerspruchsklage gestaltet sich demnach die Rechtslage so: A hat wegen einer vollstreckbaren Geldforderung bei seinem Schuldner B eine Sache gepfändet, C widerspricht als angeblicher Dritteigentümer unter Berufung auf Konstitutübereignung der Durchführung dieser Exekution, B verfällt während des Widerspruchsprozesses in Konkurs. Vermag nun der Konkursverwalter (im Streitfalle) zu beweisen, daß die Zahlungseinstellung oder der Konkursantrag dem A zur Zeit der Pfändung bekannt war, so kann er diesem die Sicherung oder eine auf Grund derselben erwirkte Befriedigung nach Abs. III zugunsten der Gläubigergesamtheit wieder abstreiten. Mit dem Widerspruchsprozesse C gegen A hat aber der Anspruch der Konkursgläubigerschaft aus Abs. III absolut nichts zu tun. Im Prozesse C gegen A fragt es sich lediglich, ob A gegenüber dem C im Zeitpunkte der Pfändung zum Zugriff auf die gepfändete Sache berechtigt war. Bestand ein Anfechtungsrecht dieses Inhalts, so ist die Pfändung zu Recht erfolgt und im Verhältnisse zwischen A und C nach wie vor vollwirksam. Der Konkurs des B bringt den Prozeß C gegen A nicht zum Stillstande. Die Widerspruchsklage muß vielmehr, falls der Anfechtungsanspruch zur Zeit der Pfändung bestand, als unbegründet abgewiesen werden, wie sie abgewiesen werden müßte, wenn der Schuldner nicht in Konkurs verfallen wäre. Dabei kann es keinen Unterschied machen, ob die erste mündliche Verhandlung über den Widerspruch vor oder nach Eröffnung des Schuldnerkonkurses stattfindet.[1]) Es wäre auch sachlich durchaus ungerechtfertigt,

---

[1]) Die gegenteilige Ansicht entwickelt in einer während der Korrektur dieses Bogens erschienenen Abhandlung H. Walsmann, Einfluß der Konkurseröffnung über das Vermögen des Schuldners auf die Einrede des Gläubigeranfechtungsrechts, Iherings Jahrb. 49 S. 297 ff. Walsmann geht vom Standpunkte der Dinglichkeitslehre aus. Nach seiner Ansicht ist der anfechtbare Dritterwerb „auch dem Gläubiger gegenüber vollwirksam" bis zur Anfechtung (S. 307) und zwar bis zur gerichtlichen, nur im Prozesse (nicht durch vorbereitenden Schriftsatz) möglichen Anfechtung (S. 309 ff.). Was insbesondere den Anfechtungseinwand betrifft, so betont Walsmann S. 321: einer Widerspruchsklage aus § 771 ZPO. könne nicht entgegengehalten werden, daß der Widerspruchskläger nach materiellem Rechte verpflichtet sei, die Vollstreckung „in das Vermögen des Schuldners oder einzelne Vermögensbestandteile desselben zu dulden"; da nun aber nach dem Gesetz eine wirksame Ausübung der Anfechtung im Wege der Einrede möglich sei, bleibe nichts anderes übrig als hier „entweder eine positive Ausnahme anzunehmen oder Gewicht auf die Anfechtung zu legen". Von unserem Standpunkt aus bildet die Gewährung des Zugriffs in den anfechtbar aus dem Schuldnervermögen ausgeschiedenen Gegenstand gerade den Inhalt der Anfechtungsverbindlichkeit. Wenn also der Widerspruchskläger ein die Durchführung der Exekution hinderndes Drittrecht in Ansehung des gepfändeten Gegenstandes behauptet, wendet der anfechtungs-

wenn A gegenüber dem C das im Anfechtungseinwande liegende Verteidigungsmittel bei Konkurseröffnung verlieren würde, wenn er also fortab nicht mehr geltend machen dürfte, daß er zur Zeit seines Zugriffs dem C gegenüber zugriffsberechtigt war.

Für die Gegenansprüche des nach Abs. III belangten Einzelgläubigers gelten die §§ 38, 39 KO. Die Vorschrift des Abs. I 2 über die Vorwegerstattung von Prozeßkosten kann auch zu seinen Gunsten Platz greifen. Anm. 26

2. Nach Konkursbeginn ist der einzelne Konkursgläubiger, weil das Einzelrecht der Anfechtung zum Gemeinschaftsrechte geworden ist, für die Empfangnahme einer Rückgewährleistung nicht mehr aktiv legitimiert [Anm. 1]. Anm. 27

---

berechtigte Beklagte ein: meine Exekution in diesen Gegenstand zu ermöglichen, warst du von vornherein kraft des Gesetzes verpflichtet. Daß die Behauptung eines Rechts mit diesem Inhalte der Widerspruchsklage gegenüber durchdringt, bedarf keiner Erörterung. Hatte nun aber der Dritte schon seit dem anfechtbaren Erwerbe, nicht erst seit der Anfechtungserklärung oder seit seiner Verurteilung zur Rückgewähr den Zugriff zu verstatten, so hat der Einzelgläubiger durch die Pfändung eine auch dem späteren Konkursbeschlage standhaltende und nur unter besonderen Voraussetzungen zur „Konkursmasse" zurückzugewährende (Abs. III), jedenfalls aber dem Dritten gegenüber wirksame Sicherung erworben, auch wenn die Anfechtungseinrede vor dem Konkurse noch nicht gerichtlich geltend gemacht worden war (abw. Walsmann S. 324 ff.). Welchen Sinn hätte es auch, dem Einzelgläubiger nach Konkursbeginn die Anfechtungseinrede etwa in solchen Fällen zu versagen, in denen ein Anfechtungsrecht der Konkursgläubigerschaft überhaupt nicht geltend gemacht oder der Konkurs bald nach der ersten Prozeßverhandlung wieder beendigt wird? Soll hier der Gläubiger trotz der Berechtigung seines Zugriffs den Prozeß verlieren und auch noch die Prozeßkosten zahlen müssen, weil zufällig der Schuldner noch vor der ersten Prozeßverhandlung in Konkurs geraten ist? Gewiß ein unannehmbares Ergebnis. Wenn aber Walsmann S. 330 ff. den allgemein anerkannten, im § 45 österr. AnfG. ausdrücklich ausgesprochenen Satz, daß der Konkurs die Anfechtung des Absonderungsberechtigten als solchen nicht berührt, als unrichtig bekämpft, so verkennt er gänzlich den Gläubigerbegriff des Gesetzes und die Bedeutung der Anfechtung zugunsten eines Realrechts [§ 2 Anm. 8, 10 ff.]. Nehmen wir das Realgläubigerrecht in seiner reinen Gestalt: eine Liegenschaft des Schuldners ist an erster Stelle mit einer Grundschuld des A, an zweiter Stelle mit einer Grundschuld des B belastet; die Grundschuld A ist dem B gegenüber anfechtbar; B verlangt deshalb im Verteilungsverfahren Vorzugsbefriedigung; während des Prozesses zwischen A und B verfällt der Schuldner in Konkurs. Daß der Grundschuldgläubiger B „als Inhaber des dinglichen Rechts" anfechtungsberechtigt ist, steht (gegen Walsmann S. 330) außer allem Zweifel. Ebenso gewiß ist uns, daß B den Prozeß nicht, wie Walsmann S. 331 meint, verlieren muß, wenn er die Anfechtung nicht bereits vor dem Konkurs im Prozesse mündlich erklärt hatte. Die Anfechtung zugunsten der Grundschuld als solcher würde sogar einem etwaigen Anfechtungsrechte der Konkursgläubigerschaft vorgehen [§ 2 Anm. 10]. Auch mit der Fassung des unveränderten § 5 gerät Walsmann S. 319 Note 23a in Konflikt.

Durch Leistung an den einzelnen Konkursgläubiger würde sich der Anfechtungsschuldner gegenüber der Masse nicht mehr befreien. Die Geltendmachung des Mangels der Aktivlegitimation würde im Prozesse des Einzelgläubigers zur Sachabweisung führen und im Vollstreckungsverfahren eine Einwendung nach Maßgabe des § 767 ZPO. rechtfertigen. Eine Befreiung des an den Einzelgläubiger zurückgewährenden Anfechtungsgegners kann sich aber immerhin unter dem Gesichtspunkte des § 37 II (§ 40 III) KO., darüber hinaus für eine in Unkenntnis des Konkurses bewirkte Einzelrückgewähr etwa aus einer Analogie der §§ 412, 407 BGB. ergeben. Bedenklicher dürfte die von Otto S. 226 behauptete Analogie des § 8 KO. sein. Andrerseits ist das Bedürfnis nach einem Schutze gutgläubiger Einzelrückgewähr nicht zu leugnen. Soweit sich der Anfechtungsgegner durch eine erst während des Konkurses bewirkte Rückgewähr an einen einzelnen Konkursgläubiger befreit, wird der Einzelgläubiger aus einem der Gesamtgläubigerschaft gebührenden Werte auf deren Kosten ohne rechtlichen Grund bereichert (arg. §§ 14, 15, 37 KO., § 13 I AnfG.). Diese Bereicherung hat der Einzelgläubiger zur gemeinschaftlichen Befriedigungsmasse auszuantworten (§ 812 BGB.). Soweit sich der Anfechtungsgegner durch die während des Konkurses bewirkte Einzelrückgewähr nicht befreit hat, steht ihm ein Bereicherungsanspruch wider den freiwillig oder im Zwangswege gedeckten Konkursgläubiger zu und zwar unter dem Gesichtspunkte der condictio indebiti (vgl. § 814 BGB.). Hat endlich der Einzelgläubiger eine vor dem Konkurs (z. B. durch Pfändung) erlangte Sicherung nachher realisiert, so ergibt sich die Möglichkeit der Inanspruchnahme dieser Befriedigung (des Pfanderlöses) für die Konkursmasse unmittelbar aus Abs. III (vgl. Jaeger KO. § 30 Anm. 51). Andere Konstruktionsversuche siehe bei Kohler Lehrbuch S. 211 (der Einzelgläubiger hafte der Masse als negotiorum gestor; er hat jedoch nicht „für" die Masse, sondern eben für sich persönlich beigetrieben; vgl. § 677 BGB.) und Otto S. 225 f., dem Jaeckel S. 236 zu Note 56 beipflichtet (die Erstattungspflicht des Einzelgläubigers ergebe sich aus analoger Anwendung des § 15 KO.; diese Analogie trifft für die freiwillige Begründung eines Rechtes am Rückgewährgegenstande zu; für den Zwangszugriff kommt die Analogie — nicht aber die von Hartmann-Meikel Anm. 4 behauptete direkte Anwendbarkeit — des § 14 KO. in Betracht; auch muß, wie vorstehend, unterschieden werden).

IV. Die Einzelanfechtung nach dem Konkurse.

Anm. 28. 1. Sobald der Konkurs wirksam beendet ist, steht das unverbrauchte Anfechtungsrecht zufolge Abs. IV wieder bei den einzelnen Gläubigern [Anm. 4]. Das gilt gleichermaßen für die schon vor dem Konkurs erhobenen wie für die nichterhobenen Anfechtungsansprüche (vgl. Begründung S. 31, RG. v. 5. 1. 1893 Bd. **30**, 77). Der nach § 2 erforderliche Schuldtitel kann in der auch vom Schuldner nicht bestrittenen Konkursfeststellung enthalten sein (§§ 164, 194, 206 KO.). Selbstverständlich kann die Einzelanfechtung nur „nach Maßgabe dieses Gesetzes", nur in den Grenzen des individuellen Befriedigungsbedürfnisses (§ 7), verfolgt werden. Eine nach Abs. II 3 erfolgte Anspruchserweiterung muß dementsprechend eingeschränkt werden. Auch können selbstverständlich nach Abschluß eines Zwangsvergleichs die Forderungen der vom Vergleiche betroffenen Gläubiger nur nach Maßgabe des Vergleichs verfolgt werden. Im Falle des Teilerlasses mindert sich also die Höhe des befriedigungsbedürftigen Hauptanspruchs (§ 7), für die Dauer einer Stundung aber wird die Fälligkeit dieses Anspruchs (§ 2), wenn sie auch vor dem Konkurse gegeben war, hinausgeschoben. Das ist von Wichtigkeit, weil sich beim Zwangsvergleiche meist Erlaß und Stundung verbinden. Nach Abs. IV 1 ist endlich die Einzelanfechtung persönlicher Gläubiger [siehe Anm. 30] künftighin ausgeschlossen, „soweit dem Anspruch entgegenstehende **Einreden** gegen den Verwalter erlangt sind". Die Begründung S. 32 bemerkt: bei Verfolgung von Anfechtungsrechten, deren Ausübung während der Dauer des Verfahrens nach § 36 KO. oder nach unserm Abs. I dem Verwalter allein gebührte, „stehen die gegen den Verwalter begründeten Einwendungen, welche den Anspruch selbst betreffen — Vergleich, Verzicht, Urteil, Verjährung (§ 34 KO. a. F.) — auch dem Gläubiger entgegen, und eben deshalb freilich steht ihm die bloße Ablehnung der Aufnahme eines Rechtsstreits seitens des Verwalters nicht entgegen". Gedacht ist also an Einwendungen, die den konkreten Anfechtungsanspruch selbst betreffen (vgl. § 767 I ZPO.). Anstelle der Verjährung des § 34 KO. a. F. hat der § 41 KO. n. F. einen Ausschluß durch Zeitablauf gesetzt. Daß dieser Ausschluß als solcher nach dem Konkurs einer nicht schon vorher gewahrten Einzelanfechtung aus § 3 Nr. 2—4 (§§ 3a, 4) keinen Abbruch tut, ergibt die positive Fristerstreckung des Abs. IV 2 [Anm. 4]. Sie unterscheidet nicht, ob der Verwalter seinerseits angefochten hatte oder nicht, und trifft darum auch den Fall, daß die konkursmäßige Anfechtung nach § 41 KO. ausgeschlossen ward. Sie gilt andrerseits nicht für die Anfechtung des § 3 Nr. 1. Das besagt aber lediglich: im Falle des § 3 Nr. 1 werden die ohnehin weit abgesteckten Zeitgrenzen des § 12 nicht gleichfalls nach Abs. IV 2 erweitert; vielmehr bewendet es insoweit beim § 12, obwohl unterdessen der Konkurs die Einzelanfechtung verhindert hat. Keineswegs aber ergibt das argumentum e contrario, daß der Zeitablauf des § 41 KO. das Recht der Einzelanfechtung aus § 3 Nr. 1 vernichtet. Sonst würde, wenn etwa der Schuldner im Konkursvorjahr eine entgeltliche Veräußerung in der dem Erwerber bekannten Absicht, die Gläubiger zu benachteiligen, und eine Schenkung ohne Benachteiligungsabsicht vorgenommen, der Konkursverwalter aber die Anfechtung unterlassen hat, die Schenkung auch nach einem mehrjährigen Konkurse noch ein oder zwei Jahre der Einzelanfechtung ausgesetzt, der absichtliche Benachteiligungsakt hingegen der sonst so weit reichenden Einzelanfechtung aus § 3 Nr. 1 entzogen sein, falls der Konkurs auch nur einen Tag länger als ein Jahr gedauert hätte. Insofern ist die Begründung a. a. O. ungenau. Vgl. dagegen die freilich auf das AnfG. noch keine Rücksicht nehmende Begründung der KO. S. 154, Hartmann-Meikel Anm. 13, Petersen-Kleinfeller Anm. 17 (S. 812); abw. Jaeckel S. 244.

Was die übrigen von der Begründung erwähnten Einwendungstatbestände Anm. 29.

betrifft, so schließt der Verzicht (Erlaß, Vergleich) des Konkursverwalters die spätere Einzelanfechtung nur als Verzicht auf den konkreten Anfechtungsanspruch selbst aus [Anm. 12], nicht als bloßes Unterlassen der Weiterverfolgung eines schon vor dem Konkurs erhobenen Anfechtungsanspruchs (Abs. I, II) oder als Unterlassen der selbständigen konkursmäßigen Anfechtung (§ 36 KO.). Nichtbestreiten einer anfechtbaren Konkursforderung im Prüfungstermine kann stillschweigender Verzicht auf das Anfechtungsrecht selber und insofern auch gegenüber den Einzelgläubigern wirksam sein (vgl. Cosack S. 351 ff.). Um so mehr vermag das ausdrückliche Anerkenntnis der Unanfechtbarkeit eines bestimmten Aktes den Rechten der Einzelgläubiger zu präjudizieren. Beruht die Verzichterklärung des Verwalters auf Irrtum, Täuschung oder Drohung, so kann sie nach Maßgabe der §§ 119, 123, 142 BGB. vom Verwalter selbst, nicht auch von einzelnen Konkursgläubigern rückwirkend vernichtet werden.

Anm. 30. Die rechtskräftige Aberkennung des vom Verwalter durch Erhebung oder Aufnahme der Klage geltend gemachten Anfechtungsanspruches begründet nach der positiven Vorschrift des Abs. IV 1 den Einwand der Rechtskraft auch gegenüber dem Einzelgläubiger, der nach dem Konkurs einen Anfechtungsanspruch aus demselben Tatbestand herleitet. RG. v. 16. 4. 1889 Bolze 7 Nr. 1160; vgl. dazu Jaeckel S. 244, Wach Rechtskraft S. 14, Hellwig Rechtskraft S. 375. Die „einzelnen Gläubiger" sind aber im Sinne des Abs. IV die einzelnen (bisherigen) Konkursgläubiger und solche persönliche Gläubiger, deren Forderungen (namentlich, weil sie erst während des Konkurses entstanden) im Konkurse nicht geltend gemacht werden konnten. Auch gegenüber neuen Gläubigern greift sonach die Rechtskrafterstreckung zum Schutze des Anfechtungsgegners durch (abw. Korn S. 36). Gegenüber Absonderungsberechtigten gilt die Vorschrift nicht. Vgl. Begründung S. 33, RG. v. 6. 4. 1886 Bd. **16**, 36. Umgekehrt sieht das Gesetz eine Rechtskrafterstreckung zugunsten der einzelnen Konkursgläubiger nicht vor, auch nicht für die innerhalb und außerhalb des Konkurses übereinstimmenden Anfechtungsfälle (§ 3 AnfG., §§ 31, 32 KO.). Von selbst versteht sich die Rechtskraftwirkung gegenüber dem Einzelgläubiger durchaus nicht, weil es jedenfalls an der Parteienidentität fehlt, der Einzelgläubiger aber auch nicht Rechtsnachfolger der Gesamtgläubigerschaft ist (§ 325 ZPO.). Die Frage kann etwa aufgeworfen werden, wenn das Konkursverfahren nach rechtskräftiger Zuerkennung, aber vor der Erfüllung des konkursmäßigen Anfechtungsanspruches (§ 37 KO.) infolge Zwangsvergleichs aufgehoben wird. Von einer Rechtskrafterstreckung zugunsten eines Absonderungsberechtigten als solchen kann erst recht keine Rede sein (RG. v. 11. 3. 1890 Bd. **25**, 63). Siehe auch Anm. 35.

Anm. 31. Soweit der Konkursverwalter die Rückgewähr zur Konkursmasse — sei es durch freiwillige Leistung oder im Zwangsweg — erlangt hat, ist mit der Erfüllung des konkursmäßigen Anfechtungsanspruches auch jeder Einzelanspruch verbraucht. Gleiches gilt für den Erfüllungsersatz, insbesondere dann, wenn der Konkursverwalter, was an sich innerhalb seines Machtbereiches liegt, eine andere als die geschuldete Rückgewähr an Erfüllungsstatt angenommen hat (§ 364 I BGB.). Ein Arrest oder eine einstweilige Verfügung, die zur Sicherung des Rückgewähranspruchs vom Konkursverwalter erwirkt sein sollte, würde wegen veränderter Umstände aufzuheben sein (§§ 927, 936 ZPO.), wenn weder der Konkursverwalter [Anm. 33] noch ein wiederum die eigene Anfechtungsklage weiterverfolgender Einzelgläubiger [Anm. 34] den Hauptprozeß durchführt.

Der Einzelgläubiger kann zwar dem Verwalter als Nebenintervenient Anm. 32.
beitreten und so dessen Prozeßführung unterstützen. Allein im Widerspruche mit dem Willen des Verwalters vermag der Gläubiger auch als Nebenintervenient Dispositionen des Verwalters, die — wie insbesondere Verzicht und Vergleich — Einreden im Sinne des Abs. IV 1 begründen, nicht zu verhindern (§ 67 ZPO.). Trotz der Rechtskrafterstreckung [Anm. 30] ist der § 69 ZPO. unanwendbar [Anm. 17].

2. Was wird aus einem bei Konkursbeendigung noch unerledigten Anfechtungsprozesse des Konkursverwalters? Anm. 33.
Auszugehen ist davon, daß nach Fortfall der Gläubigergemeinschaft die Aktivlegitimation zur Anfechtung wiederum bei den einzelnen Gläubigern steht. Das Gemeinschaftsrecht löst sich, soweit es nicht auf den Konkursfall beschränkt ist (§ 30 KO.), in Sonderrechte auf. Doch kann sich, wenn der Konkurs durch Ausschüttung der Masse abgewickelt wird, eine Fortdauer der Vertretungsmacht des Konkursverwalters daraus ergeben, daß der streitige Rückgewähranspruch durch Beschluß der Gläubigerversammlung als einstweilen unverwertbar (vgl. § 162 KO.) eigens einer Nachtragsverteilung vorbehalten wird. Solchenfalls ist im weiteren Sinne des Wortes auf ein „Freiwerden" für die Masse (§ 166 I KO.) zu rechnen. Vgl. RG. v. 17. 9. 1891 Bd. **28**, 68; v. 27. 3. 1893 Bd. **31**, 42; Jaeger KO. § 166 Anm. 2 mit Lit. Zweifelhafter erscheint die Frage, ob der § 166 II KO. Platz greift, wenn nachträglich eine Anfechtbarkeit aufgedeckt wird, die im Konkurse hätte geltend gemacht werden können. Eine Nachtragsverteilung kann hier sehr zweckmäßig sein, da sie auf die einfachste Weise zu einer gleichmäßigen Aufteilung der Rückgewähr führt. Gehörte zwar der Rückgewährgegenstand nicht selber zur Masse, so war doch zweifellos der Anspruch auf diesen Gegenstand Massebestandteil. Man braucht also das Gesetz keinesweg zu pressen, um zu der sachlich angemessenen Anwendung des § 166 II KO. zu gelangen. Praktische Schwierigkeiten ergeben sich nicht, wenn man nur festhält, daß die Fortdauer oder Neubegründung der Vertretungsmacht des Verwalters eine besondere konkursgerichtliche Anordnung voraussetzt (Jaeger KO. § 166 Anm. 10 u. 12) und nicht etwa nur, wie Hartmann-Meikel S. 307 aufstellen, eine Erklärung des Konkursverwalters. Auch die nach der Schlußverteilung ermittelte konkursmäßige Anfechtbarkeit wird sonach unter den § 166 II KO. fallen. Vgl. Otto S. 155, Korn S. 35 f.; abw. noch Jaeger KO. § 166 Anm. 5, Petersen-Kleinfeller KO. § 166 Anm. 3, Kohler Lehrbuch S. 209, L. Seuffert Konkursprozeßrecht § 51 Note 60. Dagegen kann, wenn der Konkursverwalter die Anfechtung bewußt unterlassen hatte, von der nachträglichen Ermittlung eines massezugehörigen Wertes nicht geredet werden (abw. Cosack § 66 Note 4, v. Völderndorff Bd. 3 S. 213 Note 14, Hartmann-Meikel a. a. O.). Im Falle der Aufhebung des Konkursverfahrens infolge Zwangsvergleichs (siehe RG. v. 27. 3. 1893 a. a. O.) und in den Fällen der Einstellung des Verfahrens

kommt eine Fortdauer der Vertretungsmacht des Verwalters nach § 166 KO. nicht in Frage, weil Nachtragsverteilungen nur als Zusätze zur Schlußverteilung möglich sind. Andrerseits endet in diesen Fällen die Vertretungsmacht des Verwalters erst, wenn der Konkursbeendigungsbeschluß wirksam geworden ist, also insbesondere nicht schon mit rechtskräftiger Bestätigung eines Zwangsvergleichs, sondern erst mit dem Wirksamwerden des daraufhin erlassenen Aufhebungsbeschlusses (§ 190 KO.). Stettin v. 30. 5. 1902 OLG. 6, 367 u. v. 13. 3. 1903 OLG. 10, 220; Jaeger KO. § 190 Anm. 1.

Abgesehen vom Bereich einer Nachtragsverteilung ergibt sich:

Anm. 34. a) Der Einzelgläubiger kann einen unbeendigten Anfechtungsprozeß des Konkursverwalters auch in den zu Anm. 28 ff. bezeichneten Grenzen nur fortsetzen, wenn der Verwalter den Einzelprozeß gerade dieses Gläubigers aufgenommen hatte. Eine neuerliche Unterbrechung findet bei Konkursbeendigung nicht statt. Daher bedarf es (gegen Hartmann-Meikel Anm. 12 unter 1) auch keiner besonderen „Aufnahme" [Anm. 18]. War die Aufnahme des durch den Konkurs unterbrochenen Einzelprozesses vom Verwalter abgelehnt und daraufhin der Prozeß unter den ursprünglichen Parteien noch während des Konkurses im Kostenpunkt aufgenommen worden (Abs. II 4), bei Konkursbeendigung aber noch nicht rechtskräftig erledigt, so steht in den erwähnten Grenzen einer Erstreckung der Verhandlung auf die Hauptsache nach Konkursbeendigung nichts entgegen.

Anm. 35. b) Der Schuldner (der bisherige Gemeinschuldner) kann unerledigte Anfechtungsprozesse des Verwalters keinesfalls in der Hauptsache weiterführen. Er hat nach dem Konkurse, wie auch immer das Verfahren enden mag, die Aktivlegitimation zur Anfechtung so wenig als während des Konkurses oder vor diesem. Das Anfechtungsrecht ist kein Massebestandteil, der nun der freien Verfügung des Schuldners anheimfiele. Es ist seinem Wesen nach ein Gläubigerrecht, die im § 37 KO. verordnete Rückgewähr zur Konkursmasse nur ein durch den Konkurszweck (§ 3 KO.) gebotener Umweg [§ 7 Anm. 2]. Der Benachteiligungsakt konnte im Konkurse lediglich „als den Konkursgläubigern", nicht als dem Schuldner „gegenüber unwirksam" angefochten werden (§ 29 KO.). Siehe namentlich RG. v. 14. 3. 1882 Bd. **7**, 35; v. 27. 3. 1893 Bd. **31**, 43; OLG. Colmar v. 25. 4. 1900 Z. f. Elf.-Lothr. 25 S. 336; Stettin v. 13. 3. 1903 OLG. 10, 220; Cosack S. 329, 363. Auch die rechtskräftige Zuerkennung des konkursmäßigen Anfechtungsanspruches darf daher der Schuldner nicht für sich persönlich ausnutzen. LG. Berlin v. 20. 2. 1904 Bl. f. Rechtspfl. im Bez. d. KG. 1904 S. 75. Es kann keine Rede davon sein, daß der Schuldner nach dem Konkurs kraft des vom Verwalter erstrittenen Urteils auf Rückgewähr eine Zahlung zurückfordern könnte, die (etwa nach § 30 KO.) „als den Konkursgläubigern gegenüber unwirksam" angefochten worden war. Unter den Parteien bleibt das angefochtene Geschäft wirksam [§ 1 Anm. 27]. Mit dem Anspruch aus diesem Geschäft (nach LG. Berlin a. a. O. mit der Bereicherungsklage) würde daher der Anfechtungsgegner dem Schuldner persönlich den Rückgewährgegenstand wieder abfordern können. Dementsprechend muß, wenn der Konkurs infolge Zwangsvergleichs aufgehoben oder eingestellt worden ist, dem zur Rückgewähr an die Masse verurteilten Anfechtungsgegner auch ein Anspruch auf Rücknahme der zur Abwendung der Zwangsvollstreckung hinterlegten Sicherheit zustehen. Werden die benachteiligten Gläubiger sämtlich anderweit (z. B. aus einem Neuerwerbe des Schuldners oder von dritter Seite) voll befriedigt, dann hört auch der rechtskräftig zuerkannte Anfechtungsanspruch auf begründet zu sein vgl. § 767 ZPO., siehe auch Stettin v. 30. 5. 1902 OLG. 6, 367).

Die Schlußverteilung ist regelmäßig [Anm. 33] vor Erledigung der Anm. 36. Anfechtungsprozesse nicht vorzunehmen (§ 161 KO.). Endet der Konkurs auf eine andere Weise als im Wege der Masseausschüttung, also infolge Zwangsvergleichs (§ 190) oder durch Einstellung (§§ 202, 204 KO.), so wird der noch nicht rechtskräftig entschiedene, auf Rückgewähr „zur Konkursmasse" gerichtete Anfechtungsprozeß des Konkursverwalters, weil die Trägerin des Anfechtungsanspruchs — die Konkursgläubigergemeinschaft — wegfällt, in der Hauptsache gegenstandslos und zwar ohne weiteres (kein besonderer Richterspruch), ähnlich wie etwa der Eheprozeß beim Tode eines Ehegatten (§ 628 ZPO.). Daß sich der Anfechtungsanspruch als „unbegründet" erwiesen hätte, läßt sich natürlich nicht behaupten. Er ist lediglich für die Zukunft als Gemeinschaftsanspruch nicht mehr begründet. Zustimmend RG. v. 13. 7. 1904 Bd. 58, 414; vgl. auch RG. v. 11. 7. 1885 Bolze 2 Nr. 599, OLG. Karlsruhe v. 10. 7. 1903 Bad. Rechtspr. 1904 S. 2, LG. Freiburg i. B. v. 15. 12. 1892 Z. f. Zivilpr. 19 S. 478 ff., Cöln v. 2. 7. 1900 OLG. 1 S. 176 f., Celle v. 1. 12. 1903 OLG. 9 S. 61 f. Hinsichtlich **der Kostenfrage** liegt die Sache in den Fällen des Zwangsvergleichs und der Einstellung folgendermaßen. Die etwaige Kostenerstattungsforderung des Anfechtungsgegners bildet während des Konkurses einen bedingten Masseschuldanspruch (§ 59 Nr. 1 KO.) — bedingt dadurch, daß die künftige Kostenentscheidung den Anspruch feststellen werde (zust. RG. v. 21. 10. 1902 Bd. 52, 332) — und mußte daher vom Verwalter vor Ausantwortung der Masse an den Schuldner nach Maßgabe der §§ 191 I, 205 II KO. sichergestellt werden. Die bestellte Sicherheit ist Vermögen des Gemeinschuldners und bleibt es trotz Konkursbeendigung. Umgekehrt hat die Masse eine durch Verurteilung des Gegners bedingte Kostenforderung, deren Subjekt gleichfalls der Gemeinschuldner ist und bleibt. Nachdem nun die Vertretungsmacht des Verwalters mit dem Wirksamwerden des Konkursbeendigungsbeschlusses auch im Kostenpunkt erloschen ist (RG. v. 27. 3. 1893 Bd. 31, 42; v. 15. 2. 1895 Bolze 20 Nr. 809, 810), hat der wiederum verfügungsbefugte Träger der etwaigen Erstattungsforderung oder Erstattungsschuld die Legitimation (§§ 192, 206 KO.) zur Austragung des Prozesses im Kostenpunkt. Als Subjekt der Konkursmasse war er im Kostenpunkte schon bisher die vom Verwalter vertretene Partei (§ 6 KO.; abw. RG. v. 13. 7. 1904 a. a. O. S. 417, weil es dem Verwalter selbst die Parteieigenschaft zuerkennt). Als wiederum verfügungsbefugte Partei übernimmt der Schuldner den auf den Kostenpunkt beschränkten Prozeß. Jeder Teil kann den Prozeß weiter betreiben. Nimmt der Schuldner, weil er etwa einen Gewährleistungsanspruch des Gegners besorgt, die Klage zurück, so hat er die Kosten zu tragen (§ 271 III, vgl. §§ 515, 566 ZPO.). Abgesehen davon trägt nach dem Grundsatze des § 91 ZPO. der unterliegende Teil die Kosten. Nachdem die Klage in der Hauptsache gegenstandslos geworden ist, fragt es sich also, w e r u n t e r l e g e n s e i n w ü r d e, wenn der Prozeß in der Hauptsache durchgeführt worden wäre. Zum Zwecke der Kostenentscheidung muß daher das Gericht nachprüfen, ob der Anfechtungsanspruch zu der Zeit, da die Klage in der Hauptsache gegenstandslos wurde, begründet war oder nicht. Der „h y p o t h e t i s c h" unterlegenen Partei sind die Kosten durch Urteil aufzuerlegen. Gegen die Kostenentscheidung findet die sofortige Beschwerde statt (§ 99 III ZPO.). Vgl. RG. v. 21. 10. 1902 u. v. 13. 7. 1904 a. a. O., Kohler Arch. f. zivilst. Prax. 81 S. 359 ff., L. Seuffert S. 228 f., Sperlich Streitfragen des Konkursrechts (Hallenser Dissert., 1904) S. 64 ff.; a b w. v. Lang Z. f. Zivilpr. 21 S. 421 ff. (weder der Verwalter noch der Schuldner, sondern die Gläubigerschaft sei befugt und verpflichtet, den Prozeß im Kostenpunkte fortzuführen), KG. ebenda 23 S. 200 ff. mit Bemerkungen von Neubauer (der Schuldner sei unter allen Umständen in die Kosten zu verurteilen), Hellwig Anspruch § 36 zu Note 26 f. (Sachentscheidung auf Grund der veränderten Rechtslage). Die Fortführung eines Anfechtungsprozesses, der schon vor dem Konkurs erhoben und vom Verwalter aufgenommen worden war, durch den ursprünglichen Kläger [Anm. 34] bürdet selbstverständlich diesem das einheitliche Kostenrisiko auf. Eine Prozeßführung des Schuldners bleibt hier a u c h i m K o s t e n p u n k t ausgeschlossen.

V. Das konkursfreie Vermögen.

Anm. 37. 1. Da die Gläubigeranfechtung nur ein Mittel zur Wiederherstellung der verkürzten Zugriffsmöglichkeit bildet (§ 7), den einzelnen Konkursgläubigern aber während des Konkurses der Zwangszugriff auf das konkursbefangene u n d auf das konkursfreie Vermögen des Schuldners verwehrt ist (§ 14 KO.), würde es mindestens fraglich sein, ob ein Konkursgläubiger schon im Laufe des Konkursverfahrens nachteilige Verfügungen über konkursfreies Gut anfechten darf. Der Konkursverwalter ist insoweit nicht zur Anfechtung legitimiert, weil er immer nur die Rückgewähr eines der Konkursmasse gebührenden Wertes (§ 37 KO.) beanspruchen kann. Der Einzelanfechtung solcher Gläubiger aber, die nicht zu den Konkursgläubigern zählen, insbesondere derjenigen, deren Forderungen erst nach Konkursbeginn entstanden, steht, was die Verfügungen des Schuldners über sein konkursfreies Vermögen betrifft, kein Hindernis im Wege. A u c h d e n K o n k u r s g l ä u b i g e r n eröffnet der Abs. V die Möglichkeit einer solchen Einzelanfechtung. Motiviert wird die Vorschrift so: der § 14 KO. wolle zwar dem Schuldner das wirtschaftliche Emporkommen schon während des Konkurses ermöglichen, ein Mißbrauch dieser Erwerbsfähigkeit zum Schaden der Gläubiger brauche aber nicht geduldet zu werden; auch müsse den Gläubigern mit Rücksicht auf die Kürze der Anfechtungsfristen an sofortiger Geltendmachung des Anfechtungsrechts gelegen sein (Begründung S. 32f.). Der Hauptzweck des § 14 KO. ist in Wahrheit freilich ein anderer, nämlich der, ungeordneten Einzelzugriffen auf neuerworbenes Vermögen im Interesse der par condicio creditorum vorzubeugen (Motive d. KO. S. 51f., Protokolle d. KO. S. 12f.). Diesen Zweck durchkreuzt unser Abs. V. Solange der Neuerwerb noch zum Schuldnervermögen gehört, unterliegt er daher der Geldvollstreckung wegen einer Nichtkonkursforderung, während dem Konkursgläubiger insolange jeder Zwangszugriff, selbst der bloße Arrestbeschlag auf konkursfreies Gut nach § 14 KO. verboten ist. Sobald aber der Schuldner eine anfechtbare Rechtshandlung in Ansehung des Neuerwerbs vorgenommen hat, eröffnet sich auch den einzelnen Konkursgläubigern die Anfechtung und damit die Möglichkeit der Zwangsvollstreckung. Denn der Abs. V gestattet dem Einzelgläubiger nicht etwa nur eine fristwahrende Erhebung des Anfechtungsanspruchs (die für sich allein keinen Vorrang vor anderen Anfechtungsberechtigten begründen würde), sondern die Anfechtung selbst „nach Maßgabe dieses Gesetzes", also eine Durchführung des Anspruchs nach § 7. Die nach § 7 zu leistende „Rückgewähr" bewirkt aber keine Einbeziehung in den Konkurs (so Kohler Leitfaden S. 85), auch keine Rückübertragung in das konkursfreie Vermögen des Schuldners, sondern die Gewährung des Einzelzugriffs in der Art, als ob der veräußerte Gegenstand noch zum konkursfreien Schuldnervermögen gehörte. Da er nicht dem Schuldner gehört und auch nicht erst an diesen zurückzuübertragen ist, schließt der § 14 KO. seinem Wortlaute nach den Einzelzugriff eines Konkursgläubigers auf diesen Gegenstand nicht aus. Im Ergebnis aber bedeutet unser Abs. V eine Ausnahme vom Verbote der Sondervollstreckung. Einen zur Einzelvollstreckung verwertbaren Titel gegen den Schuldner (§ 2) kann der Gläubiger schon während des Verfahrens in der auch vom Schuldner nicht bestrittenen tabellarischen Feststellung (§§ 164 II, 194, 206 II KO.) erlangen. Denn diese Feststellung wirkt von vornherein wie ein rechtskräftiges Urteil. Jaeger KO. § 145 Anm. 6, § 164 Anm. 3 mit Rechtsprechung (besonders RG. v. 24. 5. 1895 Bd. 35, 80). Vgl. auch § 144 II KO. Der Anfechtungsgegner kann der im Abs. V den Konkursgläubigern ermöglichten Einzelvollstreckung durch eine die Benachteiligung des Gläubigers beseitigende freiwillige Rückübertragung an den Schuldner zuvorkommen. Mit der Gläubigerbenachteiligung entfällt das Recht der Gläubigeranfechtung. Siehe § 7 Anm. 4.

Nicht zur Konkursmasse (§ 1 KO.) gehörendes Vermögen im Sinne des Abs. V ist solches Vermögen, das der Schuldner erst nach Konkurseröffnung neu, also nicht etwa auf Grund massezugehöriger Rechte erworben hat (Jaeger KO. § 1 Anm. 52ff., 58). Gegenstände, die deshalb konkursfrei sind, weil sie der Zwangsvollstreckung nicht unterliegen, sind ebendarum auch der Gläubigeranfechtung entzogen [§ 1 Anm. 46]. Als zugriffsfähiger Neuerwerb können namentlich Erbschaften oder Vermächtnisse in Betracht kommen, die erst nach Konkurseröffnung (§ 108 KO.) angefallen sind. Anm. 38.

§ 14.

Dieses Gesetz tritt im ganzen Umfange des Reichs gleichzeitig mit der Konkursordnung in Kraft.

Dasselbe findet auch auf die vor diesem Zeitpunkte vorgenommenen Rechtshandlungen Anwendung, sofern sie nicht nach den Vorschriften der bisherigen Gesetze der Anfechtung entzogen oder in geringerem Umfange unterworfen sind.

Ist der Anfechtungsanspruch zur Zeit des Inkrafttretens dieses Gesetzes rechtshängig, so bleiben für die Entscheidung des Rechtsstreits die Vorschriften der bisherigen Gesetze maßgebend.

Materialien: Begründung S. 33f. (§ 13 Entw.), Protokolle S. 2269. Die Bekanntmachung des Reichskanzlers vom 20. Mai 1898 hat den Paragraphen weggelassen.

Übergangsvorschriften.

I. Übergang am 1. Oktober 1879.

Anm. 1. Das wie die Konkursordnung am 1. Oktober 1879 in Kraft getretene Anfechtungsgesetz (Abs. I mit § 1 EG. z. KO., § 1 EG. z. GVG.) hat übereinstimmend mit § 9 EG. z. KO. ältere Rechtshandlungen den neuen Anfechtungsvorschriften nur unterworfen, falls das ältere Gesetz den unter seiner Herrschaft vollendeten Erwerb einer mindestens ebenso strengen Anfechtbarkeit aussetzte wie das neue (Abs. II). Der bis dahin unanfechtbare oder minder anfechtbare Erwerb wurde fortdauernd nach altem Recht beurteilt. Ein am 1. Oktober 1879 unanfechtbarer Erwerb blieb daher in zweiter oder dritter Hand auch dann schlechthin unanfechtbar, wenn die Rechtsnachfolge unter der Herrschaft des neuen Gesetzes eintrat. Da indessen der Wortlaut des Abs. II die Rückwirkung als gesetzliche Regel hinstellt, war es Sache des das mildere alte Recht anrufenden Anfechtungsgegners, im Streitfalle die bisherige Unanfechtbarkeit oder beschränktere Anfechtbarkeit nachzuweisen. Vgl. aus der Übergangspraxis RG. v. 1. 3. 1881 Bd. **4**, 29 (Beseitigung gemeinrechtlicher Vermutungen; Unmaßgeblichkeit einer noch nicht vollendeten Verjährung); v. 28. 2. 1881 Bd. **4**, 250 (§ 9 preuß. AnfG. v. 1855, der Rechtshandlungen vor Entstehung der Forderung der Anfechtung des Gläubigers entzog, als mildere Norm vorgehend; ebenso RG. v. 10. 3. 1886 Bolze 2 Nr. 608); v. 16. 1. 1884 Bd. **12**, 141 (der § 11 Nr. 2 eine Erweiterung der Anfechtbarkeit gegenüber dem gemeinen Recht); v. 2. 3. 1886 Bolze 2 Nr. 601 (da nach sächsischem Rechte die Gläubiger neben dem Konkursverwalter anfechtungsberechtigt waren, steht früherer Verzicht des Verwalters der Einzelklage des unbefriedigten Gläubigers auch nach dem 1. 10. 1879 nicht entgegen).

Die am 1. Oktober 1879 im Sinne des früheren Prozeßrechts bereits rechtshängigen Anfechtungsansprüche waren zufolge Abs. III nach altem Anfechtungsrecht zu erledigen. Der Anfechtungsgegner sollte außer Stand gesetzt werden, eine nach altem, aber nicht mehr nach neuem Rechte begründete Anfechtung durch Prozeßverschleppung zu vereiteln. Begründung S. 33f.; im übrigen siehe Otto S. 244ff. Anm. 2.

II. **Übergang am 1. Januar 1900.**

Auch das Übergangsrecht des Jahres 1900 schützt wohlerworbene Rechte. Nach a. VIII EG. z. KNov. v. 17. Mai 1898 finden die im a. VII daselbst enthaltenen und am 1. Januar 1900 in Kraft getretenen Neuerungen des Anfechtungsrechtes auf die vor dem 1. Januar 1900 (a. I) vorgenommenen Rechtshandlungen noch keine Anwendung. Die Begründung der Novelle S. 61 betont, diese Vorschrift stehe mit a. 170 EG. z. BGB. im Einklange (was freilich nur dann zutrifft, wenn — wie wir annehmen — unmittelbar aus dem Anfechtungstatbestand ein Schuldverhältnis erwächst) und entspreche auch dem Gedanken des § 14 II, III AnfG. Jedenfalls läßt sich aus dem Zusammenhalte des § 14 II, III AnfG. mit § 9 EG. z. KO. u. a. VIII EG. z. KNov. das Prinzip ableiten, daß ein Rechtserwerb unanfechtbar bleibt, wenn er sich unter der Herrschaft eines Gesetzes vollendet hat, das seine Anfechtung nicht zuläßt. Folgerungen: § 1 Anm. 82, § 3 Anm. 71. Anm. 3.

Anhang.

Das österreichische und schweizerische Anfechtungsrecht.

I. Österreichisches Gesetz

vom 16. März 1884

über die Anfechtung von Rechtshandlungen, welche das Vermögen eines zahlungsunfähigen Schuldners betreffen.

I. Abschnitt.

Anfechtung von Rechtshandlungen im Konkursverfahren.

§ 1. Nach der Eröffnung des Konkurses können früher vorgenommene Rechtshandlungen, welche das Vermögen des Gemeinschuldners betreffen, nach Maßgabe der Bestimmungen dieses Abschnittes angefochten und den Gläubigern gegenüber als unwirksam erklärt werden.

§ 2. Der Anfechtung unterliegen:

I. Alle Rechtshandlungen, welche der Gemeinschuldner in der dem anderen Teile bekannten Absicht, seine Gläubiger zu benachteiligen, in den letzten zehn Jahren vor der Eröffnung des Konkurses vorgenommen hat.

§ 3. II. Folgende in dem letzten Jahre vor der Eröffnung des Konkurses vorgenommenen Rechtshandlungen:

1. Alle unentgeltlichen Verfügungen des Gemeinschuldners in betreff des ihm gehörigen Vermögens, insoweit er hierzu nicht durch das Gesetz verpflichtet war, und sofern es sich nicht um übliche Gelegenheitsgeschenke von verhältnismäßig geringem Betrage handelt; diese Anfechtbarkeit erstreckt sich auch auf diejenigen Verträge des Gemeinschuldners, welche aus entgeltlichen und unentgeltlichen vermischt sind, insoweit dieselben als unentgeltlich sich darstellen;

2. die Sicherstellung des Heiratsgutes, der Widerlage oder des Witwengehaltes auf ein Vermögen des Ehemannes, sowie die Rückstellung des Heiratsgutes oder die Ausfolgung der Widerlage oder des Witwengehaltes, sofern der Ehemann zur Zeit dieser Rechtshandlung zu derselben weder durch einen bei Eingehung der Ehe oder bei Empfangnahme des Heiratsgutes geschlossenen Vertrag, noch im Falle der Beendigung der ehelichen Gemeinschaft durch das Gesetz verpflichtet war;

3. die auf ein Vermögen der Ehegattin bewirkte Sicherstellung der aus der Bestellung eines Heiratsgutes entstandenen Forderung des Ehemannes oder die Übergabe des aus dem Vermögen der Ehegattin bestellten Heiratsgutes an den Ehemann, sofern nicht die Ehegattin zur Zeit der Rechtshandlung zu derselben durch einen bei Eingehung der Ehe geschlossenen Vertrag verpflichtet war;

4. entgeltliche Verträge des Gemeinschuldners mit seinem Ehegatten — gleichviel, ob dieselben vor oder nach eingegangener Ehe geschlossen wurden — oder mit nahen Angehörigen, sofern durch den Abschluß des Vertrages die Gläubiger des Gemeinschuldners benachteiligt werden und der andere Teil nicht beweist, daß ihm zur Zeit des Vertragsabschlusses eine Absicht des Gemeinschuldners, die Gläubiger zu benachteiligen, nicht bekannt war. Als nahe Angehörige des Gemeinschuldners sind diejenigen Personen anzusehen, welche mit ihm oder seinem Ehegatten in gerader Linie oder im zweiten Grade der Seitenlinie verwandt oder verschwägert sind.

§ 4. III. Alle in den letzten sechs Monaten vor der Eröffnung des Konkurses von dem Gemeinschuldner mit Personen, welche nicht zu den im § 3, Z. 4, erwähnten gehören, eingegangenen Kauf-, Tausch- und Lieferungsgeschäfte, sofern der andere Teil in dem Geschäfte eine die Gläubiger benachteiligende Vermögensverschleuderung erkennen mußte.

§ 5. IV. Alle nach der Zahlungseinstellung eines Gemeinschuldners, dessen Firma im Handelsregister eingetragen ist, oder nach der Anbringung eines Begehrens um Konkurseröffnung, oder in den letzten zwei Wochen vor einem dieser Zeitpunkte vorgenommenen Rechtshandlungen, welche einem Gläubiger für dessen Forderung eine Sicherstellung oder Befriedigung gewähren, die er nicht oder nicht in der Art oder nicht zu der Zeit zu beanspruchen hatte, sofern der Gläubiger nicht beweist, daß ihm zur Zeit seiner Sicherstellung oder Befriedigung eine Absicht des Gemeinschuldners, ihn durch diese Rechtshandlung vor den übrigen Gläubigern zu begünstigen, nicht bekannt war.

Dieser Beweis ist ausgeschlossen, wenn dargetan wird, daß der Gläubiger zur Zeit der Vornahme der Rechtshandlung von der erfolgten Zahlungseinstellung oder von der Anbringung des Begehrens um Konkurseröffnung Kenntnis hatte.

Eine solche Rechtshandlung kann nicht angefochten werden, wenn dieselbe früher als ein Jahr vor der Eröffnung des Konkurses vorgenommen worden ist.

§ 6. V. Alle nach der Zahlungseinstellung eines Gemeinschuldners, dessen Firma im Handelsregister eingetragen ist, oder nach der Anbringung eines Begehrens um Konkurseröffnung vorgenommenen, nicht schon durch die Bestimmung des § 5 getroffenen Rechtshandlungen, welche einem Gläubiger Sicherstellung oder Befriedigung gewähren, sofern der letztere zu der Zeit, als die Rechtshandlung vorgenommen wurde, von der erfolgten Zahlungseinstellung oder von der Anbringung des Begehrens um Konkurseröffnung Kenntnis hatte.

Diese Bestimmung findet keine Anwendung auf solche Rechtshandlungen, wodurch einem Gläubiger insoweit Befriedigung gewährt wird, als dessen Forderung in unanfechtbarer Weise derart sichergestellt ist, daß ihm auch im Konkurse ein Anspruch auf vorzugsweise Befriedigung zustünde.

§ 7. Die Anfechtung einer Sicherstellung wird dadurch nicht ausgeschlossen, daß dieselbe zum Zwecke der Erfüllung eines nach § 63 der Konkursordnung vom 25. Dezember 1868 (RGBl. 1869 Nr. 1) erlassenen Auftrags erfolgt ist.

§ 8. Wechselzahlungen des Gemeinschuldners können auf Grund des § 6 von dem Empfänger nicht zurückgefordert werden, wenn nach Wechselrecht der Empfänger bei Verlust des Wechselanspruches gegen andere Wechselverpflichtete zur Annahme der Zahlung verbunden war.

§ 9. VI. Alle nach der Zahlungseinstellung eines Gemeinschuldners, dessen Firma im Handelsregister eingetragen ist, oder nach der Anbringung eines Begehrens um Konkurseröffnung von dem Gemeinschuldner eingegangenen, nicht schon durch die Bestimmungen der §§ 2 bis 7 getroffenen Rechtsgeschäfte, durch deren Eingehung die Gläubiger benachteiligt werden, sofern der andere Teil zu der Zeit, als er das Rechtsgeschäft einging, von der erfolgten Zahlungseinstellung oder von der Anbringung des Begehrens um Konkurseröffnung Kenntnis hatte.

§ 10. Auf Grund der §§ 6 oder 9 kann eine Rechtshandlung nicht angefochten werden, wenn dieselbe früher als sechs Monate vor der Eröffnung des Konkurses vorgenommen worden ist.

§ 11. Erwerbungen und Zahlungen, welche auf Grund von Einzelverkäufen beweglicher Gegenstände in öffentlich betriebenen Geschäften oder infolge von öffentlichen Versteigerungen stattfinden, unterliegen der Anfechtung nach Maßgabe der vorstehenden Bestimmungen nur insofern, als die im § 2 enthaltene Voraussetzung der Anfechtbarkeit eintritt.

§ 12. Die Anfechtung wird dadurch nicht ausgeschlossen, daß für die anzufechtende Rechtshandlung ein vollstreckbares Urteil, ein vollstreckbarer Vergleich oder ein anderer Exekutionstitel erlangt wurde, oder daß diese Rechtshandlung durch Exekution zur Sicherstellung oder zur Befriedigung erfolgt ist. Wird die Rechtshandlung infolge der Anfechtung als den Gläubigern gegenüber unwirksam erklärt, so erlischt, ohne daß es einer besonderen Anfechtung bedarf, den Gläubigern gegenüber auch die Wirksamkeit des Exekutionstitels und der vorgenommenen Exekutionshandlungen.

§ 13. Nach Maßgabe der §§ 2 und 3 ad 1[1]) können angefochten werden:

1. die unterbliebene Antretung einer dem Gemeinschuldner angefallenen Erbschaft oder die unterbliebene Annahme eines demselben zugedachten Vermächtnisses;

2. ein Erkenntnis des Zivilrichters, welches gegen den Gemeinschuldner, und zwar infolgedessen ergangen ist, daß dieser entweder die Verteidigung gänzlich unterlassen oder von einem ihm zu Gebote stehenden Angriffs- oder Verteidigungsmittel keinen oder doch nicht den gehörigen Gebrauch gemacht hat;

3. die Unterlassung eines Schrittes, welcher zur Erhaltung, Sicherung oder

---

[1]) Berichtigung nach RGBl. XVIII. Stück vom 6. Mai 1884.

Geltendmachung eines Rechtes nach dem Gesetze erforderlich ist, und zu dessen Vornahme durch ein richterliches Edikt unter Festsetzung einer hierzu bestimmten Frist aufgefordert wurde.

§ 14. Nach den vorhergehenden Bestimmungen können auch Rechtshandlungen angefochten werden, welche die noch nicht eingeantwortete Verlassenschaft eines Gemeinschuldners betreffen.

§ 15. Die Anfechtung ist zulässig:

1. gegen denjenigen, welcher in betreff der anfechtbaren Rechtshandlung dem Gemeinschuldner als Vertragsgenosse gegenübersteht oder durch diese Rechtshandlung sichergestellt, befriedigt oder begünstigt wurde;

2. gegen den Erben desjenigen, wider welchen das Anfechtungsrecht nach Z. 1 begründet war;

3. gegen einen anderen unmittelbaren Rechtsnachfolger oder einen unmittelbaren Rechtsnehmer desjenigen, wider welchen das Anfechtungsrecht nach Z. 1 begründet war, jedoch nur dann:

a) wenn ihm zur Zeit seines Erwerbes bekannt war, daß der Gemeinschuldner die Rechtshandlung in der Absicht vorgenommen hatte, seine Gläubiger zu benachteiligen (§ 2), oder

b) wenn sein Erwerb sich auf eine solche Rechtshandlung gründet, welche, falls sie vom Gemeinschuldner vorgenommen worden wäre, nach § 3, Z. 1, anfechtbar gewesen sein würde, oder

c) wenn er zu den im § 3, Z. 4 bezeichneten Personen gehört, sofern er nicht beweist, daß ihm zur Zeit seines Erwerbes die Umstände, welche das Anfechtungsrecht gegen seinen Vormann begründen, nicht bekannt waren.

Gegen einen weiteren Rechtsnachfolger oder Rechtsnehmer ist die Anfechtung nur dann zulässig, wenn ein Anfechtungsrecht nach den vorstehenden Bestimmungen sowohl gegen ihn, als auch gegen jeden seiner Vormänner begründet erscheint;

4. gegen den Erben desjenigen, wider welchen das Anfechtungsrecht nach Z. 3 begründet war.

§ 16. Zur Anfechtung ist die Gläubigerschaft, vertreten durch den Masseverwalter, berufen. Ausnahmsweise können jedoch auch Realgläubiger behufs Wahrung ihres Rechtes auf vorzugsweise Befriedigung aus bestimmten Gütern des Gemeinschuldners oder behufs der Bestreitung eines diese Güter betreffenden Anspruches eines anderen Realgläubigers das Anfechtungsrecht ausüben.

Die Ausübung des Anfechtungsrechtes kann sowohl mittels Klage, als mittels Einrede erfolgen.

§ 17. Was durch die anfechtbare Rechtshandlung aus dem Vermögen des Gemeinschuldners veräußert, weggegeben oder aufgegeben wurde, muß zur Konkursmasse zurückgeleistet werden.

Ist die Zurückleistung nicht möglich, so ist Ersatz zu leisten.

Bei Festsetzung der Höhe des Ersatzes, bei Beurteilung der sonstigen Verbindlichkeiten des zur Zurückleistung Verpflichteten und der ihm infolge des auf die Sache gemachten Aufwandes zustehenden Ansprüche ist derselbe, sofern in diesem Gesetze nichts anderes bestimmt ist, als unredlicher Besitzer im Sinne des allgemeinen bürgerlichen Gesetzbuches anzusehen.

§ 18. Die nach § 17 begründeten Verpflichtungen eines Erblassers gehen auch auf den Erben über. Die nach dem Zivilrechte eintretende Beschränkung der Haftung eines bedingt erbserklärten Erben wird hierdurch nicht berührt.

Ist ein Erbe verpflichtet, Gegenstände in die Konkursmasse zurückzuleisten, so haftet er, sofern er nicht schon infolge der Zustellung der Klage als ein unredlicher Besitzer zu behandeln ist, für die Dauer seines Besitzes und in betreff der von ihm rücksichtlich dieser Gegenstände vorgenommenen Rechtshandlungen als ein unredlicher Besitzer im Sinne des allgemeinen bürgerlichen Gesetzbuches nur dann, wenn ihm jene Umstände, welche das Anfechtungsrecht gegen den Erblasser begründen, bekannt waren. Derselbe Grundsatz ist für die Beurteilung der Ersatzpflicht eines Erben maßgebend, wenn die Unmöglichkeit der Zurückleistung erst während der Dauer seines Besitzes eingetreten ist.

§ 19. Eine Leistung, welche unentgeltlich (§ 3 Z. 1) erfolgt ist, hat der Empfänger nur insoweit zurückzuerstatten, als er durch diese Leistung zurzeit der Anfechtung noch bereichert ist.

Diese Begünstigung kommt jedoch dem Empfänger nicht zustatten:

1. wenn sein Erwerb auch als entgeltlicher anfechtbar wäre;

2. wenn er das Empfangene oder dessen Wert unredlicherweise aus dem Besitze gelassen hat.

§ 20. Besteht die anfechtbare Rechtshandlung in dem Bestellen, Abtreten, Erlassen oder Aufgeben von Rechten oder in einer Zahlung oder Sicherstellung, so finden bei Beurteilung der Verbindlichkeiten des Anfechtungsgegners die Bestimmungen der §§ 17 bis 19 sinngemäße Anwendung.

§ 21. Wenn an veräußerten oder verpfändeten Sachen, welche zurückzuerstatten sind, von dritten Personen gegenüber dem ersten oder einem nachfolgenden Erwerber der Sache oder des Pfandrechtes solche Rechte erworben wurden, die weder nach den Bestimmungen des allgemeinen Zivilrechtes, noch nach den Bestimmungen dieses Gesetzes angefochten werden können, so kann derjenige, während dessen Besitz die Belastung mit solchen Rechten erfolgt ist, wenn sein Erwerb auf Grund dieses Gesetzes sich als anfechtbar darstellt, verhalten werden, für den Wertentgang, welcher sich aus der Aufrechterhaltung dieser Rechte zum Nachteile der Gläubigerschaft ergibt, nach Maßgabe der vorhergehenden Bestimmungen Ersatz zu leisten.

§ 22. Im Falle des § 8 kann zur Erstattung der gezahlten Wechselsumme der letzte Wechselregreßschuldner, oder falls derselbe den Wechsel für Rechnung eines

Dritten begeben hatte, dieser letztere verhalten werden, wenn dem letzten Regreßschuldner oder dem Dritten zu der Zeit, als er den Wechsel begab oder begeben ließ, einer der im § 6 bezeichneten Umstände bekannt war.

§ 23. Wird infolge einer Anfechtungsklage der Geklagte zu einer Leistung verpflichtet, so fällt der Gegenstand dieser Leistung in die Konkursmasse.

§ 24. In Ansehung des nach Durchführung des Konkurses etwa verbleibenden Restes eines im Anfechtungsprozesse erstrittenen Vermögens bleiben die durch die anfechtbare Rechtshandlung zwischen dem Gemeinschuldner und dem Anfechtungsgegner begründeten Rechtsverhältnisse unberührt und ist die Frage, welchem von beiden dieser Rest gebühre, nach den allgemeinen Bestimmungen des Zivilrechtes zu entscheiden.

§ 25. Der Anfechtungsgegner kann die Rückstellung seiner Gegenleistung, das ist desjenigen, was er auf Grund der angefochtenen Rechtshandlung an den Gemeinschuldner geleistet hat, insoweit verlangen, als der Gegenstand in der Konkursmasse noch unterscheidbar vorhanden ist, oder insoweit die Masse um den Wert der Gegenleistung bereichert ist.

Eine weitergehende Forderung auf Erstattung der Gegenleistung, sowie eine infolge der Anfechtung wiederauflebende Forderung kann der Anfechtungsgegner gegen die Konkursmasse nur als Konkursgläubiger geltend machen.

Hat im Konkurse eine Verteilung stattgefunden, bei welcher der Anfechtungsgegner infolge einer nicht verschuldeten Verspätung der Anmeldung dieses Anspruches unberücksichtigt blieb, so muß derselbe bei weiteren Verteilungen vor allem durch Zuweisung aus dem zu verteilenden Bestande den bei früheren Verteilungen bereits berücksichtigten Gläubigern gleichgestellt werden.

§ 26. Ein im Anfechtungsprozesse erhobener Anspruch kann durch Kompensation mit einem Anspruche des Anfechtungsgegners gegen den Gemeinschuldner nicht getilgt werden.

§ 27. Das Anfechtungsrecht erlischt, wenn es nicht innerhalb eines Jahres nach der Eröffnung des Konkurses gerichtlich geltend gemacht wird.

II. Abschnitt.

Anfechtung von Rechtshandlungen außerhalb des Konkursverfahrens.

§ 28. Außerhalb des Konkursverfahrens können Rechtshandlungen, welche das Vermögen eines Schuldners betreffen, nach Maßgabe der Bestimmungen dieses Abschnittes zum Zwecke der Befriedigung eines Gläubigers angefochten und diesem gegenüber als unwirksam erklärt werden.

§ 29. Der Anfechtung unterliegen:

I. Alle Rechtshandlungen, welche der Schuldner in der dem anderen Teile bekannten Absicht, seine Gläubiger zu benachteiligen, in den letzten zehn Jahren vor der gerichtlichen Geltendmachung des Anfechtungsrechtes vorgenommen hat.

§ 30. II. Folgende in dem letzten Jahre vor der gerichtlichen Geltendmachung des Anfechtungsrechtes vorgenommenen Rechtshandlungen:

1. alle unentgeltlichen Verfügungen des Schuldners in betreff des ihm gehörigen oder durch Erbschaft oder Vermächtnis ihm angefallenen Vermögens, insoweit er hierzu nicht durch das Gesetz verpflichtet war, und sofern es sich nicht um übliche Gelegenheitsgeschenke von verhältnismäßig geringem Betrage handelt; diese Anfechtbarkeit erstreckt sich auch auf diejenigen Verträge des Schuldners, welche aus entgeltlichen und unentgeltlichen vermischt sind, insoweit dieselben als unentgeltlich sich darstellen;

2. die Sicherstellung des Heiratsgutes, der Widerlage oder des Witwengehaltes auf ein Vermögen des Ehemannes, sowie die Rückstellung des Heiratsgutes oder die Ausfolgung der Widerlage oder des Witwengehaltes, sofern der Ehemann zur Zeit dieser Rechtshandlung zu derselben weder durch einen bei Eingehung der Ehe oder bei Empfangnahme des Heiratsgutes geschlossenen Vertrag, noch im Falle der Beendigung der ehelichen Gemeinschaft durch das Gesetz verpflichtet war;

3. die auf ein Vermögen der Ehegattin bewirkte Sicherstellung der aus der Bestellung eines Heiratsgutes entstandenen Forderung des Ehemannes oder die Übergabe des aus dem Vermögen der Ehegattin bestellten Heiratsgutes an den Ehemann, sofern nicht die Ehegattin zur Zeit der Rechtshandlung zu derselben durch einen bei Eingehung der Ehe geschlossenen Vertrag verpflichtet war;

4. entgeltliche Verträge des Schuldners mit seinem Ehegatten — gleichviel, ob dieselben vor oder nach eingegangener Ehe geschlossen wurden — oder mit nahen Angehörigen, sofern durch den Abschluß des Vertrages die Gläubiger des Schuldners benachteiligt werden und der andere Teil nicht beweist, daß ihm zur Zeit des Vertragsabschlusses eine Absicht des Schuldners, die Gläubiger zu benachteiligen, nicht bekannt war. Als nahe Angehörige des Schuldners sind diejenigen Personen anzusehen, welche mit ihm oder seinem Ehegatten in gerader Linie oder im zweiten Grade der Seitenlinie verwandt oder verschwägert sind.

§ 31. Die Anfechtung ist zulässig:

1. gegen denjenigen, welcher in betreff der anfechtbaren Rechtshandlung dem Schuldner als Vertragsgenosse gegenübersteht oder durch diese Rechtshandlung sichergestellt, befriedigt oder begünstigt wurde;

2. gegen den Erben desjenigen, wider welchen das Anfechtungsrecht nach Zahl 1 begründet war;

3. gegen einen andern unmittelbaren Rechtsnachfolger oder einen unmittelbaren Rechtsnehmer desjenigen, wider welchen das Anfechtungsrecht nach Zahl 1 begründet war, jedoch nur dann:

a) wenn ihm zur Zeit seines Erwerbes bekannt war, daß der Schuldner die Rechtshandlung in der Absicht vorgenommen hatte, seine Gläubiger zu benachteiligen (§ 29), oder

b) wenn sein Erwerb sich auf eine solche Rechtshandlung gründet, welche, falls sie vom Schuldner vorgenommen worden wäre, nach § 30, Z. 1 anfechtbar gewesen sein würde, oder

c) wenn er zu den im § 30, Z. 4 bezeichneten Personen gehört, sofern er nicht beweist, daß ihm zur Zeit seines Erwerbes die Umstände, welche das Anfechtungsrecht gegen seinen Vormann begründen, nicht bekannt waren.

Gegen einen weiteren Rechtsnachfolger oder Rechtsnehmer ist die Anfechtung nur zulässig, wenn ein Anfechtungsrecht nach den vorstehenden Bestimmungen sowohl gegen ihn, als auch gegen jeden seiner Vormänner begründet erscheint;

4. gegen den Erben desjenigen, wider welchen das Anfechtungsrecht nach Zahl 3 begründet war.

§ 32. Das Anfechtungsrecht steht jedem Gläubiger, dessen Forderung vollstreckbar ist, ohne Rücksicht auf die Zeit der Entstehung derselben zu, sofern die Exekution in das Vermögen des Schuldners zu einer vollständigen Befriedigung des Gläubigers nicht geführt hat, oder anzunehmen ist, daß sie zu einer solchen nicht führen würde.

Die Ausübung dieses Rechtes kann sowohl mittels Klage, als mittels Einrede erfolgen.

§ 33. Hat der Gläubiger, bevor seine Forderung vollstreckbar geworden ist, oder bevor sich herausstellt, daß die Exekution in das Vermögen des Schuldners zu seiner vollständigen Befriedigung nicht geführt hat oder nicht führen werde, denjenigen, welchem gegenüber eine der im § 30 bezeichneten Rechtshandlungen vorgenommen wurde, oder dessen Erben von seiner Absicht, diese Handlung anzufechten, durch gerichtliche oder notarielle Zustellung in Kenntnis gesetzt, so wird die im Eingange des § 30 erwähnte einjährige Frist von dem Zeitpunkte der Zustellung zurückgerechnet, sofern bis zum Ablaufe von zwei Jahren seit diesem Zeitpunkte die gerichtliche Geltendmachung des Anfechtungsrechtes erfolgt und außerdem anzunehmen ist, daß die Exekution in das Vermögen des Schuldners schon zur Zeit dieser Zustellung zur vollständigen Befriedigung des Gläubigers nicht geführt hätte.

Wenn die Zustellung an denjenigen, welchem gegenüber eine der im § 30 bezeichneten Rechtshandlungen vorgenommen wurde, oder an dessen Erben nicht erfolgt ist, tritt die bezeichnete Verlängerung der Frist in allen Fällen nur gegenüber demjenigen Anfechtungsgegner ein, an welchen eine solche Zustellung vorgenommen wurde.

§ 34. Die Ausübung des Anfechtungsrechtes mittels Einrede kann erfolgen, bevor die Forderung des anfechtenden Gläubigers vollstreckbar geworden ist.

Ebenso steht der Umstand, daß die Forderung des anfechtenden Gläubigers noch nicht vollstreckbar geworden ist, der Ausübung des Anfechtungsrechtes im Verfahren behufs Verteilung eines auf dem Wege des Zwangsverkaufes erzielten Kaufschillings nicht entgegen.

§ 35. Erfolgt die Anfechtung mittels Klage, so ist mit dem Begehren, daß die angefochtene Rechtshandlung dem Gläubiger gegenüber als unwirksam erklärt werde, das weitere Begehren zu verbinden, was der Geklagte zum Zwecke der Befriedigung des Gläubigers zu leisten oder zu dulden für schuldig erkannt werden soll.[1])

§ 36. Wegen Erstattung einer Gegenleistung oder wegen einer infolge der Anfechtung wieder auflebenden Forderung kann der Anfechtungsgegner sich nur an den Schuldner halten. Begehrt er aus diesem Grunde die Eröffnung des Konkurses über das Vermögen des Schuldners, so kann die ihm nach §§ 63, 64 und 198 der Konkursordnung vom 25. Dezember 1868 (RGBl. 1869 Nr. 1) obliegende Bescheinigung seines Forderungsrechtes, sofern der Anfechtungsstreit dem Schuldner verkündigt worden ist, durch das in diesem Streite ergangene Urteil erfolgen.

§ 37. Insoweit dieser Abschnitt keine anderweitigen Bestimmungen enthält, finden die Vorschriften der §§ 11, 12, 13, 14, 17, 18, 19 20, 21 u. 26 auch im Falle der Anfechtung von Rechtshandlungen eines Schuldners .außerhalb des Konkursverfahrens sinngemäße Anwendung.

§ 38. Der Anfechtungsgegner kann sich von dem Anfechtungsanspruche dadurch befreien, daß er die dem anfechtenden Gläubiger gegen den Schuldner zustehende Forderung befriedigt.

§ 39. Der Umstand, daß dieselbe Rechtshandlung von mehreren Gläubigern in demselben oder in verschiedenen Rechtsstreiten angefochten wird, kann in keinem Falle zur Folge haben, daß die den Anfechtungsgegner treffenden Verbindlichkeiten das durch die §§ 17 bis 21 bestimmte Maß überschreiten.

§ 40. Der durch die Anfechtungsklage eines Gläubigers eingeleitete Prozeß wird durch die Eröffnung des Konkurses über das Vermögen des Schuldners unterbrochen.

Der Masseverwalter kann in einem solchen Prozeß an Stelle des Gläubigers eintreten oder die Fortsetzung des Verfahrens ablehnen.

Von der getroffenen Wahl hat der Masseverwalter den Gläubiger und den Anfechtungsbeklagten durch gerichtliche oder notarielle Zustellung zu verständigen.

Ist der Masseverwalter säumig, so kann sowohl der Gläubiger als der Anfechtungsbeklagte bei dem Konkursgerichte begehren, daß dem Masseverwalter aufgetragen werde, bis zum Ablaufe eines kalendermäßig zu bestimmenden Tages das ihm zustehende Wahlrecht auszuüben und sich über die getroffene Wahl bei dem Konkursgerichte zu erklären. Die Erklärung des Masseverwalters hat das Konkursgericht sofort zur Kenntnis der Prozeßparteien zu bringen.

---

[1]) Der Art. XI Z. 4 des EG. z. ZPO. vom 1. August 1895 bestimmt ausdrücklich, daß die Vorschriften des § 35 unberührt bleiben. Siehe dazu Steinbach-Ehrenzweig S. 161 Note 1 mit Rechtsprechung.

Unterläßt der Masseverwalter die Abgabe der Erklärung innerhalb der ihm erteilten Frist, so wird angenommen, daß er die Fortsetzung des Verfahrens ablehne.

Tritt der Masseverwalter in den Prozeß ein, so kommen vom Zeitpunkte der Zustellung seiner Erklärung sowohl ihm, als dem Anfechtungsbeklagten neuerlich die vollen gesetzlichen Prozeßfristen zugute.

Lehnt der Masseverwalter die Fortsetzung des Verfahrens ab, so kann dasselbe nur rücksichtlich der Prozeßkosten von jeder Partei wieder aufgenommen und fortgesetzt werden. Vom Zeitpunkte der Zustellung der gerichtlichen Erklärung einer Partei, daß sie den Prozeß in betreff der Kosten wieder aufnehme, kommt den Parteien in Beziehung auf die Prozeßfristen die im vorigen Absatze bezeichnete Begünstigung zu.

Durch die Ablehnung der Fortsetzung des Verfahrens wird die Befugnis des Masseverwalters nicht ausgeschlossen, innerhalb der nach diesem Gesetze ihm zustehenden Frist das Anfechtungsrecht selbständig auszuüben.

§ 41. Die von einem Gläubiger nach § 33 erwirkte Erweiterung der Anfechtungsfrist kommt in dem Falle, als vor Erhebung der Anfechtungsklage der Konkurs über das Vermögen des Schuldners eröffnet wird, auch dem Masseverwalter zur Ausübung des Anfechtungsrechtes, jedoch nur unter den Voraussetzungen und in dem Umfange zustatten, als auch der Gläubiger zur Anfechtung berechtigt gewesen wäre.

§ 42. Auf Grund eines über die Anfechtungsklage eines Gläubigers ergangenen Urteiles kann die Exekution wider den Anfechtungsbeklagten nach der Eröffnung des Konkurses über das Vermögen des Schuldners nur von dem Masseverwalter begonnen oder fortgesetzt werden.

Diese Berechtigung des Masseverwalters tritt nicht ein, insoweit der Gläubiger auf Grund des ergangenen Urteiles für seinen Anspruch Befriedigung oder Sicherstellung bereits erlangt hat; die Erlangung einer solchen Befriedigung oder Sicherstellung unterliegt jedoch der Anfechtung nach Maßgabe der Bestimmungen des § 6.

§ 43. Ist infolge eines durch die Anfechtungsklage eines Gläubigers eingeleiteten Prozesses Vermögen in die Konkursmasse gelangt, so sind aus diesem Vermögen dem anfechtenden Gläubiger die von ihm zur Rechtsverfolgung aufgewendeten Kosten zu ersetzen.

§ 44. Anfechtungsansprüche, welche vor Eröffnung des Konkurses über das Vermögen des Schuldners entstanden sind, können nach der Beendigung des Konkursverfahrens nicht mehr geltend gemacht werden.

§ 45. Die Bestimmungen der §§ 40 bis 44 finden keine Anwendung auf Anfechtungsklagen eines Realgläubigers zum Zwecke der Verteidigung des ihm zustehenden Anspruches auf vorzugsweise Befriedigung aus bestimmten Gütern des Schuldners oder zum Zwecke der Bestreitung des dieselben Güter betreffenden Anspruches eines anderen Realgläubigers.

III. Abschnitt.

Gemeinsame Bestimmungen.

§ 46. Sofern nach den bestehenden Gesetzen die Bewilligung eines Sicherungsmittels zulässig ist, kann im Anfechtungsprozesse die Bescheinigung einer Gefahr dadurch ersetzt werden, daß von dem Anfechtungsberechtigten für die Ansprüche, die dem Anfechtungsgegner aus der Anwendung des Sicherungsmittels erwachsen könnten, Sicherheit geleistet wird.

Erfordert die Durchführung des Anfechtungsanspruches eine bücherliche Eintragung, so kann der Anfechtungsberechtigte, wenn er die Anhängigkeit der Anfechtungsklage dartut und die Voraussetzungen für die Bewilligung eines Sicherungsmittels vorhanden sind, beim Prozeßgericht um die bücherliche Anmerkung der Anfechtungsklage ansuchen. Diese Anmerkung hat zur Folge, daß das über die Anfechtungsklage ergehende Urteil auch gegen diejenigen Personen, welche erst nach dem Zeitpunkte, in welchem das Ersuchen um den Vollzug der Anmerkung an das Grundbuchsgericht gelangt ist, bücherliche Rechte erlangt haben, seine volle Wirksamkeit äußert[1]).

§ 47. Wird das Anfechtungsrecht mittels Klage ausgeübt, so findet das summarische Verfahren auch in denjenigen Fällen statt, in welchen nach dem Gesetze das ordentliche schriftliche oder mündliche Verfahren einzutreten hätte. Die Bestimmungen der §§ 8, 9 und 51 des Hofdekrets vom 24. Oktober 1845 (Nr. 906 der JGS.) und die Bestimmungen der §§ 9, 10 und 52 des Hofdekrets vom 29. März 1848 (Nr. 1130 der JGS.) finden jedoch in solchen Fällen keine Anwendung.

§ 48. Im Rechtsstreite über die Anfechtung einer Rechtshandlung und über die Folgen der Anfechtung ist der Richter an die gesetzlichen Regeln über die Zulässigkeit und die Würdigung der Beweise nicht gebunden; er hat nach seiner freien, auf Grund der gewissenhaften Prüfung der vorgebrachten Beweismittel gewonnenen Überzeugung zu entscheiden.

Hängt die Anfechtbarkeit einer Rechtshandlung von dem Beweise über das Wissen oder Nichtwissen eines Umstandes ab, so kann der Haupteid zur Herstellung dieses Beweises nur insoweit Anwendung finden, als derselbe über solche tatsächliche Umstände aufgetragen wird, aus welchen das Wissen oder Nichtwissen gefolgert werden soll.

§ 49. Insoweit über die Anfechtung in einem Bagatellprozesse zu entscheiden ist, hat es rücksichtlich des Verfahrens bei den Bestimmungen des Gesetzes vom 27. April 1873 (RGBl. Nr. 66) sein Bewenden.

§ 50. Die Einstellung eines Anfechtungsprozesses kann aus dem Grunde, weil die angefochtene Rechtshandlung als eine nach dem allgemeinen Strafgesetze zu ahndende Handlung sich darstellt, nur in dem Falle stattfinden, wenn die strafgerichtliche Untersuchung bereits anhängig ist, und wenn außerdem das zivilgerichtliche Erkenntnis von dem Ausspruche des Strafgerichts über die Schuld des Anfechtungsgegners abhängt.[2])

---

[1]) Nach Art. XIII Z. 8 des EG. z. EO. vom 27. Mai 1896 bleiben die Vorschriften des Anfechtungsgesetzes „über die bücherliche Anmerkung der Anfechtungsklage" unberührt. Dazu Steinbach-Ehrenzweig S. 184 Note 1 mit Literatur.

[2]) Die prozeßrechtlichen Vorschriften der §§ 47—50 sind nach a. I, II EG. z. ZPO. aufgehoben. Steinbach-Ehrenzweig S. 189.

§ 51. Die Bestimmungen dieses Gesetzes hindern nicht die Geltendmachung der im bürgerlichen Rechte begründeten Ansprüche auf Ersatz des Schadens, welcher vermittels einer durch ein Strafgesetz verbotenen Handlung verursacht wurde.

Dasselbe gilt von einer im bürgerlichen Rechte begründeten Berechtigung des Masseverwalters zur Bestreitung der Gültigkeit von Verträgen des Gemeinschuldners.

§ 52. Dieses Gesetz tritt mit dem Tage seiner Kundmachung in Wirksamkeit. Es findet keine Anwendung auf Rechtshandlungen, welche vor diesem Tage vorgenommen wurden.

Ist eine der in den §§ 3 Z. 2, 3 und 30 Z. 2, 3 als anfechtbar erklärten Rechtshandlungen nach dem Zeitpunkte der Wirksamkeit dieses Gesetzes vorgenommen worden, so kann dieselbe, falls die Ehe zu dieser Zeit bereits geschlossen war, auf Grund der bezeichneten Bestimmungen nicht angefochten werden, wenn eine Verpflichtung zu dieser Rechtshandlung durch einen früher als ein Jahr vor der Vornahme derselben eingegangenen Vertrag begründet war. Diese Beschränkung der Anfechtbarkeit findet keine Anwendung, wenn eine der in den §§ 3 Z. 2, 3 und 30 Z. 2, 3 bezeichneten Rechtshandlungen auf Grund einer anderen Bestimmung dieses Gesetzes angefochten wird.

Mit dem Tage der Kundmachung treten alle auf die Gegenstände dieses Gesetzes sich beziehenden gesetzlichen Vorschriften, insoweit sie mit dem Inhalte desselben nicht vereinbar sind, außer Kraft.

§ 53. Mit dem Vollzuge dieses Gesetzes ist der Justizminister beauftragt.

II. Schweizerisches Bundesgesetz

vom 11. April 1889

über Schuldbetreibung und Konkurs.

Zehnter Titel.

Anfechtungsklage.

285. Die Anfechtungsklage hat zum Zwecke, die in den Artikeln 286 bis 288 erwähnten Rechtshandlungen ungültig erklären zu lassen.

Zur Anstellung dieser Klage sind berechtigt:

1. jeder Gläubiger, welcher einen provisorischen oder endgültigen Verlustschein erhalten hat;

2. die Konkursverwaltung oder, nach Maßgabe der Artikel 260 und 269, Absatz 3, jeder einzelne Konkursgläubiger.

286. Anfechtbar sind mit Ausnahme gebräuchlicher Gelegenheitsgeschenke alle Schenkungen und unentgeltlichen Verfügungen, welche vom Schuldner innerhalb der letzten sechs Monate vor der Pfändung oder Konkurseröffnung vorgenommen worden sind.

Den Schenkungen sind gleichgestellt:

1. Rechtsgeschäfte, bei denen der Schuldner eine Gegenleistung angenommen hat, die zu seiner eigenen Leistung in einem Mißverhältnisse steht;

2. Rechtsgeschäfte, durch welche der Schuldner sich oder einem Dritten eine Leibrente oder einen Nießbrauch erworben hat.

287. Anfechtbar sind im weitern die folgenden Rechtshandlungen, sofern der Schuldner sie innerhalb der letzten sechs Monate vor der Pfändung oder Konkurseröffnung vergenommen hat und im Zeitpunkte der Vornahme bereits überschuldet war:

1. Begründung eines Pfandrechtes zur Sicherung bereits bestehender Verbindlichkeiten, deren Erfüllung sicherzustellen der Schuldner nicht schon früher verpflichtet war;

2. Tilgung einer Geldschuld auf andere Weise als durch Barschaft oder durch anderweitige übliche Zahlungsmittel;

3. Zahlung einer nicht verfallenen Schuld.

Die Anfechtbarkeit ist indessen ausgeschlossen, wenn der Begünstigte beweist, daß er die Vermögenslage des Schuldners nicht gekannt hat.

288. Anfechtbar sind endlich, ohne Rücksicht auf den Zeitpunkt ihrer Vornahme, alle Rechtshandlungen, welche der Schuldner in der dem anderen Teile erkennbaren Absicht vorgenommen hat, seine Gläubiger zu benachteiligen oder einzelne Gläubiger zum Nachteil anderer zu begünstigen.

289. Der Richter urteilt bei Anwendung der Artikel 286 bis 288 unter Würdigung der Umstände nach freiem Ermessen.

290. Die Anfechtungsklage kann gegen diejenigen Personen angestellt werden, welche mit dem Schuldner die anfechtbaren Rechtsgeschäfte abgeschlossen haben oder von ihm in anfechtbarer Weise befriedigt worden sind, gegen ihre Erben und bösgläubige Dritte. Die Rechte gutgläubiger Dritter werden durch die Anfechtungsklage nicht berührt.

291. Wer durch eine anfechtbare Rechtshandlung Vermögen des Schuldners erworben hat, ist zur Rückgabe desselben verpflichtet. Die Gegenleistung ist zu erstatten, soweit sie sich noch in den Händen des Schuldners befindet oder dieser durch sie bereichert ist. Darüber hinaus kann ein Anspruch nur als Forderung gegen den Schuldner geltend gemacht werden.

Bestand die anfechtbare Rechtshandlung in der Tilgung einer Forderung, so tritt dieselbe mit der Rückerstattung des Empfangenen wieder in Kraft.

Der gutgläubige Empfänger einer Schenkung ist nur bis zum Betrag seiner Bereicherung zur Rückerstattung verpflichtet.

292. Die Anfechtungsklage verjährt durch Ablauf von fünf Jahren seit der anfechtbaren Rechtshandlung.

Die in Bezug genommenen Artikel lauten:

82. Beruht die Forderung auf einer durch öffentliche Urkunde festgestellten oder durch Unterschrift bekräftigten Schuldanerkennung, so kann der Gläubiger die provisorische Rechtsöffnung verlangen.

Der Richter spricht dieselbe aus, sofern der Betriebene nicht Einwendungen, welche die Schuldanerkennung entkräften, sofort glaubhaft macht.

115. War kein pfändbares Vermögen vorhanden, so bildet die Pfändungsurkunde den Verlustschein im Sinne des Artikels 149.

War nach der Schätzung des Beamten nicht genügendes Vermögen vorhanden, so dient die Pfändungsurkunde dem Gläubiger als provisorischer Verlustschein und äußert als solcher die in den Artikeln 271, Ziffer 5, und 285 bezeichneten Rechtswirkungen.

149. Jeder an der Pfändung teilnehmende Gläubiger erhält für den ungedeckt bleibenden Betrag seiner Forderung einen Verlustschein.

Der Verlustschein gilt als Schuldanerkennung im Sinne des Artikels 82 und gewährt dem Gläubiger die in Artikel 271, Ziffer 5, und in Artikel 285 erwähnten Rechte.

Der Gläubiger kann während sechs Monaten nach Zustellung des Verlustscheines ohne neuen Zahlungsbefehl die Betreibung fortsetzen.

Der Schuldner hat für die durch den Verlustschein verurkundete Forderung keine

Zinsen zu zahlen. Mitschuldner, Bürgen und sonstige Rückgriffsberechtigte, welche an Schuldners Statt Zinsen bezahlen müssen, können ihn nicht zum Ersatze derselben anhalten.

Die Forderung ist gegenüber dem Schuldner unverjährbar; dagegen verjährt sie gegenüber dessen Erben, wenn der Gläubiger unterläßt, sein Forderungsrecht innerhalb eines Jahres nach dem Erbschaftsantritt geltend zu machen.

260. Jeder Gläubiger ist berechtigt, die Abtretung derjenigen Rechtsansprüche der Masse zu verlangen, auf deren Geltendmachung die Gesamtheit der Gläubiger verzichtet.

Das Ergebnis dient nach Abzug der Kosten zur Deckung der Forderungen derjenigen Gläubiger, an welche die Abtretung stattgefunden hat, nach dem unter ihnen bestehenden Range. Der Überschuß ist an die Masse abzuliefern.

265. Bei der Verteilung erhält jeder Gläubiger für den ungedeckt bleibenden Betrag seiner Forderung einen Verlustschein. In demselben wird angegeben, ob die Forderung vom Gemeinschuldner anerkannt oder bestritten worden ist. Im ersteren Falle gilt der Verlustschein als Schuldanerkennung im Sinne des Artikels 82.

Der Verlustschein hat die im Artikel 149 bezeichneten Rechtswirkungen. Jedoch kann auf Grund desselben eine neue Betreibung nur dann angehoben werden, wenn der Schuldner zu neuem Vermögen gekommen ist.

Bestreitet der Gemeinschuldner, daß er zu neuem Vermögen gekommen sei, so entscheidet das Gericht darüber im beschleunigten Verfahren.

269. Werden nach Schluß des Konkursverfahrens Vermögensstücke entdeckt, welche zur Masse gehörten, aber nicht zu derselben gezogen wurden, so nimmt das Kokursamt dieselben in Besitz und besorgt ohne weitere Förmlichkeit die Verwertung und die Verteilung des Erlöses an die zu Verlust gekommenen Gläubiger nach deren Rangordnung.

Auf gleiche Weise verfährt das Konkursamt mit hinterlegten Beträgen, welche frei werden.

Handelt es sich um einen zweifelhaften Rechtsanspruch, so bringt das Konkursamt den Fall durch öffentliche Bekanntmachung oder briefliche Mitteilung zur Kenntnis der Konkursgläubiger und es finden die Bestimmungen des Artikels 260 entsprechende Anwendung.

271. Der Gläubiger kann für eine verfallene Forderung, soweit dieselbe nicht durch ein Pfand gedeckt ist, Vermögensstücke des Schuldners mit Arrest belegen lassen, wenn eine der nachfolgenden Vorraussetzungen (Arrestgründe) vorliegt:

5. wenn dem Gläubiger ein provisorischer oder endgültiger Verlustschein zugestellt ist.

Weiter kommen (abgesehen von der Übergangsvorschrift des a. 331) in Betracht:

200. Zur Konkursmasse gehört ferner Alles, was nach Maßgabe der Artikel 214 und 285 bis 292 Gegenstand der Anfechtungsklage ist.

214. Die Verrechnung ist anfechtbar, wenn ein Schuldner des Gemeinschuldners vor der Konkurseröffnung, aber in Kenntnis von der Zahlungsunfähigkeit des Gemeinschuldners, eine Forderung an denselben erworben hat, um sich oder einem Andern durch die Verrechnung unter Beeinträchtigung der Konkursmasse einen Vorteil zuzuwenden.

Sachregister.

Wo nichts anderes bemerkt ist, verweisen die großen Zahlen auf die einzelnen Paragraphen des Anfechtungsgesetzes, die kleinen, hochgestellten Zahlen auf unsere Anmerkungen. S. bedeutet Seite.

A.

B.

C.

D.

E.

H.

J.

K.

L.

W.

Z.

Herrosé & Ziemsen, G. m. b. H., Wittenberg.

Kolibri 360 GmbH
Ferdinand-Jühlke-Straße 7
99095 Erfurt, Deutschland
produktsicherheit@kolibri360.de